普通高等教育机电类系列教材

机 械 制 图

主　编　郑爱云

副主编　王　新　王进军

参　编　卢广顺　董小雷　刘久艳

王彦凤　郑怀东　霍　平

崔冰艳　于玉真　周　征

主　审　田绿竹

机 械 工 业 出 版 社

本书是根据教育部高等学校工程图学教学指导委员会制定的《普通高等学校工程图学课程教学基本要求》编写的，内容包括机械制图国家标准简介，点、直线、平面的投影，换面法，基本立体，轴测图，组合体，机件常用的表达方法，标准件和常用件，零件图，装配图，焊接图，仪器绘图，徒手绘图，计算机绘图基础和附录。本书采用最新国家标准，理论知识系统、严谨，所选例题由浅入深。与本书配套的多媒体课件可供教师教学使用，需要者可登录机工教育服务网（www.cmpedu.com）下载。与本书配套的、由卢广顺主编的《机械制图习题集》同期出版。

　　本书可作为高等院校机械类、近机类和非机类等工科专业的工程制图教材，也可供成人教育院校及有关工程技术人员使用和参考。

图书在版编目（CIP）数据

机械制图/郑爱云主编. —北京：机械工业出版社，2017.8（2024.6重印）
普通高等教育机电类系列教材
ISBN 978-7-111-57775-1

Ⅰ.①机…　Ⅱ.①郑…　Ⅲ.①机械制图-高等学校-教材　Ⅳ.①TH126

中国版本图书馆 CIP 数据核字（2017）第 201823 号

机械工业出版社（北京市百万庄大街22号　邮政编码100037）
策划编辑：蔡开颖　责任编辑：蔡开颖　段晓雅　杨　璇
责任校对：刘　岚　封面设计：张　静
责任印制：单爱军
唐山三艺印务有限公司印刷
2024 年 6 月第 1 版第 9 次印刷
184mm×260mm · 22.5 印张 · 558 千字
标准书号：ISBN 978-7-111-57775-1
定价：59.80 元

电话服务	网络服务
客服电话：010-88361066	机　工　官　网：www.cmpbook.com
010-88379833	机　工　官　博：weibo.com/cmp1952
010-68326294	金　书　网：www.golden-book.com
封底无防伪标均为盗版	机工教育服务网：www.cmpedu.com

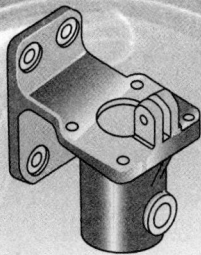

前言

　　本书为国家级混合式一流课程主讲教材，根据教育部高等学校工程图学教学指导委员会制定的《普通高等学校工程图学课程教学基本要求》，结合编者多年来潜心教学所积累的经验以及积极进行教学改革所取得的成果，并借鉴国内外同类优秀教材编写而成。本书的编写深入贯彻党的二十大报告提出的"必须坚持科技是第一生产力、人才是第一资源、创新是第一动力"，以"培养具有工程实践能力、工程设计能力和工程创新能力的工科人才"为目标，在内容编排上突出基础性、实践性、创新性，以理论篇、应用篇和能力篇呈现给学生，既注重学生基础理论和方法的掌握，又强调实践能力、创新思维能力和综合技能的培养。

　　第一篇（理论篇——画法几何）是基础，从基本立体三视图、截交线、相贯线到组合体画图、读图，由浅入深，提高学生对复杂形体的认知能力，为机械制图部分的表达打下基础。第二篇（应用篇——机械制图）注重学生实践能力的培养，其中的组合体构形设计、视图"一求二"等创造性思维训练，拓展了学生的发散思维和创新能力。零件测绘、零件的构形及工艺结构、各种标准件和常用件的表示方法等，注重与机械类相关课程的联系和渗透，培养学生的工程素质。第三篇（能力篇）注重对学生的仪器绘图、徒手绘图和计算机绘图三项技能的训练，使学生能够适应学习和今后工作的需要。

　　在教学中，根据专业不同，对书中内容可进行选择和变更。

　　本书编排有以下特点：

　　1）每章开始有知识要点，对本章学习起到提纲挈领的作用。

　　2）书中的典型例题有详细的解题过程，降低了学习难度。

　　3）重点内容用黑体显示，使学生容易抓住重点，有助于预习和复习。

　　4）每章结尾有实践与练习，以便学生能把所学知识应用到实践中去，再次加深对知识的理解。

　　5）与本书配套的习题集有解题技巧和易错点总结，帮助学生深入掌握画图技能、提高画图速度。

　　6）本书配套有教学课件，可方便教师的课堂教学。

　　7）本书配有大量免费的动画资源，学生可以多角度观察立体的内外结构，有助于对知识的理解。手机扫描书中的二维码，即可观看（建议在 WiFi 环境下）。

　　本书共分12章，由郑爱云统稿并担任主编，王新、王进军担任副主编，编写人员有：

卢广顺（绪论、第1章）、刘久艳（第2章）、崔冰艳（第3章、附录）、董小雷（第4章）、周征（第5章）、王进军（第6章）、王彦凤（第7章）、郑怀东（第8章）、霍平（第9章）、郑爱云（第10章、第11章）、王新（第12章的12.1节和12.2节）、于玉真（第12章的12.3节）。

　　本书涉及的技术制图和机械制图标准均为最新国家标准。

　　田绿竹教授担任本书的主审并提出了许多宝贵意见，在此表示衷心的感谢。

　　限于编者水平，书中的不足之处在所难免，恳请读者批评指正。

编　者

目 录

V

第3篇 能 力 篇

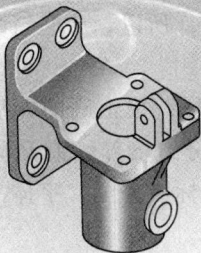

绪 论

1. 课程性质和任务

工程图样是工程技术部门的一项**重要技术文件**。在现代工业生产中，设计和制造各种金属切削机床、仪器仪表设备、采矿冶金设备、化工设备等都离不开工程图样。在使用这些机器和设备时，也常常要通过阅读图样来了解它们的结构、原理和性能。因此，工程图样成为指导生产和进行技术交流不可缺少的工具，被称为**工程技术界的"语言"。绘制和阅读工程图样是工程技术人员必须具备的技能。**

"机械制图"是高等工科院校重要的和必修的基础课程，既具有系统的理论性又具有较强的实践性，是培养学生仪器绘图、徒手绘图和计算机绘图能力，表达工程设计思想、创造性形体设计能力的一门学科。

课程目的是通过理论学习以及实践环节，培养学生绘制和阅读工程图样的能力。

课程内容包括画法几何、机械图和绘图技能三部分。画法几何部分主要要求学生学习和掌握用正投影法表达空间几何形体和图解空间几何问题的基本原理和方法；机械图部分主要培养学生绘制和阅读常见机器和部件的零件图和装配图的能力；绘图技能部分培养三种绘图技能，仪器绘图要求学生熟练运用绘图仪器和工具，徒手绘图要求学生利用铅笔按目测比例快速作图，计算机绘图要求学生学习计算机绘图的基本知识和操作，掌握现代化的设计手段，提高绘图效率和质量。

课程学习的主要任务：

1) 掌握正投影法的基本原理及其应用。
2) 培养绘制和阅读机械图样的基本能力。
3) 培养图解简单空间几何问题的能力。
4) 培养对三维形状与相关位置的空间逻辑思维能力和形象思维能力。
5) 培养计算机绘图技能。

2. 学习方法

1) 认真听课，掌握基本概念、基本作图方法，深刻领会正投影理论。注意由空间到平面，再由平面到空间的对应关系，能够举一反三。
2) 认真完成习题集中的作业。空间几何问题的图解能力，空间逻辑思维能力和形象思维能力的培养，是通过完成一系列的由简到难的作业而得以实现的，所以，应坚持理论联系实际，进行多次反复练习，提高构思能力和空间问题的分析能力。

3）认真绘制仪器图作业，养成正确使用绘图工具和仪器的习惯，按正确的方法和步骤绘图，遵守《技术制图》和《机械制图》国家标准的有关规定，努力培养绘制和阅读机械图样的能力。制图作业应该做到：投影正确，视图表达恰当，尺寸标注齐全，字体工整，图样整洁，符合国家标准。

工程图样在设计和生产中起着重要的作用，任何疏漏和差错，都会造成经济上的损失，因此，除了科学的学习方法之外，认真负责的学习态度和一丝不苟的精神是课程学习的重要保证。

第 1 篇

理论篇——画法几何

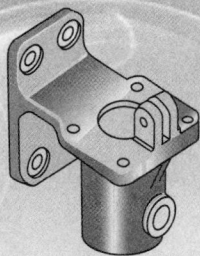

第 1 章

机械制图国家标准简介

📌 **知识要点** ▶

1) 掌握国家标准对工程图样的各项规定。

2) 充分理解并应用国家标准,使绘制的工程图样正确、清晰。

📖 引言

　　工程图样是工程界的语言,是机械行业中设计和生产的重要技术文件。为了适应生产需要和便于技术交流,对图样的画法、图线、尺寸标注以及字体、符号等内容都应该有统一的规定。这些规定由国家制定和颁布实施,国家标准简称为"国标",代号"GB"。

　　我国于 1959 年颁布了国家标准《机械制图》,其后经过多次修改,现为国家标准《技术制图》和《机械制图》。本节仅摘录了有关图纸幅面、比例、字体、图线及尺寸注法等部分国家标准,绘图时应遵照执行。

1.1　图纸幅面和标题栏

1. 图纸幅面和格式（GB/T 14689—2008）

　　绘制工程图样时,**应优先选用表 1-1 中规定的基本幅面尺寸**。必要时,也允许（选用）按规定的方法加长、加宽幅面。

　　绘制工程图样时,图纸可横放,也可以竖放。需要装订的图样,其图框格式如图 1-1 所示,周边尺寸 a、c 数值见表 1-1。当图样不需要留装订边时,其图框格式如图 1-2 所示,此时周边尺寸均为 e,其数值见表 1-1。图样中图框线要用粗实线绘制。

2. 标题栏（GB/T 10609.1—2008）

　　标题栏位于图样的右下角,每张图样中均应有标题栏。标题栏中的文字方向一般为看图方向。国家标准规定的标题栏格式如图 1-3 所示。制图作业中可根据图样种类采用图 1-4 所示的标题栏。

表 1-1 基本幅面尺寸 （单位：mm）

幅面代号	A0	A1	A2	A3	A4
$B×L$	841×1189	594×841	420×594	297×420	210×297
a	25				
c	10			5	
e	20		10		

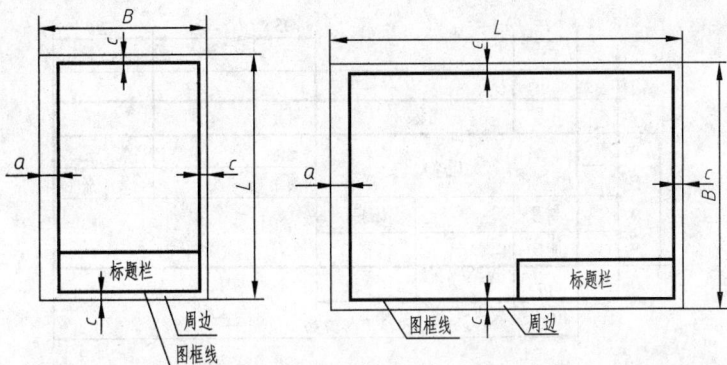

图 1-1 需装订时的图框格式

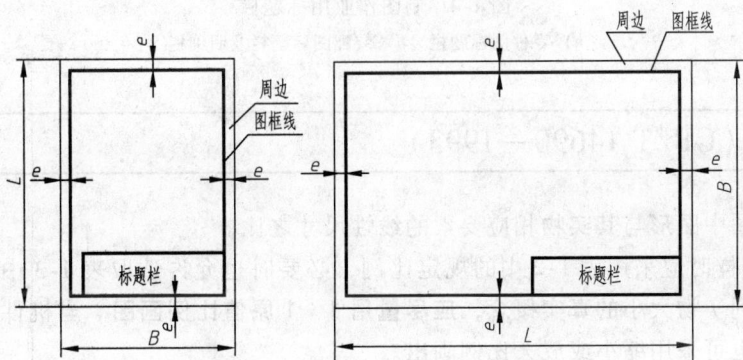

图 1-2 不需装订时的图框格式

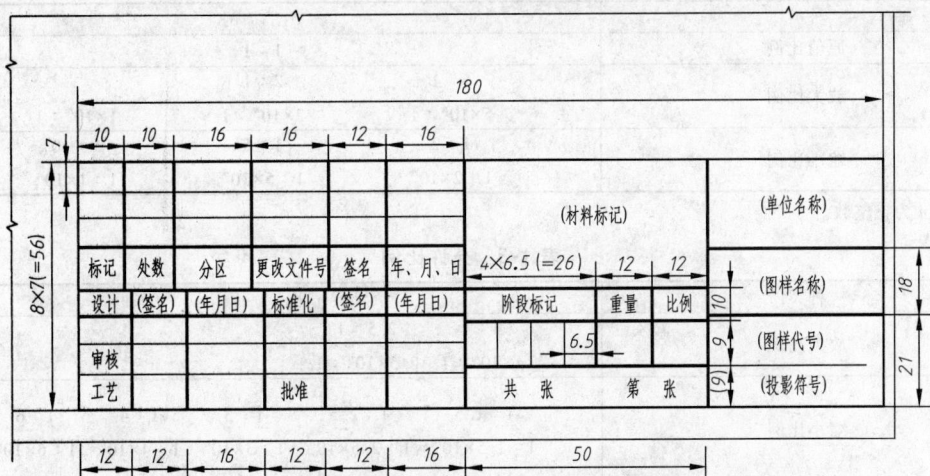

图 1-3 国家标准规定的标题栏格式

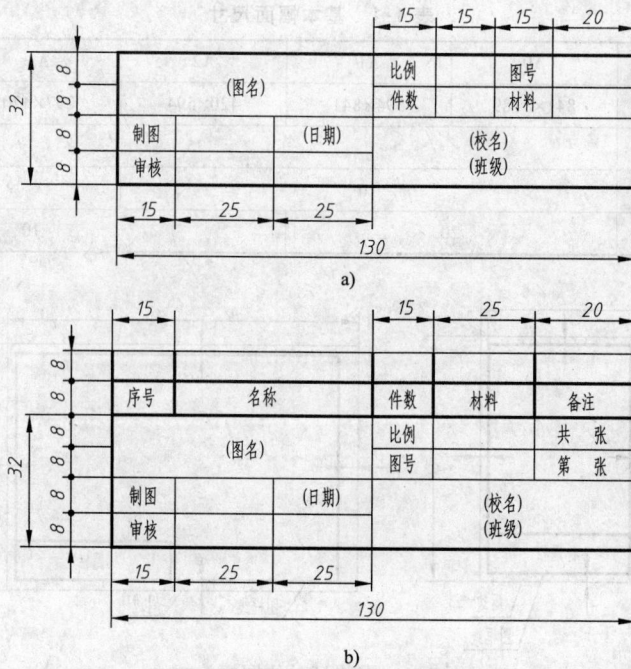

图 1-4　制图作业用标题栏

a）零件图标题栏　b）装配图标题栏及明细栏

1.2　比例（GB/T 14690—1993）

比例是指图中**图形**与其**实物**相应要素的**线性**尺寸之比。

1）绘制图样时应采用表 1-2 中的规定比例，必要时也允许选取表 1-3 中的比例。为了可以由图上得到实物大小的真实概念，**应尽量用 1:1 原值比例画图**。当机件不宜采用原值比例画图时，也可采用缩小或放大比例画出。

表 1-2　规定比例

种类	比　例		
原值比例	1:1		
放大比例	5:1	2:1	
	$5 \times 10^n : 1$	$2 \times 10^n : 1$	$1 \times 10^n : 1$
缩小比例	1:2	1:5	1:10
	$1:2 \times 10^n$	$1:5 \times 10^n$	$1:1 \times 10^n$

注：n 为正整数。

表 1-3　允许比例

种类	比　例				
放大比例	4:1	2.5:1			
	$4 \times 10^n : 1$	$2.5 \times 10^n : 1$			
缩小比例	1:1.5	1:2.5	1:3	1:4	1:6
	$1:1.5 \times 10^n$	$1:2.5 \times 10^n$	$1:3 \times 10^n$	$1:4 \times 10^n$	$1:6 \times 10^n$

注：n 为正整数。

2) 图形无论采用放大或缩小比例画出，**在标注尺寸时必须标注机件的实际尺寸**，如图 1-5 所示。

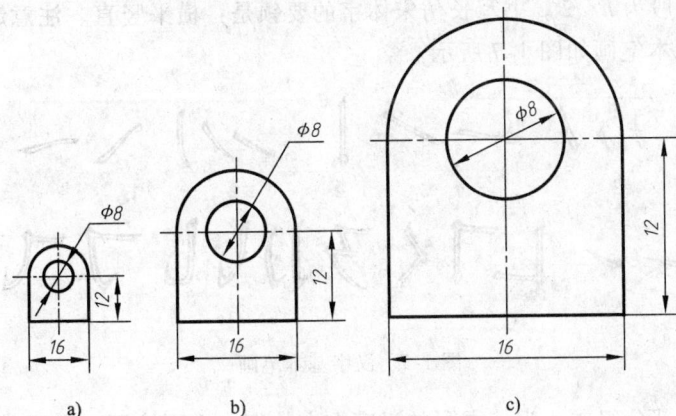

图 1-5　尺寸数字与画图比例无关
a) 1 : 2　b) 1 : 1　c) 2 : 1

3) 绘制同一机件的各个视图应尽量采用相同的比例，并在标题栏的比例一栏中填写，如 1 : 1。当某个视图需要采用不同的比例时，**必须另行标注**，如图 1-6 所示。

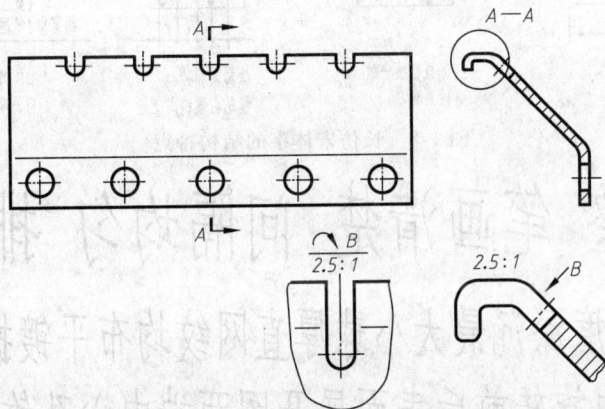

图 1-6　不同比例的视图应加标注

4) 当图形中孔的直径或薄片的厚度小于 2mm 以及斜度和锥度较小时，可不按比例而夸大画出。

1.3　字体（GB/T 14691—1993）

图样中的汉字、字母和数字很重要，写得潦草，不仅会影响图样的清晰，而且还可能给生产带来差错造成经济损失。因此，图样中书写的字体必须做到：**字体工整，笔画清楚，间隔均匀，排列整齐**。

字体的号数，即字体的高度（用 h 表示），分为 1.8mm、2.5mm、3.5mm、5mm、7mm、10mm、14mm、20mm 8 种。

1. 汉字

汉字应写成**长仿宋体字**，并采用国家正式公布推行的简化字。汉字的高度 h 不应小于 $3.5mm$，其字宽一般为 $h/\sqrt{2}$。书写长仿宋体字的要领是：横平竖直、注意起落、结构匀称、填满方格。汉字基本笔画如图 1-7 所示。

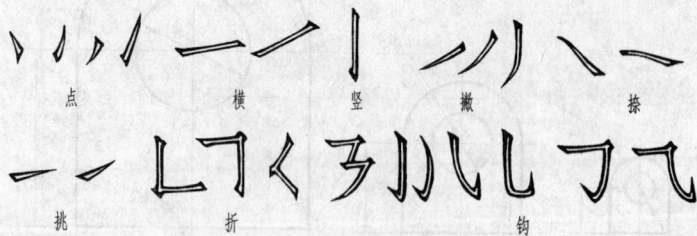

图 1-7 汉字基本笔画

汉字通常由几部分组成。为使书写的汉字左右均衡、上下协调，书写时应恰当地分配各组成部分的比例，布置合理，如图 1-8 所示。图 1-9 所示为长仿宋体字示例。

图 1-8 长仿宋体字的结构特点

图 1-9 长仿宋体字示例

2. 字母和数字

字母和数字分 A 型和 B 型。A 型字体的笔画宽度（d）为字高（h）的 1/14，B 型字体的笔画宽度（d）为字高（h）的 1/10。在同一图样上，只允许选用一种形式的字体。字母和数字有直体和斜体两种，**常用的是斜体**。斜体字字头向右倾斜，与水平方向成 75°。字母及数字示例如图 1-10 所示。

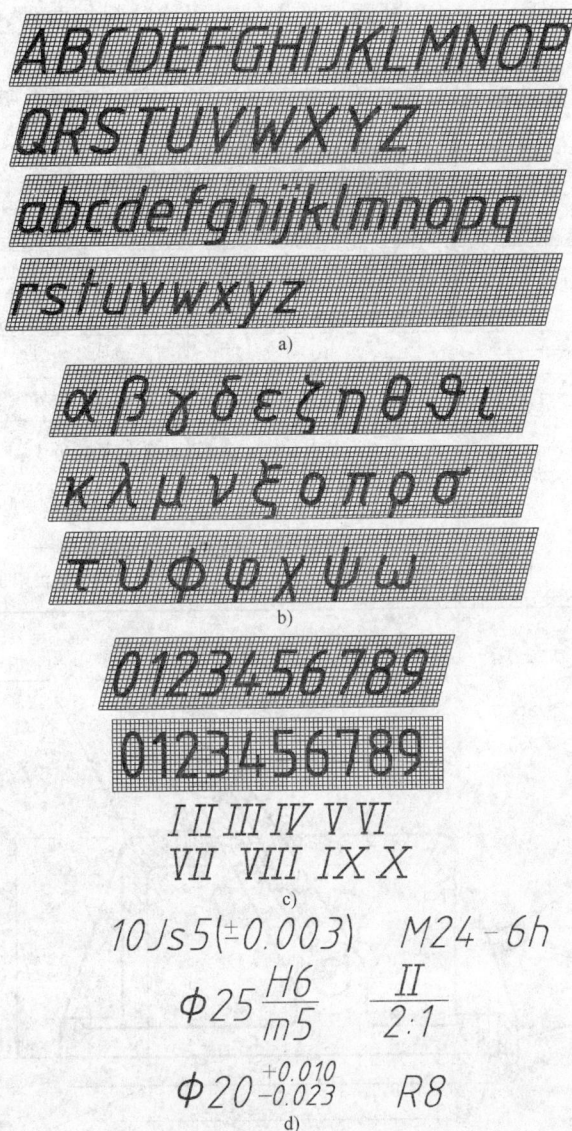

$$ABCDEFGHIJKLMNOP$$
$$QRSTUVWXYZ$$
$$abcdefghijklmnopq$$
$$rstuvwxyz$$

a)

$$\alpha\ \beta\ \gamma\ \delta\ \varepsilon\ \zeta\ \eta\ \theta\ \vartheta\ \iota$$
$$\kappa\ \lambda\ \mu\ \nu\ \xi\ o\ \pi\ \rho\ \sigma$$
$$\tau\ \upsilon\ \phi\ \psi\ \chi\ \psi\ \omega$$

b)

$$0123456789$$
$$0123456789$$

I II III IV V VI
VII VIII IX X

c)

$$10Js5(\pm0.003) \qquad M24-6h$$
$$\phi25\frac{H6}{m5} \qquad \frac{II}{2:1}$$
$$\phi20^{+0.010}_{-0.023} \qquad R8$$

d)

图 1-10 字母及数字示例

a) 拉丁字母大小写 b) 希腊字母小写 c) 阿拉伯数字、罗马数字 d) 综合应用

1.4 图线及画法（GB/T 17450—1998、GB/T 4457.4—2002）

为了使图样清晰、图线含义明确，国家标准对图线的形式及画法均做了必要的规定。

1. 图线的宽度

图线的宽度（d）应按图样的类型和尺寸大小在下列数系中选择：0.13mm，0.18mm，0.25mm，0.35mm，0.5mm，0.7mm，1mm，1.4mm，2mm。该数系的公比为 $1:\sqrt{2}$（$\approx 1:$ 1.4）。图线分粗线和细线，其宽度比率为 2：1。在同一图样中，**同类图线的宽度应一致**。

2. 工程图样中的图线形式及应用

在绘制图样时，应采用表1-4中所规定的图线。图线分粗细两种，粗线的宽度（d）应按图样的大小及复杂程度适当选择。

表1-4中列出了图线的形式、宽度及主要用途。由于图样复制中所存在的困难，应避免采用0.18mm以下宽度的图线。图1-11所示为图线应用举例。

表1-4 图线的形式、宽度及主要用途

名称	形式	宽度	主要用途
粗实线	———————	d	可见棱边线、可见轮廓线等
细实线	———————	$d/2$	尺寸线、尺寸界线、剖面线、引出线等
波浪线	～～～～	$d/2$	断裂处的边界线、视图和剖视图的分界线等
双折线	——／——／——	$d/2$	断裂处的边界线等
细虚线	– – – 3d 12d – – –	$d/2$	不可见棱边线、不可见轮廓线
细点画线	24d 3d ≤0.5d	$d/2$	轴线、对称中心线等
细双点画线	24d 3d ≤0.5d	$d/2$	可动零件的极限位置的轮廓线等

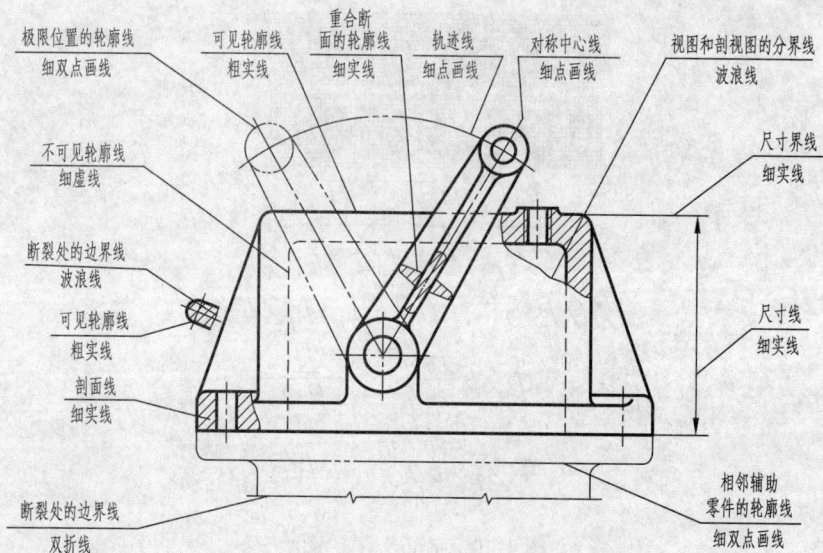

图1-11 图线应用举例

3. 图线的画法

图1-12为图线的画法，应注意以下几个问题：

1）同一图样中同类图线的宽度应一致。细虚线、细点画线及细双点画线的线段长度和间隔应各自大致相等。

2）两条平行线（包括剖面线）之间的距离应不小于图线的两倍宽度，其最小距离不得小于0.7mm。

3）绘制圆的对称中心线时，圆心处应为长画段的交点，其首末两端应是长画段。

4）在较小的图形上，绘制细点画线困难时，可用细实线代替。

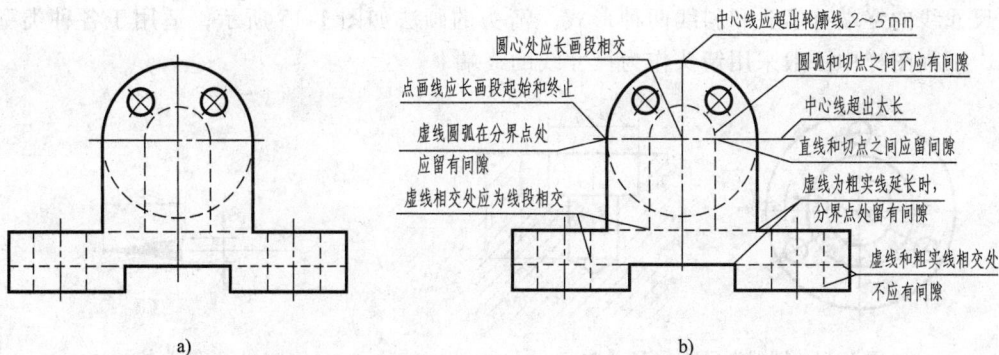

图 1-12　图线的画法

a）正确　b）错误

5）当粗实线、细虚线、细点画线相互重叠时，画线的**优先顺序**为粗实线、细虚线、细点画线。

6）细虚线、细点画线及细双点画线与其他图线相交时，都应在线段（**长画段**）处相交。

7）当细虚线是粗实线的延长线时，粗实线应画到分界点，**留有空隙再画细虚线**。当细虚线圆弧与细虚线直线相切时，细虚线圆弧应画到切点，**留有空隙再画细虚线直线**。

8）轴线、对称中心线以及细双点画线作为中断线时，**应超出相应轮廓线 2~5mm**。

1.5　尺寸标注（GB/T 4458.4—2003）

1. 基本原则

1）机件的**真实大小**应以图样上所标注的尺寸数值为依据，与图形的大小及绘图的准确度无关。

2）图样中（包括技术要求和其他说明）的尺寸，以**毫米**为单位时，**不需标注**单位符号（或名称），如采用其他单位，则应注明相应的单位符号。

3）图样中所标注的尺寸，为该图样所示机件的最后完工尺寸，否则应另加说明。

4）机件的每一尺寸，一般只标注一次，并应标注在反映该结构最清晰的图形上。

2. 尺寸的组成

一个完整的尺寸一般是由尺寸数字、尺寸线和尺寸界线所组成，如图 1-13 所示。

（1）尺寸数字　用来表示所注机件尺寸的实际大小。在工程图样中，国家标准推荐尺寸数字采用 **3.5mm 字、斜体**，如图 1-13 所示。**尺寸数字不可被任何图线所通过，否则必须将该图线断开**，如图 1-14 所示。

（2）尺寸线　用来表示尺寸度量的方向。尺寸线用**细实线**绘制。尺寸线应与所标注的线

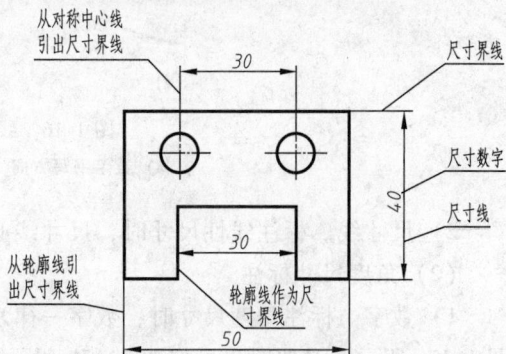

图 1-13　尺寸的组成

段平行。尺寸线不能用其他图线代替，不得与其他图线重合或画在其延长线上。尺寸线应与图线及尺寸线之间距离在 **7~10mm** 之间，如图 1-13 和图 1-14 所示。

尺寸线的终端有箭头和斜线两种形式。箭头的画法如图 1-15 所示，适用于各种类型的图样，工程图样中一般采用**箭头**作为尺寸线的终端。

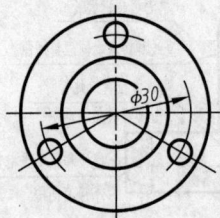

图 1-14　图线断开书写尺寸数字

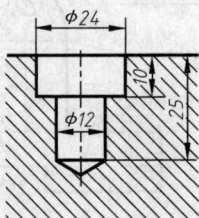

图 1-15　箭头的画法

（3）尺寸界线　用来表示所注尺寸的范围。尺寸界线用**细实线**绘制，应由图形的轮廓线、轴线或对称中心线引出。也可以利用图形轮廓线、轴线或对称中心线作为尺寸界线。尺寸界线一般应与尺寸线垂直，并**超出箭头末端 2mm** 左右。箭头与尺寸界线刚好相交。

3. 标注尺寸有关规定

（1）线性尺寸标注

1）数字。标注线性尺寸时，**水平方向尺寸数字应注写在尺寸线上方，数字头朝上，垂直方向尺寸数字应注写在尺寸线的左边，数字头朝左，倾斜方向的尺寸数字要保持数字头朝上的趋势**，如图 1-16 所示。图 1-16a 所示 30°范围内应尽量避免标注尺寸。当无法避免时，也可按图 1-16b 所示形式之一标注。必要时也允许注写在尺寸线的中断处。

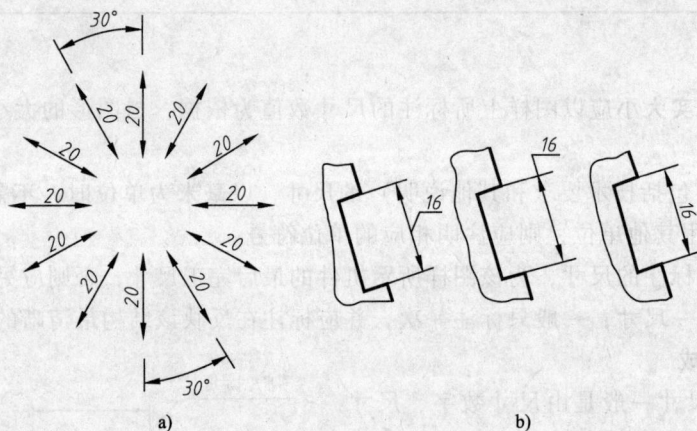

图 1-16　线性尺寸数字注法
a）数字书写方向　b）30°内数字注写形式

2）尺寸线。标注线性尺寸时，尺寸线必须与所标注的线段平行。

（2）角度尺寸标注

1）数字。标注角度尺寸时，数字一律**水平方向书写**，一般注写在**尺寸线的中断处**，如图 1-17a 所示。必要时也可按图 1-17b 所示形式标注。

2）尺寸线。标注角度时，尺寸线应画成圆弧，其圆心是该角的顶点。如图 1-17 所示。

（3）直径、半径尺寸标注

1）标注直径尺寸时，应在尺寸数字前加注符号"ϕ"。标注半径时，应在尺寸数字前加

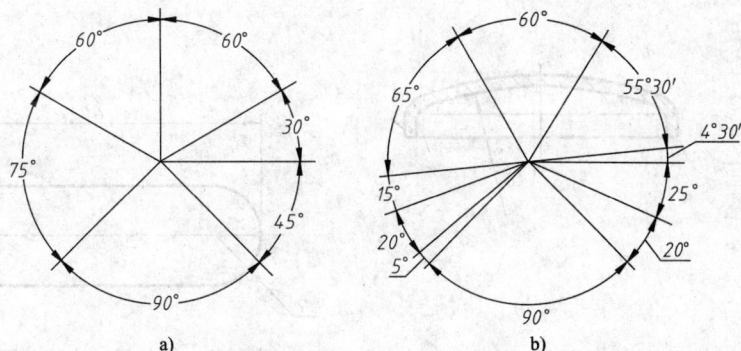

图 1-17　角度尺寸数字注法

a）数字水平书写　b）数字注写形式

注符号"R"。标注球的直径或半径尺寸时，应在符号"φ"或"R"前再加注符号"S"。如图 1-18 和图 1-19 所示。

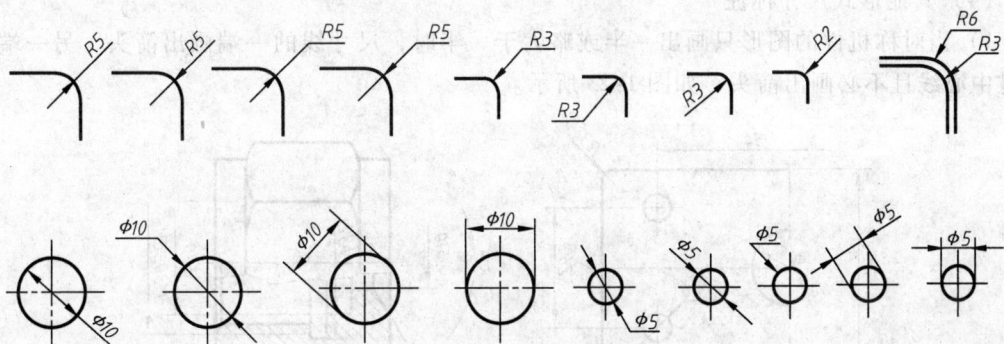

图 1-18　直径、半径尺寸标注示例

2）圆的直径和圆弧半径的尺寸注法，如图 1-20 所示。当圆弧的半径过大或在图纸范围内无法标出圆心位置时，可按图 1-21a 所示形式标注。若不需要标出圆心位置时，可按图 1-21b 所示形式标注。

3）当需要指明半径尺寸是由其他尺寸所确定时，应用尺寸线和符号"R"标出，但不要

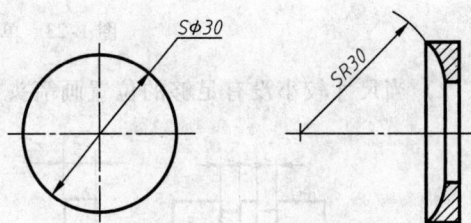

图 1-19　球尺寸标注示例

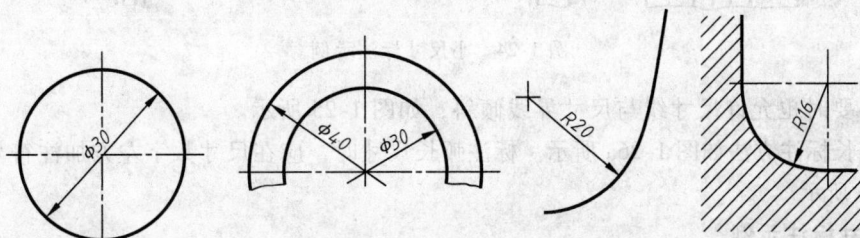

图 1-20　圆的直径和圆弧半径的尺寸注法

注写尺寸数字，如图 1-22 所示。

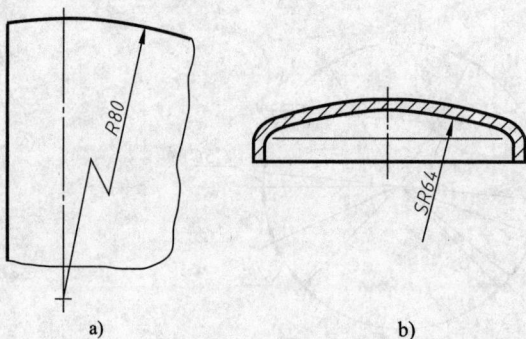

图 1-21 大圆弧的尺寸注法

a）标出圆心位置趋向   b）不需要标出圆心位置

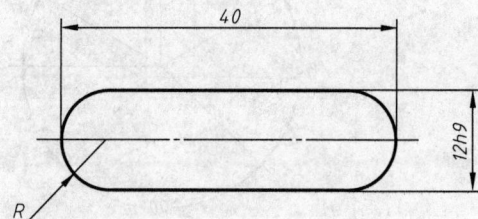

图 1-22 半径尺寸有特殊要求时的注法

4）当以圆弧为尺寸界线标注直径尺寸和半径尺寸时，尺寸线一定通过圆心或指向圆心，如图 1-18～图 1-22 所示。

（4）其他形式尺寸标注

1）当对称机件的图形只画出一半或略大于一半时，尺寸线的一端画出箭头，另一端**略超过中心线且不必画出箭头**，如图 1-23 所示。

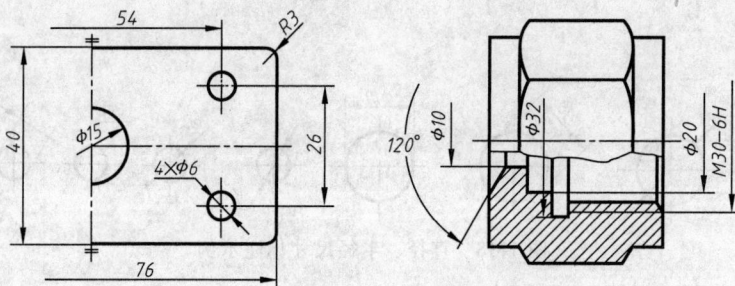

图 1-23 单箭头尺寸标注示例

2）当尺寸较小没有足够的位置画箭头或注写数字时，可按图 1-24 所示形式标注。

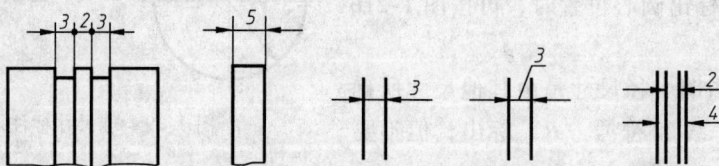

图 1-24 小尺寸标注示例

3）必要时也允许尺寸线与尺寸界线倾斜，如图 1-25 所示。

4）弦长标注方法如图 1-26a 所示。标注弧长尺寸时，应在尺寸数字左方加注符号"⌒"，如图 1-26b 所示。

4. 尺寸标注示例

图 1-27 所示为尺寸标注的正误对比，从中看出在标注尺寸时容易出现的错误。

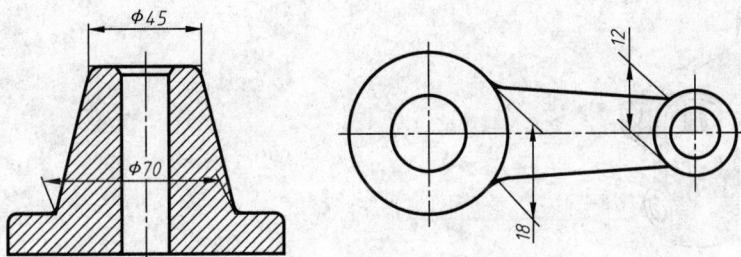

图 1-25 尺寸线与尺寸界线倾斜示例

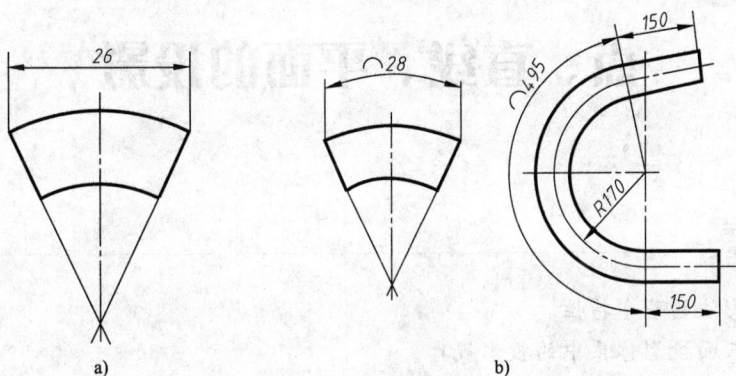

图 1-26 弦长和弧长标注方法

a）弦长标注方法 b）弧长标注方法

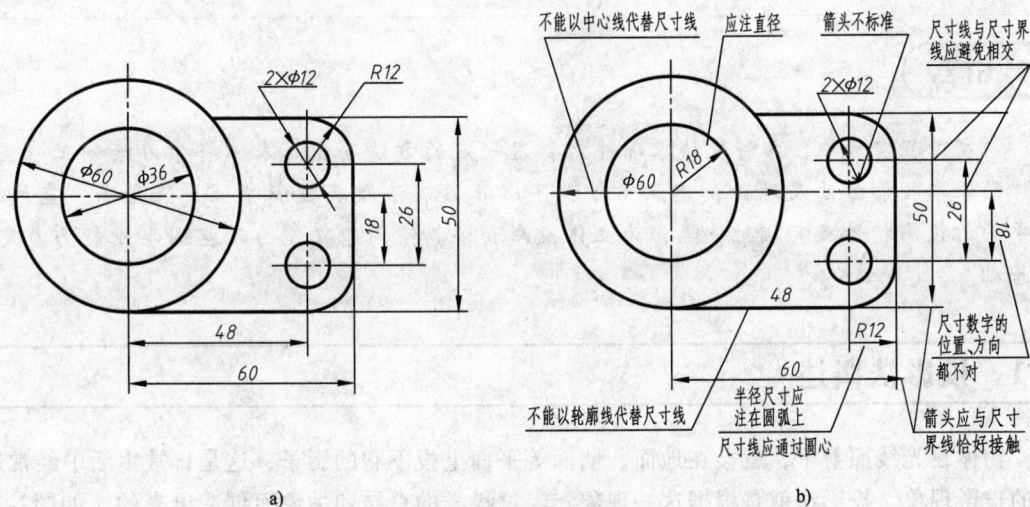

图 1-27 尺寸标注的正误对比

a）正确 b）错误

第 2 章

点、直线、平面的投影

知识要点

1）正投影法的基本特性。
2）点在三面投影体系中的投影规律。
3）各种位置直线的投影特性；一般位置线段求实长；直线上的点；两直线的相对位置。
4）各种位置平面的投影特性；平面上的点和直线。
5）直线和平面、平面和平面的相对位置。

引言

在工程实际中，各种机械零部件需要用一定的方法绘出。本章将学习绘制工程图样的基本投影方法及理论，重点学习和了解正投影法及其投影特性，研究点、直线、平面的投影特性及其相对位置，为立体投影和培养空间想象能力及空间思维能力奠定基础。

2.1 投影法概述

物体在光线照射下，就会在地面、墙面等平面上投下它的影子，这是日常生活中经常遇到的投影现象。投影法就是根据这一现象，经过科学的总结和抽象而创造出来的。如图2-1a所示，光源 S 称为投射中心，光线称为投射线，H 平面称为投影面。过点 S 与 $\triangle ABC$ 的顶点 A、B、C 作投射线 SA、SB、SC，其延长线与投影面 H 交于 a、b、c，这些交点称为空间点 A、B、C 在投影面 H 上的投影。**投射线通过物体，向选定的投影面投射，并在该面上得到图形的方法称为投影法**。在工程上常用各种投影方法绘制工程图样。

2.1.1 投影法分类

常见的投影法有两类，即中心投影法和平行投影法。

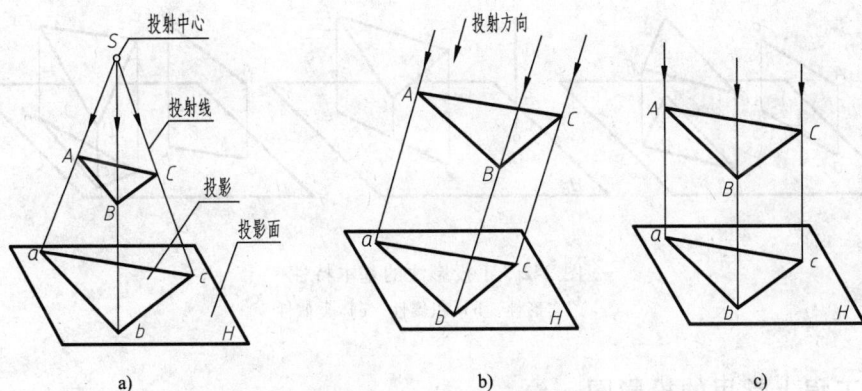

图 2-1 中心投影法和平行投影法

a）中心投影法 b）斜投影法 c）正投影法

1. 中心投影法

投射线都汇交于投射中心的投影法称为中心投影法。如图 2-1a 所示，通过投射中心 S 作出了 $\triangle ABC$ 在投影面 H 上的投影 $\triangle abc$。

中心投影法的特点是物体投影的大小，会随着投射中心、物体、投影面三者的相对距离而发生变化，不能很好地反映物体的真实形状和大小，但能绘制出立体感很强的透视图，故常用来绘制建筑物的外观图。

2. 平行投影法

若将投射中心 S 移至无穷远处，则所有的投射线可视为互相平行。这种投射线互相平行的投影法，称为平行投影法，如图 2-1b、c 所示。

根据投射线与投影面的相对位置，平行投影法又分为斜投影法和正投影法。

投射线与投影面倾斜的平行投影法称为斜投影法，如图 2-1b 所示。**投射线垂直于投影面的平行投影法称为正投影法**，如图 2-1c 所示。

正投影法的投射方向垂直于投影面，更能真实地表示物体的形状和大小，因此工程图样大多采用正投影法绘制。为了简便，将"正投影"简称为"投影"。

2.1.2 正投影法的基本特性

1. 实形性

当直线或平面平行于投影面时，直线的投影反映实长，平面的投影反映实形，这种性质称为实形性，如图 2-2a 所示。

2. 积聚性

当直线或平面垂直于投影面时，直线的投影积聚为一个点，平面的投影积聚为一条直线，这种性质称为积聚性，如图 2-2b 所示。

3. 类似性

当直线或平面倾斜于投影面时，直线的投影仍为直线，平面的投影仍为平面，但直线或平面的投影小于实长或实形，这种性质称为类似性，如图 2-2c 所示。直线 AB 的投影 ab 比实长短；平面 CDE 的投影 cde 为类似形，图形的基本特征不变，面积变小。

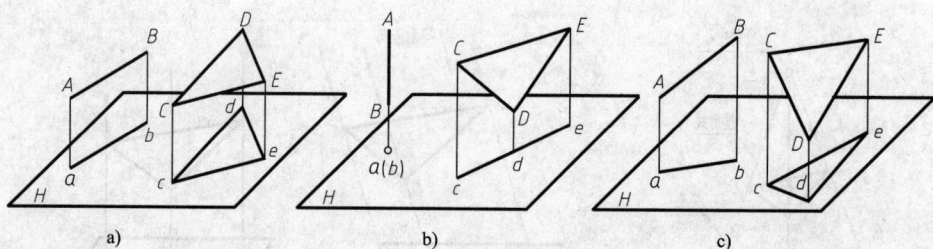

图 2-2　正投影法的基本特性

a）实形性　b）积聚性　c）类似性

2.1.3　工程上常用的投影图

1. 多面正投影图

仅凭一个投影图不能唯一确定空间物体的形状和位置，利用正投影的方法，将物体投射到两个或两个以上相互垂直的投影面上，然后再将这些投影面展开到同一个平面上，得到的投影图称为多面正投影图，如图 2-3 所示。

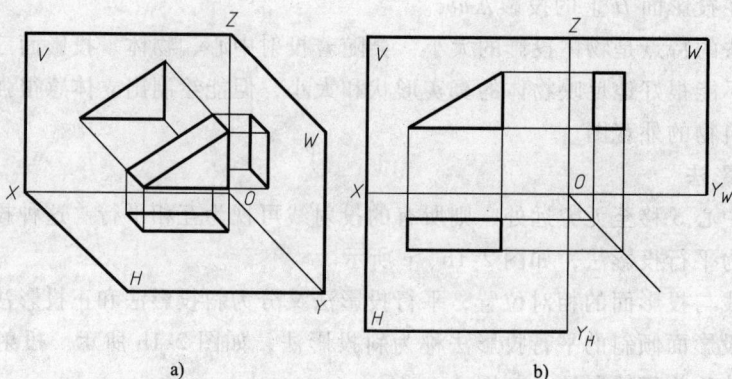

图 2-3　多面正投影图

多面正投影图能反映空间物体的实际形状和大小，度量性好，且作图简便，在工程界被广泛应用，其缺点是直观性差。

2. 轴测投影图

用平行投影法将物体连同确定其空间位置的直角坐标系，沿不平行于任一坐标面的方向一起投射到单一投影面上所得到的图形，称为轴测投影图，如图 2-4 所示。

轴测图作图比较麻烦，度量性差，但其直观性较好，所以在工程中经常作为辅助图样使用。

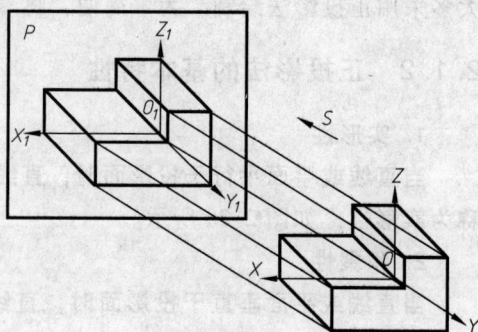

图 2-4　轴测投影图

3. 透视图

用中心投影法将物体投射到单一个投影面上所得到的图形，称为透视投影图，简称为透视图，如图 2-5 所示。

透视图直观性较强，但度量性差，且作图复杂，所以一般用于绘画和建筑设计中。

4. 标高投影图

用正投影法将物体投射到一个水平投影面上所得到的图形，称为标高投影图，如图 2-6 所示。作标高投影图时应在图上画出一系列等高线，并在等高线上标出高度尺寸。标高投影图一般用于不规则曲面的表达，如地形图等。

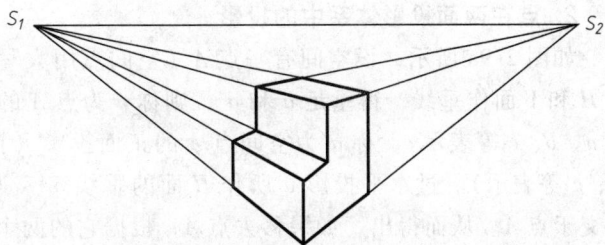

图 2-5 透视图

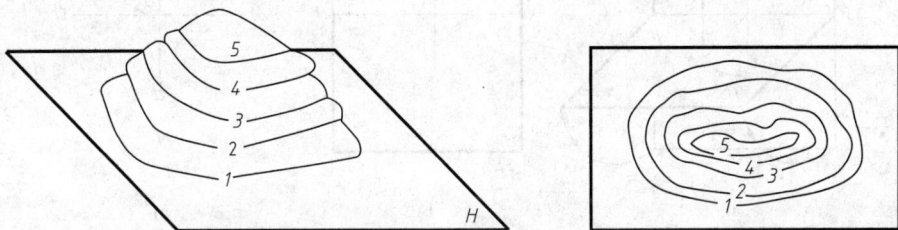

图 2-6 标高投影图

2.2 点的投影

任何形体都是由点、直线、平面等几何要素构成的，要正确地绘制和阅读形体的投影，必须掌握点、直线、平面等几何元素的投影特性。而点又是最基本的几何元素，研究点的投影规律是掌握其他几何元素投影特性的基础。

过空间点 A 作一投射线垂直于投影面 H，投射线与 H 面的交点 a 为空间点 A 在投影面 H 上的投影，如图 2-7 所示。但投影面上点 a，可认为是投射线上所有点（如点 A、A_0 等）的投影。所以，已知点的一面投影不能确定空间点的唯一位置。

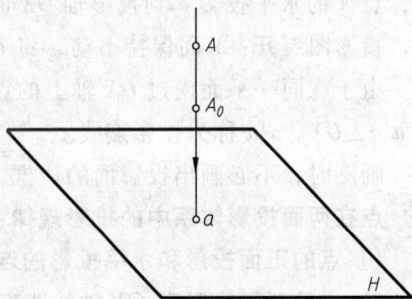

图 2-7 点的投影

2.2.1 点的两面投影

1. 两面投影体系

两面投影体系是由相互垂直的两个投影面组成的，其中直立的投影面为正立投影面（简称为正面），用 V 表示，另一个面为水平投影面（简称为水平面），用 H 表示，两投影面的交线称为投影轴，用 OX 表示。V 面和 H 面将空间分成四个区域，称为四个分角，分角 Ⅰ、Ⅱ、Ⅲ、Ⅳ 的顺序如图 2-8 所示。我国国家标准规定采用第 Ⅰ 分角投影。

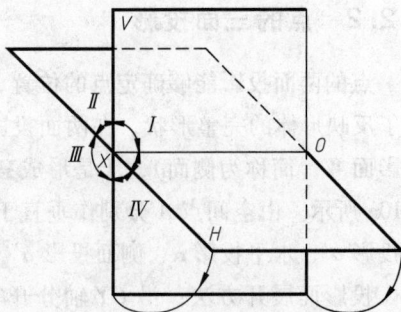

图 2-8 两面投影体系

2. 点在两面投影体系中的投影

如图 2-9a 所示，设空间有一点 A（空间点用大写字母 A、B、C 等表示），过点 A 分别向 H 和 V 面作垂线，得垂足 a 和 a'，则称 a 为点 A 的水平投影（水平投影用相应的小写字母 a、b、c 等表示），称 a' 为空间点 A 的正面投影（正面投影用相应的小写字母加一撇 a'、b'、c' 等表示）。过水平投影 a 所作 H 面的垂线 aA，与过正面投影 a' 所作 V 面的垂线 $a'A$，必交于点 A。从而得出，如果移去点 A，根据它的两个投影可以确定点 A 的位置。

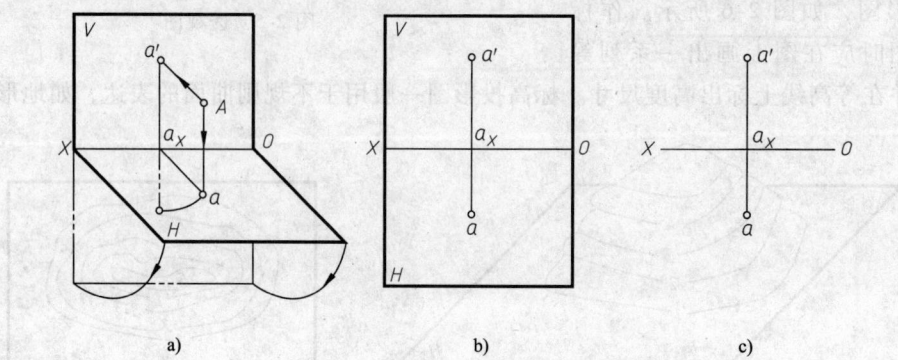

图 2-9　点在两面投影体系中的投影
a）立体图　b）投影面展开　c）投影图

由于平面 $Aa'a_Xa$ 分别与 V 面、H 面垂直，所以这三个互相垂直的平面必定交于一点 a_X，且三条交线也互相垂直，即 $a'a_X \perp OX$、$aa_X \perp OX$、$a'a_X \perp a_Xa$。又因四边形 $Aa'a_Xa$ 为矩形，所以 $a'a_X = Aa$，即点 A 的正面投影 a' 到投影轴 OX 的距离等于点 A 到 H 面的距离；同理，点 A 的水平投影 a 到投影轴 OX 的距离等于点 A 到 V 面的距离。

投影图展开：V 面保持不动，将 H 面绕 OX 轴向下旋转 $90°$，与 V 面重合，如图 2-9b 所示。由于在同一平面内过 OX 轴上的点 a_X 只能作一条直线与其垂直，所以 a'、a_X、a 共线，即 $a'a \perp OX$。$a'a$ 称为投影连线。

画图时，不必画出投影面的边框，图 2-9c 所示为点 A 的两面投影图。

点在两面投影体系中的投影规律：

1）点的正面投影和水平投影的连线垂直于 OX 轴，即 $a'a \perp OX$。

2）点的正面投影到 OX 轴的距离等于该点到 H 面的距离，即 $a'a_X = Aa$；点的水平投影到 OX 轴的距离等于该点到 V 面的距离，即 $aa_X = Aa'$。

2.2.2　点的三面投影

点的两面投影能够确定点的位置，但两面投影图对于某些形体的侧面形状不能表达清楚。为了反映形体的完整形状，在两面投影体系的基础上，再设立一个与 V 面、H 面都垂直的侧立投影面 W（简称为侧面），于是形成三面投影体系。三条投影轴 OX、OY、OZ 交于 O 点，如图 2-10a 所示。由空间点 A 分别作垂直于 V 面、H 面、W 面的投射线，与投影面相交得点 A 的正面投影 a'、水平投影 a、侧面投影 a''（点的侧面投影用相应的小写字母加两撇表示）。

投影面展开方法：沿 OY 轴分开 H 面和 W 面，V 面保持不动，H 面向下旋转、W 面向右旋转到都与 V 面重合，如图 2-10b 所示。这时，OY 轴成为 H 面上的 OY_H 和 W 面上的 OY_W。

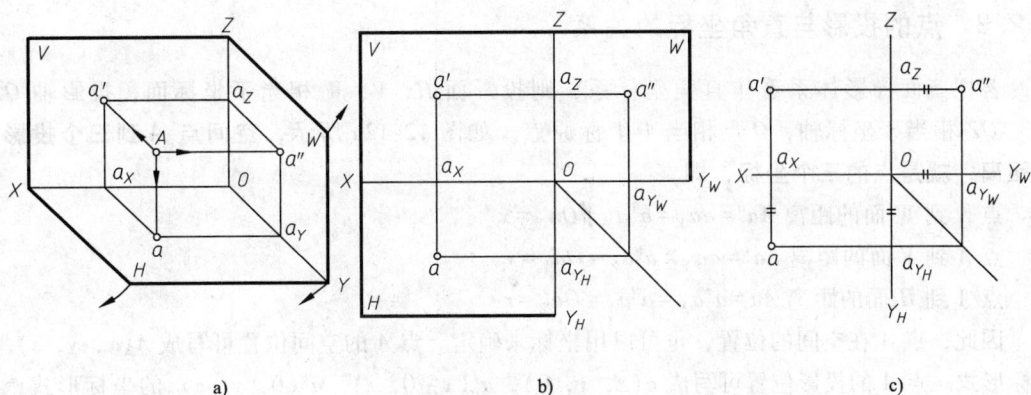

图 2-10 点在三面投影体系中的投影

a）立体图 b）投影面展开 c）投影图

根据点的两面投影规律，可得出**点的三面投影规律**，如图 2-10c 所示。

1）点 A 的正面投影 a' 与水平投影 a 的连线垂直于 OX 轴，即 $aa' \perp OX$。

2）点 A 的正面投影 a' 与侧面投影 a'' 的连线垂直于 OZ 轴，即 $a'a'' \perp OZ$。

3）点 A 的水平投影 a 到 OX 轴的距离 aa_X 等于点 A 的侧面投影 a'' 到 OZ 轴的距离 $a''a_Z$，即 $aa_X = a''a_Z$，均反映点 A 到 V 面的距离。

根据上述规律可知，若已知点的任意两个投影，则该点在空间的位置就确定了。因此，它的第三投影也是唯一确定的。

例 2-1 已知点 A 的正面投影 a' 和侧面投影 a''，求作其水平投影 a，如图 2-11a 所示。

解 根据点的三面投影规律，所求点 A 的水平投影 a 与正面投影 a' 的连线垂直于 OX 轴，且 a 到 OX 轴的距离等于 a'' 到 OZ 轴的距离，即 $aa_X = a''a_Z$。

由 a' 作 OX 轴的垂线 $a'a_X$，如图 2-11b 所示。量取已知的 $a''a_Z$ 距离，由 a_X 在 $a'a_X$ 延长线上截取 $aa_X = a''a_Z$，所得点 a 即为点 A 的水平投影，如图 2-11c 所示（此题也可以用如图 2-10c 所示方法求解）。

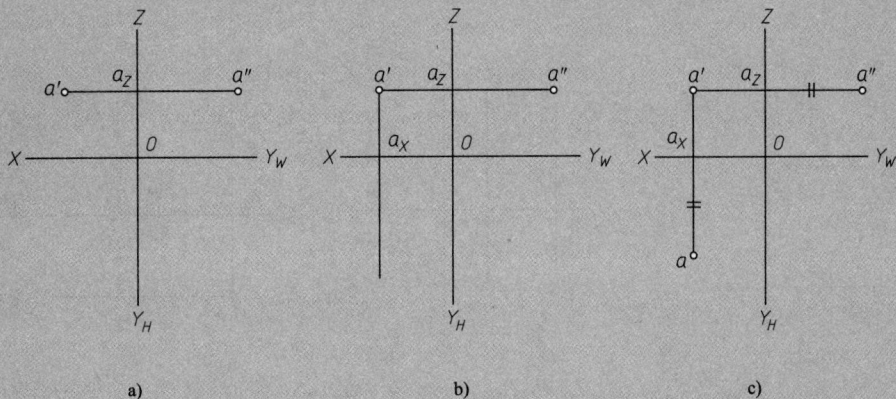

图 2-11 由点的两投影求第三投影

a）已知条件 b）作图过程 c）作图结果

2.2.3 点的投影与直角坐标的关系

若把三面投影体系看作直角坐标系，则投影面 H、V、W 相当于坐标面，投影轴 OX、OY、OZ 相当于坐标轴，O 点相当于坐标原点。如图 12-12a 所示，**空间点 A 到三个投影面的距离，就是点的三个坐标**，即

点 A 到 W 面的距离 $Aa'' = aa_Y = a'a_Z = Oa_X = x$

点 A 到 V 面的距离 $Aa' = aa_X = a''a_Z = Oa_Y = y$

点 A 到 H 面的距离 $Aa = a'a_X = a''a_Y = Oa_Z = z$

因此，点 A 在空间的位置，也可以用坐标来确定。点 A 的空间位置可写成 $A(x, y, z)$ 的坐标形式。点 A 的投影位置可写成 $a(x, y, 0)$，$a'(x, 0, z)$，$a''(0, y, z)$ 的坐标形式，如图2-12b所示。由此可见，点的任意两个投影都反映了点的三个坐标，故能确定点的空间位置。有了点的坐标值，就可确定它的投影图；反之，有了点的投影图，也可确定该点的坐标值。

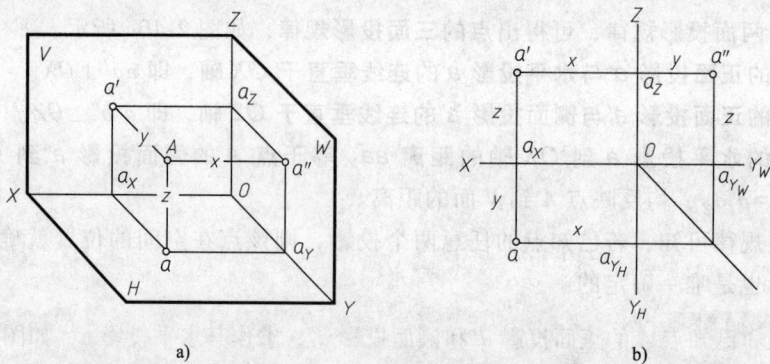

图 2-12　点的投影与直角坐标的关系
a）立体图　b）投影图

例 2-2　已知点 $A(15, 10, 16)$，求作它的三面投影。

解　根据点 A 的三个坐标，即可确定点 A 的三面投影。在 OX 轴上自点 O 向左量取 $x = 15$mm 得 a_X，如图 2-13a 所示。自 a_X 作 OX 轴的垂线，并在垂线上从 a_X 沿 OY_H 轴方

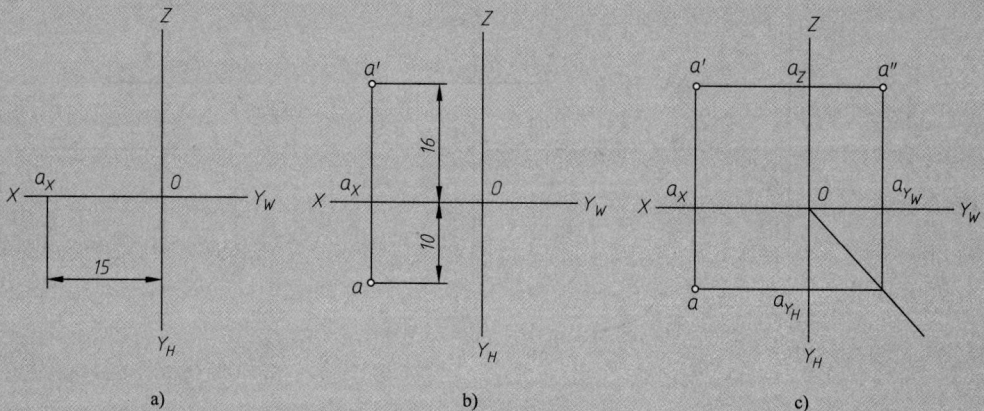

图 2-13　由点的坐标作点的三面投影
a）作图过程（1）　b）作图过程（2）　c）作图结果

向量取 $y = 10\text{mm}$ 得水平投影 a，向上沿 OZ 轴方向量取 $z = 16\text{mm}$ 得正面投影 a'，如图 2-13b 所示。根据 a、a' 两投影就可求出 a''，如图 2-13c 所示。

在图 2-14a 中，点 B 在 H 面上，其 z 坐标为零，所以它的水平投影 b 与点 B 本身重合，正面投影 b' 落在 OX 轴上，侧面投影 b'' 落在 OY_W 轴上；而点 C 在 OX 轴上，其坐标 z 和 y 都为零，所以点 C 的水平投影 c 和正面投影 c' 都与点 C 本身重合，侧面投影 c'' 落在原点 O 上。B、C 两点的三面投影图，如图 2-14b 所示。

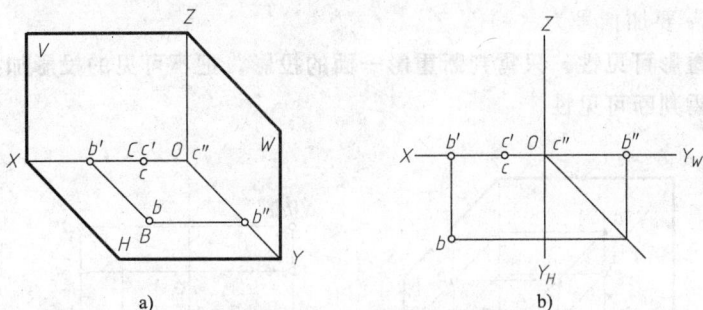

图 2-14 投影面和投影轴上的点

a）立体图　b）投影图

2.2.4　两点的相对位置

空间两点的相对位置关系，是指它们之间的左右、前后、上下的相对位置，在投影图上可由两点投影的 x、y、z 坐标（两点相对于投影面的距离）的关系判断。

x 坐标确定两点的左、右相对位置，坐标大者其位置为左方，反之为右方。

y 坐标确定两点的前、后相对位置，坐标大者其位置为前方，反之为后方。

z 坐标确定两点的上、下相对位置，坐标大者其位置为上方，反之为下方。

图 2-15 所示为 A、B 两点的三面投影图。由正面投影和水平投影可知 $x_B > x_A$，即点 B 在点 A 的左方；由水平投影和侧面投影可知 $y_B < y_A$，即点 B 在点 A 的后方；由正面投影和侧面投影可知 $z_B < z_A$，即点 B 在点 A 的下方。因而，点 B 在点 A 的左方、后方、下方。

据此得出：由已知两点的三个投影判断其相对位置时，可根据正面投影或侧面投影判断上、下位置；根据正面投影或水平投影判断左、右位置；根据水平投影或侧面投影判断前、后位置。

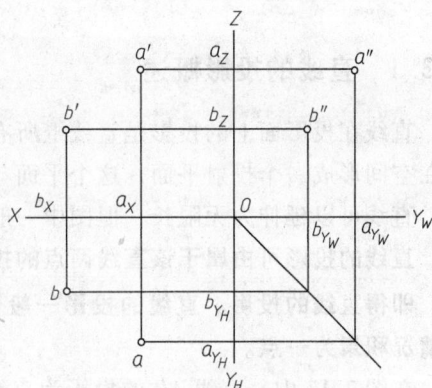

图 2-15 A、B 两点的三面投影图

2.2.5　重影点

当空间两点位于某个投影面的同一条投射线上时，这两点在该投影面上的投影重合为一点，称这两点为对该投影面的重影点。在图 2-16a 中，A、B 两点在 V 面的同一条投射线上，其 V 面投影重合，它们是对 V 面的重影点。图 2-16a 中 A、E 两点是对 H 面的重影点。

在投影图中，当两点的同面投影出现重影时，需要判断这两个点中哪个点是可见的，哪个点是不可见的。判断的方法是利用两点不重影的投影，以坐标大小来判断重影点的可见性。若在 V 面重影，y 坐标大的可见，小的不可见（即前遮后）；若在 H 面重影，z 坐标大的可见，小的不可见（即上遮下）；若在 W 面重影，x 坐标大的可见，小的不可见（即左遮右）。例如：在图 2-16b 中，A、B 两点的正面投影 a'、b' 重合为一点，观察其水平投影可知点 A 在点 B 的前方，即 $y_A > y_B$，所以向 V 面投影时，点 A 可见，点 B 不可见。对不可见的投影，在标记时，规定加括号表示，如 (b')。在图 2-16b 中，A、E 两点为 H 面的重影点，由于 $z_A > z_E$，因此，e 要加括号为 (e)。

注意：两点重影可见性，只需判断重影一面的投影，把不可见的投影加括号，另外两面投影不重合，不需判断可见性。

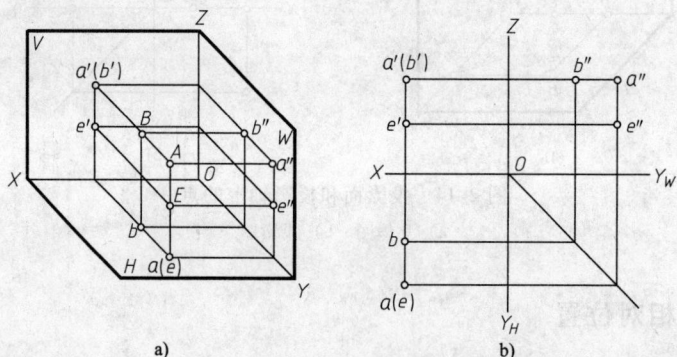

图 2-16　重影点

a）立体图　b）投影图

2.3　直线的投影

2.3.1　直线的投影概述

直线在投影面上的投影是直线上所有点在该投影面上投影的集合。过直线上各点的投射线在空间形成一个投射平面，这个平面与投影面相交于一直线，该交线就是直线的投影。

直线可以延伸为无限长，但图中一般用线段表示。

直线的投影可由属于该直线两点的投影来确定。将直线两端点的同面投影用粗实线连接，即得直线的投影。直线的投影一般仍为直线，特殊情况积聚为一点。

在图 2-17 中，直线 AB 的投影为直线 ab。当直线垂直于投影面时，其投影成为一个点。在图 2-17 中，直线 CD 的投影为点 $c(d)$。

如已知直线 AB 上两端点 A 和 B 的三面投影，用粗实线分别连接两点的同面投影，则可得直线 AB 的三面投影，如图 2-18 所示。

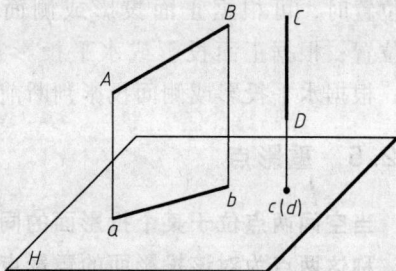

图 2-17　直线的投影

2.3.2 各种位置直线的投影特性

在三面投影体系中，**直线按其与投影面的相对位置，可分为三类，即一般位置直线、投影面平行线和投影面垂直线**，后两类称为特殊位置直线。

空间直线与其投影面所夹锐角称为直线对投影面的倾角。直线对 H、V、W 面的倾角分别用 α、β、γ 表示，如图 2-18a 所示。

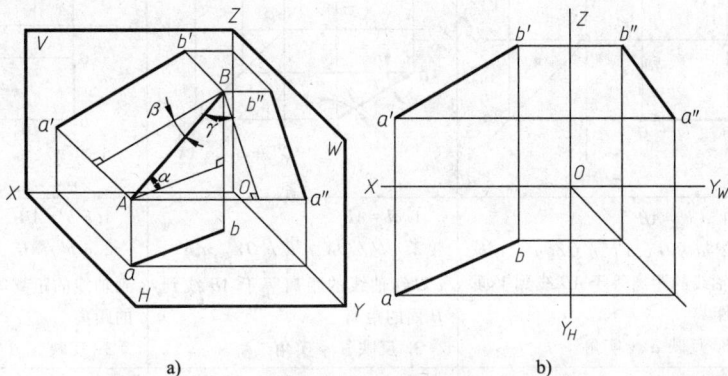

图 2-18 一般位置直线
a) 立体图 b) 投影图

1. 一般位置直线

与三个投影面都倾斜的直线，称为一般位置直线，如图 2-18 所示。从图 2-18 中可看出：AB 的三个投影 ab、$a'b'$、$a''b''$ 都倾斜于投影轴，且 $ab = AB\cos\alpha < AB$，$a'b' = AB\cos\beta < AB$，$a''b'' = AB\cos\gamma < AB$。同时，还可看出：$AB$ 的投影与投影轴的夹角，不等于 AB 对投影面的倾角。

由此可得一般位置直线的投影特性：

1) 三个投影都倾斜于投影轴，为斜线。
2) 投影长度均小于实长。
3) 投影与投影轴的夹角不反映直线对投影面的倾角。

2. 投影面平行线

平行于一个投影面且与另外两个投影面倾斜的直线，称为投影面平行线。平行于 V 面的直线称为正平线；平行于 H 面的直线称为水平线；平行于 W 面的直线称为侧平线，见表 2-1。

表 2-1 投影面平行线

平行线名称	正平线 （∥V 面、倾斜于 H 面和 W 面）	水平线 （∥H 面、倾斜于 V 面和 W 面）	侧平线 （∥W 面、倾斜于 H 面和 V 面）
立体图			

（续）

平行线名称	正平线 （∥V面、倾斜于H面和W面）	水平线 （∥H面、倾斜于V面和W面）	侧平线 （∥W面、倾斜于H面和V面）
投影图			
投影特性	1. $a'b' = AB$ 2. $ab \parallel OX$，$a''b'' \parallel OZ$，ab、$a''b''$到轴线的距离等于AB线到V面的距离 3. 反映α、γ实角	1. $ab = AB$ 2. $a'b' \parallel OX$，$a''b'' \parallel OY_W$、$a'b'$、$a''b''$到轴线的距离等于AB线到H面的距离 3. 反映β、γ实角	1. $a''b'' = AB$ 2. $a'b' \parallel OZ$，$ab \parallel OY_H$、$a'b'$、ab到轴线的距离等于AB线到W面的距离 3. 反映α、β实角
实例			

由表2-1可得投影面平行线的投影特性：

1）在平行的投影面上的投影为斜线，反映实长。

2）反映实长的投影与投影轴的夹角，分别反映空间直线对另外两投影面的倾角。

3）在另外两个投影面上的投影为直线，直线平行于相应的投影轴，并小于实长，且两投影到投影轴的距离等于平行线到所平行投影面的距离。

3. 投影面垂直线

垂直于一个投影面（必平行于另外两个投影面）的直线，称为投影面垂直线。垂直于H面的直线称为铅垂线；垂直于V面的直线称为正垂线；垂直于W面的直线称为侧垂线，见表2-2。

表2-2　投影面垂直线

垂直线名称	铅垂线 （⊥H面、∥V面、∥W面）	正垂线 （⊥V面、∥H面、∥W面）	侧垂线 （⊥W面、∥H面、∥V面）
立体图			

（续）

垂直线名称	铅垂线 (⊥H面、//V面、//W面)	正垂线 (⊥V面、//H面、//W面)	侧垂线 (⊥W面、//H面、//V面)
投影图			
投影特性	1. ab 积聚为一点 2. $a'b'$ // OZ，$a''b''$ // OZ 3. $a'b' = a''b'' = AB$	1. $a'b'$ 积聚为一点 2. ab // OY_H，$a''b''$ // OY_W 3. $ab = a''b'' = AB$	1. $a''b''$ 积聚为一点 2. $a'b'$ // OX，ab // OX 3. $a'b' = ab = AB$
实例			

由表 2-2 可得**投影面垂直线的投影特性：**

1）在垂直的投影面上的投影，积聚为一点。

2）在另外两个投影面上的投影，平行于相应的投影轴且反映实长。

2.3.3 一般位置线段的实长及其对投影面的倾角

一般位置线段的投影既不反映线段的实长，也不反映它对投影面的倾角。但是，一般位置线段的两个投影已完全确定它的空间位置，因此，**可在投影图上用图解法求出该线段的实长和对投影面的倾角。**

图 2-19a 所示 AB 为一般位置线段，过点 A 作 AC // ab，则得直角三角形 ABC。该直角三角形的一条直角边 $AC = ab$（即 AB 的水平投影）；另一条直角边 $BC = Bb - Aa = z_B - z_A$（即该线段两端点的 z 坐标差，这个坐标差即正面投影 b' 和 a' 到 OX 轴的距离差）。由于两直角边的长度在投影图上均为已知，因此，可以作这个直角三角形，从而求得 AB 的实长和 α 角。

图 2-19b 所示为作图方法。以 ab 为一直角边，以点 B 和点 A 的 z 坐标差为另一直角边作一直角三角形。该直角三角形的斜边 aB_0 即为线段 AB 的实长，$\angle B_0ab$ 即为 AB 对 H 面的倾角 α。

图 2-20 所示为以 $a'b'$ 为一直角边，以点 A 和点 B 的 y 坐标差为另一直角边作直角三角形，即可求得线段 AB 的实长和 AB 对 V 面的倾角 β。

同理，用线段的侧面投影和线段两端点的 x 坐标差为两直角边作直角三角形，可求得线段的实长和 γ 角。

这种利用直角三角形求线段实长及其对投影面倾角的方法，称为直角三角形法。

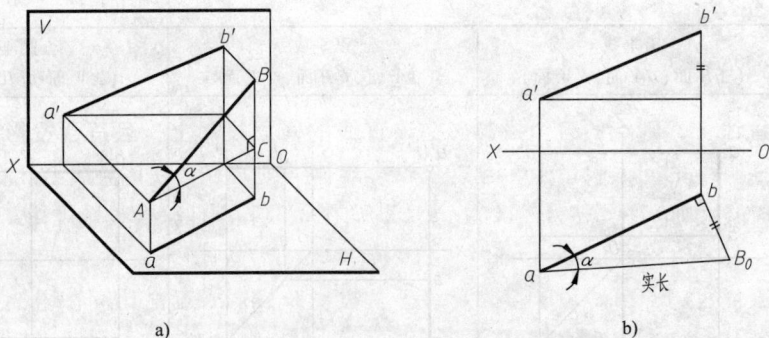

图 2-19 求线段的实长和 α 角

a）立体图 b）投影图

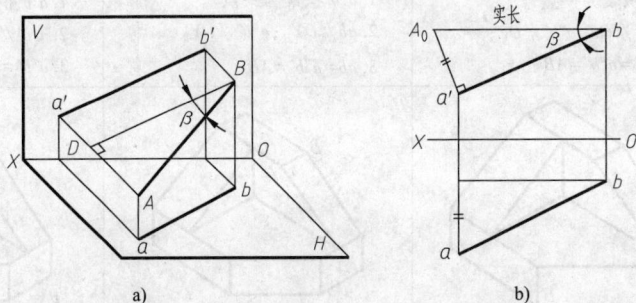

图 2-20 求线段的实长和 β 角

a）立体图 b）投影图

例 2-3 如图 2-21a 所示，已知线段 AB 水平投影 ab 和点 A 的正面投影 a'，并知 AB 实长为 30mm，求作 AB 的正面投影 $a'b'$。

解 本题的实质是要求出点 B 的正面投影 b'。若作以 AB 线段实长为斜边，以 ab 之长为一直角边的直角三角形，则此三角形的另一直角边即为 A、B 两点的 z 坐标差，据此可求出 b'。

以 ab 为一直角边，以 30mm 长线段为斜边作直角三角形 abB_0，如图 2-21b 所示。根据 bB_0 求出 b'，连接 $a'b'$ 即为所求（本题应有两解，另一解图中未画出）。

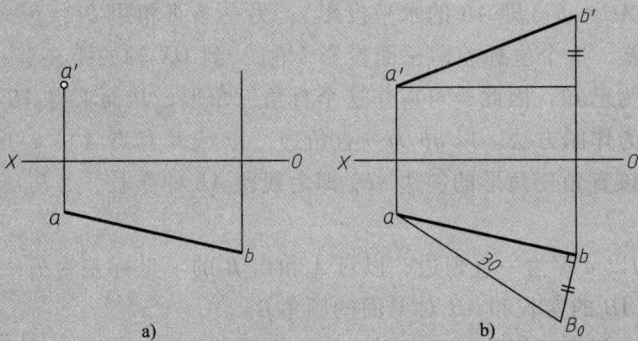

图 2-21 直角三角形法应用示例

a）已知条件 b）作图结果

2.3.4 直线上的点

1. 从属性

如果点在直线上，则点的各个投影必在该直线的同面投影上，且符合投影规律。反之，点的各个投影在直线的同面投影上，且符合投影规律，则该点必在该直线上。在图 2-22 中，点 K 在直线 AB 上，则 k' 在 $a'b'$ 上，k 在 ab 上，k'' 在 $a''b''$ 上，且符合投影规律。

2. 定比性

如果点在直线上，点分线段长度之比等于其投影分投影长度之比。在图 2-22 中，$AK : KB = a'k' : k'b' = ak : kb = a''k'' : k''b''$。

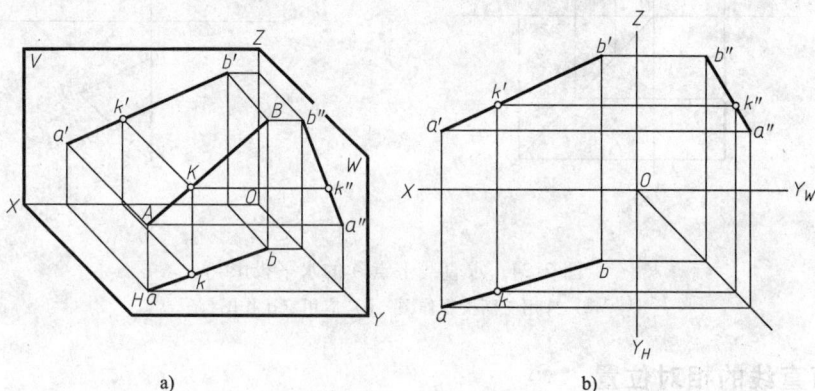

图 2-22 直线上的点
a) 立体图 b) 投影图

例 2-4 在已知线段 AB 上求分点 K，使 $AK : KB = 2 : 3$，如图 2-23 所示。

解 根据定比性，用几何作图方法将 $a'b'$ 或 ab 分成 $2 : 3$，先定出分点 K 的一个投影。如将 $a'b'$ 分成 $2 : 3$，求得 k'，再由 k' 求出 k。

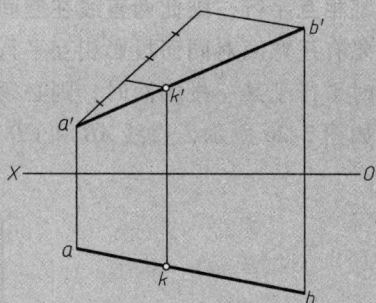

图 2-23 求分点 K

例 2-5 已知侧平线 $CD(c'd'、cd)$ 上一点 A 的正面投影 a'，求作其水平投影 a，如图 2-24 所示。

解 由于侧平线的 V 面、H 面投影都在 OX 轴的同一垂线上，不能根据 a' 直接求得 a。可先作侧面投影 a''，再求得水平投影 a。还可利用定比关系 $ca : ad = c'a' : a'd'$ 来求解。因此，其作图方法有两种。

方法一：求出 CD 的侧面投影 $c''d''$，由 a' 定出 $c''d''$ 上的 a''，再由 a'' 确定 a，如图 2-24a 所示。

方法二：过点 C 的水平投影 c 任作直线，在其上顺序截取 $cA_0 = c'a'$，$A_0D_0 = a'd'$，连 D_0d，过 A_0 作 $A_0a /\!/ D_0d$ 交 cd 于 a 即为所求，如图 2-24b 所示。

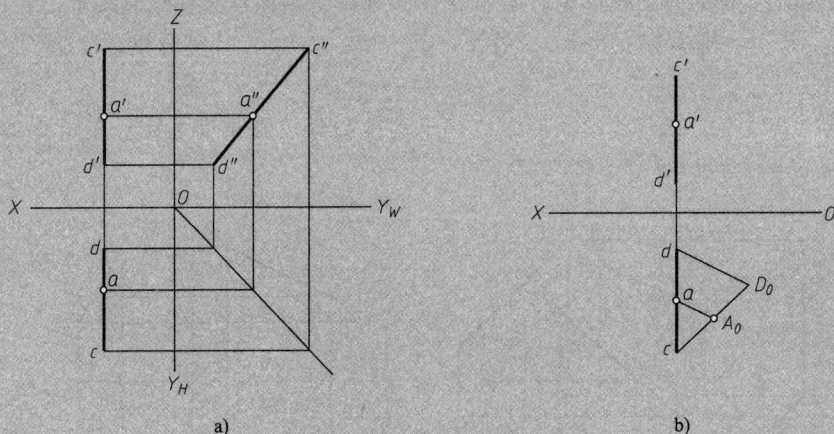

图 2-24 求直线上点 A 的水平投影

a）应用三面投影作图 b）应用定比作图

2.3.5 两直线的相对位置

空间两直线的相对位置有三种情况，即平行、相交和交叉。

1. 两直线平行

两直线平行，它们的同面投影必相互平行。在图 2-25 中，$AB /\!/ CD$，过 AB 及 CD 向投影面 H 所作的两个投射面 $ABba$ 和 $CDdc$ 相互平行，它们与 H 面的交线 ab 和 cd 也一定平行，这样就有 $ab /\!/ cd$。同理可得 $a'b' /\!/ c'd'$，$a''b'' /\!/ c''d''$。

反之，两直线的同面投影都相互平行，则此两直线在空间一定相互平行。

对于两一般位置直线，只要有任意两对同面投影相互平行，则可确定这两直线在空间是相互平行的。但是当两直线同时平行于某一投影面时，则必须检查两直线在该投影面上的投影，才能确定它们是否平行。如图 2-26 所示，直线 AB 和 CD 均为侧平线，必须检查其侧面

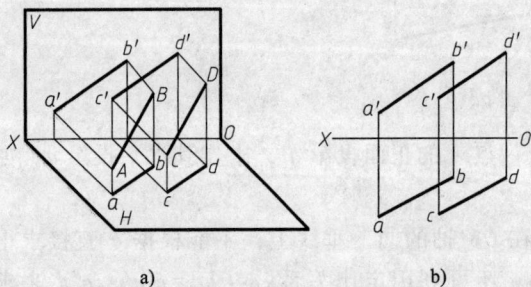

图 2-25 两直线平行

a）立体图 b）投影图

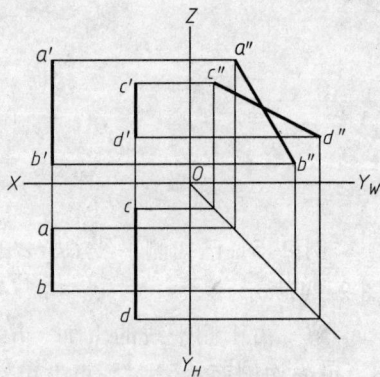

图 2-26 两直线不平行

投影。由图 2-26 中可以看出 $a''b''$ 与 $c''d''$ 不平行，故 AB 与 CD 不平行。

2. 两直线相交

图 2-27 中直线 AB 与 CD 相交于点 K，点 K 既在 AB 上，又在 CD 上。这样，k' 既在 $a'b'$ 上，又在 $c'd'$ 上，所以 k' 为 $a'b'$ 及 $c'd'$ 的交点。同理，k 为 ab 及 cd 的交点，k'' 也应为 $a''b''$ 及 $c''d''$ 的交点。k'、k、k'' 是点 K 的三个投影，它们必符合空间一点的投影规律。

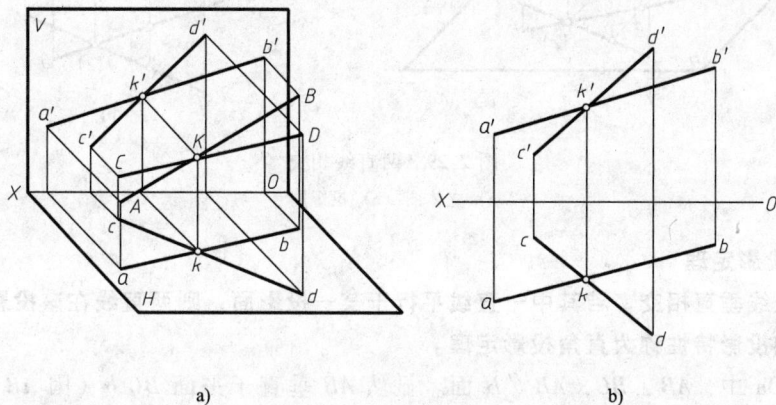

图 2-27 两直线相交
a）立体图 b）投影图

因此，相交两直线的同面投影皆相交，且其各交点的投影连线垂直于相应的投影轴。

根据投影图判断两直线是否相交，只要看它们的同面投影是否都相交，以及交点的投影连线是否与相应的投影轴垂直。对两一般位置直线，根据其任意两面投影即可判断它们是否相交。而当两直线中有一条为投影面平行线（如侧平线）时，则通常要画出在该投影面上的投影（如侧面投影），才能判断它们是否相交。如图 2-28 所示，两直线 AB 和 CD 不相交。

3. 两直线交叉

两直线在空间既不平行又不相交，称为两直线交叉。它们的投影既不符合平行两直线的投影特性，也不符合相交两直线的投影特性。交叉两直线的某同面投影可能表现为相互平行，但不可能所有同面投影都平行；它们的同面投影也可能表现为相交，但交点的连线不垂直于投影轴，如图 2-26、图 2-28 及图 2-29 所示。

图 2-29 所示为交叉两直线 AB、CD，其水平投影 ab、cd 的交点是直线 AB 上的点 I 和直线 CD 上的点 II 在 H 面上的投影，I、II 两点是对 H 面的重影点，而其正面投影 $a'b'$ 和 $c'd'$ 的交点是直线 CD 上的点 IV 和直线 AB 上的点 III 在 V 面上的投影，IV、III 两点是对 V 面的重影点。

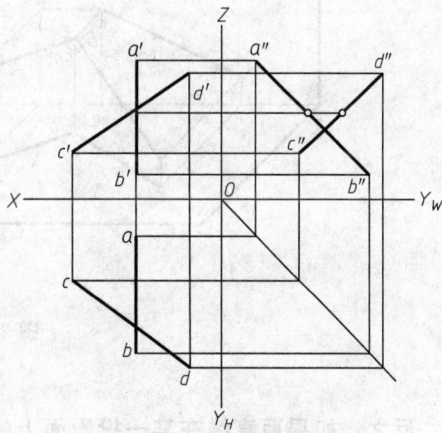

图 2-28 两直线不相交

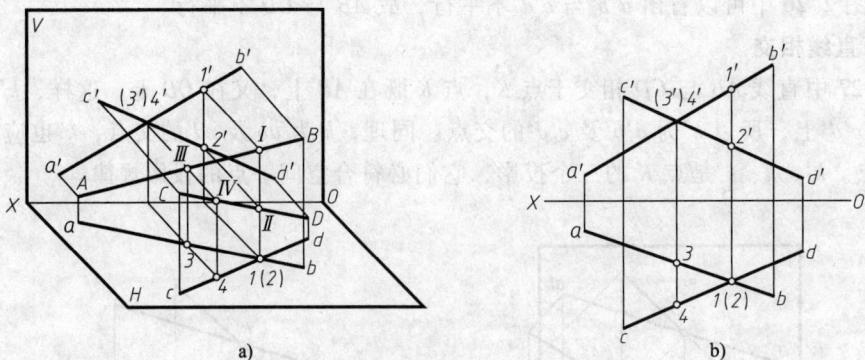

图 2-29　两直线相交
a）立体图　b）投影图

4. 直角投影定理

空间两直线垂直相交，若其中一直线平行于某一投影面，则两直线在该投影面上的投影相互垂直，此投影特性称为直角投影定理。

在图 2-30a 中，$AB \perp BC$，$AB /\!/ H$ 面。显然 AB 垂直于平面 $BCcb$（因 $AB \perp BC$，$AB \perp Bb$），而 $ab /\!/ AB$，故 ab 垂直于平面 $BCcb$，因此 $ab \perp bc$，即 $\angle abc = 90°$。图 2-30b 所示为其投影图。

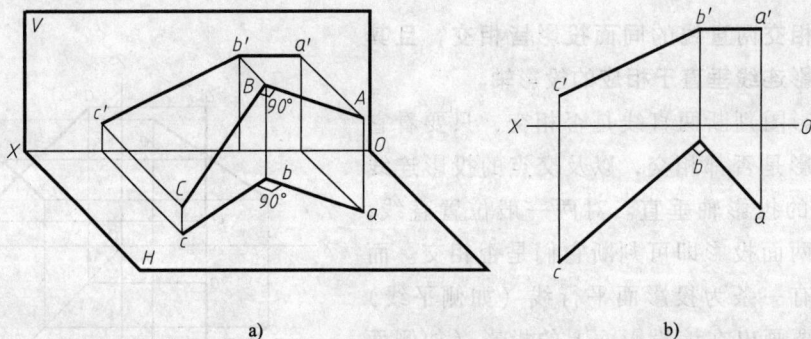

图 2-30　直角的投影
a）立体图　b）投影图

反之，如果两直线在某一投影面上的投影相互垂直，而两直线中只要有一条平行于该投影面，则此两直线在空间必相互垂直。

直角投影定理也适用于交叉垂直的两直线。

例 2-6　求点 A 到正平线 CB 的距离，如图 2-31a 所示。

解　由点 A 作直线与 CB 垂直相交，点 A 至垂足的距离就是点 A 到直线 CB 的距离。已知 CB 为正平线，垂线可根据直角投影定理画出。

由 a' 作 $a'm' \perp c'b'$ 与其交于 m'，$a'm'$ 即所求距离的正面投影。由 m' 求得 m，连 am 得所求距离的水平投影。再用直角三角形法求 AM 的实长 aM_0，即得所求的距离，如图 2-31b 所示。

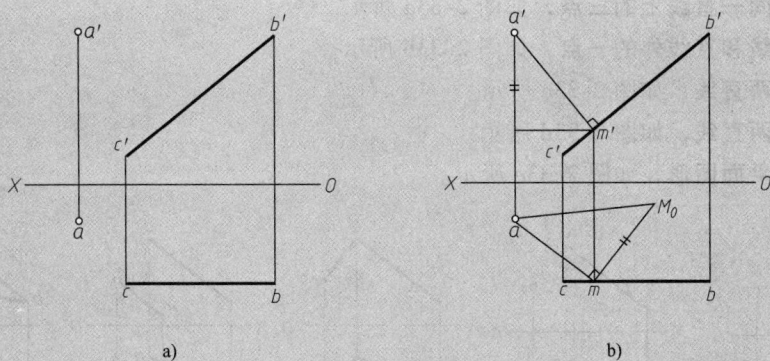

图 2-31 求点 A 到直线 CB 的距离

a）已知条件 b）作图结果

例 2-7 求交叉两直线 AB、CD 间的距离，如图 2-32a 所示。

解 直线 AB、CD 间的距离就是与两直线都垂直相交的公垂线段 MN 的长度。已知 AB 为铅垂线，与其垂直的直线 MN 必为水平线。公垂线 MN 同时还与 CD 垂直，可用直角投影定理求解。

过 AB 的水平投影 a(b) 作 mn⊥cd 交 cd 于 m，由 m 求得 m'。过 m' 作 m'n'∥OX 交 a'b' 于 n'。MN 即所求公垂线段，其水平投影 mn 反映实长，即交叉两直线 AB、CD 间的距离，如图 2-32b 所示。

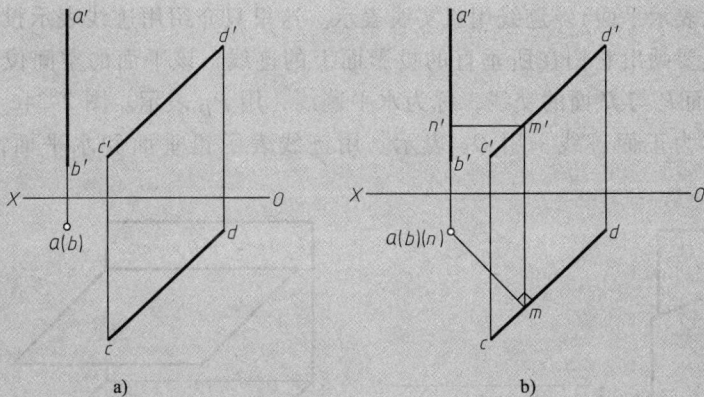

图 2-32 求交叉两直线 AB、CD 间的距离

a）已知条件 b）作图结果

2.4 平面的投影

2.4.1 平面的表示法

平面是物体表面的重要组成部分，也是重要的空间几何要素之一。平面的表示方法有两种，即几何要素表示法和迹线表示法。

1. 几何要素表示法

在投影图上，用确定空间一平面的任意一组几何要素的投影表示平面。

1）不在同一直线上的三点，如图 2-33a 所示。

2）一直线和直线外的一点，如图 2-33b 所示。

3）相交两直线，如图 2-33c 所示。

4）平行两直线，如图 2-33d 所示。

5）任意平面图形，如图 2-33e 所示。

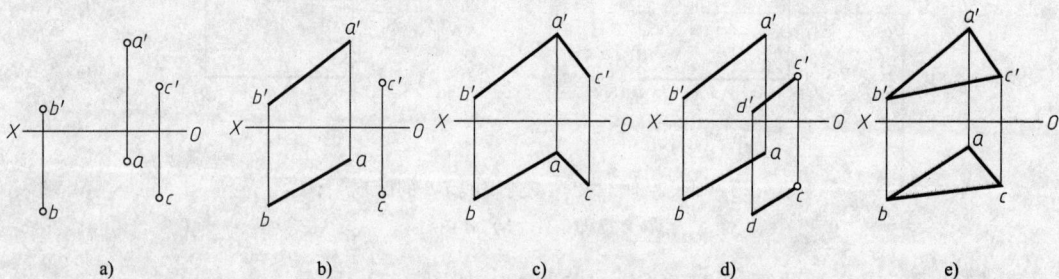

图 2-33　用几何要素表示平面

a）不在同一直线上的三点　b）一直线和直线外一点　c）相交两直线　d）平行两直线　e）任意平面图形

以上五种确定平面的方法是可以相互转化的。在投影图上，是用这些几何要素的投影来表示平面。

2. 迹线表示法

平面与投影面的交线称为平面的迹线，平面也可用它的迹线表示（平面是可以延展的，可取迹线的一段表示平面）。迹线用粗实线表示。这里只介绍用迹线表示投影面垂直面和投影面平行面。只要画出它们在所垂直的投影面上的迹线，该平面的空间位置就确定了。图 2-34a 所示铅垂面 P 与 H 面的交线，称为水平迹线，用 P_H 表示。图 2-34c 所示水平面 Q 与 V 面的交线，称为正面迹线，用 Q_V 表示。用迹线表示铅垂面和水平面，如图 2-34b、d 所示。

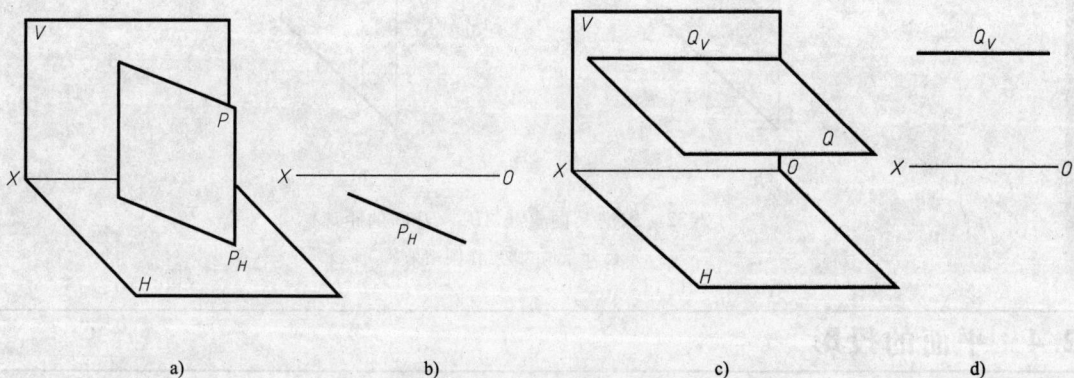

图 2-34　用迹线表示平面

a）铅垂面　b）用迹线表示铅垂面　c）水平面　d）用迹线表示水平面

2.4.2　各种位置平面的投影特性

在三面投影体系中，平面按其与投影面的相对位置，可分为三类，即一般位置平面、投影面垂直面和投影面平行面，后两种为特殊位置平面。

平面对 H、V、W 面的倾角分别为 α、β、γ。

1. 一般位置平面

对三个投影面都倾斜的平面，称为一般位置平面，如图 2-35 所示。由于 $\triangle ABC$ 对 H、V 和 W 面都倾斜，所以它的三个投影都是类似形，不反映实形也不反映该平面对投影面的倾角 α、β、γ。

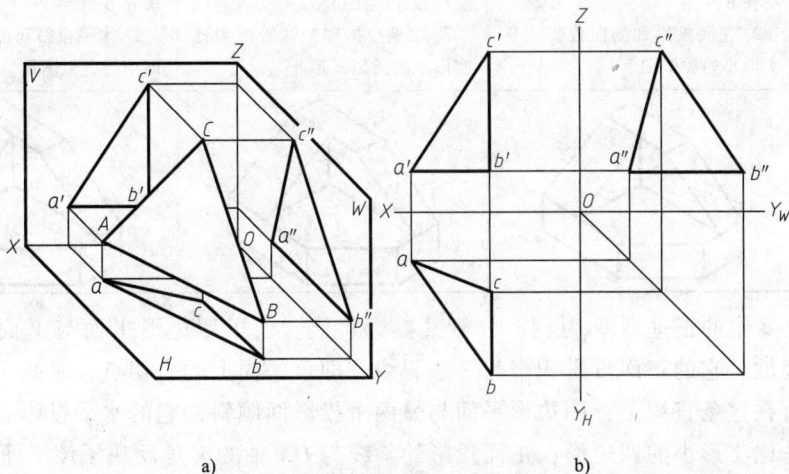

a) b)

图 2-35 一般位置平面
a）立体图 b）投影图

由此可得一般位置平面的投影特性：

1）三个投影均为类似形，不反映实形。

2）不反映该平面对投影面的倾角。

2. 投影面垂直面

垂直于一个投影面而对另外两个投影面倾斜的平面，称为投影面垂直面。垂直于 H 面的平面称为铅垂面，垂直于 V 面的平面称为正垂面，垂直于 W 面的平面称为侧垂面，见表 2-3。

表 2-3 投影面垂直面

垂直面名称	铅垂面 （$\perp H$ 面）	正垂面 （$\perp V$ 面）	侧垂面 （$\perp W$ 面）
立体图			
投影图			

（续）

垂直面名称	铅垂面 （⊥H面）	正垂面 （⊥V面）	侧垂面 （⊥W面）
投影特性	1. 水平投影积聚成一直线，反映 β、γ 角 2. 正面投影和侧面投影为比实形小的类似图形	1. 正面投影积聚成一直线，反映 α、γ 角 2. 水平投影和侧面投影为比实形小的类似图形	1. 侧面投影积聚成一直线，反映 α、β 角 2. 水平投影和正面投影为比实形小的类似图形
实例	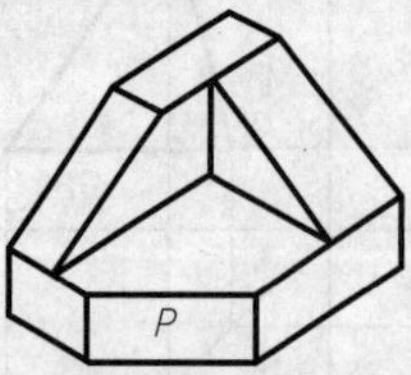	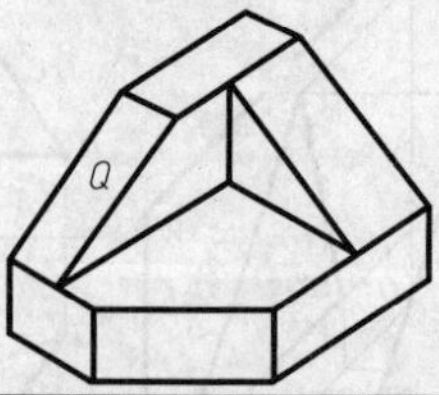	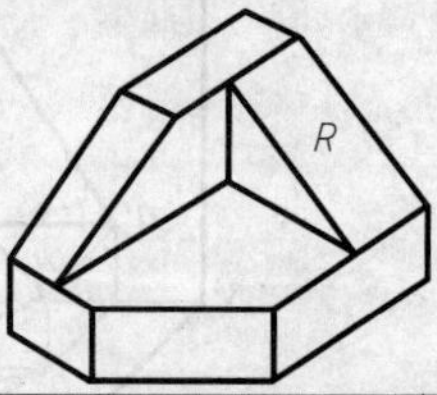

现以表 2-3 中的正垂面 Q 为例，分析其投影特性。由于四边形平面与 V 面垂直，根据正投影的积聚性，它的正面投影积聚为一条斜线，即该平面上的一切点、直线、几何图形的正面投影都落在这条直线上；四边形平面与另两个投影面倾斜，它的水平投影、侧面投影都是类似形，是比实形小的四边形；正面投影的斜线与 OX 轴的夹角反映了该平面对 H 面的倾角 α，与 OZ 轴的夹角反映了该平面对 W 面的倾角 γ。

由表 2-3 可得投影面垂直面的投影特性：

1）在所垂直的投影面上的投影，积聚为一条斜线；斜线与投影轴的夹角，反映该平面对另外两投影面的倾角。

2）另外两个投影面上的投影均为类似形。

3. 投影面平行面

平行于一个投影面且垂直于另外两个投影面的平面，称为投影面平行面。平行于 H 面的平面称为水平面，平行于 V 面的平面称为正平面，平行于 W 面的平面称为侧平面，见表 2-4。

表 2-4　投影面平行面

平行面名称	水平面 （∥H面）	正平面 （∥V面）	侧平面 （∥W面）
立体图	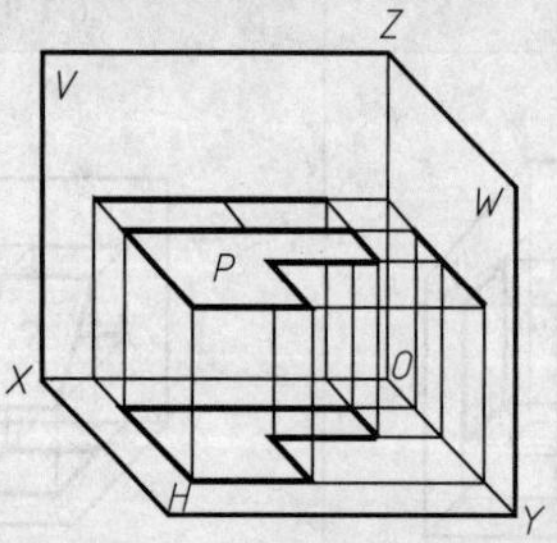	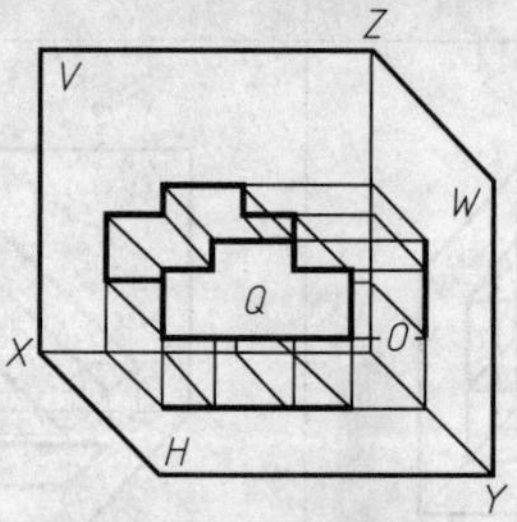	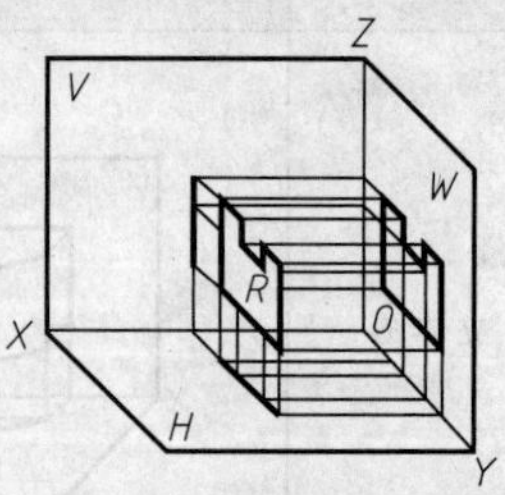
投影图	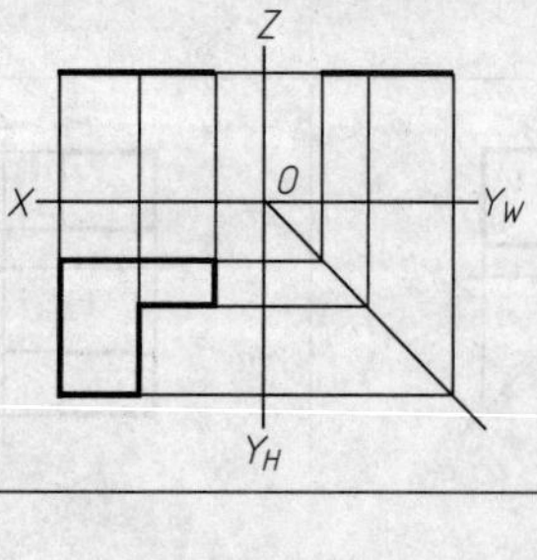	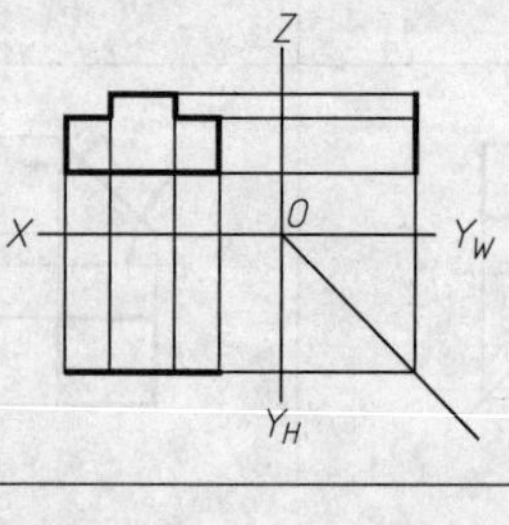	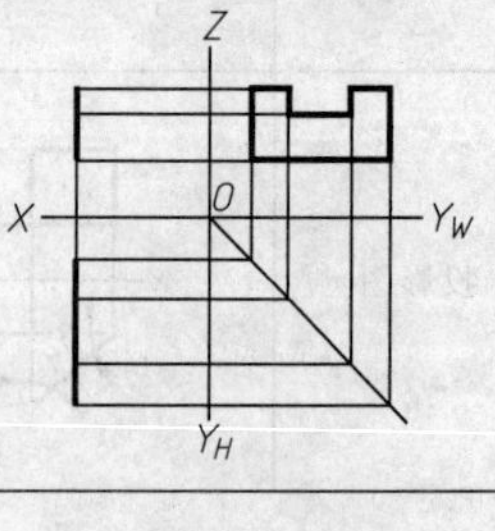

（续）

平行面名称	水平面 （∥H面）	正平面 （∥V面）	侧平面 （∥W面）
投影特性	1. 水平投影反映实形 2. 正面投影和侧面投影均积聚为直线，且分别平行于OX轴和OY_W轴，积聚线到所平行轴线的距离等于水平面到H面的距离	1. 正面投影反映实形 2. 水平投影和侧面投影均积聚为直线，且分别平行于OX轴和OZ轴，积聚线到所平行轴线的距离等于正平面到V面的距离	1. 侧面投影反映实形 2. 水平投影和正面投影均积聚为直线，且分别平行于OY_H轴和OZ轴，积聚线到所平行轴线的距离等于侧平面到W面的距离
实例			

现以表 2-4 中的水平面 P 为例，分析其投影特性。由于六边形平面 P 平行于 H 面，所以它的水平投影反映六边形的实形；平面同时垂直于 V 面和 W 面，它的正面投影和侧面投影均积聚为直线，且分别平行于 OX 轴和 OY_W 轴。

由表 2-4 可得投影面平行面的投影特性：

1）在所平行的投影面上的投影反映实形。

2）另外两个投影面上的投影分别积聚成直线，且平行于相应的投影轴，直线到投影轴的距离反映平行面到所平行的投影面的距离。

2.4.3 平面上的点和直线

1. 平面上取点

如果点在平面内的任一直线上，则此点一定在该平面上。因此，若在平面上取点，必须先在平面上取直线，然后在此直线上取点。在图 2-36 中，由 AB、BC 两相交直线给出一平面。要在此平面上取点 D，可取自平面上已知直线 AB，点 D 在 AB 上，则点 D 在平面上；点 E 在 BC 上，则 AE 在平面上，点 K 在 AE 上，因此点 K 也必定在该平面上。

2. 平面上取直线

一直线若经过平面上的两点，则此直线必定在该平面上。图 2-37a 所示平面 P 由相交两直线 AB 和 AC 确定，在 AB 和 AC 上分别取点 M 和 N，则过 M、N 两点的直线一定在平面 P 上。

图 2-36　平面上取点

一直线若经过平面上的一点且平行于平面上的另一直线，则此直线必在该平面上。图 2-37b 所示平面 Q 由相交两直线 EF 和 ED 确定，在 ED 上取一点 M，过 M 作 MN∥EF，则 MN 必在平面 Q 上。

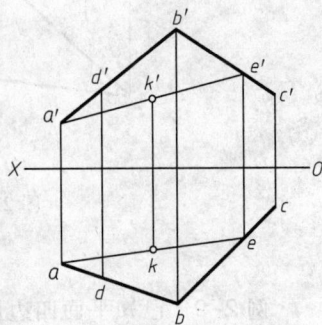

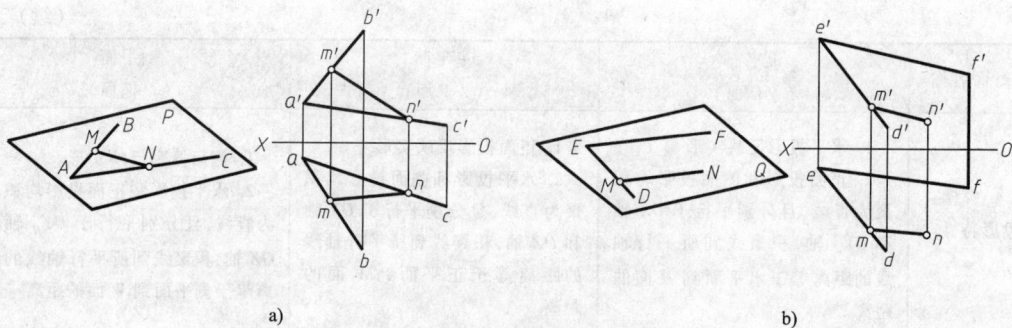

a)

b)

图 2-37 平面上取直线

a）直线通过平面上两点 b）直线通过平面上一点且平行于平面上一直线

例 2-8 已知△ABC 上一点 K 的正面投影 k'，求其水平投影 k，并判断点 G 是否在△ABC 上，如图 2-38a 所示。

解 点 K 在△ABC 上，若在平面上过点 K 作一条辅助直线，那么点 K 的两个投影必落在该直线的同面投影上。若点 G 在△ABC 内，则必在属于该平面的直线上，否则点 G 就不在平面内。

作图方法： 如图 2-38b 所示，过 k'作辅助直线的正面投影 a'n'，求出 an 并于其上求得 k，即为△ABC 上点 K 的水平投影；在平面上作辅助线 CM，使 CM 的正面投影 c'm'经过点 G 的正面投影 g'，再求得 cm。由图 2-38b 中看出点 G 的水平投影 g 不在 cm 上，故点 G 不在△ABC 上。

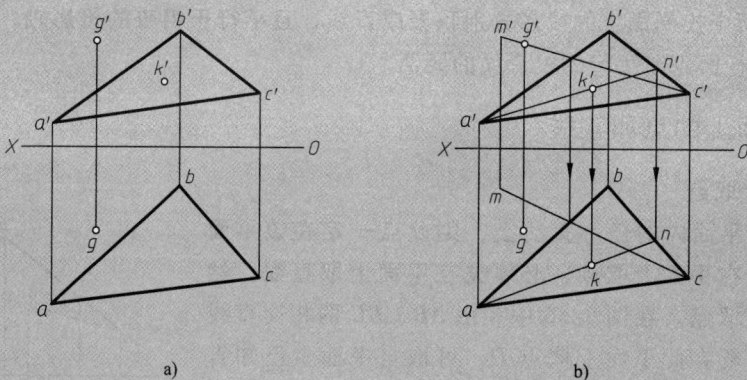

a)

b)

图 2-38 在平面上取点及判断点是否在平面上

a）已知条件 b）作图结果

例 2-9 已知平面四边形 ABCD 的水平投影及两边 AB、BC 的正面投影，试完成该四边形的正面投影，如图 2-39a 所示。

解 平面四边形 ABCD 中 AB 和 BC 两边已给出，该四边形平面便已确定。问题可归结为已知平面上点 D 的一个投影，求它的另一个投影。

作图方法： 如图 2-39b 所示，连接 ac、a'c'以及 BD 的水平投影 bd，bd 与 ac 交于 e，在 a'c'上求出 e'，连接 b'e'并延长与过 d 所作 OX 轴的垂线相交于 d'，连接 a'd'、c'd'即完成作图。

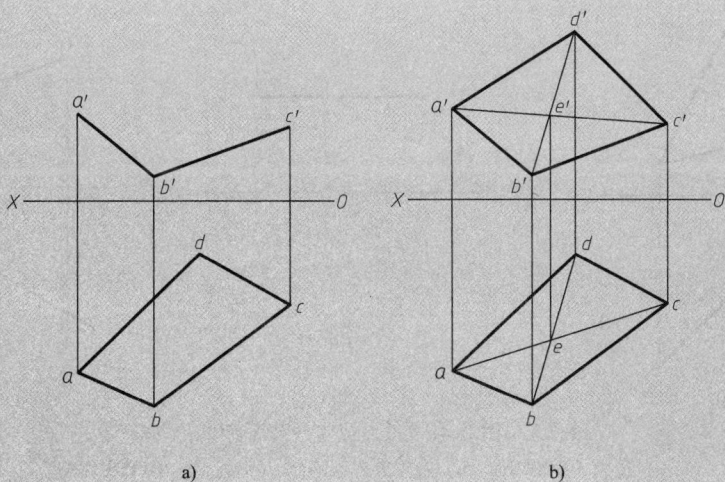

a)   b)

图 2-39 作四边形的正面投影
a）已知条件 b）作图结果

在特殊位置平面上取点和直线，可利用积聚性求解。

如图 2-40a 所示，已知正平面上点 K 的正面投影 k'，利用积聚性可求出其水平投影 k 和侧面投影 k''。在图 2-40b 中，已知铅垂面 P 上直线 AB 的正面投影 $a'b'$，利用该平面水平投影的积聚性，先求出 ab，然后再求出侧面投影 $a''b''$。

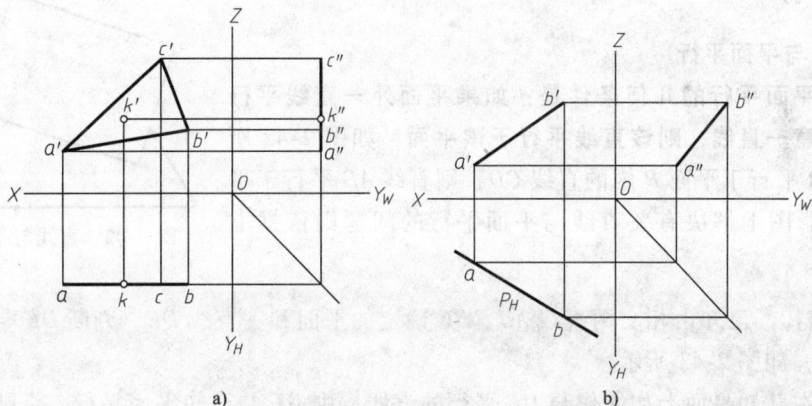

a)   b)

图 2-40 特殊位置平面上的点和直线
a）在正平面上取点 b）在铅垂面上取直线

3. 过已知点或直线作平面

过一已知点可作无数个平面，因此，需要附加一定的条件才能使所作的平面完全确定。

如图 2-41a 所示，过已知点 A 作一个与 V 面成 45°的铅垂面（所作平面是用几何元素表示的，应有两解，图中只画出了一解）。

若要过一已知点作某投影面平行面，则答案是唯一的。在图 2-41b 中，平面 P 为过点 B 所作的水平面（所作平面是用迹线表示的）。

过一已知直线可作无数个一般位置平面。如要过直线作投影面垂直面，则只能作一个。图 2-41c 所示为过直线 AB 作铅垂面 Q（所作平面是用迹线表示的）。由于投影面平行面上所

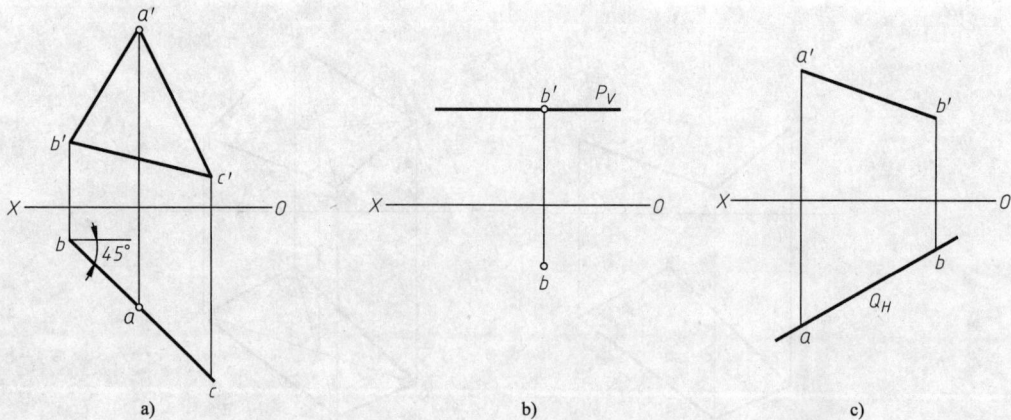

图 2-41 过点或直线作平面

a) 过点 *A* 作铅垂面 b) 过点 *B* 作水平面 c) 过直线 *AB* 作铅垂面

有的直线均为特殊位置直线，所以**过一般位置直线不可能作投影面平行面**。

2.5 直线与平面、平面与平面的相对位置

直线与平面及两平面的相对位置各有平行、相交、垂直三种情况。

2.5.1 平行

1. 直线与平面平行

直线与平面平行的几何条件是：如果平面外一直线平行于平面内任意一直线，则该直线平行于该平面，如图 2-42 所示。直线 *AB* 平行于平面 *P* 内的直线 *CD*，则直线 *AB* 平行于平面 *P*。在投影图上解决有关直线与平面平行的问题则依据上述几何条件。

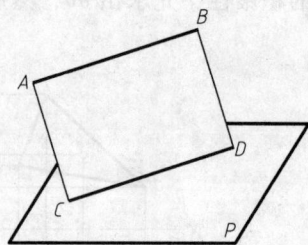

图 2-42 直线与平面平行

例 2- 10 已知由相交两直线 *AB*、*BC* 确定的平面和一直线 *DE*，判断 *DE* 与平面 *ABC* 是否平行，如图 2-43 所示。

解 在已知平面上如能作与 *DE* 平行的直线，则 *DE* 与已知平面平行，否则，它们就不平行。

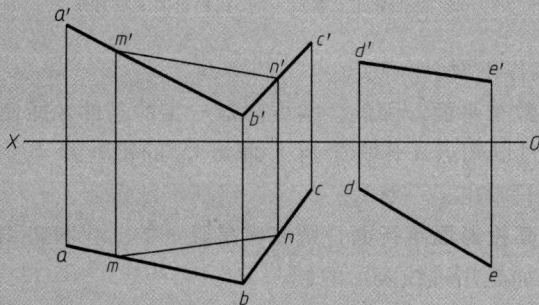

图 2-43 判断直线是否平行于平面

作图过程： 在已知平面上作一直线 MN，使其正面投影 $m'n' /\!/ d'e'$，由图 2-43 中可看出，MN 的水平投影 mn 与 de 并不平行，因此，DE 与已知平面 ABC 不平行。

例 2-11　过已知直线 CD 作平面平行于已知直线 AB，如图 2-44 所示。

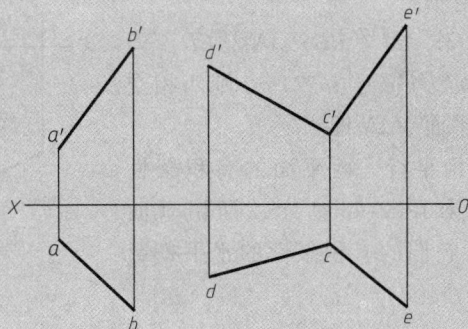

图 2-44　过直线 CD 作平面平行于直线 AB

解　过直线 CD 可作无数个平面，但其中只有一个平行于已知直线 AB，此平面一定包含平行于 AB 的直线。

作图方法： 过直线 CD 上任意一点（如点 C）作直线 $CE /\!/ AB$，即 $c'e' /\!/ a'b'$，$ce /\!/ ab$，两相交直线 CE、CD 所确定的平面平行于已知直线 AB，即为所求。

若一直线与投影面垂直面平行，则直线的投影必定平行于平面的有积聚性的同面投影；或者，直线与平面同时垂直于一个投影面。如图 2-45 所示，$AB /\!/$ 铅垂面 $CDEF$，则 $ab /\!/ c(d)(e)f$，而铅垂线 MN 必然平行于铅垂面 $CDEF$。

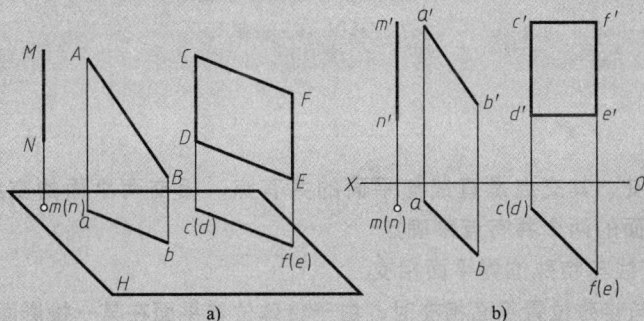

图 2-45　直线与投影面垂直面平行
a) 立体图　b) 投影图

2. 两平面平行

两平面平行的几何条件是：如果两平面内各有一对相交直线对应地平行，则这两平面相互平行，如图 2-46 所示。在投影图上解决有关平面与平面相互平行的问题则依据上述几何条件。

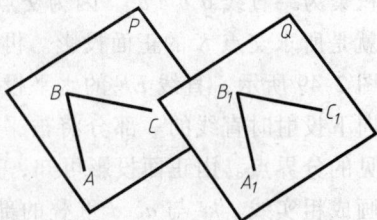

图 2-46　两平面平行

41

例 2-12 过已知点 A 作一平面，平行于两相交直线 CB、CD 所确定的平面，如图 2-47 所示。

解 过点 A 所作平面上应有两相交直线与已知平面上的两相交直线对应平行。

作图方法：过点 A 作 $AM /\!/ CB$，$AN /\!/ CD$，即 $a'm' /\!/ c'b'$，$am /\!/ cb$，$a'n' /\!/ c'd'$，$an /\!/ cd$，则两相交直线 AM、AN 所确定的平面 MAN 即为所求。

若两投影面垂直面相平行，两平面的有积聚性的同面投影必相平行。如图 2-48 所示，两铅垂面 $ABGJ$ 与 $CDEF$ 相平行，它们的有积聚性的水平投影必相平行，即 $a(b)(g)j /\!/ c(d)(e)f$。

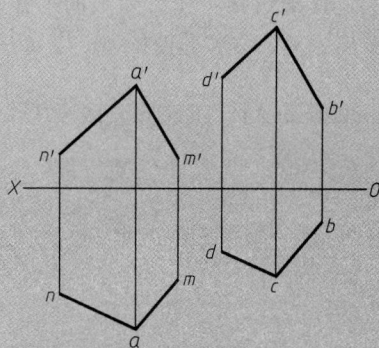

图 2-47 过点 A 作平面
平行于已知平面

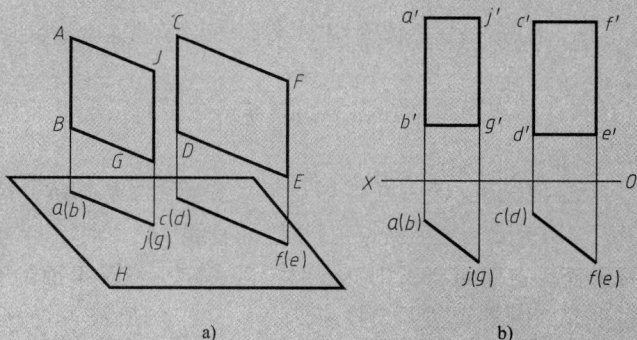

图 2-48 两投影面垂直面相平行
a) 立体图 b) 投影图

2.5.2 相交

直线与平面相交，其交点是直线与平面的共有点。相交两平面的交线是两平面的共有线，它可以由两平面的两个共有点来确定。

1. 一般位置直线与特殊位置平面相交

一般位置直线与特殊位置平面相交时，由于特殊位置平面在某一投影面上有积聚性，可以在该面上直接得到直线与平面积聚线的交点，再利用点属于直线的性质，求出点的其他面投影。

如图 2-49 所示，直线 EF 与水平面 $ABCD$ 相交，求交点 K。平面 $ABCD$ 为水平面，其正面投影积聚为一直线 $a'b'c'd'$。因为交点 K 是 EF 与该平面的共有点，所以 $e'f'$ 与 $a'b'c'd'$ 的交点 k' 就是所求交点 K 的正面投影。再由 k' 在 ef 作出 k。

如图 2-49 所示，直线 EF 的水平投影的一段与平面 $ABCD$ 的水平投影重叠。也就是说，当自上向下投射时直线的一部分将被平面遮挡，产生了可见性问题。显然，交点 K 是可见与不可见的分界点。由正面投影可知，直线 KF 在平面之上，而 KE 在平面的下方。所以 kf 可见，画成粗实线，ke 与 $abcd$ 重叠的部分不可见，画成虚线，不重叠部分是可见的，画成粗实线。由于水平面的正面投影积聚为一直线，所以 $k'f'$ 和 $k'e'$ 都是可见的，画成粗实线。

2. 特殊位置直线与一般位置平面相交

如图 2-50 所示，铅垂线 *EF* 与一般位置平面 *ABC* 相交。由于交点 *K* 是直线 *EF* 上的点，所以它的水平投影 *k* 一定重合在直线 *EF* 有积聚性的投影 *e*(*f*) 上；交点 *K* 又是平面上的点，故**可利用平面上取点的方法**，由（*k*）求出 *k'*。*EF* 为铅垂线，水平投影积聚为一点，不需判别可见性。*EF* 直线正面投影的可见性，可利用它和平面对 *V* 面的重影点来判别。例如：取重影点 Ⅰ、Ⅱ，由 *EF* 直线上点Ⅰ和平面的 *AC* 边上点Ⅱ的水平投影可以看出，*EF* 线上的点Ⅰ比三角形平面上的点Ⅱ的 *y* 坐标大，即 *EF* 直线中交点 *K* 之上的一段在平面 *ABC* 之前，故 *e'k'* 可见，*f'k'* 与平面不重叠部分也可见，用粗实线画出。*f'k'* 与平面重叠的部分不可见，用虚线画出。

3. 一般位置平面与特殊位置平面相交

一般位置平面与特殊位置平面相交，**可求出一般位置平面内的两直线与特殊位置平面的交点，然后将两交点连接起来，即是两平面的交线。**

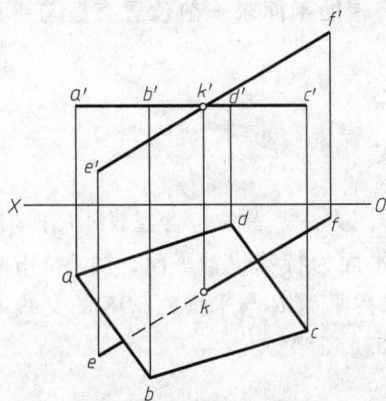

图 2-49 直线与水平面相交

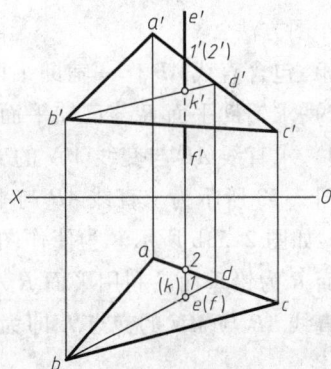

图 2-50 投影面垂直线与平面相交

如图 2-51a 所示，△*ABC* 平面与铅垂面 *DEFG* 相交，求作交线。由于铅垂面 *DEFG* 的水平投影有积聚性，因此，△*ABC* 中的 *AB*、*BC* 边和它的交点 *M* 和 *N* 可直接画出，连 *MN* 即所求两平面的交线。作图结果如图 2-51b 所示。

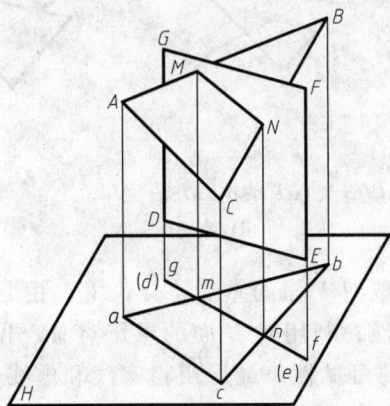

a)

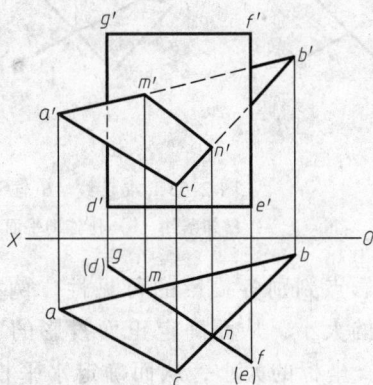

b)

图 2-51 平面与投影面垂直面相交

a）立体图 b）投影图

两平面的正面投影有重叠部分，而交线 MN 是可见与不可见的分界线。由水平投影可以看出，ACNM 位于铅垂面 DEFG 之前，其正面投影 a'c'n'm' 为可见。MNB 与铅垂面不重叠部分可见，画成粗实线，而 MNB 与铅垂面重叠部分为不可见，画成虚线。铅垂面 DEFG 的可见性应与 △ABC 的可见性情况相反。对水平投影来说，因 DEFG 平面有积聚性，不需判别可见性。

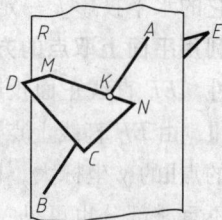

4. 一般位置直线与一般位置平面相交

由于一般位置直线、平面的投影没有积聚性，因此，在投影图中不能直接求出它们的交点。图 2-52 所示为直线 AB 与平面 △CDE 相交的示意图。由于交点 K 是平面与直线的共有点，故过点 K 可在 平面 CDE 内任作一直线 MN，直线 MN 与已知直线 AB 可构成一个辅助平面 R，而 MN 就是辅助平面与已知平面的交线。MN 与直线 AB 的交点 K 即为已知直线与平面的交点。由此可得出**利用辅助平面求一般位置直线与平面交点的作图方法**：

图 2-52　直线 AB 与平面 △CDE 相交的示意图

1）包含直线 AB 作一辅助平面 R。

2）求辅助平面 R 与已知平面 CDE 的交线 MN。

3）求直线 AB 与交线 MN 的交点 K。

图 2-53 所示为求直线 AB 与平面 △CDE 交点 K 的作图方法。首先包含直线 AB 作辅助平面 R，如图 2-53b 所示。为使作图简便，应使所作辅助平面为特殊位置平面，图 2-53b 中辅助平面 R 为铅垂面。利用平面 R 水平迹线的积聚性，求得平面 R 与平面 △CDE 的交线 MN。已知直线 AB 与 MN 的交点 K 即为所求的交点，如图 2-53c 所示。

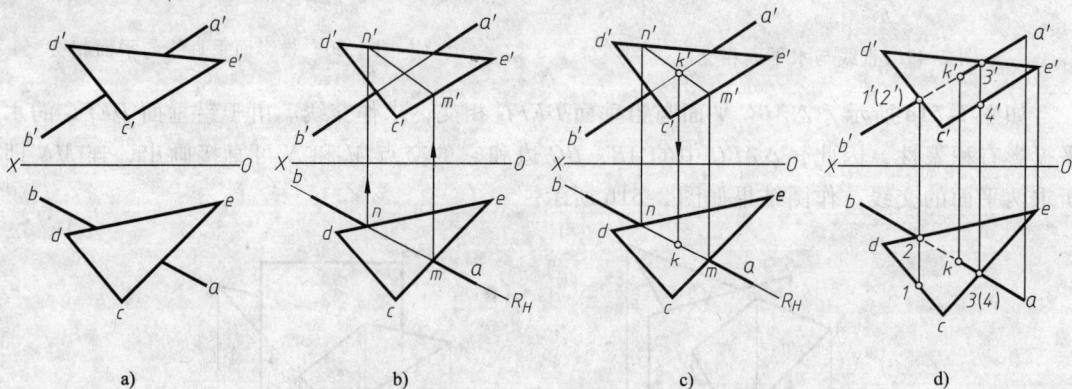

图 2-53　求直线 AB 与平面 △CDE 交点 K 的作图方法

a）已知条件　b）作辅助平面求交线　c）求交点　d）判别可见性

利用重影点判别各投影的可见性。例如：取对 V 面的重影点 Ⅰ、Ⅱ，由其水平投影比较 y 坐标的大小，从而确定正面投影的可见性；利用对 H 面的重影点 Ⅲ、Ⅳ，由其正面投影比较 z 坐标的大小，从而确定水平投影的可见性。最后用粗实线和虚线分别画出，如图 2-53d 所示。

5. 两一般位置平面相交

求两一般位置平面的交线时，可选其中一个平面内的任一直线，求出它与另一平面的交点，即得交线上的一个点。用同样方法求出另一个点，两点连线即为两平面的交线。

图 2-54a 所示为两一般位置平面的交线求解过程，如图 2-54b 所示。过 △DEF 的 DE、DF 边分别作辅助正垂面 P、Q，从而求出 DE、DF 和 △ABC 的交点 M 和 N，连接 MN 即为所求。

利用重影点，判别可见性。两平面投影的不重叠部分都是可见的，两平面正面投影及水平投影的重叠部分，需要判别可见性。交线 MN 是可见与不可见的分界线，它在各投影中都是可见的。利用对 V 面的重影点Ⅰ、Ⅱ，判别正面投影的可见性；利用对 H 面的重影点Ⅲ、Ⅳ，判别水平投影的可见性。最后用粗实线、虚线分别画出，如图 2-54c 所示。

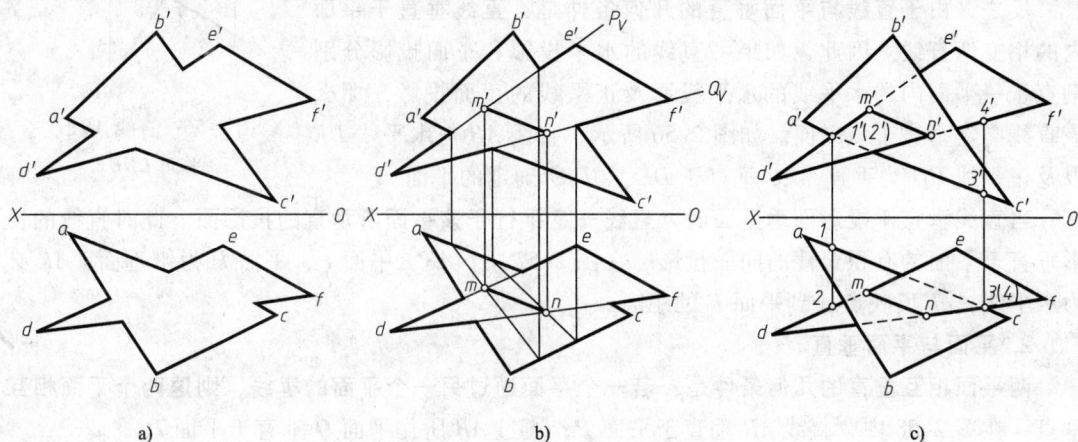

图 2-54 求两一般位置平面的交线
a) 已知条件 b) 求交线 c) 判别可见性

2.5.3 垂直

1. 直线与平面垂直

如图 2-55a 所示，AK⊥平面 P，由初等几何可知，AK 垂直平面 P 上所有直线，包括平面上的正平线与水平线（相交垂直、交叉垂直）。根据直角投影定理，在投影图上必定表现

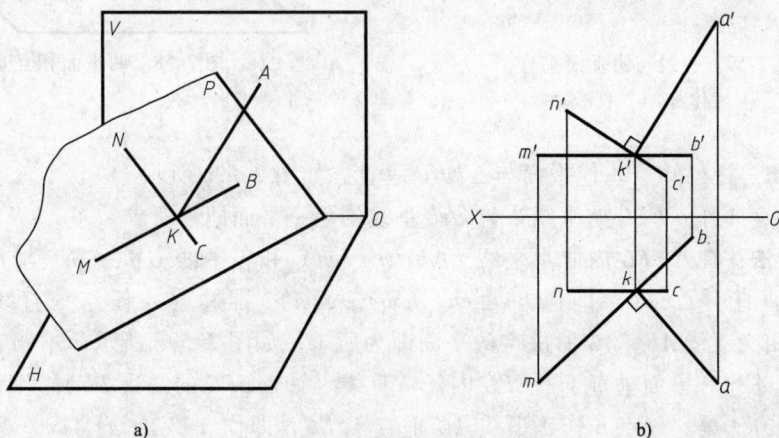

图 2-55 直线与平面垂直
a) 立体图 b) 投影图

为直线 AK 的正面投影垂直于平面上正平线的正面投影，而直线 AK 的水平投影垂直于平面上水平线的水平投影，即 $a'k' \perp c'n'$，$ak \perp bm$，如图 2-55b 所示。

由于平面上所有的水平线彼此平行，所有的正平线也彼此平行，所以，垂直于一平面的直线，其水平投影垂直于该平面内任一水平线的水平投影；其正面投影垂直于该平面内任一正平线的正面投影。

反之，由于直线与平面垂直的几何条件是：直线垂直于平面内的相交两直线。因此，如果一直线的水平投影和正面投影分别垂直于一平面内的水平线的水平投影及正平线的正面投影，那么该直线必定垂直于该平面。如图 2-56 所示，直线 AB 与水平线 DE 以及正平线 CD 均垂直，AB 垂直于 DE、CD 所确定的平面。

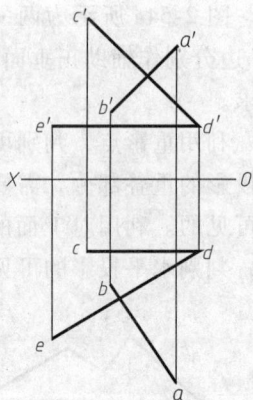

图 2-56　直线 $AB \perp$ 平面 CDE

当直线垂直于投影面垂直面时，直线一定平行于该平面所垂直的投影面。此时直线的投影垂直于平面的有积聚性的同面投影。在图 2-57 中，$AK \perp$ 平面 P，平面 P 为铅垂面，AK 必为水平线，ak 反映点 A 到平面 P 的距离。

2. 平面与平面垂直

两平面相互垂直的几何条件是：若一个平面通过另一个平面的垂线，则这两个平面相互垂直。在图 2-58 中，直线 AB 垂直于平面 P，通过 AB 所作平面 Q 垂直于平面 P。

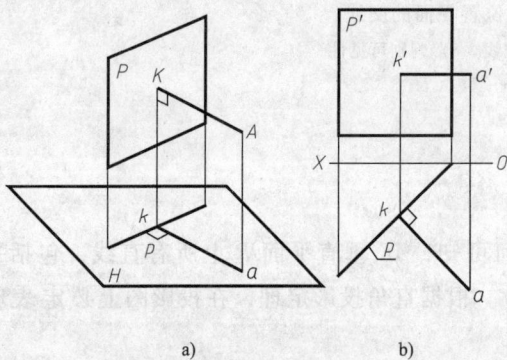

图 2-57　直线与铅垂面垂直
a) 立体图　b) 投影图

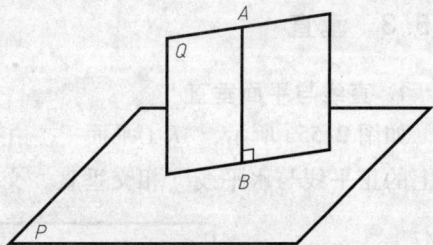

图 2-58　两平面相互垂直

例 2- 13　过已知点 A 作平面与 $\triangle EFG$ 垂直，如图 2-59a 所示。

解　过点 A 作 $\triangle EFG$ 的垂线，包含该垂线的任一平面即为所求。

作图方法：在 $\triangle EFG$ 内取水平线 $EN(e'n'$、$en)$ 和正平线 $GM(g'm'$、$gm)$；过点 A 作直线 AB 垂直于 $\triangle EFG$，即作 $ab \perp en$，$a'b' \perp g'm'$；再过点 A 任作一直线 $AC(a'c'$、$ac)$，则两相交直线 AB、AC 所决定的平面即为所求，如图 2-59b 所示。本题有无数解。

若过点 A 作一平面垂直于 $\triangle EFG$ 内任一直线（如 $\triangle EFG$ 的一边 FG），则该平面也为所求。作图方法是：过点 A 作正平线 AC 垂直于 FG，即作 $a'c' \perp f'g'$，$ac /\!/ OX$；再作水平线 AB、FG，即作 $ab \perp fg$，$a'b' /\!/ OX$，则两相交直线 AB、AC 所决定的平面即为所求，如图 2-60 所示。

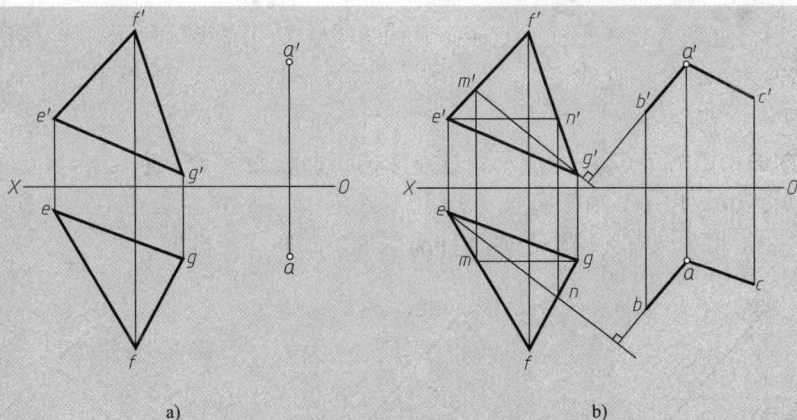

图 2-59 过点 A 作平面与 △EFG 垂直方法一

a) 已知条件 b) 作图结果

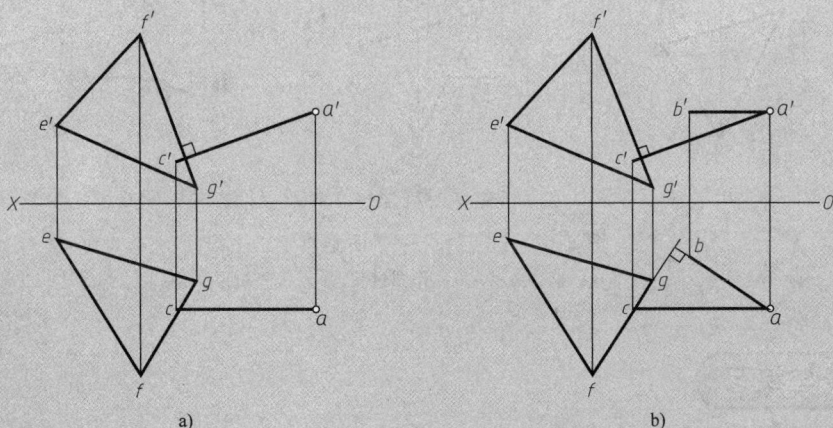

图 2-60 过点 A 作平面与 △EFG 垂直方法二

a) 作图过程 b) 作图结果

当两个相垂直的平面同时垂直于一投影面时，两平面在该投影面上的有积聚性的投影相互垂直。在图 2-61 中，两铅垂面 P 和 Q 相互垂直，其水平投影积聚为垂直相交的两直线。此时两平面的交线 AB 必为铅垂线，其水平投影积聚为一点。

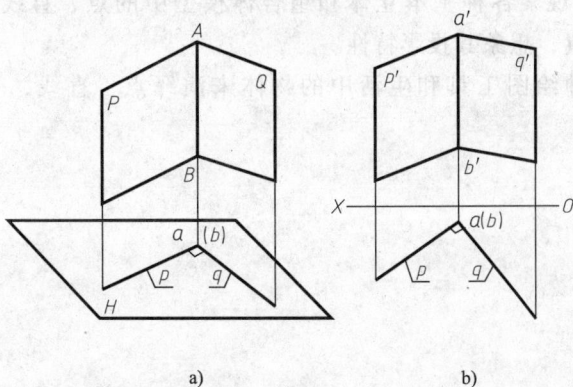

图 2-61 两铅垂面相互垂直

a) 立体图 b) 投影图

例 2-14 过点 A 作一平面垂直于正垂面 BCD，如图 2-62a 所示。

解 若过点 A 作一直线垂直于 $\triangle BCD$，则包含这一直线所作平面，必定与 $\triangle BCD$ 垂直。

作图方法：如图 2-62b、c 所示，过点 A 的正面投影 a' 作 $a'k' \perp b'c'd'$，得垂足 K 的正面投影 k'；由 a 作 OX 轴平行线，且由 k' 确定 k，则 $AK \perp \triangle BCD$；过点 A 任作直线 AM，AM 与 AK 相交两直线确定的平面即为所求。本题有无数解。

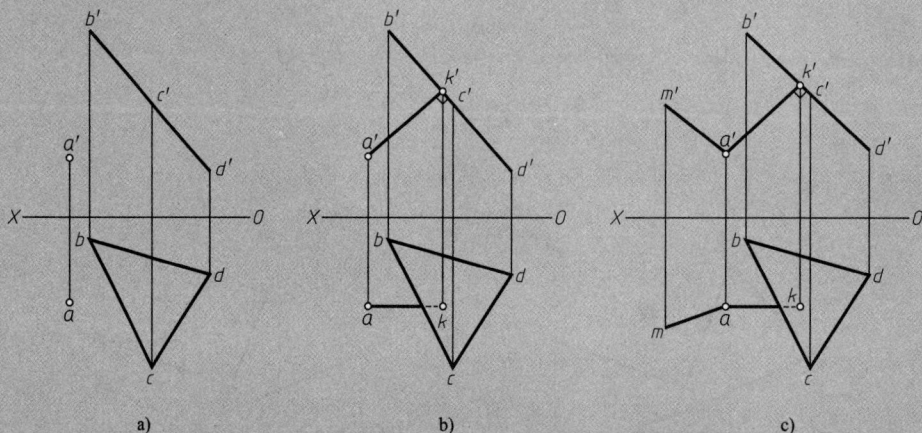

图 2-62 过点 A 作一平面垂直于正垂面
a）已知条件　b）作图过程　c）作图结果

实践与练习

1）灯光或日光照射物体时，观察投影现象。思考投影法有哪几类？正投影法有哪些特性？

2）思考为什么物体的一个或两个投影有时不能唯一确定物体的形状？三面投影及其规律是什么？

3）思考怎么在直线上取点？点和直线在平面内的几何条件是什么？

4）参观模型室，观察各种基本立体和组合体模型中的点、直线、平面，判断点、直线、平面及其相对位置，想象其投影特性。

5）充分利用各种绘图工具和生活中的物体来演绎点、直线、平面，提高空间想象能力。

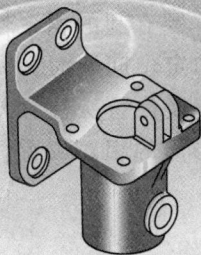

第 3 章

换 面 法

⬛ **知识要点** ▐▐▐───

1) 一般位置直线变换为投影面平行线（一次换面）。

2) 一般位置直线变换为投影面垂直线（两次换面）。

3) 一般位置平面变换为投影面垂直面（一次换面）。

4) 一般位置平面变换为投影面平行面（两次换面）。

⬢ **引言**

通过对点、直线、平面投影特性的学习，发现当直线和平面处于特殊位置时，其投影图可以反映其真实性，而一般位置直线和平面却只能反映其类似性，如何将一般位置直线和平面转化为特殊位置，既简化解题过程又能反映真实性，换面法可以解决这一问题，本章对换面法及应用进行介绍。

3.1 换面法概述

空间几何要素的位置保持不动，用新的投影面（辅助投影面）代替原有投影面，形成新的投影体系，使空间几何要素相对新投影面处于有利解题的特殊位置，然后空间几何要素向新的投影面进行投射，这种方法称为变换投影面法，简称为换面法。

3.1.1 换面的目的

在解决工程实际问题时，经常遇到几何要素及其相对位置的度量问题和定位问题，求解度量问题（如实形、距离、夹角等）或求解定位问题（如交点、交线等）时，如果空间几何要素处于特殊位置时，度量问题可以在投影图中直接反映出来，定位问题的作图也可以大大简化。例如：图 3-1a 所示 $\triangle ABC$ 为水平面，其水平投影为实形；图 3-1b 中 $\triangle ABC$ 为铅垂面，因此，dk 即为点 K 到该平面距离的实长；图 3-1c 中 $\triangle CDE$ 为铅垂面，因而直线 MN 与它的交点 G 可直接得出。但是，在许多问题中，当几何要素对投影面处于一般位置时，它们的投影因不反映实长、实形、也不具有对解题有利的积聚性，将使解题过程繁琐。在解决与投影面处于一般位置几何要素的度量和定位问题时，为了使空间几何要素获得所需要的投影特性，如果能把它们由一般位置变换为特殊位置，则问题就容易解决。**换面就是更换投影面，以改变空间几何要素对投影面的相对位置，达到有利于解题的目的。**

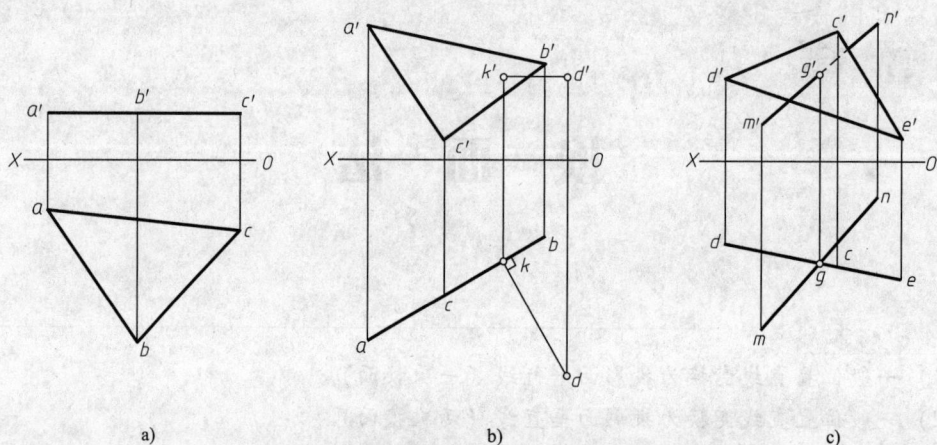

图 3-1　处于特殊位置时可直接求解

a）$\triangle abc$ 反映实形　b）dk 为距离　c）G 为交点

3.1.2　新投影体系的建立

在图 3-2 中，$\triangle ABC$ 在 V 面和 H 面的投影体系（简称 V/H 体系）中为铅垂面，其正面投影及水平投影均不反映实形。为使它的投影反映实形，保持 $\triangle ABC$ 的位置不动，用一个与 H 面垂直且与 $\triangle ABC$ 平行的 V_1 面代替 V 面，V_1 面和 H 面组成新投影体系 V_1/H，求出 $\triangle ABC$ 在 V_1 面上的投影 $\triangle a_1'b_1'c_1'$，显然它反映 $\triangle ABC$ 的实形。如果以 V_1 面和 H 面的交线 O_1X_1 为轴，使 V_1 面旋转至与 H 面重合，则得到 $\triangle ABC$ 在 V_1/H 体系中的投影图。

通过以上分析可知，在应用换面法解决问题时，新投影面的设立要恰当。首先，新投影体系的建立应使空间几何要素处于有利于解题的位置。此外，由于在解题过程中要根据空间几何要素的原有投影作它在新投影面上的投影，因此新投影

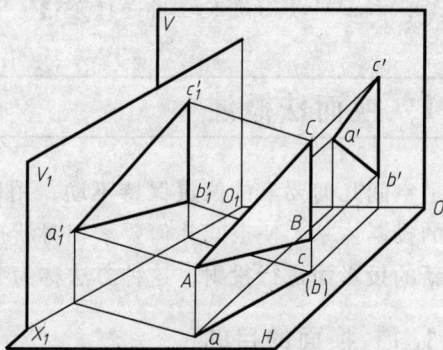

图 3-2　换面法的图示

面必须与一个原有的投影面垂直，构成新两投影体系，在这个新体系中才可以继续使用前面所讲过的正投影规律。归结起来，在换面法中设立新投影面的两个基本原则是：

1）新投影面必须与空间几何要素处于有利于解题的位置。

2）新投影面必须垂直于一个原有的投影面。

3.2 点的投影变换规律

换面法中首先要解决的问题是根据几何要素的原有投影求出其新投影。点是最基本的几何要素，下面讨论在更换投影面时，如何根据原有投影求出其新投影。

3.2.1 点的一次投影变换

1. 更换正立投影面

如图 3-3a 所示，点 A 在 V/H 体系中的正面投影为 a'，水平投影为 a。现令 H 面保持不变，取一个与 H 面垂直的 V_1 面代替 V 面，V_1 面与 H 面交于 O_1X_1 轴，称为新投影轴，V_1 面和 H 面组成新投影体系 V_1/H。点 A 在 V_1/H 体系中的 V_1 面上的投影用 a_1' 表示，称 a_1' 为新投影；a' 为 V 面上的投影，称为旧投影，而水平投影 a 为不变投影。由于新旧两体系有共同的 H 面，A 点到 H 面的距离 Aa 没变，因此 $a'a_X = a_1'a_{X1} = Aa$。此外，由于 V_1/H 也是两面投影体系，因此，若使 V_1 面绕 O_1X_1 轴旋转至与 H 面重合，则 a 和 a_1' 的连线必定垂直于 O_1X_1 轴。根据以上分析，可以得出点的投影变换规律：

1）点的新投影和不变投影的连线垂直于新投影轴。

2）点的新投影到新投影轴的距离等于被更换的旧投影到旧投影轴的距离。

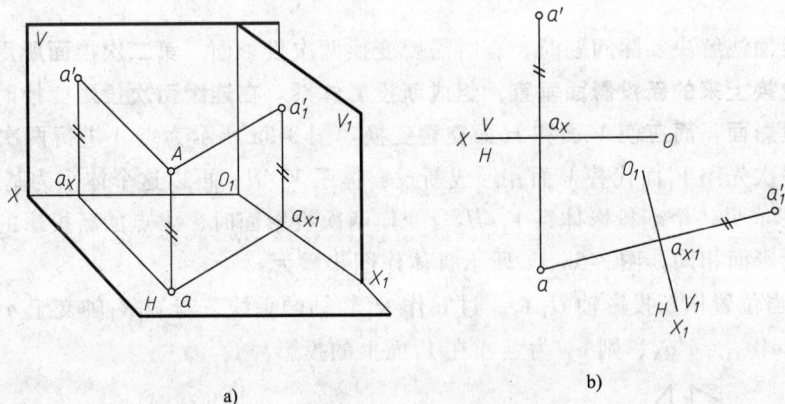

图 3-3 点的一次换面（换 V 面）
a）立体图 b）投影图

图 3-3b 所示为根据上述规律在投影图上由已知点 A 在 V/H 体系中的投影 a、a'，求出其在 V_1/H 体系中的投影的作图步骤。

1）在适当位置作新投影轴 O_1X_1。

2）过 a 作 O_1X_1 轴的垂线，与 O_1X_1 轴交于 a_{X1}。

3）截取 $a_1'a_{X1} = a'a_X$，则 a_1' 为点 A 在 V_1 面上的投影。

2. 更换水平投影面

在图 3-4a 中，如果取一个与 V 面垂直的 H_1 面代替 H 面，则构成新投影体系 V/H_1。由于新旧两体系具有共同的 V 面，故点 A 到 V 面的距离不变。这个距离反映在 V/H_1 体系中就是点 A 在 H_1 面上的新投影 a_1 到新投影轴 O_1X_1 的距离 a_1a_{X1}，即 $a_1a_{X1} = aa_X = Aa'$。图 3-4b 所示具体作图步骤为：

1）在适当位置作新投影轴 O_1X_1。

2）过 a' 作 O_1X_1 轴的垂线，与 O_1X_1 轴交于 a_{X1}。

3）截取 $a_1a_{X1} = aa_X$，则 a_1 为点 A 在 H_1 面上的投影。

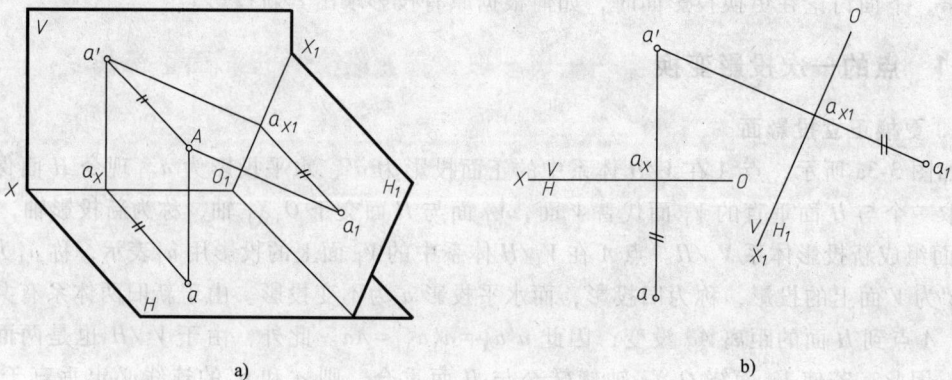

图 3-4　点的一次换面（换 H 面）
a）立体图　b）投影图

3.2.2　点的两次投影变换

在使用换面法解决实际问题时，有时需要变换两次投影面。**第二次换面所用的新投影面必须与第一次换上来的新投影面垂直，组成新投影体系。在连续两次投影变换时，不能连续变换同一个投影面，而应使 V 面和 H 面交替变换。**图 3-5a 所示为点 A 进行两次投影变换的立体图，第一次先用 V_1 面代替 V 面，形成新投影体系 V_1/H；再以这个体系为基础，用 H_2 面代替 H 面，形成另一个新投影体系 V_1/H_2。变换两次投影面时，求点的新投影的原理及方法与变换一次投影面相同。图 3-5b、c 所示具体作图步骤为：

1）在适当位置作新投影轴 O_1X_1，过 a 作 O_1X_1 轴的垂线，与 O_1X_1 轴交于 a_{X1}。

2）截取 $a_1'a_{X1} = a'a_X$，则 a_1' 为点 A 在 V_1 面上的投影。

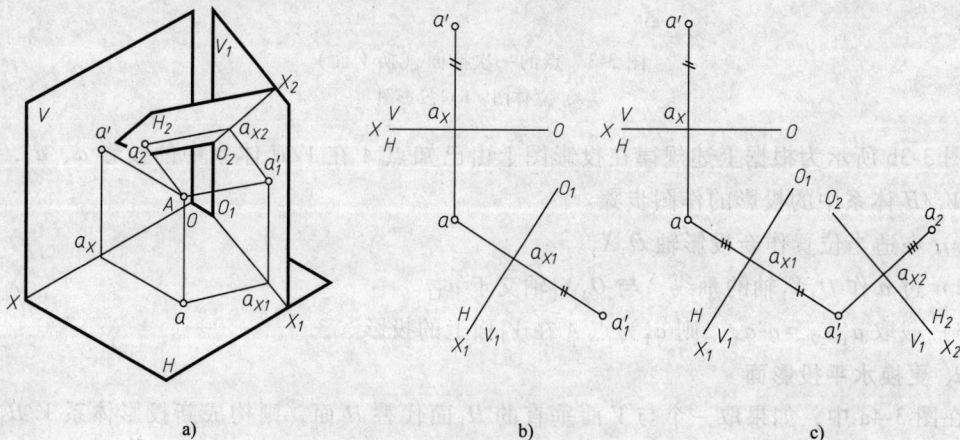

图 3-5　点的两次换面
a）立体图　b）第一次换 V 面　c）第二次换 H 面

3）在适当位置作新投影轴 O_2X_2，过 a_1' 作 O_2X_2 轴的垂线，与 O_2X_2 轴交于 a_{X2}。

4）截取 $a_2a_{X2}=aa_{X1}$，则 a_2 为点 A 在 H_2 面上的投影。

3.3 直线的投影变换规律

3.3.1 直线的一次投影变换——将一般位置直线变为投影面平行线

图 3-6a 所示为一般位置直线 AB 的立体图。若要用换面法使 AB 变为投影面平行线，则新投影面必须与直线 AB 平行且垂直于 H 面或 V 面。图 3-6a 中用 V_1 面代替 V 面，使 V_1 面平行于 AB 且垂直于 H 面。这样，直线 AB 就成为 V_1/H 体系中的正平线，显然它的水平投影 ab 应与新投影轴 O_1X_1 平行。图 3-6b 所示作图步骤为：

1）先作新投影轴 $O_1X_1 \parallel ab$（O_1X_1 与 ab 间距离可任取）。

2）再按点的投影变换规律作 A、B 两点的新投影 a_1'、b_1'，连 a_1' 和 b_1' 即为 AB 在 V_1 面上的新投影 $a_1'b_1'$。

3）AB 为 V_1/H 体系中的正平线，其新投影 $a_1'b_1'$ 反映 AB 线段的实长，且 $a_1'b_1'$ 与 O_1X_1 轴间的夹角 α 反映 AB 与 H 面的倾角。

如果更换 H 面，可使 AB 直线成为新投影体系 V/H_1 中的水平线，可求出 AB 的实长及其对 V 面的倾角。

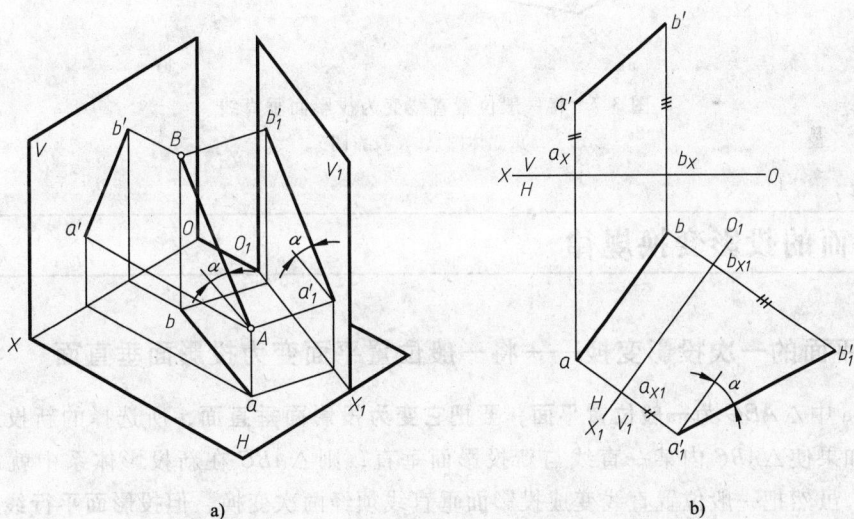

图 3-6 将一般位置直线变为投影面平行线
a）立体图 b）投影图

3.3.2 直线的两次投影变换——将一般位置直线变为投影面垂直线

图 3-7a 中直线 AB 为一般位置直线，若要把它变为投影面垂直线只更换一次投影面是不行的。因为，如果设立一个投影面垂直于 AB，那么该投影面是一般位置平面，它与 V 面及 H 面都不垂直，因此，不能与 V 面或 H 面构成新投影体系。由此分析得出应变换两次投影面。**一次变换使直线 AB 成为 V_1/H 体系中的正平线，两次变换使 AB 成为 V_1/H_2 体系中的**

铅垂线。把一般位置直线变为投影面垂直线必须顺序变换两次：首先把它变为投影面平行线，再把它变为投影面垂直线。图 3-7b 所示为作图步骤：

1）先设立 V_1 面代替 V 面，新投影轴 $O_1X_1 /\!/ ab$，使 AB 在 V_1/H 体系中成为正平线，应用投影变换规律作 AB 在 V_1 面内的投影为 $a_1'b_1'$。

2）以 V_1/H 体系为基础变换 H 面，用一个同时垂直于 AB 和 V_1 面的投影面 H_2 代替 H 面，新投影轴 $O_2X_2 \perp a_1'b_1'$，作直线 AB 在 H_2 面的水平投影为 $a_2(b_2)$，此时 $a_2(b_2)$ 积聚成一个点。这样 AB 直线在 V_1/H_2 体系中变为投影面垂直线。

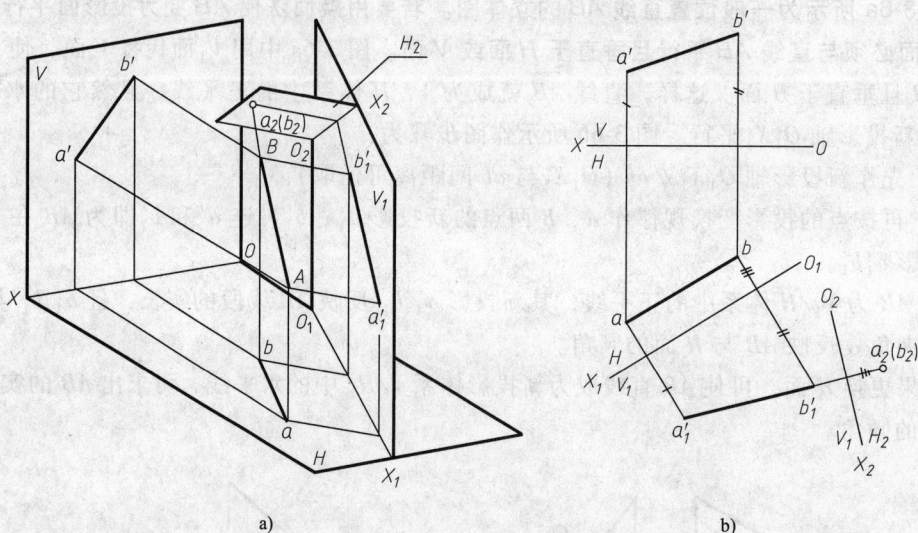

图 3-7　将一般位置直线变为投影面垂直线

a）立体图　b）投影图

3.4　平面的投影变换规律

3.4.1　平面的一次投影变换——将一般位置平面变为投影面垂直面

图 3-8a 中 $\triangle ABC$ 为一般位置平面，要把它变为投影面垂直面，所选择的新投影面应与它垂直。如果使 $\triangle ABC$ 内某一直线与新投影面垂直，则 $\triangle ABC$ 在新投影体系中就成为投影面垂直面。虽然把一般位置直线变成投影面垂直线须经两次变换，但投影面平行线变为投影面垂直线只需变换一次。为简化作图，可先在 $\triangle ABC$ 内取一投影面平行线，如水平线 CD，然后设立与 CD 垂直的投影面 V_1 代替 V 面，则 $\triangle ABC$ 在 V_1/H 体系中成为投影面垂直面，图 3-8b 所示为作图步骤：

1）在 $\triangle ABC$ 平面内取一水平线 CD，其投影为 cd 和 $c'd'$。

2）作新投影轴 $O_1X_1 \perp cd$，CD 在新投影体系中成为正垂线。

3）$\triangle ABC$ 在 V_1/H 体系中就成为正垂面。作 $\triangle ABC$ 三个顶点的新投影 a_1'、b_1'、(c_1')，其必在同一直线上。新投影 $a_1'b_1'(c_1')$ 与新投影轴 O_1X_1 之间的夹角 α 反映 $\triangle ABC$ 对 H 面的倾角。

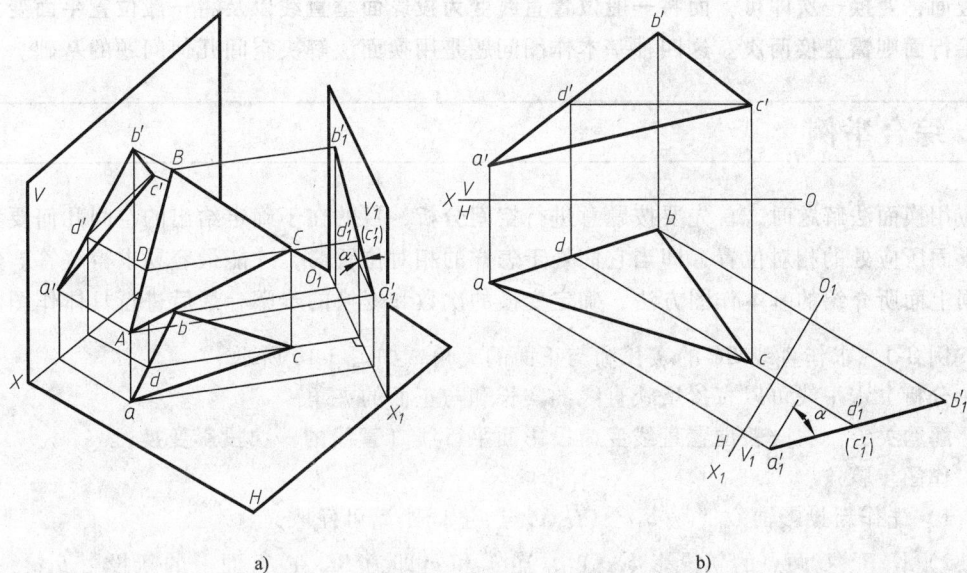

图 3-8 将一般位置平面变为投影面垂直面

a) 立体图 b) 投影图

若把 △ABC 变为铅垂面，需先在平面上取正平线，并设立 H_1 面代替 H 面即可完成作图。

3.4.2 平面的两次投影变换——将一般位置平面变为投影面平行面

把一般位置平面变为投影面平行面，只变换一次是不行的。因为若使新投影面平行于一般位置平面，那么该投影面也是一般位置平面，与 V、H 面都不垂直，不符合新投影面的设置原则。因此，要把一般位置平面变为投影面平行面，必须变换两次：首先把它变成投影面垂直面，然后再把它变成投影面平行面。在图 3-9 中，借助于 △ABC 上的水平线 CD，通过一次换面使 △ABC 变成 V_1/H 体系中的正垂面，新投影 $a_1'b_1'(c_1')$ 积聚为一直线，再设立与 △ABC 平行的新投影面 H_2，H_2 面必定与 V_1 面也垂直，以 H_2 面代替 H 面构成 V_1/H_2 新体系，此时新投影轴 O_2X_2 与 $a_1'b_1'(c_1')$ 平行。在 V_1/H_2 体系中，△ABC 成为水平面，其在 H_2 面上的新投影 $a_2b_2c_2$ 反映实形。作图步骤如下：

1) 在 △ABC 上取水平线 CD，作新投影轴 $O_1X_1 \perp cd$，然后作 △ABC 在 V_1 面上的新投影 $a_1'b_1'(c_1')$，其积聚为一直线。

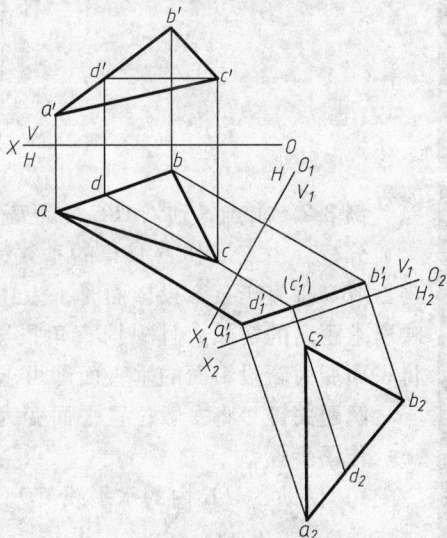

图 3-9 将一般位置平面变为投影面平行面

2) 作新投影轴 $O_2X_2 // a_1'b_1'(c_1')$，然后作 △ABC 在 H_2 面上的新投影 $a_2b_2c_2$，$\triangle a_2b_2c_2$ 反映 △ABC 的实形。

综上所述，应用换面法将一般位置直线变为投影面平行线以及将一般位置平面变为投影面垂直面，变换一次即可，而将一般位置直线变为投影面垂直线以及将一般位置平面变为投影面平行面则需变换两次。这四种基本作图问题是用换面法解决空间几何问题的基础。

3.5 综合举例

应用换面法解题时，首先要按题意进行**空间分析**，目的在于确定给出的空间几何要素与新投影面所应处的相对位置，即当它们处于怎样的相对位置时，才能最容易求得解答。然后再根据上面所介绍的基本作图方法，确定变换的次数和变换的步骤，最后进行具体作图。

例 3-1 求作直线 BC 的实长和与正面的夹角，如图 3-10 所示。

分析 水平线可以直接反映直线的实长和与正面的夹角。

解题关键 将一般位置直线变为投影面平行线（直线的一次投影变换）。

作图步骤

1）先作新投影轴 $O_1X_1 \parallel b_1'c'$（O_1X_1 与 $b'c'$ 间距离可任取）。

2）作 B、C 两点的新投影 b_1、c_1，连 b_1 和 c_1 即为 BC 在 H_1 面上的新投影 b_1c_1，且 $b_1c_1 = BC$，b_1c_1 与 O_1X_1 轴间的夹角 β 反映 BC 与 V 面的夹角。

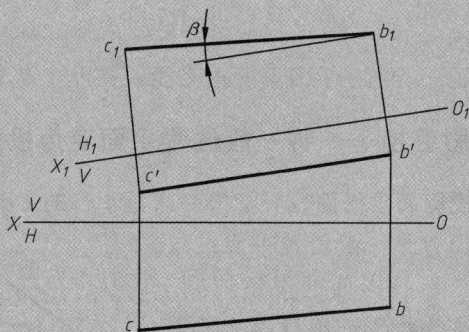

图 3-10 求直线的实长及与正面的夹角

例 3-2 求点 S 到 $\triangle ABC$ 的距离，并作垂足的投影，如图 3-11 所示。

分析 由点 S 作 $\triangle ABC$ 的垂线，点 S 到垂足间的距离即为所求的点到平面的距离。当 $\triangle ABC$ 垂直于某个投影面时，上述垂线则平行于该投影面，它在该投影面上的投影反映所求距离的实长，且根据直角投影定理，垂线的投影与平面的积聚投影垂直，因此，将平面变为新投影面的垂直面即可求解。

解题关键 将一般位置平面变为投影面垂直面（平面的一次投影变换）。

作图步骤

1）借助 $\triangle ABC$ 内的水平线 CD，通过一次换面使 $\triangle ABC$ 成为新投影体系 V_1/H 中的正垂面，$c'd' \parallel OX$，$O_1X_1 \perp cd$。

2）作 $\triangle ABC$ 在 V_1 面上的投影 $a_1'b_1'(c_1')$，其积聚为一条直线。作点 S 的新投影 s_1'。

3）过 s_1' 作 $s_1'k_1' \perp a_1'b_1'(c_1')$，并交于 k_1'，则 $s_1'k_1' = SK$，即为所求距离的实长。

4）由于 SK 为 V_1/H 体系中的正平线，所以，它的水平投影 $sk \parallel O_1X_1$，据此求得 k。再根据点的投影变换规律求出垂足 K 在 V 面上的投影 k'。

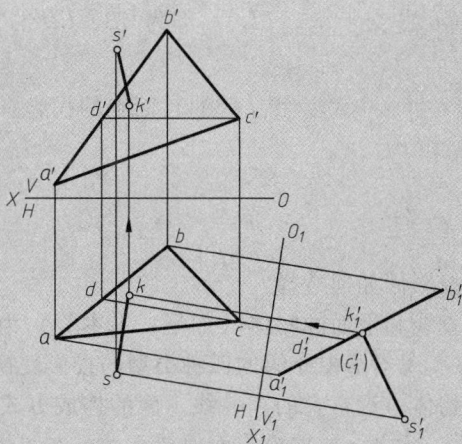

图 3-11　求点到平面的距离

例 3-3　求两交叉直线 AB 和 CD 间的最短距离，如图 3-12 所示。

分析　两交叉直线间的最短距离为其公垂线 LK 的长度，如图 3-12a 所示。若使两交叉直线 AB、CD 中 CD 垂直于投影面 H_2，则公垂线 LK 平行于投影面 H_2，其投影反映实长，且 LK 与 AB 在 H_2 面上的投影反映直角。因此，本题若用换面法将交叉两直线中任意一直线变为投影面垂直线，则可很方便地解出。

解题关键　将一般位置直线变为投影面垂直线（直线的两次投影变换），如图 3-12b 所示。

作图步骤

1）将一般位置直线 CD 在 V_1/H 体系中变为 V_1 面的平行线，再在 V_1/H_2 体系中变为 H_2 面的铅垂线，此时直线 CD 的投影积聚为一点即 $c_2(d_2)$，直线 AB 也随着直线 CD 进行相应的变换，即 a_2b_2。

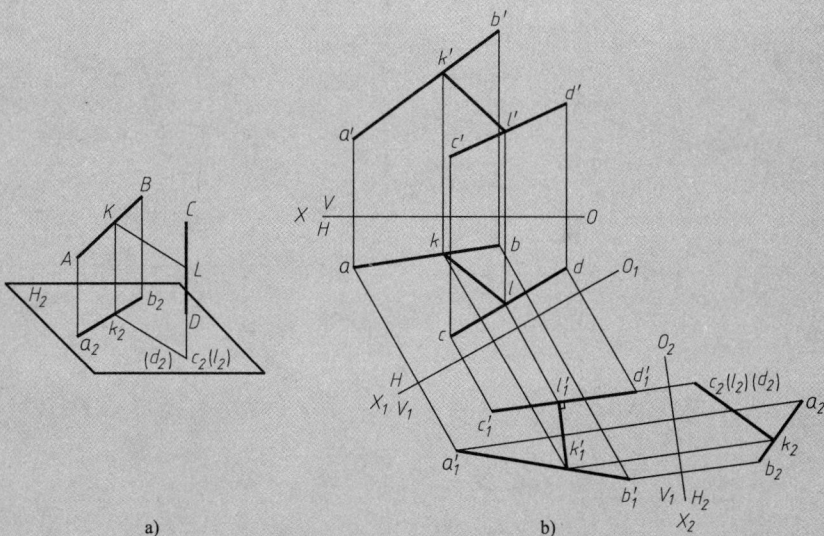

图 3-12　求两交叉直线之间的最短距离

a）空间分析　b）投影图

2）过 c_2 作 $(l_2)k_2 \perp a_2b_2$ 并交于 k_2，$(l_2)k_2$ 即为 AB、CD 的公垂线 LK 在 H_2 面上的投影，也即公垂线的实长。

3）由 k_2 求得 k_1'，作 $l_1'k_1' /\!/ O_2X_2$，得 LK 在 V_1 面上的投影。再根据投影关系作 LK 在 V/H 体系中的投影，即 lk 和 $l'k'$。

实践与练习

1）什么是换面法？新投影面如何选择？

2）以各种现有的形似直线和平面的物体（如笔、书本等）为模型，认真观察投影变换对其投影的影响，并且能够实现本章中介绍的四种类型的投影变换。

3）取一个简单的空间物体，观察它的点、线、面的构成方式，本章研究如何通过投影变换的方法来简化空间问题，反之，如果投影面保持不动，空间物体应该如何放置能够简化投影图呢？

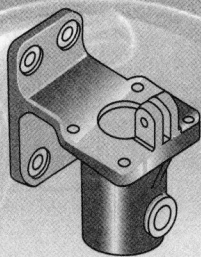

第4章

基 本 立 体

知识要点

1) 基本立体的三视图。
2) 截交线的概念、性质与求解方法。
3) 相贯线的概念、性质与求解方法。
4) 相贯线的特殊形式。
5) 立体表面交线综合解题方法。

引言

　　前面已经掌握了空间基本几何要素（点、直线、平面）如何表达在平面上的理论和方法。空间中的立体都是由点、线、面构成的，这些立体有的是很简单的基本立体，如棱柱、棱锥、圆柱、圆锥等，有的是更为复杂的组合体。学习和掌握基本立体的表达方法是学习更为复杂组合体的前提。在工程上，不同的机器零件有着不同的功用，形状也各不相同。但无论机器零件的形状多么复杂，都可以看成是由一些基本立体构成的。常见的基本立体有柱（棱柱、圆柱）、锥（棱锥、圆锥）、球、环等。组成机器零件的基本立体有时是完整的，有时则被挖切，还有的以相交形式出现。熟悉各种情况下立体的投影，有助于今后绘制和阅读各种零件图。

　　因此，本章将学习基本立体三视图的表达方法及立体表面上交线的求解方法。

4.1 基本立体三视图

4.1.1 三视图的形成

　　国家标准规定，立体向投影面投射所得的图形称为视图。在三面投影体系中，正面投影称为主视图，水平投影称为俯视图，侧面投影称为左视图，如图 4-1 所示。

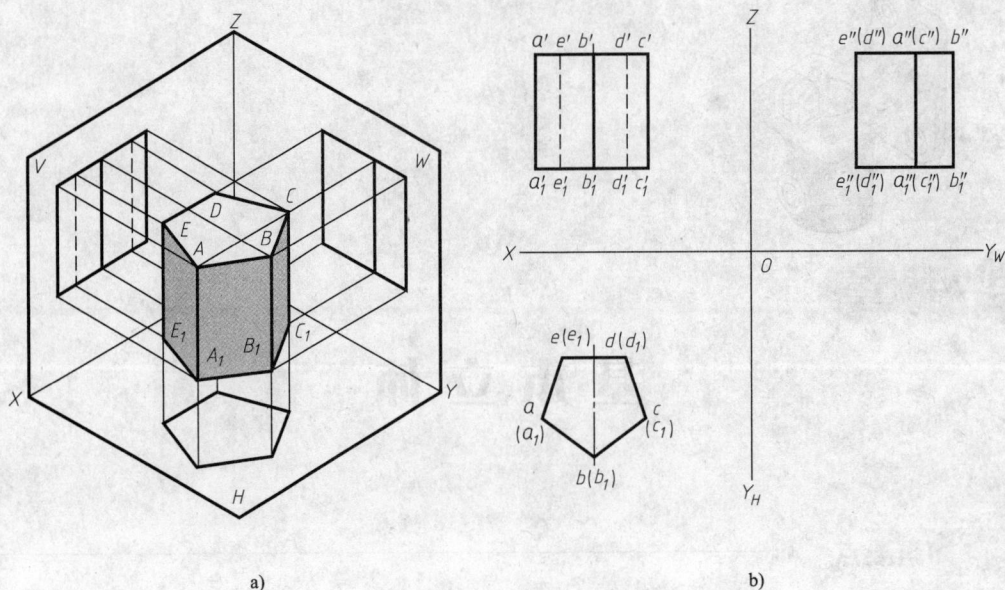

图 4-1　五棱柱

a）立体图　b）三视图

　　由图 4-1 可以看到，立体距投影面的距离只影响各视图之间的距离而不影响各视图的形状以及它们之间的相互关系。为使作图简便、图形清晰，在今后作图时，投影轴省略不画。五棱柱的三视图如图 4-2 所示。不画投影轴以后，立体的各视图之间仍要保持正确的投影规律。

4.1.2　三视图的投影规律

　　按规定，立体沿 x、y、z 三个方向的尺寸分别称为立体的长度、宽度和高度，而主视图能够反映出立体的长度和高度，体现了立体的左右和上下位置关系；俯视图能够反映出立体的长度和宽度，体现了立体的左右和前后位置关系；左视图能够反映出立体的宽度和高度，体现了立体的前后和上下位置关系。显然三视图之间应有如下关系：主、俯视图都反映了立体的长度和左右位置关系，因此左右必须对正；主、左视图都反映立体的高度和上下位置关系，因此高低必须对齐；俯、左视图都反映立体的宽度和前后位置关系，因此宽度必须相等，如图 4-2 所示。

　　综上所述，三视图之间的投影规律为：

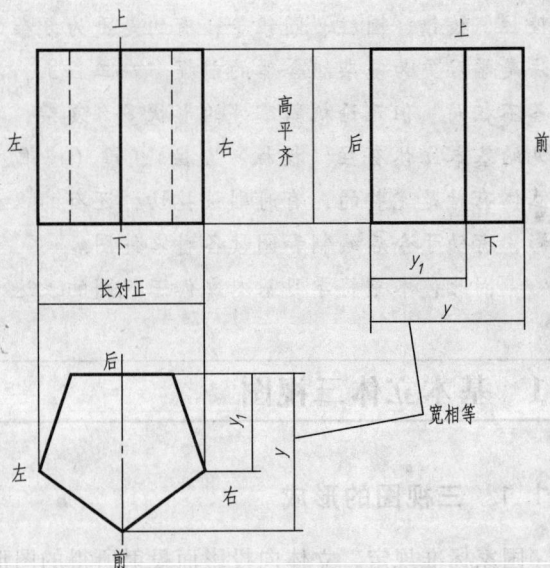

图 4-2　五棱柱的三视图及投影规律

主、俯视图——长对正。

主、左视图——高平齐。

俯、左视图——宽相等。

立体的整体及其局部结构的投影都必须符合上述投影规律。特别需要注意的是：应用俯、左视图"宽相等"的规律时，一定要分清立体的前后。俯、左视图中远离主视图的一侧表示立体的前面。

4.1.3 基本立体三视图的画法

基本立体按其表面的性质可分为平面立体和曲面立体。立体的各表面都是平面的立体称为平面立体；表面为曲面或既有曲面又有平面的立体称为曲面立体。

1. 平面立体的三视图

（1）三视图的画法 平面立体的各个表面都是平面多边形，不同表面的交线（棱线）称为立体的轮廓线。用投影图表示平面立体，就是要画出围成立体的各个表面的投影，即画出所有轮廓线的投影。为清晰地表达立体的形状，画图时假定立体的表面是不透明的，将可见轮廓线画成粗实线，不可见轮廓线画成虚线。

在图 4-1 中，五棱柱的顶面和底面平行于 H 面，它们的水平投影反映实形并且重合在一起。而它们的正面投影和侧面投影分别积聚为水平方向的直线段。五棱柱的后侧棱面 EE_1D_1D 为一正平面，其正面投影反映实形，水平投影及侧面投影都积聚为直线段。五棱柱的另外四个侧棱面都是铅垂面，它们的水平投影分别积聚为直线段，而正面投影及侧面投影都是比实形小的类似形。五棱柱的各个侧棱面、各条棱线投影的可见性请读者自行分析。

例 4-1 图 4-3a 所示为一斜三棱锥的主、俯视图，求其左视图。

分析 由图 4-3a 中可以看到，三棱锥的底面 $\triangle ABC$ 为一水平面，其水平投影 $\triangle abc$ 反映实形，而正面投影积聚为一水平方向的直线段。三棱锥的三个侧棱面 $\triangle SAB$、$\triangle SAC$、$\triangle SBC$ 都为一般位置平面，其三面投影都是类似形。图 4-3a 中每一投影的外形轮廓线确定了三棱锥的投影范围，它们一定是可见的，画成粗实线。而其他图线的可见性则需要根据具体情况进行判断。棱线 SB 的正面投影 $s'b'$ 与棱面 $\triangle SAC$ 的正面投影 $\triangle s'a'c'$ 重影，由水平投影可以看出棱线 SB 在 $\triangle SAC$ 棱面之后，故棱线 SB 正面投影不可见，因此 $s'b'$ 画成虚线。水平投影中 sa 和 bc 的可见性要通过比较棱线 SA 和 BC 的高低来确定。取两棱线上的一对相对于 H 面上的重影点 Ⅰ 和 Ⅱ，由作图可知，SA 棱比 BC 棱高，如图 4-3a 所示，即由上向下投射时 SAB、SAC 棱面遮住了棱线 BC，故 bc 画成虚线。

作图步骤

1）可先根据 s'' 与 s' "高平齐"原则，在适当位置上定出 s''。

2）再利用"高平齐"定出 a''、b''、c'' 的高度位置。

3）b'' 的前后位置可根据"宽相等"原则直接求出，即由点 B 在点 S 之后 y_B 来确定。

4）与 3）同理，再确定 a''、c'' 即可完成作图。

可见性判别 由于棱线 SA 在棱面 SBC 的左方，因此，由左向右投射时，棱线 SA 是可见的，$s''a''$ 画成粗实线，完成全图，如图 4-3b 所示。

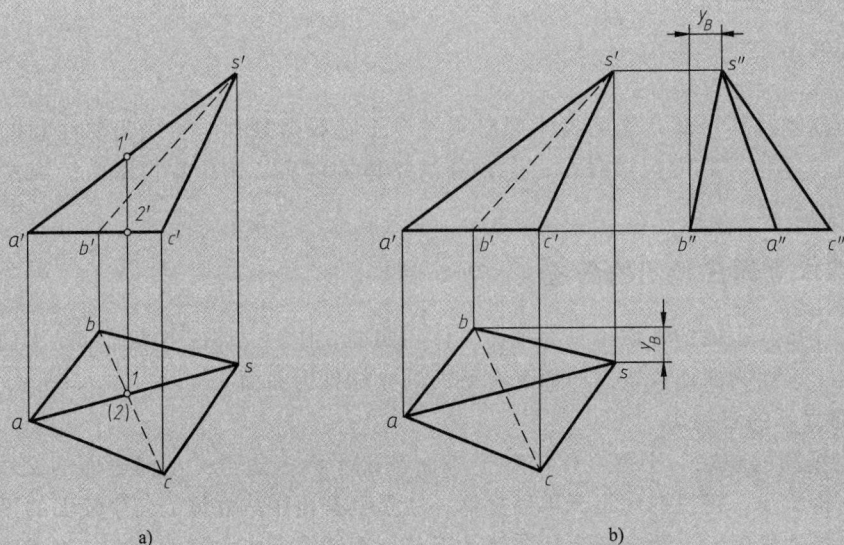

图 4-3 斜三棱锥的三视图

a）主、俯视图 b）三视图

（2）平面立体表面上取点 所谓在立体表面上取点就是根据立体表面上已知点的一个投影求其另外的投影。由于平面立体的各个表面都是平面，因此，在平面立体表面上取点的作图就是在"平面上取点"的作图。判别点可见性的原则：若点所在面的投影可见，则该点的投影也可见；若点所在面的投影有积聚性，不用判断点的可见性；若点所在面的投影不可见，该点的投影也不可见，投影标记加括号。

图 4-4 所示为正六棱柱的三视图。正六棱柱的顶面和底面为水平面，前、后两侧棱面为正平面，其他四个侧棱面均为铅垂面。正六棱柱的前、后对称，左、右也对称，在其三视图上用细点画线画出了相应的对称中心线。

例 4-2 已知正六棱柱表面上点 A 的正面投影 a'，求点 A 的水平投影 a 和侧面投影 a''，如图 4-4 所示。

分析 首先应确定点 A 在哪个棱面上。由于 a' 是可见的，故点 A 应属于正六棱柱的左前棱面。此棱面是铅垂面，水平投影有积聚性，因此可由 a' 直接得 a。接下来可根据 a'、a 求得 a''。为保证 a 与 a'' 间正确的投影关系，作图时可借助六棱柱的前、后对称中心线。由于点 A 属于六棱柱的左前棱面，因此 a'' 可见。

作图步骤

1）根据"长对正"原则，可直接获得点 A 的水平投影 a。

2）a'' 的高度（上下）位置可先借助"高平齐"来获得，a'' 的宽度（前后）位置再利用"宽相等"y_A 得到，这两个位置的交点即为 a''。

可见性判别 因为点 A 在左侧，因此其侧面投影可见，a'' 不加括号。

例 4-3 已知三棱锥表面上点 M 的侧面投影（m''），求点 M 水平投影 m 和正面投影 m'，如图 4-5 所示。

分析 由于（m''）是不可见的，可知点 M 属于三棱锥的 SBC 棱面。$\triangle SBC$ 是一般位置平面，为求得点 *M* 的另外两个投影，可借助于 *SBC* 棱面上的通过点 *M* 的任意一条辅助直线来完成，如借助辅助线 *SN*。

作图步骤

1）先过 *s"* 及（*m"*）画出 *SN* 的侧面投影 *s"n"*。

2）根据"宽相等"的投影规律完成点 *N* 的水平投影 *n*，连接 *sn*，即可获得 *SN* 的水平投影。

3）根据"长对正"的投影规律完成点 *N* 的正面投影 *n'*，连接 *s'n'*，即可获得 *SN* 的正面投影。

4）因为点 *M* 属于直线 *SN*，先利用"高平齐"获得 *m'*，再利用"长对正"获得 *m*。

可见性判别 由于 *SBC* 棱面的正面投影及水平投影都是可见的，因此 *m'* 和 *m* 都可见。

综上，**在特殊位置表面上取点，先求面的积聚性投影；而在一般位置表面上取点必先通过该点作辅助线。**

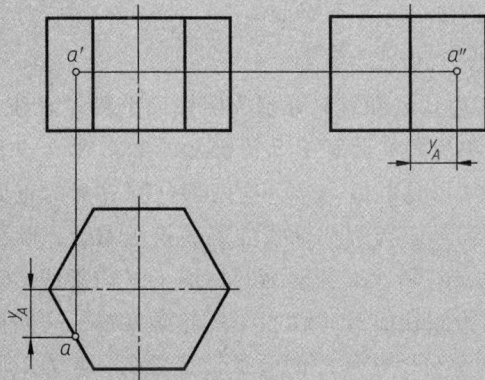

图 4-4 正六棱柱的表面上取点

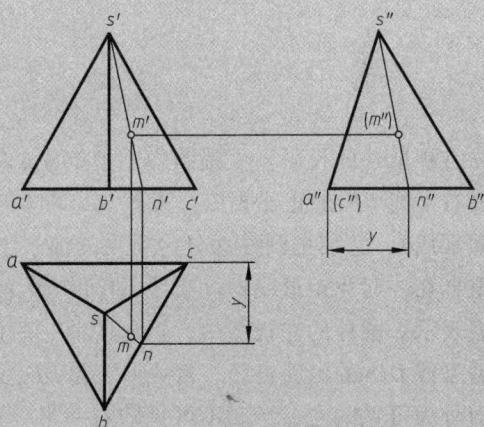

图 4-5 三棱锥的表面上取点

2. 曲面立体的三视图

常见的曲面立体有圆柱、圆锥、球、圆环等。这些立体表面上的曲面都是回转面，因此又称它们为回转体。回转面是由一条动线（直线或曲线）绕固定的轴线回转所形成的曲面，称动线为母线，**母线在回转过程中的任意位置称为素线**，其中回转面**可见与不可见的分界素线称为转向素线**，或称为**特殊素线**，又根据特殊素线在立体上所处的具体方位，命名为**最上、最下、最左、最右、最前和最后素线**。

用投影图表示曲面立体就是要把围成立体的曲面和平面表达出来。

（1）圆柱

1）圆柱面的形成。圆柱表面由圆柱面及两端平面组成。圆柱面是由直母线绕着与它平行的固定轴线回转所生成的曲面，如图 4-6a 所示。**圆柱面上任意一条平行于轴线的直线称为圆柱面的素线。**

2）圆柱三视图的画法。图 4-6b 所示为三面投影体系中的圆柱，图 4-6c 所示为其三视图。圆柱的轴线垂直于 *H* 面，圆柱面上所有的素线都垂直于 *H* 面，**圆柱面的水平投影积聚为一个圆，圆柱面上任何点、线的水平投影必定落在圆上。**这个圆还是圆柱平行于 *H* 面上、下两端面的实形。圆柱的主视图和左视图都是矩形，矩形的上、下两边分别为圆柱上、下端

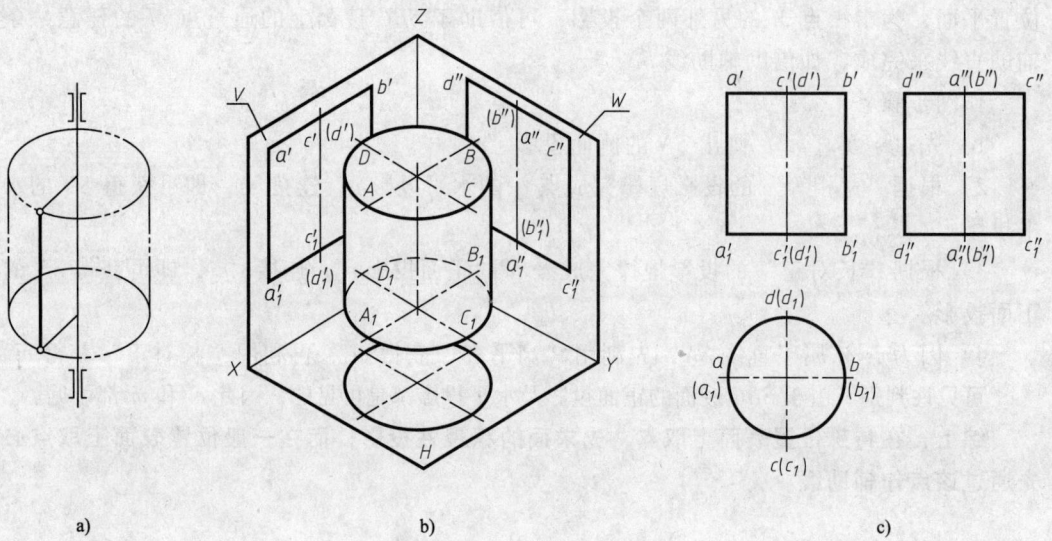

图 4-6　圆柱

a）圆柱面的形成　b）立体图　c）三视图

面的有积聚性的投影。主视图中矩形的左、右两边 $a'a_1'$ 和 $b'b_1'$ 分别为圆柱面上最左素线 AA_1 和最右素线 BB_1 的正面投影。素线 AA_1 和 BB_1 又称为圆柱面对 V 面投影的轮廓素线（或转向轮廓素线），它们把圆柱面分为可见的前一半和不可见的后一半，这两部分圆柱面的正面投影重合在一起为矩形线框。素线 AA_1 和 BB_1 的侧面投影与圆柱轴线的侧面投影重合，画图时不需表示。圆柱的左视图中，矩形的前、后两边 $c''c_1''$ 和 $d''d_1''$ 分别为圆柱面上最前素线 CC_1 和最后素线 DD_1 的侧面投影。素线 CC_1 和 DD_1 又称为圆柱面对 W 面投影的轮廓素线，它们把圆柱面分为可见的左一半和不可见的右一半，这两部分圆柱面的侧面投影重合在一起为矩形线框。素线 CC_1 和 DD_1 的正面投影与圆柱轴线的正面投影重合，画图时不需表示。

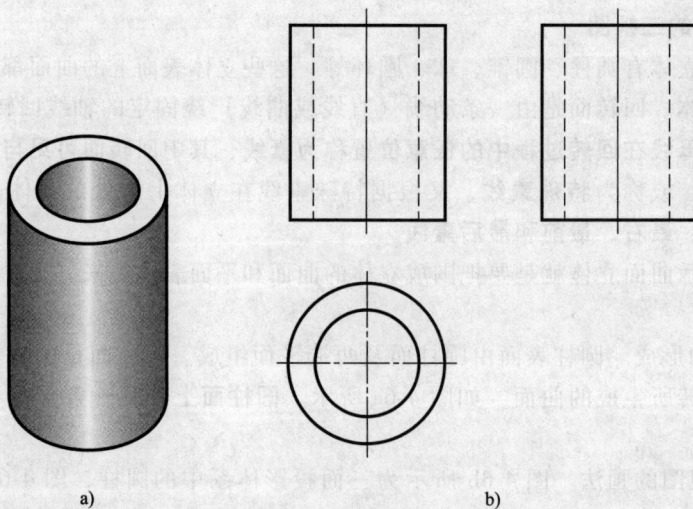

图 4-7　圆筒

a）立体图　b）三视图

画圆柱的视图时，首先用细点画线画出轴线的各个投影及圆的中心线，再画出圆，最后完成圆柱的其他视图。

3）圆筒的三视图。如图4-7a所示为空心圆柱的立体图，实心圆柱内部有一与其轴线重合贯通的圆孔，称为空心圆柱，或称为圆筒。图4-7b所示为圆筒三视图。在俯视图中，因为孔与圆柱外表面性质相同，所以孔的水平投影也积聚为一圆，孔上任何点、线的水平投影必定落在圆周上。在主、左视图中同样要表达孔的最外轮廓素线，因为孔不可见，图4-7b所示主视图中孔的最左、最右素线投影画成虚线，左视图中孔的最前、最后素线的投影画成虚线。

4）圆柱表面上取点。因为圆柱三个表面均为特殊面，圆柱面在其轴线垂直的投影面有积聚性，其端面在另外投影面中同样有积聚性，因此圆柱表面上取点，直接利用积聚性即可求得。

例4-4 已知圆柱表面上一点A的正面投影（a′），求其水平投影a及侧面投影a″，如图4-8所示。

分析 由于（a′）为不可见，故点A位于后半个圆柱面上，圆柱面的水平投影有积聚性，故点A的水平投影a必定落在后半个圆周上。点A的侧面投影利用三等关系完成。

作图步骤

1）因该圆柱的轴线垂直于水平投影面，故其水平投影有积聚性，根据"长对正"直接即可确定点A的水平投影a。

2）由（a′）根据"高平齐"画线获得点A侧面投影a″的上下位置，由a画线根据"宽相等"获得点A侧面投影a″的前后位置，上面两条线的交点就是点A侧面投影a″的位置。为保持a与a″之间正确的投影关系，可借助前、后对称中心线来量取y_A。

可见性判别 由于点A在左半个圆柱面上，因此a″可见。

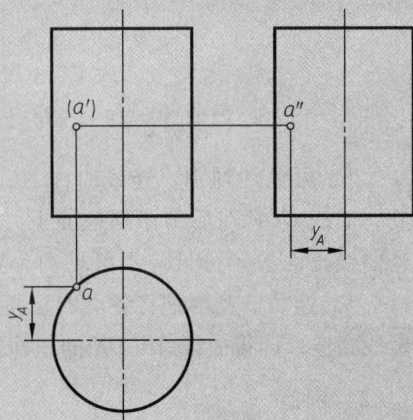

图4-8 圆柱表面上取点

5）圆柱表面上取线。立体表面上取线，一定要先取点后连线，并且特殊点必须取全，特殊点包括线的两个端点以及回转体特殊素线上的点。

例4-5 已知圆柱面上ACE线的水平投影，求其侧面投影、正面投影，如图4-9a所示。

分析 ACE线的水平投影虽然表现为直线，但其空间形状为一段椭圆弧，故需要完成该线上适当数量点的投影后，再将这些点的投影徒手光滑连接成线来完成此题。

作图步骤 作图时，先取特殊点，后取适当数量的一般点，最后连线。

1）取点。

先求特殊点的投影。 特殊点包括最前素线上点A、最上素线上点C及最后素线上点E，同时点A和点E又是该线的两个端点。这三个点的正面、侧面投影直接可以获得。

再求一般点的投影。 因该圆柱面侧面投影有积聚性，故先根据"宽相等"确定前半个圆柱面上点B、后半个圆柱面上点D的侧面投影b″和d″，再根据"高平齐"获得b′、（d′）上下位置，利用"长对正"获得b′、（d′）的左右位置。

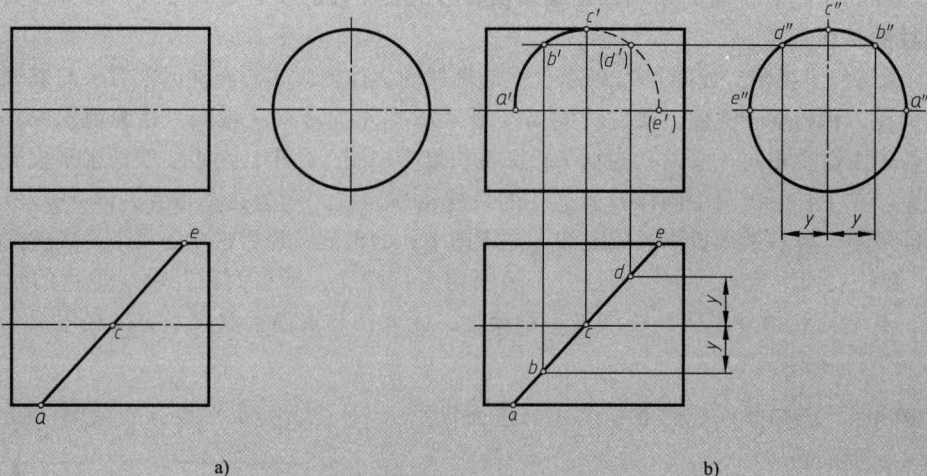

图 4-9　圆柱表面上取线

a）已知条件　b）作图过程及结果

2）可见性判别。连线时注意，由于曲线 *ABC* 在前半个圆柱面上，故其正面投影可见；曲线 *CDE* 在后半个圆柱面上，故其正面投影不可见。最上素线上点 *C* 的正面投影 c' 是曲线正面投影可见与不可见的分界点。

3）连线。光滑地将各点的正面投影连接起来，$a'b'c'$ 以粗实线相连，$c'(d')(e')$ 以虚线相连，即得曲线 *ABCDE* 的正面投影，曲线的侧面投影落在圆周上，如图 4-9b 所示。

（2）圆锥

1）圆锥面的形成。圆锥表面由圆锥面和底平面组成。圆锥面是由直母线绕着与它相交的固定轴线回转所生成的曲面，如图 4-10a 所示。**圆锥面上通过锥顶的任一直线称为圆锥面的素线。**

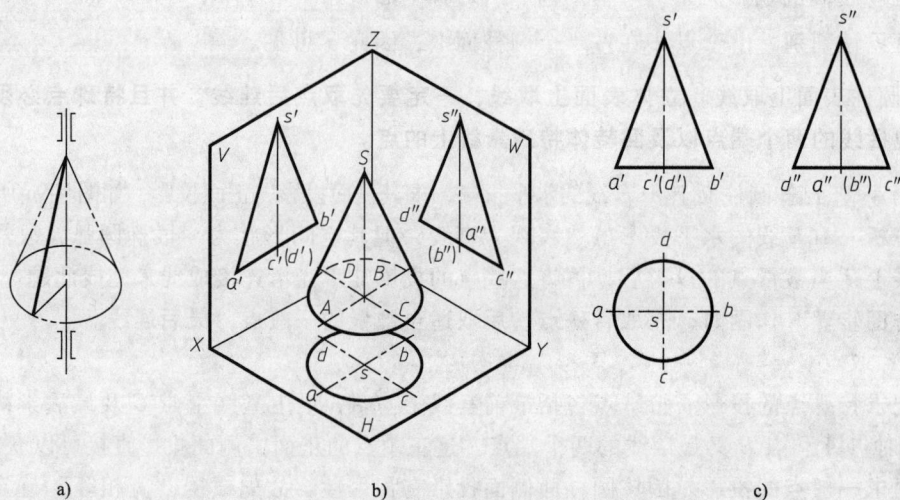

图 4-10　圆锥

a）圆锥面的形成　b）立体图　c）三视图

2）圆锥的三视图。图 4-10b 所示为三面投影体系中的圆锥，图 4-10c 所示为其三视图。圆锥的轴线垂直于 H 面，圆锥的俯视图为一个圆，这个圆既是圆锥平行于 H 面的底平面圆的实形又是圆锥面的水平投影。圆锥的主视图和左视图都是等腰三角形，三角形的底边为圆锥底平面圆有积聚性的投影。主视图中三角形的左、右两腰 $s'a'$ 及 $s'b'$ 分别为圆锥面上最左素线 SA 及最右素线 SB 的正面投影。素线 SA 和 SB 是圆锥面对 V 面投影的轮廓素线，它们把圆锥面分为可见的前一半和不可见的后一半，这两部分圆锥面的正面投影重合在一起为等腰三角形线框。素线 SA 和 SB 的侧面投影与圆锥轴线的侧面投影重合，画图时不需表示。圆锥的左视图中，三角形的前、后两腰 $s''c''$ 及 $s''d''$ 分别是圆锥面上最前素线 SC 及最后素线 SD 的侧面投影。素线 SC 和 SD 是圆锥面对 W 面投影的轮廓素线，在其左的半个圆锥面的侧面投影可见，而在其右的半个圆锥面的侧面投影不可见。素线 SC 和 SD 的正面投影与圆锥轴线的正面投影重合。

画圆锥的视图时，首先用细点画线画出轴线的各个投影及圆的中心线，再画出圆，最后完成圆锥的其他视图。

3）圆锥表面上取点。由于圆锥面的三个投影都没有积聚性，因此，若根据圆锥面上点的一个投影求作该点的其他投影时必须借助于圆锥面上的辅助线。圆锥面上简单易画且能准确作图的辅助线有过锥顶的直线（素线）及垂直于圆锥轴线的圆（纬圆）。利用素线作为辅助线进行解题的方法称为素线法，利用纬圆作为辅助线进行解题的方法称为纬圆法。

例 4-6 已知圆锥面上点 M 的正面投影 m'，求其水平投影和侧面投影，如图 4-11 所示。

分析 由于 m' 可见，可知点 M 在右前圆锥面上。

素线法作图 如图 4-11a 所示。

1）用直线连接锥顶 s' 和已知点 m' 并延长至锥底，作圆锥面上素线 SB 的正面投影 $s'b'$。

2）利用"长对正"求出点 B 的水平投影 b，再利用"高平齐"和"宽相等"求得侧面投影 b''，并分别与锥顶点 S 的同面投影相连，获得 sb 及 $s''b''$。

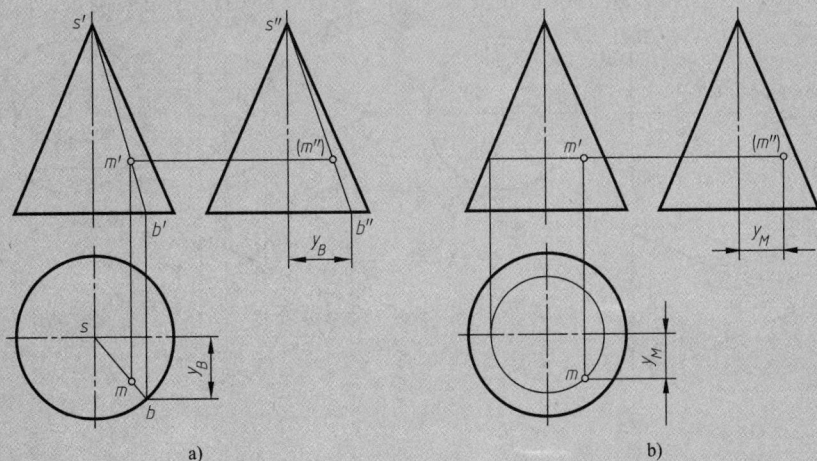

图 4-11 圆锥表面上取点
a）素线法 b）纬圆法

3）点 M 的水平投影 m 及侧面投影 m'' 必落在 SB 的同面投影上，从而求出 m 和 m'' 的位置。

4）向 H 面投射时，圆锥面上所有点都可见；向 W 面投射时，右半圆锥面上的点不可见，故侧面投影为（m''）。

纬圆法作图　如图 4-11b 所示。

1）过 m' 作垂直于圆锥轴线的直线段，该直线段即为圆锥面上纬圆的正面投影。

2）"长对正"作图，完成此纬圆的水平投影——实形圆（即反映实形的水平圆）。

3）再根据点 M 的投影必然落在纬圆的同面投影上及三等关系，先根据 m' 求得 m，再由 m' 和 m 作（m''）。

4）圆锥表面上取线。立体表面上取线，一定要先取点后连线，并且特殊点必须取全，特殊点包括线的两个端点以及回转体特殊素线上的点。

例 4-7　已知圆锥表面上 $ABCDE$ 线的正面投影 $a'b'c'd'e'$，求其水平投影、侧面投影，如图 4-12a 所示。

分析　圆锥表面上只有经过锥顶的素线是直线，$ABCDE$ 线必为曲线。由已知的正面投影 $a'b'c'd'e'$ 可判定曲线 $ABCDE$ 在前半个锥面上，其中 ABC 段在上半个圆锥面上，CDE 段在下半个圆锥面上。求出各点的水平投影、侧面投影，依次光滑连接即可。

作图步骤（图 4-12b）

1）取点。

求特殊点的投影。特殊点包括最上素线上点 A、最前素线上点 C 及该曲线的端点 E。其中点 A 水平、侧面投影 a 及 a'' 直接可以获得；点 C 先"长对正"完成其水平投影，再利用"高平齐，宽相等"由 c'、c 确定 c''；点 E 因其在底圆周上，故先利用"高平齐"求出侧面投影，再利用"长对正，宽相等"由 e'、e'' 确定 e，完成其水平投影。

求一般点的投影。利用过点 B 及点 D 的纬圆（侧平圆），过 b'、d' 作垂直于圆锥轴线的直线段，该直线段即为圆锥面上纬圆的正面投影；"高平齐"作图，完成此纬圆的侧面投影（反映实形），从而进一步完成 b''、d''，最后利用三等关系确定 b、（d）。

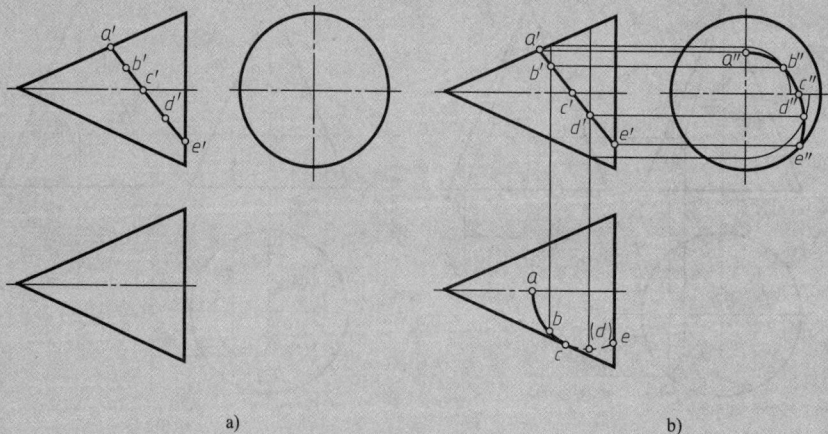

a）　　　　　　　　　　　　　　　　b）

图 4-12　圆锥表面上取线

a）已知条件　b）作图过程

2）可见性判别。此圆锥面上的任何点和线侧面投影均是可见的，故曲线 *ABCDE* 的侧面投影可见。曲线的水平投影中，*abc* 段在上半个圆锥面上，故可见；而 *c*(*d*)*e* 段在下半个圆锥面上，故不可见。

3）连线。光滑地将各点的水平、侧面投影连接起来，侧面投影 *a″b″c″d″e″* 以粗实线光滑相连，水平投影 *abc* 段粗实线连接，而 *c*(*d*)*e* 段虚线连接，作图完成。

（3）球

1）球面的形成。球由球面围成。球面是圆母线绕其任一直径回转而生成的曲面，如图 4-13a 所示。

2）球的三视图。图 4-13b 所示为三面投影体系中的球，图 4-13c 所示为其三视图。球的三视图为大小相等的圆，其直径等于球的直径。球的正面投影 *a′* 是球面对 *V* 面投影的轮廓素线圆 *A* 的正面投影，圆 *A* 是球面上所有平行于 *V* 面纬圆（正平纬圆）中的最大圆，它把球面分为可见的前一半和不可见的后一半，圆 *A* 的水平投影和侧面投影分别与相应的中心线重合，画图时不需表示。球的水平投影 *b* 和侧面投影 *c″* 分别是球面上所有平行于 *H* 面纬圆（水平纬圆）及 *W* 面（侧平纬圆）中的最大圆 *B* 和 *C* 的相应投影，圆 *B* 把球面分为可见的上一半和不可见的下一半，而圆 *C* 把球面分为可见的左一半和不可见的右一半。*B*、*C* 两圆的其余投影也与相应的中心线重合，画图时不需表示。

画球的视图时，首先用细点画线画出各视图的中心线，然后画出与球等直径的圆。

3）球面上取点。球面上取点可利用的辅助线只有纬圆（不存在直线），故纬圆法取点。由于球面的回转轴可以认为是它的任意一条直径，因此，过球面上一点可以作无数个圆。但为保证准确作图，只能利用过该点并与投影面平行的圆来完成，即平行于 *V* 面的正平纬圆，平行于 *H* 面的水平纬圆及平行于 *W* 面的侧平纬圆。

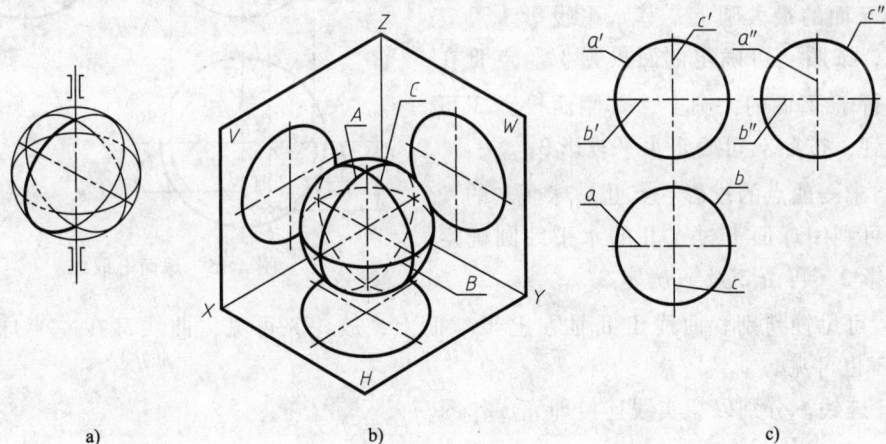

图 4-13 球
a）球面的生成　b）立体图　c）三视图

例 4-8 已知球面上点 *A* 的侧面投影 *a″*，求作点 *A* 的其他两面投影，如图 4-14 所示。
分析 根据已知的 *a″* 可确定点 *A* 在上半个球面的左后部。

作图步骤

1）为确定 a' 及 a，可过点 A 在球面上作水平辅助纬圆。

2）此圆的侧面投影为过 a'' 的水平方向的直线段 $1''2''$。

3）其水平投影是以 $1''2''$ 为直径的圆。

4）a 必定在该圆上且与 a'' 有 y_A 相等的关系。

5）确定了 a 以后，由 a'' 及 a 可作 a'。

可见性判别 由于点 A 在上半个球面上，故 a 可见，又由于点 A 在后半个球面上，故 a' 不可见，须加括号。

读者可试用过点 A 的侧平圆、正平圆求解此题。

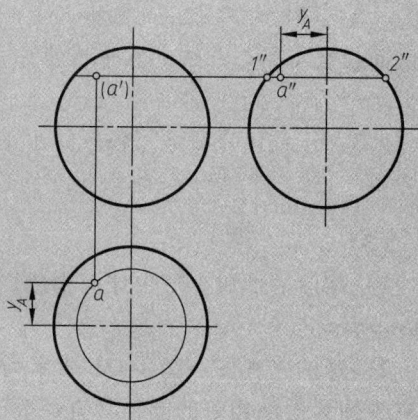

图 4-14 球面上取点

4）球面上取线。**立体表面上取线，一定要先取点后连线，并且特殊点必须取全，特殊点包括线的两个端点以及回转体特殊素线上的点。**

例 4-9 已知球面上曲线 ⅠⅡⅢ 的正面投影 $1'2'3'$，求其水平投影和侧面投影，如图 4-15 所示。

分析 由已知的正面投影 $1'2'3'$ 可知曲线位于上半球的左前部。分别求出各点的侧面投影、水平投影，依次光滑连接即可。

作图步骤

1）**求特殊点的投影**。曲线上点 Ⅰ 在球面平行于 H 面的最大圆上，其水平投影 1 可直接得到，按照 y_1 可确定侧面投影 $1''$。点 Ⅲ 在球面平行于 W 面的大圆上，其侧面投影 $3''$ 可直接得到，按照 y_3 可确定水平投影 3。

2）**求一般点的投影**。点 Ⅱ 是球面上的一般点，可利用球面上过点 Ⅱ 的水平纬圆确定水平投影 2，再由 $2'$ 及 y_2 确定 $2''$。

图 4-15 球面上取线

3）**可见性判别**。曲线 ⅠⅡⅢ 在上半球面上，故 123 可见；曲线又在左半球面上，故 $1''2''3''$ 也可见。

4）**连线**。分别以粗实线连接即完成作图。

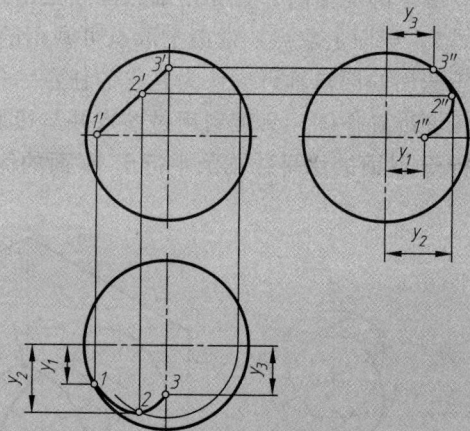

（4）圆环

1）圆环面的形成。圆环由圆环面围成。圆环面是以圆为母线，绕一与该圆在同一平面内但不通过圆心的轴线回转而生成的曲面，如图 4-16a 所示。由母线圆中 $\overset{\frown}{ABC}$ 弧回转形成的曲面称为外环面；由母线圆中 $\overset{\frown}{ADC}$ 弧回转形成的曲面称为内环面。

2）圆环的三视图。图 4-16b 所示为轴线垂直于 H 面圆环的三视图。在圆环主视图中，

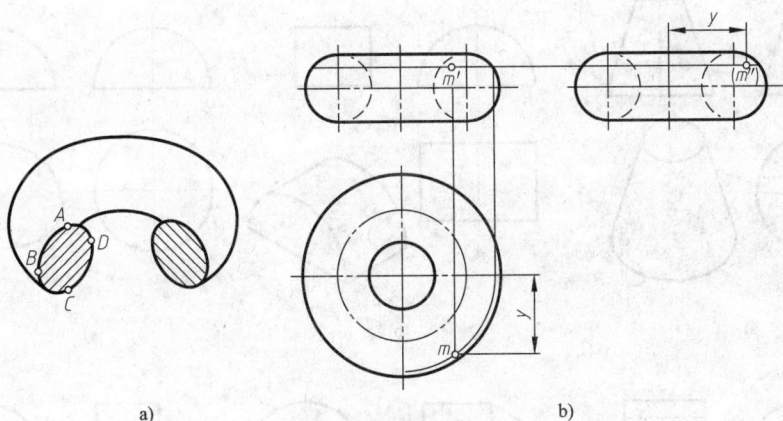

图 4-16 圆环

a）圆环面的生成　b）三视图

左、右两圆为圆环面上平行于 V 面上的最左、最右素线圆的投影；圆环左视图中前、后两圆为圆环面上平行于 W 面上的最前、最后素线圆的投影。在圆环的这两个视图中，上、下两段水平方向的切线段为内、外环面分界圆的相应投影。圆环的俯视图中画出了圆环面上最大圆和最小圆的投影，并用细点画线画出了母线的圆心旋转成的中心圆的投影，内、外环面的两个分界圆的水平投影重合在该圆上。图 4-16b 中圆环向 V 面投射时，前一半外环面是可见的，而后一半外环面以及内环面都是不可见的；圆环向 W 面投射时，左一半外环面是可见的，而右一半外环面以及内环面都是不可见的；圆环向 H 面投射时，内、外环面上半部分可见而下半部分不可见。

画如图 4-16b 所示圆环的视图时，应首先画出中心线，然后画出主视图和左视图，最后按投影关系画出俯视图。

3）圆环上取点。

例 4-10 已知圆环面上一点 M 的正面投影 m'，求作其水平投影和侧面投影，如图 4-16b 所示。

分析 由于 m' 是可见的，可知点 M 在前半个外环面上。

作图步骤 借助于圆环面上过点 M 的水平圆可求得水平投影 m，最后由 m' 和 m 确定 m''。

可见性判别 由于点 M 在上半个外环面上，故 m 可见；由于点 M 在右半个外环面上，故 m'' 不可见，加括号。

3. 曲面立体的读图

图 4-17 中列出了一些常见的不完整的或组合的曲面立体，熟悉它们的视图对今后画图、读图很有帮助。注意图 4-17e、f 所示为组合的曲面立体，其中图 4-17e 所示为由圆台和与之底圆直径大小相同的圆柱组合而成的组合体，注意圆台面和圆柱面之间的交线圆，在非圆视图中是一条直线段。图 4-17f 所示为两个大小不等的同轴圆柱组合而成的组合体，注意它们之间由于直径差导致的圆环状平面，在圆视图中反映实形，在非圆视图中积聚一直线段。

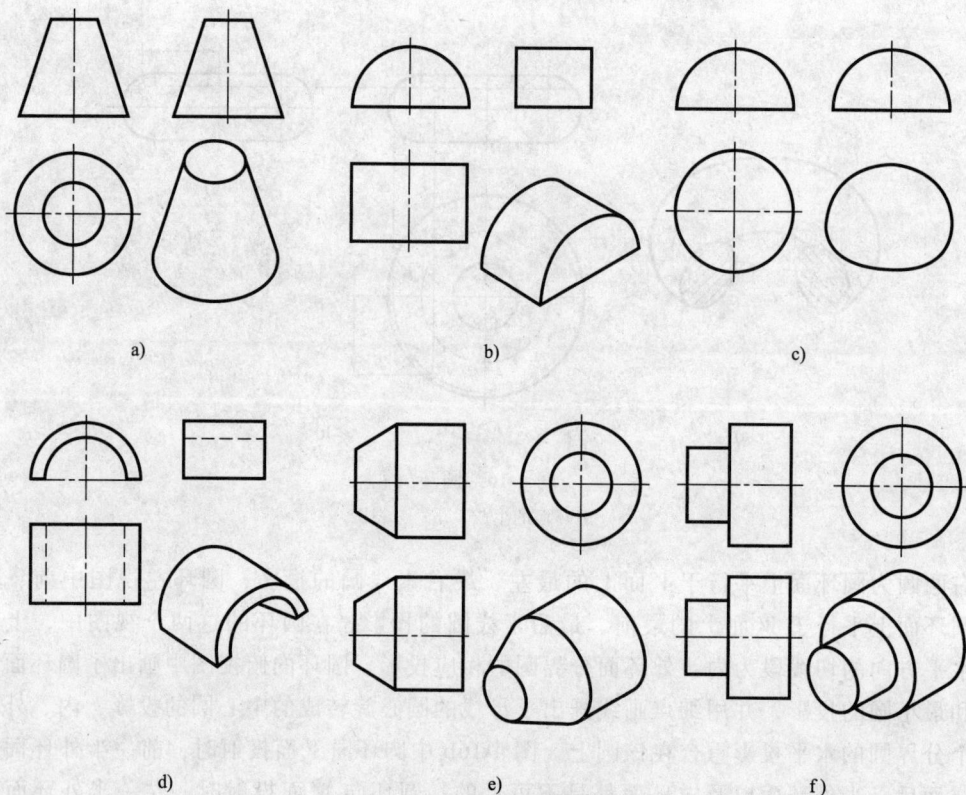

a)   b)   c)

d)   e)   f)

图 4-17 曲面立体的常见形式
a）圆台 b）半圆柱 c）半球 d）半圆筒 e）圆台圆柱组合体 f）大小圆柱组合体

4.2 截交线

4.2.1 截交线的概念与性质

在机器零件中，经常遇到一完整立体被一个或几个平面截切掉一部分或几部分的情况。

图 4-18 所示为一个平面立体（四棱柱）被四个平面截切而形成的车刀。图 4-19 所示为在机器零件中常见的曲面立体被截切的情况。

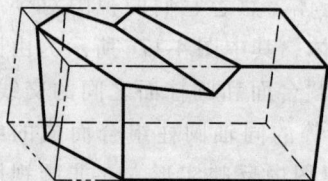

图 4-18 车刀

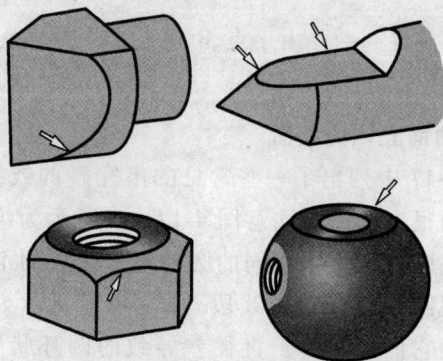

图 4-19 曲面立体的截交线

1. 截交线的概念

截切立体的平面称为截平面；截平面与立体表面的交线称为截交线；截交线围成的平面图形称为截断面。

2. 截交线的性质

1）截交线是截平面与立体表面的共有线。

2）截交线围成的是一个封闭的平面图形。

3）截交线的形状取决于立体表面的形状和截平面与立体的相对位置。

4.2.2 平面立体的截交线

由于平面立体的各个表面均为平面多边形，显然，**平面立体被截平面截切后所形成的截交线一定是一封闭的平面多边形**。多边形的各个顶点是平面立体相应棱线与截平面的交点，多边形的各条边是平面立体相应棱面与截平面的交线。

例4-11 图4-20a 所示四棱锥上部被截切，已知主视图，完成其俯视图，画出左视图并求作截断面的实形。

分析 由主视图可以看出四棱锥是被一正垂面截切。截平面与四个棱面都相交，截交线一定围成四边形。

作图步骤

1）**画出完整四棱锥的左视图**。用细实线打底稿，先画作图基准线，后画四棱锥的轮廓线。

2）**取点**。先完成四边形四个顶点的投影，如图4-20b 所示。

① 设截平面与 SA、SB、SC、SD 的交点分别为 Ⅰ、Ⅱ、Ⅲ、Ⅳ，它们的正面投影 $1'$、$2'$、$3'$、$(4')$ 可直接定出。

② Ⅰ、Ⅲ两点的求法。根据点在直线上的投影特性，可由 $s'a'$ 上的 $1'$ 求得 sa 上的 1 以及 $s''a''$ 上的 $1''$；由 $s'c'$ 上的 $3'$ 求得 sc 上的 3 以及 $s''(c'')$ 上的 $3''$。

③ Ⅱ、Ⅳ两点的求法。由 $s'b'$ 上的 $2'$ 先求得 $s''b''$ 的 $2''$，再根据图4-20b 所示 y_2 值求得 sb 上的 2。Ⅳ点的另两个投影的求法与Ⅱ点相同。

3）**可见性判别**。因在四棱锥的左上方截切，故截交线的水平投影及侧面投影均可见。

4）**连线**。用粗实线依次连接 Ⅰ、Ⅱ、Ⅲ、Ⅳ各点的同面投影，即得四棱锥上切口的三视图。

5）**整理轮廓线及加深图形**。注意图4-20b 中，四条棱线被截切掉的部分不再画出，所以 SA、SB、SC、SD 的投影都画到 Ⅰ、Ⅱ、Ⅲ、Ⅳ各点的投影处。其中Ⅲ C 棱线的侧面投影因其不可见，所以 $3''(c'')$ 应画出虚线，但其下半部分与 $1''a''$ 重影，故为粗实线。

6）**求截断面的实形**。可用更换投影面法求得。作图时可以不画出投影轴而按下述方法进行。自 $1'$、$2'$、$3'$、$(4')$ 各点作截平面正面投影的垂线，并于适当的位置先确定一个点（如 3_0），然后根据 Ⅰ、Ⅱ、Ⅳ各点与Ⅲ点的 y 坐标差确定 1_0、2_0、4_0，四边形 $1_0 2_0 3_0 4_0$ 即为所求截断面实形，如图4-20b 所示。

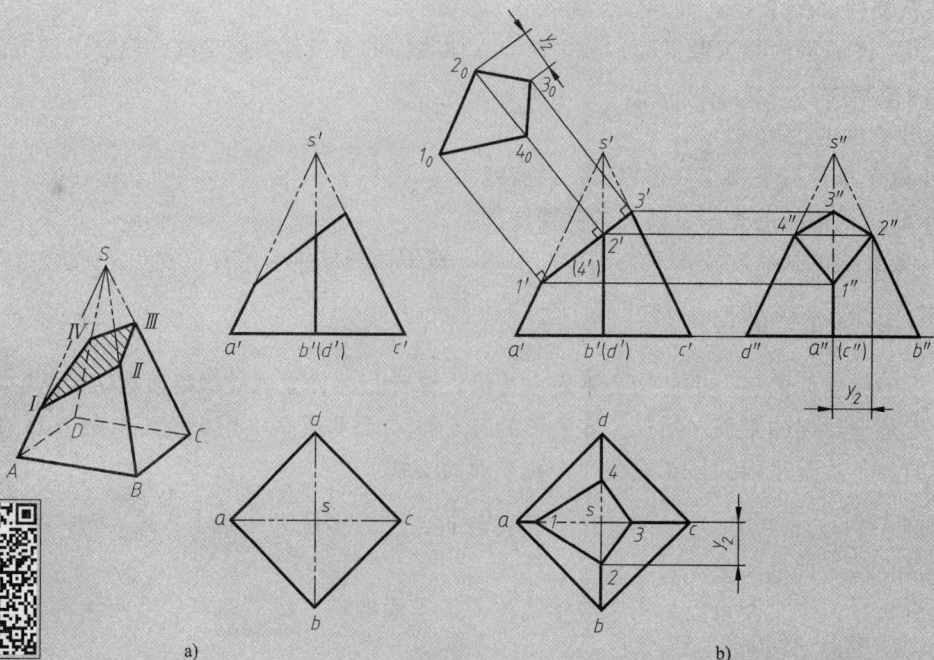

图 4-20　四棱锥的截切

a) 已知条件　b) 作图过程

例 4-12　图 4-21a 所示四棱柱左上部分已被截切掉，已知主视图，补全其俯视图，并求作左视图。

分析　观察已知的主视图可以看出，四棱柱被正垂面 P 及水平面 Q 同时截切，因此，要分别求出 P 平面及 Q 平面与四棱柱的截交线。P 平面与四棱柱的顶面及四个侧棱面都相交，同时与 Q 平面相交，故其截断面为六边形；Q 平面只与四棱柱左边的两个侧棱面相交，同时与 P 平面相交，故其截断面为三角形；注意，P、Q 两截平面之间的交线。由于 P、Q 两平面的正面投影都有积聚性，故上述所有交线的正面投影分别重影在 P_V 及 Q_V 上。

作图步骤

1）画出完整四棱柱的左视图。用细实线打底稿，先画作图基准线，后画四棱柱的轮廓线。

2）完成 P 平面截切产生的截断面——六边形，如图 4-21b 所示。

① 分别完成 B、C、A、D、M、N 六个顶点的投影。四棱柱的顶面为水平面，P 平面与其交得正垂线 BC，其正面投影 $b'(c')$ 积聚为一个点可直接定出，通过"长对正"水平投影为 b、c 可直接求得，通过"宽相等"的 y_B 求出 b''、c''。四棱柱各侧棱均为铅垂线，P 平面与前、后两条棱线分别交得 A、D 两点，它们的侧面、水平投影均可利用三等关系直接求得。P、Q 两平面的交线为正垂线 MN，其正面投影积聚，两端点分别落在左前和左后棱面上，通过"长对正"水平投影为 m、n 可直接求得，通过"宽相等"的 y_M 求出 m''、n''。

② 连接六边形。因该截断面在左上方，故俯左两视图均可见。分别用粗实线依次直线连接六个顶点，即完成该截断面。

3) **完成 Q 平面截切产生的截断面——三角形**，如图 4-21b 所示。

① 分别完成 E、M、N 三个顶点的投影。P、Q 两平面的交线为正垂线 MN，其投影已经求出，即 M、N 顶点已经存在，只需要求出 Q 平面与四棱柱最左棱线的交点 E，点 E 的正面、水平面、侧面投影均可直接定出。

② 俯视图是三角形的实形，左视图三角形积聚成一水平线段，如图 4-21b 所示。

4) **整理轮廓线及加深图形**。左视图中四棱柱的四条棱线需要整理，左棱可见，用粗实线画到 e″；前后两棱可见，用粗实线画到 a″、d″ 两点；右棱不可见，用虚线画出，但与左棱重合的部分按左棱用粗实线画出，如图 4-21b 所示。

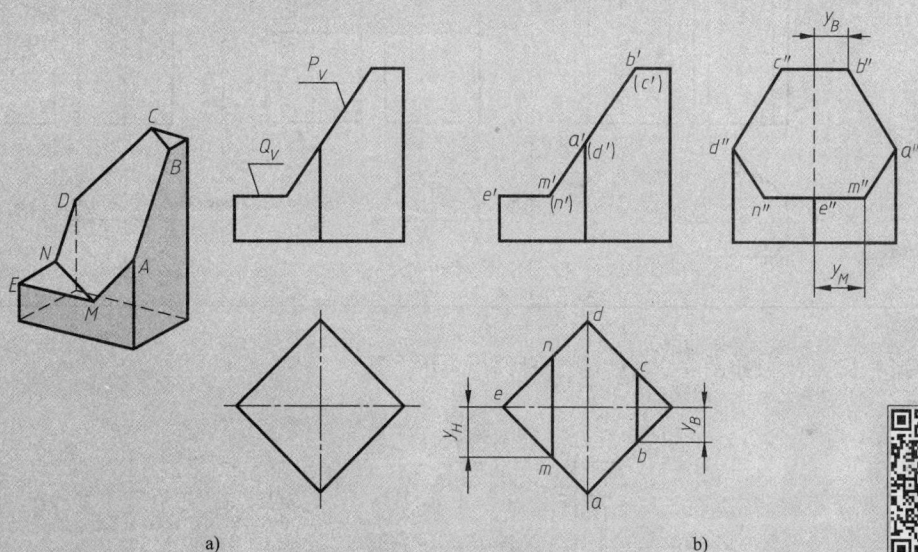

图 4-21 四棱柱的截切
a）已知条件 b）作图过程

4.2.3 曲面立体的截交线

曲面立体的截断面一般是封闭的平面曲线或平面曲线与直线组合的平面图形，特殊情况下截交线还会围成平面多边形。求曲线截交线时，可求出截交线上一系列的点，然后依次将它们光滑连接起来。为了更准确地表达截交线的投影形状和分清可见性，必须求出截交线上的全部特殊点，如最上、最下、最左、最右、最前、最后点以及立体轮廓素线上的点等。当截平面为特殊位置平面时，截交线至少有一个投影积聚成直线段，此时求截交线其他投影的问题可看成是已知立体表面上取点和取线的问题，即已知点、线的一个投影，求解其他投影的问题。

1. 圆柱面的截交线

平面截切圆柱时，由于截平面与圆柱轴线的相对位置不同，截交线有三种情况，见表 4-1。

表 4-1　圆柱面的截交线

截平面位置	平行于轴线	垂直于轴线	倾斜于轴线
立体图			
截交线	两素线	圆	椭圆
投影图			

例 4-13　补画如图 4-22 所示截头圆柱的俯视图。

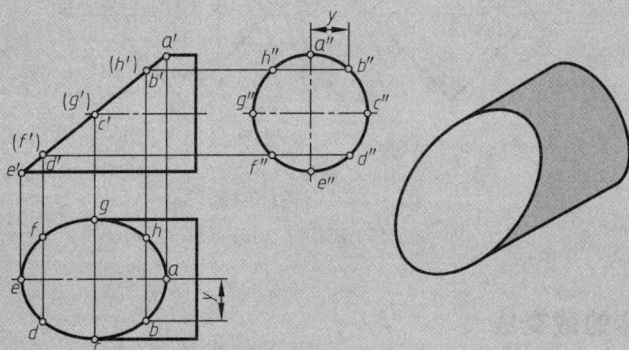

图 4-22　截头圆柱

分析　圆柱的轴线垂直于 W 面，截平面为与圆柱轴线倾斜的正垂面，其与圆柱表面的交线为一椭圆。椭圆的正面投影积聚为一直线，侧面投影与圆柱面的侧面投影重合。椭圆的水平投影在一般情况下仍为椭圆，且不反映实形。作图时可先求其长、短轴的端点，然后再作若干中间点，把它们光滑地连接起来即可。

作图步骤

1）求特殊点的投影。

① 椭圆长轴端点 A、E 又是圆柱最上、最下素线上的点，利用"长对正"水平投影 a、e 可直接求得。

② 椭圆短轴端点 C、G 又是圆柱最前、最后素线上的点，利用"长对正"水平投影 c、g 也可直接求得。

2）**求一般点的投影** 为了更为准确地确定曲线的形状，在距离比较大的特殊点之间，要插入适当数量的一般点。如中间点 B，可由 b′ 根据"高平齐"求得 b″，再由 b′、b″ 根据"长对正，宽相等"求得 b。为了简化作图，因为椭圆是对称的，故其他的一般点 H、D、F 均与点 B 对称获得，作图方法与点 B 完全相同，且宽度与点 B 宽度完全相同。

3）**可见性判别。** 该截断面在左上方，故其俯视图可见。

4）**连线。** 将各点的水平投影依次光滑连接，即得椭圆的水平投影。

5）**整理轮廓线。** 圆柱最前、最后素线的水平投影应分别画到 c 和 g，完成作图。

拓展分析 在图 4-23 中，圆柱的轴线垂直于 W 面，被 P、Q 两平面截切。P 平面与圆柱表面的交线为部分椭圆，Q 平面与圆柱表面交得两条侧垂线，此外，Q 平面与 P 平面以及圆柱左端面还分别交得铅垂线，两条侧垂线和两条铅垂线围成矩形。分析 P、Q 截得的两截断面的三面投影。

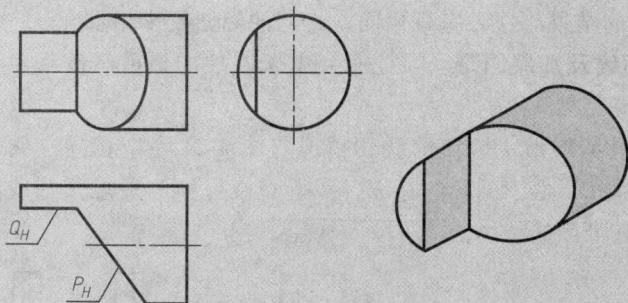

图 4-23 圆柱被两平面截切

例 4-14 补画如图 4-24a 所示立体的左视图。

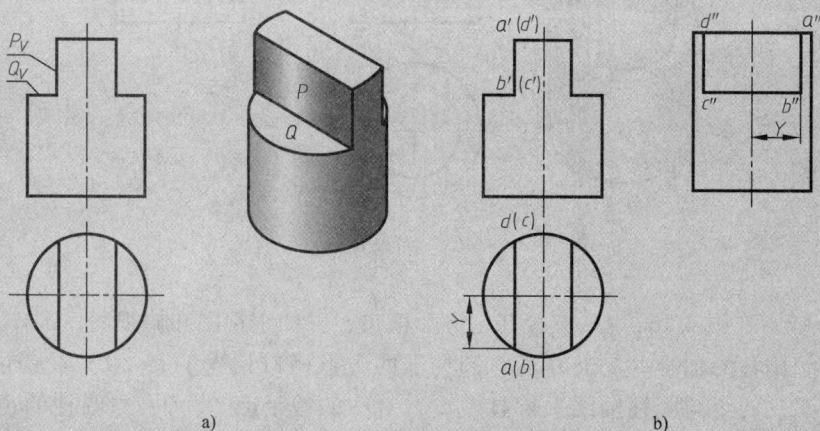

a)   b)

图 4-24 左、右对称截切圆柱

a）已知条件 b）作图过程

分析 图 4-24a 所示立体为一轴线垂直于 H 面的圆柱，其上方左、右对称地被 P、Q 两平面截切。P 平面是与圆柱轴线平行的侧平面，其与圆柱表面交得两条铅垂素线，与圆柱顶面交得正垂线，此外 P、Q 两平面也交得正垂线。上述四条直线围成与 W 面平行的矩形，其 V 面、H 面投影都积聚为直线。Q 平面为与圆柱轴线垂直的水平面，其与圆柱表面交得的水平圆弧连同 P、Q 两面交线围成的平面图形的水平投影反映实形，而 V 面、W 面投影积聚为直线。

作图步骤

1）**画出完整圆柱的左视图**。用细实线打底稿，先画作图基准线，后画圆柱的轮廓线。

2）**求点、可见性判别及连线**。

① 求画侧平面 P 产生的矩形四个顶点 A、B、C、D 的各个投影。在 V 面直接标注 a'、b'、(c')、(d')，根据"长对正"可直接获得四点的水平投影，再根据"高平齐，宽相等"得到四个点的侧面投影。左侧截面——矩形可见，故依次用粗实线连接，即可完成左侧侧平矩形的投影 $a''b''c''d''$。

② Q 平面的侧面投影积聚在 $b''c''$ 段上，如图 4-24b 所示。

③ 右方截切的结果与左方完全相同，它们的侧面投影相重合。

3）**整理轮廓线及加深图形**。需注意：由于圆柱的最前、最后素线没有被截切，故在侧面投影中都应完整画出。

拓展分析 图 4-25 所示圆筒的截切情况与图 4-24 完全相同，只是这里的圆筒内部有上、下贯通的圆孔。由于圆孔的存在，P 平面截得的侧平矩形分成前、后两个，注意分析截平面与圆孔表面的交线。

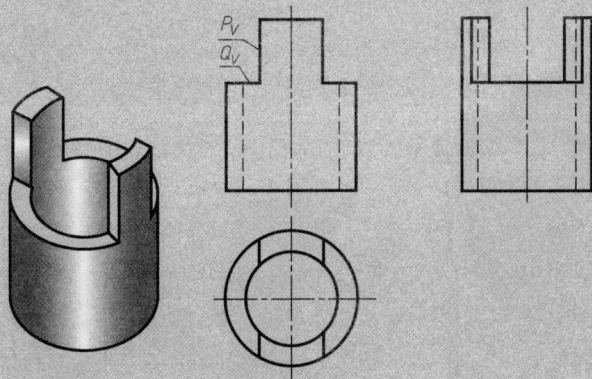

图 4-25　左、右对称截切圆筒

例 4-15　在图 4-26a 中，圆柱开一方形槽口，已知主视图和俯视图，求作左视图。

分析 圆柱的轴线垂直于 H 面，圆柱上的方形槽口相当于 P、Q、R 三个平面截切圆柱的结果。两个与圆柱轴线平行且左、右对称的截平面 P、Q，与圆柱的顶面、圆柱面以及 R 平面均相交，其交线围成了两个平行于 W 面的矩形。两矩形的侧面投影反映实形，并且重合在一起，而其 V 面、H 面投影各积聚为一直线。截平面 R 为与圆柱轴线垂直的水平面，它与圆柱面交得的前、后两段水平圆弧连同与 P、Q 两平面的交线构成的平面图形，其水平投影反映实形，而 V 面、W 面投影积聚为一直线。

作图步骤 补画左视图的步骤，如图 4-26b 所示。

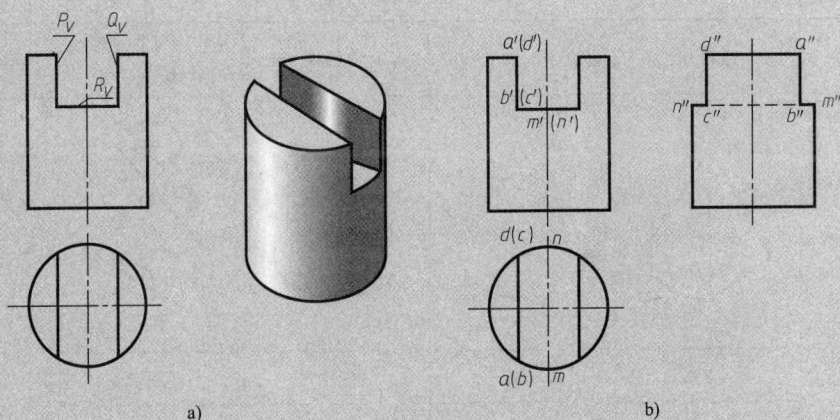

图 4-26 圆柱上开一方形槽口

a）已知条件 b）作图过程

1）画出完整圆柱的左视图。

2）求点、可见性判别及连线。

① 侧平面 P 的矩形截断面的四个顶点的求法与上例相同，区别仅在于可见性不同。P 平面产生的四段截交线中，前后两段可见，故 $a''b''$ 和 $c''d''$ 画成粗实线，$a''d''$ 段与顶面的积聚性投影重合，故也画成粗实线，而 $b''c''$ 不可见，故画成虚线，从而完成了左边侧平矩形的投影 $a''b''c''d''$，右边侧平矩形的侧面投影与其重合。

② 作 R 平面的侧面投影，其中 $b''m''$ 及 $c''n''$ 画成粗实线。

3）整理轮廓线及加深图形。圆柱顶面的侧面投影在 $a''d''$ 之外的两小段应擦去。圆柱的最前、最后素线由于被 R 平面切断，故 m'' 和 n'' 之上不画线。

拓展分析 图 4-27 所示为圆筒上开了方槽，注意分析截平面与圆孔表面的交线。

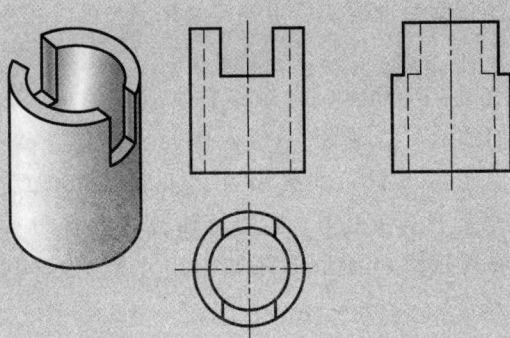

图 4-27 圆筒上开方槽

2. 圆锥面的截交线

平面截切圆锥时，由于截平面与圆锥轴线的相对位置不同，截交线有五种情况，见表 4-2。

表 4-2　圆锥面的截交线

截平面位置	过锥顶	垂直于轴线 $\theta=90°$	倾斜于轴线 $\theta>\alpha$	平行或倾斜于轴线 $\theta=0°$ 或 $\theta<\alpha$	倾斜于轴线 $\theta=\alpha$
立体图	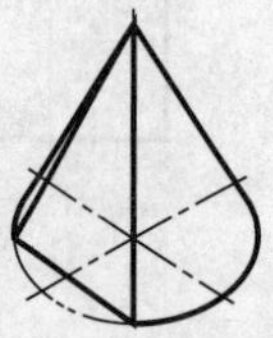		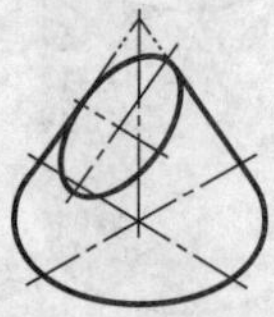	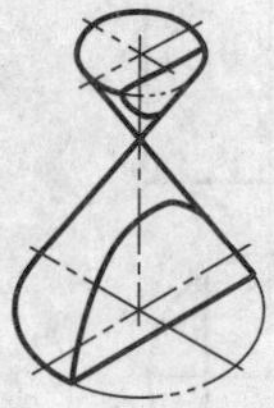	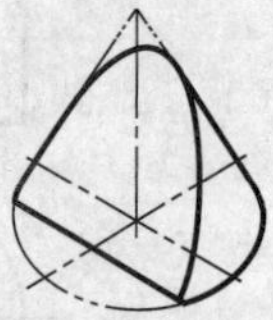
截交线	两素线	圆	椭圆	双曲线	抛物线
投影图	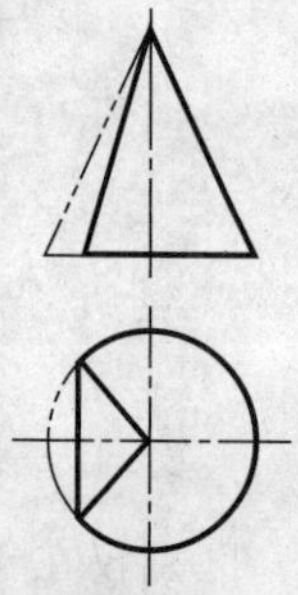	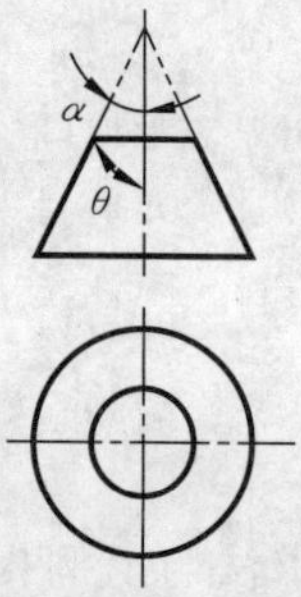	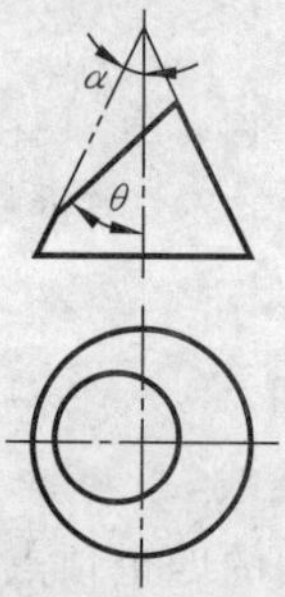	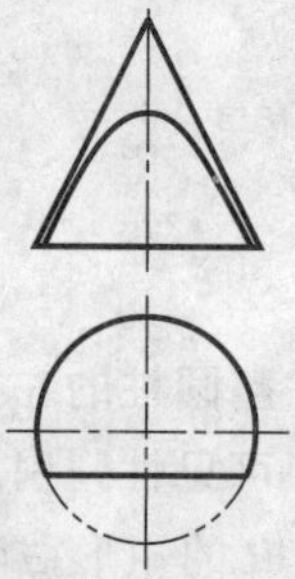	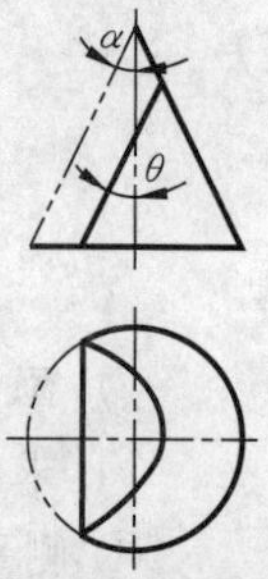

例 4-16　已知截头圆锥的主视图，补全俯视图和求画左视图，如图 4-28a 所示。

分析　圆锥的轴线垂直于 H 面，被正垂面切去了头部。由截平面与轴线的相对位置可知，截交线为椭圆。椭圆的正面投影积聚为一直线，即椭圆上各点的正面投影是已知的。可应用在圆锥表面上取点的方法求出椭圆上各点的水平投影和侧面投影，然后将它们依次光滑相连。

作图步骤

1）先画出左视图的作图基准线，后用细实线把完整的左视图画出。

2）取点。

① **求特殊点**，如图 4-28b 所示。圆锥最右素线上的点 A 及最左素线上的点 E 是椭圆长轴的端点，它们的水平投影 a、e 以及侧面投影 a''、e'' 可直接求出。圆锥最前素线上点 B 和最后素线上点 H 的正面投影为 $b'(h')$，其侧面投影可直接求得，进而根据"宽相等"确定水平投影 b 和 h。椭圆短轴的端点 C 和 G 的正面投影 $c'(g')$ 重影在 $a'e'$ 线的中点，可利用圆锥面上的纬圆求出它们的水平投影 c 和 g，进而求得 c''、g''。

② **求一般点**，如图 4-28c 所示。椭圆上一般点的水平投影及侧面投影的作法和 C、G 两点的作图完全相同，如点 D 和点 F。

3）**可见性判别及连线**。因为截断面在圆锥的左上方，故俯视图及左视图均可见。依次用粗实线光滑连接各点的水平投影、侧面投影即完成作图，如图 4-28d 所示。

4）**整理轮廓线及加深图形**。注意截头圆锥的左视图中，最前素线在 b'' 以上无线，最后素线在 h'' 以上无线，如图 4-28d 所示。

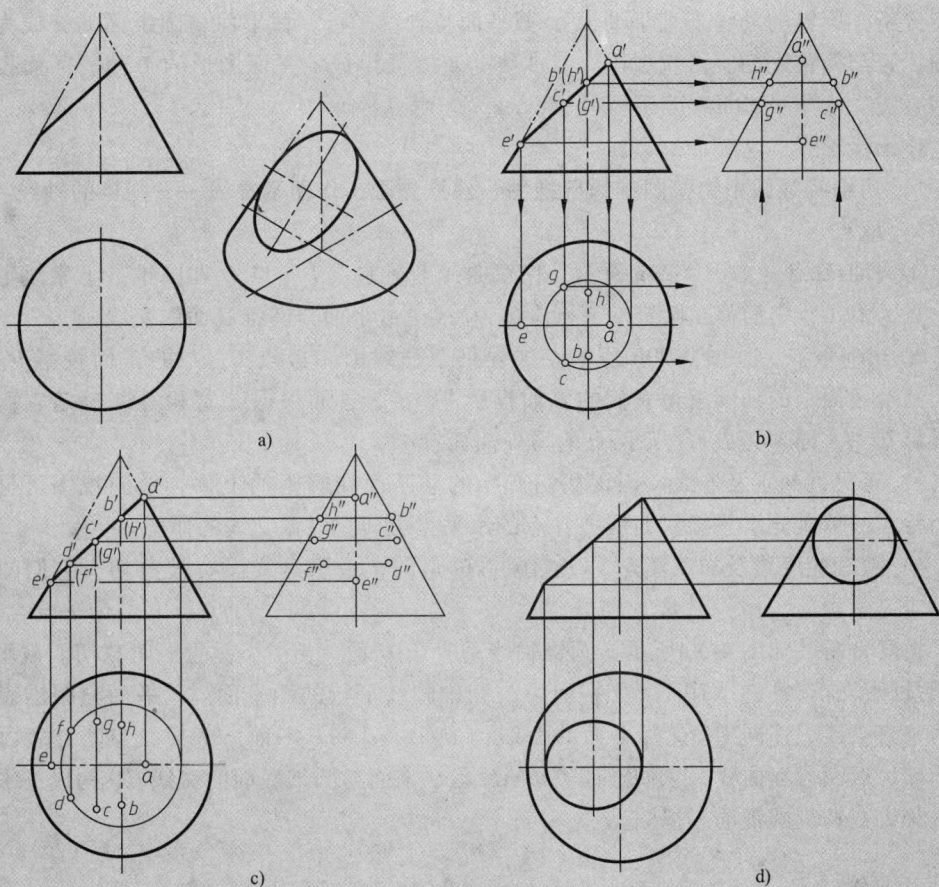

图 4-28　截头圆锥

a）已知条件　b）取全特殊点　c）取适当数量一般点　d）连线及完成作图

例 4-17　在图 4-29a 中，圆锥被水平面截切去上部分，已知主视图和左视图，求作俯视图。

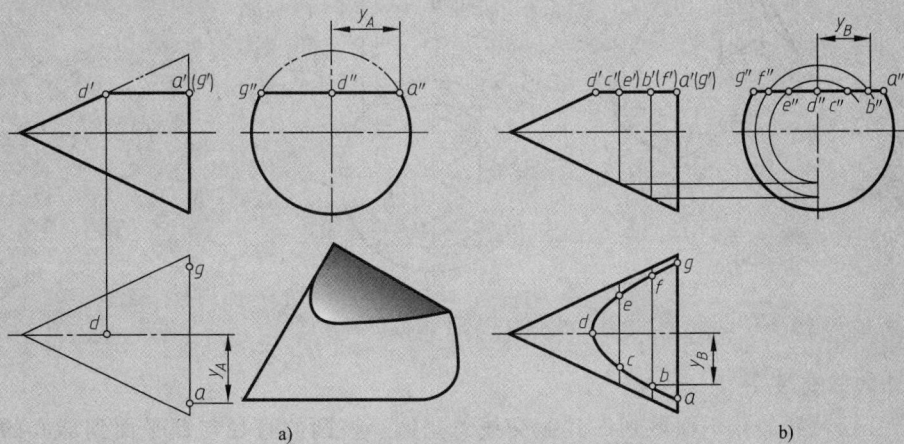

图 4-29　水平面截切圆锥

a）求特殊点　b）求一般点、连线及加深图形

分析　圆锥的轴线垂直于 W 面，截平面与轴线平行，截平面与圆锥面的交线为单条双曲线，与圆锥底面交得直线段。双曲线与直线段组成的平面图形的 V 面、W 面投影积聚为直线，水平投影反映实形。

作图步骤

1）用细实线画出完整圆锥的俯视图，注意先画出作图基准线——圆锥的轴线。

2）取点。

① 求特殊点，如图 4-29a 所示。作双曲线上最左点 D，点 D 在圆锥最上素线上。作最右点 A 和 G，它们都在圆锥的底圆上，AG 线是截平面与圆锥底面的交线。

② 求一般点，如图 4-29b 所示。如根据双曲线上一般点 B、F 的正面投影 $b'(f')$，利用圆锥表面上的纬圆求得它们的侧面投影 b''、f''，进而根据"宽相等"确定它们的水平投影 b、f。同理完成 C、E 两点的另外两面投影。

3）**可见性判别及连线**。因该截切产生的截断面在圆锥的上部，故俯视图可见，所以用粗实线依次光滑连接双曲线上各点的水平投影即完成截交线的作图。

4）**整理轮廓线及加深图形**。注意圆锥的最前、最后素线没有被截切，它们的水平投影应完整画出，加深图形。

拓展分析　如图 4-30 所示，圆锥轴线垂直于 H 面，被 P、Q 两平面截切。截平面 P 为通过圆锥锥顶 S 的正垂面，Q 平面为与圆锥轴线平行的侧平面。P 平面与圆锥表面交得两条直素线，连同 P、Q 两平面的交线构成一个 $\triangle SAF$ 平面。Q 平面与圆锥表面的交线为前、后两段双曲线，它们连同直线 AF 及 Q 平面与圆锥底面的交线 CD 构成一平面图形。分析被切割圆锥的三视图。

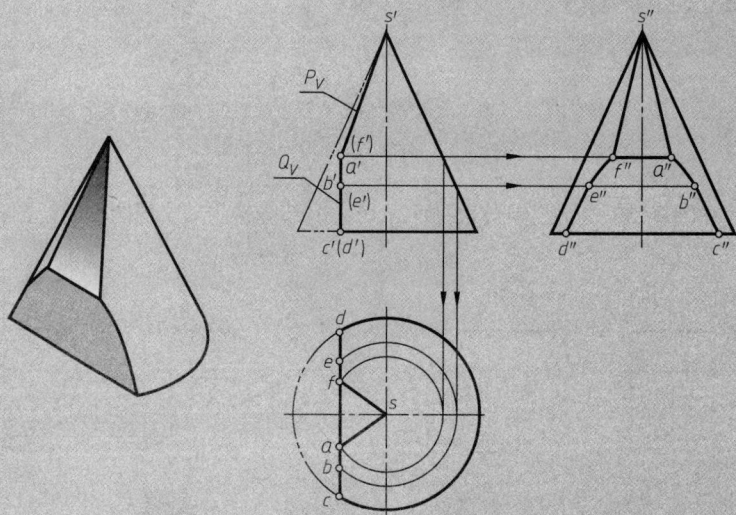

图 4-30　两平面截切圆锥

3. 球的截交线

球被任何位置的截平面截切，其截交线总是圆。该圆的直径与截平面到球心的距离有关。当截平面平行于某个投影面时，交线圆在该投影面上的投影反映实形，而其余的投影积聚为直线；当截平面是某一投影面的垂直面时，交线圆在该投影面上的投影积聚为直线，而

其余的投影是圆的类似性——椭圆。

例 4-18 完成如图 4-31a 所示开槽半球的俯视图并求作左视图。

分析 半球所开前、后通槽可看作是半球被左、右对称的侧平面及一个水平面截切的结果。

作图步骤

1）用细实线把完整的左视图画出，注意先画出左视图的作图基准线——圆的中心线。

2）求两侧平面产生的交线。侧平面截切球体时会形成侧平纬圆，因此该题两侧平面与球面交得左、右两段侧平圆弧 $\overset{\frown}{ABC}$，连同它们与水平面交得的左、右两直线 AC 构成了两个与 W 面平行的弓形，它们的正面投影及水平投影都积聚为直线，而侧面投影反映实形且重影在一起，因此，用粗实线使用圆规（注意找对侧平纬圆的半径）画出 $\overset{\frown}{ABC}$ 圆弧的侧面投影 $a''b''c''$，侧平面与水平面的交线 AC 侧面投影因不可见而画成虚线，再利用"宽相等"画出水平投影，如图 4-31b 所示。

3）求水平面产生的交线。水平面截切球体时会形成水平纬圆，该水平面与球面交得前、后两段水平圆弧 $\overset{\frown}{ADA}$ 和 $\overset{\frown}{CDC}$ 连同上述两直线 AC 构成一平面图形，其水平投影反

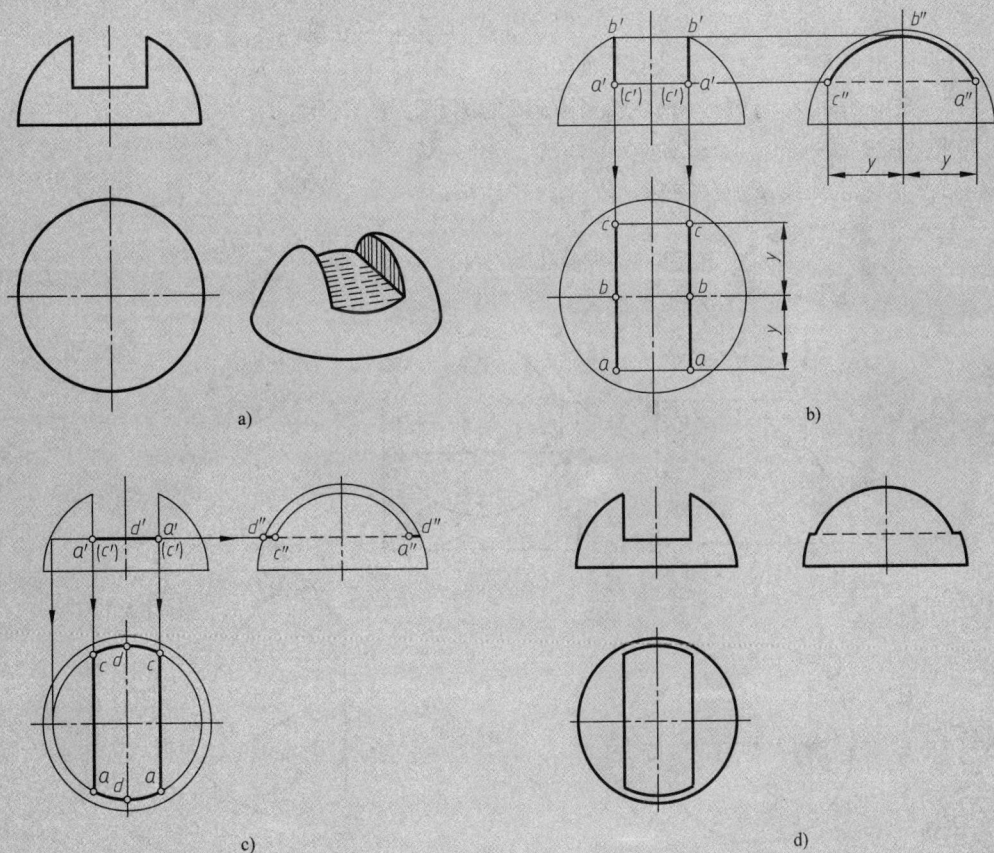

a)

b)

c)

d)

图 4-31 半球上开槽

a）已知条件 b）求两侧平面产生的交线 c）求水平面产生的交线 d）整理轮廓线及加深图形

映实形，而正面投影和侧面投影都积聚为直线，因此，用粗实线使用圆规（注意找对水平纬圆的半径）画出 $\overset{\frown}{ADA}$ 和 $\overset{\frown}{CDC}$ 圆弧的水面投影 ada 和 cdc，并根据投影关系画侧面投影，如图 4-31c 所示。

4）整理轮廓线及加深图形。注意该半球左右两半球的分界圆已经被截掉了上半部分，故左视图在水平面的上方不应再画出，加深全图，如图 4-31d 所示。

4. 截交线综合举例

例 4-19 已知由轴线垂直于 H 面的圆柱和圆锥组合而成的立体，左方被一侧平面和一正垂面截切后的主、俯视图，求画左视图，如图 4-32 所示。

分析 侧平面平行于圆锥轴线，因此所得交线为单条双曲线；平行于圆柱轴线，所得交线为两条素线；正垂面倾斜于圆柱轴线，所得交线为部分椭圆。另外，立体被截切后，圆锥与圆柱的分界圆剩下右侧一大段圆弧。

作图步骤

1）画出完整的柱锥组合立体的左视图，注意先画出此组合体的作图基准线——轴线。

2）求画侧平面产生的交线。

① 画出侧平面与圆锥的交线：双曲线的侧面投影 $e''d''c''$。

② 画出侧平面与圆柱的交线：两条铅垂素线的侧面投影 $c''b''$ 和 $e''f''$。

3）求画正垂面与圆柱的交线：椭圆弧的侧面投影 $b''a''f''$。

4）画出侧平面与正垂面的交线的侧面投影 $f''b''$。

5）整理轮廓线及加深图形。立体的左侧被截切，圆锥与圆柱的最前、最后素线是

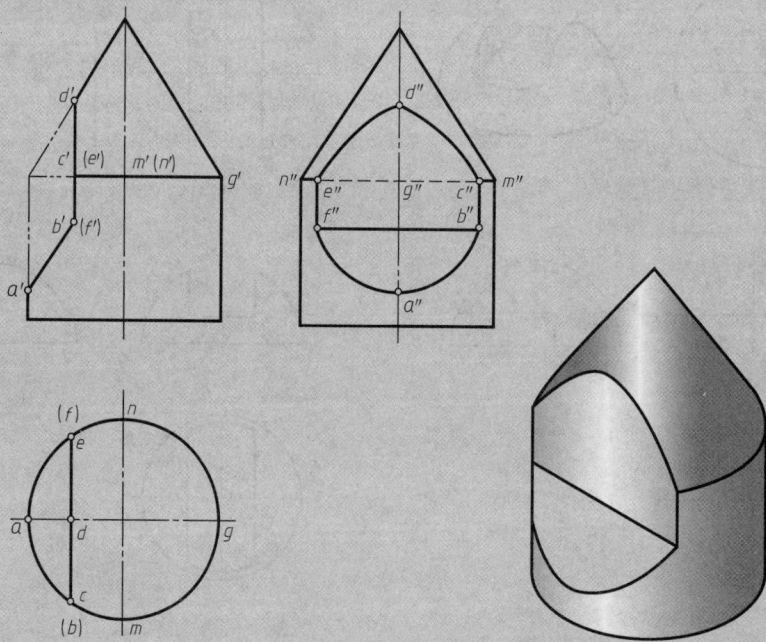

图 4-32 平面截切柱锥组合立体

完整的，故左视图粗实线完整画出；而圆锥与圆柱的分界圆剩下 *C*、*E* 两点之右的一大段圆弧 $\overset{\frown}{CMGNE}$，这段圆弧的侧面投影中，*c″m″* 及 *e″n″* 是可见的，画成粗实线，其余部分即 $\overset{\frown}{MGN}$ 弧的侧面投影是不可见的，应画成虚线，但与 *c″m″* 及 *e″n″* 重影的部分为粗实线。

例 4-20　图 4-33 所示为一连杆头。连杆头的外表面由球面、内环面和圆柱面组成，前、后被正平面截切，求其截交线。

分析　用正平面去截切，其截交线在侧面投影具有积聚性，只需要去完成其截交线的正面投影。连杆头球面部分被正平面截切后为一平行于 *V* 面的圆弧，环面部分截交线的正面投影可利用纬圆法（侧平纬圆）求得。

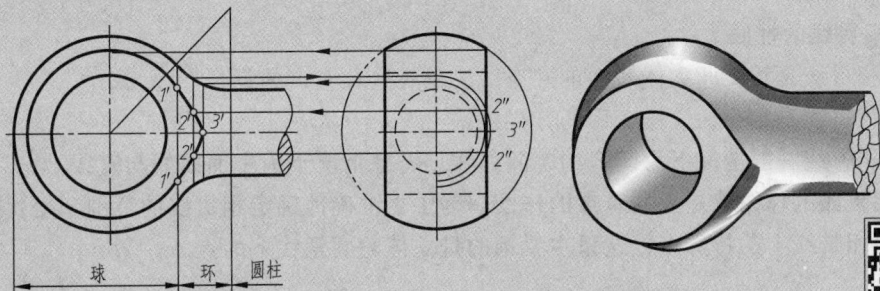

图 4-33　连杆头的截交线

作图步骤　以左到右依次完成正平面与球及圆环的截交线。

1）求画正平面截切球体——正平纬圆弧。用圆规粗实线画出球被正平面截切后的正平圆的圆弧部分，其正面投影应画到球与环面部分的交界 1′ 处。

2）求画正平面截切圆环——圆之外的其他曲线，利用取点连线完成。

① **求特殊点**。特殊点除左端点Ⅰ外，还有右端点Ⅲ。1′ 在上步作图中已经获得，3′ 利用侧平纬圆法求出环面部分被正平面截切后的截交线上的点。截交线上最右点Ⅲ的纬圆应与截平面相切，所以在左视图作辅助侧平纬圆与截平面相切，利用"高平齐"获得该侧平纬圆的主视图（积聚性投影），该积聚性投影与轴线的交点就是 3′。

② **求一般点**。在主视图上 1′ 和 3′ 之间的适当位置取一侧平纬圆积聚性的辅助线，利用"高平齐"完成该侧平纬圆的左视图，该侧平纬圆与截平面产生的交点即是 2″，再利用"高平齐"获得点Ⅱ的正面投影 2′。

③ 可见性判别及连线。前后对称截切，前后虚实重合，故画实线。因此用粗实线徒手光滑连接 1′、2′、3′、2′、1′，完成作图。

4.3　相贯线

4.3.1　相贯线的概念与性质

1. 相贯线的概念

图 4-34 所示为机器零件上常见的立体相交情况。**相交的立体称为相贯体，它们表面的**

交线称为**相贯线**。为完整清楚地表达机器零件的形状，画图时要正确地画出相贯线。本节讨论工程上用得最多的两曲面立体相贯线的画法。

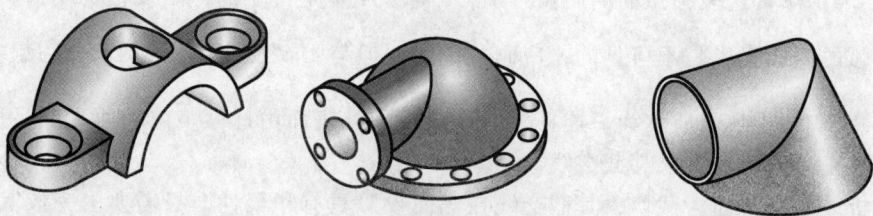

图 4-34 机器零件上常见的立体相交情况

2. 相贯线的性质

1）相贯线是相交两立体表面的共有线，是一些共有点的集合。

2）相贯线是相交两立体表面的分界线。

3）相贯线一般情况下为闭合的空间曲线，特殊情况下为平面曲线与直线。

求相贯线的作图就是找共有点的作图。为了更准确地确定相贯线的范围和变化趋势，应注意求出相贯线上的特殊点，这里主要指的是立体轮廓素线上的点。

4.3.2 相贯线的求解方法

1. 利用积聚性求相贯线

原理：两曲面立体相交，如果其中一个立体是轴线垂直于投影面的圆柱，则相贯线在该投影面上的投影必落在这个圆柱面所积聚的圆上，此时求相贯线其他投影的问题可以看作是，已知另一立体表面上线的一个投影，求作其他投影的问题。

（1）利用积聚性求正交两圆柱的相贯线 "正交两圆柱"就是指轴线垂直相交的两圆柱。

1）利用积聚性求正交两圆柱相贯线的作图方法。

例 4-21 求作如图 4-35a 所示正交两圆柱的相贯线。

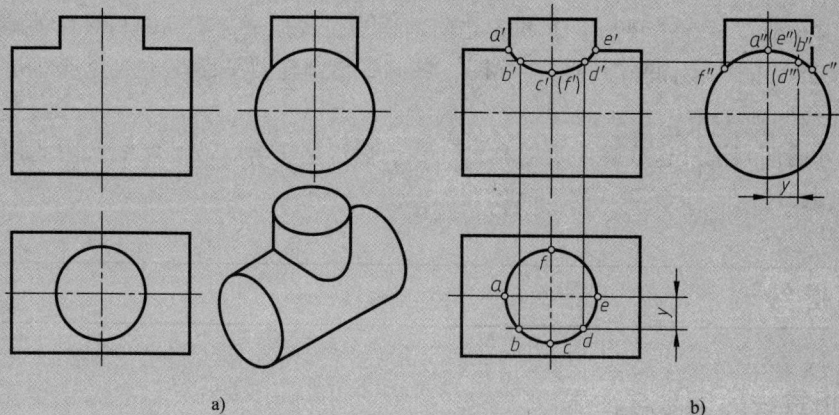

图 4-35 轴线正交的两圆柱相贯

a）已知条件 b）作图方法

分析 小圆柱的轴线垂直于 H 面，大圆柱的轴线垂直于 W 面，两圆柱轴线在同一正平面内垂直相交，相贯线为一条左右、前后都对称的闭合的空间曲线。相贯线的水平投影重影在小圆柱面的水平投影上，相贯线的侧面投影重影在大圆柱面侧面投影中两圆柱共有的一段圆弧上，本例只需作相贯线的正面投影。

作图步骤

1）**取点**。

① **求特殊点**。在相贯线的水平投影上定出最左点 A、最右点 E、最前点 C、最后点 F 的水平投影 a、e、c、f，并作它们的侧面投影 a''、(e'')、c''、f''，进而确定正面投影 a'、e'、c'、(f')。点 A、E 还是相贯线上的最高点，点 C、F 还是相贯线上的最低点。

② **求一般点**。在相贯线上相距比较大的特殊点之间，取适当数量的一般点。例如：作一般点 B、D，可先在水平投影上定出 b、d，再按投影关系作 b''、(d'')，最后确定 b'、d'。

2）**可见性判别及连线**。相贯线的前、后对称，正面投影重影在一起。向 V 面投射时，$ABCDE$ 曲线同时位于两圆柱的可见表面上，因此用粗实线徒手依次光滑连接 $a'b'c'd'e'$，即相贯线的正面投影。

3）**整理轮廓线**。将两圆柱看成一整体，整理投影轮廓线。大圆柱最高素线的正面投影在 a'、e' 之间无线；小圆柱最左、最右素线的正面投影在 a'、e' 之下无线。

拓展分析 正交的两圆柱在机器零件上经常遇到。它们的表现形式除了两实心圆柱相交以外，还可能有实心圆柱与圆柱孔相交以及两圆柱孔相交，如图 4-36 所示。

图 4-36a 与图 4-35 的区别仅仅在于垂直于 H 面的小圆柱变成了圆柱孔，分析过程与作图方法与例 4-21 相同，只是注意孔的转向素线由于不可见，因此画成虚线。

图 4-36b 与图 4-36a 相比较，垂直于 W 面的实心圆柱换成了圆筒，此时水平与竖直的两个圆柱孔相交，所以也会产生相贯线。分析过程与作图方法与例 4-21 相同，只是注意两孔产生的相贯线不可见，因此画成虚线。

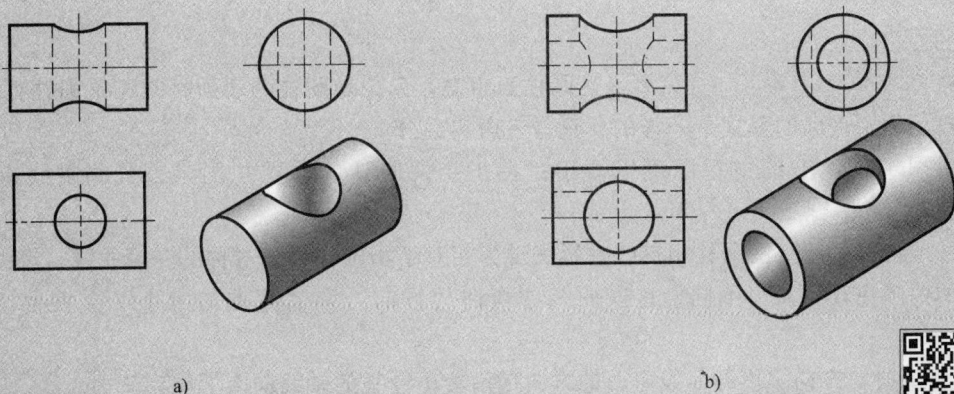

a)   b)

图 4-36 正交圆柱的其他表现形式

a）实心圆柱与圆柱孔相交 b）两圆柱孔相交

2）**正交圆柱相贯线投影的趋势**。在机器零件上，常常会遇到正交圆柱的相贯线，熟悉各种情况下相贯线投影的趋势，对迅速、正确地作图很有帮助。图 4-37 所示为正交圆柱相

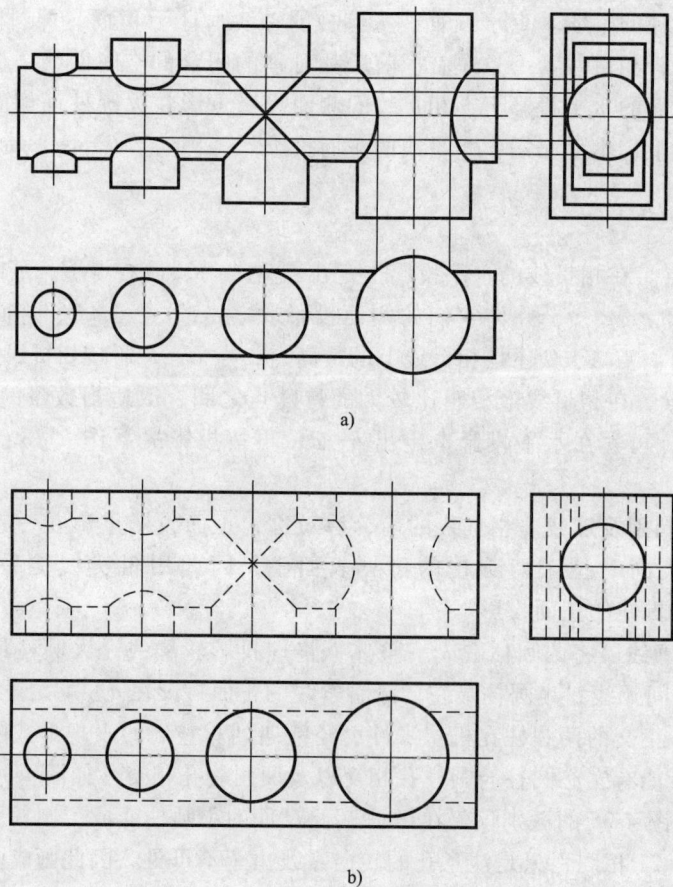

图 4-37　正交圆柱相贯线的变化

a）圆柱外表面相贯线的变化趋势　　b）圆柱孔表面相贯线的变化趋势

贯线的变化。

对比图 4-37a、b 可知，**只要是两圆柱面相交，无论是圆柱外表面相交还是圆柱孔相交，两者产生的相贯线的形式是一样的，只是有虚实之分。**

由图 4-37a、b 的主视图可以看出：在正交两圆柱的非圆视图上，其相贯线有如下特点：

一般情况　正交两圆柱相贯线投影表现为相对于小圆柱轴线对称的一段曲线。根据参加相贯的两圆柱直径大小不同，这段曲线"弯曲的方向"和"弯曲的大小"会发生相应的变化。

① 弯曲的方向。**投影曲线弯曲的方向是沿着小圆柱的轴线向大圆柱内弯曲。**

② 弯曲的大小。**正交两圆柱直径相差越大，这种弯曲越小；反之，两圆柱直径越接近，这种弯曲越明显。**

特殊情况　当两圆柱直径相等时，投影曲线变成直线（详见"4.3.3 相贯线的特殊情况"）。

（2）利用积聚性求轴线交叉垂直两圆柱的相贯线

例 4-22 求作如图 4-38b 所示两圆柱的相贯线。

分析 参考 4-38a 所示立体图，直立圆柱的轴线垂直于 H 面，水平圆柱的轴线垂直于 W 面，两圆柱轴线虽垂直但不在同一平面内（交叉垂直）。相贯线为一条左右及上下对称的闭合空间曲线，其水平投影和侧面投影分别重影在两圆柱公共的一段圆弧上，现只需求出相贯线的正面投影。

作图步骤

1）取点。

① **取特殊点**。水平圆柱的最上、最下、最前素线，直立圆柱的最左、最右、最后素线参加了相贯，按投影关系将这些素线上的点全部求出来。它们是水平圆柱最上素线上的点 II 和 XII，最下素线上的点 VI 和 VIII，最前素线上的点 IV 和 X；直立圆柱最左素线上点 III 和 V，最右素线上的点 XI 和 IX，最后素线上的点 I 和 VII。

② **取一般点**。根据情况在相距比较大的特殊点之间取适当数量的一般点，作图方法与例 4-21 完全相同。

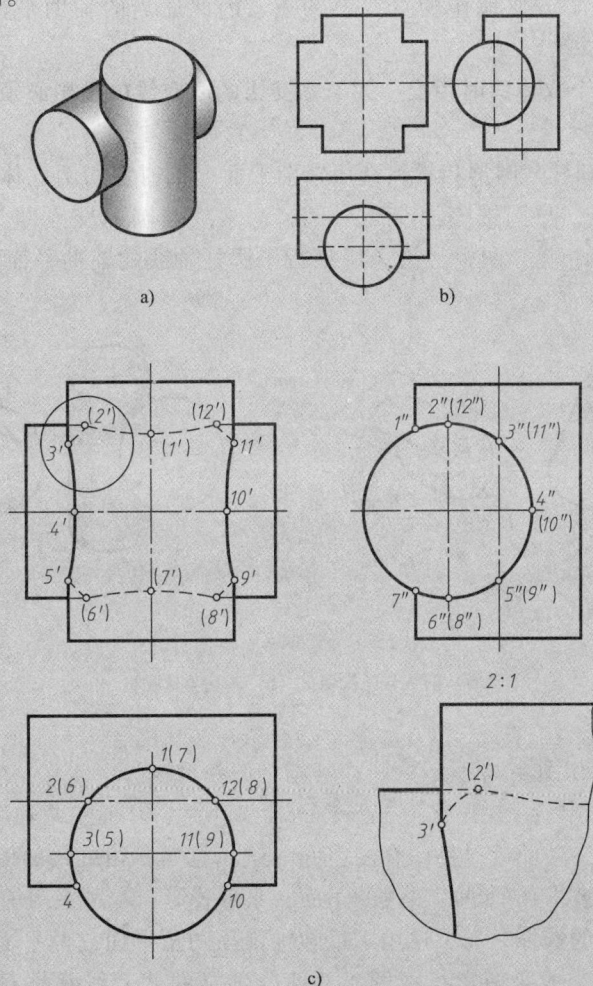

a)   b)

c)

图 4-38 轴线交叉的两圆柱相贯

a）立体图   b）已知条件   c）作图过程

2）**可见性判别及连线。**向 V 面投射时，位于两圆柱都可见的表面上的相贯线画成粗实线，故其正面投影 $3'4'5'$ 以及 $9'10'11'$ 徒手光滑连接画成粗实线，其余徒手光滑连接画为细虚线。

3）**整理轮廓线。**整理投影轮廓线时，要将两圆柱看成一整体。在主视图中，直立圆柱左边轮廓线画到 $3'$、$5'$，右边轮廓线画到 $9'$、$11'$，在 $3'5'$、$9'11'$ 之间不应画线。水平圆柱上边轮廓线画到（$2'$）、（$12'$），下边轮廓线画到（$6'$）、（$8'$），其中被直立圆柱遮挡的一小段画成虚线，而（$2'$）（$12'$）、（$6'$）（$8'$）之间不应画线。为清晰表达曲线的形态，采取局部放大图（概念详见第七章 7.4.1）进行表达，如图 4-38c 所示。

2. 利用辅助平面求相贯线

原理：用适当的辅助平面去截切两立体，就会在两个立体表面上分别获得截交线，进一步去求截交线的交点，即为两个立体表面的共有点，也就是相贯线上的点。如果用几个适当的辅助平面按上述方法作图，就会获得若干个相贯线上的点，最后依次把这些点连接起来，就会求出相贯线。为了方便地作相贯线上的点，因此适当的辅助平面必须具备以下两个条件：

第一，必须与两个立体同时相交；第二，交出的截交线的投影必须简单且准确易画——圆或直线。

图 4-39a 所示为圆柱与圆锥相贯，选用辅助平面 P 同时截切两立体，P 平面与圆柱表面的交线为两条直素线，与圆锥表面交得一圆，两素线与圆的交点即为相贯线上的点。图 4-39b 所示为圆柱与球相贯，图中给出了用平行于圆柱轴线的辅助平面求得相贯线上点的作图原理。

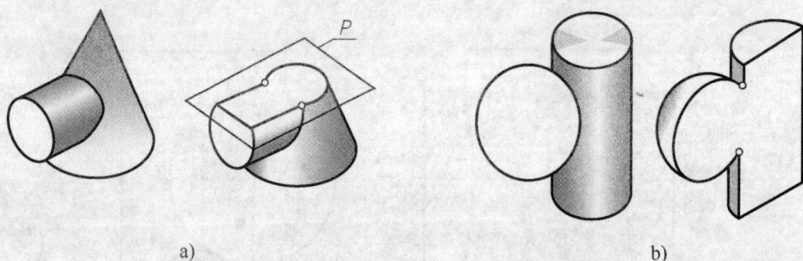

a)   b)

图 4-39　辅助平面法原理

a）圆柱与圆锥相贯　b）圆柱与球相贯

例 4-23　求作如图 4-40 所示的圆柱与圆锥的相贯线。

分析　圆柱的轴线垂直于 W 面，圆锥的轴线垂直于 H 面，两轴线在同一正平面内垂直相交，相贯线为一条前后对称闭合的空间曲线。显然，相贯线的侧面投影重影在圆柱面的侧面投影上，要求作的是相贯线的正面、水平投影。本题采用辅助平面法作图。

适当辅助平面的选择　如果选用不过圆锥锥顶的正平面或侧平面作为辅助平面，它们与水平圆柱的截交线为两素线或圆，然而与圆锥的截交线都是双曲线，作图极不方便。因此要使辅助平面与圆锥、圆柱的截交线的投影都简单易画，**只有采用过锥顶的正平面及系列水平面。**

作图步骤

1）取点。

① **取特殊点**。相贯线的特殊点包括圆锥的最左素线上的点，圆柱的最上、最下、最前、最后素线上的点。过锥顶作辅助正平面 Q，求得相贯线上最高点 I、最低点 V，这两个点的正面投影直接得到，利用"长对正"水平投影即可求出。过圆柱轴线作水平辅助面 R，与圆柱相交是最前、最后素线，找对与圆锥相交的纬圆半径大小，在俯视图上画圆，与圆柱的最前、最后素线的交点即是相贯线上最前点 III、最后点 VII 的水平投影，利用"长对正"正面投影即可求出。

除了圆柱和圆锥特殊素线的点之外，曲线上最右侧的点即点 II、VIII，也是一对特殊点。这一对点的位置的取得，参见图 4-40 所示左视图的方法，即通过圆柱和圆锥轴线的交点作圆锥特殊素线的垂线，该垂线与积聚性圆的交点即为点 II、VIII。作辅助水平面 P 可求出相贯线上的点 II、VIII，辅助水平面 P 与圆柱相交得到宽度为 y 的两条素线，利用"宽相等"找到水平投影这两条素线的位置，同时找对辅助水平面 P 与圆锥相交的纬圆半径大小，在俯视图上画出该纬圆，与圆柱的两条素线的交点即是相贯线上点 II、VIII 的水平投影，利用"长对正"正面投影即可求出。

② **取一般点**。在特殊点相距比较远的地方，取相贯线上适当数量的一般点。采用上面求得 II、VIII 两点的相同方法，利用辅助水平面 S 求得相贯线上的点 IV、VI（为作图简便，使 S 与 P 平面上、下对称于圆柱轴线）。

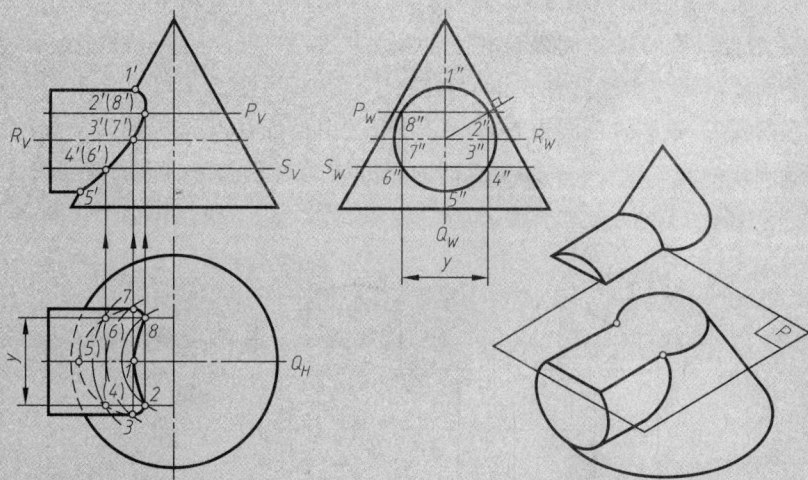

图 4-40 圆柱与圆锥相贯

2）**可见性判别及连线**。向 V 面投射时，点 I、V 之前的相贯线位于两立体可见的表面上，故 1'2'3'4'5' 以粗实线徒手光滑相连，后半段相贯线不可见，但与前半段重影。向 H 面投射时，点 III、VII 以上的相贯线位于两立体可见的表面上，故 32187 以粗实线徒手光滑相连，相贯线的其余部分位于不可见的下半个圆柱面上，故 3（4）（5）（6）7 徒手连成虚线。

3）**整理轮廓线**。将圆柱、圆锥看成一整体，整理投影轮廓线。在主视图中，圆柱的上、下以及圆锥的左边轮廓线画到 1'、5'；在俯视图中，圆柱的前、后轮廓线分别画到 3、7，圆锥被圆柱遮挡的轮廓线画成虚线。

图 4-40 中的相贯线也可以利用积聚性的方法完成，即利用圆柱面有积聚性的侧面投影，应用在圆锥表面上取点的方法作出。请读者自行分析、作图。

例 4-24 求如图 4-41 所示的斜交两圆柱的相贯线。

分析 水平圆柱的轴线垂直于 W 面，斜放圆柱的轴线为一正平线，两轴线在同一正平面内斜交，相贯线为一条前后对称闭合的空间曲线。相贯线的侧面投影重影在水平圆柱面的侧面投影上，现用辅助平面法求作相贯线的另两面投影。

适当辅助平面的选择 如果选用水平面或侧平面作为辅助平面，它们与水平圆柱的截交线为两素线或圆，然而与斜放圆柱的截交线都是椭圆，作图极不方便。因此**适当的辅助平面为正平面**，因其与两圆柱轴线平行，所以与两圆柱的截交线都是直素线，相应的交点即是相贯线上的点，简单易求。

作图步骤

1）取点。

① 取特殊点。相贯线的特殊点包括水平圆柱最上素线上的点，斜放圆柱的最左、最右、最前、最后素线上的点。相贯线上的最左点 I 和最右点 V，同时又是相贯线上的最高点，这两个点侧面投影已知，其正面投影也可直接获得，然后根据"长对正"完成其水平投影 1、5。相贯线上最前点 III、最后点 VII 的投影 $3''$、$7''$，其侧面投影上可直接定出，按投影关系求出正面投影 $3'(7')$，再根据"长对正，宽相等"定出 3、7。

② 取一般点。在特殊点间隔比较大的地方，取相贯线上适当数量的一般点。例如：作辅助正平面 P，其与水平圆柱交得的直素线 A 的正面投影 a' 可直接求得，它与斜放圆柱交得的直素线 C 与 D 的正面投影 c'、d' 可通过由换面法所得到的斜放圆柱面的有积聚性的投影准确作出。a' 与 c'、d' 的交点即为相贯线上点 II、IV 的正面投影 $2'$、$4'$，再由

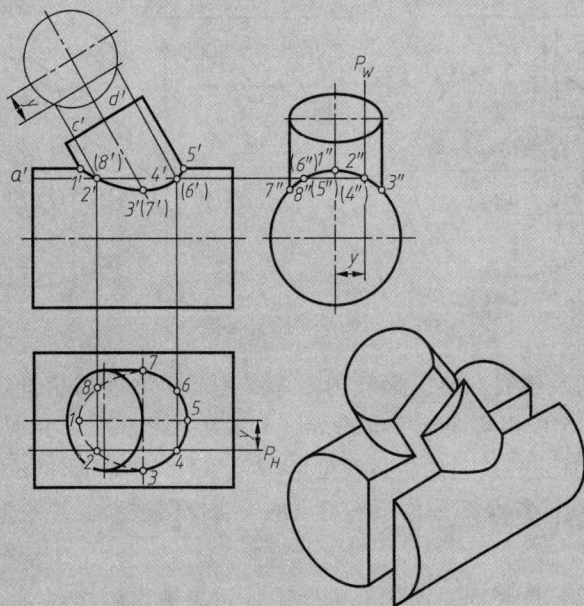

图 4-41 两圆柱斜交

2′、4′确定 2、4。相贯线上与点Ⅱ、Ⅳ前后对称的点Ⅷ、Ⅵ可一并求出。

2）**可见性判别及连线**。向 V 面投射时，以点 Ⅰ、Ⅴ 为界的前半段相贯线可见，后半段不可见，但它们的 V 面投影重合，故 1′2′3′4′5′段以粗实线徒手光滑相连。向 H 面投射时，点Ⅲ、Ⅶ以右的相贯线可见，故 34567 以粗实线徒手光滑相连，其余不可见，徒手连成虚线。

3）**整理轮廓线**。将两圆柱看成一整体，整理投影轮廓线。注意：斜放圆柱最前、最后素线的 H 面投影应分别画到 3、7。

例 4-25 求作如图 4-42a 所示的部分球体与圆台的相贯线。

分析 部分球体为一前、后对称截切的四分之一球，其主视图中圆弧 m′是截平面与球面的交线。图中圆台的轴线垂直于 H 面但不通过球心，它们处在同一正平面内。相贯线为一条前后对称的闭合空间曲线。由于球面及圆锥面的三面投影都没有积聚性，相贯线的三面投影都需要作出，下面采用辅助平面法作图。

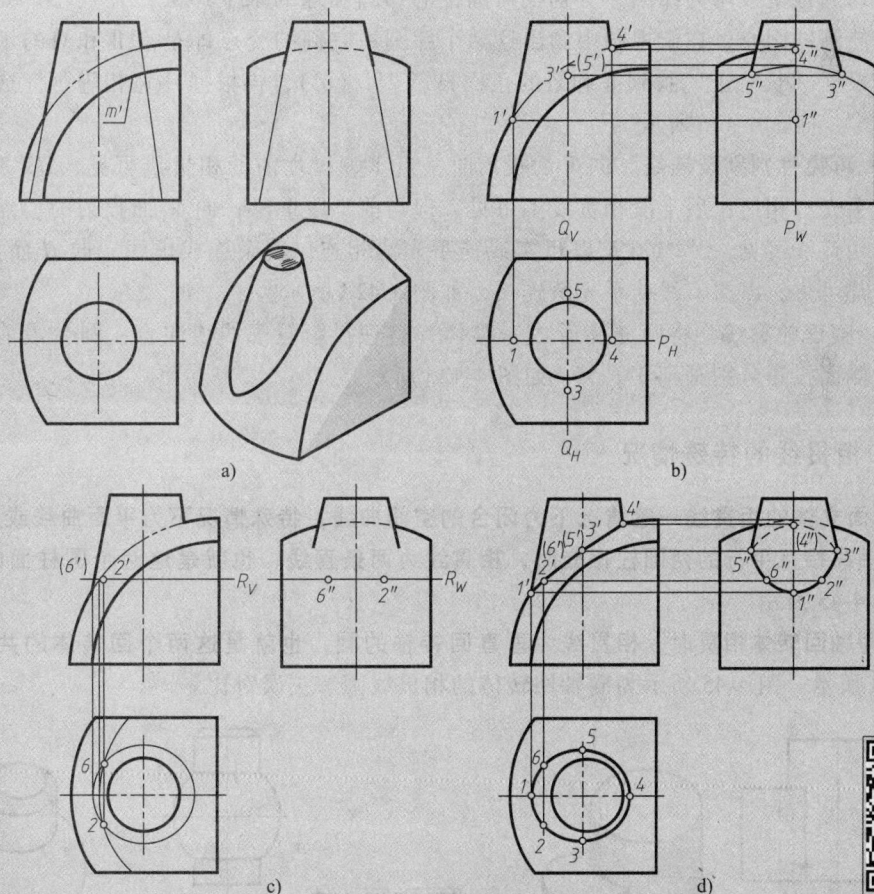

图 4-42 部分球体与圆台的相贯线

a）已知条件 b）取特殊点 c）取一般点 d）连线及完成作图

适当辅助平面的选择 如果选用不过锥顶的正平面或不过锥顶的侧平面作为辅助平面，它们与球的截交线都为圆，但与圆锥的截交线都是双曲线，作图极不方便。因此适

当的辅助平面为过锥顶的正平面、过锥顶的侧平面以及系列水平面。

作图步骤

1）取点。

① 取特殊点。利用过锥顶的正平面 P 求得相贯线上的最左点 Ⅰ（也是最低点），最右点 Ⅳ（也是最高点），这两个点的正面投影 1′、4′可直接获取，根据"长对正"得到水平投影 1、4，根据"高平齐"求出侧面投影 1″、（4″）。过锥顶再作辅助侧平面 Q，求得圆锥最前素线上的点 Ⅲ 及最后素线上的点 Ⅴ，侧平面 Q 与圆锥面相交，截交线为圆锥的最前和最后素线，与球面相交，截交线为侧平纬圆，找对侧平纬圆半径的大小，在左视图上画纬圆，与圆锥的最前和最后素线的交点，即是点 Ⅲ、点 Ⅴ 的侧面投影 3″、5″，根据"高平齐"找到 3′和（5′），再根据"宽相等"完成水平投影 3、5，如图 4-42b 所示。

② 取一般点。例如：选用辅助水平面 R 求得相贯线上的点 Ⅱ 和 Ⅵ，辅助水平面 R 与圆锥和球的截交线均为纬圆，分别找对圆锥的纬圆和球的水平纬圆半径大小，并且找对这两个纬圆的圆心，在俯视图中画出这两个纬圆，它们的交点即是点 Ⅱ 和 Ⅵ 的水平投影 2、6，根据"长对正"找到 Ⅱ 和 Ⅵ 的正面投影 2′、（6′），再根据"宽相等"完成侧面投影 2″、6″，如图 4-42c 所示。

2）**可见性判别及连线**。向 V 面投射时，点 Ⅰ、Ⅳ 之前的相贯线可见，1′2′3′4′以粗实线徒手光滑相连，后半段相贯线不可见，但与前半段重影；向 W 面投射时，点 Ⅲ、Ⅴ 之左的相贯线可见，3″2″1″6″5″以粗实线徒手光滑相连，其余连成虚线；向 H 面投射时，相贯线都可见，以粗实线徒手光滑连接，如图 4-42d 所示。

3）**整理轮廓线**。将两立体看成一整体，整理投影轮廓线。注意：圆台最前、最后素线的侧面投影分别画到 3″、5″，如图 4-42d 所示。

4.3.3 相贯线的特殊情况

两曲面立体的相贯线一般情况下为闭合的空间曲线，特殊情况下为平面曲线或直线。

1）轴线相互平行的两圆柱相交时，相贯线为两条直线，也就是这两个圆柱面的共有素线，如图 4-43 所示。

2）同轴回转体相贯时，相贯线为垂直回转轴的圆，也就是这两个回转体的共有纬圆，如图 4-44 所示。图 4-45 所示为同轴回转体的相贯线画法正误对比。

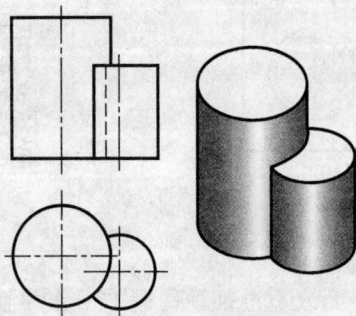

图 4-43 相贯线为直线

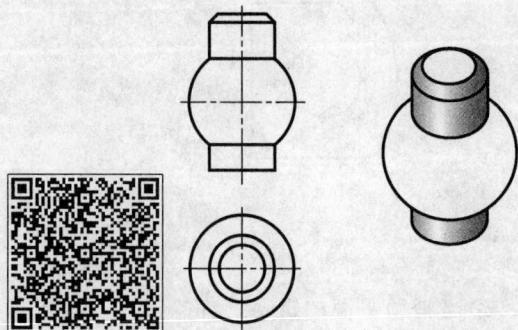

图 4-44 相贯线为圆

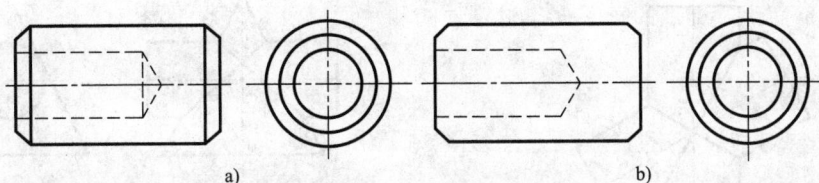

图 4-45 同轴回转体的相贯线画法正误对比

a）正确   b）错误

3）轴线垂直相交的两圆柱直径相等时，两者必同时外切于一球，相贯线为两个大小相等的椭圆，如图 4-46 所示，图中相贯线的正面投影为两段直线。图 4-47 和图 4-48 中两等直径正交圆柱的相贯线，请读者自行分析。

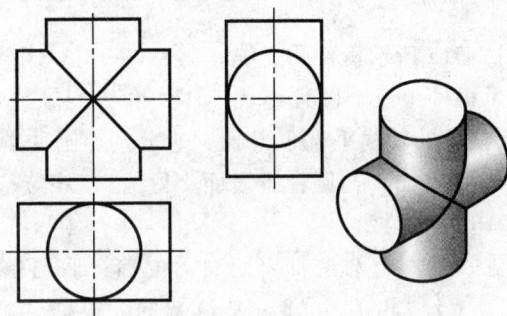

图 4-46 相贯线为椭圆（一）

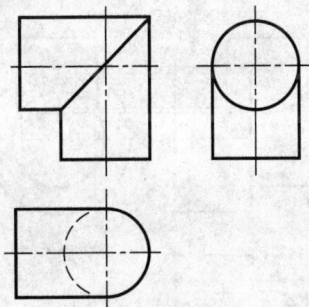

图 4-47 相贯线为椭圆（二）

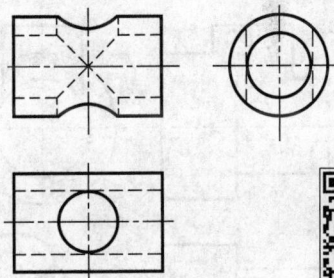

图 4-48 正交等直径圆孔

4）轴线斜交的两圆柱直径相等时，两者必同时外切于一球，相贯线为大、小不等的两个椭圆，如图 4-49 所示，图中相贯线的正面投影为两段直线。

5）圆锥与圆柱轴线垂直相交时，若两者同时外切于一球，则相贯线也是两个大小相等的椭圆，如图 4-50 所示。

4.3.4 相贯线综合举例

在机器零件上，常常会遇到多体相贯的情形。因此，熟练掌握复杂相贯产生交线的作图方法，会为将来绘制和阅读零件图样打下坚实的基础。

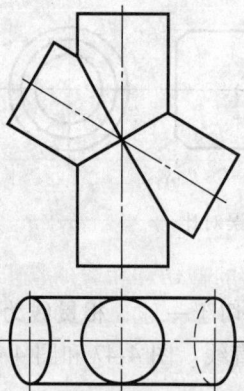

图 4-49　斜交等直径圆柱

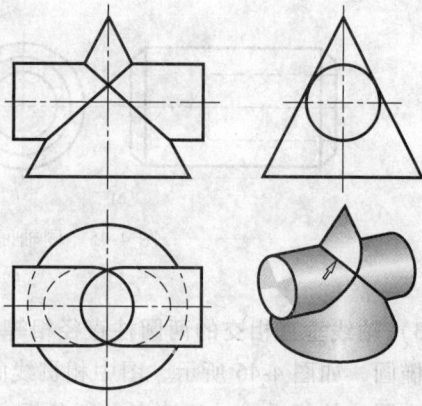

图 4-50　柱锥相贯线为椭圆

例 4-26　求作如图 4-51a 所示机件的交线。

分析　图 4-51a 所示机件由三个圆柱组成。Ⅰ、Ⅱ为同轴线不同直径的圆柱，它们的轴线垂直于 W 面。圆柱Ⅲ的轴线垂直于 H 面，它分别与圆柱Ⅰ、Ⅱ相贯，分别产生相贯线。此外，圆柱Ⅱ的左端平面 A 与圆柱Ⅲ表面交得前、后两条铅垂素线。

作图步骤　（图 4-51b）

1）作圆柱Ⅱ的左端平面 A 与圆柱Ⅲ表面交得的前、后两条铅垂素线ⅦⅧ和ⅣⅤ，这四个点的水平投影 4、（5）和 7、（8）是已知的，根据"宽相等"完成侧面投影（4″）、（5″）和（7″）、（8″），分别连线，因其在圆柱Ⅲ的右半个圆柱面上，故不可见，连成虚线。根据"高平齐"完成正面投影（4′）和（5′）、7′和 8′，两线前后重合，故以粗实线连接。

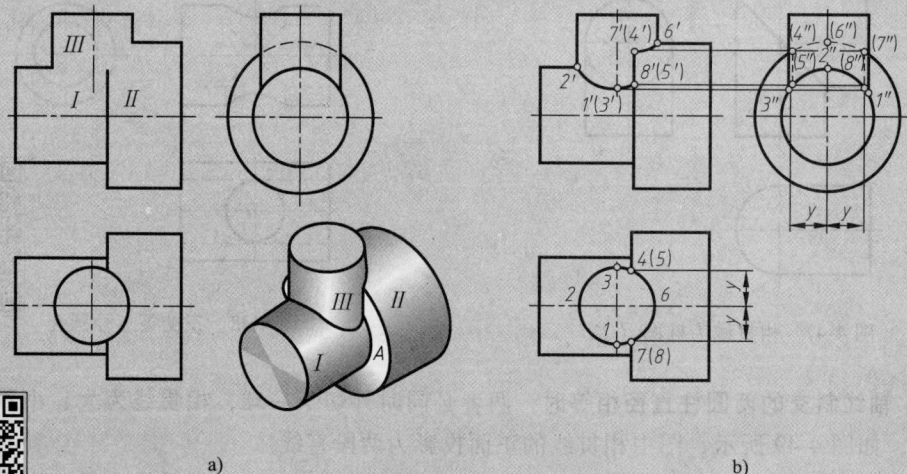

a)

b)

图 4-51　多个圆柱体相贯

a) 已知条件　b) 作图过程

2）作圆柱Ⅲ和圆柱Ⅰ的相贯线ⅧⅠⅡⅢⅤ。此段相贯线利用积聚性法即可完成。该段相贯线因为圆柱Ⅲ俯视图有积聚性，故相贯线的水平投影已知，即是（8）123（5）段线；又因为圆柱Ⅰ的左视图有积聚性，故该段相贯线的侧面投影已知，即（8″）1″2″

3″（5″）。只需完成其正面投影，8′、（5′）在上一步中已经求出，1′、2′、（3′）均为特殊点，利用投影关系直接可以求出，最后连线，前后重合连成粗实线。

3）作圆柱Ⅲ和圆柱Ⅱ的相贯线ⅦⅥⅣ，分析和作图方法与上同。

4.4 立体表面交线综合举例

在实际应用中，常常会遇到零件表面同时存在较为复杂的截切和相贯的情形。因此，熟练掌握立体表面综合截交线和相贯线的作图方法，会为将来绘制和阅读零件图样打下最坚实的基础。截交线和相贯线都是立体表面上的交线。一般来讲，由平面与立体表面所产生的交线称为截交线，由两曲面立体相交产生的交线称为相贯线。

例4-27 读懂图4-52a所示组合体的主、俯视图，完成其左视图。

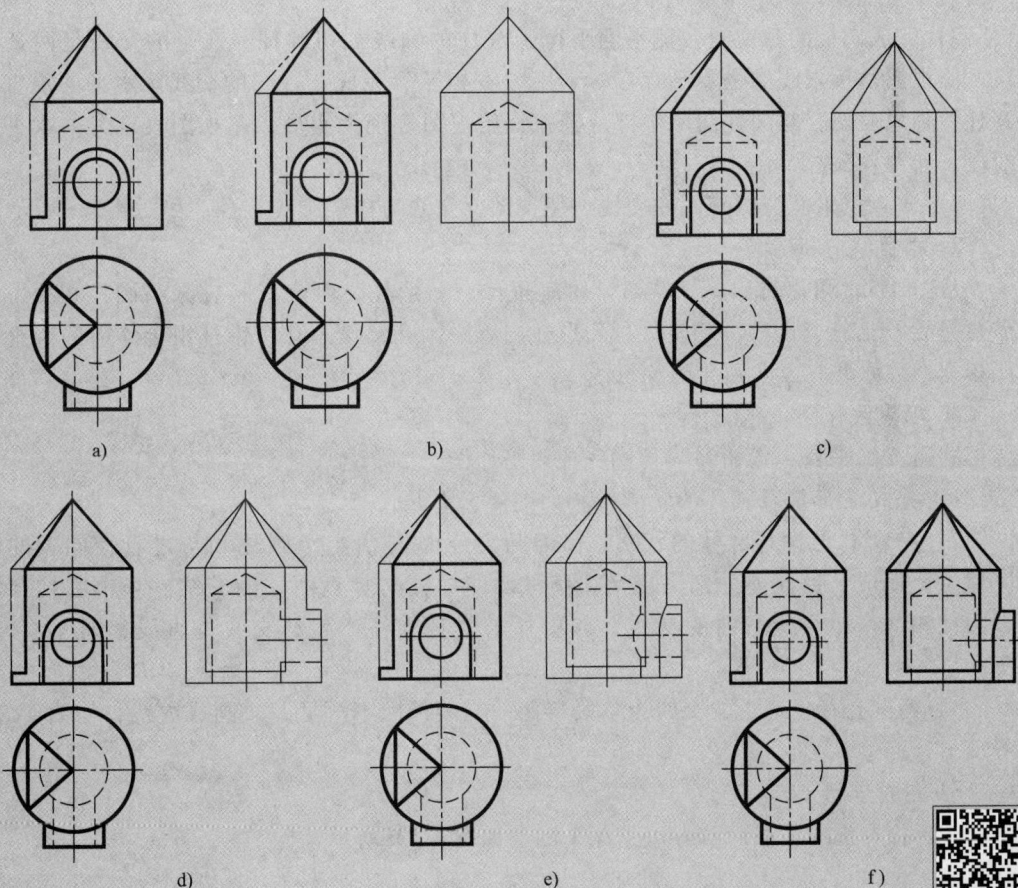

图4-52 综合截切与相贯Ⅰ

a）已知条件 b）画出完整柱锥组合体 c）完成截交线 d）画出U形柱及圆孔轮廓线 e）完成相贯线 f）加深全图

读图 由图4-52a可以看出，该组合体整体结构上下方向是一共轴圆锥和圆柱组合体，内部有一同心盲孔（不通孔），该盲孔同样是由同轴圆锥和圆柱组合构成；组合体的

前面有一带有圆孔的 U 形柱（由半个圆柱和与之直径同宽的四棱柱构成）。

注意 画图时，应先用细实线打底稿，最后检查没有错误后方可加深全图。作图时，应先将已知组合体的完整轮廓线画出，然后再依次完成其交线。

1. 截交线分析

从图 4-52a 可以看出，锥柱组合体被一正垂面、一侧平面和一水平面所截切，分别在圆锥和圆柱面上产生三组截交线。

2. 截交线作图

利用"高平齐，宽相等"原则完成以下作图。

1）把完整的柱锥组合体轮廓线画出，如图 4-52b 所示，注意圆柱与圆锥之间同轴回转体的交线应画出。

2）完成圆锥的截交线。正垂面过锥顶截切圆锥，其截交线是两条素线，俯、左视图均表现为直线，如图 4-52c 所示。

3）完成圆柱的截交线。侧平面平行于圆柱的轴线截切圆柱，产生的交线是两条素线，俯视图两条素线的位置已存在，利用"宽相等"完成左视图的交线。水平面垂直于圆柱的轴线截切，与圆柱面产生部分圆弧，俯视图表现为实形，左视图表现为一水平的线段，如图 4-52c 所示。

4）注意正垂面与侧平面的交线，左视图此交线与柱锥交线重合，如图 4-52c 所示。

3. 相贯线分析

从图 4-52a 可以看出，柱锥组合体前面有一 U 形柱，但该 U 形柱只与圆柱相交，故需要完成 U 形柱与圆柱的相贯线；U 形柱内有一圆孔，该圆孔与锥柱组合体内的竖直盲孔相交，因此要完成两圆孔的相贯线。

4. 相贯线作图

利用"高平齐，宽相等"原则完成以下作图。

1）完成 U 形柱及圆孔的轮廓线，如图 4-52d 所示。

2）完成 U 形柱与圆柱的相贯线。因为 U 形柱是由半个圆柱和与之直径同宽的四棱柱组合而成，因此要分别完成半个圆柱、四棱柱与竖直圆柱的交线。半个圆柱与竖直圆柱相交产生半段弯曲的交线，四棱柱与竖直圆柱产生的交线是直线，如图 4-52e 所示。

3）两圆孔相贯产生的交线为整段弯曲的交线，因不可见，故画成虚线，如图 4-52e 所示。

5. 完成全图

最后检查没有错误后，方可加深全图，如图 4-52f 所示。

例 4-28 补全如图 4-53a 所示机件三视图所缺的交线。

1. 读图

由图 4-53a 可以看出，该机件是由一轴线为侧垂线的水平圆柱和一轴线为铅垂线的竖直圆柱相交组成。水平圆柱内有一同心盲孔，该盲孔是由同轴圆柱和圆锥构成，水平圆柱在左端被一正垂面所截。竖直圆柱内有一同心通孔，该通孔与水平盲孔相交且等径，竖直圆柱顶部又加工了前后方向的半圆形通槽，与竖直孔等径。

2. 主视图分析

两圆柱外表面相交形式是两正交不等径的圆柱面相交，因而产生一段弯曲的相贯线；竖直孔是通孔，与水平圆柱下表面相交形式也是两正交不等径的圆柱面相交，因此也产生一段弯曲的相贯线；两孔为正交等径的两圆柱面，所以两者的相贯线在视图中表现为两直线段的特殊相贯线；盲孔是由同轴的圆柱和圆锥构成，所以两者的相贯线在视图中表现为一直线段的特殊相贯线。上述各交线的可见性请读者自行分析。

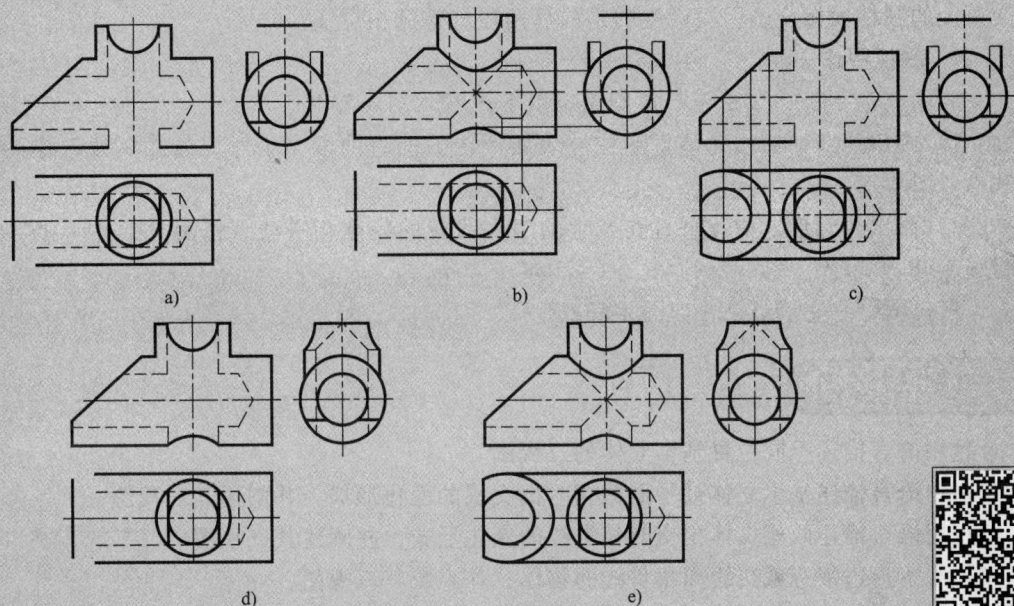

图 4-53 综合截切与相贯Ⅱ

a）已知条件 b）主视图作图 c）俯视图作图 d）左视图作图 e）完成全图

3. 主视图作图

利用"长对正，高平齐"原则完成以下作图（图 4-53b）。

1）画出两圆柱外表面相交、竖直孔与水平圆柱下表面相交两段可见的弯曲相贯线，作图方法参考图 4-35 和图 4-36。

2）画出两正交等径孔产生的两段直线段的特殊相贯线，作图方法参考图 4-46 和图 4-48。

3）画出盲孔中同轴圆柱和圆锥产生的一段直线段的特殊相贯线，作图方法参考图 4-45。

4. 俯视图分析

水平圆柱左端被一正垂面所截，因此在俯视图上会产生截交线。该截平面与水平圆柱轴线倾斜，且与内外圆柱面均相交，因此产生两段大部分椭圆的截交线。

5. 俯视图作图

利用"长对正，宽相等"原则完成以下作图（图 4-53c）。

1）画出截平面与水平圆柱外表面相交而产生的截交线——大部分椭圆，作图方法参考图 4-22 和图 4-23。

2）画出截平面与水平圆柱内表面（孔）相交而产生的截交线——大部分椭圆，作图方法与步骤 1）相同。

6. 左视图分析

竖直圆柱顶部加工了前后方向的半圆形通槽，与竖直孔等径。因此，在左视图上会产生两种相贯线。一种是半圆形通槽与圆柱外表面为两正交不等径的圆柱面相交，因而产生的是前后两段半个弯曲的相贯线；另一种是半圆形通槽与圆柱内表面（孔）为两正交等径的圆柱面相交，因而产生的是前后两段特殊的相贯线。

7. 左视图作图

利用"高平齐，宽相等"原则完成以下作图（图 4-53d）。

1）画出半圆形通槽与竖直圆柱外表面产生的前后两段半个弯曲的相贯线，作图方法参考图 4-37。

2）画出半圆形通槽与竖直孔产生的两直线段的特殊相贯线，作图方法参考图 4-46 和图 4-48。

三视图最终完成结果，如图 4-53e 所示。

实践与练习

1）用语言描述不同位置基本立体的三视图。

2）用语言描述基本立体被平面截切时截交线的变化形式，并阐述其三视图。

3）用语言描述两相贯体相交时相贯线的变化形式，并阐述其三视图。

4）观察身边带有截交线和相贯线的物体，并想象其三视图。

5）为加深理解，可以准备各种形状的橡皮，用小刀沿不同方向进行截切，观察表面截交线的形成及变化。

6）多观察模型，分析出其表面交线形成的原因及三视图的画法。

7）构形设计：分别设计棱柱、棱锥、圆柱、圆锥、球，先选择平面对它们进行截切，用三视图表达；再任意进行两两相贯，用三视图表达清楚。

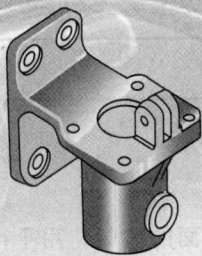

第5章

轴 测 图

知识要点

1）轴测图的形成。
2）轴测投影的投影特性。
3）轴测图的分类。
4）轴测图的画法。

引言

　　用正投影法绘制的三视图虽然能够准确地表达物体的形状，便于直接度量，但其直观性较差，读图者需要经过一定的训练才能看懂，如图 5-1a 所示。因此，工程上常常用轴测图来辅助物体的表达。**轴测图是一种常见的立体图**，它用一个投影图来表示物体的三度空间。这种图直观性好，有较强的立体感，如图 5-1b 所示。但它有作图较麻烦，不便度量，表达能力差等缺点，生产中一般作为辅助图样。它也经常被用来作为设计人员构形表达的辅助工具。在学习本课程的过程中，轴测图可以帮助我们发展空间思维和想象能力。

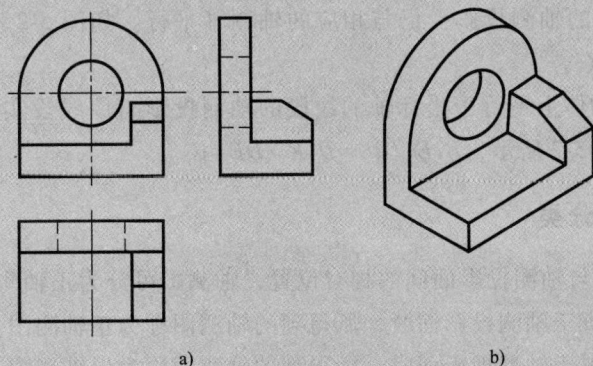

a)　　　　　　　　　　　　　　　　　　　　　b)

图 5-1　支座

a）多面正投影图　b）轴测图

5.1 轴测图的基本知识

5.1.1 轴测图的形成

轴测图是将物体连同其参考直角坐标系，沿不平行于任一坐标面的方向，用平行投影法将其投射在单一投影面上所得到的具有立体感的图形，如图 5-2 所示。在该图中，S 为投射方向，投影面 P 称为轴测投影面；空间直角坐标系的三条坐标轴 OX、OY、OZ 的轴测投影 O_1X_1、O_1Y_1、O_1Z_1 称为轴测轴；轴测轴之间的夹角，即 $\angle X_1O_1Z_1$、$\angle X_1O_1Y_1$、$\angle Y_1O_1Z_1$ 称为轴间角；轴测轴上单位长度与相应投影轴上单位长度的比值称为轴向伸缩系数，用 p_1、q_1、r_1 分别表示 OX、OY、OZ 轴的轴向伸缩系数，即 $p_1 = O_1A_1/OA$、$q_1 = O_1B_1/OB$、$r_1 = O_1C_1/OC$。

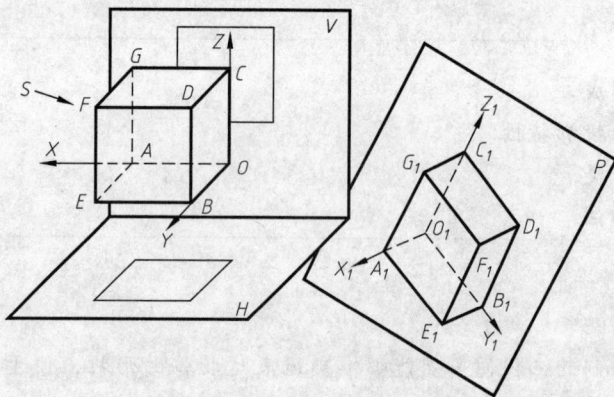

图 5-2 轴测图的形成

5.1.2 轴测投影的投影特性

轴测投影作为平行投影，它必然具有平行投影的投影特性，特别指出以下两方面：

（1）**平行性** 空间相互平行的直线，它们的轴测投影仍互相平行。因此，物体上平行于三条坐标轴的线段的轴测投影，仍与相应的轴测轴平行。如图 5-2 所示，$BE \mathbin{/\mkern-3mu/} DF \mathbin{/\mkern-3mu/} OX$，则 $B_1E_1 \mathbin{/\mkern-3mu/} D_1F_1 \mathbin{/\mkern-3mu/} O_1X_1$。

（2）**定比性** 物体上平行于坐标轴的线段的轴测投影与原线段实长之比，等于相应的轴向伸缩系数。如图 5-2 所示，$B_1E_1/BE = D_1F_1/DF = p_1$。

5.1.3 轴测图的分类

按轴测投射方向与轴测投影面间的相对位置，轴测图可分为正轴测图和斜轴测图。

1）投射方向垂直于轴测投影面时，所得到的轴测图称为正轴测图。

2）投射方向倾斜于轴测投影面时，所得到的轴测图称为斜轴测图。

国家标准 GB/T 4458.3—2013 规定，采用下列三种轴测图：

1）正等轴测图（简称为正等测）。投射方向垂直于轴测投影面，且 $p_1 = q_1 = r_1$。

2）正二等轴测图（简称为正二测）。投射方向垂直于轴测投影面，且 $p_1 = r_1 = 2q_1$。

3）斜二等轴测图（简称为斜二测）。投射方向倾斜于轴测投影面，且 $p_1 = r_1 = 2q_1$。

由于**生产中使用最多的是正等测和斜二测**，本章只介绍这两种轴测图的画法。

5.2 正等轴测图

5.2.1 正等轴测图的特点

1. 轴间角

正等轴测图的轴间角均为 120°，即 $\angle X_1 O_1 Y_1 = \angle Y_1 O_1 Z_1 = \angle X_1 O_1 Z_1 = 120°$。正等轴测图中轴测轴的画法如图 5-3 所示。一般使 $O_1 Z_1$ 处于竖直位置，$O_1 X_1$、$O_1 Y_1$ 分别与水平线成 30°。

2. 轴向伸缩系数

根据计算，正等轴测图的轴向伸缩系数为 $p_1 = q_1 = r_1 = 0.82$。为了作图方便，常采用简化轴向伸缩系数 $p = q = r = 1$。这样画出的正等轴测图比用轴向伸缩系数为 0.82 所画出的正等轴测图沿各轴向都放大了 $1/0.82 \approx 1.22$ 倍。

5.2.2 平面立体正等轴测图

画平面立体的轴测图，基本方法是坐标法。根据立体形状的特点，选定恰当的坐标轴，再按立体上各顶点的坐标画出它们的轴测图，连接各顶点，即完成平面立体的轴测图。

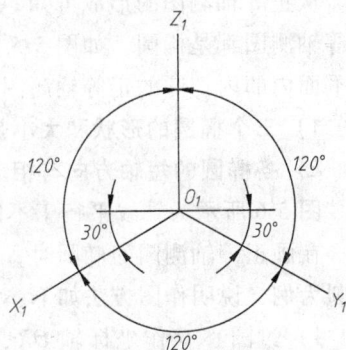

图 5-3 正等轴测图中轴测轴的画法

例 5-1 已知如图 5-4a 所示的六棱柱，求作其正等轴测图。

解 作图步骤如下：

1）选择顶面中心 O 为坐标原点，并确定坐标轴，如图 5-4a 所示。

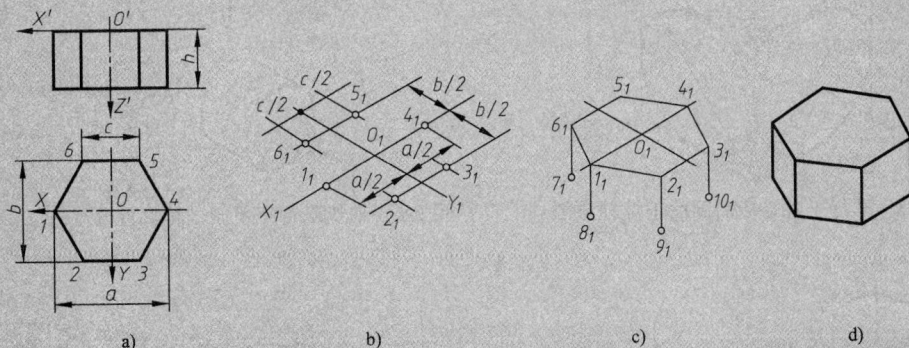

图 5-4 作六棱柱的正等轴测图

2）画出轴测轴，在 $O_1 X_1$ 轴上截取 $O_1 1_1 = O_1 4_1 = a/2$，得 1_1、4_1 两点。同样用坐标定点法作顶面 2_1、3_1、5_1、6_1 各点，如图 5-4b 所示。

3）连接相应各点，画出顶面的正等轴测图。再根据 h 作底面可见点的轴测投影 7_1、8_1、9_1、10_1，如图 5-4c 所示。

4）连接相应各可见点，擦去作图线，加深图线，即完成六棱柱的正等轴测图，如图 5-4d 所示。

5.2.3 回转体正等轴测图

1. 平行于各坐标面圆的正等轴测图

在平行投影中，当圆所在的平面平行于投影面时，它的投影还是圆。而当圆所在的平面倾斜于投影面时，它的投影变成椭圆。

从正等轴测图的形成可知，各坐标面对轴测投影面都是倾斜的，因此，平行于坐标面圆正等轴测图都是椭圆。如图 5-5 所示，当以立方体上三个不可见的平面为坐标面时，在其三个平面内的内切圆的正等轴测图。从图中可以看出：

1）三个椭圆的形状和大小是一样的，但方向各不相同。

2）各椭圆的短轴方向与相应的轴测轴一致，各椭圆的长轴则垂直于该轴测轴。

图 5-6 所示为轴线平行于不同坐标轴的圆柱的正等轴测图。

在画正等轴测图的椭圆时，可以四段圆弧连成近似椭圆画出。现以平行于 XOY 坐标面的圆为例，说明作图方法如下：

1）过圆心 O 作坐标轴 OX、OY，再作四边平行于坐标轴的圆外切正方形，切点为 1、2、3、4，如图 5-7a 所示。

2）作轴测轴 O_1X_1、O_1Y_1，从点 O_1 沿轴向按半径量得切点 1_1、2_1、3_1、4_1，通过这些点作轴测轴的平行线，得菱形，且作菱形的对角线，如图 5-7b 所示。

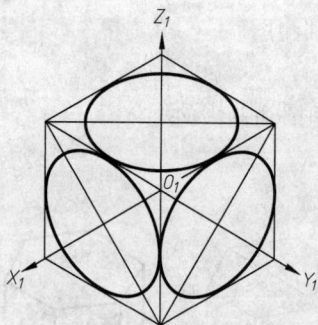

图 5-5　平行于各坐标面圆的正等轴测图

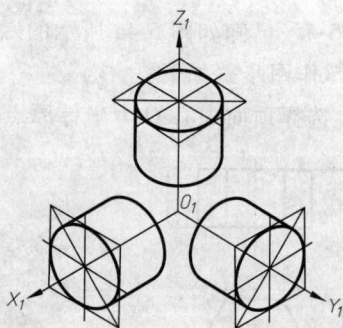

图 5-6　轴线平行于不同坐标轴的圆柱的正等轴测图

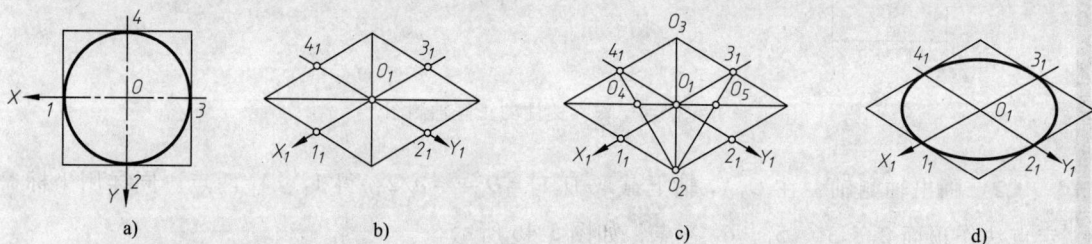

a)　　　　　　　b)　　　　　　　c)　　　　　　　d)

图 5-7　椭圆的近似画法

3）菱形短对角线端点为 O_2、O_3，连接 $O_2 3_1$、$O_2 4_1$，它们分别垂直于菱形的相应边，并交菱形长对角线于 O_5、O_4，得四个圆心 O_2、O_3、O_4、O_5，如图5-7c 所示。

4）分别以点 O_2、O_3 为圆心，$O_2 3_1$ 长度为半径，作 $\overset{\frown}{3_1 4_1}$、$\overset{\frown}{1_1 2_1}$；分别以点 O_4、O_5 为圆心，$O_4 1_1$ 长度为半径，作圆弧 $\overset{\frown}{1_1 4_1}$、$\overset{\frown}{2_1 3_1}$，光滑连成近似椭圆，如图5-7d 所示。

2. 常见回转结构的画法

（1）圆角 从上述椭圆的近似画法可以看出：菱形的钝角与大圆弧相对，锐角与小圆弧相对，菱形相邻两条边的中垂线的交点就是圆心。由此可以得出平板上圆角的正等轴测图的近似画法，如图5-8 所示。

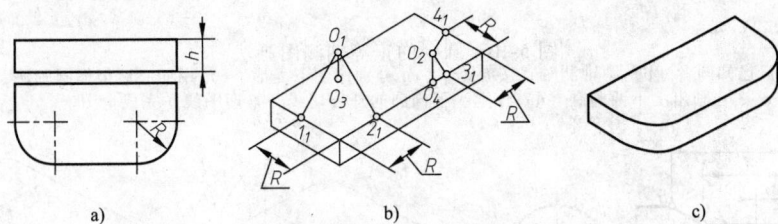

图 5-8 平板上圆角的正等轴测图的近似画法

a）已知平板 b）由角顶在两条夹边上量取圆角半径得切点 1_1、2_1、3_1、4_1，
过切点作相应边的垂线，交点 O_1、O_2 即为上表面的两圆心。从 O_1、O_2 向下量取板
厚 h，即得下表面的对应圆心 O_3、O_4 c）以 O_1、O_2、O_3、O_4 为圆心，由圆心到切点的距离
为半径画圆弧，作两小圆弧的外公切线，即画成圆角的正等轴测图

（2）圆柱 圆柱的正等轴测图画法如图5-9 所示。

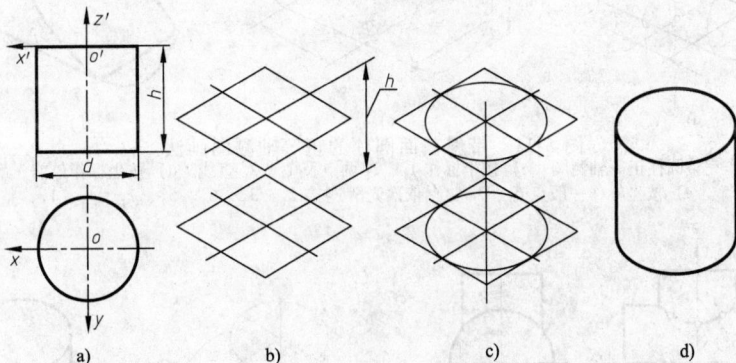

图 5-9 圆柱的正等轴测图画法

a）选定坐标原点和坐标轴 b）画轴测轴，按 h 确定上、下圆心并分别画上下菱形
c）用四心近似椭圆画法画出上下两椭圆 d）作两椭圆的公切线，整理图线，完成全图

（3）圆台 圆台的正等轴测图画法如图5-10 所示。

3. 截交线和相贯线的画法

（1）带斜截面圆柱的正等轴测图 带斜截面圆柱的正等轴测图画法如图5-11 所示。

（2）两相交圆柱的正等轴测图 两相交圆柱的正等轴测图画法如图5-12 所示。

这种应用近似椭圆法画出的圆的轴测图误差较大，但作图方便。在要求准确作椭圆的情况下，就要应用找点法，光滑连接各点，得到椭圆。

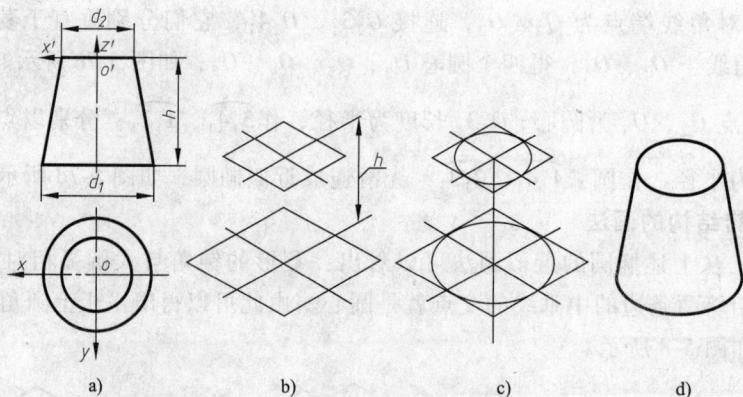

图 5-10　圆台的正等轴测图画法
a）已知圆台　b）画轴测轴，按 h、d_1、d_2 分别作上下菱形　c）用四心近似椭圆画法，
画出上下两椭圆　d）作上、下椭圆的外公切线，整理图线，完成全图

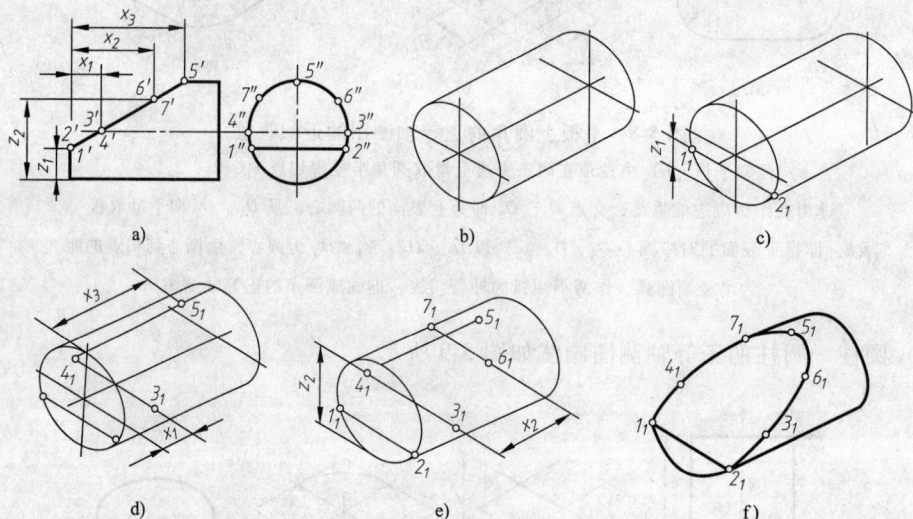

图 5-11　带斜截面圆柱的正等轴测图画法
a）已知圆柱　b）作完整圆柱正等轴测图　c）按坐标作 1_1、2_1 两点及 1_1、2_1 直线　d）按坐标作最前、最后素线上的点 3_1、
4_1 及最高素线上的点 5_1　e）按坐标作一般点 6_1、7_1　f）依次光滑连接 2_1、3_1、6_1、5_1、7_1、4_1、1_1，整理图线，完成全图

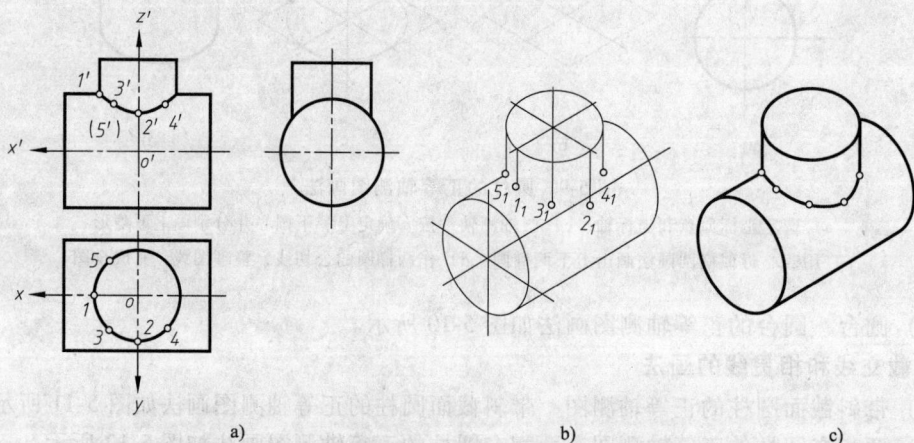

图 5-12　两相交圆柱的正等轴测图画法
a）两相交圆柱　b）画出两相交圆柱的主要轮廓，按坐标作点 1_1、2_1、3_1、4_1、5_1
c）连接相贯线上各点的正等轴测图，整理图线，完成全图

由于正等轴测图中各个方向的椭圆画法相对比较简单，所以当机件两个或三个方向上都有圆时，一般采用正等轴测图。

5.3 斜二等轴测图

5.3.1 斜二等轴测图的特点

这里只介绍正面斜二等轴测图，即轴测投影面 P 平行于坐标面 XOZ 的情况。斜二等轴测图中轴测轴的画法如图 5-13 所示，$\angle X_1O_1Z_1 = 90°$，$\angle X_1O_1Y_1 = \angle Y_1O_1Z_1 = 135°$。画图时，$O_1Z_1$ 轴竖直放置，O_1X_1 轴水平放置，O_1Y_1 轴与水平线成 45°。斜二等轴测图的轴向伸缩系数：$p_1 = r_1 = 1$，$q_1 = 0.5$。

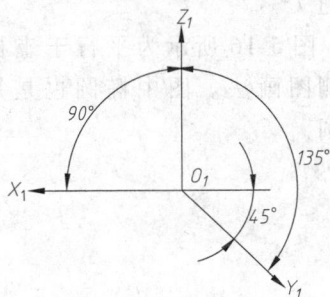

图 5-13　斜二等轴测图中轴测轴的画法

5.3.2 平面立体斜二等轴测图的画法

例 5-2　图 5-14a 所示为正四棱台的两视图，画出其斜二等轴测图。

作图步骤

1）画出轴测轴 O_1X_1、O_1Y_1、O_1Z_1，在 O_1X_1 轴上对称量取 22mm，在 O_1Y_1 轴上对称量取 11mm，画出正四棱台下底面的斜二测，如图 5-14b 所示。

2）在 O_1Z_1 轴上量取棱台高 25mm，在 O_1X_1 轴方向上对称量取 10mm，在 O_1Y_1 轴方向上对称量取 5mm，画出正四棱台上底面的斜二测，连接棱台上下底面的对应点，如图 5-14c 所示。

3）擦去作图线并描深，完成正四棱台的斜二测，如图 5-14d 所示。

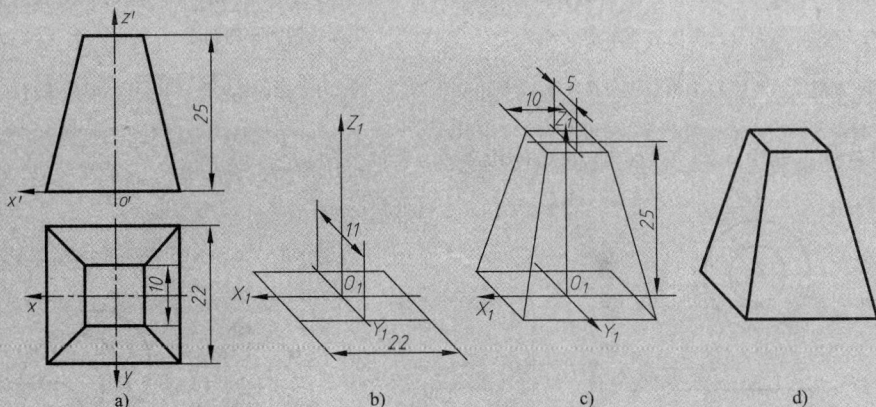

图 5-14　正四棱台的斜二等轴测图画法

5.3.3 曲面立体斜二等轴测图的画法

平行于各坐标面圆的斜二等轴测图如图 5-15 所示。其中平行于 XOZ 坐标面圆的斜二等轴测图仍是圆。平行 XOY、YOZ 坐标面圆的斜二等轴测图都是椭圆，它们形状相同，作图方法一样，只是椭圆的长、短轴方向不同。根据计算，斜二等轴测图中，$X_1O_1Y_1$ 和 $Y_1O_1Z_1$ 坐标面上的椭圆长轴 $= 1.06d$，短轴 $= 0.33d$。椭圆长轴分别与 O_1X_1 轴或 O_1Z_1 轴倾斜约 $7°$。

图 5-16 所示为平行于坐标面 XOY 的圆的斜二等轴测图画法。图中椭圆也是用四段圆弧连成的近似椭圆。

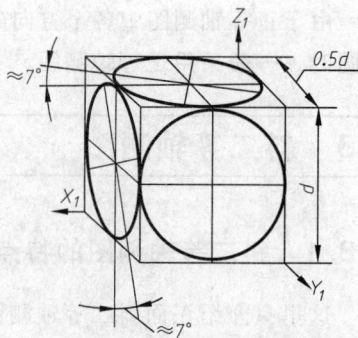

图 5-15　平行于各坐标面圆
的斜二等轴测图

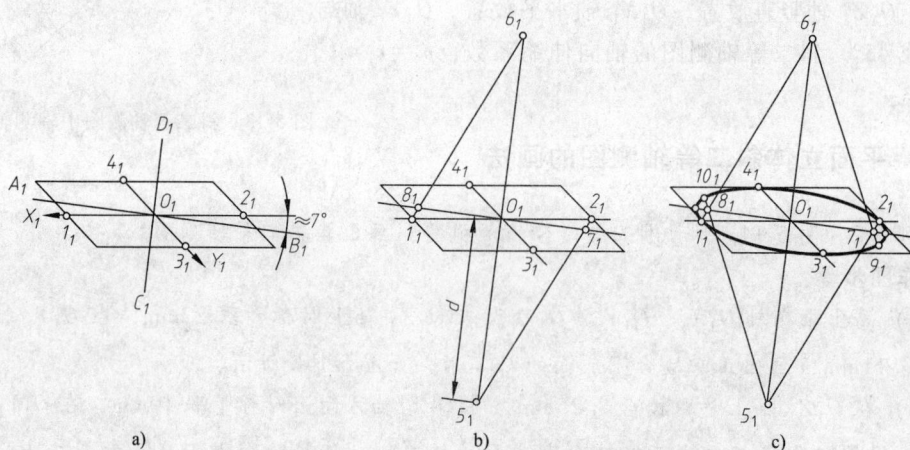

图 5-16　平行于坐标面 XOY 的圆的斜二等轴测图画法

a）由 O_1 作轴测轴 O_1X_1、O_1Y_1 以及圆外切正方形的斜二等轴测图，四边中点为 1_1、2_1、3_1、4_1，再作 A_1B_1 与 O_1X_1 轴成 $7°$，即为长轴方向，作 $C_1D_1 \perp A_1B_1$，即为短轴方向　b）在短轴上取 $O_15_1 = O_16_1 = d$（圆的直径），连 5_12_1 交长轴于点 7_1，连 6_11_1 交长轴于点 8_1，5_1、6_1、7_1、8_1 即为四圆弧的圆心　c）以点 5_1、6_1 为圆心，5_12_1、6_11_1 为半径画 $\overset{\frown}{2_110_1}$、$\overset{\frown}{1_19_1}$；以点 7_1、8_1 为圆心，7_12_1、8_110_1 为半径，作 $\overset{\frown}{9_12_1}$、$\overset{\frown}{10_11_1}$，即完成近似椭圆作图

例 5-3　求作如图 5-17a 所示立体的斜二等轴测图。

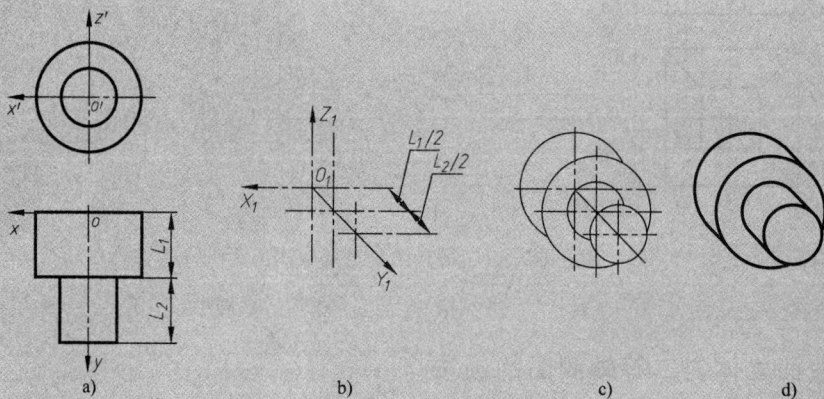

图 5-17　斜二等轴测图圆柱举例画法

作图步骤

1）画轴测轴及各端面圆圆心，如图 5-17b 所示。

2）画各端面圆，如图 5-17c 所示。

3）作圆公切线，整理图线，完成全图，如图 5-17d 所示。

前面介绍了正等轴测图和斜二等轴测图的画法。两者的主要区别在于轴间角和轴向伸缩系数不同，在画图方法上是一样的。绘图时，应根据物体的结构特点来选用，当物体在平行于某一投影面的方向上形状较复杂或圆较多、而其他方向形状较简单或无圆时，采用斜二等轴测图就比较方便。对于在多个方向上均有圆或圆弧的物体，则采用正等轴测图较为适宜。

实践与练习

1）如何根据组合体形体特点选择适宜的轴测图？

2）自己构思不同的组合体，并徒手绘制轴测图。

第 2 篇

应用篇——机械制图

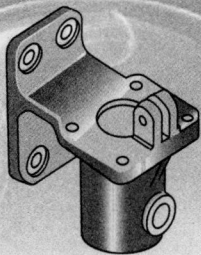

第 6 章

组 合 体

知识要点

1）组合体的组合形式。

2）组合体视图的绘制。

3）组合体视图的阅读。

4）组合体的尺寸标注。

引言

由基本形体组合而成的立体称为组合体，是介于基本体和零件之间的几何模型。本章研究组合体的组合形式，组合体画图和读图的基本方法以及组合体尺寸标注，为零件的表达奠定基础。

6.1 组合体的构形

6.1.1 组合形式

常见组合体的组合形式有叠加和挖切两类。

1. 叠加

叠加的组合形式是指：由若干基本形体按一定的相对位置堆积在一起。

2. 挖切

挖切的组合形式是指：从实形体中挖去一个实形体，被挖去的部分形成空腔或孔洞；或者是在形体上挖去一部分实形体，使之成为不完整的基本形体。挖切可以是在基本形体上挖切，也可以是在较复杂的形体上挖切，后者实际上是叠加和挖切的复合组合形式。

叠加和挖切的组合形式举例，见表 6-1。

表 6-1 叠加和挖切的组合形式举例

形体	组合形式	
	叠加	挖切
	$I+II$	$I-II$
	$I+II$	$(I+II)-III$
	$\dfrac{1}{2}(I)+2(II)+III+IV$	$I-V-IV$
	$I+\dfrac{1}{4}(III)+IV$	$(I+II)-V$

6.1.2 各形体邻接表面间的相对位置

形体经叠加、挖切组合后，形体的
邻接表面间可能产生共面、相交和相切
等情况。

1. 共面

当两形体邻接表面共面时，两表面
连接处不存在分界线，在视图上两表面
间不画线，如图 6-1 所示。当两形体邻
接表面相互错位不共面时，在视图上两
表面间应有线隔开，如图 6-2 所示。在
图 6-3 中，上下两形体共柱面，中间没有线隔开。

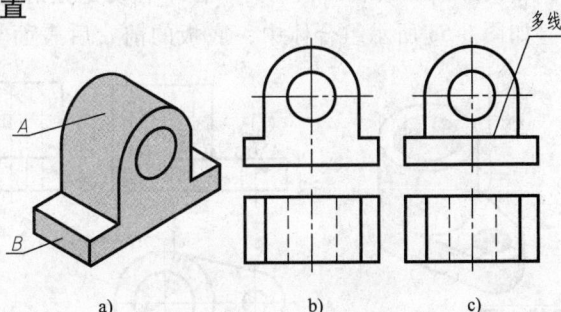

图 6-1 共面的画法
a）立体图 b）正确 c）错误

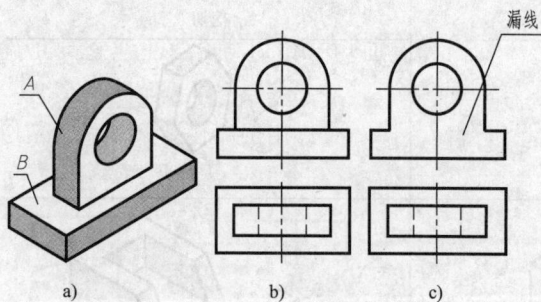

图 6-2　不共面的画法

a）立体图　b）正确　c）错误

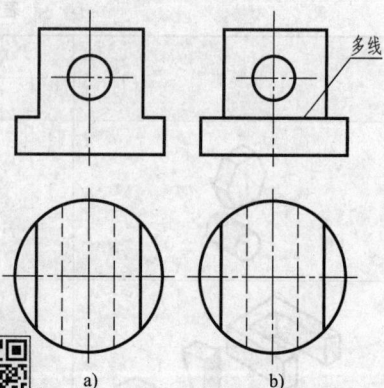

图 6-3　共柱面的画法

a）正确　b）错误

2. 相交

当两形体邻接表面相交时，一定产生交线，在视图上两表面连接处应画出交线的投影，如图 6-4 所示。

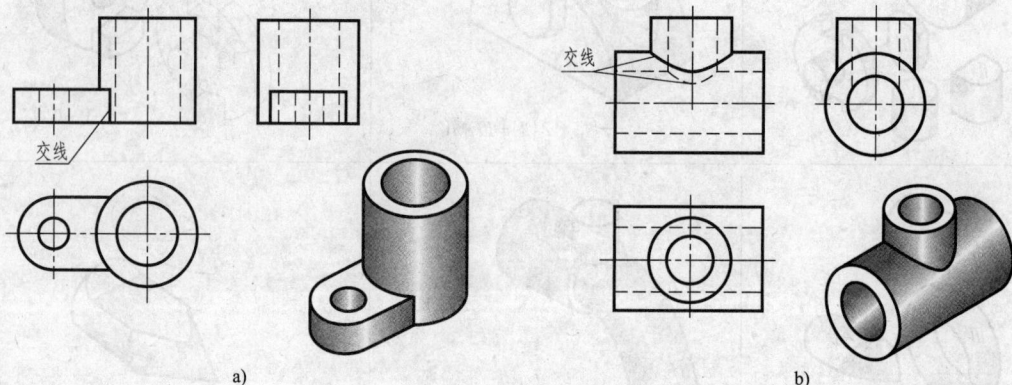

图 6-4　表面相交的画法

3. 相切

当两形体邻接表面相切时，由于相切是光滑过渡，所以，**切线在三视图中的投影均不画出**。如图 6-5a 所示组合体中，底板的前、后表面与圆柱面相切，画图时应先画出反映相切

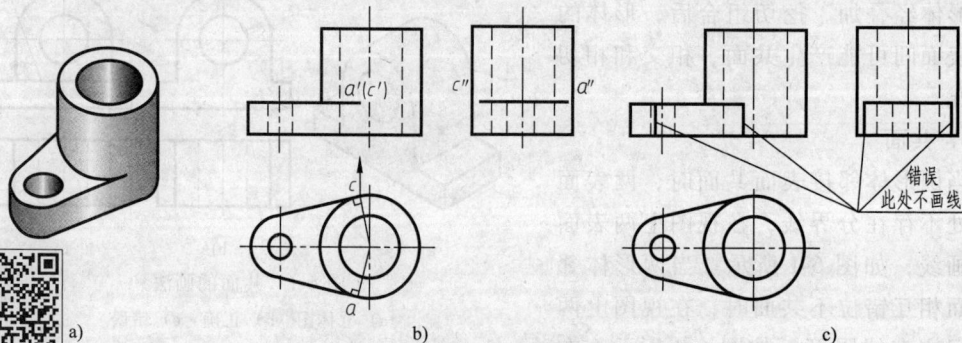

图 6-5　表面相切的画法（一）

a）立体图　b）正确　c）错误

关系的有积聚性的俯视图。如图 6-5b 所示，底板顶面的正面投影应画到 a'（c'）处，侧面投影积聚为 $a''c''$。由于切线在各个视图中都不画出，所以图 6-5b 所示主、左视图中底板前、后表面与圆柱面的投影均形成一相通的线框。

图 6-5c 所示画法是错误的。图 6-6 所示形体其内外表面均有相切结构，注意它的正确画法。

在不引起误解时，轴线垂直相交的两圆柱相贯线的投影，允许用圆弧代替，如图 6-7 所示。该圆弧的圆心在小圆柱的轴线上，圆弧半径为大圆柱的半径。

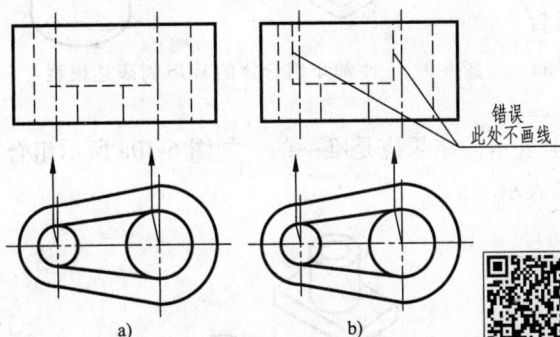

错误
此处不画线

图 6-6 表面相切的画法（二）
a）正确 b）错误

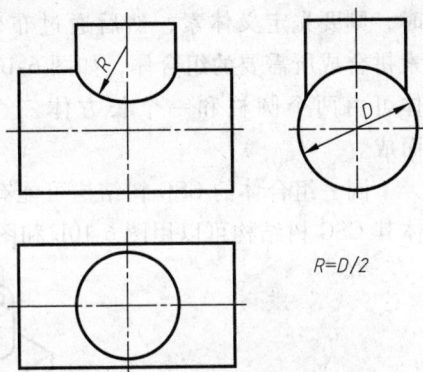

图 6-7 正交圆柱相贯线近似画法

$R=D/2$

6.1.3 组合体 CSG 树表达

1. 原理和方法

几何体素构造法 CSG（Constructive Solid Geometry）是在实体表示、构造中得到广泛应用的一种方法。它是一种由简单几何形体（通常称为体素，如长方体、圆柱、球、圆锥等）通过一些有序的正则布尔（Boolean）运算，即并（∪）、交（∩）、差（一），构造复杂三维物体的表示方法。它是计算机实体造型中采用的一种构形方法，可以很直观地描述组合体的构成。正则布尔运算如图 6-8 所示。

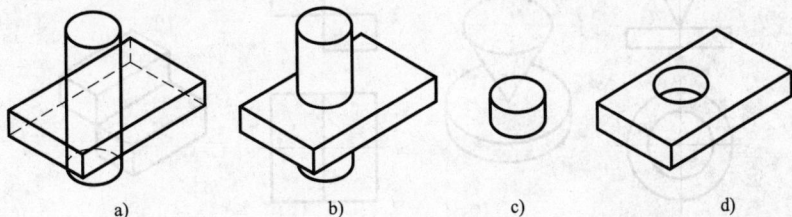

图 6-8 正则布尔运算
a）两个体素 b）并（∪） c）交（∩） d）差（一）

用 CSG 方法表示一个组合体可以描述为一棵二叉树，树的叶结点为基本体素，中间结点为正则布尔运算，根结点表示布尔运算的最终结果，也就是希望得到的组合体，这棵树称为 CSG 树。一个简单组合体的 CGS 树表达模型如图 6-9 所示。

CSG 方法的优点是形象直观，处理方便，无冗余的几何信息，并详细记录了构成复杂组合体的原始特征和全部定义参数，而且在必要时还可修改体素参数或附加体素进行重新拼合。

2. 用 CSG 方法构造组合体

CSG 方法类似于机械产品的装配方式，对机械产品而言，要先设计制造零件，然后将零件装配生成产品。用 CSG 方法构造复杂组合体时，则要先定义体素，然后通过布尔运算将体素拼合成所需要的组合体，如图 6-10a 所示组合体可由两个圆柱和一个长方体三个体素拼合而成。

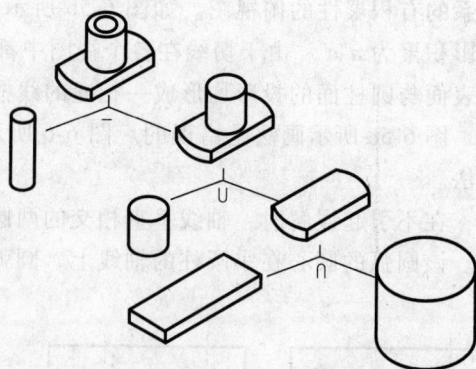

图 6-9　一个简单组合体的 CGS 树表达模型

同一组合体的 CSG 树结构可能有多种，但表示的结果应是唯一的，如图 6-10a 所示组合体其 CSG 树结构可以用图 6-10b 和图 6-10c 来表示。

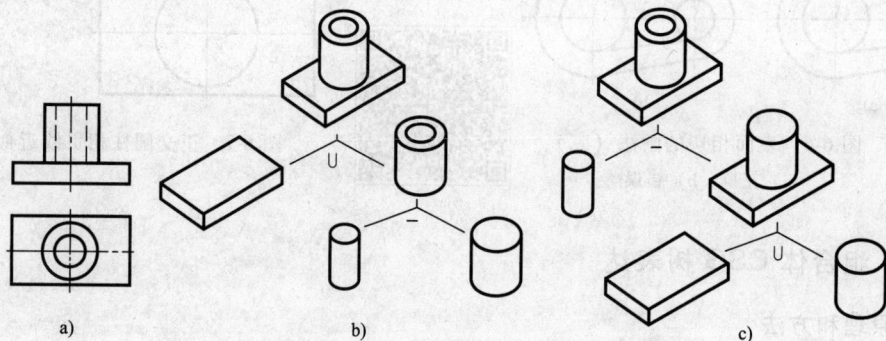

a)　　　　　　　　b)　　　　　　　　c)

图 6-10　同一组合体的 CSG 树结构

需要注意的是，**组合体构形时，组合体各组成部分应连接牢固，不能以点接触或线接触方式连接**，如图 6-11 所示。这样的构形没有实际工程意义，属于无效构形。

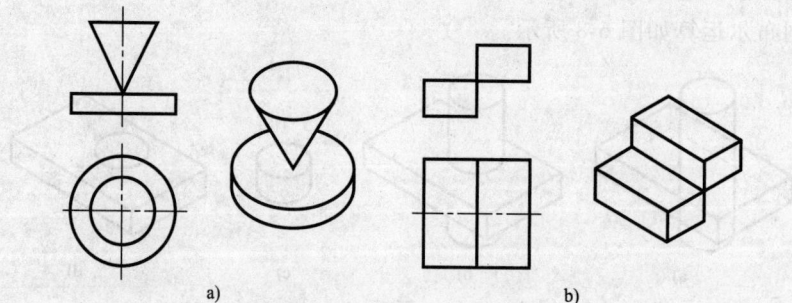

a)　　　　　　　　　　　　b)

图 6-11　组合体的无效构形

a）形体间点接触　b）形体间线接触

6.2　组合体视图的画法

画组合体三视图时，应注意以下几点：

6.2.1 形体分析

画图前，首先应对组合体进行形体分析。所谓形体分析，就是分析组合体是由哪些**基本形体组成**的，各基本形体之间的组合形式及其相对位置和**邻接表面间的连接关系**，从而对组合体有一个全面的认识。

6.2.2 选择主视图

主视图是一组视图中最重要的视图。确定主视图时，要解决**如何放置组合体和主视图投射方向**两个问题。

选择主视图的原则是：

1）组合体应按自然位置放置，使其保持稳定。

2）主视图应能清楚地显示组合体的形状特征，即把反映各组成形体和它们之间相对位置最多的方向作为主视图的投射方向。

3）使视图中虚线最少。

6.2.3 画图方法和步骤

正确的画图方法和步骤是保证绘图质量的关键。

1）布置图面。根据组合体的大小和选定的比例，画出各视图中的作图基准线：对称线、主要轮廓线和主要回转体的轴线。

2）画底稿。先画主要部分，后画次要部分；先画大形体，后画小形体；先画整体形状，后画细节形状。在画每部分时，要先画反映该部分形状特征的视图，后画其他视图，注意将几个视图配合起来画，以便建立正确的投影对应关系。

3）检查、加深。

6.2.4 画图举例

如图 6-12a 所示，该组合体为一轴承座。应用形体分析法可将它分解为左、右对称放置

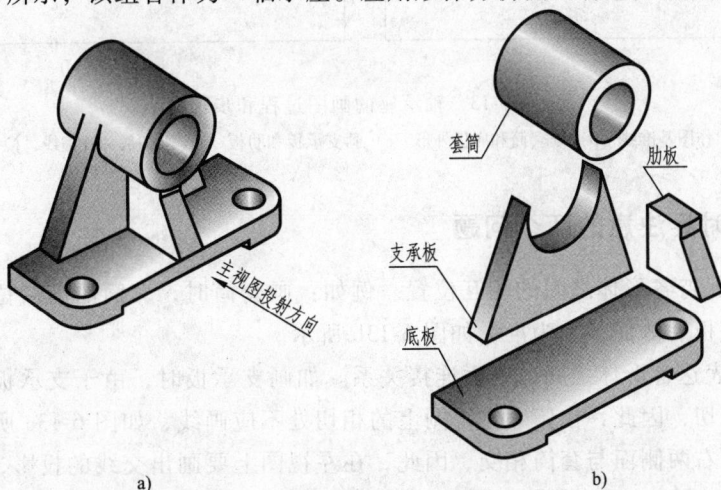

a) b)

图 6-12 画组合体视图

a）轴承座 b）形体分析

117

的四部分：套筒、支承板、肋板和底板，如图 6-12b 所示。

在图 6-12b 中，套筒即空心圆柱。底板可看作是一带圆角的长方体，其上挖去两个圆柱孔，并且挖切一个长方形通槽。支承板和肋板都是带有内圆柱面的棱柱体。支承板的后面与底板的后面共面，它的左、右侧面与套筒外表面相切。其余各相邻表面均为相交关系。

图 6-12a 中箭头所示方向作为主视图的投射方向是比较好的。这样使主视图可以清楚地反映了轴承座四个组成部分的上下、左右位置关系，表达了套筒及支承板的形状以及肋板、底板的厚度。

图 6-13 所示为轴承座的画图过程和步骤。

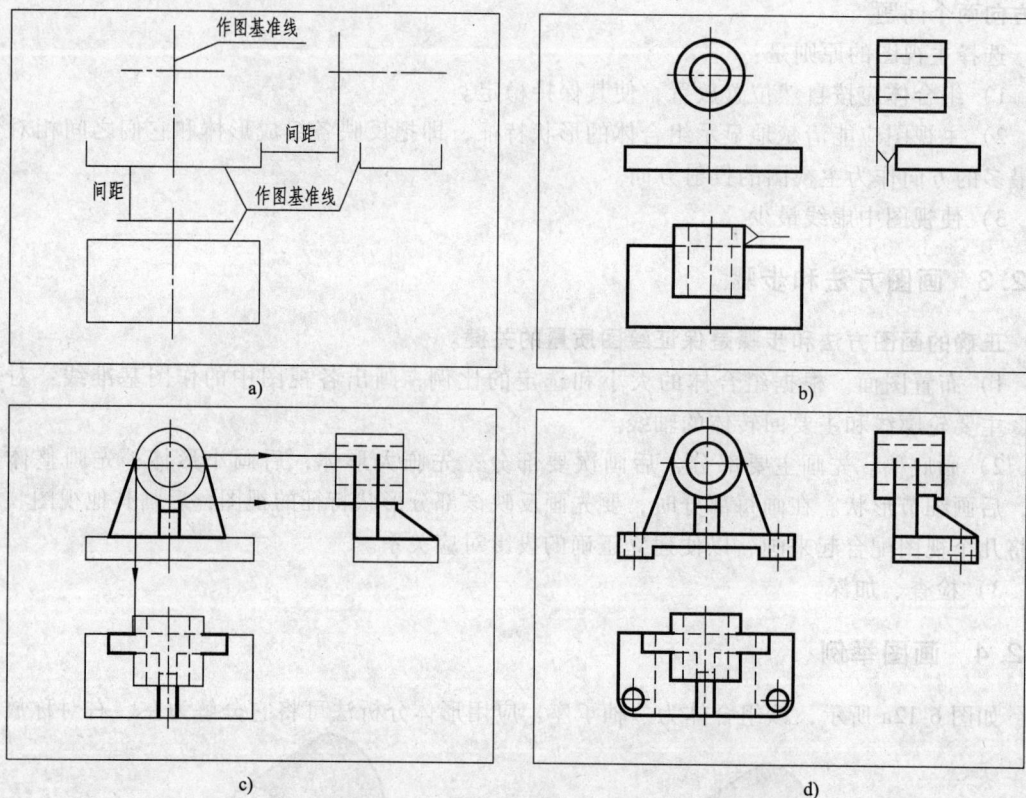

图 6-13 轴承座的画图过程和步骤

a）布置视图并画出作图基准线 b）画套筒和底板外形 c）画支承板和肋板 d）画细部和补虚线，检查投影，正确加深

6.2.5 画图时要注意的两个问题

1）要正确保持各形体之间的相互位置。例如：画套筒时，套筒的前后位置，要以套筒的后端面凸出底板后侧面多少为准，如图 6-13b 所示。

2）要正确表达各形体之间的表面连接关系。如画支承板时，由于支承板的左、右侧面与套筒外表面相切，因此，在俯、左视图上的相切处不应画线，如图 6-13c 所示。如画肋板时，肋板的左、右两侧面与套筒相交，因此，在左视图上要画出交线的投影，如图 6-13c 所示。对于图 6-14a 所示挖切体，可看作是在长方体上挖去两个基本形体构成的，如图 6-14b 所示。画图时，对被挖去的部分，也是先从反映该部分形状特征的视图开始绘制，如图

6-14c、d 所示。

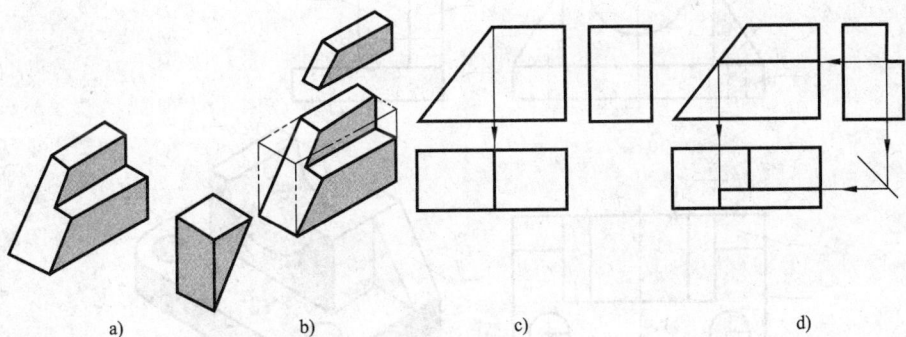

图 6-14　挖切体的画法

a）立体图　b）形体分析　c）挖去左上角　d）挖去前上角

6.3　组合体读图

读图是画图的逆过程。画图是把空间的组合体用正投影法表示在平面上，而读图则是根据已画出的视图，运用投影规律，想象出组合体的空间形状。

6.3.1　读图的基本要领

（1）**要几个视图联系起来读**　一个组合体常需要两个或两个以上的视图才能表达清楚。由图 6-15 可见，一个视图不能唯一确定组合体的形状。因而在读图时，一般从主视图入手，几个视图联系起来读，才能准确识别组合体中各形体的形状和它们之间的相对位置。切忌看了一个视图就下结论。

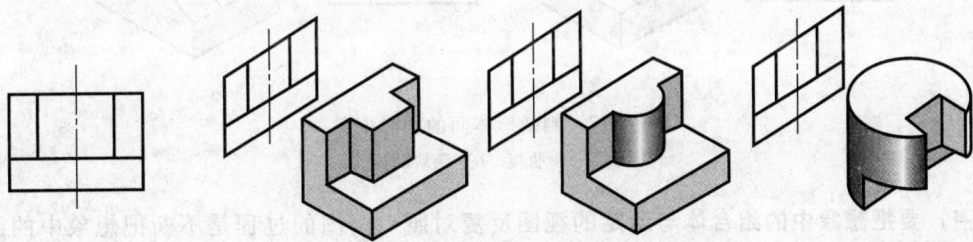

图 6-15　一视图不能唯一确定组合体形状

（2）**要从反映形状特征的视图读起**　认识每一形体的关键是要抓住其形状特征。主视图常常能较多地反映组合体各部分的形状特征，所以读图时一般从主视图读起，如图 6-16 所示的组合体，它由三部分组成，在分析形体Ⅰ时应先从反映其形状特征的主视图读起。但是组成组合体的各形体的形状特征，不一定全集中在主视图上，因此，还要善于找出反映这些部分形状特征的视图，如图 6-16 所示的组合体，反映形体Ⅲ形状特征的视图是俯视图。以特征视图为主，结合其他视图，就能迅速地将各部分形状判断清楚。

（3）**要认真分析形体间相邻表面的相对位置**　组合体各形体间相邻表面相对位置的不同会使视图中的图线产生相应的变化。读图时要注意分析**视图中反映形体之间连接关系的图**

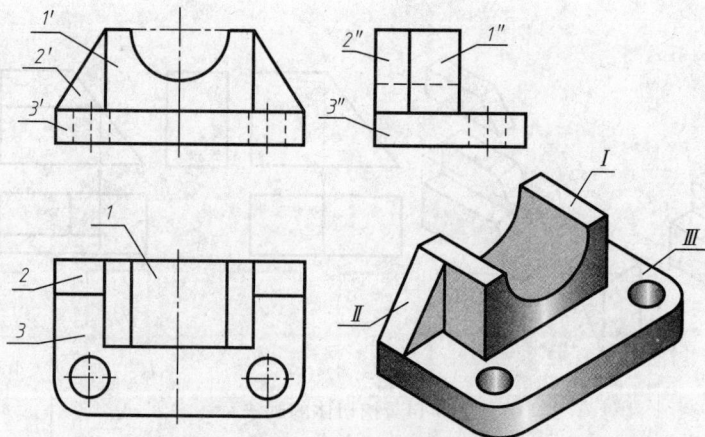

图 6-16　找出反映形状特征的视图

线，从而判断各形体间的相对位置。图 6-17a 所示主视图中三角形肋板与底板之间为粗实线，说明它们的前表面不共面，结合俯视图、左视图可以判断出肋板只有一块，位于底板中间。图 6-17b 所示主视图中三角形肋板与底板之间为虚线，说明它们的前表面是共面的，结合俯、左视图可以判断出肋板有前、后两块。

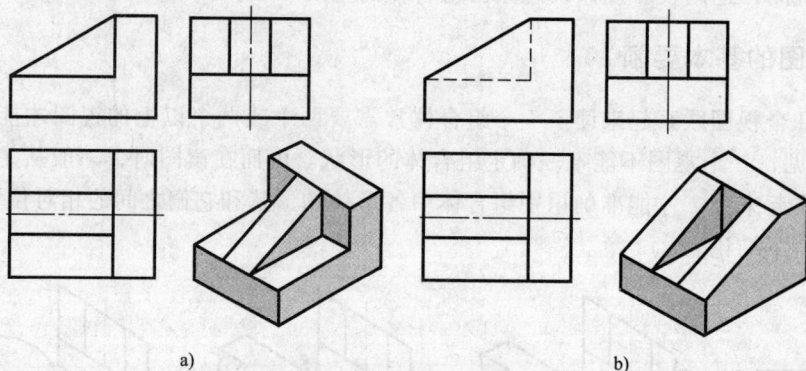

图 6-17　判断形体间的相对位置
a）一块肋板　b）两块肋板

（4）**要把想象中的组合体与给定的视图反复对照**　读图的过程是不断把想象中的组合体与给定视图进行对照的过程，或者说读图的过程是不断修正想象中的组合体形状的思维过程。读图时，可根据给定的视图想象出组合体并默画出它的视图，再根据其与给定视图间的差异来修正想象中的形状，直至与给定的视图完全相符。

6.3.2　形体分析法读图

　　形体分析法是读图的基本方法。读图时，应从视图中将组合体分解成若干部分，根据各部分的投影，想出它们的形状，然后把它们组合起来想象出组合体的整体形状。读图过程中在分析各视图线框的空间含义时，应**考虑它们是否表示基本形体**，并通过各视图之间的投影关系，想象其形状、相对位置以及组合形式，从而综合想象组合体形状。**形体分析法主要适用于叠加方式构成的组合体读图。**

1. 柱状体读图

柱状体是构成组合体最常用的一种基本形体，掌握柱状体的读图方法是形体分析法读图的基础。如图 6-18 所示，柱状体三视图中有一个为特征视图，其特点为：**线框的各端点均为平行棱线（或素线）的投影，换言之，线框表示基本体的前、后或上、下或左、右两平行端面。**

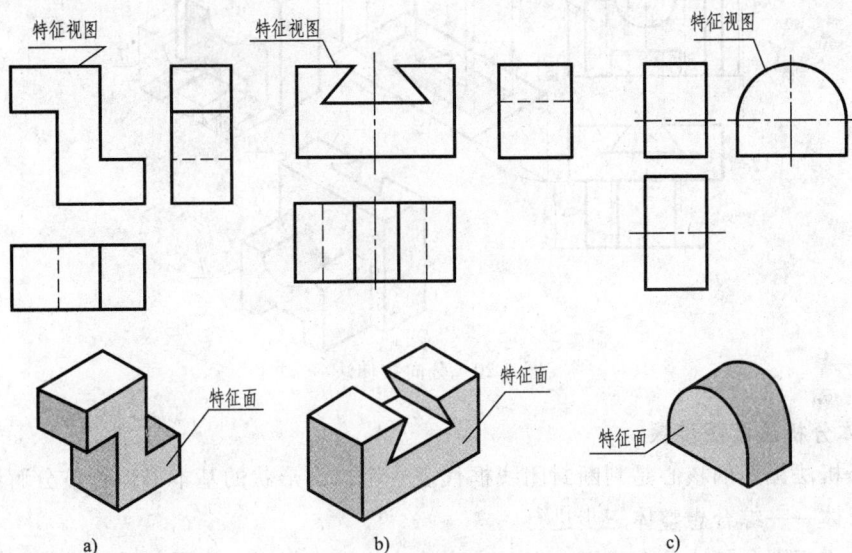

图 6-18　柱状体和三视图

a）Z 形挡块　b）燕尾滑块　c）拱形块

根据柱状体的特点，读图时用拉伸法。**拉伸法是从特征视图出发，沿其投射方向将二维的投影图复原为三维的柱状体。**

（1）分层拉伸法　当组合体为若干柱状体叠加而成，而且各部分的特征视图都集中在某一个视图中时，可用分层拉伸法，分别把各个特征线框沿其投射方向拉伸到给定的距离，即形成多层的柱状体，如图 6-19 所示的组合体。

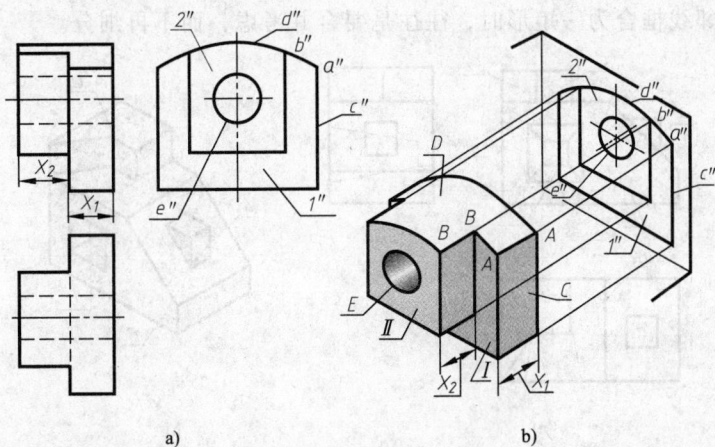

图 6-19　分层拉伸法

a）三视图　b）立体图

（2）分向拉伸法　当组合体各部分的特征视图分别在不同的视图中时，可用分向拉伸法，即先把较大的特征线框、后把较小的特征线框分别沿其不同的投射方向拉伸，则形成形体为不同方向的柱状组合体，如图 6-20 所示的组合体。

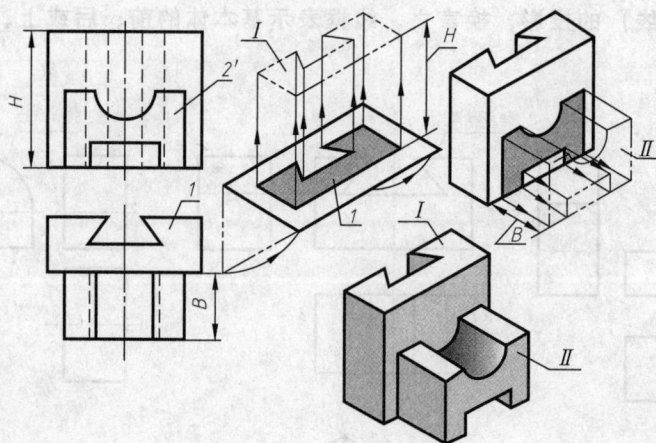

图 6-20　分向拉伸法

2. 形体分析法读图步骤

形体分析法读图的核心是判断封闭线框代表一个什么形状的基本形体。按分解线框——确定基本形体——综合想整体三步进行。

（1）将主视图分解成几个线框　以基本形体为出发点考虑，先需要将组合体投影线框分解为基本形体的投影线框。一般从反映组合体特征的主视图入手，如图 6-21a 所示组合体主视图可初步分为五个线框 a'、b'、c'_1、c'_2、d'。

（2）确认基本形体　对照其他视图找出各个线框的对应投影，抓住特征视图采用拉伸法想象它们所代表的基本形体形状。图 6-21a 中线框 a'、b' 分别与俯视图中的线框 a、b 对应，主视图中两线框为特征视图，沿前后方向拉伸得到两个棱柱体；线框 d' 与俯视图中的虚线线框对应，主视图中线框仍为特征视图，前端为四棱锥、后端为四棱柱形孔洞；而线框 c'_1、c'_2 必须结合起来考虑，它们与俯视图中的线框 c 对应，沿上下方向拉伸得到一棱柱体。读图时遇到这种相邻线框合为一矩形时，往往是要合并考虑，而不再细分。

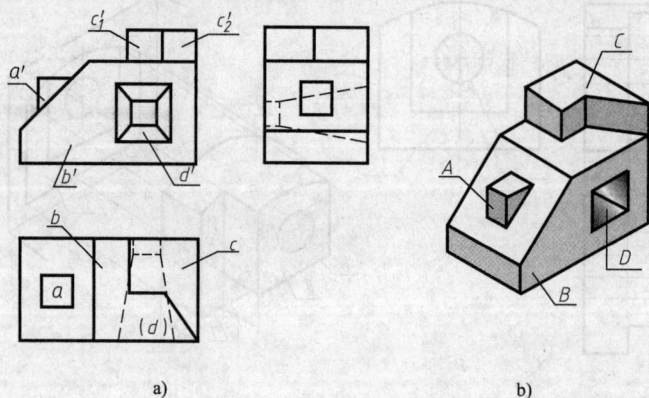

a)

b)

图 6-21　形体分析法读图

a）三视图　b）立体图

（3）综合想整体 根据各线框的相对位置，将上述基本形体组合起来确定组合体的整体形状，如图 6-21b 所示。

6.3.3 线面分析法读图

线面分析法读图是通过分析各视图中线框和图线、线框和线框的对应关系，确定它们所代表的组合体表面的形状和位置，从而推断出组合体形状的一种读图方法。

线面分析法的着眼点是要分清组合体的表面。而视图中的线框表示的是组合体表面的投影；视图中的图线则表示的是组合体上线或者面的投影。所以，先明确图线和线框的含义，是线面分析法读图的基础。

1. 视图中图线（粗实线或虚线）的含义

1）表示平面或曲面积聚性的投影，如图 6-22a 所示的 C 和图 6-22b 所示的 A、B。

2）表示曲面转向轮廓线的投影，如图 6-22b 所示的 $p'm'$、$m'm_1'$。

3）表示两面交线的投影，如图 6-22a 所示的 $a'a_1'$、$b'b_1'$。

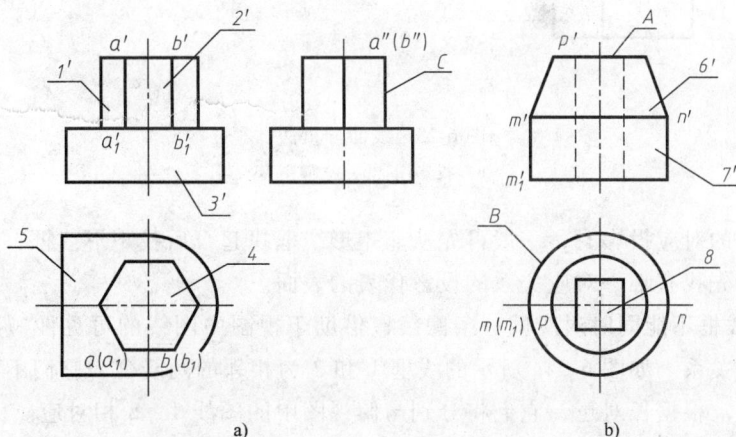

图 6-22 视图中图线、线框的含义

视图中的图线表示的是形体上的线还是面，要与相关视图对照投影关系加以识别。如果是面，必是一斜线对应两线框或两条与投影轴平行的线对应一个线框，否则表示的是线。

2. 视图中封闭线框的含义

1）表示平行面的实形，如图 6-22a 所示的线框 $2'$、4、5，反映实形。

2）表示倾斜面的类似形，如图 6-22a 所示的线框 $1'$ 是铅垂面的正面投影，它是一个类似形。

3）表示曲面的投影，如图 6-22b 所示的线框 $6'$、$7'$ 分别是锥面和柱面的正面投影。

4）表示平面与曲面，曲面与曲面组成相切组合表面的投影，如图 6-22a 所示的线框 $3'$ 是平面与半圆柱面组成相切组合表面的正面投影。

5）表示通孔、洞的投影，如图 6-22b 所示的线框 8 表示通孔。

3. 线框、图线的对应关系

若要明确图线和线框的具体含义，需要分析其对应投影。分析对应投影的原则如下：

1）**若无类似形，必有积聚性投影**。如图 6-23a 主视图所示的线框 $1'$，在俯视图中有与其长对正的类似形线框1，而在左视图中找不到与其高平齐的类似形线框，它必对应积聚性斜线1″，这就说明Ⅰ面为侧垂面，如图6-23b所示。线框2′和3′按长对正在俯视图上均找不到类似形线框，只能分别找到具有积聚性的线段2、3，这说明Ⅱ面和Ⅲ面均是正平面，其左视图也一定是有积聚性的直线段2″、3″。俯视图中线框4在主视图上找不到与其长对正的类似线框，它必对应为积聚性线段4′，Ⅳ面为水平面，如图6-23b所示。

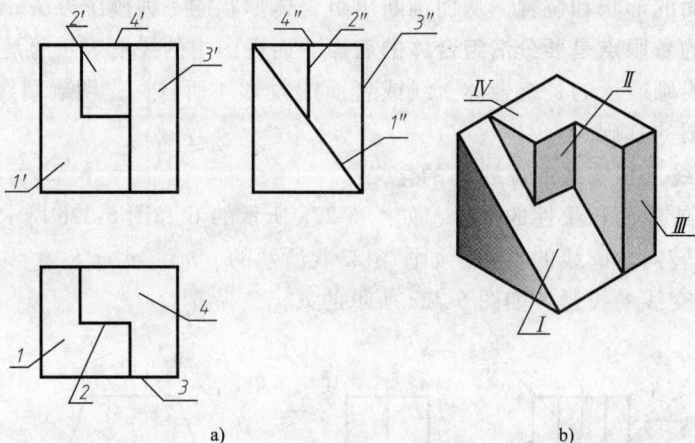

图 6-23　线面分析法
a）投影图　b）立体图

在确认线框的对应投影时，一般可先从非矩形线框找起，后找矩形线框；先找对应关系明显的表面，即先找有唯一对应关系的投影代表的表面。

2）**相邻两线框不能同时对应同一条图线**，借助于视图中图线的可见性，判断相邻两线框与图线的对应关系。如图6-24a所示的线框1′和2′为相邻的两线框，它们不能对应俯视图中的同一条图线。根据长对正，它们将分别与俯视图中的图线1、2相对应。由于图线1、2可见，所以线框1′和图线1相对应，表示平面Ⅰ在前；线框2′和图线2相对应，表示平面Ⅱ在后。如图6-24b所示，可以说成，下框在前，上框在后。在图6-24 c中，图线1、2为一实一虚，则有线框2′与图线2相对应，表示平面Ⅱ在前，线框1′与图线1相对应，表示平面Ⅰ在后，如图6-24d所示。可以说成，上框在前，下框在后。

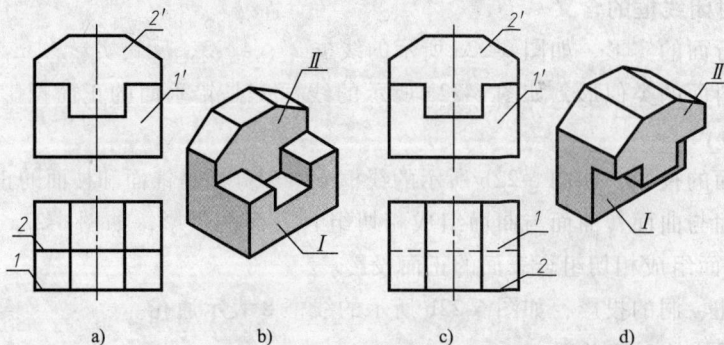

图 6-24　利用可见性判断相邻线框的对应关系
a）投影图　b）立体图　c）投影图　d）立体图

读者可以从图 6-24 中找出一些规律，如主视图为左、右相邻线框分别对应左视图中的两条实线，则有右框在前，左框在后；如果对应左视图的图线为一实一虚，则左框在前，右框在后。

3）确定两线框对应投影的方法。两线框为对应投影关系必同为类似形，并且符合下列条件之一：

① 两可见类似形若为同向类似形，而且它们成对应关系，则为同一表面的两投影，如图 6-25a 所示的侧垂面 A。

② 两不可见类似形若为同向类似形，而且它们成对应关系，则为同一表面的两投影，如图 6-25b 所示的侧垂面 B。

③ 一可见一不可见类似形若为异向类似形，而且它们成对应关系，则为同一表面的两投影，如图 6-25c 所示的侧垂面 C 和 D。

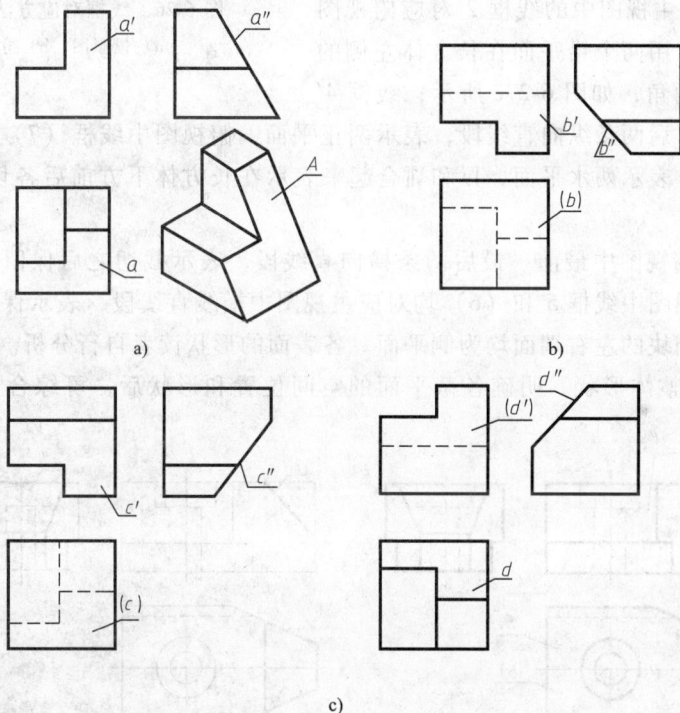

图 6-25 线框对应方法分析（1）

a）两可见线框应同向 b）两不可见线框应同向 c）一可见一不可见线框应异向

否则，两类似形不属于同一表面，如图 6-26a 所示的三个线框 1′、2、3″都是可见的类似形，但它们不是同向类似形，所以它们不属于同一个平面，1′是正平面 I 的正面投影；2 是水平面 II 的水平投影，3″是侧平面 III 的侧面投影。

4. 线面分析法读图步骤

线面分析法读图的核心是判断封闭线框所代表的组合体表面的形状和位置。按分解线框——想象表面的空间位置——综合想整体三步进行。**线面分析法读图主要适用于挖切体读图。**

挖切体读图的具体步骤如图 6-27 所示。**首先假想将其复原为未被挖切时的形体形状（一般为长方体），然后利用线框、图线的对应关系，确定截平面的位置和形状，最后综合**

起来想象出整体形状。读图过程可按下列步骤进行：

1）分解线框。应从面的角度考虑，主、俯两视图都要分解，主视图分成 2′、3′、4′，俯视图分成 1、5、(6)、(7)。

2）通过分析各线框的对应投影，确定截平面的位置和形状。由于截平面一般都处于特殊位置，所以，在三个视图中总能找到反映切口、切槽、通孔等特征的积聚性投影。

例如：俯视图中线框 1 对应主视图中一斜线，表示用正垂面在长方体的左上方切去一角，如图 6-27b 所示；主视图中的线框 2′对应俯视图中两条斜线，表示用两个铅垂面在长方体左侧的前后位置斜切去两角，如图 6-27c 所示；线框 4′

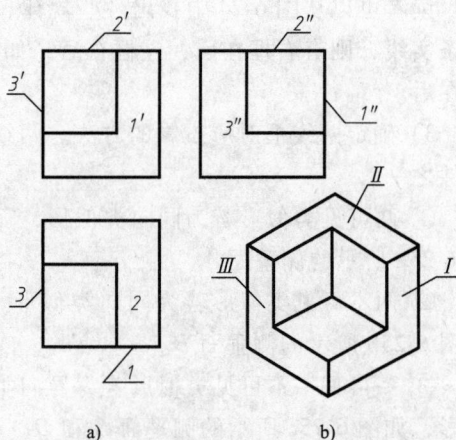

图 6-26　线框对应方法分析（2）
a）投影图　b）立体图

对应左视图中前、后两条纵向直线段，表示两正平面，俯视图中线框（7）对应主、左视图均为横线直线段，表示两水平面，Ⅳ和Ⅶ合起来表示在长方体下方前后各切出一直角缺口，如图 6-27d 所示。

线框 3′对应俯视图中最前、最后两条横向直线段，表示截切之后保留的原长方体的前后两正平面；俯视图中线框 5 和（6）均对应主视图中横线直线段，表示保留下来的长方体的上下两端面。挡块的左右端面均为侧平面。各表面的形状读者自行分析。

3）综合想象整体形状。明确各截平面的空间位置和形状后，可综合想象出挡块的形

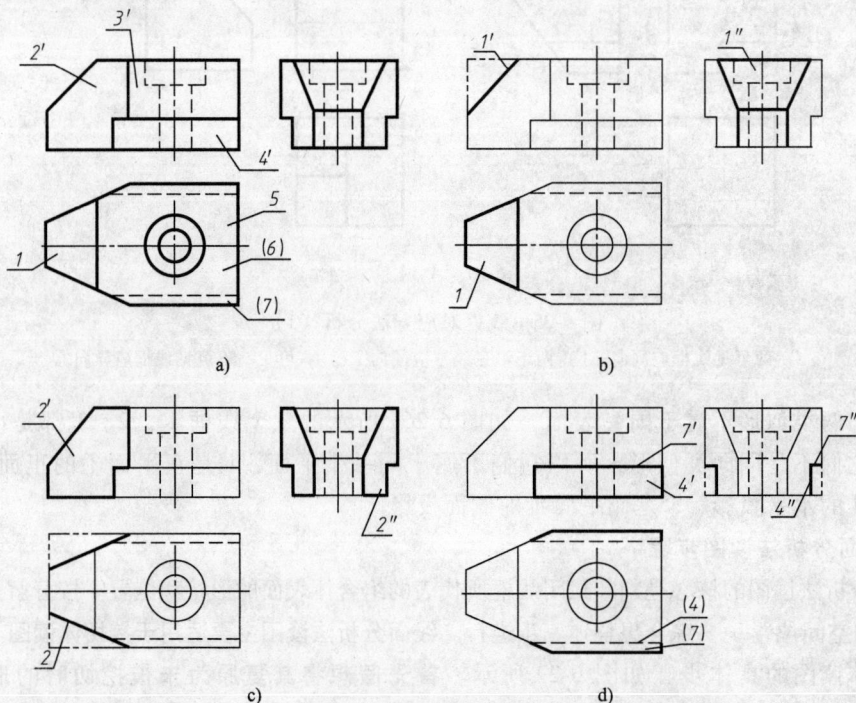

图 6-27　挖切体读图的具体步骤（挡块）

状，如图 6-28 所示。

6.3.4 已知组合体两视图补画第三视图

由组合体的两视图补画第三视图，是将读图与画图相互结合起来，提高空间想象力的一种有效方法，因此，应先读懂所给的两个视图，并想象出组合体的空间形状，然后再画出所求的第三视图，画图时必须注意以下几点：

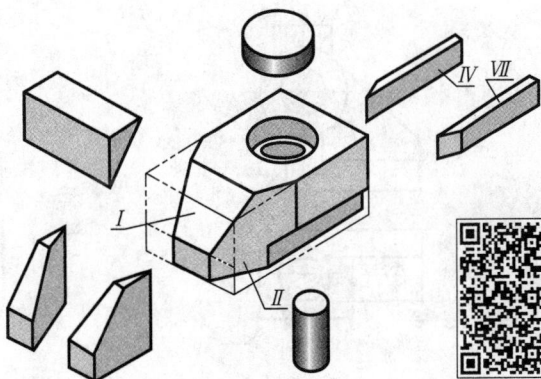

图 6-28　挡块

1) 先看懂已知两视图，把组合体形状想清楚，用形体分析法把组合体分为几个部分来画。通常情况下，根据基本形体的投影特点作图。当遇到难以分清的形体时，则用线面分析法分析其表面或其交线。

2) 画图顺序一般先画主要形体，再画次要形体、细节部分。先画外形，后画内形。杜绝作图过程的盲目性，盲目性不仅影响作图速度而且容易画错。

3) 每画一部分都应正确反映该部分的位置，并严格遵守视图之间的"三等"关系。根据补画视图的投射方向，判断视图中线、线框的可见性。

4) 从组合体的整体出发，正确处理两部分表面连接处图线的变化。两形体表面不共面，结合处应有界线；两形体表面共面，相接处无界线；两形体表面相切，相切处无界线；两形体表面相交，相交处有交线。

例 6-1　图 6-29a 所示为支架主、俯视图，求作左视图。

解　本题先用形体分析法读懂，然后补画左视图。

1) 读图想立体。通过对照主、俯视图的投影关系，把主视图的线框分离为 1′、2′、3′、4′四个线框并初步确定支架由四个基本形体组成。

从主视图四个线框出发，找俯视图线框对应关系，逐个想象其立体形状。线框 1′对应线框 1 表示棱柱 Ⅰ；线框 2′对应线框 2 表示套筒 Ⅱ；线框 3′对应线框 3 表示肋板 Ⅲ；线框 4′对应线框 4 表示圆筒 Ⅳ。从线框的相对位置及其连接关系综合想象出棱柱 Ⅰ 在下方，它支承套筒 Ⅱ；肋板 Ⅲ 在左方，其斜面与套筒 Ⅱ 的外表面相切；圆筒 Ⅳ 在最上并与套筒 Ⅱ 相交，从而形成支架的整体形状。

2) 补画左视图。补画左视图时，应按想象出的四部分形状，逐个画出其左视图。

① 画棱柱、套筒。先画出高、宽方向的作图基准线。画这两形体间的连接关系时，应注意两形体表面有一交线，此处不用再画圆柱面转向轮廓线的投影，如图 6-29b 所示。

② 画肋板。由于肋板的斜面与圆柱面相切，其表面结合处为光滑过渡，所以相切处不画线，表示肋板前面的侧面积聚性的竖线应画到切点处，由 a' 求得 a''，a 也是由 a' 求得；肋板左端面和棱柱左侧面共面，相接处不画线，如图 6-29c 所示。

③ 画圆筒。圆筒与套筒的外圆柱面相交，产生外相贯线；两内圆柱面相交产生内相贯线，可采用简化画法画其相贯线，如图 6-29d 所示。

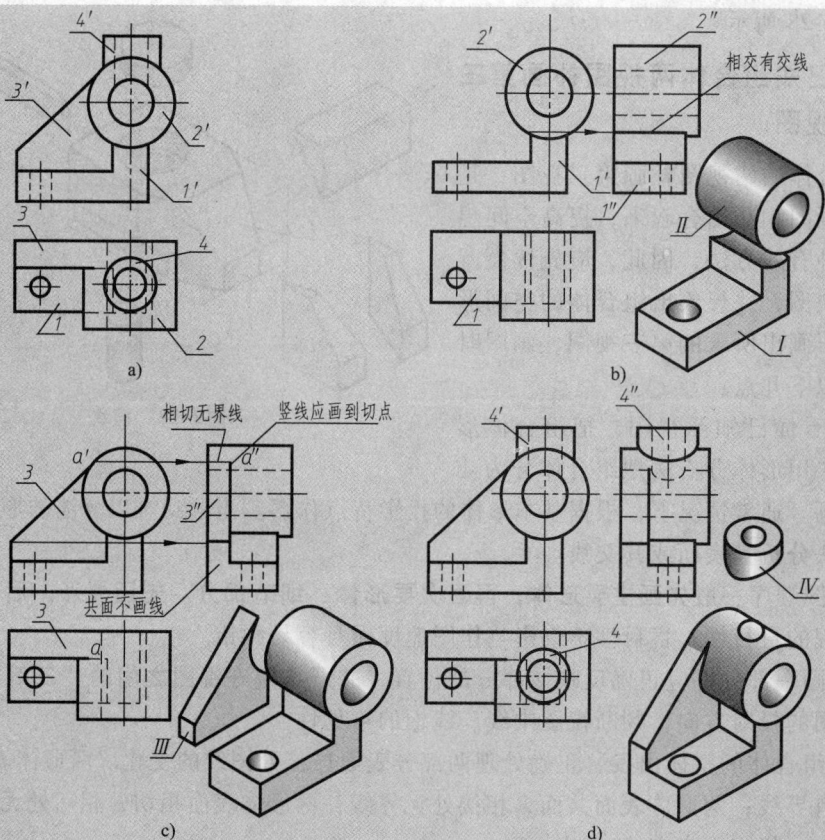

图 6-29　补画支架左视图

a) 分析投影关系、分离线框　b) 画棱柱Ⅰ和套筒Ⅱ　c) 画肋板Ⅲ　d) 画圆筒Ⅳ

例 6-2　已知图 6-30a 所示的主、俯视图，求作左视图。

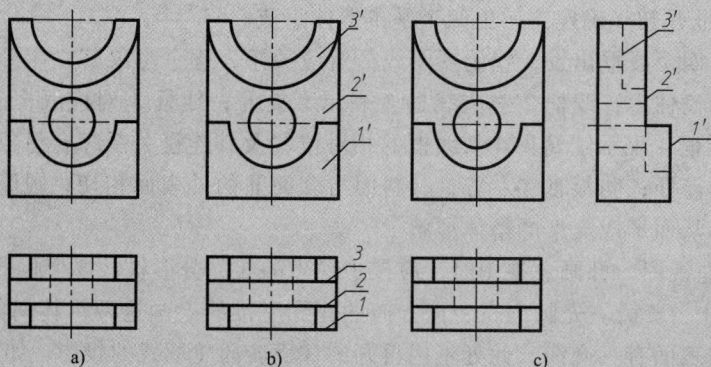

图 6-30　求作左视图

解　图 6-30a 所示的主视图有三个长度相等的实线线框 1′、2′、3′，如图 6-30b 所示。俯视图中没有类似形和它们成对应关系，但一定有积聚性的直线和它们相对应，线框 1′、2′、3′为相邻线框，它们不能对应俯视图中的同一直线，它们分别与线段 1、2、3 相对应。由于线段 1、2、3 均为可见，所以，正平面Ⅰ在最前，正平面Ⅱ在Ⅰ面之后，正平

面Ⅲ在Ⅱ面之后。

分析了Ⅰ、Ⅱ、Ⅲ面的位置，再加上对两个半圆孔、一个通孔位置的确认，根据投影规律便会很快地画出该组合体的左视图，如图6-30c所示。

例6-3 在图6-31中，已知楔块的主视图和左视图，补画其俯视图。

解 由已知楔块的两视图可以看出该立体为一长方体被前、后对称地斜切掉两块，并且由前到后开了一个长方形的通槽，如图6-31b所示。立体上前、后两表面的正面投影为八边形线框，它们对应的侧面投影为前、后两条斜线，这两个表面为侧垂面，它们的水平投影必定也是八边形线框。立体上其他各表面均为投影面平行面，它们三面投影的特点是：一个投影反映实形，另两个投影积聚为直线段。据此补全它们的水平投影，即完成了楔块的水平投影。

作图：利用"长对正、高平齐、宽相等"的三等原则，完成以下各步作图（图6-31a）：

1）先求出前后两个侧垂八边形的各个顶点的水平投影，然后依次连线求出这两个八边形线框。

2）将左右两个侧平面水平投影积聚的直线段画出。

3）完成通槽左右两个侧平面的水平投影，也就是它们水平投影所积聚的直线段。注意，这两条直线段只有前、后各一小段是可见的，其余为不可见画成虚线。而可见与不可见的分界点就是通槽的上表面（水平面）与前后两侧垂面的交线，这两条交线是可见的，画成实线。

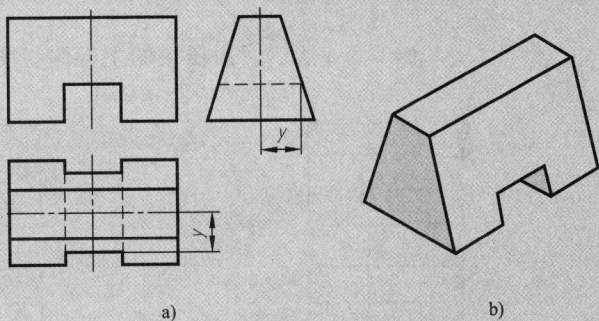

图6-31 楔块
a）投影图 b）立体图

例6-4 如图6-32a所示，已知压块的主视图和俯视图，补画其左视图。

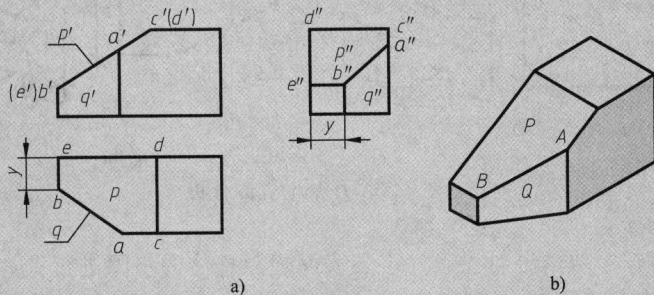

图6-32 压块
a）投影图 b）立体图

解 由已知的两视图可以看出，该立体相当于一长方体左侧的上方和前方各截切掉一块，如图6-32b所示。在图6-32a中，平面 P 的水平投影是一个五边形线框 p，根据投影关系在正面投影中找不到与它对应的类似形线框，只有线段 p' 与其对应，所以平面 P 为正垂面，其侧面投影必定是与水平投影类似的五边形线框。平面 Q 的正面投影是一个四边形线框 q'，对应的水平投影为直线段 q，因而平面 Q 为铅垂面，其侧面投影应是与正面投影类似的四边形线框。立体上其他各表面均为投影面平行面，其中左、右两侧面为侧平面，它们的侧面投影反映实形，而上、下、前、后几个表面的侧面投影积聚为直线段。根据立体上的各表面的正面、水平投影求出它们的侧面投影。

作图：利用"长对正、高平齐、宽相等"的三等原则，完成以下各步作图（图6-32a）：

1）先将组成平面 P 的五个顶点的侧面投影分别求出，然后将这五点的侧面投影依次连接，即得平面 P 的侧面投影。

2）按1）步骤再分别求出平面 Q 及其他平面的侧面投影。

3）作图时要注意不同表面的交线的投影一定要画出。

例 6-5 如图 6-33a 所示，由压块的主、俯视图，想象压块的形状，补画左视图。

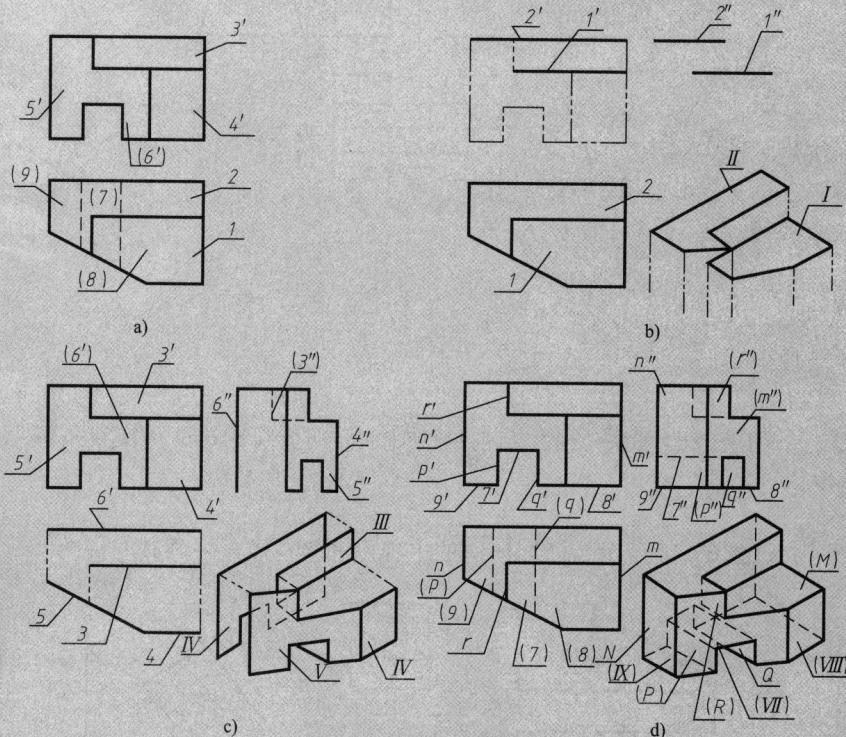

图 6-33 压块的读图分析

解 本题可按分线框、对投影、组装表面想象整体的步骤进行：

1）分析视图中的线框、线段的对应关系。把主视图、俯视图分为若干个封闭线框并找出它们在另一视图中的对应投影，如把主视图分为线框 3'、4'、5'、(6')，在俯视图中找出其对应的投影；将俯视图分为线框 1、2、(7)、(8)、(9)，在主视图上找出其对应的投影。

2）对照每个线框的投影，想象它们所表示的平面的形状和空间位置。如俯视图中的

线框 1、2 在主视图中无类似形相对应，分别对应横向线段 1′、2′，可知线框 1、2 均表示水平面的实形，面 Ⅱ 高，面 Ⅰ 低，其侧面投影也为横向线段，如图 6-33b 所示。

主视图中的线框 3′、4′、（6′）、5′ 在俯视图中无类似形相对应，分别对应横向线 3、4、6 及斜线 5；线框 3′、4′、（6′）表示正平面的实形，Ⅳ 面在前，Ⅵ 面在后，Ⅲ 面在中间，其侧面投影均为竖向线段；由线框 5′ 及斜线 5 可知 Ⅴ 面为铅垂面，其侧面投影必定是和 5′ 相类似的线框，如图 6-33c 所示。

俯视图中的不可见线框（7）、（8）、（9）分别对应主视图中的线段 7′、8′、9′，线框（7）表示水平面 Ⅶ 的实形，面 Ⅶ 是底槽的上顶面，线框（8）和（9）表示水平面 Ⅷ 和 Ⅸ 的实形，其侧面投影均为横向线段，注意平面 Ⅶ 的可见性。压块上的表面 M、N、P、Q、R 的主、俯视图均为竖向线段，它们都是侧平面，其左视图反映实形，如图 6-33d 所示。

3）组装想象。通过上述的投影分析和想象，把压块上各表面按照它们的形状和空间位置综合想象出压块形状，如图 6-33d 所示。

具体补画左视图时，可先画投影面平行面，后画非平行面，并重点检查非平行面的类似性，如图 6-33d 所示的铅垂面在主视图和左视图中必须是边数相等的类似形。

例 6-6　图 6-34 所示为支承座的主视图和俯视图，画出其左视图。

解　本题先用形体分析，然后用线面分析读图，最后补画左视图。

1）形体分析。根据支承座的主视图和俯视图的轮廓形状可知它的基本形体是一柱状体，其前方突出半个圆柱，形体左、右对称，如图 6-35a 所示。其余各线框表示在组合体上挖切后的结构，主视图上的半个圆表示挖切了一个半圆柱，俯视图中的小圆表示有一个竖直圆孔与挖切的半个圆柱面相交，如图 6-35b 所示。

2）线面分析。主视图中的线框 1′ 是如图 6-35c 所示的哪一个？如 1′ 是左边的线框，则支承座的形状如图 6-35d 所示，显然它的俯视图与题意不符。这样明确 1′ 为右边矩形线框，矩形的下部分为不可见，它被突出的半个圆柱遮住，线框 1′ 表示的形体也是挖切的结构，根据投影关系，线框 1′ 和线框 1 对应表示侧垂面，则有如图 6-35e 所示的支承座形状。

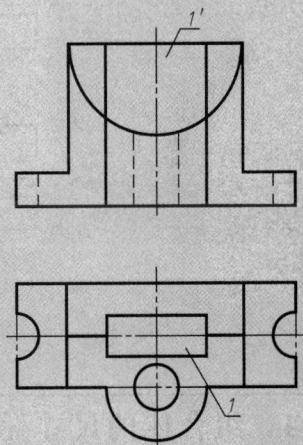

图 6-34　支承座

根据"若无类似形，必有积聚性的投影"的规律分析，线框 1′ 还可与线框 1 的长边对应表示正平面，则支承座的中间挖去了一个长方形通槽，如图 6-35f 所示，图中左、右各挖去一个半圆柱槽。

综上所述，阅读一个较复杂的组合体视图，首先要进行形体分析，对其叠加部分要先用形体分析法读图，对其挖切部分某些难懂的地方要用线面分析法读图。要特别注意对重合图线的分析，图 6-36 所示为图 6-35f 所示支承座的三视图。

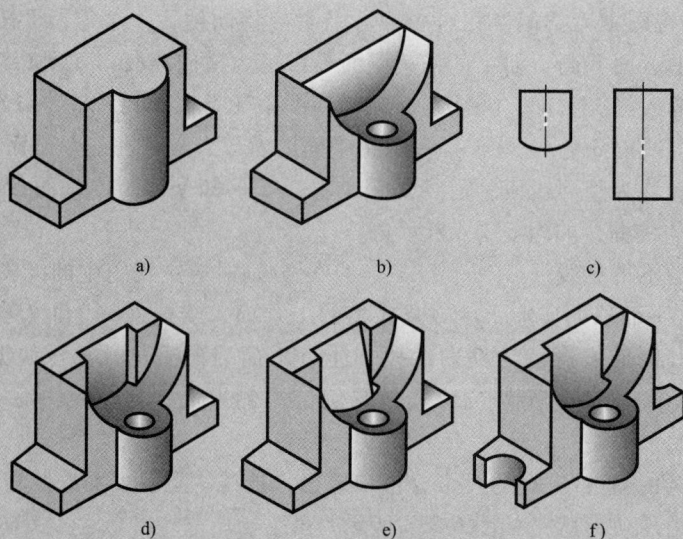

图 6-35　支承座的分析过程

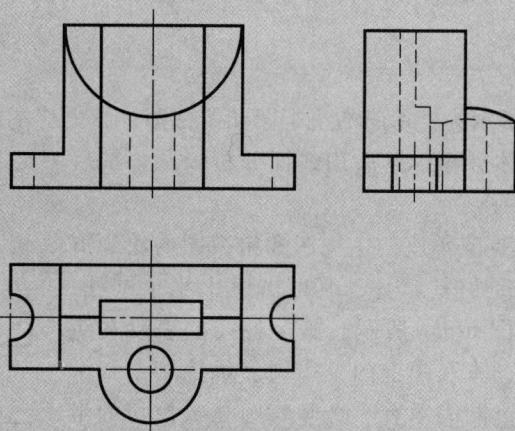

图 6-36　支承座的三视图

6.4　组合体的尺寸标注

组合体的形状可以用一组视图表示，而组合体的大小则通过视图上标注的尺寸来确定。在生产中，视图上标注的尺寸是加工制造机件的重要依据，因此**注写尺寸必须认真细致，一丝不苟**。认真掌握好组合体的尺寸注法，可为今后在零件图上标注尺寸打下良好的基础。

标注尺寸的基本要求是：

（1）正确　尺寸标注要符合国家标准的有关规定。

（2）完整　尺寸必须注写齐全，不遗漏，不重复。

（3）清晰　尺寸布置恰当，排列整齐，清楚，注写在最明显的地方，便于查找，阅读。

6.4.1 基本立体的尺寸标注

基本立体的大小由长、宽、高三个方向的尺寸确定，每一个尺寸只能标注一次，如图 6-37 所示。棱柱与棱锥应注出确定底面形状和高度的尺寸。通常将确定底面形状的尺寸注写在反映其实形的视图中，如图 6-37a~e 所示。圆柱、圆锥等回转体的直径尺寸，一般注在非圆视图中，这样标注有时可以省略一个视图，如图 6-37f~i 所示。采用图 6-37h、j 所示标注可仅用一个视图表达球体。

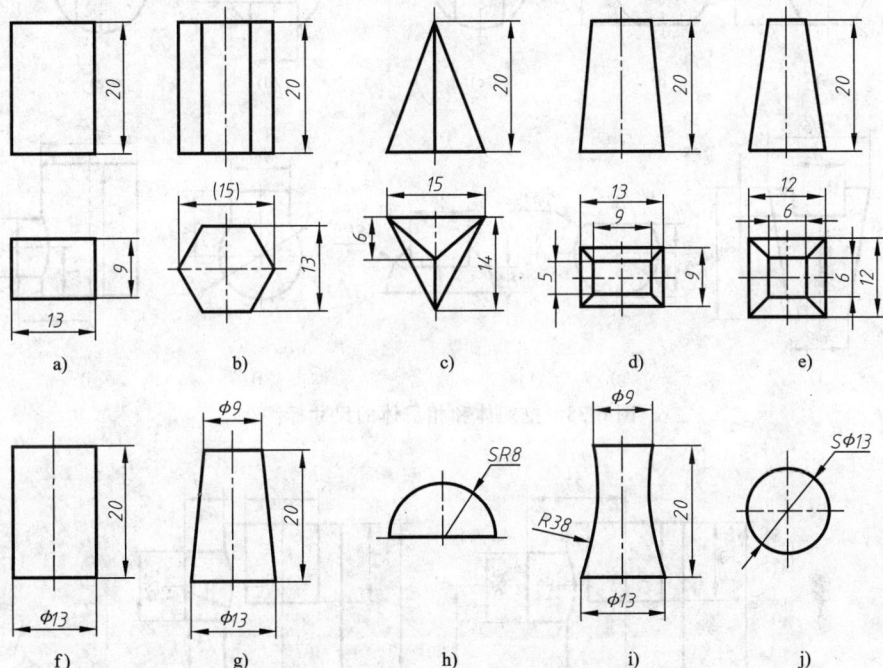

图 6-37 基本立体的尺寸标注

对于如图 6-37i 所示的回转体，还要标注出确定其母线形状的尺寸，图中注出了圆弧母线的半径尺寸。**确定基本立体形状和大小的尺寸，称为定形尺寸。**

6.4.2 挖切体和相贯体的尺寸标注

图 6-38 所示为挖切体和相贯体的尺寸标注。对于**挖切体，除了注出基本立体的定形尺寸之外，还应注出截平面的定位尺寸，来确定截平面的位置；对于相贯体，除了注出基本立体的定形尺寸之外，还应加注确定各相贯体之间相对位置的定位尺寸。**上述尺寸注全后，截交线、相贯线就随之确定了。所以，**截交线、相贯线上一律不注尺寸。**图 6-39b 所示大圆柱截交线上的尺寸 18.2 取决于大圆柱的尺寸 $\phi32$ 及确定截平面位置的尺寸 29，如图 6-39a 所示，因此，不应注出尺寸 18.2。确定两圆柱相对位置的尺寸，应由两圆柱的轴线注起，如图 6-39a 所示的尺寸 27、23，而图 6-39b 中的尺寸 11 和 13 是错误的。当两圆柱的大小、相对位置确定后，相贯线就确定了，因此，图 6-39b 中的尺寸 R16 是错误的。

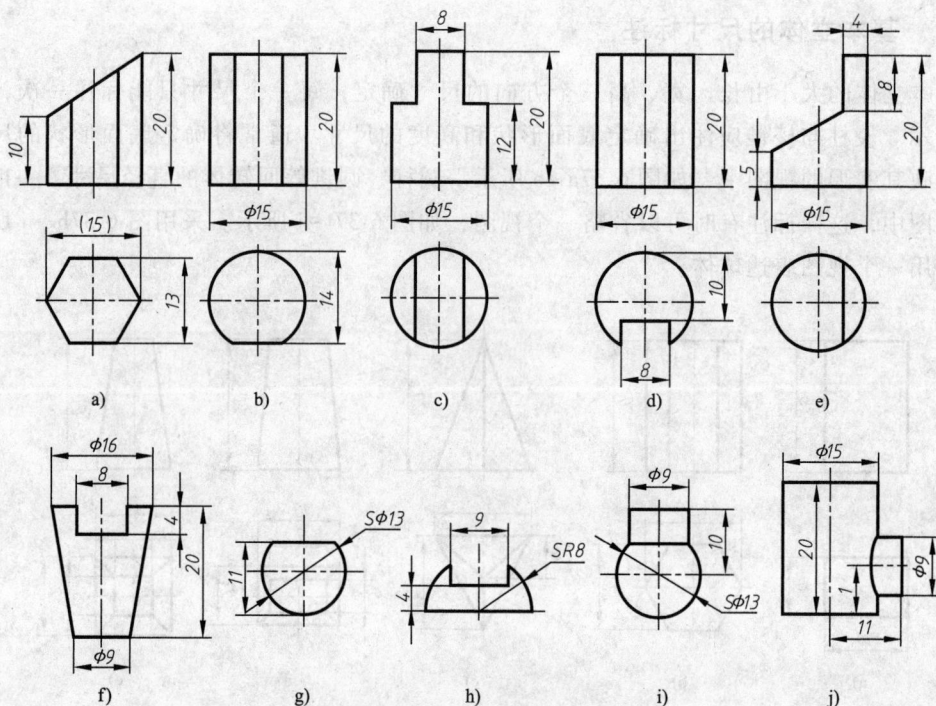

图 6-38　挖切体和相贯体的尺寸标注

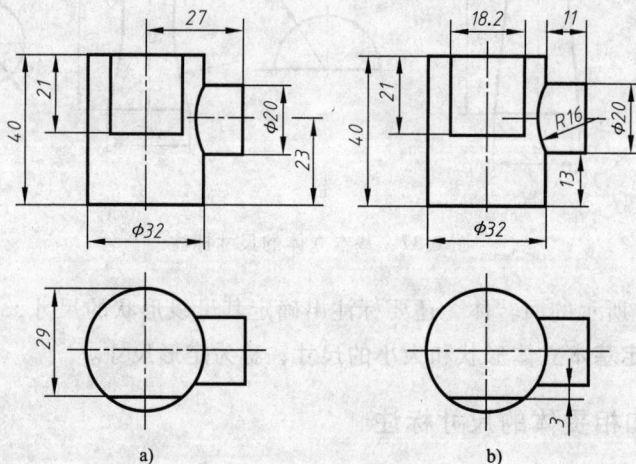

图 6-39　截交线、相贯线上不标尺寸

a）正确注法　b）错误注法

6.4.3　组合体的尺寸分析

（1）尺寸基准　量度尺寸的起点称为尺寸基准。组合体有长、宽、高三个方向，**每一方向上至少有一个尺寸基准**。通常以组合体的对称平面、重要的底面或端面、主要回转体的轴线和素线等要素作为尺寸基准。图 6-40 所示的组合体其长度方向的尺寸基准为左、右对称平面，宽度方向的尺寸基准为组合体后侧面，高度方向的尺寸基准为组合体的底平面。

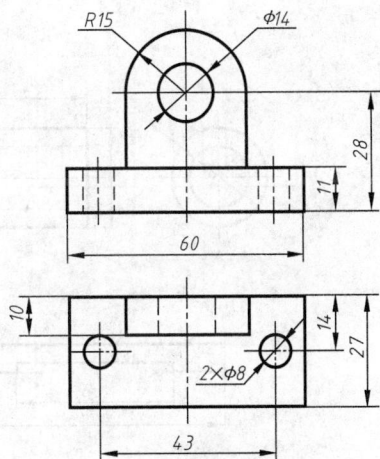

图 6-40 组合体的尺寸分析

（2）**三类尺寸**　为确定组合体的形状和大小，组合体应标注以下三类尺寸。

1）**定形尺寸**。确定组合体中各基本立体的形状和大小的尺寸。例如：图 6-40 中底板的长度尺寸 60、宽度尺寸 27、高度尺寸 11，底板上小孔的直径尺寸 2×φ8，立板上的尺寸 R15 等。

2）**定位尺寸**。确定组合体中各基本立体之间相对位置的尺寸。例如：图 6-40 中确定底板上两圆孔位置的尺寸 43 和 14，确定立板上圆孔位置的尺寸 28。

3）**总体尺寸**。确定组合体总长、总高、总宽尺寸。当某一总体尺寸与组合体中的基本立体的定形尺寸相同时，则不再重复标注。例如：图 6-40 中底板的长和宽分别就是组合体的总长和总宽。此外，**若组合体的一端是回转体时，则相应的总体尺寸一般不直接注出**，如图 6-40 所示总高尺寸就未直接注出而注出了回转体轴线到底面的距离和回转半径。

6.4.4　组合体尺寸标注举例

标注如图 6-41a 所示轴承座的尺寸。**标注组合体尺寸的基本方法是形体分析法**。如图 6-41a 所示的轴承座可分解为如图 6-41b 所示的四部分，图中标出了确定各部分形状和大小所需的尺寸。选择轴承座长、宽、高三个方向的尺寸基准，标注定位尺寸和基本立体的定形尺寸。此时由于图 6-41 中的几个部分已经组合成一个整体，故带括号的尺寸不再注出。最后考虑总体尺寸，并对已注尺寸进行必要的调整，如图 6-41a 所示，图中的总高尺寸和总宽尺寸，是根据形体结构特点间接得到的，没有直接注出。

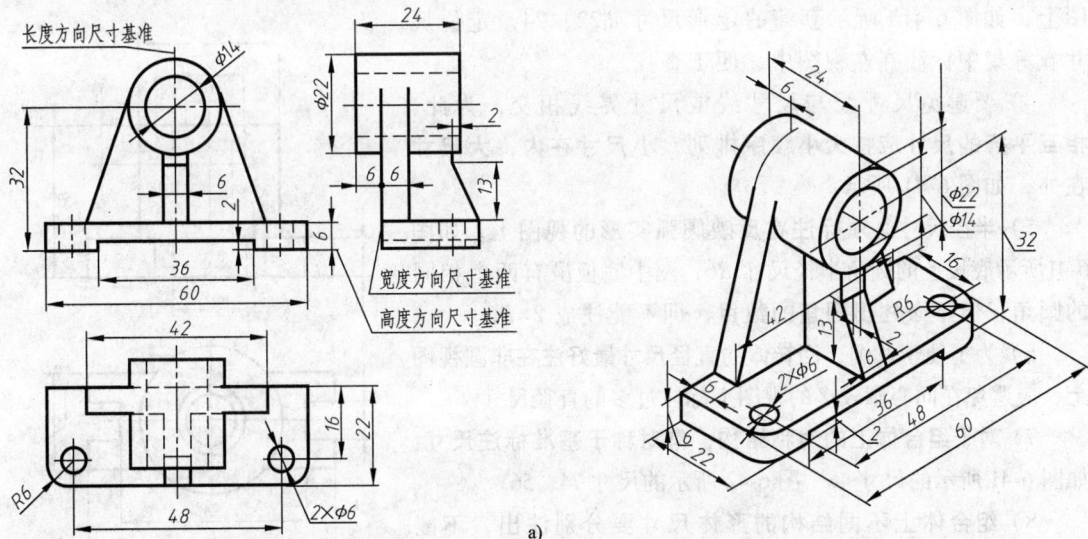

a)

图 6-41　轴承座的尺寸标注

a）组合体尺寸

135

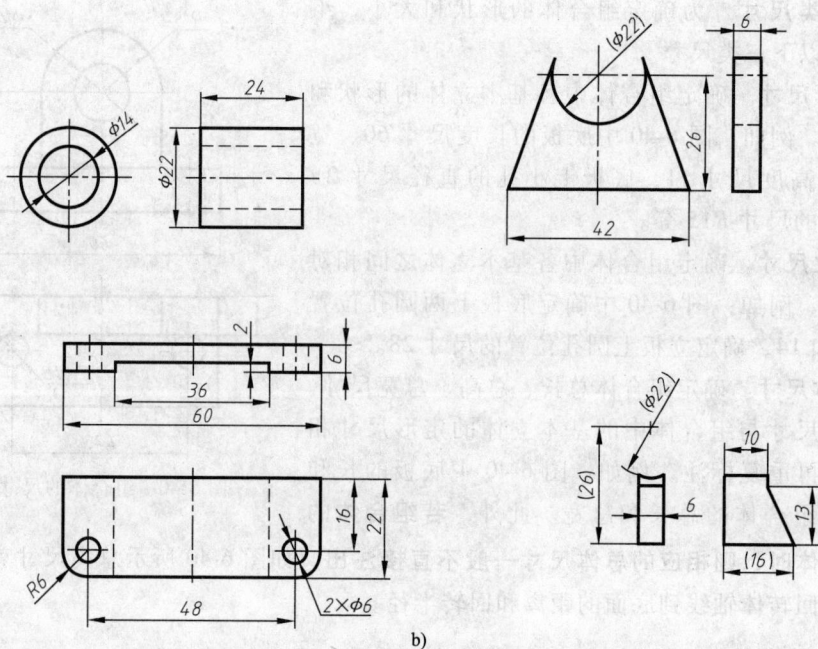

图 6-41 轴承座的尺寸标注（续）

b）基本立体尺寸

1）为使图面清晰，应尽量将尺寸标注在视图外面。与两视图有关的尺寸，标注在两视图之间，如图 6-41a 所示。

2）每一尺寸只能标注一次，不应出现重复和多余尺寸，如图 6-41a 所示标注了底板定形尺寸 60，轴承座的总长就不应再标注。

3）表示同一形体的定形尺寸和定位尺寸，尽量集中标注在反映其形状特征最清晰的视图上，如图 6-41a 所示套筒的定形尺寸 φ22、24，定位尺寸 6 等集中标注在左视图中，便于查找。

4）要避免尺寸线与尺寸线或尺寸界线相交，为此，**相互平行的尺寸应按大小顺序排列，小尺寸在内，大尺寸在外**，如图 6-41 所示。

5）半径尺寸必须标注在反映圆弧实形的视图上，如图 6-41 所示底板上的圆角半径尺寸 R6，图中底板虽有两个相同的圆角，但**不必注出圆角的数目**，即不能注成 2×R6。

6）为了便于读图，回转体的直径尺寸最好注在非圆视图上，应避免在同心圆较多的视图上标注过多的直径尺寸。

7）对于组合体上的对称结构，常对称于基准标注尺寸，如图 6-41 所示的尺寸 48，图 6-42 所示的尺寸 74、56。

8）组合体上不同结构的形体尺寸要分别注出，不能互相替代，如图 6-42 所示的高度方向上几个尺寸，尺寸数值虽然都是 11，但要分别注出。

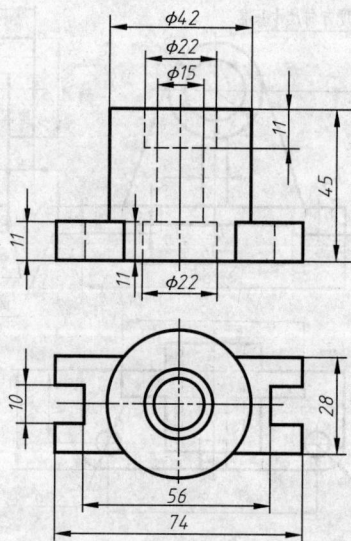

图 6-42 对称结构的尺寸标注

在标注尺寸时，有时难以同时兼顾以上各点，应该在保证正确、完整、清晰的前提下，根据具体情况，统筹考虑，合理安排。

6.4.5 典型结构的尺寸标注

图 6-43 所示为典型结构的尺寸标注。为了读图方便，通常在反映形体特征的视图上集中标注两个坐标方向的尺寸。图 6-43f 中长方板四个圆角可能与四个小圆孔同轴也可能不同轴，无论哪种情况，都要如图中所示标注尺寸。只是当同轴时，注意尺寸数值不要发生矛盾。

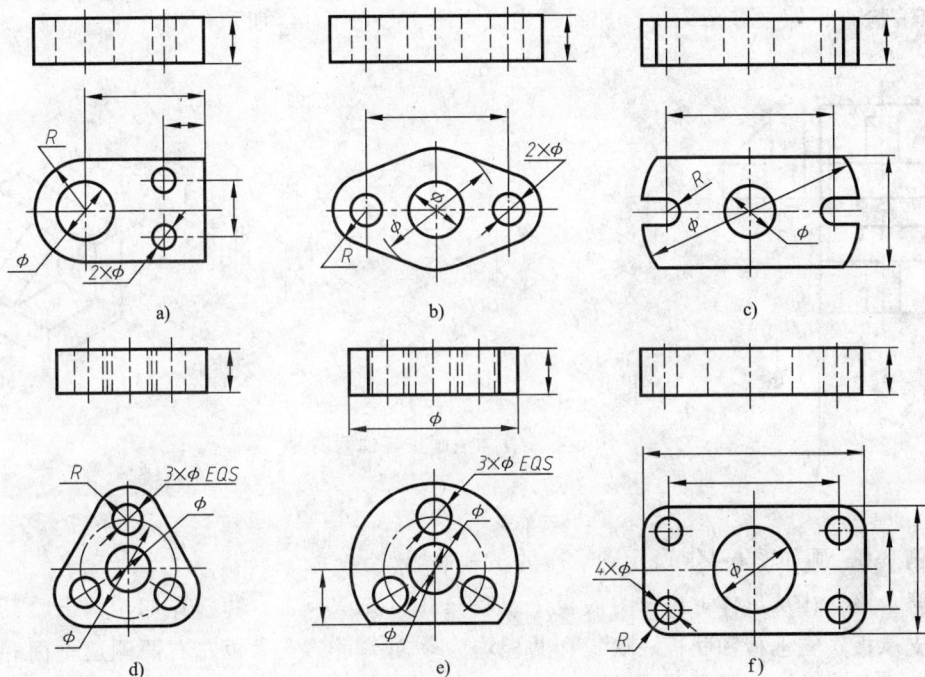

图 6-43　典型结构的尺寸标注

6.5　组合体轴测图

组合体是由若干个基本形体以叠加、挖切方式组合而成。在画组合体轴测图时，根据构形方式不同，一般有叠加法和挖切法两种画图方法。

6.5.1 组合体正等轴测图

1. 叠加法

对于叠加方式形成的组合体，应先用形体分析法，明确组合体各部分的形状以及它们的相对位置及邻接表面的关系，然后依次画出各组成部分的轴测图，最后按照它们的连接形式完成全图。

画图时要注意按照先主要、后次要；先整体、后细节；先独立体（可以独立完整画出）、后依赖体（必须在其他形体绘制完成后才能够完整画出）的次序进行。

例 6-7　画如图 6-44a 所示组合体的正等轴测图。

解　先将组合体分解为底板Ⅰ、竖板Ⅱ和肋板Ⅲ三个部分；再依次画出各部分的正等轴测图，擦去多余图线，加深后即得组合体的正等轴测图。

画图步骤如下：

1）分析视图，选定原点和坐标轴，如图 6-44a 所示。

2）画轴测轴并画底板的正等轴测图。如图 6-44b 所示。

3）画竖板的正等轴测图，如图 6-44c 所示。

4）画肋板的正等轴测图，如图 6-44d 所示。

5）检查，擦去多余图线，加深，完成全图，如图 6-44e 所示。

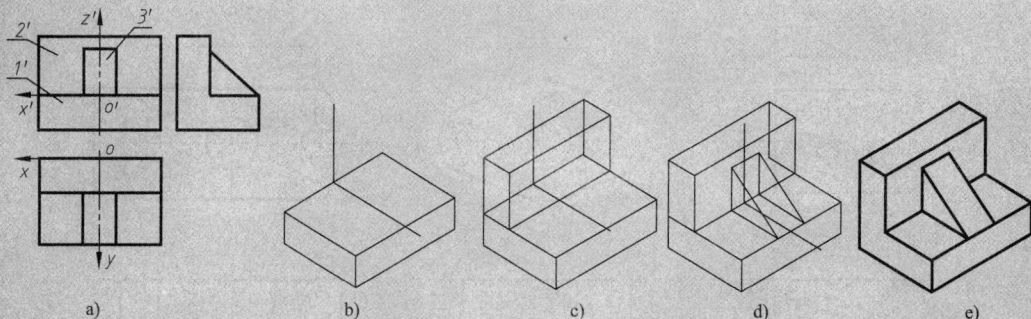

图 6-44　叠加法画正等轴测图

例 6-8　画如图 6-45a 所示轴承座的正等轴测图。

解　该立体从形体上可分为底板Ⅰ、套筒Ⅱ、支承板Ⅲ、肋板Ⅳ四个部分，其中底板和支承板、支承板和肋板、底板和肋板均为叠加关系；支承板左右两侧正垂面和套筒外圆柱面是相切关系。底板，套筒为独立体，应先画。

画图步骤如下：

1）分析视图，选定原点和坐标轴，如图 6-45a 所示。

2）画轴测轴并画底板的正等轴测图。如图 6-45b 所示。

3）画套筒的正等轴测图。先按尺寸 L 确定圆柱轴线的位置，然后按尺寸 L_1、L_2 定出前后端面的圆心位置，画套筒前后端面圆的正等轴测图，画椭圆公切线，擦去多余图线，完成轴测图，如图 6-45c、d 所示。

4）画支承板的正等轴测图。先作支承板后表面与圆柱面的交线，然后由尺寸 L_3 确定圆心，作支承板前表面与圆柱面的交线（只需画出部分椭圆），然后根据尺寸 L_3 和 L_4 由相切关系完成支承板轴测图，如图 6-45e~g 所示。

5）画肋板的正等轴测图，如图 6-45h 所示。

6）画其他细部结构，如图 6-45i、j 所示。

7）检查，擦去多余图线，加深，完成轴承座的正等轴测图，如图 6-45k 所示。

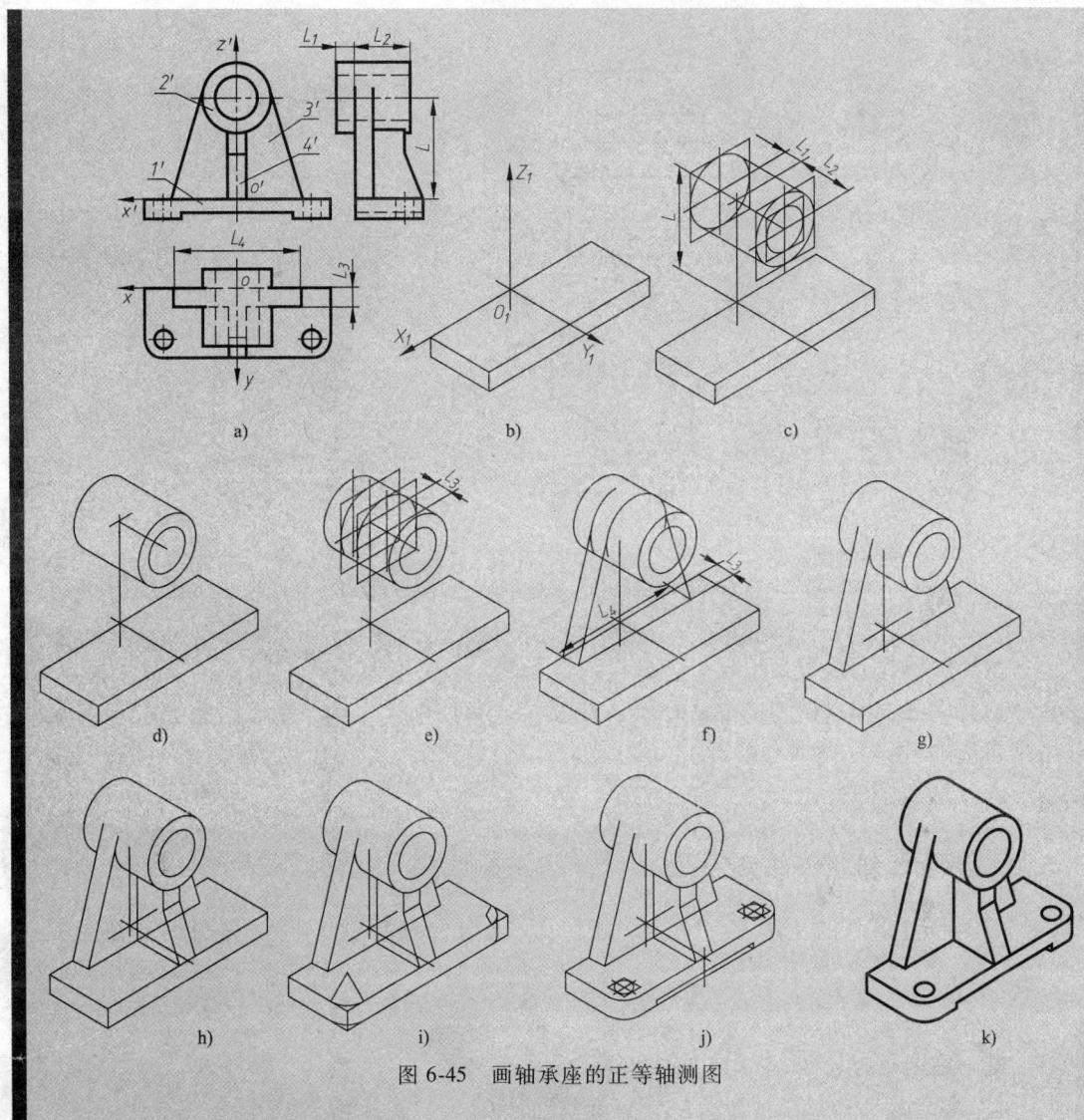

图 6-45 画轴承座的正等轴测图

2. 挖切法

由基本立体挖切而成的立体，可先按完整形体画出，然后再逐一切去多余部分。

例 6-9 画如图 6-46a 所示立体的正等轴测图。

解 该立体可以看成是在长方体的左上方切去一个小长方体，又在左前方切去一个三棱柱后形成的挖切式立体。画该立体的正等轴测图的步骤如下：

1）选定原点和坐标轴，如图 6-46a 所示。

2）画出轴测轴，作完整长方体的正等轴测图，如图 6-46b 所示。

3）切去左上方的小长方体，如图 6-46c 所示。

4）再切去左前方的三棱柱。应注意，斜线 AB 与三条坐标轴都不平行，画它的正等测 A_1B_1 时，应按坐标确定 A_1、B_1 的位置后连接 A_1B_1，A_1B_1 与 ab 长度不相等，如图 6-46d 所示。图 6-46e 所示为完成的正等轴测图。

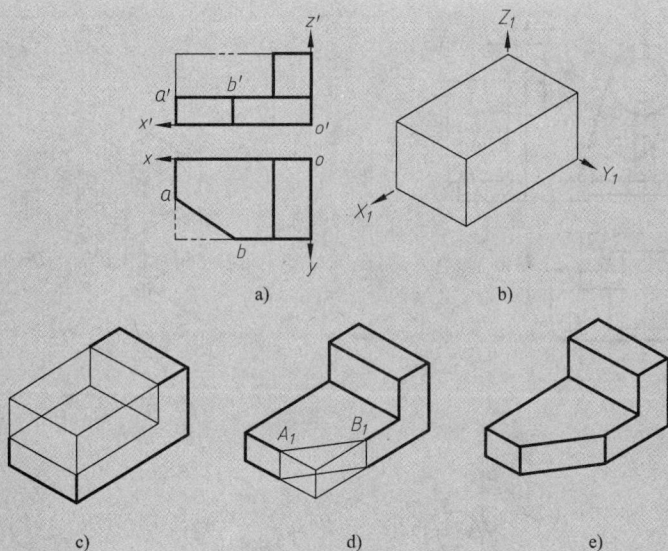

图 6-46 挖切式立体正等轴测图的画法

　　挖切法和叠加法都是根据形体分析法得来的，在绘制复杂零件轴测图时，常常是综合在一起使用，即根据物体形状特征，去决定物体上哪些部分用叠加法画出，哪些部分用挖切法画出。

6.5.2　组合体斜二等轴测图

　　正等测和斜二测的主要区别在于轴间角及轴向伸缩系数不同，在画图方法上是一样的。

　　例 6-10　画图 6-47a 所示挡板的斜二等轴测图。

　　解　画图步骤如图 6-47 所示。

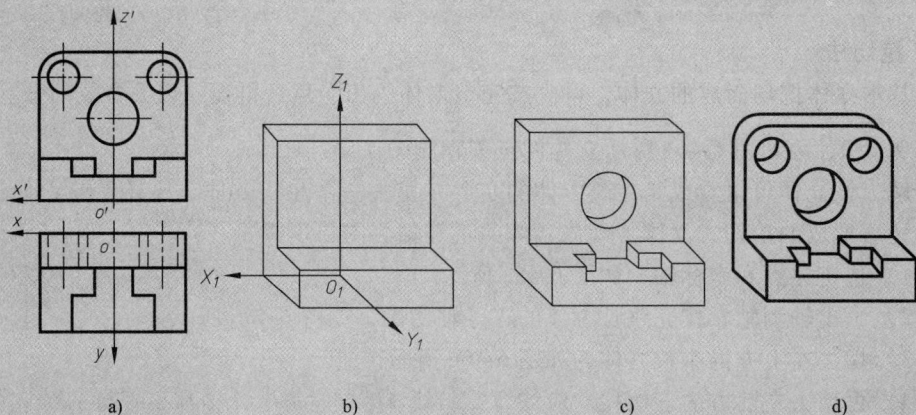

图 6-47　画挡板的斜二等轴测图

a）已知挡板　b）画出挡板的基本形状　c）画大圆孔和 T 形槽　d）画细部、加深图线，完成全图

6.6 第三角画法简介

我国国家标准 GB/T 17451—1998 规定，机件的图形按正投影法绘制，并优先采用第一角画法。而有些国家采用第三角画法。为了便于进行国际的技术交流，本节通过第三角画法与第一角画法的比较，对第三角画法进行简单介绍。

如图 6-48a 所示，第一角画法是将机件置于观察者与投影面之间，保持观察者—机件—投影面的相互关系，采用正投影法来绘制机件的图样。

如图 6-48b 所示，第三角画法是将机件放在第三角中，并使投影面（假想为透明的）置于观察者与机件之间，保持观察者—投影面—机件的相互关系，也是用正投影法绘制的图样。用第三角画法与第一角画法绘制的图样，都是在三个相互垂直的投影面上的多面正投影图。

展开投影面时，也都是规定 V 面不动，分别把 H 面、W 面各自绕它们与 V 面的交线旋转到与 V 面成一个平面，因此，各视图之间都分别保持对应的投影关系。

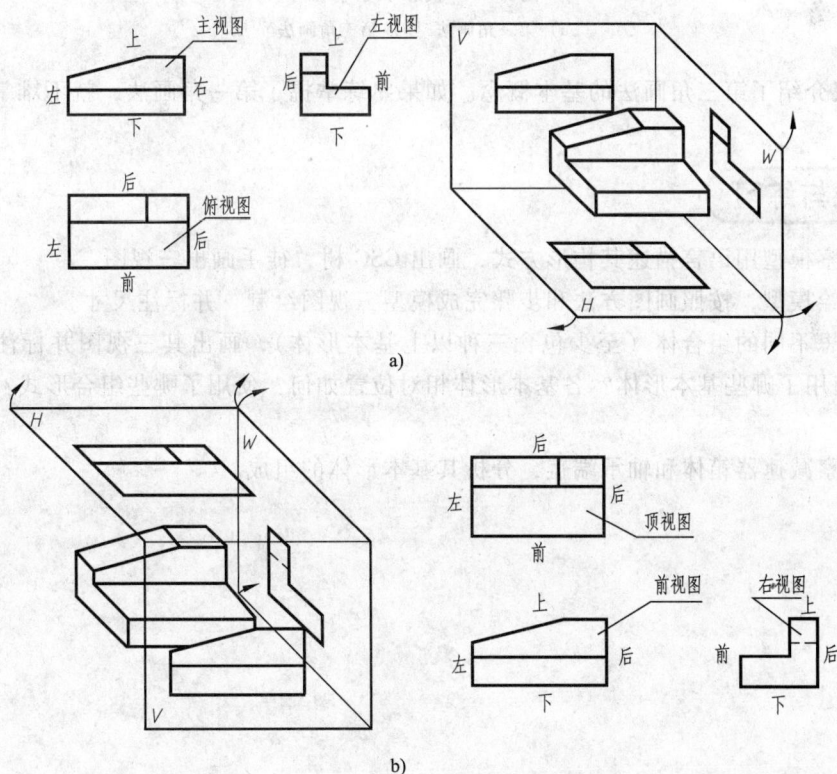

图 6-48 第一角画法与第三角画法比较

a）第一角画法 b）第三角画法

用第三角画法与第一角画法绘制的视图，它们的主要区别有以下两点：

1）视图的名称和配置有所不同。如图 6-48b 所示，采用第三角画法时，在 V 面上所得到的投影，称为前视图；在 H 面上所得到的投影，称为顶视图；在 W 面上所得到的投影称为右视图。投影面展开后，顶视图在前视图的上方，右视图在前视图的右方。

2）在视图中反映前、后关系有所不同。由于在采用第三角画法和第一角画法时，投影面之间的相对位置以及展开投影面的方向都有所不同，所以在三视图中反映所画机件的前、后关系也有所不同。如图 6-48b 所示，顶视图的下方和右视图的左方，都表示机件的前面；顶视图的上方和右视图的右方，都表示机件的后面。

为了识别第一角画法和第三角画法，我国国家标准 GB/T 14692—2008 规定了相应的投影识别符号，第一角画法的投影识别符号如图 6-49a 所示，第三角画法的投影识别符号如图 6-49b 所示。采用第一角画法时，一般无须标出画法的投影识别符号；采用第三角画法时，必须在图样的标题栏附近画出第三角画法的投影识别符号。

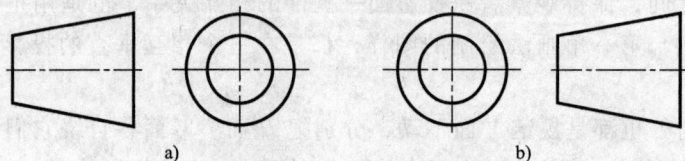

图 6-49　投影识别符号
a）第一角画法　b）第三角画法

以上仅介绍了第三角画法的基本概念。如果熟练掌握了第一角画法，就不难掌握第三角画法。

实践与练习

1）观察模型用语言描述其构形方式，画出 CSG 树，徒手画出三视图。

2）测绘模型，按照画图方法和步骤完成模型三视图绘制，并标注尺寸。

3）构思不同的组合体（至少包含三种以上基本形体），画出其三视图并标注尺寸，同时说明：使用了哪些基本形体？各基本形体相对位置如何？使用了哪些组合形式？出现了哪些交线？

4）观察减速器箱体和轴承端盖，分析其基本形体的组成。

第 7 章

机件常用的表达方法

知识要点

1) 视图的种类、画法及标注。
2) 剖视图的种类、画法、标注及剖切面的形式。
3) 断面图的种类、画法及标注。
4) 局部放大图及常用的简化表示法。
5) 针对机件的具体结构形状采用合适的表达方法进行表达。

引言

    由于使用要求不同，机件的结构形状是多种多样的。当机件的形状和结构比较复杂时，仅采用前面所讲的两个视图或三个视图就难以将其内外形状准确、完整、清晰地表达出来。为此，国家标准《技术制图》（GB/T 17451—1998、GB/T 17452—1998、GB/T 17453—2005、GB/T 16675.1—2012）和《机械制图》（GB/T 4458.1—2002、GB/T 4458.6—2002）中，规定了机件的各种表达方法，包括视图、剖视图和断面图、局部放大图及简化表示法等。本章着重讲述机件常用的表达方法，以便根据机件的具体结构形状，采用合适的表达方法准确、完整、清晰地对机件的结构形状进行表达。

7.1 视图

    视图主要用来表达机件的外部结构形状。视图分为基本视图、向视图、局部视图和斜视图。

7.1.1 基本视图

    根据国家标准规定，在原有三个投影面的基础上，再增设三个投影面，组成一个正六面体，正六面体的六个面称为基本投影面，机件在基本投影面上的投影称为基本视图。如图

7-1所示,除已介绍过的三个视图以外,还有右视图(由右向左投射所得到的视图)、仰视图(由下向上投射所得到的视图)、后视图(由后向前投射所得到的视图)。

1. 基本投影面的展开和基本视图的配置

六个基本投影面在展开时,仍然保持正立投影面不动,其他各个投影面展开到与正立投影面共面的位置,如图7-1所示。展开后各基本视图的配置如图7-2所示。在同一张图纸内,按图7-2所示配置视图时,一律不标注视图的名称。

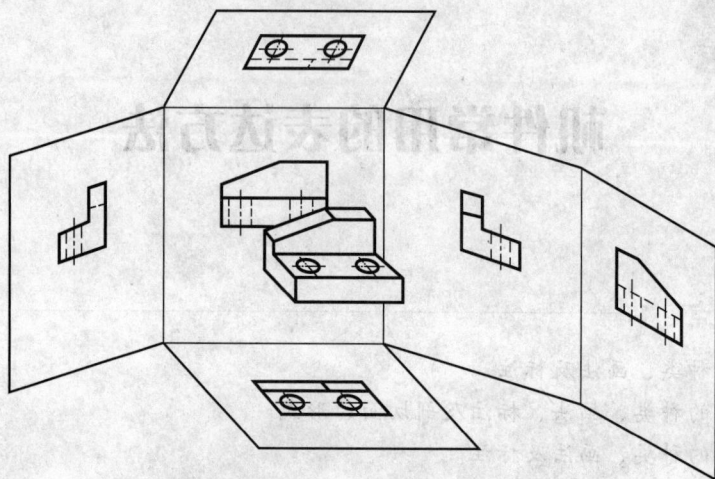

图 7-1   六个基本投影面及其展开

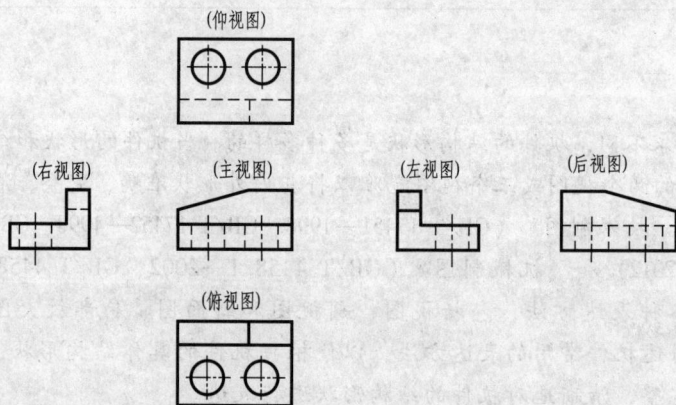

图 7-2   六个基本视图的配置

2. 基本视图的投影规律

三视图的投影规律对六个基本视图仍然适用。

1)六个基本视图的度量对应关系,仍保持长对正、高平齐、宽相等,即主、俯、仰视图长对正并与后视图长相等;主、左、右、后视图高平齐;左、右、俯、仰视图宽相等。

2)六个基本视图的位置对应关系是:主、左、右、后四个视图的上、下与机件的上、下是相对应的;主、俯、仰三个视图的左、右与机件的左、右是相对应的,而后视图的左侧表示的是机件的右侧,后视图的右侧表示的是机件的左侧;俯、左、右、仰视图远离主视图的一侧表示的是机件的前面,而它们靠近主视图的一侧则表示机件的后面。

7.1.2 向视图

六个基本视图如果不能按图 7-2 所示配置时，可采用向视图。**向视图是可以自由配置的视图，画向视图时应在视图上方标出视图名称，用大写拉丁字母"×"表示，在相应的视图附近，用箭头指明投射方向，并注上同样的大写拉丁字母"×"**，如图 7-3 所示。

选用恰当的基本视图和向视图，可以较清晰地表达机件的形状。图 7-4 中选用了主、左、右三个视图来表达机件的主体和左、右凸缘的形状（图中省略了不必要的虚线）。

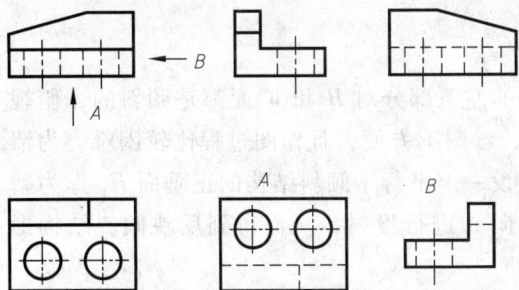

图 7-3 向视图及其标注

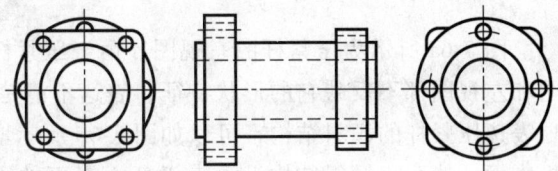

图 7-4 基本视图的选用

7.1.3 局部视图

当机件的某一局部形状没有表达清楚，而又没有必要用一完整基本视图表达时，可单独将这一部分向基本投影面投射，得到基本视图的一部分。**将机件的某一部分向基本投影面投射所得到的视图，称为局部视图**。如图 7-5 所示，机件左侧的凸台在主、俯视图中表达不够清晰，而又没有必要画出完整的左视图，这时可用局部视图来表达其形状特征。

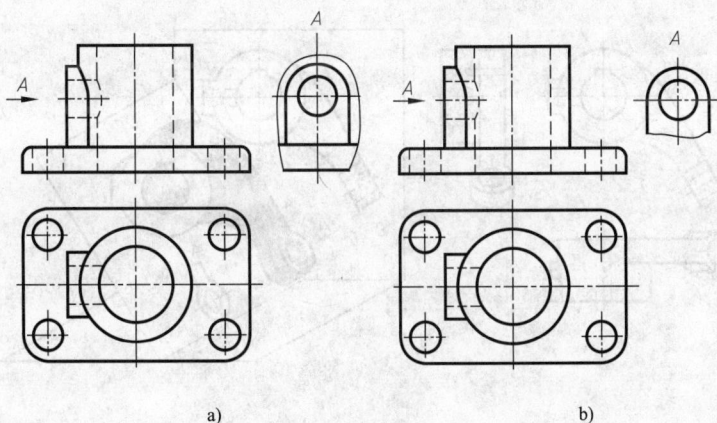

a)   b)

图 7-5 局部视图的画法

局部视图的主要作用是：减少基本视图的数目，使视图表达重点突出；简化作图，避免结构的重复表达。

局部视图的画法和标注规定如下：

1) **局部视图的断裂边界应用波浪线或双折线表示**。用波浪线代表机件的断裂边界时，所选择断裂边界不同，图形将发生相应变化，如图 7-5 所示左侧凸台所画的局部视图：图

7-5a中的"A"与图7-5b中的"A"，由于断裂边界位置不同，图形不尽相同。当所表达的局部结构是完整的，且外轮廓线又自成封闭时，波浪线或双折线可省略不画。注意：波浪线不应与机件的轮廓线重合或在轮廓线的延长线上；波浪线不应画在没有断裂边界的地方。

2）局部视图一般按投影关系配置，必要时也可配置在其他适当位置。当局部视图按投影关系配置，之间又无其他视图隔开时，可省略标注，如图7-5所示表示左侧凸台形状特征的局部视图可省略视图标注；**当局部视图不按投影关系配置时，需进行标注，标注方法与向视图的标注方法相同。**

7.1.4 斜视图

图7-6a所示为压紧杆的三视图，由于压紧杆的左下部分对H和W面都是倾斜的，俯视图和左视图都不反映它的形状特征，表达不清楚，看图不方便，且作图过程比较困难。为清晰表达压紧杆的倾斜结构，可以如图7-6b所示增设一个平行于倾斜结构的正垂面H_1作为新投影面，然后将倾斜结构沿垂直于新投影面的方向A进行投射，从而得到反映倾斜结构形状特征的视图A。

机件向不平行于任何基本投影面的平面投射所得到的视图称为斜视图。斜视图的主要作用是反映倾斜部分的形状特征并简化作图。

对于压紧杆，有了主视图和斜视图A，可将俯视图改为局部视图，再增加从右向左投射的局部视图B反映右侧"U"形凸台的形状特征，可去掉左视图，如图7-7所示，使视图表达重点突出，还大幅降低了作图难度。在图7-7中，局部视图B所表达的"U"形凸台结构是完整的，且外轮廓线又自成封闭，其外围的断裂边界对应的波浪线或双折线被省略。画成局部视图的俯视图在图7-7a中与主视图被斜视图A隔开，需要标注，而在图7-7b中与主视图按投影关系配置且不被其他图形隔开，可省略标注。

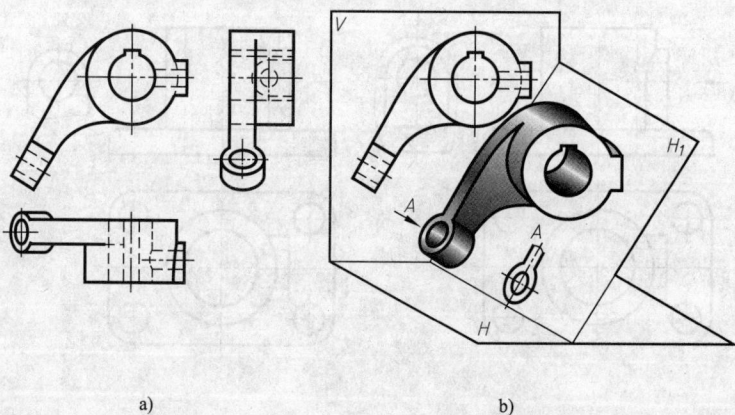

图 7-6 压紧杆的三视图及斜视图的形成

a）压紧杆的三视图 b）压紧杆倾斜部分斜视图的形成

斜视图的画法和标注规定如下：

1）斜视图一般只需表达机件倾斜部分的形状，不必画出其他部分的投影，**倾斜部分的断裂边界用波浪线或双折线表示，**如图7-7所示斜视图A及图7-8所示斜视图A。当所表达的局部部分是完整的，且外轮廓线又自成封闭时，波浪线或双折线可省略不画。

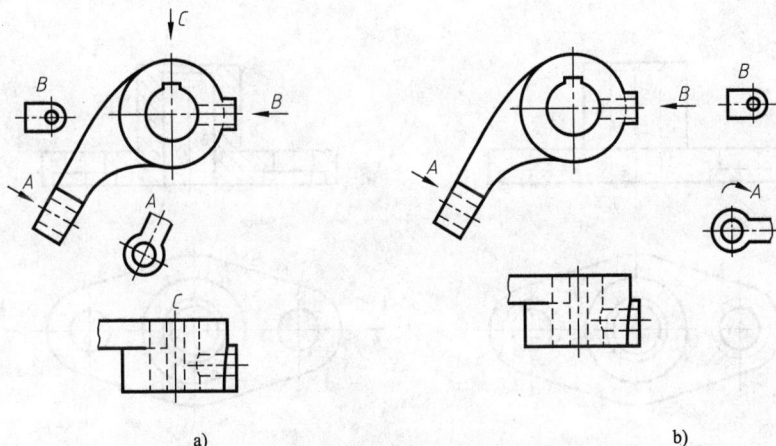

a)   b)

图 7-7 压紧杆的斜视图及局部视图

2）**斜视图必须进行标注**，在斜视图上方标注用大写拉丁字母表示的视图名称"×"，在相应视图附近用箭头指明投射方向，并注写相同的字母。注写的字母必须水平书写，如图 7-7a 所示 A 视图 A。

3）斜视图一般按投影关系配置，如图 7-7a 所示斜视图 A，必要时也可配置在其他适当的位置。在不致引起误解时，允许将图形旋转，标注形式为"×⌒"或"⌒×"，其中箭头称为旋转符号，其方向代表旋转方向。表示该视图名称的大写拉丁字母"×"应靠近旋转符号的箭头端，如图 7-7b 中的"⌒A"。也允许将旋转角度标注在字母之后，如图 7-8 所示"$A45°⌒$"。旋转符号的画法及尺寸如图 7-9 所示。

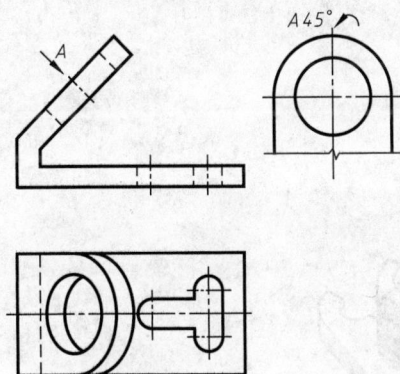

图 7-8 斜视图中双折线表示断裂边

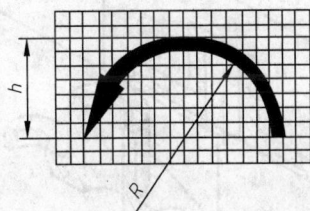

$h=$符号与字体高度

$h=R$

符号笔画宽度$=\dfrac{1}{10}h$ 或 $\dfrac{1}{14}h$

图 7-9 旋转符号的画法及尺寸

7.2 剖视图

当机件的内部结构比较复杂时，在视图上就会出现许多虚线，如图 7-10a 所示压盖零件的主视图，给看图和标注尺寸都带来了不便。在绘制技术图样时，应首先考虑看图方便。在根据机件的结构特点选用适当的表示方法完整、清晰地表示机件形状的前提下，应力求制图简便。为了清楚地表达机件的内部结构形状，按照国家标准规定，可以画成剖视图，如图 7-10b 所示。

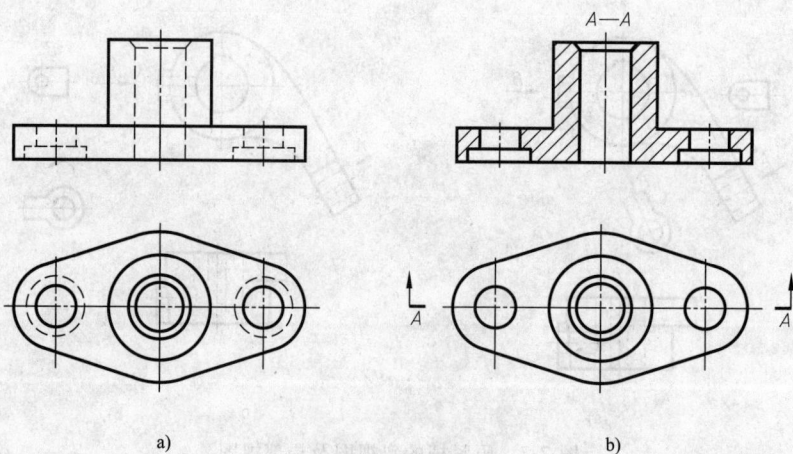

a) b)

图 7-10 压盖的视图及剖视图的比较

a）视图 b）剖视图

7.2.1 剖视图的概念、画法及标注

1. 剖视图的概念

假想用剖切面剖开机件，将处在观察者和剖切面之间的部分移去，而将其余部分向投影面投射所得到的图形称为剖视图（简称为剖视），如图 7-10b 所示。图 7-11 所示为剖视的过程。剖切面一般用平面，也可用曲面。

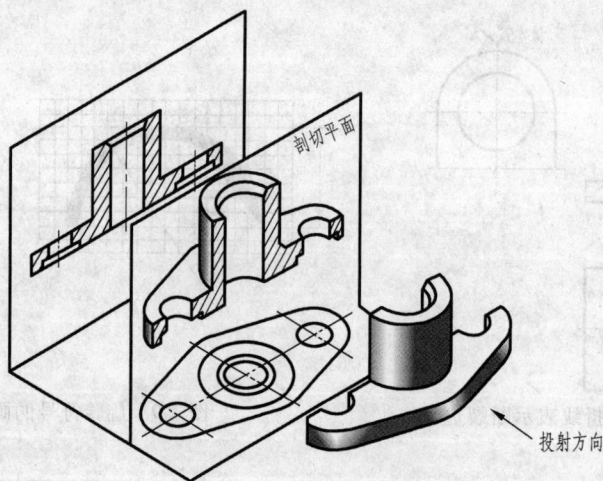

图 7-11 剖视的过程

2. 剖视图的画法

下面以图 7-10 和图 7-11 为例说明画剖视图的步骤。

（1）确定剖切平面的位置 要将机件的主视图画成剖视图，剖切平面应平行于正立投影面，且尽量通过较多的内部结构（孔或沟槽）的轴线或对称面，如图 7-11 所示。如果需要将左视图画成剖视图，剖切平面应平行于侧立投影面；将俯视图画成剖视图，剖切平面应平行于水平投影面。

（2）画剖视图的轮廓线 机件被剖开后，剖切平面与物体的接触部分称为剖面区域。在剖视图中用粗实线画出机件剖面区域的轮廓线和剖切平面后面的可见轮廓线，如图 7-10b 所示。剖切平面后面的可见部分的投影，初学者容易漏画，请读者认真分析图 7-12 中的几种情况。注意：剖视是因假想剖切所得，当一个视图画成剖视图后并不破坏机件的完整性，其他视图仍应按完整体考虑。

（3）画剖面符号 在机件的剖面区域内，应画上剖面符号，各种材料的剖面符号见表 7-1。当不需要在剖面区域中表示机件的材料类别或表示机件用金属材料制造时，采用与图形的主要轮廓线或剖面区域的对称线成 45°的通用剖面线表示，如图 7-13 所示。

剖面线用细实线绘制，同一机件的各个剖面区域中剖面线的方向及间隔应一致。当图形的主要轮廓线与水平成 45°或接近 45°时，该图形的剖面线应改为与水平成 30°或 60°的斜线，但倾斜趋势和间隔仍应与同一机件其他图形的剖面线一致，如图 7-14 所示。

表 7-1　各种材料的剖面符号

金属材料 （已有规定剖面符号除外）	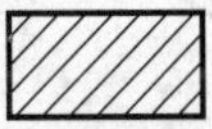	液体	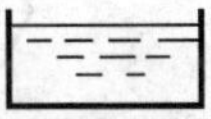
非金属材料 （已有规定剖面符号除外）		木质胶合板 （不分层数）	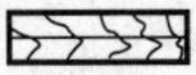
木材	纵剖面	 混凝土	
	横剖面 		
玻璃以及供观察用的 其他透明材料	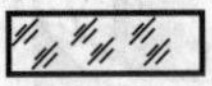	钢筋混凝土	
线圈绕组元件	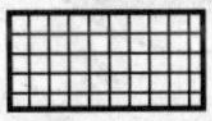	砖	
转子、电枢、变压器、 电抗器等的选钢片		基础周围的泥土	
型砂、填砂、粉末冶金、砂轮、 陶瓷刀片、硬质合金刀片等	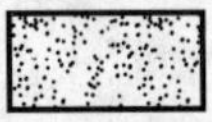	格网（筛网、过滤网等）	

3. 剖视图的标注

（1）标注内容 标注的内容一般包括剖切线、剖切符号、剖视图的名称，如图 7-10b 和图 7-15a 所示。

1）剖切线。指示剖切面位置的线，用细点画线绘制。

2）剖切符号。指示剖切面起、迄和转折位置（用 5~8mm 长的粗短画线表示）及投射方向（在表示剖切面起、迄的粗短画线外端画与之垂直的箭头）的符号。

3）剖视图的名称。在剖切符号旁注大写拉丁字母"×"，并在剖视图的上方用相同的大写拉丁字母注出剖视图的名称"×—×"。

（2）剖视图中应标注的内容在以下情况下可以省略标注

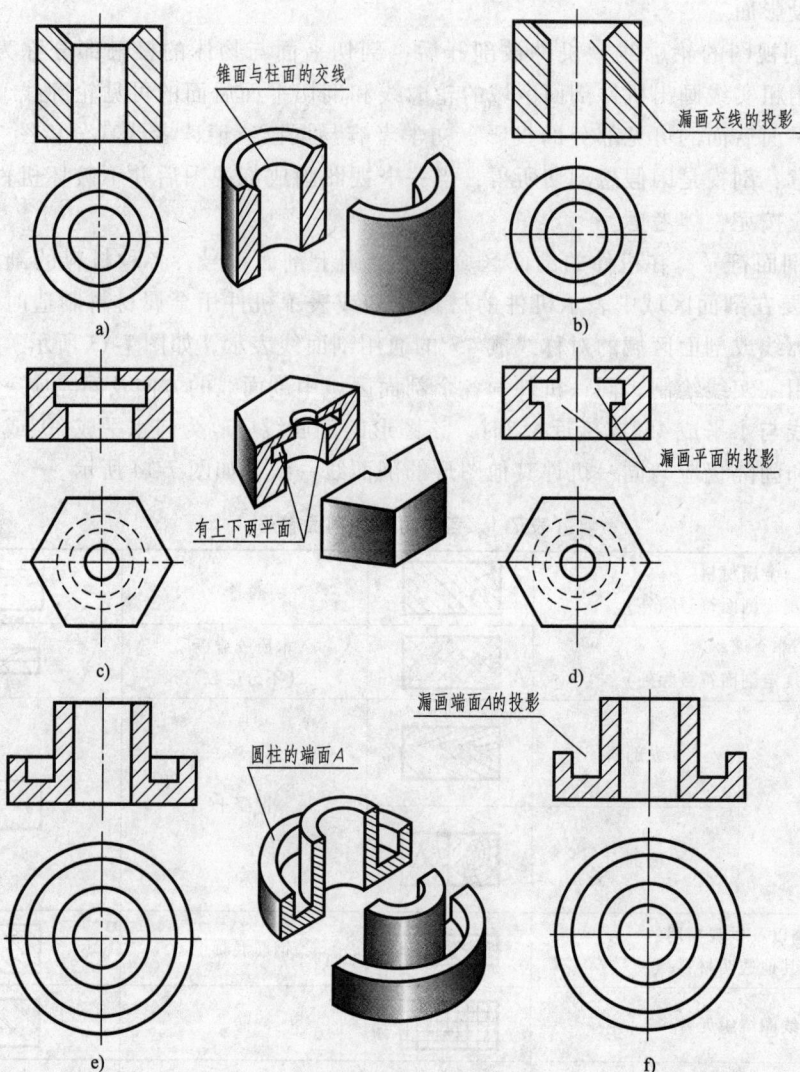

a)

锥面与柱面的交线

b)

漏画交线的投影

c)

有上下两平面

d)

漏画平面的投影

e)

圆柱的端面A

f)

漏画端面A的投影

图 7-12　剖视图中不要漏线

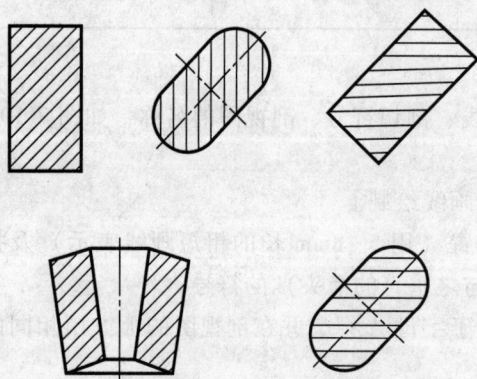

图 7-13　通用剖面线的画法

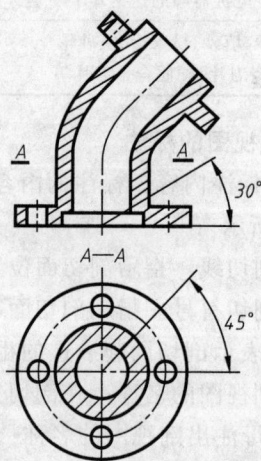

A　　A

30°

$A—A$

45°

图 7-14　剖面线的调整

1）剖切符号之间的剖切线可省略不画，如图 7-15b 所示。

2）当剖视图按投影关系配置，中间又无图形隔开时，箭头可以省略不画，如图 7-14 中的 *A—A*。

3）用单一剖切平面通过机件对称面或基本对称面，且当剖视图按投影关系配置，中间又无图形隔开时，可省略标注，如图 7-12 和图 7-14 中的主视图。

4）用单一剖切平面剖切，剖切位置明显，不标注不致引起误解时，也可省略标注。

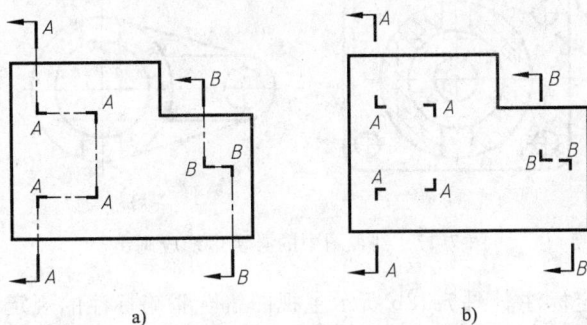

a)   b)

图 7-15 剖切线、剖切符号及字母的组合标注

4. 剖视图中的虚线问题

采用剖视表达机件时，各视图中一般不画虚线，如图 7-16 所示。但当机件的不可见结构必须在剖视图中表示，并且又不影响图形清晰的情况下，允许在剖视图中画出相应虚线，如图 7-17 所示。图 7-17a 所示机件下侧长方孔的形状需要在俯视图中以虚线形式表达，否则该孔形状不够明确；图 7-17b 所示机件左侧安装板上 U 形凸台的厚度需要在主视图中以虚线形式表达。

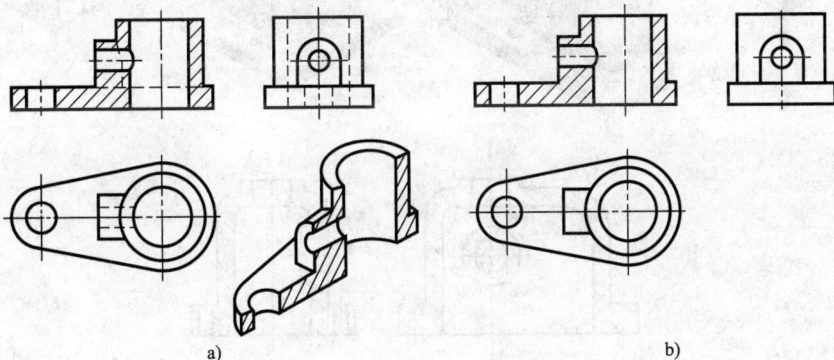

a)   b)

图 7-16 剖视图中去掉不必要虚线

7.2.2 剖视图的种类

根据假想剖切掉实体的多少，剖视图分为全剖视图、半剖视图和局部剖视图。

1. 全剖视图

假想用剖切平面完全地剖开机件所得到的剖视图称为全剖视图。图 7-18 所示主、左视图都是假想用一个平行于投影面的剖切平面完全地剖开机件后得到的剖视图。

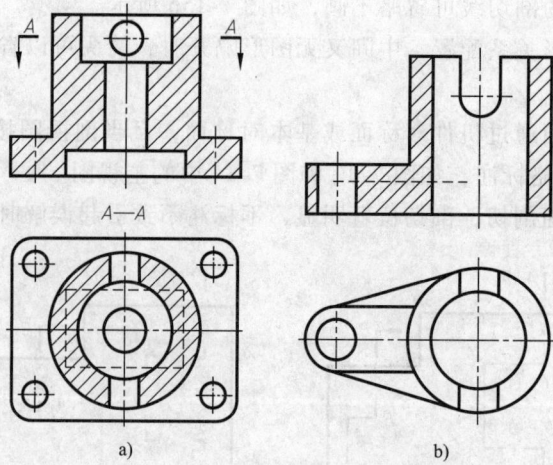

图 7-17　剖视图中的必要虚线应画出

全剖视图应按规定标注。图 7-18b 所示主视图符合省略标注的规定，而左视图因其剖切平面不通过机件的对称面，因此标注了剖切位置及字母 A—A，该图符合省略箭头的规定。

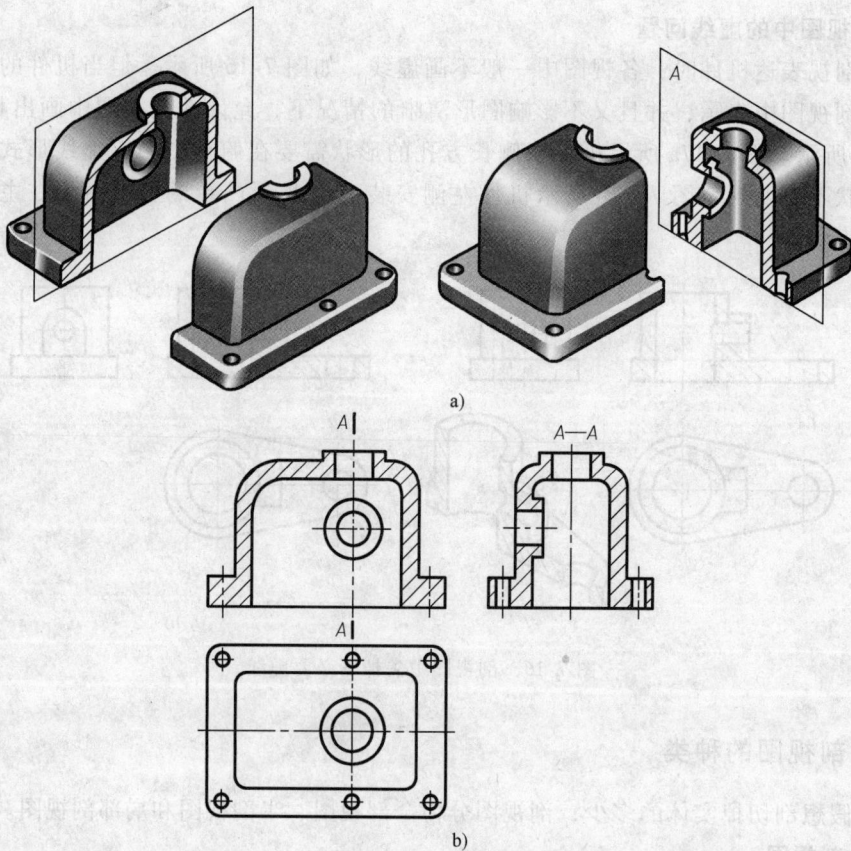

图 7-18　全剖视图

a) 立体图　b) 投影图

全剖视图不利于完整地表达机件外部结构，所以**适用于外形简单、内部结构复杂的机件**。

2. 半剖视图

当机件具有对称平面时，向垂直于对称平面的投影面上投射所得到的图形具有对称性，如果对称中心线不与机件轮廓线的投影重合，可以以对称中心线为界，一半画成视图用以表达外部结构形状，另一半画成剖视图用以表达内部结构形状，这样的剖视图称为半剖视图，如图7-19所示。

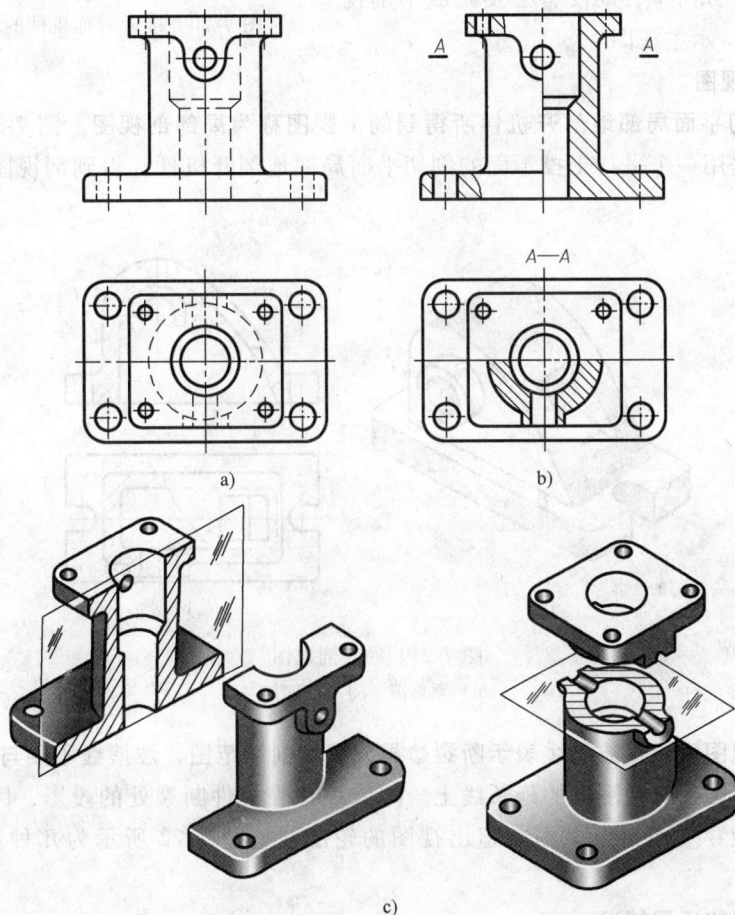

图7-19 半剖视图
a）视图 b）剖视图 c）立体图

在图7-19中，如果主视图画成全剖视图，则顶板下凸台的形状就不能表达清楚；如果俯视图画成全剖视图，则长方形顶板及其上四个小孔的形状和位置也不能表达出来。图7-19b中主、俯视图都画成了半剖视图，兼顾了内、外形状的表达。

画半剖视图时应注意以下几点：

1）半剖视图的外形部分和剖视部分的分界线仍要画成细点画线，不能画成粗实线。

2）由于图形对称，零件的内部形状已在剖视部分中表达清楚，所以，在表达外形的另一半视图中，虚线应省略不画。

3）半剖视图的标注和全剖视图的标注方法相同，如图 7-19b 中的 A—A。

半剖视图能同时表达机件的内、外结构，弥补了全剖视图不利于完整地表达机件外部结构的缺点，常用于内、外形状都需要表达的对称机件。如果机件的形状接近于对称，且不对称的部分已另有图形表达清楚时，也可以画成半剖视图，如图 7-20 所示主视图。如果机件虽具有对称面，但外形十分简单，则没有必要画成半剖视图，如图 7-11 所示主视图。

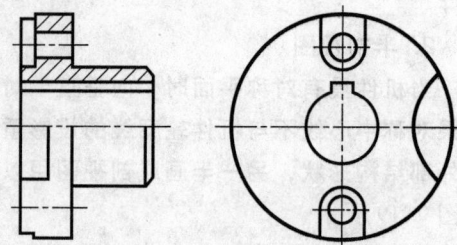

图 7-20　接近对称机件的半剖视图

3. 局部剖视图

假想用剖切平面局部地剖开机件所得到的剖视图称为局部剖视图。图 7-21a 所示机件，主、俯视图都是用一个平行于投影面的剖切平面局部地剖开机件，得到剖视图，如图 7-21b 所示。

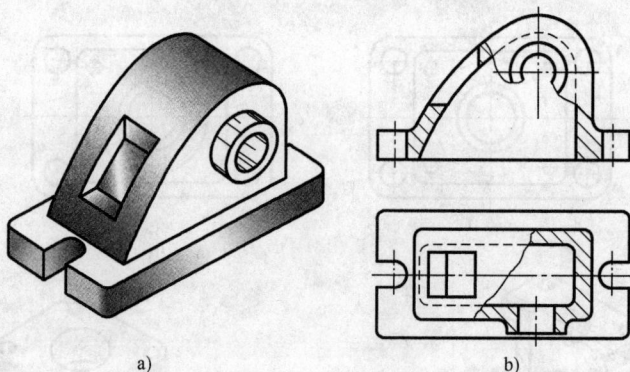

图 7-21　局部剖视图
a）立体图　b）剖视图

画局部剖视图时，用波浪线表示断裂边界，确定剖切范围，波浪线不要与图形中其他图线重合，也不要画在其他图形的延长线上。波浪线代表机件断裂处的投影，因此，如遇孔、槽，波浪线不能穿空而过，也不能超出视图的轮廓线。图 7-22 所示为几种波浪线的错误画法。

局部剖视图的适用情况：

1）不对称的机件，既需要表达其内部形状，又需要保留其局部外形，如图 7-21 所示。

2）对称的机件，但其图形的对称中心线正好与机件轮廓线的投影重合而不宜采用半剖视图，如图 7-23 所示。

局部剖视图比较灵活，运用恰当，可以使图形简明清晰，但在同一个视图中，局部剖视的数量不宜过多，否则会使图形过于破碎。剖切位置明显时，局部剖视图可以省略标注。

7.2.3　剖切面的形式

1. 单一剖切面

前面所接触到的几种剖视图均为采用平行于某一基本投影面的单一剖切平面剖开机件后

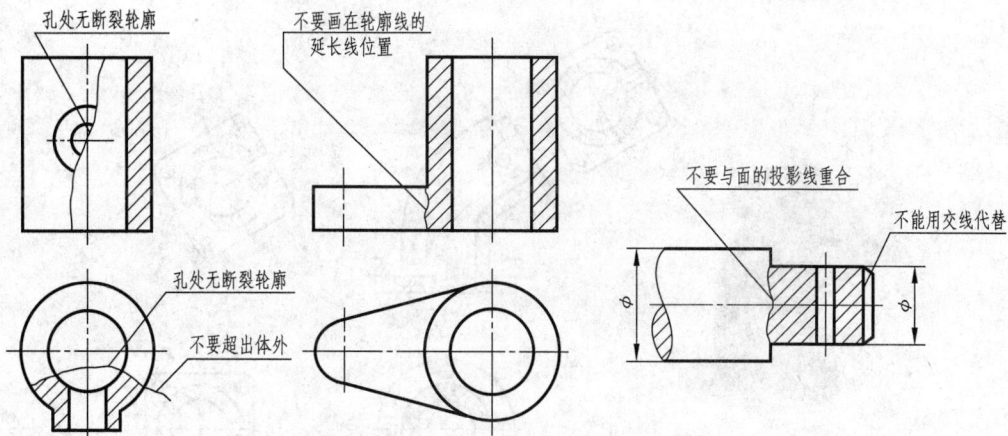

图 7-22 几种波浪线的错误画法

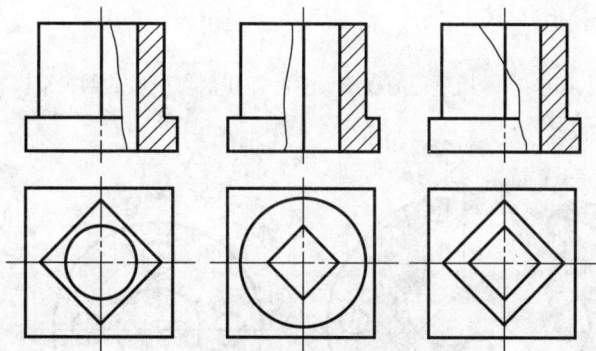

图 7-23 对称机件的局部剖视图

所得，单一剖切面还可以用投影面的垂直面，当机件上具有倾斜部分时可采用此剖切面剖切，如图 7-24a 所示弯管。图 7-24b 中 A—A 就是用正垂面作剖切平面获得的全剖视图，既表达上端法兰结构的形状特征，又表达凸台及其孔的情况。

采用单一的投影面垂直面作剖切平面获得的剖视图必须标注剖切符号和剖视图的名称。注写的字母必须水平书写。图形位置的配置与斜视图类似，即一般按投影关系配置，必要时可以配置在其他适当的位置，如图 7-24b 所示。在不致引起误解时，允许将图形适当旋转，但需加注旋转符号，如图 7-24b 中的"A—A⌒"。

2. 几个相交的剖切平面（交线垂直于某一基本投影面）

用相交的剖切平面剖切的形式通常适用于机件具有较明显回转轴线且用单一平面剖切不能完全表达内部结构的情况。图 7-25a 所示机件，需采用两个相交的剖切平面（交线垂直于 V 面）进行剖切才能在左视图中把内部情况表达完整，投影图如图 7-25b 所示。

注意：

1) 采用相交的剖切平面剖开机件画剖视图时，应先将倾斜剖切平面切着的结构及其有关部分绕交线（旋转轴）旋转到与选定投影面平行后再进行投射，如图 7-25 所示。

2) 用相交的剖切平面剖切，剖切平面后面的结构仍按原位置投射，如图 7-26 所示机件上油孔的投影。

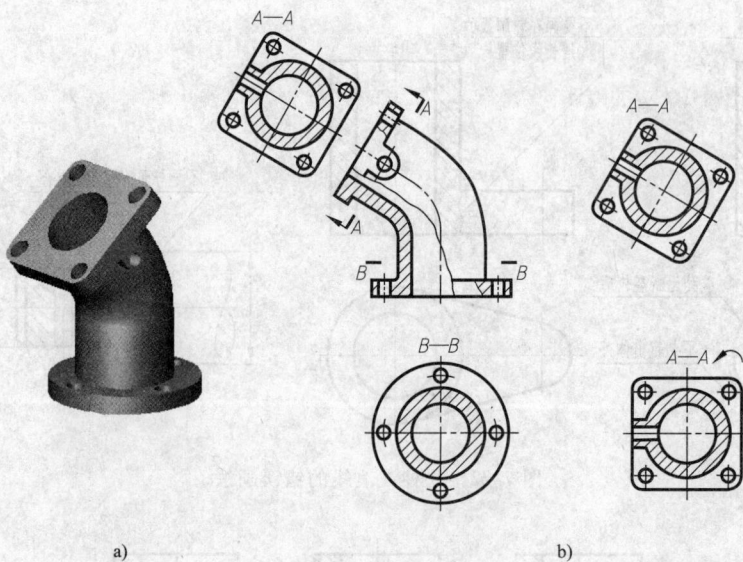

图 7-24 用单一的投影面垂直面作剖切平面的剖视图

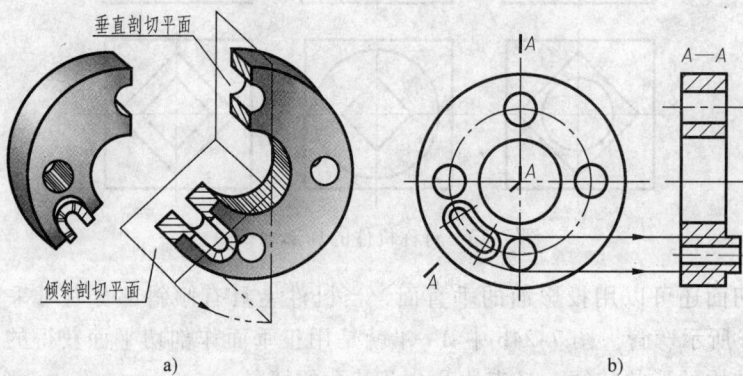

图 7-25 用两相交剖切平面剖切的剖视图

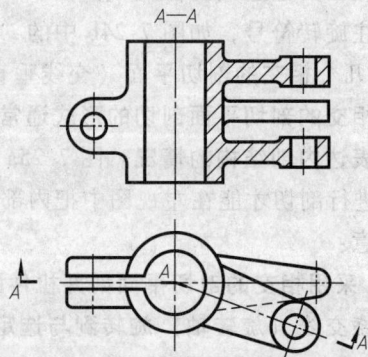

3）当剖切后产生不完整要素时，应将此部分按不剖绘制，如图 7-27 中的臂。

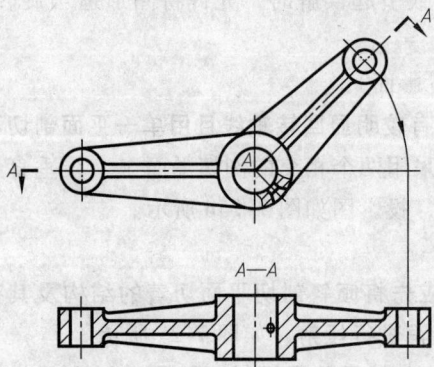

图 7-26 摇杆用两相交剖切平面剖切的剖视图　　图 7-27 夹臂套筒用两相交剖切平面剖切的剖视图

采用这种剖切平面获得的剖视图必须进行标注，如图 7-25～图 7-27 所示。**表示投射方向的箭头应与表示剖切位置的粗短画线在外端垂直**。若剖视图按投影关系配置，中间无图形隔开，允许省略箭头；当剖切平面转折处地方有限且不致引起误解时，允许省略转折处字母。字母应水平书写。

连续用几个相交剖切平面剖切时可采用展开画法获得剖视图并标注"×—×展开"，如图 7-28 所示。

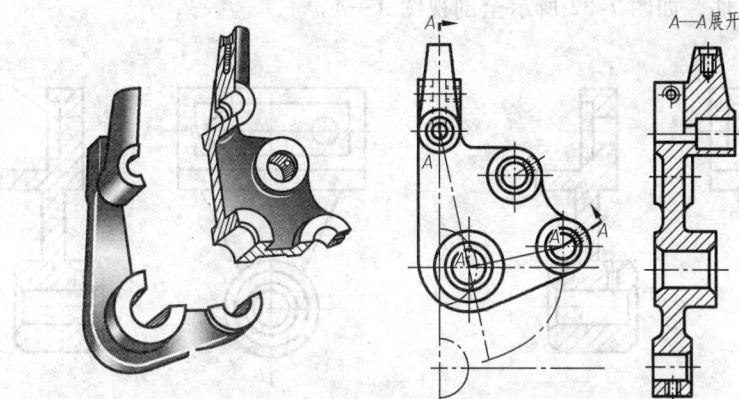

图 7-28　连续用几个相交剖切平面剖切并采用展开画法的剖视图

3. 几个平行的剖切平面

当机件上有较多的内部结构形状，而它们的轴线又不在同一平面内时，可用几个相互平行的剖切平面将机件剖开。如图 7-29 所示机件，用三个相互平行的剖切平面剖开，将主视图画成全剖视图。

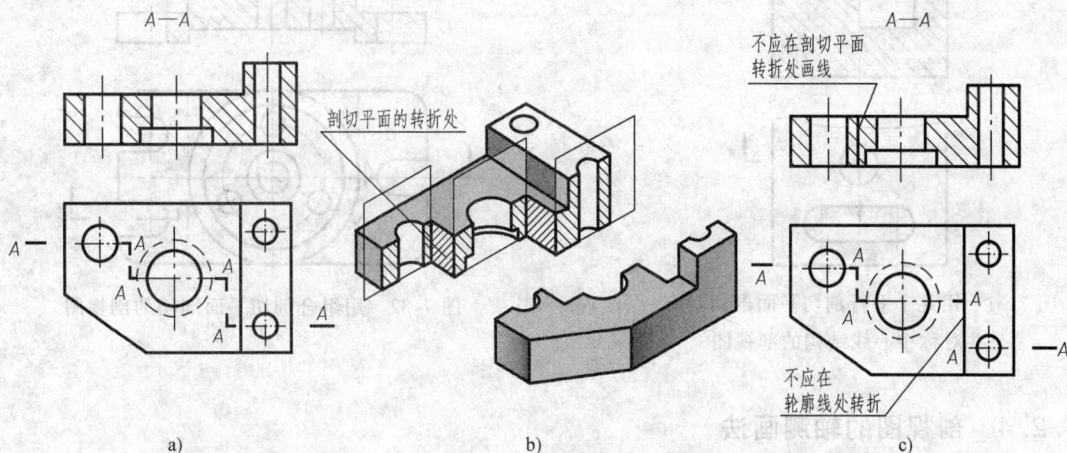

图 7-29　用几个平行剖切平面剖切的剖视图
a）投影图　b）立体图　c）错误画法

采用这种剖切平面获得的剖视图也必须进行标注，标注方法与用相交的剖切平面剖切获得的剖视图的标注要求基本一致，如图 7-29 所示。

用这种剖切平面获得剖视图应注意以下几点：

1）几个相互平行的剖切平面转折处为直角。

2）在剖视图中不应画出两剖切平面转折处的投影，如图 7-29c 所示。

3）剖切平面转折处不应与图上的轮廓线重合，如图 7-29c 所示。

4）在剖视图中不应出现不完整要素，如图 7-30b 所示。只有当两个要素在图形上具有公共对称中心线或轴线时，可以以公共对称中心线或轴线为界，各画一半，如图 7-31 所示。

当机件的内部结构形状较多，用以上剖切平面单独使用不能表达完全时，可以采用组合的剖切平面剖开机件，如图 7-32 所示全剖视图 A—A。

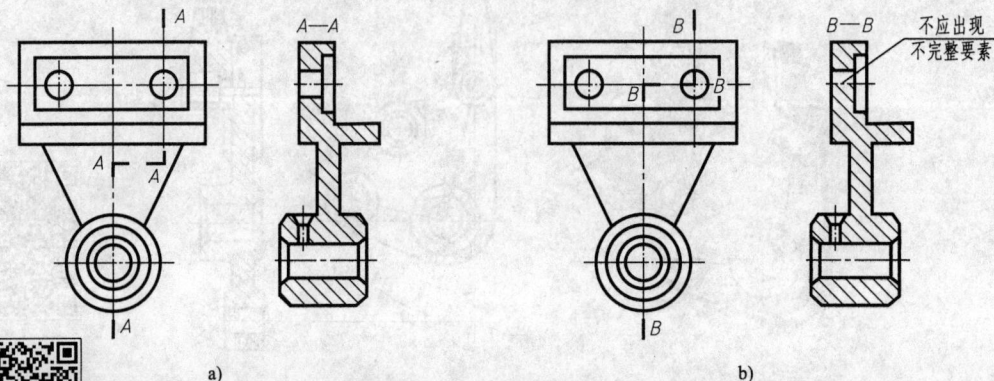

a)   b)

图 7-30　悬吊轴承用几个平行剖切平面剖切的剖视图

a）正确　b）错误

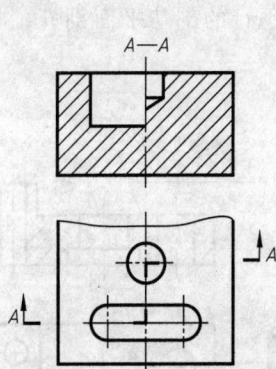

图 7-31　用几个平行剖切平面剖切具有
公共对称中心线结构的剖视图

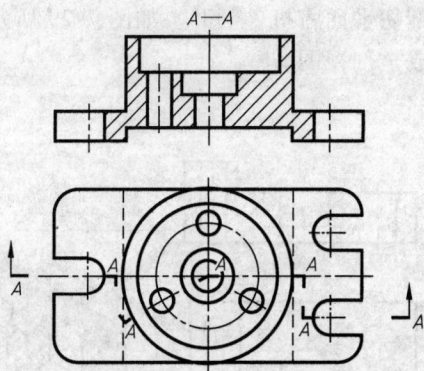

图 7-32　用组合剖切平面剖切的剖视图

7.2.4　剖视图的轴测画法

画机件轴测图时，为了表达内部形状，可假想用剖切平面将其剖开，画成轴测剖视图。通常是用两个平行于坐标面的相交平面将机件剖去四分之一，为避免破坏机件的完整性，一般不采用全剖。

1. 轴测剖视图画法的有关规定

1）被剖切平面所截的剖面上，应画剖面线，轴测图中剖面线的方向应按图 7-33 所示绘制。注意：平行于三个坐标面的剖面上，剖面线方向是不同的。

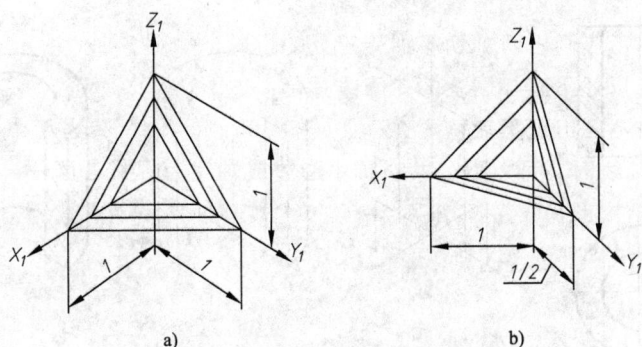

图 7-33 轴测图中剖面线的方向

a) 正等轴测图中剖面线的方向 b) 斜二等轴测图中剖面线的方向

2) 当剖切平面通过机件上肋、轮辐或薄壁结构的纵向对称平面或基本对称线（即纵向剖切）时，这些结构不画剖面线，而用粗实线将其与邻接的部分分开，如图 7-34 所示。

3) 表示机件中间折断或局部断裂时，断裂处的边界线用波浪线表示，并在可见断裂面内加画细点以代替剖面线，如图 7-35 所示。

图 7-34 机件上肋板纵切的画法

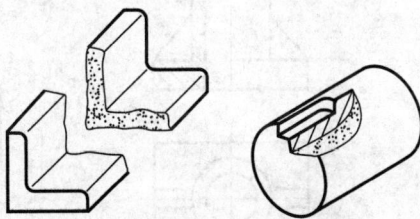

图 7-35 机件断裂面的画法

2. 轴测剖视图画法举例

画轴测剖视图的方法一般有以下两种：

1) 先画外形，后画剖面和内形，如图 7-36 所示。

2) 先画剖面，后画内形和外形，如图 7-37 所示。

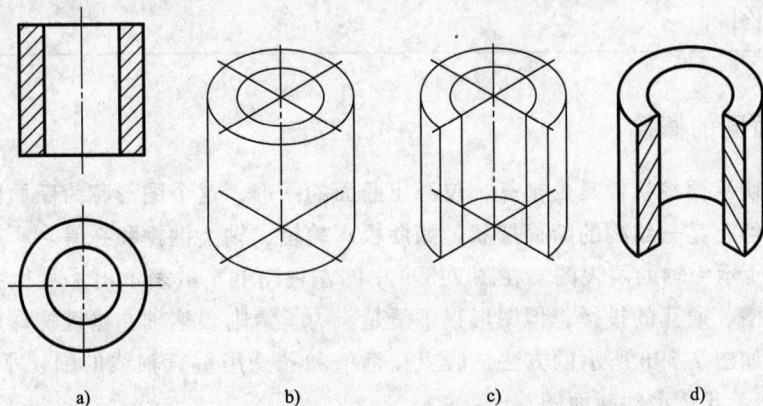

图 7-36 空心圆柱轴测剖视图的画法（先画外形，后画剖面和内形）

a) 已知空心圆柱 b) 画完整空心圆柱 c) 画剖面和内形 d) 画剖面线，加深图线，完成全图

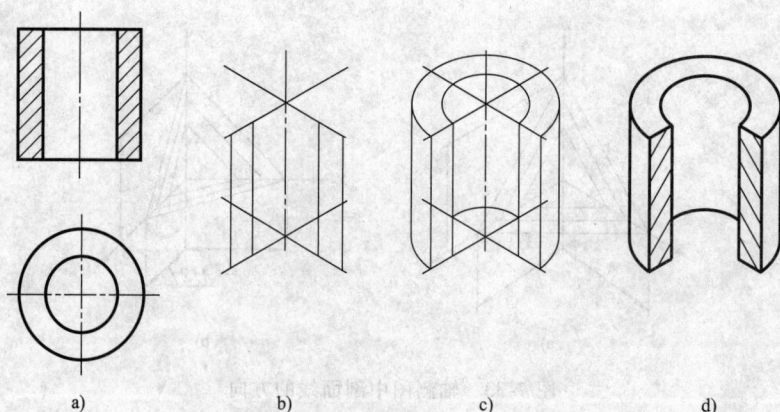

图 7-37　空心圆柱轴测剖视图的画法（先画剖面，后画内形和外形）

a）已知空心圆柱　b）画剖面　c）画内形和外形　d）画剖面线，加深图线，完成全图

图 7-38a 所示的底座可采用先画剖面，再画内形和外形的画法画出轴测剖视图，如图 7-38b、c 所示。

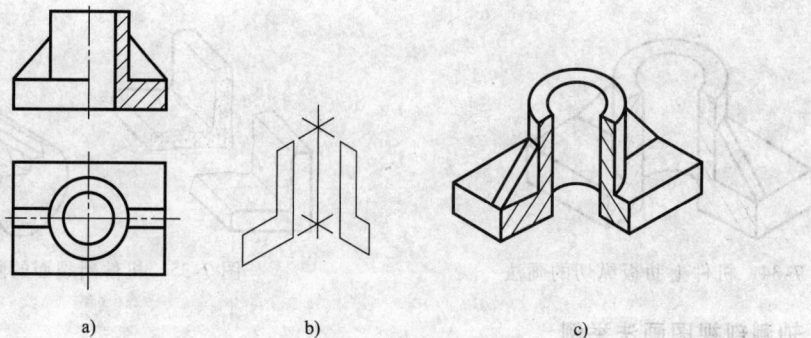

图 7-38　底座轴测剖视图的画法

a）已知底座　b）画剖面　c）画内外形和剖面线，加深图线，完成全图

7.3　断面图

7.3.1　断面图的概念

假想用剖切平面将机件某处剖开，仅画出断面的图形，这个图形称为断面图。断面图通常用来表示机件上某一结构的断面形状，如肋板、轮辐、轴上键槽和孔等。

图 7-39a 所示为轴的两视图。在图 7-39a 中的左视图上，虽表示出了直径不相同的各轴段的形状及键槽、通孔的投影，但图形很不清楚。为了清晰表达轴左侧键槽深度及右侧孔的深浅，可采用如图 7-39b 所示的方法，假想在键槽和孔处用垂直轴线的剖切平面将轴切开，画出如图 7-39c、d 所示的断面图。

对比图 7-39c、e 可知，断面图和剖视图的区别在于：断面图仅画出机件的断面形状，而剖视图则是将机件处在观察者与剖切平面之间的部分移去后，除了断面形状外，还要画出机件留下部分的投影。正因如此，在一些机件的表达中，采用断面图比剖视图更显得简洁明了。

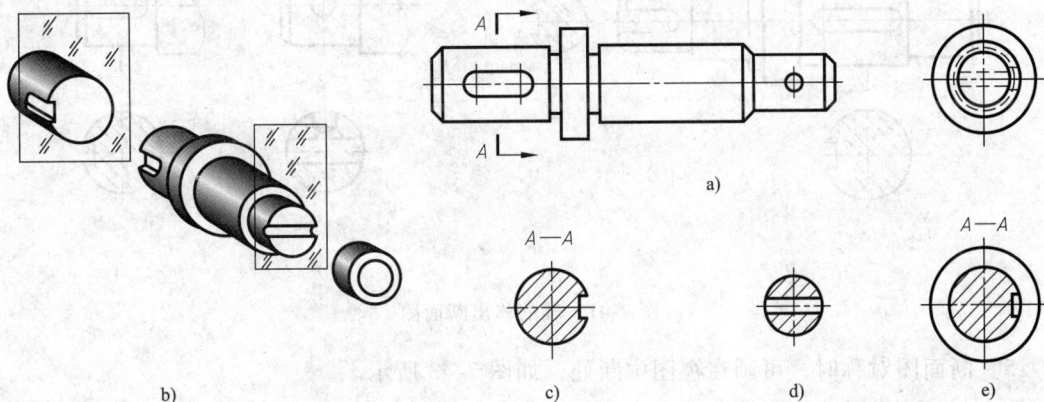

图 7-39 轴的断面图、断面图和剖视图的区别

a）视图 b）画断面图的过程 c）A—A 断面图 d）断面图 e）A—A 剖视图

又如图 7-40 所示机件左侧三角形肋板，从肋板前表面到后表面的过渡情况只有假想用剖切平面垂直于所需表达结构的主要轮廓切开，画出断面图，才能表达得既淋漓尽致，又简洁明了。图 7-40 中画出了肋板从前表面到后表面过渡的两种情况下的断面图。

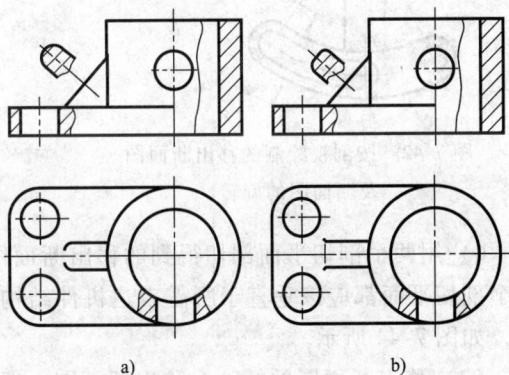

图 7-40 机件上肋板的断面图

7.3.2 断面图的种类、画法及标注

根据断面图布置位置的不同，断面图分为移出断面图和重合断面图两种。

画在视图外的断面图，称为移出断面图，如图 7-40~图 7-44 所示。**画在视图内的断面图，称为重合断面图**，如图 7-45 所示。

1. 移出断面图的画法及标注

（1）移出断面图的画法

1）**移出断面图轮廓线用粗实线绘制，同时画上剖面符号**，如图 7-41 所示。

2）**移出断面图应尽量配置在剖切符号或剖切线（用细点画线表示）的延长线上**，如图 7-39d、图 7-40、图 7-41a 左侧断面、图 7-41b 和图 7-41c 所示。必要时可配置在其他位置上，如图 7-39c、图 7-41a 右侧断面所示。在不致引起误解时，允许将图形旋转，但必须用旋转符号注明旋转方向，如图 7-42 中 A—A 所示。

3）**当剖切平面通过回转面形成的孔或凹坑轴线时，这些结构的断面图按剖视图绘制，即画成闭合图形**，如图 7-39d、图 7-41b、图 7-41c 所示。

4）**当剖切平面通过非圆孔会导致出现完全分离的断面时，这些结构的断面图按剖视图绘制**，如图 7-42 中 A—A 所示。

图 7-41　轴的移出断面图

5）断面图对称时，可画在视图中断处，如图 7-43 所示。

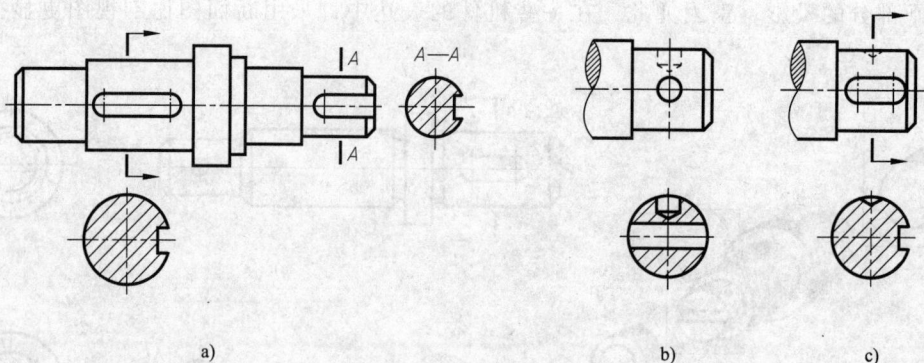

图 7-42　按剖视绘制的移出断面图
及断面图的旋转

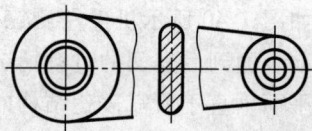

图 7-43　移出断面图布置在视图中断处

6）用两个剖切平面剖切得到的移出断面图，中间应断开，每个剖切平面都应该垂直于所需表达机件结构的主要轮廓或轴线，如图 7-44 所示。

（2）移出断面图的标注　移出断面图一般应用剖切符号表示剖切位置和投射方向，注上字母，并在断面图上方用同样的字母标出相应的名称 "×—×"，如图 7-39c 和图 7-42 所示。

在下面几种情况下，可以部分或全部省略标注。

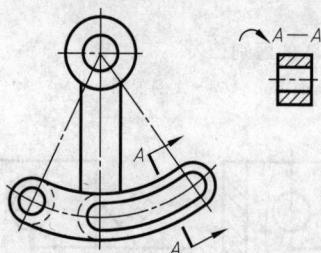

图 7-44　两相交剖切平面得到
的移出断面图中间断开

1）**配置在剖切线或剖切符号延长线上的移出断面图，可省略字母**，如图 7-39d、图 7-40、图 7-41a 左侧断面及图 7-41b 和图 7-41c 所示。

2）对称移出断面图以及按投影关系配置的移出断面图，可省略箭头。图 7-39d、图 7-40、图 7-41b 属于对称移出断面图，图 7-41a 右侧断面 A—A 属于按投影关系配置的情况，均省略了箭头。

3）**配置在剖切线延长线上的对称移出断面图以及配置在视图中断处的移出断面图，不需标注**，如图 7-39d、图 7-40、图 7-41b、图 7-43 和图 7-44 所示。

2. 重合断面图的画法及标注

（1）重合断面图的画法　用细实线绘制重合断面图的轮廓线，同时画上剖面符号。当视图中的轮廓线与重合断面图重合时，视图中的轮廓线应连续画出，不可间断，如图 7-45 所示。

（2）重合断面图的标注 对称的重合断面图不需标注，如图 7-45a 所示；不对称的重合断面图不必标注字母，但仍要在剖切符号处画上箭头，以表明投射方向，如图 7-45b 所示。

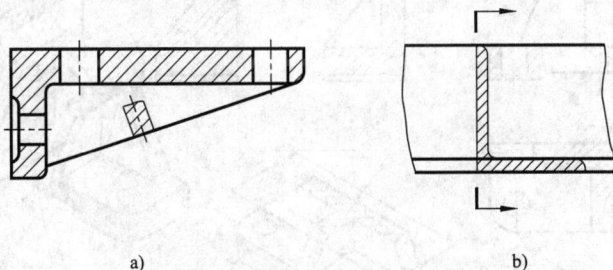

a)   b)

图 7-45 重合断面图的画法及标注

a) 对称的重合断面图 b) 不对称的重合断面图

7.4 其他表达方法

7.4.1 规定画法

1. 局部放大图

将机件的部分结构，用大于原图形所采用的比例画出的图形，称为局部放大图。 如图 7-46 所示机件的螺纹退刀槽和挡圈槽的局部放大图。当机件上的某些细小结构在原图形中表达得不清楚或不便于标注尺寸时，可采用局部放大图。局部放大图可以画成剖视图、断面图或视图，与被放大部位的表达方法无关。

绘制局部放大图时，应用细实线的圆或长圆圈出被放大部位，并尽量将图形配置在被放大部位的附近，便于对照阅读。当一机件上有几个需要放大的部位时，必须用罗马数字依次标明被放大部位，并在局部放大图的上方标注出相应的罗马数字和所采用的比例。当机件上只有一个被放大部位时，在局部放大图上方只需注明所采用的比例。

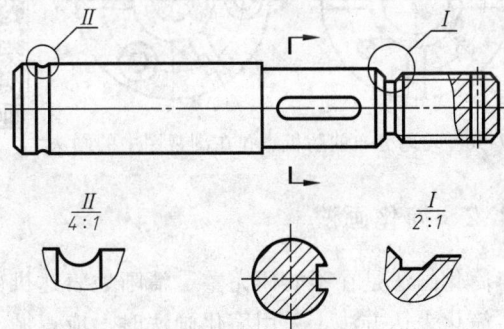

图 7-46 局部放大图

2. 剖视图中肋板、轮辐、薄壁等结构的规定画法

1）机件上经常有肋板、轮辐及薄壁等结构，国家标准规定：**当剖切平面通过机件上肋板、轮辐及薄壁等结构的对称面或基本轴线（即纵向剖切）时，这些结构都不画剖面符号，而用粗实线将它与其邻接部分分开。**

图 7-47 所示轴承座，其上下两部分用支承板连接，中间有起加强作用的肋板。轴承座的左视图、俯视图均画成了全剖视图。左视图中肋板属于纵向剖切，按此项规定不画剖面符号。俯视图中肋板被横向剖切，在反映其厚度的剖视图上，要画出剖面符号。

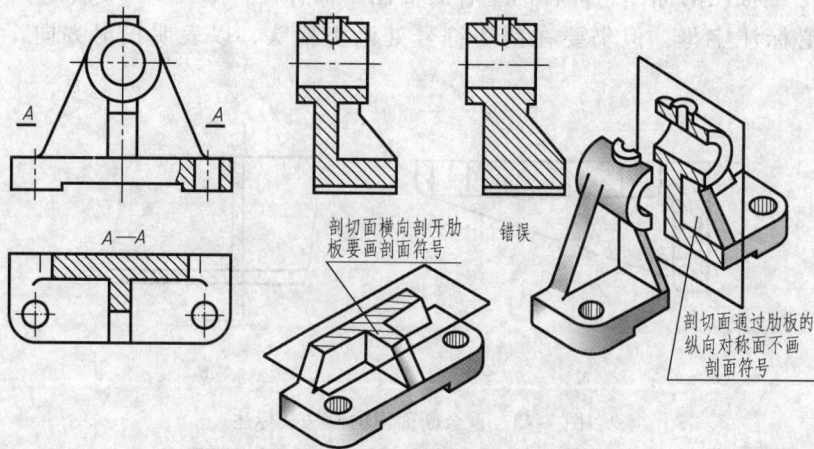

图 7-47 肋板结构在剖视图中的画法

2）当回转零件上成辐射状均匀分布的肋板、轮辐、孔等结构不处于剖切平面上时，可将这些结构旋转到剖切平面上画出，如图 7-48 所示左侧机件底板上的安装孔及右侧机件上的肋板及阶梯孔、图 7-49 所示轮辐。

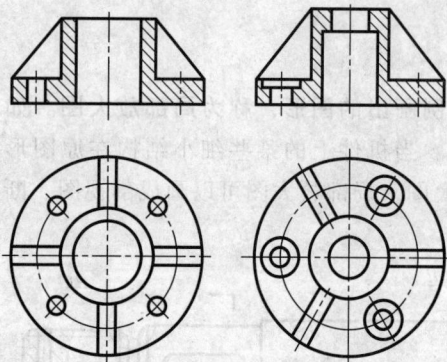

图 7-48 均匀分布的肋板、孔在剖视图中的画法

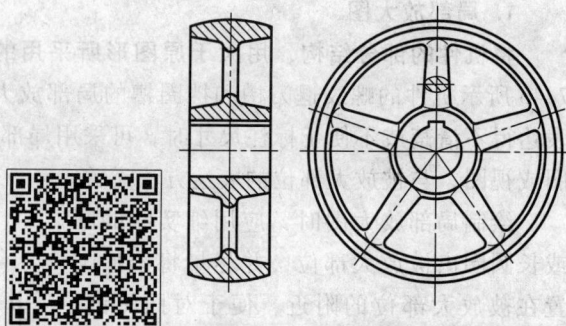

图 7-49 轮辐在剖视图中的画法

7.4.2 简化画法

简化画法是在不妨碍完整、清晰地表达机件形状的前提下，力求制图简便、看图方便的一些简化表达方法。采用简化画法时，应遵循《技术制图》和《机械制图》国家标准的有关规定。这里扼要介绍国家标准常用的一些简化方法。

1. 相同结构的省略画法

1）当机件具有若干相同结构（如齿、槽等）并按一定规律分布时，只需要画出几个完整的结构，其余用连续的细实线代替其外形轮廓，但在零件图中必须注明该结构的总数，如图 7-50 所示。

2）当机件具有若干个尺寸相同且成一定规律分布的孔（圆孔、螺孔、沉孔等）时，可以仅画出一个或几个，其余只需用细点画线表示出孔的中心位置，但在零件图中应注明孔的总数，如图 7-51 所示。

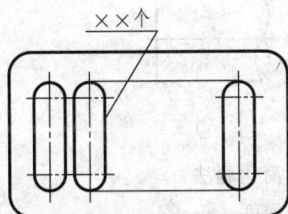

图 7-50 相同结构的表达方法

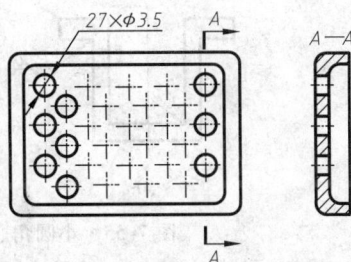

图 7-51 孔规律分布时的表达方法

3）对于网状物、编织物或机件上的滚花部分，用粗实线全部或部分地表示出来，并在图样上或技术要求中注明这些结构的具体要求，如图 7-52 所示。

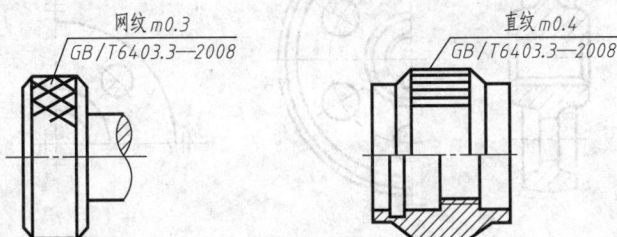

图 7-52 滚花的表达方法

2. 图形中较小结构的规定画法

1）机件上较小结构所产生的截交线、相贯线，如果在一个图形中已表示清楚，则在其他图形中可以简化或省略，如图 7-53a 所示轴上加工键槽产生的截交线、相贯线，图 7-53b 所示轴被切产生的截交线。

2）对于机件上斜度不大的结构，如在一个图形中已表达清楚，其他图形可以只按小端画出，如图 7-54 所示。

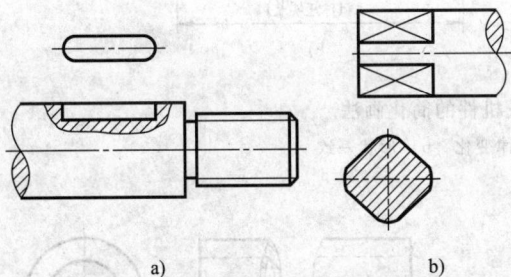

图 7-53 机件上较小结构产生的交线的简化画法

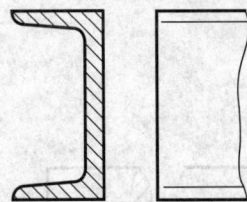

图 7-54 小斜度结构的简化画法

3）在不致引起误解时，机件的小圆角、锐边小倒圆、45°小倒角允许省略不画，但必须注明尺寸或在技术要求中加以说明，如图 7-55 所示，图中的 "C" 代表 45°倒角。

3. 图形的其他省略和规定画法

1）在不致引起误解时，对称机件视图可以只画一半或四分之一，并在对称中心线两端画出两条与其垂直的平行细实线，如图 7-56 所示。

2）较长的机件（轴、杆、型材、连杆等）沿长度方向的形状一致或按一定规律变化

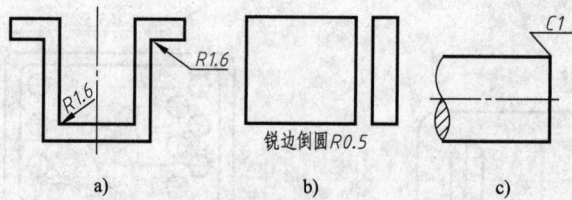

图 7-55 小圆角、小倒角等结构的简化画法

a）小圆角 b）锐边倒圆 c）小倒角

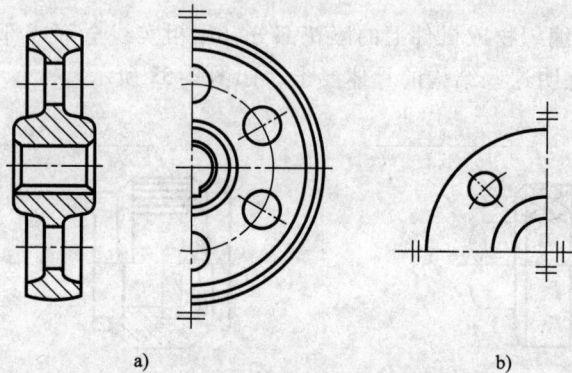

图 7-56 对称机件视图的简化画法

时，允许断开缩短绘制（用波浪线表示断裂边界），但必须按机件原来的实际长度标注尺寸，如图 7-57 所示。实心圆柱和空心圆柱断裂处也可以按图 7-58 所示绘制。

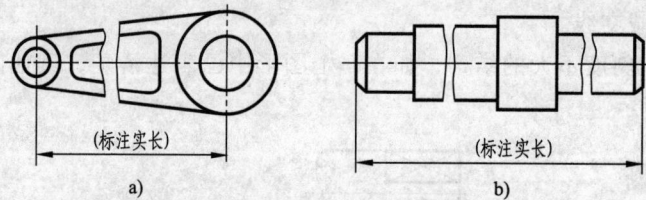

图 7-57 较长机件的简化画法

a）形状按一定规律变化 b）形状一致

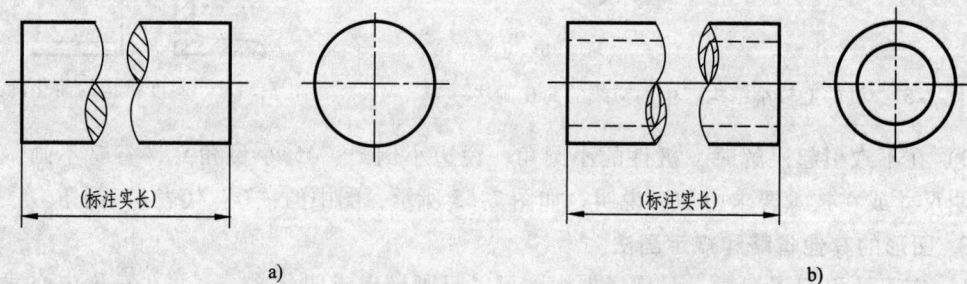

图 7-58 实心圆柱和空心圆柱断裂处的简化画法

a）实心圆柱断裂处的简化画法 b）空心圆柱断裂处的简化画法

3）零件上对称结构的局部视图，可单独画出，如图 7-53a 所示键槽的局部视图。

4）当图形不能充分表达平面时，可用平面符号（用两条细实线画出对角线）表示，如图 7-59 所示。

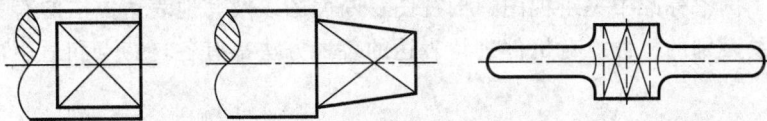

图 7-59　用平面符号表示平面

5）在剖视图的剖面中可再进行一次局部剖视。采用这种表达方法时，两个剖面的剖面线应同方向、同间隔，但需相互错开，并用引出线标注其名称，如图 7-60 所示。如果剖切位置明显，也可省略标注。

6）在需要表示位于剖切平面前的结构时，这些结构按假想投影的轮廓线（细双点画线）绘制，如图 7-61 所示。

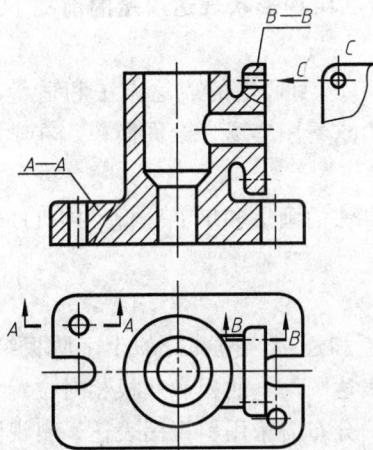

图 7-60　剖视图的剖面中再进行局部剖视的画法

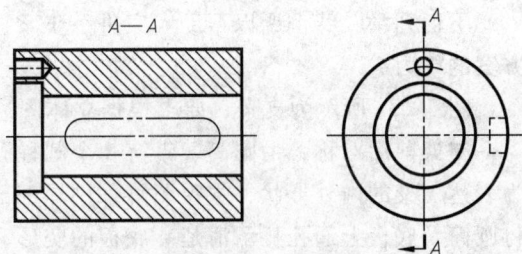

图 7-61　剖切平面前结构的画法

7）在不致引起误解时，剖视图及零件的移出断面图，允许省略剖面符号，但剖视图及断面图的标注必须符合规定，如图 7-62 所示。

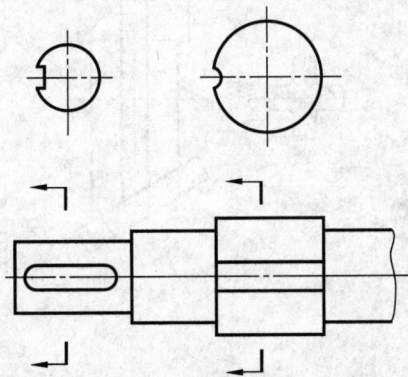

图 7-62　断面图中剖面符号的省略

167

7.5 综合应用举例

本章讲述了国家标准中关于视图、剖视图、断面图以及其他表达方法的有关规定，以表达结构形状千差万别的机件。对机件进行表达的各种方法都有各自特点和适用范围，要注意合理选用。

1）视图用于表达机件的外部结构，包括基本视图、向视图、局部视图、斜视图。

2）剖视图包括全剖视图、半剖视图、局部剖视图。当机件内部结构比较复杂时，根据内外结构形状特点，可以假想用单一剖切平面、几个相交的剖切平面、几个平行的剖切平面、组合的剖切平面等不同形式的剖切平面进行剖切，从而画成全剖视图表达机件内部结构，画成半剖视图或局部剖视图同时表达内外结构。

3）断面图用来表示机件上肋板、轮辐、轴上键槽和孔等结构的断面形状，作图简单且重点突出，包括移出断面图和重合断面图。

4）机件上的细小结构可采用局部放大图进行表达；在结构形状表达清楚的前提下，为简化作图，方便看图，可以采用简化画法。

对于不同结构形状的机件，确定表达方案的原则是：选用适当的表达方法和适量的图形，在正确、完整、清晰表达机件结构形状的前提下，力求看图容易、绘图简单。在学习过程中，要注意培养分析不同机件表达方案的能力。

下面列举一些例题以帮助大家进一步掌握这些表达方法的画法和培养分析不同机件表达方案的能力。

图 7-63a 所示为支架，要求根据立体图进行表达。

支架前后对称，由圆筒、带有4个圆柱孔的倾斜底板和连接这两部分的十字肋板组成。为表达支架的内外形状，主视图宜采用局部剖视图，既表达圆筒、肋板和底板相对位置，又将圆筒及底板上通孔显示清楚。底板的实形和其上小孔的分布需采用斜视图表达，斜视图还能说明底板与肋板的前、后相对位置。为表示圆筒与肋板的前、后相对位置，可用左视图表示，为避免倾斜底板带来的不便，左视图应画成局部视图。十字肋板的断面形状需要由移出

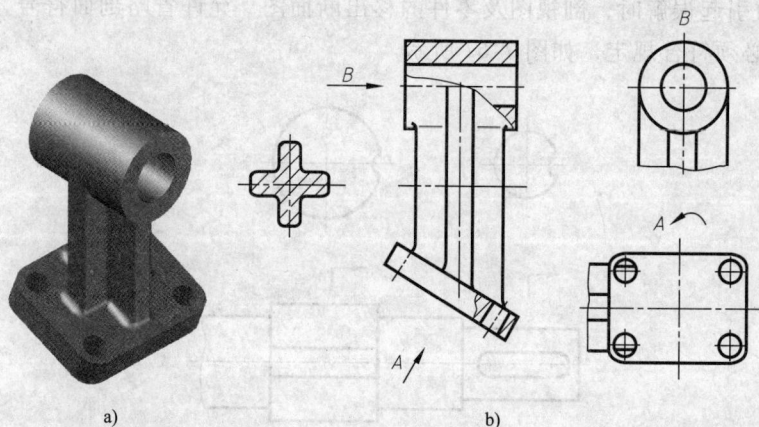

图 7-63 支架
a）支架立体图 b）支架的表达

断面图来表示。这样用图 7-63b 所示四个图形正确、完整、清晰地表达了支架的结构形状。

图 7-64 所示为四通管接头，四通管接头可分为三部分，主体管、左通管和右前方通管，分析其表达方案。

四通管接头采用五个图形表达。主视图 A—A 为假想用两相交的剖切平面剖切画出的全剖视图，清楚地表达了机件的内腔，尤其是清楚地表达了机件三个组成部分上下方向上的相对位置。俯视图 B—B 为假想用两个平行于水平投影面的剖切平面构成阶梯状剖切面剖切画出的全剖视图，它补充表达了三个组成部分之间的内、外连接情况，由图中还可以清楚地看出左通管与右前方通管轴线间的夹角、主体管下方底盘的形状及其上孔的分布。C—C 为假想用垂直于水平投影面的剖切平面铅垂面剖切所画出的全剖视图，表达了右通管的管道和凸缘的形状及凸缘上两圆柱孔的分布。D—D 为全剖视图，表达了左通管的管道、凸缘形状及凸缘上孔的分布、肋板的厚度。E 向局部视图表达了机件上端凸缘的形状和孔的分布。用五个图形完整、清晰地表达了这一复杂机件。

图 7-65 所示为用三个基本视图表达了壳体的内外形状，请分析为什么采用这种表达方案。

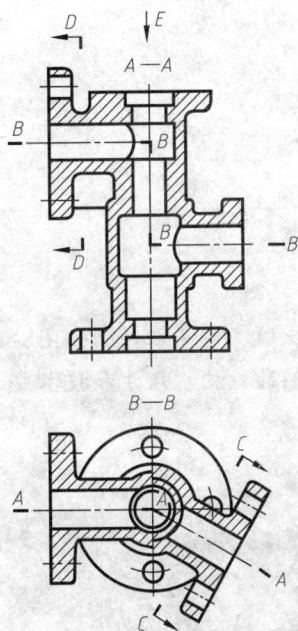

图 7-64 四通管接头

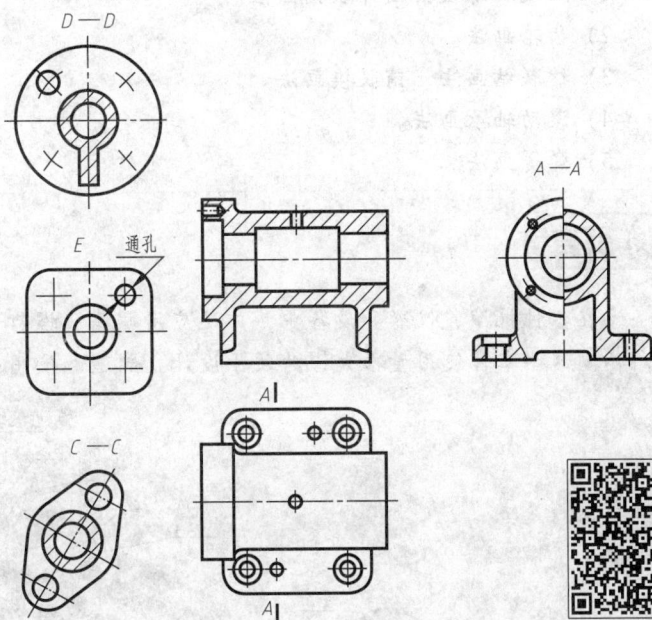

图 7-65 壳体

🔬 实践与练习

1) 到模型室观察组合体，分析表达方案并绘图。

2) 到模型室拆装减速器或齿轮油泵，了解其中各零件的作用，分析各零件的表达方案。

3) 组合体一章中采用并、交、差的组合方式进行了设计，采用合理的表达方案重新表达设计结果。

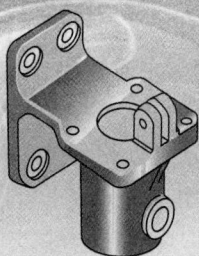

第8章

标准件和常用件

📖 **知识要点** ‖‖‖

1）螺纹及螺纹紧固件联接画法。

2）齿轮画法。

3）键联结画法、销联接画法。

4）滚动轴承画法。

5）弹簧画法。

🔻 **引言**

在各种机械、仪器和设备中，广泛应用螺栓、螺钉、螺母、键、销等零件，如图8-1所示。这些零件使用量很大，为便于设计、制造和使用，对它们的结构、尺寸和技术要

图 8-1 齿轮油泵

求全部实行了标准化，这些零件称为标准件。对常用的齿轮等零件的部分重要参数，实行了系列化，通常把这些零件称为常用件。除标准件、常用件以外的其他零件称为一般件或专用件。

零件的结构、尺寸标准化后，加工时就可以使用标准的切削刀具或专用机床，进行大批量生产，从而简化设计，并减少加工成本。画图时，为了提高画图效率，对上述零件的某些形状和结构不必按真实投影绘制，而是根据国家标准规定的画法、代号和标记进行绘图和标注。

本章重点介绍标准件和常用件的规定画法及其标注方法。

8.1 螺纹及螺纹紧固件

8.1.1 螺纹的形成及工艺结构

（1）圆柱螺旋线　如图 8-2 所示，点沿着圆柱表面运动的轨迹为圆柱螺旋线，该点轴向位移和相应角位移成定比。动点 A 旋转一周沿轴线方向移动的距离称为导程。

（2）螺纹　在圆柱表面上，沿着螺旋线所形成的具有规定牙型的连续凸起（凸起是指螺纹两侧面间的实体部分，又称为牙）。螺纹也可看作一个与轴线共面的平面图形（三角形、梯形、矩形等）沿圆柱面做螺旋运动而形成的，如图 8-3 所示。

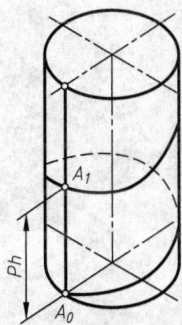

图 8-2　圆柱螺旋线的形成

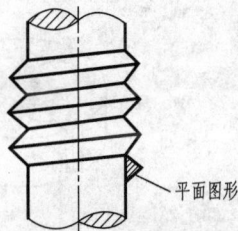

图 8-3　螺纹的形成

螺纹可用多种方法制造。图 8-4 所示为在车床上车削内、外螺纹的情况。对于直径小的螺纹，可用板牙和丝锥加工，如图 8-5 所示。

在圆柱外表面上所形成的螺纹称为外螺纹，在圆柱内表面上所形成的螺纹称为内螺纹。在加工螺纹过程中，由于刀具的切入（或压入），使螺纹表面构成了凸起和沟槽两部分。

在螺纹凸起的顶部，连接相邻两个牙侧的螺纹表面称为螺纹的牙顶。在螺纹沟槽底部，连接相邻两个牙侧的螺纹表面称为螺纹的牙底。在通过螺纹轴线的剖面上，牙顶和牙底之间的螺纹表面称为牙侧，如图 8-6a 所示。

（3）螺纹的工艺结构　常见的螺纹工艺结构有倒角、螺尾和退刀槽。

1）倒角。为了便于内、外螺纹旋合和防止碰伤螺纹端部，通常在螺纹的起始处加工出倒角，如图 8-6b 所示。

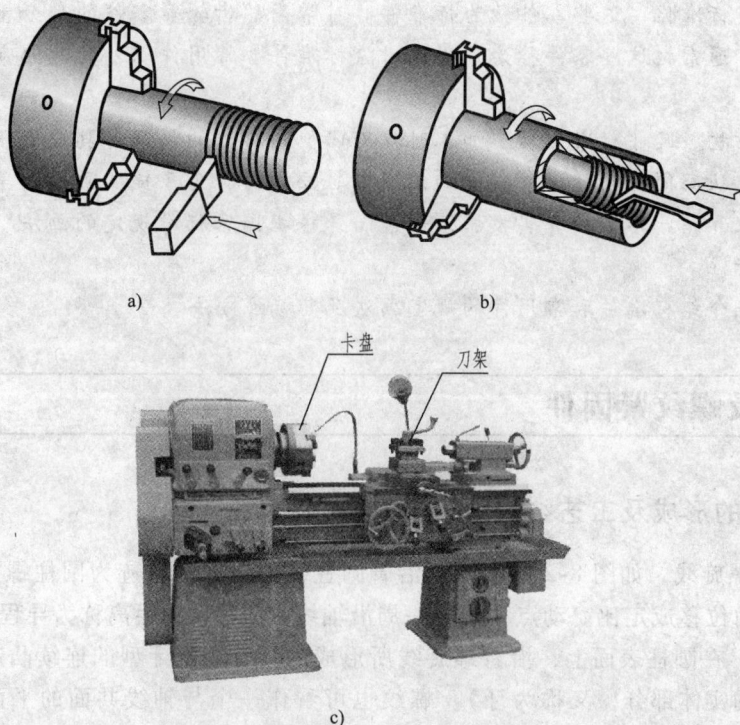

图 8-4　在车床上车削内、外螺纹的情况

a) 车削外螺纹　b) 车削内螺纹　c) 车床外形

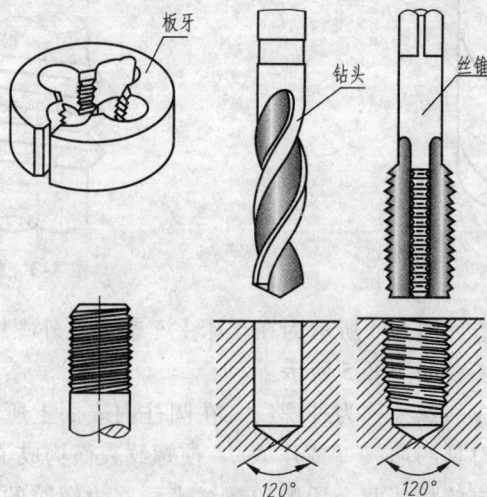

图 8-5　用板牙和丝锥加工螺纹

2) 螺尾和退刀槽。加工螺纹时，刀具快到螺纹终止处时要逐渐离开工件，因而螺纹尾部形成一小段不完整的螺纹，称为螺尾，如图 8-6b 所示。螺纹的有效长度为完整螺纹的长度，不包括螺尾。有时为了联接和定位，需避免产生螺尾，此时在螺纹终止处预先加工出退刀槽，如图 8-6c 所示。

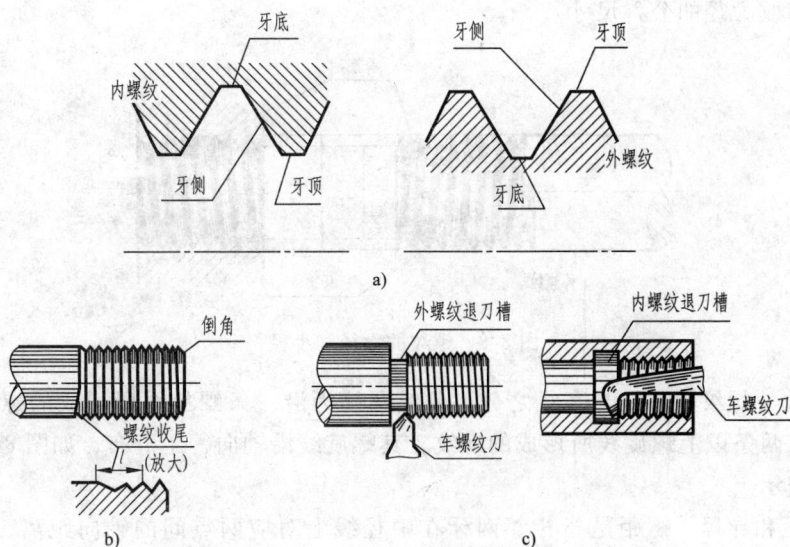

图 8-6 螺纹的牙顶、牙底、牙侧和螺纹的工艺结构

a) 螺纹牙顶、牙底、牙侧 b) 倒角和螺尾 c) 螺纹退刀槽

8.1.2 螺纹的要素

外螺纹和内螺纹通常成对使用，但要使内、外螺纹旋合在一起，下列要素必须一致：

（1）牙型 在通过螺纹轴线的剖面上，螺纹的轮廓形状称为牙型。常见的螺纹牙型有三角形、梯形、锯齿形和矩形等，如图 8-7 所示。

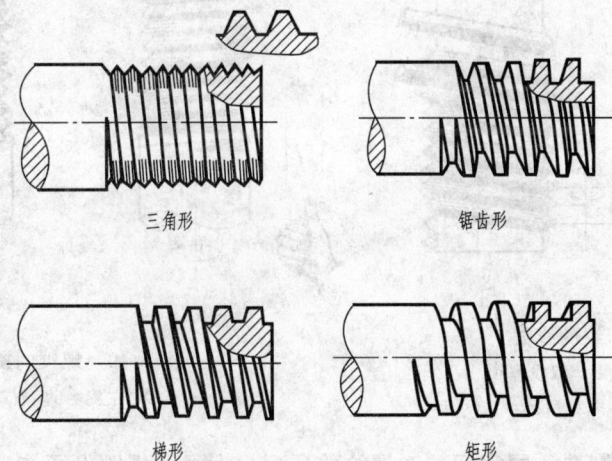

三角形 锯齿形

梯形 矩形

图 8-7 螺纹的牙型

（2）大径、小径、中径 大径是指与外螺纹牙顶或内螺纹牙底相切的假想圆柱的直径。外螺纹大径用 d 表示，内螺纹大径用 D 表示。小径是指与外螺纹牙底或内螺纹牙顶相切的假想圆柱的直径。外螺纹小径用 d_1 表示，内螺纹小径用 D_1 表示，如图 8-8 所示。中径是假想圆柱的直径，该圆柱的母线通过牙型上沟槽和凸起宽度相等的地方。该假想圆柱称为中径圆柱。外螺纹的中径用 d_2 表示，内螺纹的中径用 D_2 表示。公称直径是代表螺纹尺寸的直

径，一般指螺纹大径的公称尺寸。

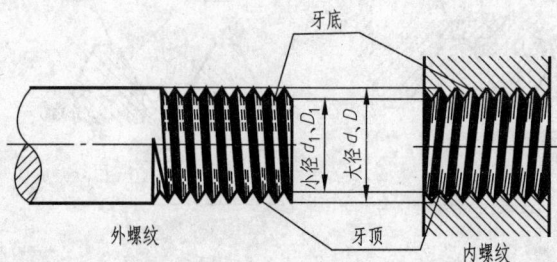

图 8-8　螺纹的大径和小径

（3）线数　螺纹有单线与多线之分。单线螺纹为沿一条螺旋线所形成的螺纹，多线螺纹为沿两条或两条以上螺旋线所形成的螺纹，其螺旋线沿轴向等距分布，如图 8-9 所示。螺纹线数用 n 表示。

（4）螺距和导程　螺距是指相邻两牙在中径线上对应两点间的轴向距离，用 P 表示；导程是指同一条螺纹上的相邻两牙在中径线上对应两点间的轴向距离，用 Ph 表示，如图8-9所示。螺距与导程关系式为 $Ph = nP$。

（5）旋向　螺纹分右旋和左旋。顺时针旋转时旋入的螺纹称为右旋螺纹；逆时针旋转时旋入的螺纹称为左旋螺纹。判断螺纹旋向的方法如图 8-10 所示：四指放入螺纹沟槽并旋转，若手的移动方向与右手拇指指向相同，则螺纹为右旋；若手移动方向与左手拇指指向相同，则螺纹为左旋。或将螺纹轴线竖直放置，若轴平面前面螺纹左低右高，则螺纹为右旋；若是左高右低，则螺纹为左旋。

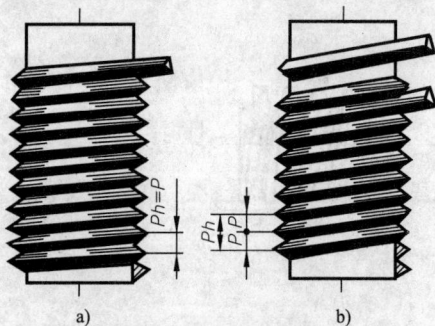

图 8-9　螺纹的线数
a）单线螺纹　b）双线螺纹

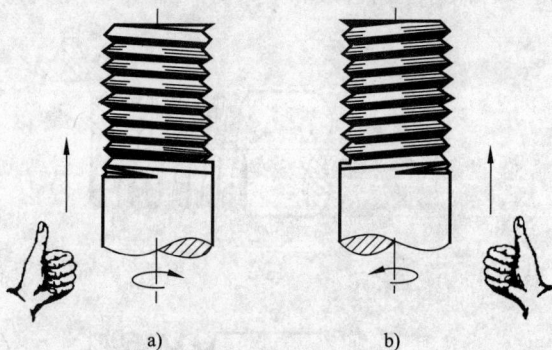

图 8-10　螺纹的旋向
a）左旋　b）右旋

为了便于设计和制造，国家标准对螺纹的牙型、大径和螺距做了统一规定。凡是这三项要素都符合标准的螺纹，称为标准螺纹。牙型符合标准，大径或螺距不符合标准的螺纹，称为特殊螺纹。牙型不符合标准的螺纹，称为非标准螺纹（如矩形螺纹）。在工程上如无特殊需要，均应采用标准螺纹。

8.1.3　螺纹的规定画法

螺纹的真实投影比较复杂，为了绘图简便，国家标准《机械制图》制定了螺纹的表示法。

（1）外螺纹 如图 8-11a 所示，在平行于螺纹轴线的投影面上的视图中，外螺纹大径线用**粗实线**表示，小径线用**细实线**表示，螺纹终止线用**粗实线**表示，螺纹的倒角应当画出，并将螺纹小径线画入倒角部分；在垂直于螺纹轴线的投影面上的视图中，大径圆画成**粗实线圆**，小径圆只画**约 3/4 圈细实线圆**（空出约 1/4 圈的位置不做规定），倒角投影不画。当外螺纹采用剖视时，剖面线应画到粗实线，螺纹终止线按图 8-11b 所示画法画出。

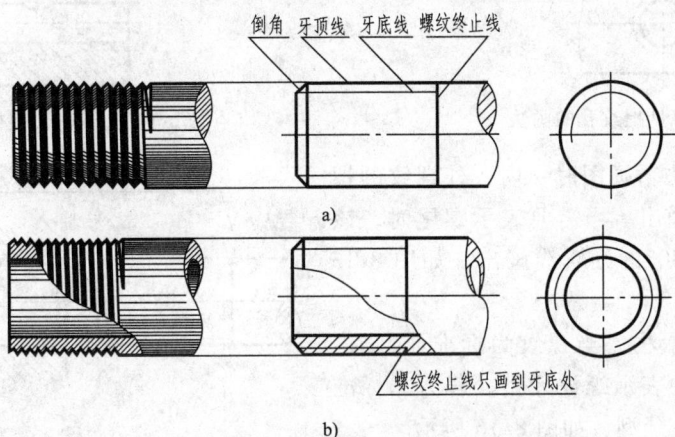

图 8-11 外螺纹的画法

a）外形画法 b）剖视画法

（2）内螺纹 如图 8-12a 所示，在平行螺纹轴线的投影面上的视图中，内螺纹通常画成剖视图。小径线用**粗实线**表示，大径线用**细实线**表示，螺纹终止线用**粗实线**表示，**剖面线画到螺纹小径线**。在垂直于螺纹轴线的投影面上的视图中，小径圆画成**粗实线圆**，大径圆画成**约 3/4 圈细实线圆**（空出约 1/4 圈的位置不做规定），螺孔上的倒角投影不画出。

绘制螺纹不通孔时，一般应将钻孔深度与螺纹部分的深度分别画出，并在钻孔底部画出顶角为 120° 的锥坑，如图 8-12b 所示。

图 8-13 所示为不可见螺纹孔的画法。图 8-14 所示为螺纹孔相贯线的画法。

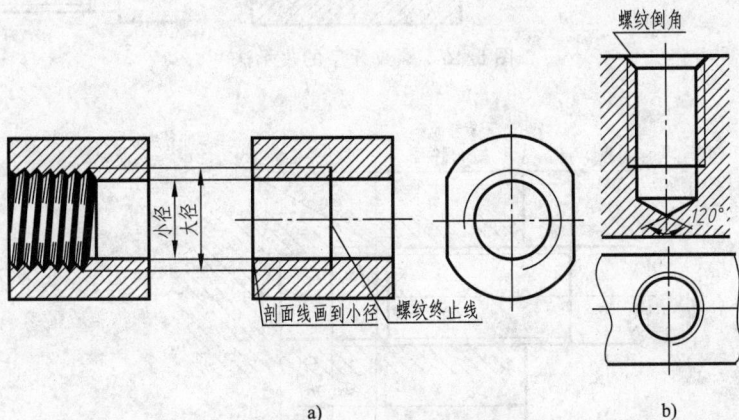

图 8-12 内螺纹的画法

a）螺纹通孔 b）螺纹不通孔

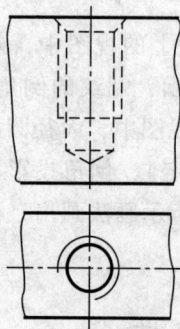

图 8-13　不可见螺纹孔的画法

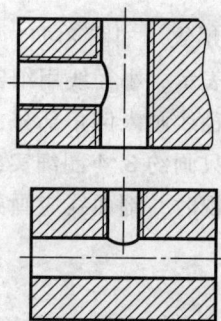

图 8-14　螺纹孔相贯线的画法

（3）螺尾画法　画图时，内、外螺纹的螺尾部分一般不必画出。当需要表示螺尾时，该部分用与轴线成 30° 的细实线画出，如图 8-15 所示。

（4）牙型表示法　当螺纹为标准牙型时，一般不需要在图中表示螺纹牙型。若为非标准螺纹，可画出几个牙型，如图 8-16 所示。

（5）内、外螺纹的联接画法　**以剖视图表示内外螺纹联接时，其旋合部分应按外螺纹画法绘制，其余部分仍按各自画法绘制**，如图 8-17 所示。画图时，要注意表示内、外螺纹小径、大径的粗、细实线应分别对齐，并将剖面线画到粗实线。钻孔深度大于螺纹孔深度约 $0.5d$；螺纹孔深度大于旋合长度约 $0.5d$。

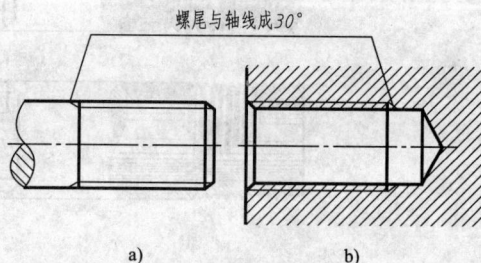

图 8-15　螺尾的画法
a）外螺纹　b）内螺纹

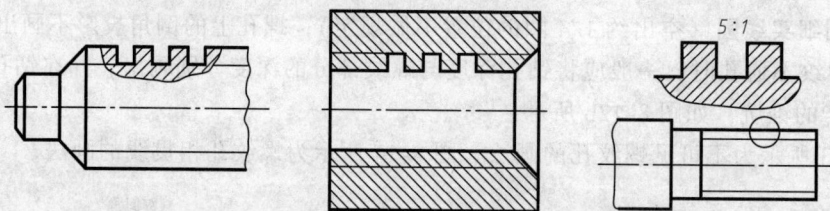

图 8-16　螺纹牙型的表示法

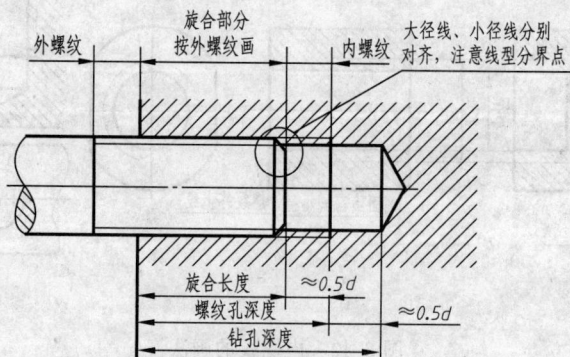

图 8-17　内、外螺纹的联接画法

8.1.4 螺纹的种类及标注

（1）螺纹的种类 常用的标准螺纹按用途可分为两类，即联接螺纹和传动螺纹，前者起联接作用，后者用于传递动力和运动。常用的标准螺纹分类如下：

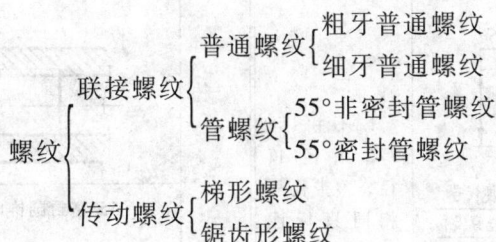

$$
螺纹\begin{cases}
联接螺纹\begin{cases}
普通螺纹\begin{cases}粗牙普通螺纹\\细牙普通螺纹\end{cases}\\
管螺纹\begin{cases}55°非密封管螺纹\\55°密封管螺纹\end{cases}
\end{cases}\\
传动螺纹\begin{cases}梯形螺纹\\锯齿形螺纹\end{cases}
\end{cases}
$$

常用的标准螺纹，见表 8-1。

表 8-1 常用的标准螺纹

螺纹分类	螺纹类别	外形及牙型图	特征代号	螺纹类别	外形及牙型图	特征代号
联接螺纹	粗牙普通螺纹		M	55°非密封管螺纹		G
	细牙普通螺纹			55°密封管螺纹		R_1/R_2（外螺纹）、Rc（圆锥内螺纹）、Rp（圆柱内螺纹）
传动螺纹	梯形螺纹		Tr	锯齿形螺纹		B

（2）螺纹的标注 国家标准规定，标准螺纹应在图上注出：**特征代号、公称直径、导程（螺距）、公差带代号、旋合长度代号、旋向代号**。常用标准螺纹的标注见表 8-2。其中粗牙普通螺纹的螺距省略不注，旋向为左旋时，用字母 LH 表示，右旋省略不注；螺纹公差带代号由表示其公差等级的数字和表示公差带位置的字母组成（内螺纹用大写字母，外螺纹用小写字母），如 6H、7H、7A、6g、7c、7e 等。普通螺纹分别标注中径、顶径公差带代号，两者相同时只标注一个。梯形螺纹只标注中径公差带代号。

普通螺纹的旋合长度规定了短（S）、中（N）、长（L）三种，梯形螺纹规定了中（N）、长（L）两种。当旋合长度为中等旋合长度时，N 省略不注。

非标准螺纹不采用表 8-2 中的标注方式，一般放大画出牙型并标注有关尺寸及要求，如图 8-18 所示。

表 8-2　常用标准螺纹的标注

螺纹类别	图　例	说明	螺纹类别	图　例	说明
普通螺纹（单线）	1. 粗牙普通螺纹 *M10-5g6g-S* *M10-5g6g-S* 旋合长度代号 中径、顶径公差带代号 *M10-6H-LH* *M10-6H-LH* 旋向代号 中径、顶径公差带代号	1. 不注螺距 2. 中径、顶径公差带代号相同只标注一个 3. 中等旋合长度不注 4. 右旋省略不注	管螺纹（单线）	3. 55°密封圆柱内螺纹 *Rp1/2* 4. 55°密封圆锥内螺纹 *Rc1/2* 5. 55°密封圆锥外螺纹 *R₁(R₂)1/2*	1. Rp、Rc 或 R₁(R₂)右边的数字为管螺纹尺寸代号 2. 不标注螺距 3. 右旋省略不注，左旋要标注
	2. 细牙普通螺纹 *M10×1-6g* *M10×1-6g* 螺距	1. 要标注螺距 2. 其他规定同上	梯形螺纹（单线或多线）	1. 单线梯形螺纹 *Tr 40×7-7e* *Tr 40×7-7e* 中径公差带代号 螺距 公称直径	1. 要标注螺距 2. 螺纹公差带按中径公差带标注 3. 右旋省略不注，左旋要标注
管螺纹（单线）	1. 55°非密封内管螺纹 *G1/2*	1. 管螺纹标注用旁注法，指引线由大径线引出 2. G 右边的数字为管螺纹尺寸代号 3. 不标注螺距 4. 右旋省略不注，左旋要标注 5. 外螺纹分为A、B 两种精度，需标注；内螺纹只有一级精度		2. 多线梯形螺纹 *Tr40×14(P7)LH-7e* *Tr40×14(P7) LH-7e*　左旋 导程　螺距　中径公差带代号 公称直径	1. 多线要标注导程，括号内标注螺距 2. 螺纹公差带按中径公差带标注 3. 右旋省略不注，左旋要标注
	2. 55°非密封外管螺纹 *G1/2A-LH* 公差等级为A级 *G1/2A-LH* 公差等级为B级 *G1/2*　左旋				

（续）

螺纹类别	图　例	说明	螺纹类别	图　例	说明
锯齿形螺纹（单线或多线）	1. 单线锯齿形螺纹 $B40×7LH-7c$ $B40×7LH-7c$ 左旋 中径公差带代号 螺距 公称直径	同梯形螺纹	锯齿形螺纹（单线或多线）	2. 多线锯齿形螺纹 $B40×14(P7)-7c$ $B40×14(P7)-7c$ 中径公差带代号 螺距 导程 公称直径	同梯形螺纹

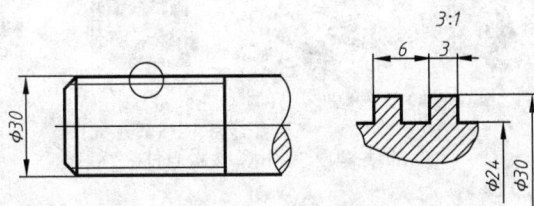

图 8-18　非标准螺纹标注

　　图样中标注的螺纹长度，均指不包括螺尾，但包含倒角、退刀槽长度在内的螺纹有效长度，如图 8-19a 所示。否则，应另加说明或按实际需要标注，如图 8-19b 所示。

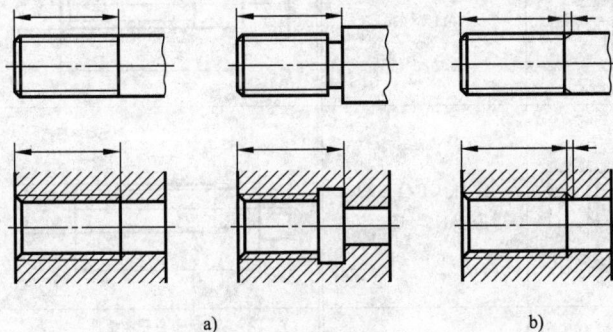

图 8-19　螺纹长度标注
a）标注螺纹有效长度　b）按实际需要标注

8.1.5　常用螺纹紧固件的种类及标记

　　常用螺纹紧固件有螺栓、双头螺柱、螺钉、螺母、垫圈等，如图 8-20 所示。这些零件都是标准件，标准件各部分尺寸可以从相应的标准中查出。紧固件通常都是由专业化工厂成批生产，使用时可直接按其规格购买。

　　表 8-3 列出了常用螺纹紧固件及其规定标记示例。常用螺纹紧固件的结构及尺寸见附表 5~附表 12。

图 8-20　常用螺纹紧固件

表 8-3　常用螺纹紧固件及其规定标记示例

名称及视图	规定标记示例	名称及视图	规定标记示例
六角头螺栓 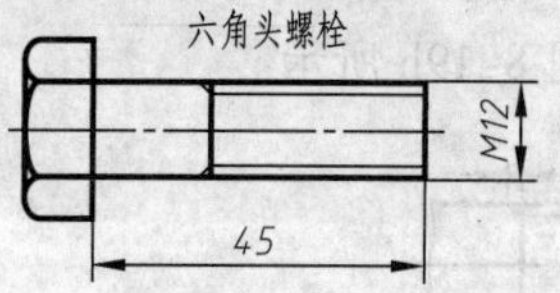	螺栓 GB/T 5780 M12×45	内六角圆柱头螺钉 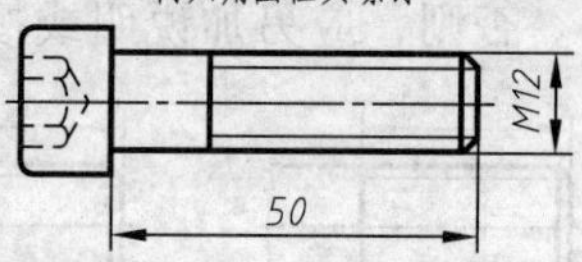	螺钉 GB/T 70 M12×50
B型双头螺柱 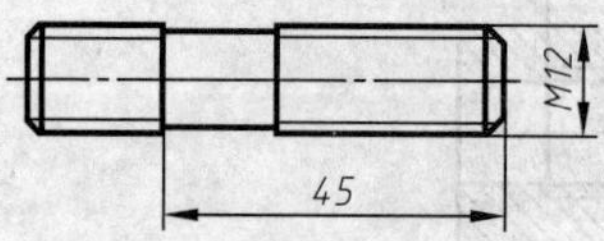	螺柱 GB/T 899 M12×45	开槽圆柱头螺钉 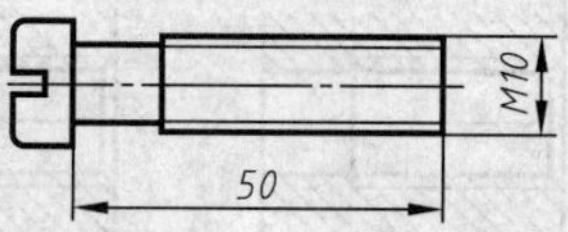	螺钉 GB/T 65 M10×50
开槽沉头螺钉 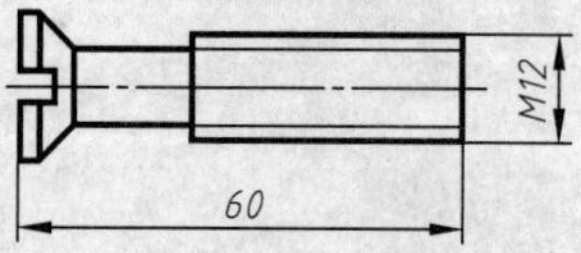	螺钉 GB/T 68 M12×60	1型六角开槽螺母 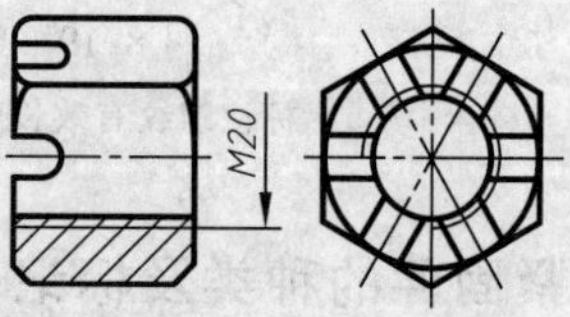	螺母 GB/T 6178 M20
开槽锥端紧定螺钉 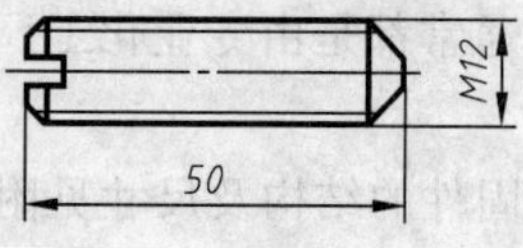	螺钉 GB/T 71 M12×50	平垫圈 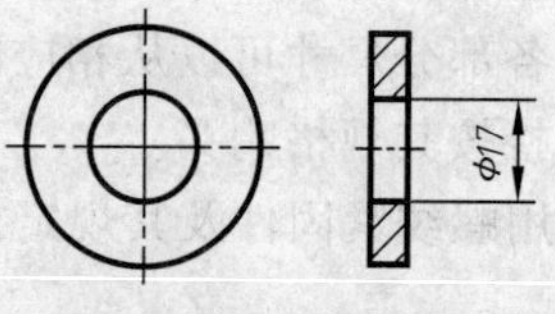	垫圈 GB/T 97.1 16

（续）

名称及视图	规定标记示例	名称及视图	规定标记示例
1型六角螺母 	螺母 GB/T 6170 M16	弹簧垫圈 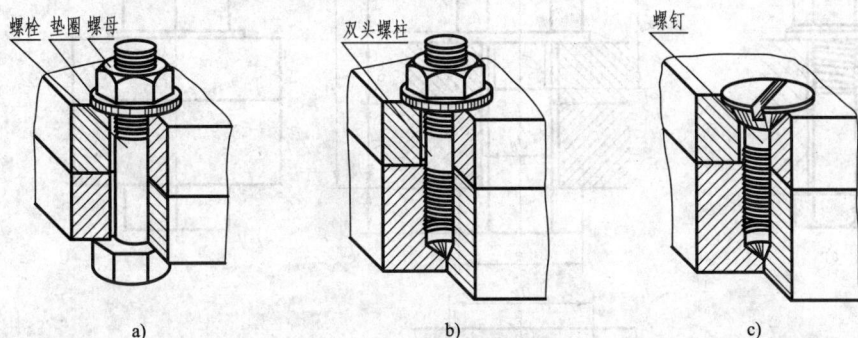	垫圈 GB/T 93 20

8.1.6 螺纹紧固件联接画法

利用螺纹紧固件联接零件的形式主要有三种，即螺栓联接、双头螺柱联接和螺钉联接，如图 8-21 所示。联接装配图的画法如下。

图 8-21 螺纹紧固件的联接形式

a）螺栓联接 b）双头螺柱联接 c）螺钉联接

（1）规定画法 **画螺纹紧固件的装配图时，应遵守以下规定**（图 8-22～图 8-24）：

1）两零件的接触表面和配合表面只画一条线，不接触表面和非配合表面应画两条线。

2）两金属零件邻接时，其剖面线方向应相反，或者方向一致、间隔不等。

3）在剖视图中，当剖切平面通过紧固件（螺栓、螺母、垫圈等）或实心件的轴线时，这些件均按不剖绘制，即仍画其外形。

4）在剖视图中，当其边界不画波浪线时，应将剖面线绘制整齐。

（2）**螺栓联接** 由螺栓、螺母、垫圈组成螺栓联接，如图 8-21a 所示。螺栓联接常用于联接不太厚的零件，以六角头螺栓和六角螺母应用最广。平垫圈用以增加支承面积，并可防止拧紧螺母时损伤被联接件表面。被联接件的**通孔**直径应略大于螺栓大径，具体尺寸可查阅有关的标准。

画螺栓联接装配图时，应根据各紧固件的形式、螺纹大径（d）和被联接零件的厚度（δ_1，δ_2），按下列步骤确定螺栓的公称长度（l）和标记：

1）初步确定螺栓的公称长度 l。$l \geq$ 被联接件的厚度（$\delta_1+\delta_2$）+垫圈厚度（h）+螺母的高度（m）+螺栓伸出螺母的长度（b_1）。式中 h、m 的数值可从标准中查得，b_1 一般取为（$0.2～0.3$）d。

2）根据公称长度的计算值，在螺栓标准的 l 公称系列值中选用标准公称长度 l。

3）确定螺栓标记。

如已知螺纹紧固件的标记为：螺栓 GB/T 5780 M16×l、螺母 GB/T 6170 M16、垫圈 GB/T 97.1 16，被联接零件的厚度 $\delta_1 = 15\text{mm}$，$\delta_2 = 22\text{mm}$。

由附表 10、附表 11 查得 $h = 3\text{mm}$、$m = 14.8\text{mm}$，然后初步计算出 $l \geqslant 15\text{mm} + 22\text{mm} + 3\text{mm} + 14.8\text{mm} + 0.3 \times 16\text{mm} = 59.6\text{mm}$，再查螺栓标准中 l 公称系列值，从中选取螺栓的公称长度 $l = 60\text{mm}$。因此螺栓标记为：螺栓 GB/T 5780 M16×60。

在画螺纹紧固件装配图时，为了作图简便，可不按标准中规定的尺寸画图，而采用比例画法。所谓比例画法，是指紧固件各部分尺寸都取成与螺纹大径成一定比例来画图，倒角、倒圆、退刀槽等工艺结构也可以省略不画，如图 8-22 所示。

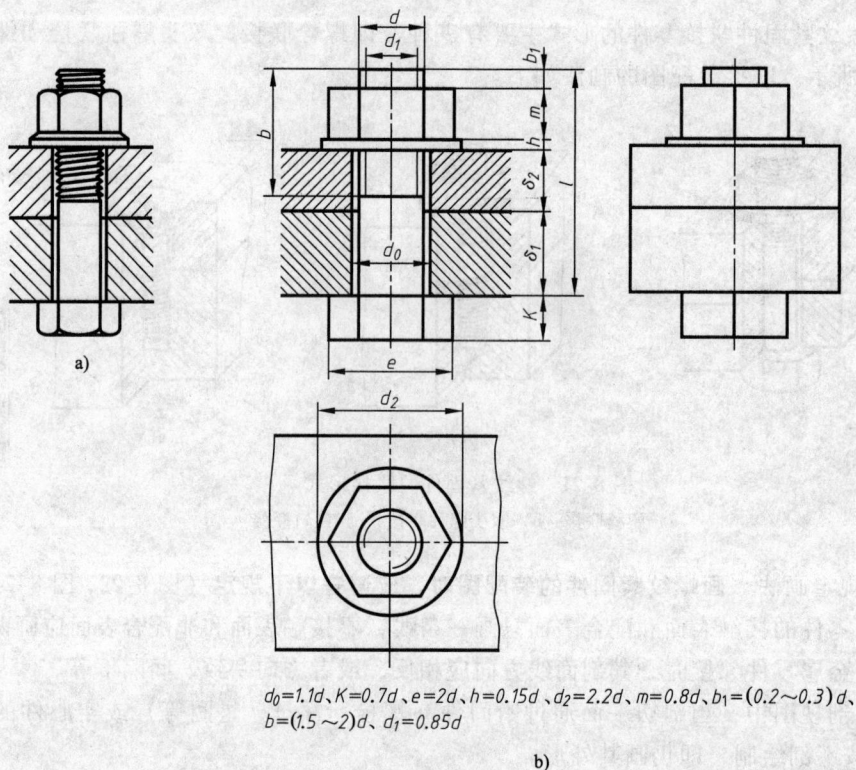

$d_0 = 1.1d$、$K = 0.7d$、$e = 2d$、$h = 0.15d$、$d_2 = 2.2d$、$m = 0.8d$、$b_1 = (0.2 \sim 0.3)d$、$b = (1.5 \sim 2)d$、$d_1 = 0.85d$

b)

图 8-22　螺栓联接

a）螺栓联接　b）螺栓联接装配图比例画法

（3）**双头螺柱联接**　双头螺柱联接由双头螺柱、螺母、垫圈组成，如图 8-21b 所示。它用于被联接件中有一个较厚或由于结构上的限制不能用螺栓联接的场合。被联接件中较厚的零件加工出**螺纹孔**，另一个零件加工出**通孔**。图 8-23 中选用了能起防松作用的弹簧垫圈。

双头螺柱两端都有螺纹，一端必须全部旋入被联接件的螺纹孔内，称为旋入端；另一端用于拧紧螺母，称为紧固端。

旋入端长度 b_m，按国家标准规定有四种长度：

$b_\text{m} = d$（GB/T 897）　　　　　$b_\text{m} = 1.25d$（GB/T 898）

$b_\text{m} = 1.5d$（GB/T 899）　　　　$b_\text{m} = 2d$（GB/T 900）

b_m 可根据被旋入零件的材料选用。通常被旋入零件的材料为钢或青铜时，取 $b_m = d$；为铸铁时，取 $b_m = 1.25d$ 或 $1.5d$；为铝时，取 $b_m = 2d$。螺纹孔深度为 $b_m + 0.5d$，钻孔深度比螺纹孔深 $0.5d$。必须注意，旋入端要全部旋入螺纹孔内，所以，旋入端螺纹终止线应与零件表面线平齐。

画双头螺柱联接装配图时，也应先计算出双头螺柱的公称长度 l。$l \geqslant \delta$（通孔零件厚度）$+h+m+b_1$，并取标准值，然后确定双头螺柱的标记。装配图的比例画法如图 8-23 所示，图中未注出比例值的部位，与螺栓联接装配图中对应处的比例相同。

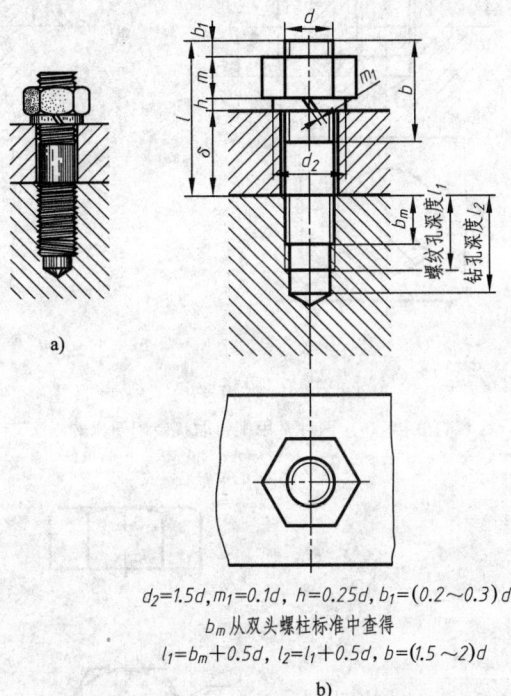

$d_2 = 1.5d, m_1 = 0.1d, h = 0.25d, b_1 = (0.2 \sim 0.3)d$

b_m 从双头螺柱标准中查得

$l_1 = b_m + 0.5d, l_2 = l_1 + 0.5d, b = (1.5 \sim 2)d$

b)

图 8-23 双头螺柱联接

a) 双头螺柱联接 b) 双头螺柱联接装配图比例画法

（4）**螺钉联接** 螺钉联接不用螺母，而将螺钉直接拧入螺纹孔中。它一般用于受力不大而又不需经常拆卸的场合。在被联接件中，一个零件加工出螺纹孔，另一个零件加工出通孔，如图 8-24 所示。图 8-24b 所示为两种常用螺钉联接装配图比例画法。

画螺钉联接装配图时，也要先计算出螺钉的公称长度 l。$l \geqslant \delta$（通孔零件的厚度）$+b_m$（螺钉旋入螺纹孔的深度），并取标准长度值。螺钉旋入螺纹孔的深度 b_m 的大小，根据加工螺纹孔的被联接件的材料决定。然后确定螺钉的标记。

在图 8-24b 中，螺钉头部的槽在主、俯两个视图之间不符合投影关系，规定在俯视图上将其旋转 45°画出。

紧定螺钉用于固定两个零件，使零件间不产生相对运动。图 8-25 所示为用紧定螺钉联接的画法。

以上画法中，省略了零件上的倒角和因倒角而产生的截交线，如螺栓端部的倒角及螺母端部。图 8-26 所示为用圆弧近似表示截交线的螺母画法。

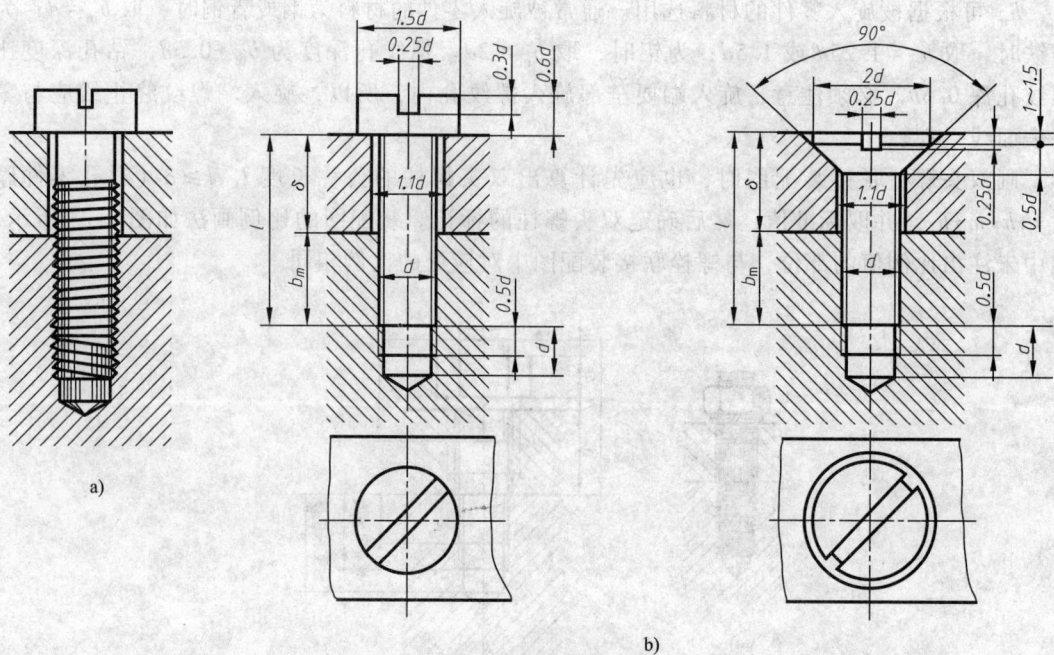

图 8-24　螺钉联接

a）螺钉联接　b）两种常用螺钉联接装配图比例画法

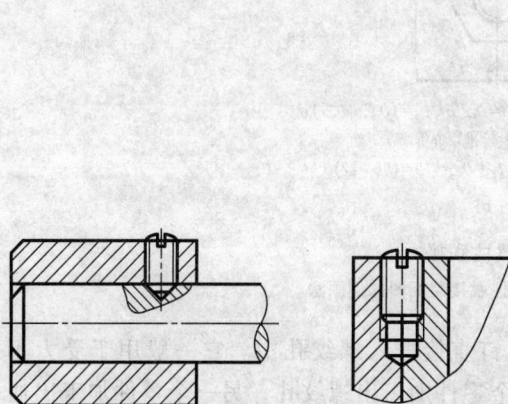

图 8-25　紧定螺钉联接的画法

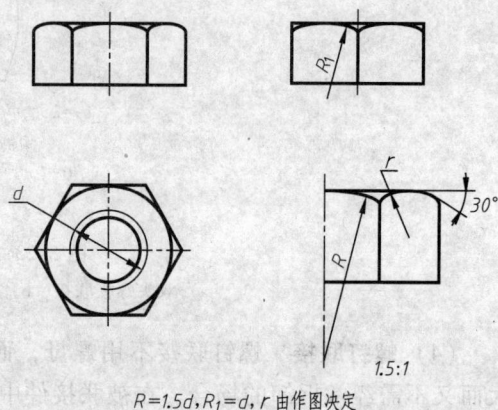

$R=1.5d, R_1=d, r$ 由作图决定

图 8-26　用圆弧近似表示截交线的螺母画法

8.2　齿轮

　　齿轮是机械中应用广泛的一种传动零件。齿轮是一种常用件，用来传递运动和动力，并能改变旋转速度和回转方向。齿轮种类很多，根据其用途和传动情况可分为以下三类：

　　圆柱齿轮——用于两平行轴之间的传动，如图 8-27a 所示。

　　锥齿轮——用于两相交轴之间的传动，如图 8-27b 所示。

　　蜗杆蜗轮——用于两交叉轴之间的传动，如图 8-27c 所示。

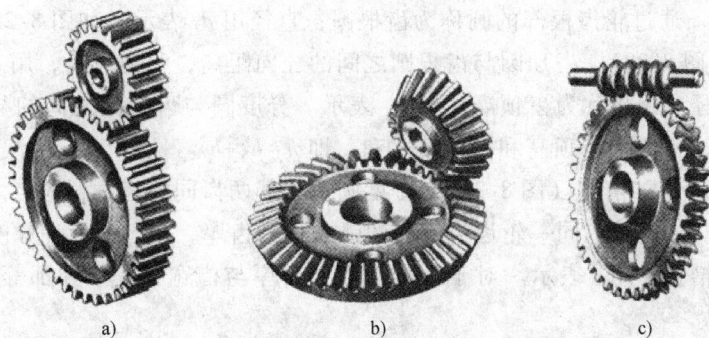

图 8-27 常见的齿轮传动

a）圆柱齿轮 b）锥齿轮 c）蜗杆蜗轮

8.2.1 圆柱齿轮

圆柱齿轮按其轮齿方向分为直齿、斜齿和人字齿等。本节主要介绍标准直齿圆柱齿轮的几何要素、尺寸计算和规定画法。

1. 标准直齿圆柱齿轮各几何要素的名称、代号和尺寸计算

（1）节圆、分度圆 齿轮啮合时两齿廓的啮合线（两齿轮基圆的内公切线）与两齿轮中心连接 O_1O_2 的交点 C 称为节点。节点为两齿轮上速度相同的点。分别以 O_1、O_2 为圆心，以 O_1C、O_2C 为半径所作两个相切的圆，称为节圆，其直径用 d' 表示，如图 8-28 所示。齿轮传动可假想为两个节圆做纯滚动。

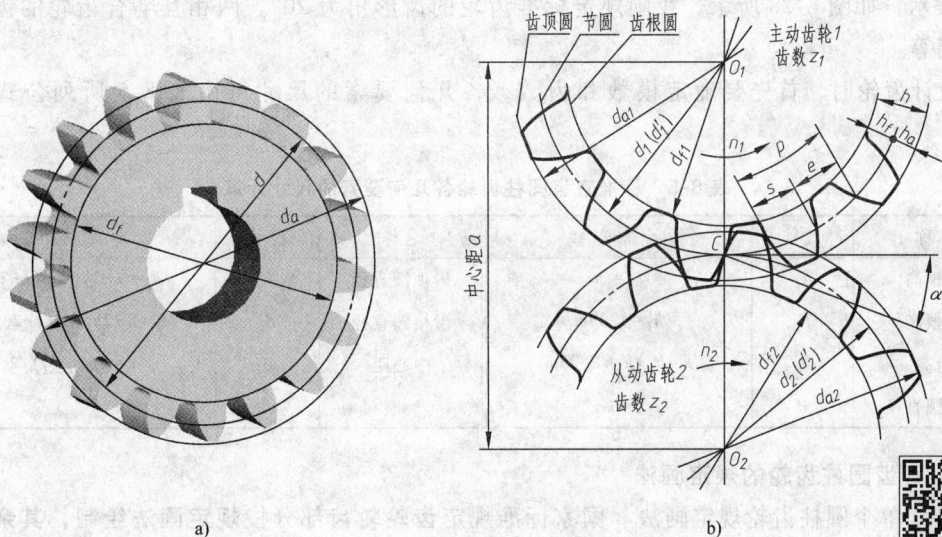

图 8-28 齿轮各几何要素

a）单个齿轮 b）一对啮合齿轮

分度圆是设计、制造齿轮时进行尺寸计算的基准圆，也是分齿的圆，其直径用 d 表示。一对正确安装的标准齿轮，其分度圆与节圆重合，即 $d' = d$。

（2）齿顶圆 通过轮齿顶部的圆称为齿顶圆，直径用 d_a 表示，如图 8-28 所示。

（3）齿根圆 通过轮齿根部的圆称为齿根圆，直径用 d_f 表示，如图 8-28 所示。

（4）齿高（图 8-28） 齿顶圆与齿根圆之间的径向距离，称为齿高，用 h 表示。分度圆与齿顶圆之间的径向距离称为齿顶高，用 h_a 表示。分度圆与齿根圆之间的径向距离称为齿根高，用 h_f 表示。齿高为齿顶高和齿根高之和，即 $h=h_a+h_f$。

（5）齿距、齿厚、槽宽（图 8-28） 分度圆上相邻两齿同侧齿廓对应点之间的弧长称为齿距，用 p 表示。分度圆上同一轮齿齿廓间的弧长称为齿厚，用 s 表示。分度圆上同一个齿槽间的弧长称为槽宽，用 e 表示。对于标准齿轮，齿厚与槽宽相等，并都等于齿距的一半，即 $p=e+s$、$e=s$。

（6）模数 以 z 表示齿轮齿数，则分度圆周长 $=zp=\pi d$，即 $d=zp/\pi$。令 $m=p/\pi$，则 $d=mz$。m 称为齿轮模数，等于齿距 p 和 π 的比值。两啮合齿轮的齿距必须相等，因此两啮合齿轮模数必须相等。模数是计算齿轮各几何要素尺寸及加工齿轮的一个重要参数。模数越大，齿轮轮齿各部分尺寸越大，齿轮承载能力也就越大。在加工制造齿轮时，需根据模数选择刀具。为了设计和制造方便，已将模数标准化，其数值见表 8-4。

表 8-4 标准模数（GB/T 1357—2008） （单位：mm）

第一系列	1,1.25,1.5,2,2.5,3,4,5,6,8,10,12,16,20,25,32,40,50
第二系列	1.125,1.375,1.75,2.25,2.75,3.5,4.5,5.5,(6.5),7,9,11,14,18,22,28,36,45

注：选用时，优先采用第一系列，括号内的模数尽可能不用。

（7）齿形角 在节点 C 处，齿廓曲线的公法线（即齿廓的受力方向）与两节圆的内公切线（即齿轮节点 C 处瞬时运动方向）所夹的锐角（即分度圆上的压力角）称为齿形角，用 α 表示，如图 8-28 所示。我国规定标准齿轮的齿形角为 20°。两相互啮合齿轮的齿形角必须相等。

设计齿轮时，首先要确定模数和齿数，各几何要素的尺寸可由表 8-5 所列公式计算出来。

表 8-5 标准直齿圆柱齿轮各几何要素的尺寸计算

名称	代号	计 算 公 式	名称	代号	计 算 公 式
齿顶高	h_a	$h_a=m$	齿顶圆直径	d_a	$d_a=d+2h_a=m(z+2)$
齿根高	h_f	$h_f=1.25m$	齿根圆直径	d_f	$d_f=d-2h_f=m(z-2.5)$
齿高	h	$h=h_a+h_f=2.25m$	中心距	a	$a=m(z_1+z_2)/2$
分度圆直径	d	$d=mz$			

2. 直齿圆柱齿轮的规定画法

（1）单个圆柱齿轮规定画法 国家标准规定**齿轮轮齿部分按规定画法绘制，其余结构按投影画法绘制**。

在外形视图上，齿顶圆和齿顶线用粗实线绘制；分度圆和分度线用**细点画线**绘制；齿根圆和齿根线用**细实线**绘制，如图 8-29b 所示。齿根圆、齿根线也可省略不画，如图 8-29c 所示。**在剖视图中轮齿部分按不剖绘制，齿根线用粗实线绘制**，如图 8-29a 所示。

（2）圆柱齿轮啮合画法 在非圆的剖视图上，啮合区内两齿轮的节线重合，用**细点画线绘制；齿根线用粗实线绘制；通常主动齿轮的齿顶线画粗实线**，从动齿轮的轮齿被遮住的

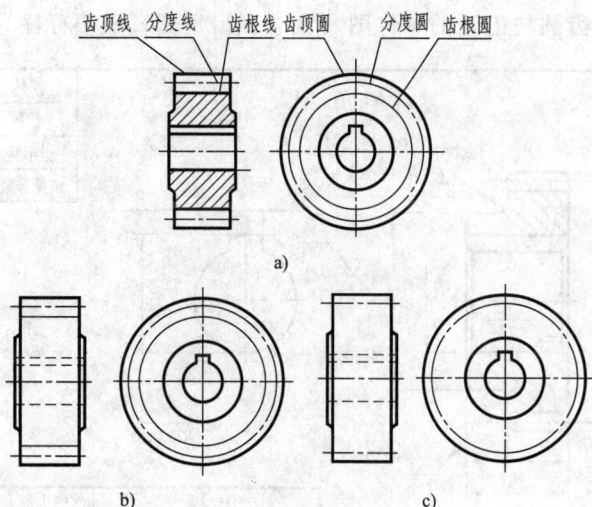

图 8-29 圆柱齿轮的画法

a) 剖视图画法 b) 不剖视齿根线用细实线表示 c) 齿根线与齿根圆省略不画

部分画成虚线（也可省略不画），如图 8-30 所示。

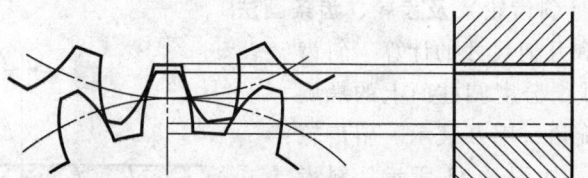

图 8-30 圆柱齿轮的啮合区画法

在投影为圆的视图上**两节圆相切**，其余部分按单个齿轮规定画法绘制，也可以将齿根圆及啮合区的齿顶圆省略不画，如图 8-31a、b 所示。

在不剖的非圆外形视图中，啮合区内两齿轮的节线重合，用粗实线绘制，齿顶线、齿根线省略不画。如图 8-31c 所示。

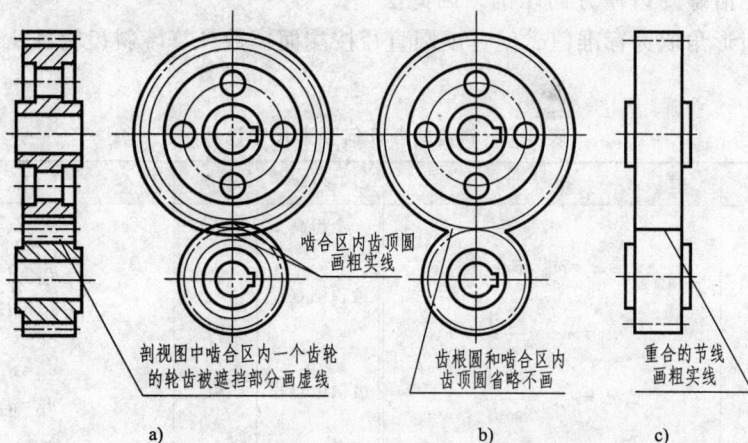

图 8-31 圆柱齿轮啮合规定画法

a) 主、左视图 b) 左视图省略画法 c) 主视图外形画法

图 8-32 所示为直齿圆柱齿轮的零件图（注意：齿根圆直径不标注）。

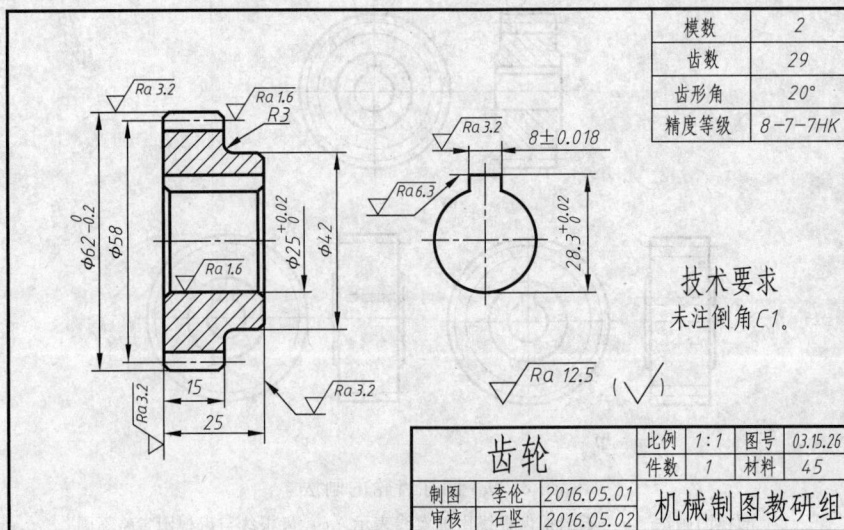

图 8-32　直齿圆柱齿轮的零件图

3. 斜齿圆柱齿轮（斜齿轮）及齿轮、齿条画法

（1）斜齿轮参数和几何尺寸的计算　斜齿轮的齿向为圆柱螺旋线，分度圆柱面上的螺旋角为斜齿轮的名义螺旋角，用 β 表示。斜齿轮分度圆柱面的展开图，如图 8-33 所示。斜齿轮参数分为端面参数和法向参数两种。垂直于齿轮轴线的平面为端平面，垂直于分度圆柱上螺旋线的平面为法平面。为了区别，法向参数加下标 n，端面参数加下标 t。从图 8-33 可知：

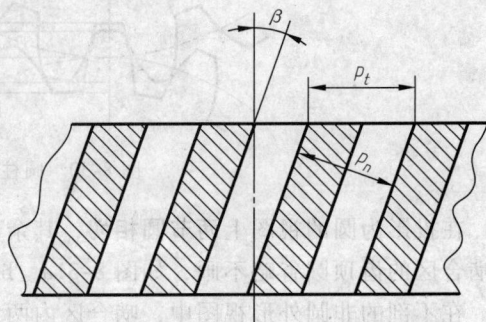

图 8-33　斜齿轮分度圆柱面的展开图

$$p_n = p_t \cos\beta \qquad m_n = m_t \cos\beta$$

斜齿轮加工沿螺旋齿槽方向切削，因此法向模数和法向齿形角取为标准值，但分度圆直径按端面模数计算。斜齿轮各几何要素尺寸计算见表 8-6。

表 8-6　斜齿轮各几何要素尺寸计算

名称	代号	计算公式	名称	代号	计算公式
法向模数	m_n	m_n	全齿高	h	$h = 2.25m_n$
端面模数	m_t	$m_t = m_n / \cos\beta$	齿顶圆直径	d_a	$d_{a1} = d_1 + 2h_a$
分度圆直径	d	$d_1 = m_t z_1 = \dfrac{m_n z_1}{\cos\beta}$			$d_{a2} = d_2 + 2h_a$
		$d_2 = m_t z_2 = \dfrac{m_n z_2}{\cos\beta}$	齿根圆直径	d_f	$d_{f1} = d_1 - 2h_f$
					$d_{f2} = d_2 - 2h_f$
齿顶高	h_a	$h_a = m_n$	中心距	a	$a = (d_1 + d_2)/2 = m_n(z_1 + z_2)/2\cos\beta$
齿根高	h_f	$h_f = 1.25m_n$			

（2）斜齿轮画法　斜齿轮画法与直齿圆柱齿轮画法相似，但在非圆视图中一般画成半剖视图或局部剖视图，并在外形视图部分画三条细实线表示轮齿的齿向，如图 8-34 所示。一对啮合的斜齿轮，其模数、齿形角、螺旋角相等，但螺旋角旋向相反。

（3）齿轮、齿条啮合画法　齿条可看成直径无穷大的齿轮，这时，齿顶圆、齿根圆、分度圆和齿廓曲线都变成为直线。齿轮、齿条啮合画法基本与齿轮啮合画法相同，需要注意的是齿轮的节圆应与齿条的节线相切，如图 8-35 所示。

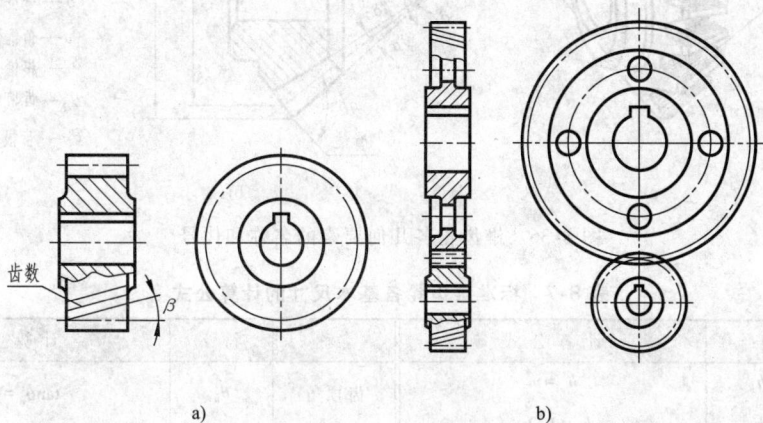

图 8-34　斜齿轮视图画法
a）零件图　b）啮合图

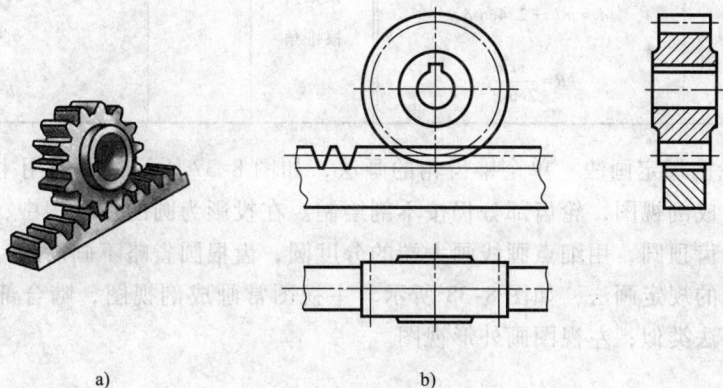

图 8-35　齿轮、齿条啮合画法
a）轴测图　b）规定画法

8.2.2　锥齿轮

（1）锥齿轮各几何要素的名称、代号和尺寸计算　锥齿轮用来传递两相交轴之间的运动。由于轮齿位于圆锥面上，所以轮齿一端大，另一端小，齿厚是逐渐变化的，模数和分度圆直径也随齿厚的变化而变化。为了便于设计和制造，规定以大端模数为标准模数。锥齿轮各几何要素的名称和代号如图 8-36 所示，其尺寸计算公式见表 8-7。

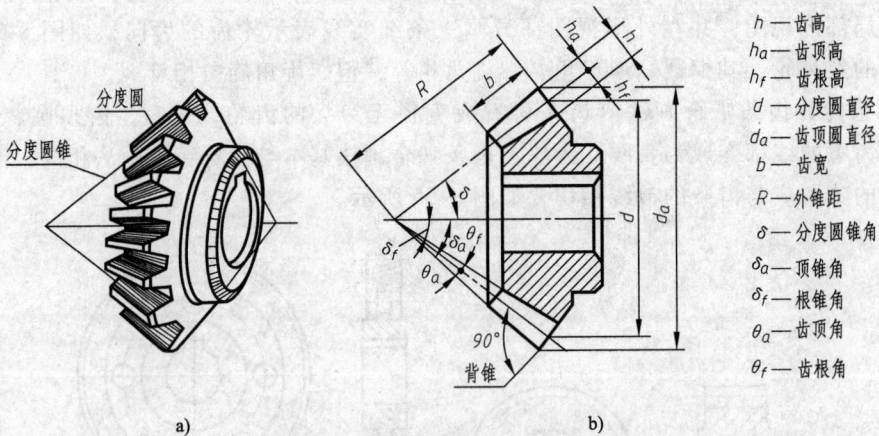

h —齿高
h_a—齿顶高
h_f—齿根高
d —分度圆直径
d_a—齿顶圆直径
b —齿宽
R —外锥距
δ —分度圆锥角
$δ_a$—顶锥角
$δ_f$—根锥角
$θ_a$—齿顶角
$θ_f$—齿根角

a)   b)

图 8-36 锥齿轮各几何要素的名称和代号

表 8-7 标准锥齿轮各基本尺寸的计算公式

名 称	符 号	计 算 公 式	名 称	符 号	计 算 公 式
齿顶高	h_a	$h_a = m$	齿顶角	$θ_a$	$\tan θ_a = \dfrac{2\sinδ}{z}$
齿根高	h_f	$h_f = 1.2m$	齿根角	$θ_f$	$\tan θ_f = \dfrac{2.4\sinδ}{z}$
齿高	h	$h = 2.2m$			
分度圆直径	d	$d = mz$	分度圆锥角	δ	$δ_1 + δ_2 = 90°$时,$δ_1 = \arctan \dfrac{z_1}{z_2}$
齿顶圆直径	d_a	$d_a = m(z + 2\cosδ)$	顶锥角	$δ_a$	$δ_a = δ + θ_a$
齿根圆直径	d_f	$d_f = m(z - 2.4\cosδ)$	根锥角	$δ_f$	$δ_f = δ - θ_f$
外锥距	R	$R = \dfrac{mz}{2\cosδ}$	齿宽	b	$b \leq \dfrac{R}{3}$

（2）锥齿轮的规定画法 单个锥齿轮的画法，如图 8-37 所示。一般用主、左两视图表示，主视图常画成剖视图，轮齿部分仍按不剖绘制。在投影为圆的左视图中，用粗实线画齿轮大端和小端的齿顶圆，用细点画线画大端的分度圆，齿根圆省略不画。

锥齿轮啮合的规定画法，如图 8-38 所示。主视图常画成剖视图，啮合部位的画法与圆柱齿轮的啮合画法类似；左视图画外形视图。

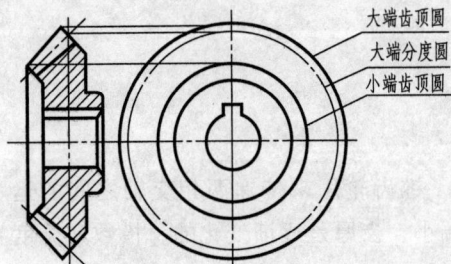

大端齿顶圆
大端分度圆
小端齿顶圆

图 8-37 锥齿轮的规定画法

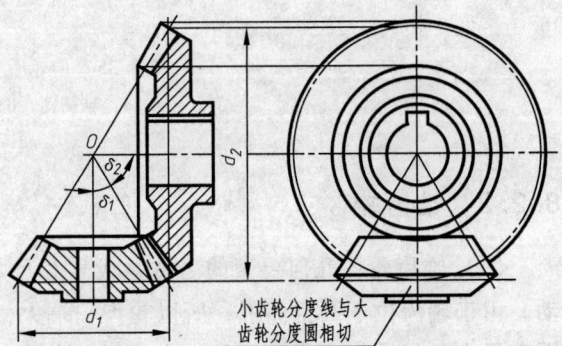

小齿轮分度线与大
齿轮分度圆相切

图 8-38 锥齿轮啮合的规定画法

8.2.3　蜗杆蜗轮简介

蜗杆蜗轮用于垂直交叉两轴间的传动，如图 8-27c 所示。通常蜗杆为主动件，蜗轮为从动件。蜗杆蜗轮传动比较大，因此在减速装置中应用比较广泛。蜗杆的齿数（即头数）z_1 相当于螺纹的线数，一般制成单线或双线。蜗杆各部分名称及画法如图 8-39 和图 8-40 所示。

蜗杆蜗轮的轮齿是螺旋形的，蜗轮的齿顶面和齿根面常加工成凹环面。蜗轮各部分名称和画法如图 8-41 所示。注意在蜗轮投影为圆的视图中，只画出分度圆和外圆，不画齿顶圆与齿根圆。

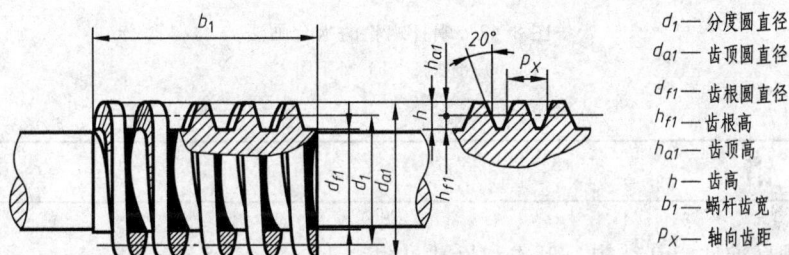

d_1— 分度圆直径
d_{a1}— 齿顶圆直径
d_{f1}— 齿根圆直径
h_{f1}— 齿根高
h_{a1}— 齿顶高
h— 齿高
b_1— 蜗杆齿宽
p_X— 轴向齿距

图 8-39　蜗杆各部分名称

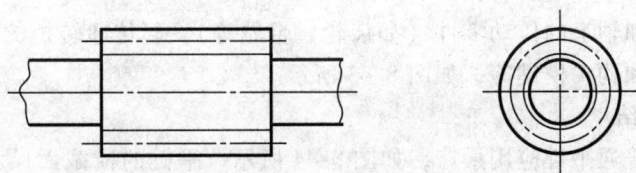

图 8-40　蜗杆的画法

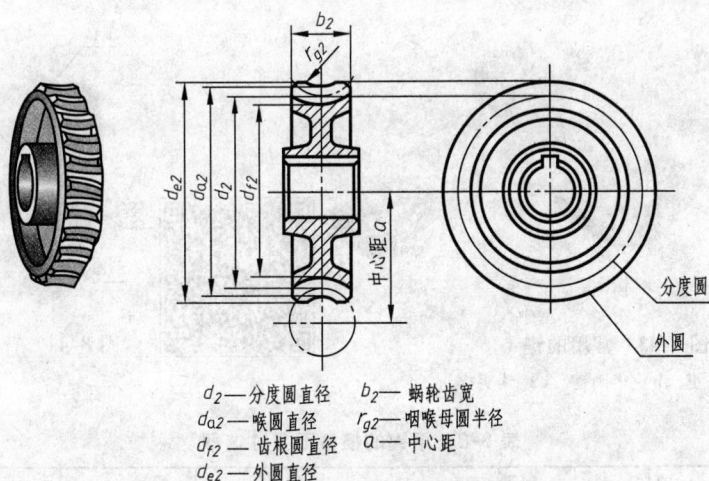

分度圆
外圆

d_2— 分度圆直径　　b_2— 蜗轮齿宽
d_{a2}— 喉圆直径　　r_{g2}— 咽喉母圆半径
d_{f2}— 齿根圆直径　　a— 中心距
d_{e2}— 外圆直径

图 8-41　蜗轮各部分名称和画法

蜗杆蜗轮的啮合画法如图 8-42 所示。在主视图中，蜗轮被蜗杆遮住的部分不必画出；

在左视图中，蜗杆的分度线和蜗轮的分度圆相切。

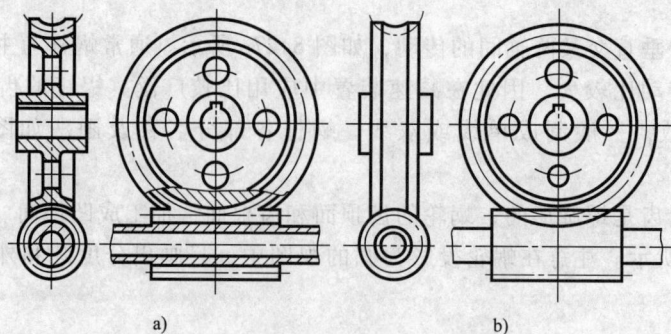

图 8-42　蜗杆蜗轮的啮合画法
a）剖视图　b）外形图

8.3　键、销

键和销是标准件，其结构、形式和尺寸见附表 13~附表 15。

8.3.1　键联结

键用来联结轴和轴上的传动零件（如齿轮、带轮等），起传递转矩的作用。常用的键有普通平键、半圆键和钩头楔键等，如图 8-43 所示。

1. 普通平键联结

键联结中，以普通平键应用最广，如图 8-44 所示。平键的横截面尺寸 $b \times h$ 可根据轴径尺寸参照表 8-8 选取。通常键的长度比轮毂长度小 5~10mm，并根据附表 13 取标准值。最后需经强度验算后确定键的标记。

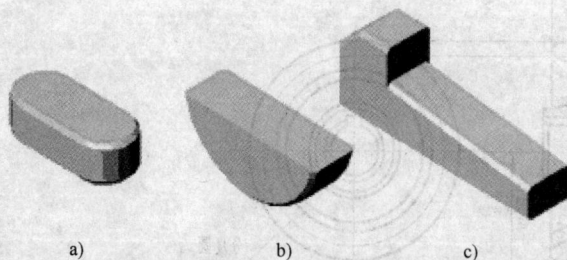

图 8-43　常用的键
a）普通平键　b）半圆键　c）钩头楔键

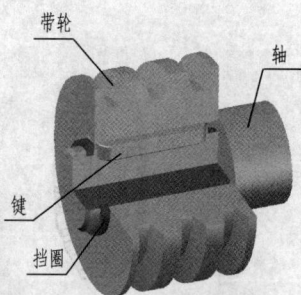

图 8-44　普通平键联结

表 8-8　平键的横截面尺寸选取　　　　　（单位：mm）

公称直径 d	>10~12	>12~17	>17~22	>22~30	>30~38	>38~44	>44~50	>50~58	>58~65	>65~75	>75~85	>85~95	>95~110
公称尺寸 $b \times h$	4×4	5×5	6×6	8×7	10×8	12×8	14×9	16×10	18×11	20×12	22×14	25×14	28×16

联结时，先要在轴上或轮毂上加工出键槽。轴上键槽如图 8-45a 所示，键槽长度应与键的公称长度相等，键槽宽度应与键的宽度一致，键槽深度 t_1 值查标准确定。轮毂上键槽如图 8-45b 所示，键槽应加工成通槽，键槽宽应与键的宽度、轴上键槽宽度相一致。键槽深度 t_2 值查标准确定。轴上及轮毂上键槽的尺寸应按图 8-45 所示方式标注。

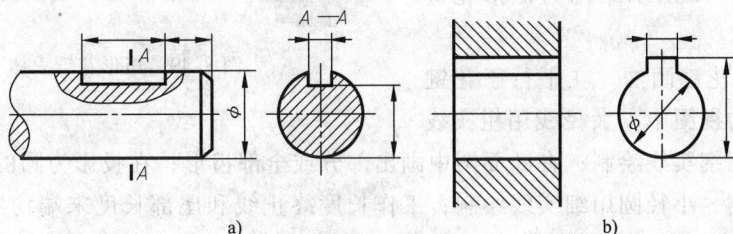

图 8-45　键槽的画法与尺寸标注

a）轴上键槽　b）轮毂上键槽

图 8-46 所示为普通平键联结画法。普通平键的工作面为两个侧面。绘图时，**键和键槽的两侧面为配合表面，下底面为接触表面，应画成一条线；键的上顶面为非接触面，应与轮毂键槽底面画成两条线。**

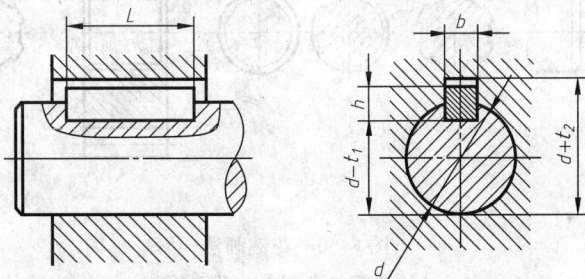

图 8-46　普通平键联结画法

2．半圆键联结

半圆键联结一般用在锥形轴端与轮毂的联结中。轴上键槽底面为与键半径相同的圆柱面，从而使键能够在轴槽中摆动，从而有利于装配和传动。

半圆键联结画法与普通平键相似，两侧面为工作表面，下底面为接触表面，都应画一条线；上顶面为非接触表面，应与轮毂键槽底面画成两条线，如图 8-47 所示。

3．钩头楔键联结

钩头楔键上顶面和轮毂键槽底面各有 1：100 的斜度，工作时主要靠键与键槽底面间楔紧后产生的摩擦力工作，因此键的上、下面为工作表面，应画一条线；两侧面为非工作表面，应画成两条线，如图 8-48 所示。

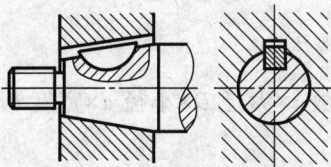

图 8-47　半圆键联结画法　　　　图 8-48　钩头楔键联结画法

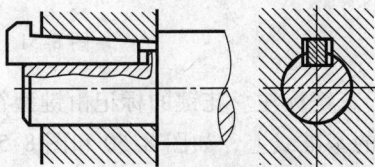

4. 花键联结

花键联结由花键轴和内花键组成。花键联结对中性、导向性好，承载能力大。常见的花键有矩形花键、三角形花键和渐开线花键。图 8-49 所示结构为矩形花键立体。

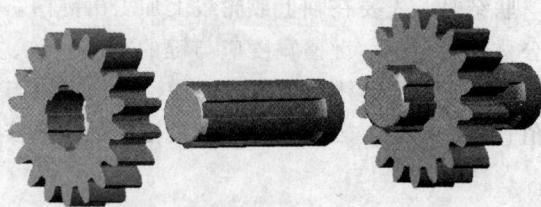

图 8-49　矩形花键立体

1）矩形外花键画法。在平行于花键轴线的投影面的视图中，大径线用粗实线绘制，小径线用细实线绘制；在断面图中画出部分或全部齿形；在投影为圆的视图中，大径圆用粗实线绘制，小径圆用细实线绘制；工作长度终止线和尾部长度末端均用细实线绘制，并与轴线垂直，尾部一般画成与轴线夹角为 30°的斜线，如图 8-50a 所示。

2）矩形内花键画法。在平行于花键轴线的投影面的剖视图中，大径线、小径线均用粗实线绘制，在局部视图中画出部分或全部齿形，如图 8-50b 所示。

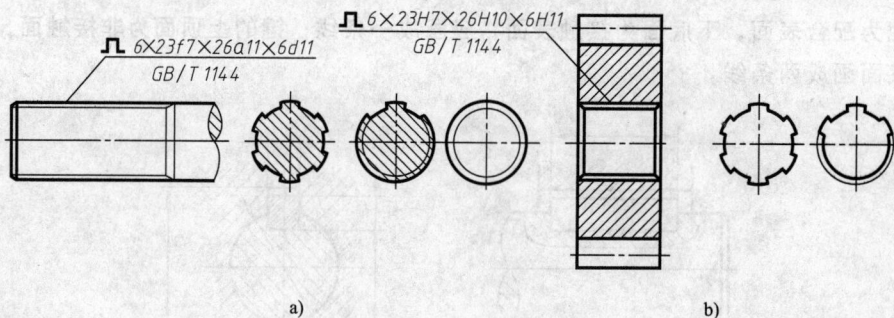

图 8-50　花键画法

a）外花键画法　b）内花键画法

3）矩形花键联结画法。在装配图中，花键联结用剖视图表示，其联结部分按外花键绘制，如图 8-51 所示。

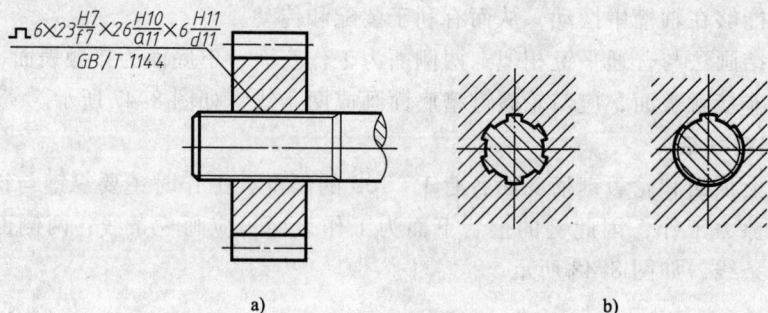

图 8-51　花键联结画法

4）矩形花键标注。花键的标记由键型符号、齿数 z×大径 D×小径 d×宽度 b 组成，应标注在指引线的基准线上，如图 8-50 和图 8-51 所示。

8.3.2 销联接

销主要用于零件之间的联接和定位，如图 8-52 所示。常用的销有圆柱销、圆锥销和开口销。圆柱销和圆锥销的结构形式、规定标记见附表 14 和附表 15。圆锥销的公称直径是指小端直径。

用销联接或定位时，两零件销孔配作，并在零件图上注明。

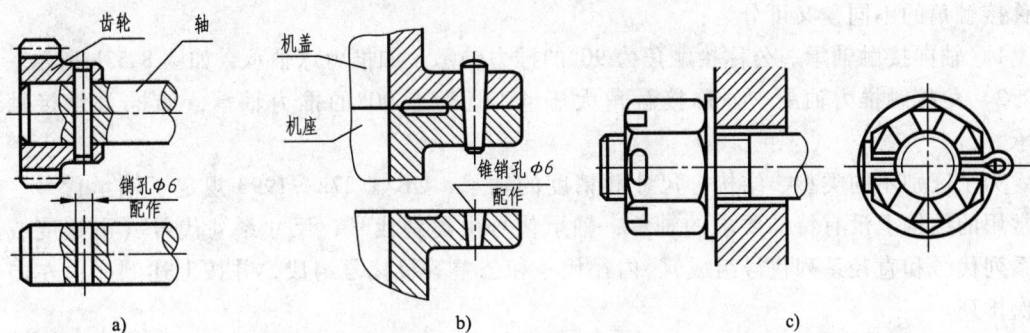

图 8-52 销联接画法

a) 圆柱销联接 b) 圆锥销联接 c) 开口销联接

8.4 滚动轴承

滚动轴承为支承旋转轴的组件。它具有摩擦力小，结构紧凑的优点，是生产中广泛应用的一种标准部件。本节介绍常用的几种滚动轴承，其形式、尺寸可查阅附表 16~附表 18。

8.4.1 滚动轴承的结构、分类和代号

滚动轴承种类很多，但其结构大体相同，一般由外圈、内圈、滚动体和保持架组成，如图 8-53 所示。外圈装在机座的孔内，内圈套在转动轴上。在一般情况下，外圈固定不动，内圈随轴转动。

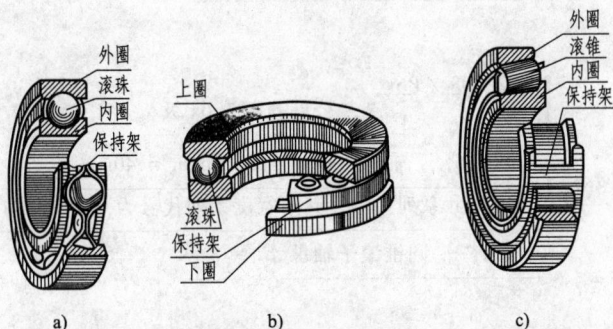

图 8-53 常用的滚动轴承

a) 深沟球轴承 b) 推力球轴承 c) 圆锥滚子轴承

滚动轴承的分类方法很多，按其承受载荷的载荷方向或公称接触角的不同，可分成两大类：

（1）向心轴承　主要用于承受径向载荷的轴承，其公称接触角从 0°到 45°。按公称接触角的不同，又可分为：

1）径向接触轴承。公称接触角为 0°的向心轴承，如深沟球轴承，如图 8-53a 所示。

2）角接触向心轴承。公称接触角大于 0°到 45°的轴承，如圆锥滚子轴承，如图 8-53c 所示。

（2）推力轴承　主要用于承受轴向载荷的滚动轴承，其公称接触角大于 45°到 90°。按公称接触角的不同，又可分为：

1）轴向接触轴承。公称接触角为 90°的推力轴承，如推力球轴承，如图 8-53b 所示。

2）角接触推力轴承。公称接触角大于 45°但小于 90°的推力轴承，如推力角接触球轴承。

为了区别不同类型、结构、尺寸和精度的轴承，GB/T 272—1993 规定了轴承代号。对于常用的结构上没有特殊要求的轴承，轴承代号由类别代号、尺寸系列代号（由宽度或高度系列代号和直径系列代号组成）、内径代号和公差等级代号组成，并按上述顺序由左向右依次排列。

常用滚动轴承用五位数字和公差等级代号表示：左起第一位数字表示轴承类型，如 6 表示深沟球轴承，3 表示圆锥滚子轴承，5 表示推力球轴承；左起第二位数字是宽度或高度系列代号；左起第三位数字是直径系列代号；左起第四、五位数字是轴承内径代号，00、01、02、03 分别表示内径 $d = 10mm$、12mm、15mm、17mm，04 以上表示内径的尺寸为该两位数字与 5 的乘积。以上内径代号不能表示的内径尺寸，则在直径系列代号后加斜杠"／"，然后直接标注内径尺寸。

下面举例说明滚动轴承代号的含义：

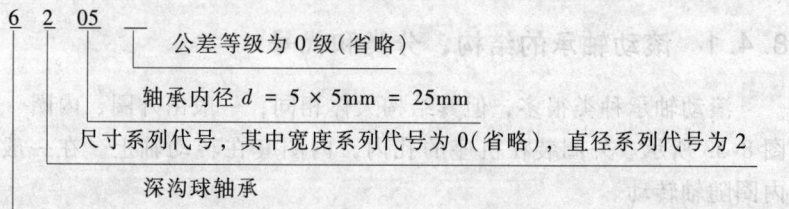

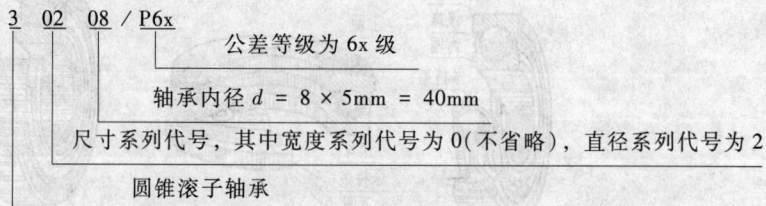

```
6 2 05 ┐
        ├── 公差等级为 0 级（省略）
        ├── 轴承内径 d = 5 × 5mm = 25mm
        ├── 尺寸系列代号，其中宽度系列代号为 0（省略），直径系列代号为 2
        └── 深沟球轴承
```

```
3 02 08 / P6x ┐
               ├── 公差等级为 6x 级
               ├── 轴承内径 d = 8 × 5mm = 40mm
               ├── 尺寸系列代号，其中宽度系列代号为 0（不省略），直径系列代号为 2
               └── 圆锥滚子轴承
```

8.4.2　滚动轴承的画法

由于滚动轴承是标准部件，一般不需要画零件图。画装配图时可采用规定画法、特征画法或通用画法。按轴承代号由轴承标准中查出外径、内径、宽度等主要尺寸，根据表 8-9 所列的画法绘制。

表 8-9 常用滚动轴承画法及尺寸比例

轴承类型	结构形式	画法及尺寸比例		
		特征画法	规定画法	通用画法
深沟球轴承 60000	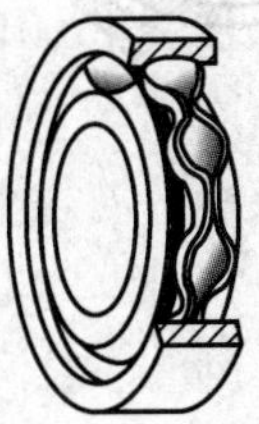	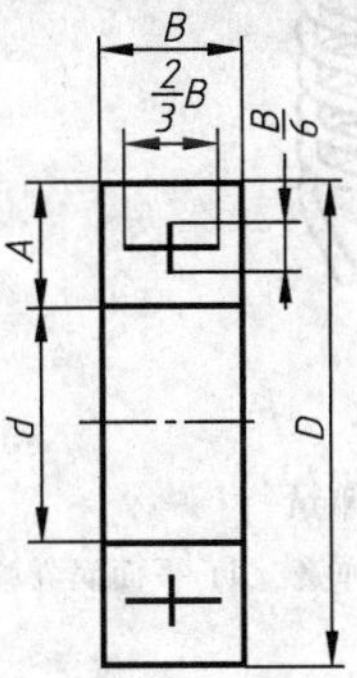	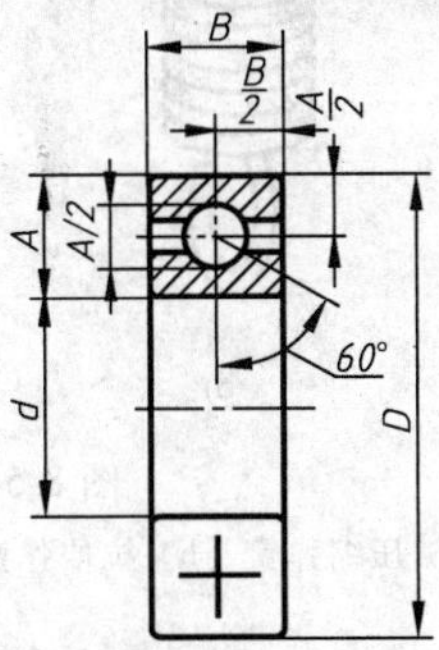	
圆锥滚子轴承 30000	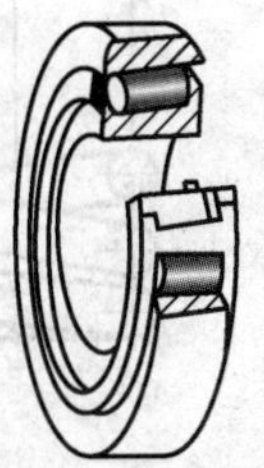	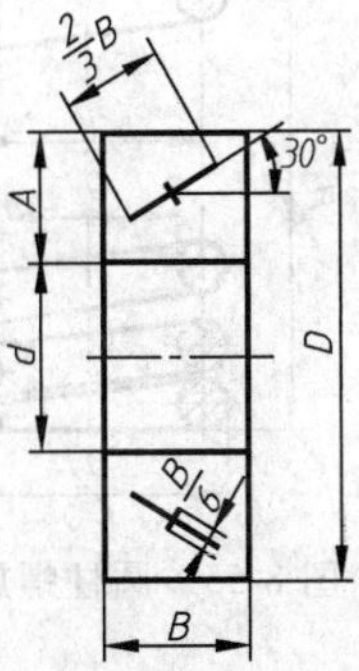	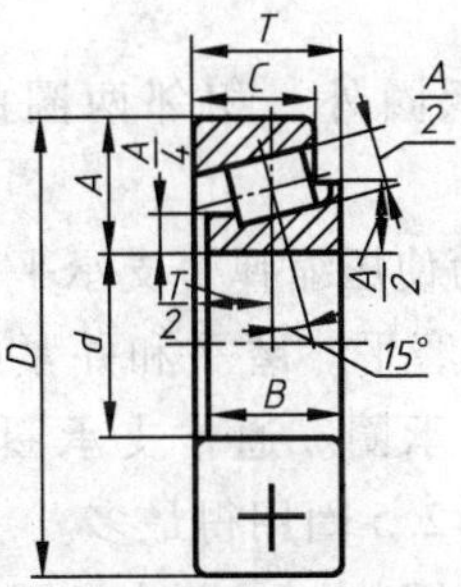	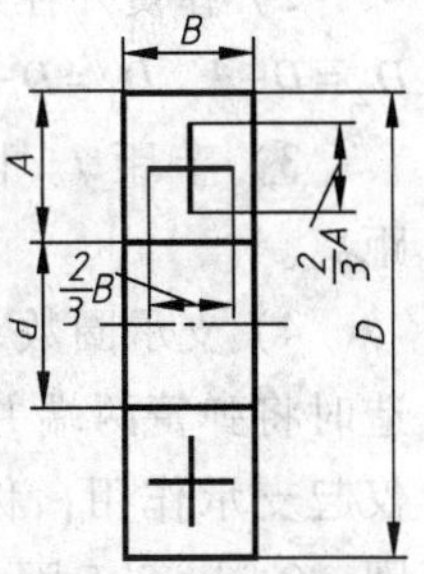
推力球轴承 50000		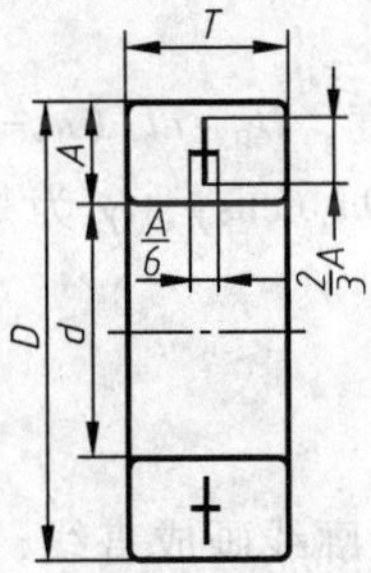	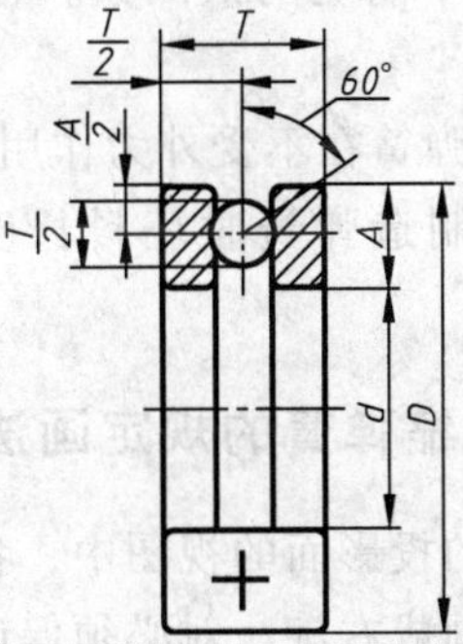	

8.5　弹簧

弹簧用途很广，属于常用件，在机器和仪表中起减振、夹紧、复位、储存能量和测力等作用。它的特点是外力去除后能立即恢复原状。弹簧的种类很多，常用的弹簧如图 8-54 所示。本节只介绍普通圆柱螺旋压缩弹簧的画法。

8.5.1　圆柱螺旋压缩弹簧各部分名称及尺寸关系

圆柱螺旋压缩弹簧各部分名称代号如图 8-55 所示。

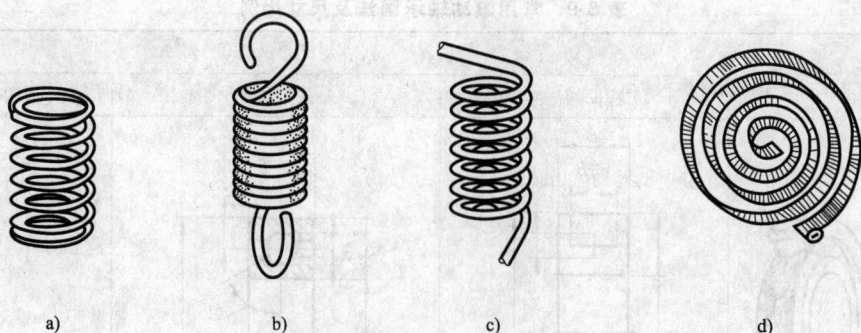

图 8-54　常用的弹簧

a）压缩弹簧　b）拉伸弹簧　c）扭转弹簧　d）平面涡卷弹簧

1）线径 d。

2）弹簧外径 D_2、弹簧内径 D_1、弹簧中径 D，$D_2 = D+d$，$D_1 = D-d$。

3）节距 t。除支承圈外，相邻两圈的轴向距离。

4）支承圈数 n_z。为使压缩弹簧支承平稳，制造时将弹簧两端并紧且磨平。磨平和并紧的各圈仅起支承作用，称为支承圈。通常支承圈有 1.5圈、2圈、2.5圈三种。2.5圈用得最多。

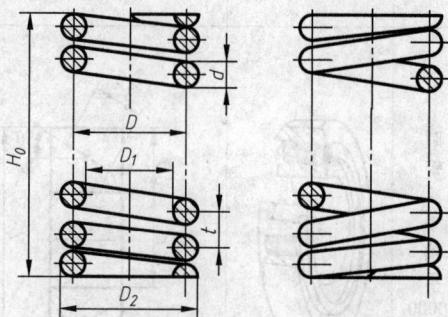

图 8-55　圆柱螺旋压缩弹簧各部分名称代号

5）有效圈数 n 与总圈数 n_1。除支承圈外，其余保持节距相等的圈数，称为有效圈数。有效圈数 n 与支承圈数 n_z 之和，称为总圈数 n_1 即 $n_1 = n + n_z$。

6）自由高度 H_0。弹簧在不受外力作用时的高度，$H_0 = nt + (n_z - 0.5)d$。

7）展开长度 L。制造弹簧时坯料长度 $L = \pi D n_1 / \cos\gamma$，$\gamma$ 为螺旋导角，压缩弹簧 $\gamma = 5° \sim 9°$。

8.5.2　圆柱螺旋压缩弹簧的规定画法

1）在平行于轴线的投影面的视图中，各圈的轮廓线画成直线，如图 8-55 所示。

2）螺旋弹簧均可画成右旋，对必须保证旋向要求的应在"技术要求"中注明。

3）螺旋压缩弹簧如要求两端并紧且磨平时，不论支承圈多少均按支承圈 2.5 圈绘制，必要时也可按支承圈的实际结构绘制。

4）有效圈在 4 圈以上的弹簧，可以每端只画 1~2 圈有效圈，中间部分省略不画。中间部分省略后，允许适当缩短图形长度。

5）在装配图中被弹簧挡住的结构一般不画，可见部分应从弹簧的外轮廓线或从簧丝剖面的中心线画起，如图 8-56a 所示。当弹簧被剖切时，如簧丝剖面直径在图形上等于或小于 2mm 时，可以涂黑表示，如图 8-56b 所示；也可用示意图绘制，如图 8-56c 所示。

圆柱螺旋压缩弹簧画法举例：

已知圆柱螺旋压缩弹簧线径 $d = 5\text{mm}$，弹簧外径 $D_2 = 45\text{mm}$，节距 $t = 12\text{mm}$，有效圈数

$n=8$，支承圈数 $n_z=2.5$，右旋，试画出该弹簧。

画图前计算出弹簧中径 D 及自由高度 H_0，然后作图。

$D=D_2-d=45\text{mm}-5\text{mm}=40\text{mm}$

$H_0=nt+(n_z-0.5)d=8\times12\text{mm}+$
$(2.5-0.5)\times5\text{mm}=106\text{mm}$

弹簧的画图步骤如图 8-57 所示。

图 8-58 所示为圆柱螺旋压缩弹簧零件图。

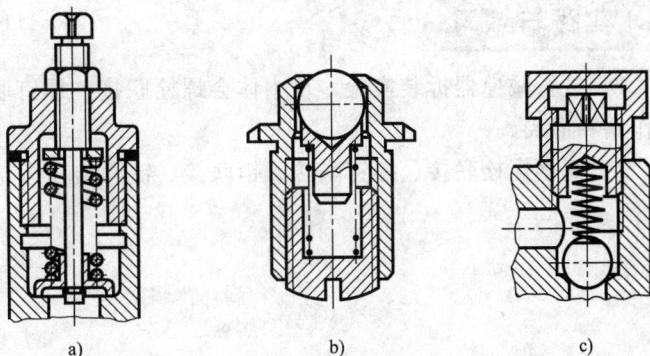

图 8-56 装配图中弹簧规定画法

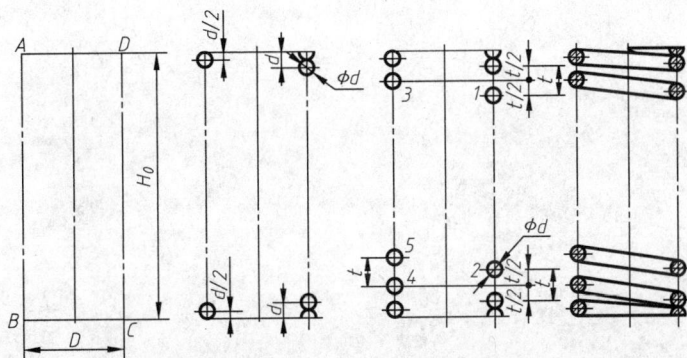

图 8-57 弹簧的画图步骤

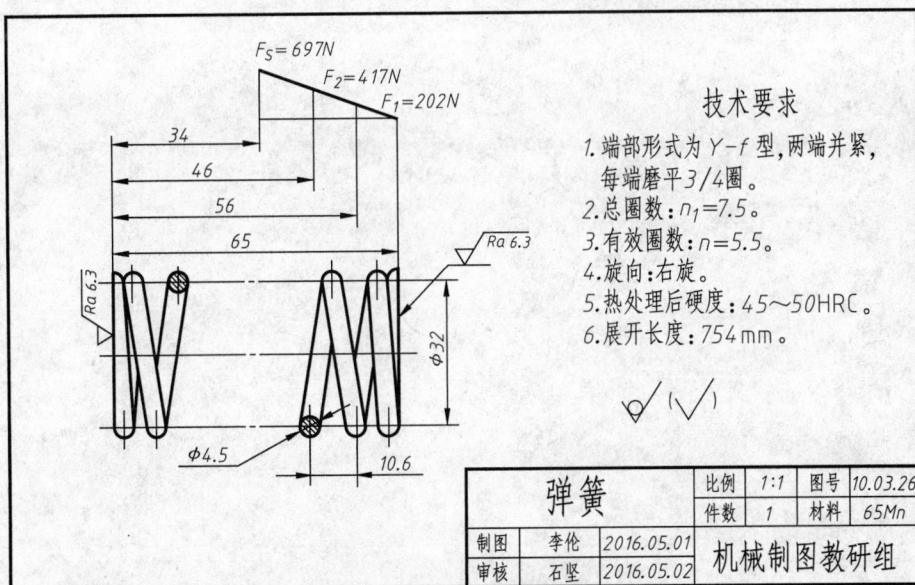

技术要求

1. 端部形式为 Y-f 型，两端并紧，每端磨平 3/4 圈。
2. 总圈数：$n_1=7.5$。
3. 有效圈数：$n=5.5$。
4. 旋向：右旋。
5. 热处理后硬度：45～50HRC。
6. 展开长度：754mm。

弹簧	比例	1:1	图号	10.03.26
	件数	1	材料	65Mn
制图 李伦 2016.05.01	机械制图教研组			
审核 石坚 2016.05.02				

图 8-58 圆柱螺旋压缩弹簧零件图

实践与练习

　　1）进行减速器拆装实验，从中体会螺栓联接、螺钉联接、销联接、键联结和齿轮啮合的作用和形式。

　　2）观察螺栓联接、螺钉联接、销联接、键联结和齿轮啮合在实际中的应用。

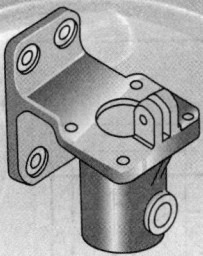

第 9 章

零 件 图

知识要点

1) 零件图的内容和作用。
2) 零件的构形过程及要求。
3) 典型零件的视图选择。
4) 零件图尺寸标注的合理性。
5) 零件的表面结构、极限与配合、几何公差的基本概念以及在图样上的标注方法。
6) 阅读零件图的方法。
7) 零件的测绘及绘制零件图的方法。

引言

　　一台机器或部件都是由若干个零件按一定位置关系装配而成，如图 8-1 所示齿轮油泵。零件是组成机器的最小加工单元。**表示零件结构、大小及技术要求的图样称为零件图**。零件图是**制造、检验零件的依据**。是生产过程中重要的技术文件之一。

9.1　零件图的内容

　　在生产过程中，先根据零件图上零件的材料和数量进行备料，然后按零件图进行加工，最后根据图样上的各项技术要求进行检验。因此，零件图中必须包括制造和检验零件所需的全部资料，它是制造和检验零件的依据，也是生产中重要的技术文件之一。图 9-1 为轴承座零件图，由此图可以看出，一张符合生产要求的零件图，应具有以下几项内容：

　　（1）图形　用一组视图（可采用视图、剖视图、断面图、局部放大图和简化画法等表达方法）正确、完整、清晰地表达零件的结构形状。

　　（2）尺寸　用一组尺寸正确、完整、清晰与合理地标注出零件的结构形状及其相对位置的大小。

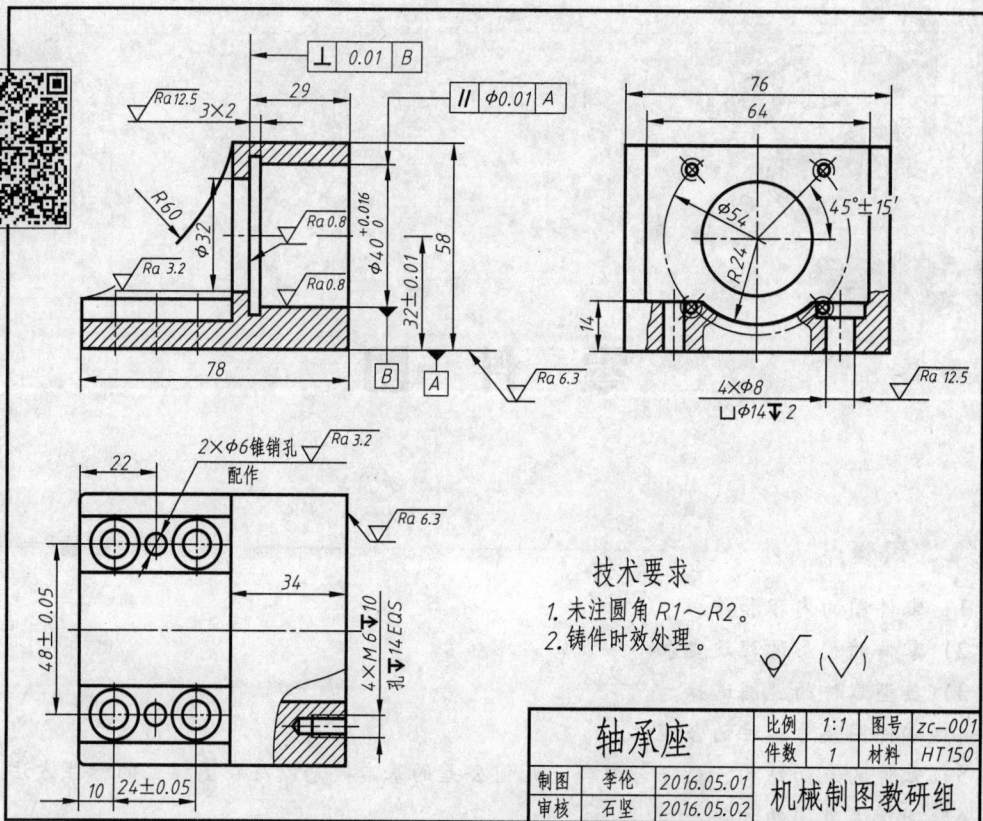

图 9-1　轴承座零件图

（3）技术要求　用一些规定的符号、数字、字母和文字注解等，标注或说明零件在制造、检验和使用时应达到的要求，如表面结构、尺寸公差、几何公差、表面处理和材料热处理的要求等。

（4）标题栏　标题栏中明确填写出零件的名称、材料、数量，图的编号、比例及有关人员签署的姓名和日期等。

9.2　零件的构形过程及要求

每个零件在机器中要起到一定的作用，零件的结构形状及尺寸主要是根据零件在机器中的作用以及和其他零件的连接关系确定的，另外还要考虑零件的加工、检测、使用、维修、人体工程学、经济、美观等方面的要求。根据上述要求确定零件结构形状的过程称为零件的构形设计，下面从功能和工艺要求两方面简要叙述零件构形过程及要求。

9.2.1　零件构形的功能要求

零件的结构形状主要取决于它在机器中的功能，所以要根据功能需求设计零件的结构，每部分结构都有一定的功能。现以图 9-2 所示减速器箱体为例具体阐述零件的构形过程。

减速器是一个通用的独立传动部件，具有减速及增加转矩的功能。减速器箱体的主要功

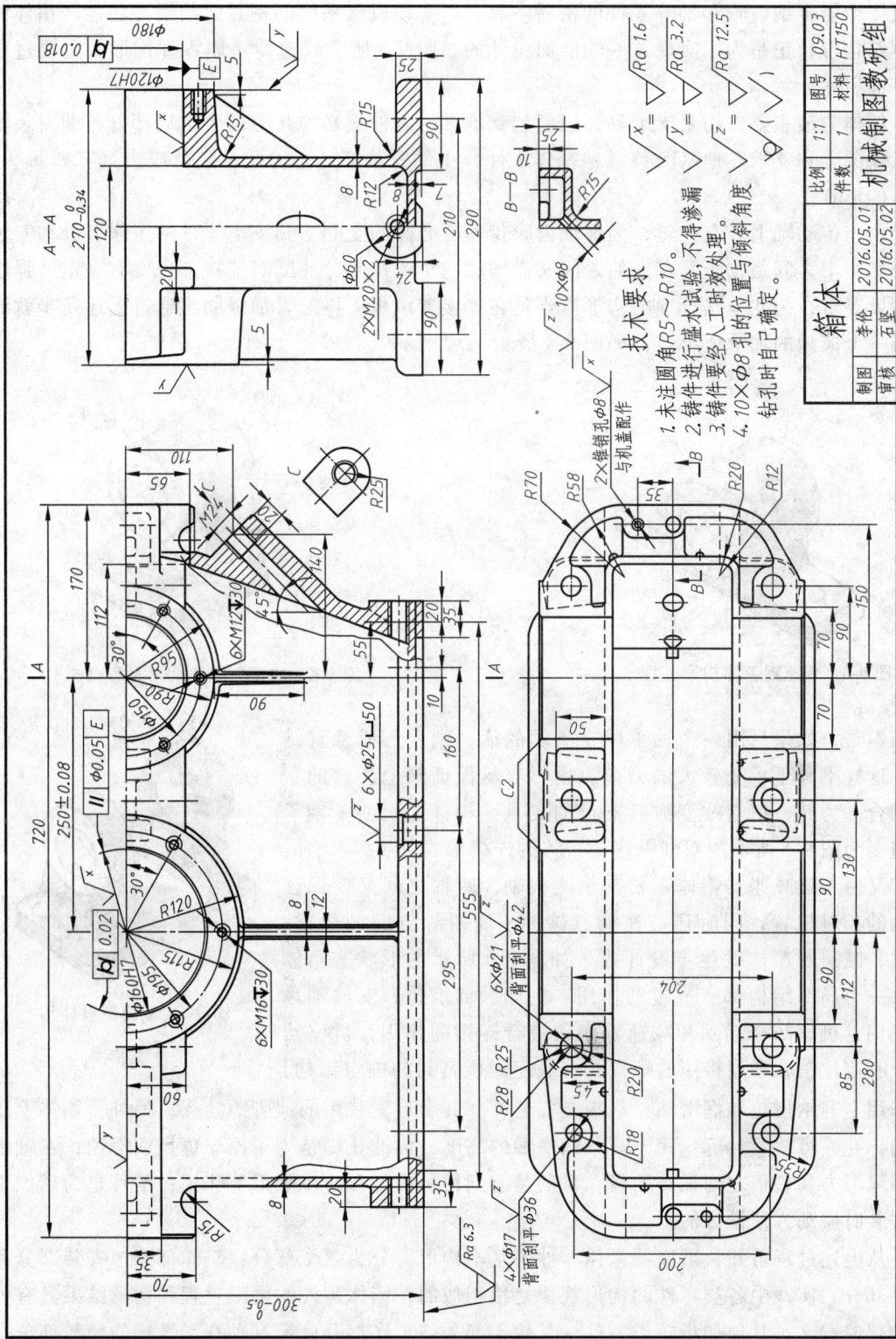

图 9-2 减速器箱体零件图

技术要求

1. 未注圆角R5~R10。
2. 铸件进行盛水试验,不得渗漏。
3. 铸件要经人工时效处理。
4. 10×Φ8孔钻孔时与倾斜箱身度钻孔时自己角定。

$\sqrt{x}=\sqrt{Ra\,1.6}$	$\sqrt{y}=\sqrt{Ra\,3.2}$	$\sqrt{z}=\sqrt{Ra\,12.5}$	$\sqrt{\quad}=(\sqrt{\quad})$

箱 体			比例	1:1	图号	09.03
			件数	1	材料	HT150
制图	李伦	2016.05.01				
审核	石坚	2016.05.02	机械制图教研组			

能是支承轴和轴上的齿轮，并确保齿轮之间正确的啮合运动。同时，它还与减速器箱盖一起组成一个能容纳齿轮和轴等零件的密封空腔，以实现机械系统的密封、润滑等功能。箱体的基本结构形状正是为了实现这些功能而设计的。图9-2所示减速器箱体零件构形的主要过程如下面所述：

箱体的最主要作用是支承轴，能起到支承轴的零件就必须具有两个组成部分，即安装轴的工作部分和支承在地基（或其他基体零件）上的安装部分。为此，它就应当具有如图9-3所示的形状。

由于传动轴上装有齿轮，为保证齿轮传动所必需的空间，其支承零件的工作部分和安装部分必须增大间距，于是在它们之间又需增加一个连接部分。同时连接部分要有一定的强度和刚度要求，为此，其合理的构形应当是在连接支承板上再配置加强肋。通过上述几步就演变成一个典型的轴承座形式，如图9-4所示。

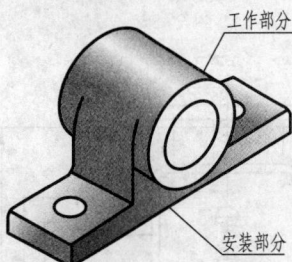

图9-3　减速器箱体构形过程（一）

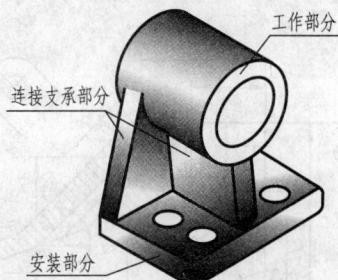

图9-4　减速器箱体构形过程（二）

但是，如果只用一个轴承座支承轴的话，则会形成悬臂结构，这样不利于承受较大的载荷，也不容易保证轴上齿轮的正确啮合。为此，把它改变成双支点的支承结构，从而使单轴承座演变为图9-5所示的双轴承座为一体的连接形式。

又由于该减速器箱体需要支承两根轴，两轴之间又要保证精确的相对位置，同时还有密封、储油、润滑等方面的要求，所以，减速器箱体就逐步设计成了如图9-6所示的形状。箱体的每一个局部结构都有一定的作用。例如：轴承孔有安放轴承的作用；机座凸缘起到和减速器箱盖进行连接的作用，机座凸缘上有定位销孔和连接用的螺栓孔；底座做成密封的中空结构，

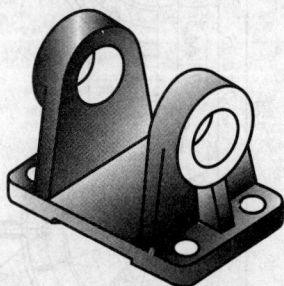

图9-5　减速器箱体构
形过程（三）

其作用是容纳齿轮和润滑油；底板是安装板，其上有安装用的地脚螺栓孔；另外，箱体上还有油标孔，可放置油标，用于观察润滑油的高度；放油孔则是为了便于更换润滑油；在轴承孔凸缘下方和底板之间设有肋板，目的是起到增加强度和防止变形等作用；吊耳是为了加工或安装时搬动方便设计的。

从上述过程可知，减速器箱体零件的基本构形可分为三个部分：工作部分、安装部分和连接部分。实践中各类零件的构形规律是很相似的，箱体零件的构形过程和构形结果具有一定的普遍意义。其他如齿轮类零件，其轮齿部分是工作部分，带有轴孔和键槽的轮毂部分是安装部分，而连接两者的轮辐或辐板则是连接部分。依此类推，如带轮、链轮等各种轮盘类

零件，其基本构形形式均类似。再如，轴类零件的工作部分是用来安装传动零件或操纵零件的部分，通常其上带有键槽等结构；安装部分是支承在轴承上的部分；连接部分是前两者的过渡部分。其他如拨叉、连杆、支座、泵体等零件，其构形上都包含工作部分、安装部分和连接部分。可以说，这三部分是机械零件共有的构形特征。

应当说明，有时由于工作条件或空间的限制，在零件构形上的三个组成部分中，会有某部分变形或退化（主要是连接部分），致使其特征不太明显，但其构形在本质上仍然符合上述规律。**所以零件构形的功能要求是：要有良好性能的工作部分，可靠的安装部分和合理的连接部分。**

图 9-6　减速器箱体立体图

9.2.2　零件构形的工艺要求

零件的构形除满足上述功能要求外，还要满足零件的结构工艺性要求，包括铸造、锻造、冲压、焊接、热处理、切削加工和装配工艺性等对零件结构的要求。零件应具有良好的结构设计工艺性，工艺性的好坏将直接影响产品的质量和成本。下面主要从铸件结构设计工艺性以及金属切削加工件结构设计工艺性两方面介绍零件构形的工艺要求。

1. 铸造零件的工艺结构

（1）**起模斜度**　用铸造方法铸造零件的毛坯时，为了便于将木模从砂型中取出，一般沿木模的起模方向做成 1：20 的斜度，称为起模斜度，如图 9-7a 所示。因此，在铸件上也有相应的起模斜度。**在绘制零件图时一般不用画出零件表面的起模斜度**，可在技术要求中用文字说明。

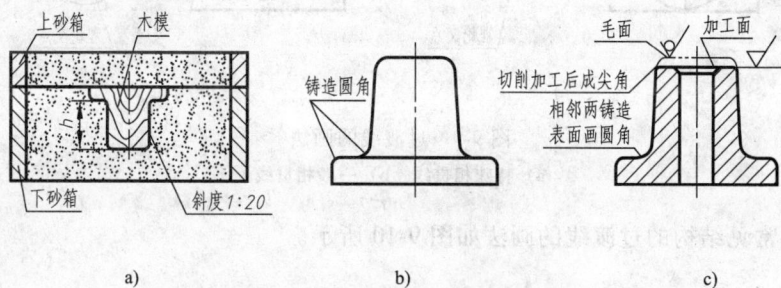

图 9-7　起模斜度和铸造圆角
a）起模斜度　b）铸造圆角　c）加工面呈尖角

（2）**铸造圆角**　为了满足使用要求，便于做出砂型和避免铸造缺陷，铸件两表面相交处做成圆角，称为铸造圆角，如图 9-7b 所示。这样，浇注时可防止铁液冲坏砂型，还可避免铸件在冷却时产生裂纹或缩孔。铸造圆角半径一般取壁厚的 $0.2 \sim 0.4$ 倍，在同一铸件上铸造圆角半径数值的种类应尽可能少。**铸造圆角的半径一般不在图中标注，而在技术要求中用文字说明。**铸件上经过机械加工过的表面转角处就不再是圆角，而成为尖角或加工成倒角，如图 9-7c 所示。

（3）**铸件壁厚**　在浇注零件时，为了避免各部分因冷却速度的不同而产生缩孔和裂纹，铸件的壁厚应保持大致相等或逐渐过渡，如图 9-8 所示。

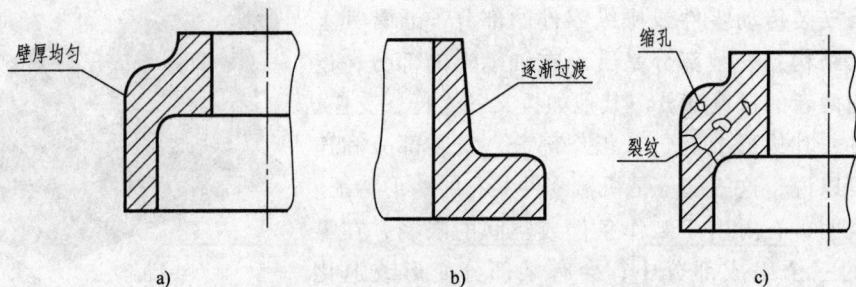

图 9-8　铸件壁厚

a）壁厚均匀　b）逐渐过渡　c）产生缩孔和裂纹

（4）过渡线的画法　由于铸造零件表面有铸造圆角的存在，使得零件表面的交线不明显，但为了分清不同的表面，在投影图中应画出交线，这种交线称为过渡线。**过渡线用细实线绘制**，并仍按没有圆角的相贯线画出，但过渡线的两端与小圆角弧线之间应留有间隙，如图 9-9 所示。

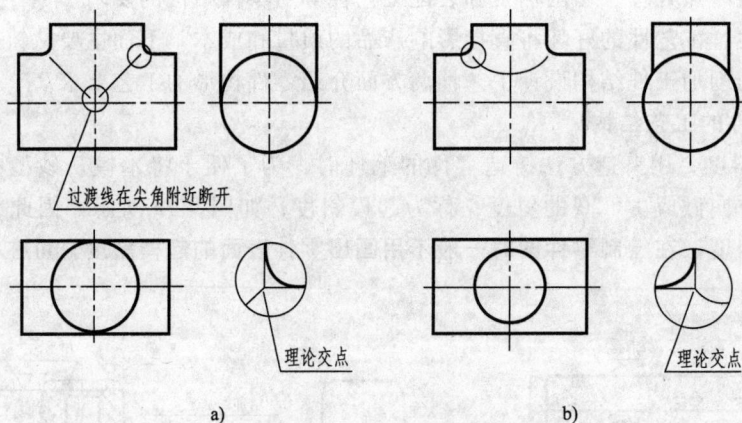

图 9-9　过渡线的画法

a）特殊相贯线　b）一般相贯线

其他几种常见结构的过渡线的画法如图 9-10 所示。

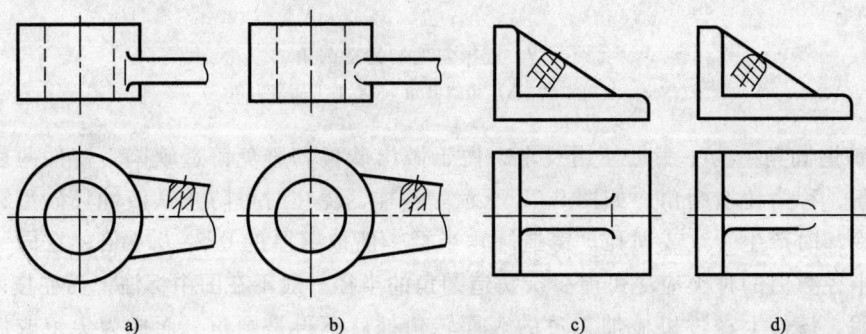

图 9-10　其他几种常见结构的过渡线的画法

2. 零件切削加工的工艺结构

（1）**倒角** 零件经切削加工后，在表面的相交处呈现尖角。**为了操作安全和便于装配，**常在该处制成倒角，倒角可采用45°，也可采用30°和60°。倒角的尺寸标注如图9-11所示。倒角结构尺寸可查阅附表25。

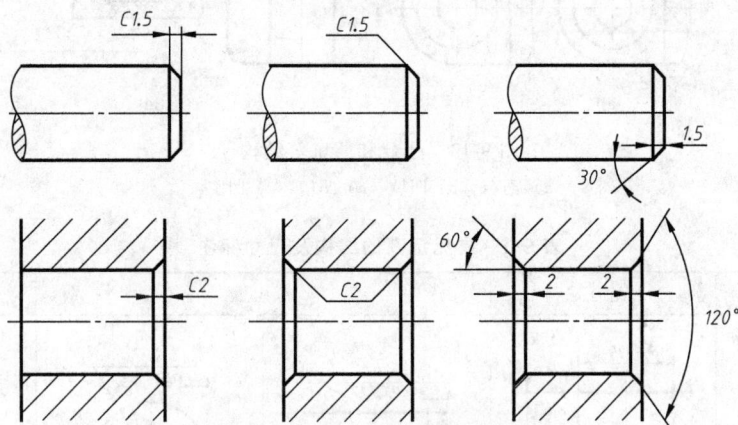

图9-11 倒角的尺寸标注

（2）**退刀槽和砂轮越程槽** 在切削加工时，特别是在车削螺纹或是磨削轴颈表面及内孔表面时，**为了便于退出螺纹车刀或使砂轮的圆角部分越过加工面，**常在被加工零件上预先车出退刀槽和砂轮越程槽，其尺寸可按"槽宽×槽深"或"槽宽×直径"的形式标注。当槽的结构比较复杂时，可画出局部放大图标注尺寸，如图9-12所示。退刀槽和砂轮越程槽结构尺寸可查阅附表26和附表27。

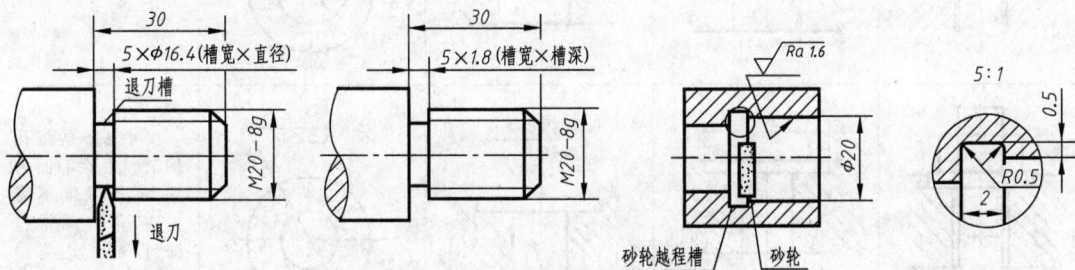

图9-12 退刀槽和砂轮越程槽

（3）**凸台和凹坑** 零件上与其他零件的接触面或配合面，为了保证零件表面间的良好接触，一般都要机加工。**为了合理地减少加工量及加工面积，**常在铸件上设计出凸台和凹坑。图9-13a、b中的凸台和凹坑是为了获得螺纹联接用的较大的接触面。图9-13c、d是为了减少加工面积而设计的凹槽和凹腔的结构。常见沉孔的结构及尺寸标注见表9-1，其结构尺寸见附表28。

（4）**钻孔结构** 用钻头钻孔时，要求钻头轴线尽量垂直于被钻孔的端面。否则钻孔位置容易偏斜，甚至折断钻头。如果遇到孔端面是斜面或曲面的情况，应预先设计出凸台和凹坑，如图9-14所示。

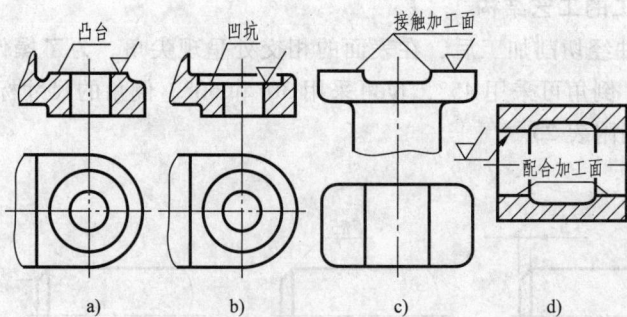

图 9-13　凸台和凹坑等结构

a）凸台　b）凹坑　c）凹槽　d）凹腔

表 9-1　常见沉孔的结构及尺寸标注

结构	普通注法	旁注法		说明
	$\phi 35$ / 12 / $6 \times \phi 21$	$6 \times \phi 21$ / $\llcorner \phi 35 \downarrow 12$	$6 \times \phi 21$ / $\llcorner \phi 35 \downarrow 12$	圆柱形沉孔的直径尺寸 $\phi 35$ 及深度尺寸 12 均需标注
	$90°$ / $\phi 41$ / $6 \times \phi 21$	$6 \times \phi 21$ / $\vee \phi 41 \times 90°$	$6 \times \phi 21$ / $\vee \phi 41 \times 90°$	沉孔的直径尺寸 $\phi 41$ 及锥角 90° 均需注出
	$\llcorner \phi 36$ / $6 \times \phi 17$	$6 \times \phi 17$ / $\llcorner \phi 36$	$6 \times \phi 17$ / $\llcorner \phi 36$	尺寸 $\phi 36$ 的沉孔加工到去除毛面为止，沉孔深度不需标注，不宜画得过深，以能表达清楚为宜

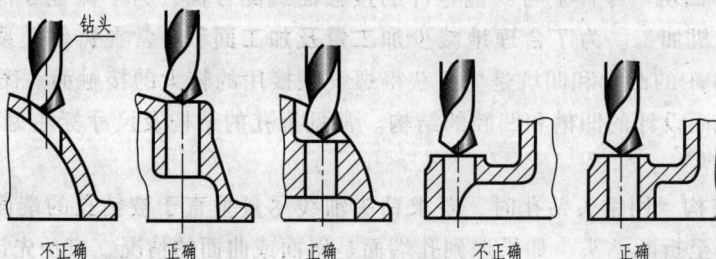

不正确　正确　正确　不正确　正确

图 9-14　钻孔端面结构

　　钻头的端部是一个接近 120°的尖角，用它钻不通孔时，末端便出现一个对应的锥坑，在图上锥坑的锥角规定画成 120°，但不需标注角度，如图 9-15a、b 所示。对于直径不同的阶梯孔，在直径变化的过渡处也应画出 120°的锥角，如图 9-15c、d 所示。120°的锥角纯属钻孔的工艺结构，**钻孔深度指的是圆柱部分的深度，不包括锥坑**。

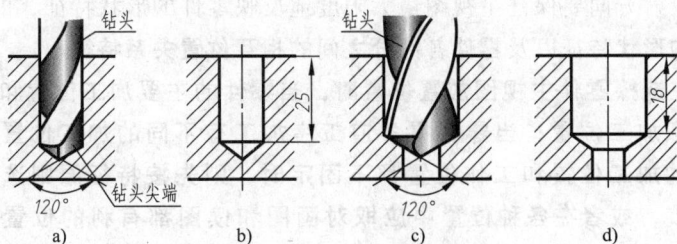

图 9-15　钻孔深度

a）钻不通孔 b）不通孔尺寸标注　c）钻阶梯孔　d）阶梯孔尺寸标注

9.3　零件视图的选择

　　零件图中视图选择是选用适当的表达方法，在完整、正确、清晰表达各部分结构形状的前提下，力求画图简单、读图方便，为此必须分析并了解零件的功用、形体结构特征以及加工方法，才能得到一个较合理的表达方案。零件图表达方案的选择包括主视图的选择、视图数量和表达方法的选择。本节同时就几类典型零件的视图选择进行分析和阐述。

9.3.1　零件视图表达方案的确定

　　零件视图表达方案的确定，首先应选主视图，之后再根据具体的结构特点选择视图的数量和表达方法。

1. 主视图的选择

　　主视图是一组视图的核心，画图和看图应从主视图开始。主视图选择的合理与否直接关系到画图和读图的方便，对整个方案有决定性影响。选择主视图时，一般先选择零件相对于投影面的放置位置，再考虑主视图投射方向，也可以采用相反的次序。在放置位置和投射方向上一般考虑以下原则：

　　（1）零件相对于投影面的放置位置　零件相对于投影面的放置位置主要考虑以下两个原则：

　　1）**零件的加工位置原则**。主视图的放置位置应尽量与零件的加工位置一致。这样，在整个加工过程中，读图方便，可以减少由于读图的不便所带来的差错。例如：轴、套、盘、轮等以回转体为主的零件（图 9-16、图 9-17 等），其主要的加工工序都是在车床和磨床上完成的，它们的主要加工位置是回转体的轴线水平放置。因此，这些零件的主视图在选择时通常把轴线水平放作为主视图的放置位置。

　　2）**零件的工作位置原则**。主视图的放置位置应尽量与零件的工作位置一致。这样，便于读者将零件和整个机器联系起来，想象它的工作情况，分析和了解零件图的各项具体要求。例如：箱体、壳体、底座和支架等零件，它们工作的时候，工作位置是不变的，这些零件的主视图通常按工作位置画出。图 9-1 所示轴承座和图 9-2 所示减速箱体零件的共同特点是它们工作时的位置不变，零件图的主视图都是按零件的工作位置画出，这样使读图者可以方便读取零件的工作情况。

（2）主视图投射方向　**主视图投射方向的选择主要考虑零件的特征原则。**

特征原则：投射方向要保证主视图最大限度地反映零件的形状特征，即较多地表达出该零件各部分的结构形状特征以及零件各部分之间的相互位置关系特征。

应该指出：在选择零件主视图放置位置时，当零件的主要加工位置和工作位置不一致时，一般应首先取加工位置；当零件需多道工序加工有不同的加工位置时，宜取工作位置；若前述零件的加工位置和工作位置都不固定时，则先按特征原则选择投射方向，再选择自然安放位置，或者在各种位置中应取对画图和读图都有利的位置，作为主视图的放置位置。

如在选择图 9-16 中阶梯轴主视图时，首先按加工位置原则，使其轴线水平放作为主视图的放置位置。再进一步选择投射方向时，应使轴上的键槽等结构尽可能多的放在前面，更多地反映出轴上结构的形状特征。又如在图 9-2 所示减速器箱体零件的主视图选择中，因为该零件的工作位置是不变的，所以按工作位置作为主视图的放置位置，再进一步选择投射方向。在投射方向的选择上，比较图 9-2 中的主、俯、左三视图，主视图投射方向更多地反映零件各部分以及之间的结构信息，所以图 9-2 中主视图投射方向的选择是合理的。

对于一些工作位置倾斜放置的零件，或是加工位置及工作位置不唯一的拨叉、连杆等零件，如图 9-18 所示的踏脚座，踏脚座的加工位置及工作位置不唯一，所以就先按零件的特征原则选择投射方向，再选零件的自然安放位置作为主视图的放置位置。图 9-18 中选择的主视图投射方向较其他的投射方向所反映的零件特征最大，在这个投射方向的基础上，再把踏脚板竖放时的自然安放位置作为主视图的放置位置，这样就有利于在视图中方便地表达零件各部分的形状及各部分之间相对位置关系，这样的选择使视图表达简单、清晰，画图及读图方便。

总之，零件选择主视图时，要根据零件实际加工、工作位置以及结构形状的特点具体考虑，除此之外，还要考虑视图的布局是否合理等问题，权衡利弊之后再确定。

2. 视图数量和表达方法的选择

在主视图初步确定之后，还需根据零件中尚未表达清楚的结构形状及相对位置关系，确定其他视图的数量和表达方法，两者之间有密切的联系。

除了简单的轴、套等回转零件之外，一般零件都需要两个以上的视图。因为主视图只能反映长、高两个方向的几何量（即 X 方向和 Z 方向），所以选定主视图后，应首先考虑采用俯（仰）视图或左（右）视图来反映零件宽度方向（Y 方向）的几何尺寸和形状。

理论上，有了这样两个视图，零件的三个坐标方向的量都可以得到表达，其形状基本可以确定。但一些零件比较复杂，既有内部结构又有外部结构，有重叠的部分，又有倾斜的部分，除了以上的基本视图外，有时还需增加另外的视图、剖视图、断面图、简化画法等加以补充表达，直至把零件各组成部分的结构形状和相对位置关系表达清楚为止。注意应使选择的每个视图都有明确的表达重点和内容。

同一零件可能有几种不同的视图表达方案，应通过认真分析、比较，提出一两种比较简明、合理的视图表达方案。

9.3.2 典型零件的视图选择

机器内零件的种类繁多，零件的功能、结构形状、加工方法等各不相同。一般将零件分为轴套类、盘盖类、叉架类和箱体类四类典型零件，每类零件在表达方法、尺寸标注、技术要求等方面都有共同的特点。

1. 轴套类零件

这类零件主要有轴、套筒和衬套等。轴的作用一般是用来支承传动零件和传递动力。套是装在轴上或孔上，起轴向定位、支承和保护等作用。轴套类零件的基本形状为同轴回转体，主要在车床和磨床上加工，加工时一般轴线水平放置。该类零件上通常带有键槽、退刀槽、倒角、圆角等局部结构。

轴套类零件的主视图按加工位置原则将轴线水平放置，并尽量把轴上的键槽等局部结构放在前面，让主视图的特征最大。采用主视图这一基本视图加上一系列的直径尺寸，就能表达出轴套类零件的主要形状。对于轴上的局部结构，可以采用剖视图、断面图、局部视图和局部放大图等加以补充表达。 图 9-16 所示的轴零件图，主视图中采用了局部剖表达右侧键槽的内部结构，并采用局部视图和移出断面图补充表达右侧键槽的形状和内部结构；左侧键槽在主视图表达其形状的基础上，采用移出断面图补充表达其内部结构；退刀槽则采用局部放大图补充表达；图中未注明的圆角和倒角则在技术要求中加以说明。

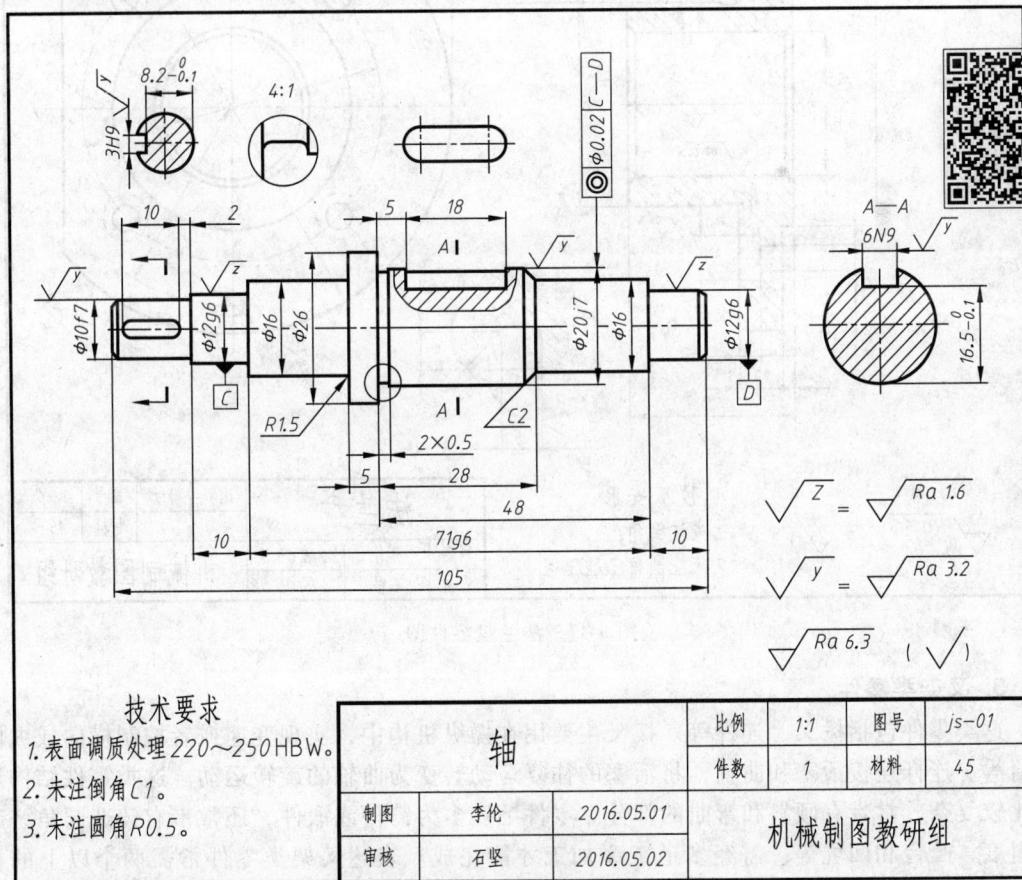

图 9-16 轴零件图

211

2. 盘盖类零件

这类零件主要有齿轮、带轮、手轮、法兰盘以及端盖等。轮一般用来传递动力和转矩，盘主要起支承、定位及密封等作用。盘盖类零件的基本形状为扁平的盘状，主要结构为同轴回转体，并带有轴向尺寸小而径向尺寸大的尺寸特征。盘盖类零件主要在车床和磨床上加工，加工时一般轴线水平放置。此外，盘盖类零件还经常带有各种形状的凸缘、均匀分布的孔、槽、肋、轮辐等结构。

图 9-17 所示为法兰盘零件图。**盘盖类零件一般需要两个以上的主要视图。主视图中法兰盘的轴线水平放置，符合零件的加工位置原则。**由于该零件的外形简单，因此主视图采用全剖视图，用了两个相交的剖切平面剖切，完整、清晰表达了零件内部结构的形状及位置关系。图 9-17 中还用左视图补充表达了该零件凸缘的形状以及四个螺栓孔、两个销孔的分布情况，对于砂轮越程槽则用局部放大图补充表达其内部结构。

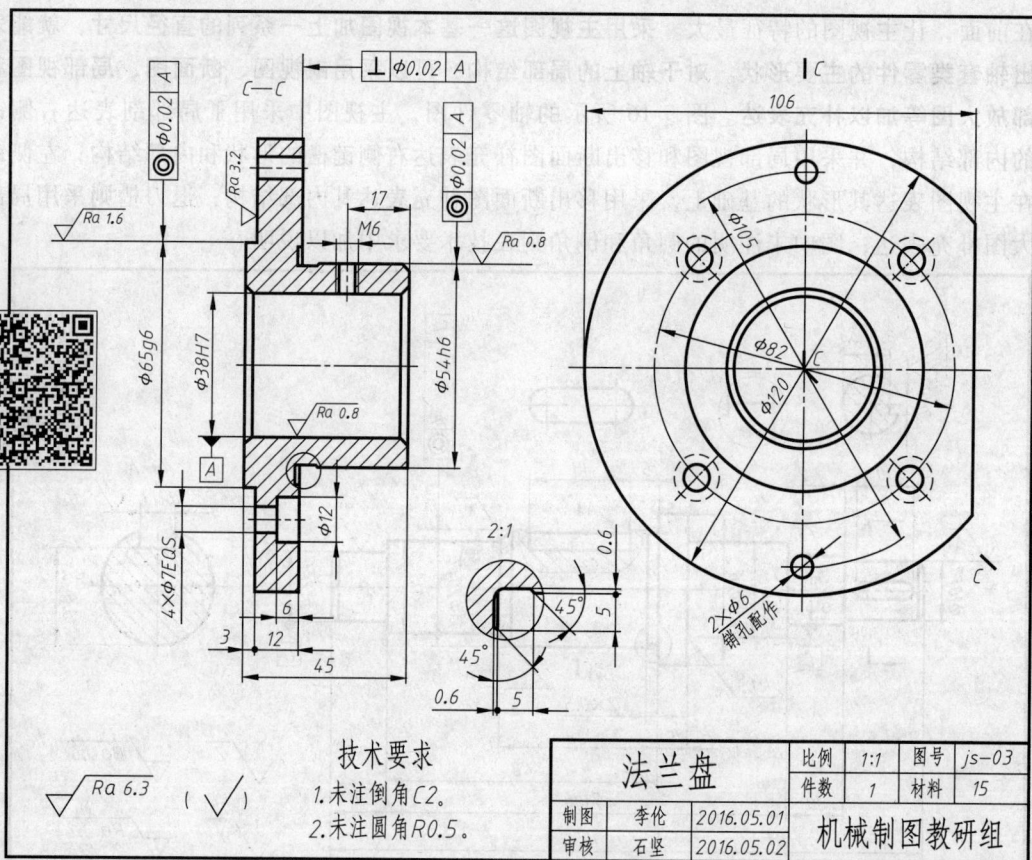

图 9-17 法兰盘零件图

3. 叉架类零件

这类零件包括拨叉、连杆等。拨叉主要用在操纵机构中，实现变速或者控制横向或纵向进给等。连杆连接活塞和曲轴，将活塞的往复运动转变为曲轴的旋转运动。这类零件结构形状比较复杂，常带有倾斜和弯曲的部分。零件毛坯多为铸件或锻件，还常带有铸造圆角、起模斜度、凸台和凹坑等，需经多道工序加工才能完成。表达叉架类零件常需两个以上的视图。主视图的选择，首先按照充分表达零件形状特征的原则，确定主视图投射方向，然后按零件的自然安放位置确定主视图放置位置。除主视图外，还经常需用斜视图、局部视图、局部剖视图、断面图等表达方法加以补充表达。

图 9-18 所示为踏脚座零件图。首先主视图投射方向充分表达了踏脚座的形状特征，清楚地表达了组成该零件的轴承孔、踏脚板、肋板三部分的形状及相对位置；同时选择踏脚板竖放的自然安放位置，是为了更清晰地表达各部分结构形状以及之间的位置关系。俯视图则进一步表达了上述三部分的宽度以及三者前后方向的位置关系。选用 A 向局部视图补充表达在主俯视图中没有表达清楚的踏脚板的端面形状。同时，采用了移出断面图表达肋板的断面形状。轴承孔 φ20H7 以及上方注油孔 φ8H8 的内部结构，分别在俯视图和主视图中用局部剖视图进行表达。

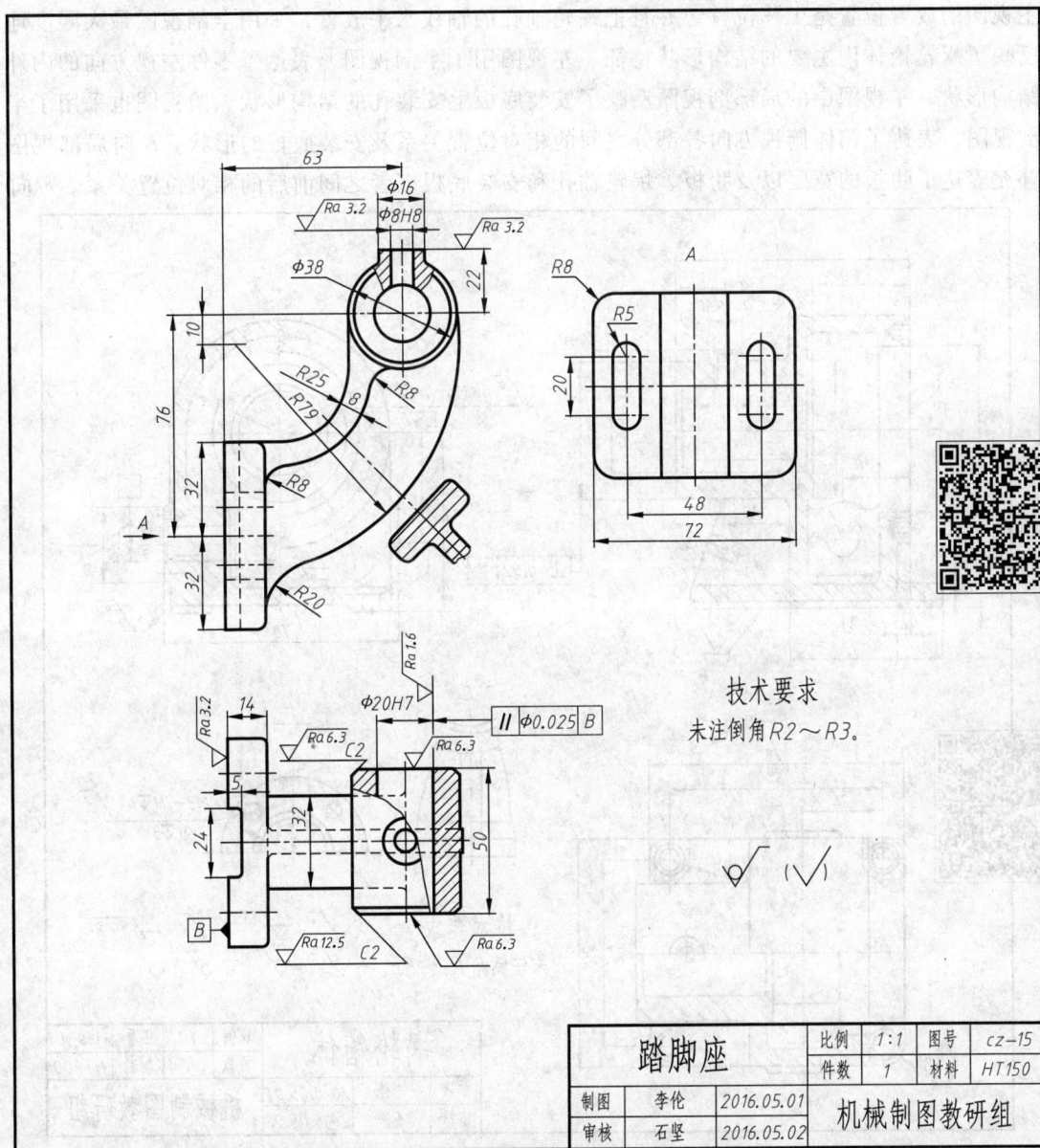

踏脚座		比例	1:1	图号	cz-15
		件数	1	材料	HT150
制图	李伦	2016.05.01		机械制图教研组	
审核	石坚	2016.05.02			

图 9-18 踏脚座零件图

4. 箱体类零件

箱体类零件主要有各种泵体、阀体、变速箱箱体、机座等，在机器或部件中用于支承、容纳、定位和密封等作用。它们的结构形状比较复杂，多为铸件，常带有起模斜度、肋板、凸台、凹坑、铸造圆角等结构。箱体类零件结构复杂，一般需经多道工序加工而成，加工位置变化较多，而工作位置是不变的。因此主视图应按照工作位置原则来确定箱体类零件主视图的放置位置，然后在四个投射方向中，选择能最大限度反映零件形状特征及各组成部分之间相对位置关系的投射方向，作为主视图投射方向。其他视图数量的选择要根据零件具体结构确定，并采用适当的视图、剖视图、断面图等方法来表达其复杂的内、外结构。

图 9-19 所示为蜗轮箱体零件图。它采用了主、俯、左三个基本视图和两个局部视图。主视图的放置位置是工作位置，并且把蜗轮轴孔的轴线水平放置，采用全剖视图最大限度地反映了蜗轮箱体内主要的结构形状特征。左视图用了半剖视图，表达了零件左视方向的内外结构形状，左视图中的局部剖视图反映了安装底板上安装孔的结构形状。俯视图也采用了半剖视图，表达了箱体俯视方向各部分之间的相对位置关系及安装底板的形状。E 向局部视图补充表达了肋板的宽度以及肋板、蜗轮轴孔和安装底板三者之间前后的相对位置关系。F 向

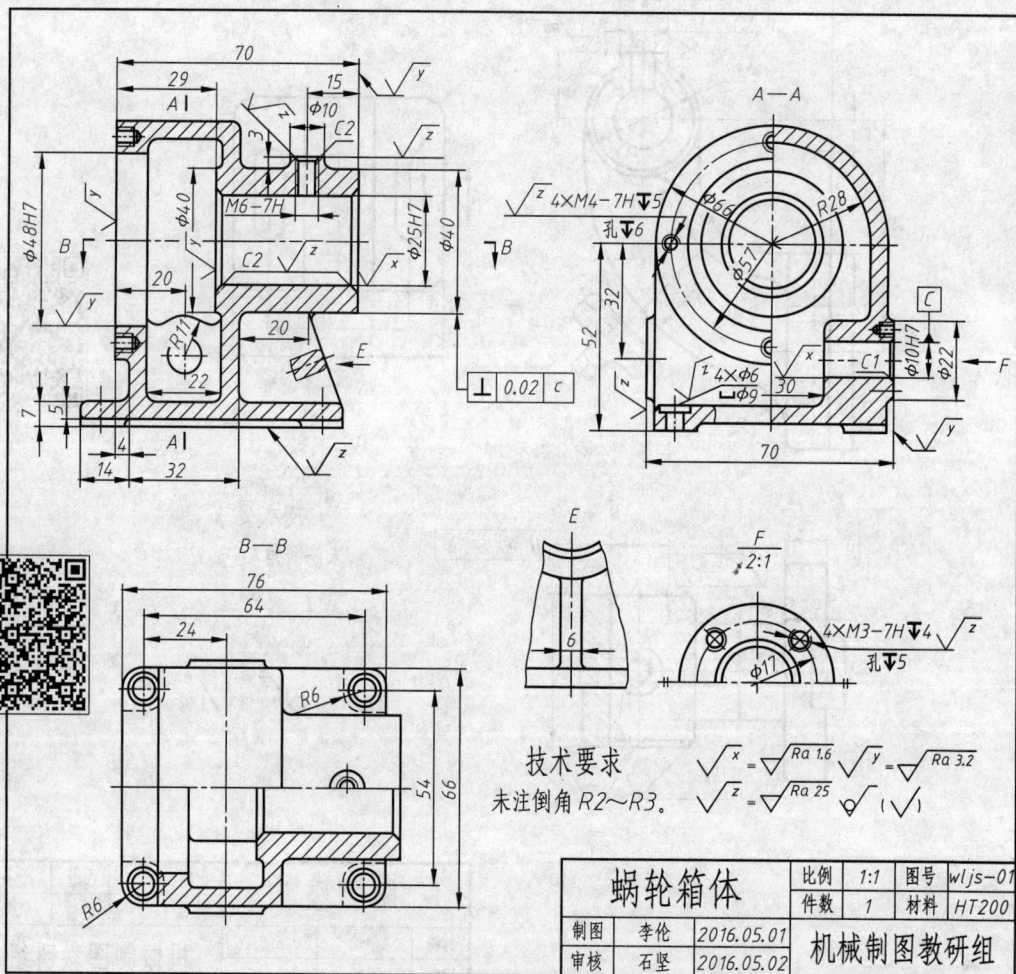

图 9-19　蜗轮箱体零件图

局部视图则表达了尺寸为 $\phi22$ 凸台上螺纹孔的分布情况。肋板的断面结构用重合断面图在主视图中表达。

9.4 零件图的技术要求

零件图是指导生产机械零件以及检测机械零件的技术文件。在零件图中，为了保证零件的质量，除了图形和尺寸外，还要标注零件的技术要求。零件图的技术要求包括产品几何技术规范、材料、材料热处理以及表面处理等。其中产品几何技术规范 GPS（Geometrical Product Specification and Verification）全面规范了产品（工件）的尺寸、形状和位置及表面特征的控制要求和检测方法，成为工程领域产品设计、制造和合格评定依据的最重要的基础标准之一，如图 9-20 所示。

产品的几何特性是产品的重要特性之一。产品的几何精度不仅影响着产品的性能、结构、强度、可靠性、寿命、互换性等，而且影响产品的研发成本。从广义上讲，"几何"包含了工件的尺寸、形状与位置以及表面结构等特征，产品几何技术规范是尺寸规范、几何规范和表面特征规范的总称。

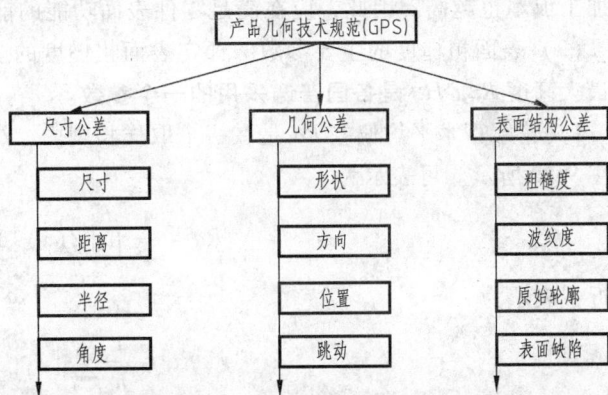

图 9-20 产品几何技术规范

9.4.1 表面结构的表示方法

在零件图上每个表面都应根据使用要求标注出它的表面结构要求，以明确该表面完工之后的状况，便于安排生产工序，保证产品质量。

表面结构是指零件表面的几何形貌，即零件的表面粗糙度、表面波纹度、表面纹理、表面缺陷和表面几何形状的总称。表面结构涉及的国家标准有：

GB/T 131—2006《产品几何技术规范（GPS） 技术产品文件中表面结构的表示法》。

GB/T 1031—2009《产品几何技术规范（GPS） 表面结构 轮廓法 表面粗糙度参数及其数值》。

GB/T 3505—2009《产品几何技术规范（GPS） 表面结构 轮廓法 术语、定义及表面结构参数》。

1. 零件的表面结构

表面结构是表面宏观和微观几何特征，由机械加工、电化学加工、表面处理、喷镀涂层等工艺过程形成，对机器的使用性能和寿命有直接影响。所以在图样或其他技术文件中要清晰对表面结构的要求。

零件的实际表面是凹凸不平的，当用一个指定平面和实际表面相交时，所得到的轮廓是表面轮廓，如图 9-21 所示。国家标准 GB/T 3505—2009 规定了三种评定零件表面质量的表面轮廓参数，包括粗糙度轮廓（R 轮廓）、波纹度轮廓（W 轮廓）、原始轮廓（P 轮廓）。随着工业生产和科技的进步，在零件的设计、加工、验证表面质量综合控制系统中，要对表面结构的系列参数进行系统评定才能保证零件的功能，并在图样中清晰标注对表面结构参数的要求。本节只介绍应用广泛的表面粗糙度参数。

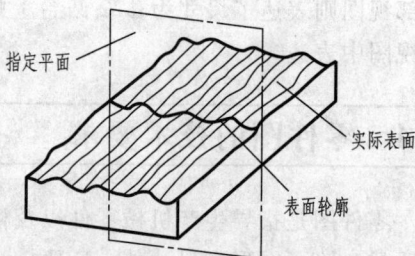

图 9-21　表面轮廓

（1）表面粗糙度　零件的表面粗糙度会对零件的功能产生一系列的影响。例如：影响零件的摩擦和磨损、配合的可靠程度、接触刚度、冲击强度、密封性、耐蚀性、疲劳强度以及零件的外观等。因此，表面粗糙度是设计零件时必须合理选择并严格控制的一项表面质量标准。零件的各个表面依据它们在机器中的作用不同而有不同的表面粗糙度要求。零件表面粗糙度的要求越高，其加工成本也越高。因此，应在满足零件表面功能的前提下，合理地选用表面粗糙度参数。

（2）表面粗糙度的主要参数　评定表面粗糙度的主要参数有轮廓算术平均偏差 Ra 和轮廓最大高度 Rz，Ra 是各国普遍采用的一个参数。

1）轮廓算术平均偏差 Ra 是在一个取样长度内，纵坐标值 $Z(x)$ 绝对值的算术平均值，如图 9-22 所示。可表示为

$$Ra = \frac{1}{l} \int_0^l |Z(x)| \, dx$$

或近似表示为

$$Ra = \frac{1}{n} \sum_{i=1}^n |Z_i|$$

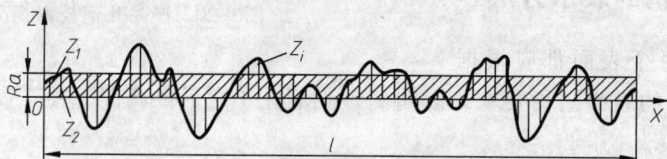

图 9-22　轮廓算术平均偏差 Ra

Ra 既能反映加工表面的微观几何形状特征，又能反映凸峰高度，所用仪器的测量方法比较简便，因此是国家标准推荐的首选评定参数。

轮廓算术平均偏差 Ra 的数值见表 9-2。

表 9-2　轮廓算术平均偏差 Ra 的数值　（单位：μm）

0.012	0.2	3.2	50
0.025	0.4	6.3	100
0.05	0.8	12.5	
0.1	1.6	25	

2）轮廓最大高度 Rz 是在一个取样长度内，最大轮廓峰高和最大轮廓谷深之和，如图 9-23所示。它只能反映表面轮廓的最大高度，不能反映轮廓的微观几何形状特征。轮廓最大高度 Rz 的数值见表 9-3。

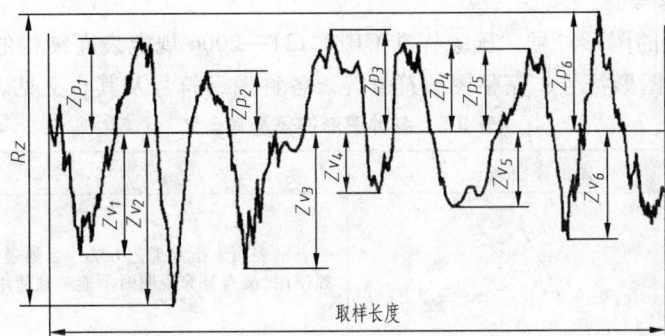

取样长度

图 9-23　轮廓最大高度 Rz

表 9-3　轮廓最大高度 Rz 的数值　　　　　　　　　　　　（单位：μm）

0.025	0.4	6.3	100	1600
0.05	0.8	12.5	200	
0.1	1.6	25	400	
0.2	3.2	50	800	

（3）表面粗糙度数值的选用　国家标准 GB/T 1031—2009 规定：表面粗糙度参数从轮廓算术平均偏差 Ra 和轮廓最大高度 Rz 中选取，其常用参数值范围 Ra 为 $0.025 \sim 6.3$ μm、Rz 为 $0.1 \sim 25$ μm。表 9-4 给出了表面粗糙度 Ra 数值不同的表面特征与加工方法及其应用举例。

表 9-4　表面粗糙度 Ra 数值不同的表面特征与加工方法及其应用举例

Ra/μm	表面特征	加工方法	应用举例
50	明显可见刀痕	粗车、粗铣、粗刨、钻、粗纹锉刀和粗砂轮加工	粗加工表面，一般很少应用
25	可见刀痕		
12.5	微见刀痕	粗车、刨、立铣、平铣、钻	不接触表面；不重要的接触面，如螺钉孔、倒角、机座底面等
6.3	可见加工痕迹	精车、精铣、精刨、铰、镗、粗磨等	没有相对运动的零件接触面，如箱、盖、套间要求紧密的表面、键和键槽工作面；相对运动速度不高的接触面，如支架孔、衬套、带轮轴孔的工作表面
3.2	微见加工痕迹		
1.6	看不见加工痕迹		
0.8	可辨加工痕迹方向	精车、精铰、精拉、精镗、精磨等	要求很好配合的接触面，如与滚动轴承配合的表面、锥销孔等；相对运动速度较高的接触面，如滑动轴承的配合表面，齿轮轮齿的工作表面等
0.4	微辨加工痕迹方向		
0.2	不可辨加工痕迹方向		
0.1	暗光泽面	研磨、抛光、超级精细研磨等	精密量具的表面；极重要零件的摩擦面，如气缸的内表面，精密机床的主轴径，坐标镗床的主轴径等
0.05	亮光泽面		
0.025	雾状光泽面		
0.012	雾状镜面		
0.006	镜面		

2. 表面结构符号

（1）表面结构的图形符号　国家标准 GB/T 131—2006 规定表面结构的图形符号分为基本图形符号、扩展图形符号、完整图形符号等。各种图形符号及其含义见表 9-5。

表 9-5　各种图形符号及其含义

分类	图形符号	含　义
基本图形符号		表示表面未指定工艺方法。当通过一个注释解释时可单独使用，没有补充说明时不能单独使用
扩展图形符号		表示表面用**去除材料方法**获得，如车、铣、刨、磨、钻、剪切、抛光、腐蚀、电火花加工、气割等。仅当其含义是"被加工表面"时可单独使用
		表示表面是用**不去除材料的方法**获得，如铸、锻、冲压、热轧、冷轧、粉末冶金等或保持上道工序形成的表面
完整图形符号		在三个符号的长边上加一横线，用来标注有关参数和补充信息。左图的三个完整图形符号还可分别用文字表达为 APA，MRR 和 NMR，用于报告和合同的文本中
工件轮廓各表面的图形符号		视图上封闭轮廓的各表面有相同的表面结构要求时的符号。如果标注引起歧义时，各表面应分别标注

（2）表面结构的图形符号尺寸　**基本图形符号是由两条不等长且与被注表面轮廓线成 60°的左、右倾斜的细实线组成**，尖端指向被注表面。表面结构的图形符号画法如图 9-24 所示。

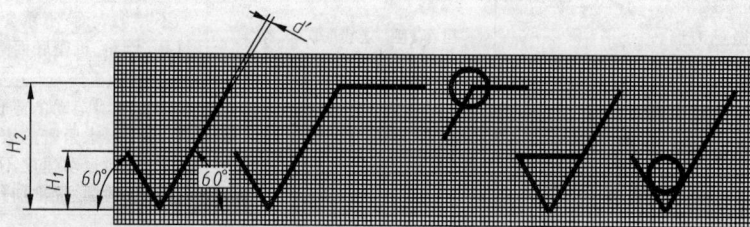

图 9-24　表面结构的图形符号画法

GB/T 131—2006 对图形符号的尺寸做了具体的规定，**如当尺寸数字高度 h 为 3.5mm 时，H_1 为 5 mm，H_2 为 10.5mm，符号线宽与字母线宽约为 0.35 mm**。图 9-24 中参数取值见表 9-6。

（3）表面结构参数及补充要求　表面结构参数包括结构参数代号和参数极限值，如 $Ra3.2$，Ra 为粗糙度轮廓的算术平均偏差代号，参数极限值为 3.2，在代号和数值之间留一个空格。但为了明确表面结构要求，除了标注表面结构参数代号和数值外，必要时应标注补充要求，补充要求包括传输带、取样长度、加工工艺、表面纹理及方向、加工余量等。为了保证表面的功能特征，应对表面结构参数规定不同要求。表面结构要求的注写位置，如图9-25 所示。

表 9-6　表面结构的图形符号尺寸　　　　　　　　　（单位：mm）

数字与字母高度 h	2.5	3.5	5	7	10	14	20
符号线宽 d'	0.25	0.35	0.5	0.7	1	1.4	2
字母线宽 d							
高度 H_1	3.5	5	7	10	14	20	28
高度 H_2（最小值）	7.5	10.5	15	21	30	42	60

（4）表面结构代号的含义　常用表面结构代号的含义见表9-7。

3. 表面结构要求在图样和其他技术产品文件中的标注方法

表面结构要求对每一表面一般只标注一次，并尽可能注在相应的尺寸及其公差的同一视图上。除非另有说明，所标注的表面结构要求是对完工零件表面的要求。

（1）表面结构符号、代号的标注位置和方向

1）根据制图标准的规定，使表面结构的注写和读取方向与尺寸的注写和读取方向一致，如图9-26 所示。

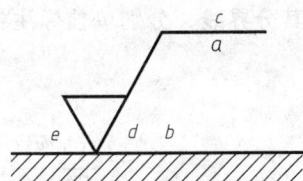

图 9-25　表面结构要求
的注写位置

a—注写表面结构的单一要求　b—注写两个或多个表面结构要求　c—注写加工方法　d—注写表面纹理和方向　e—注写加工余量

表 9-7　常用表面结构代号的含义

表面结构代号	含义	表面结构代号	含义
$\sqrt{}$ Rz 0.4	不允许去除材料，粗糙度轮廓，最大高度为 0.4μm	$\sqrt{}$ Ra 0.8	去除材料，粗糙度轮廓，算术平均偏差为 0.8μm
$\sqrt{}$ Rz 6.3	去除材料，粗糙度轮廓，最大高度为 6.3μm	$\sqrt{}$ Rz max 0.2	去除材料，粗糙度轮廓，最大高度的最大值为 0.2μm
$\sqrt{}$ Ra 0.8	不允许去除材料，粗糙度轮廓，算术平均偏差为 0.8μm	$\sqrt{}$ U Rz 1.6 L Ra 0.8	去除材料，粗糙度轮廓，上限为最大高度 1.6μm，下限为算术平均偏差 0.8μm

2）表面结构要求可以注写在轮廓线上，符号应从材料外指向并接触表面。必要时，表面结构符号也可用带箭头或黑点的指引线引出标注，如图9-26 和图9-27 所示。

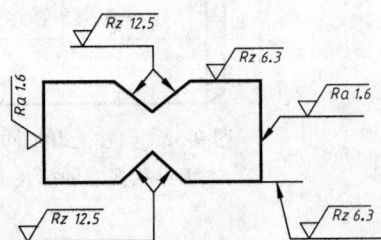

图 9-26　表面结构要求在轮廓线上的标注

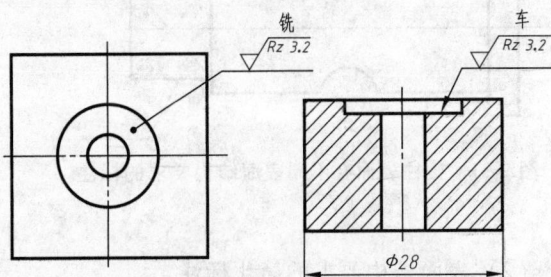

图 9-27　用指引线引出标注表面结构要求

3）在不引起误解的情况下，表面结构要求可以标注在给定的**尺寸线**上，如图 9-28 所示。

4）表面结构要求也可以标注在**几何公差框格的上方**，如图 9-29 所示。

5）表面结构要求也可以标注在**延长线**上或用带箭头的指引线引出标注，如图 9-30 所示。

6）圆柱和棱柱表面的表面结构要求只标注一次，如图 9-30 所示。如果棱柱表面有不同的表面结构要求，则应分别单独标注，如图 9-31 所示。如果同一表面上有不同的表面结构要求时，须用**细实线画出其分界线**，分别单独标注相应表面的结构要求和尺寸，图 9-32 所示。

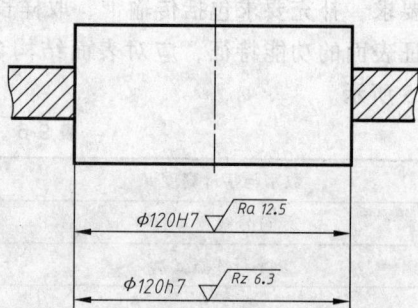

图 9-28 表面结构要求标注在尺寸线上

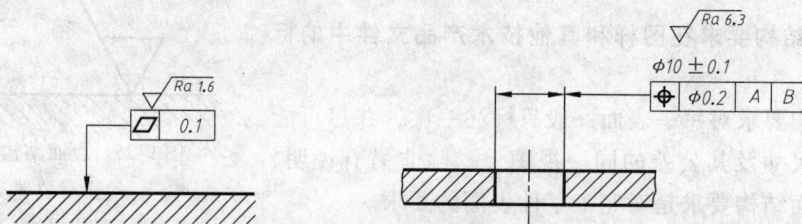

图 9-29 表面结构要求标注在几何公差框格上方

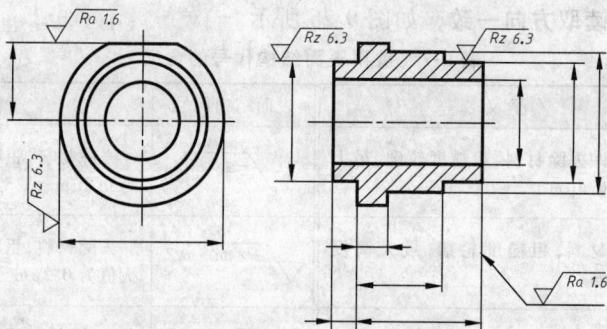

图 9-30 表面结构要求标注在圆柱特征的延长线上

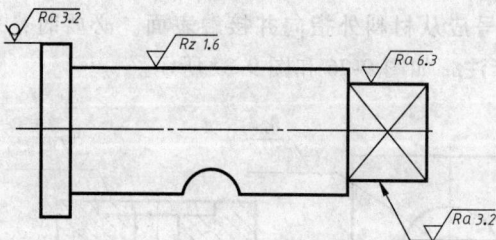

图 9-31 棱柱表面有不同表面结构要求的标注

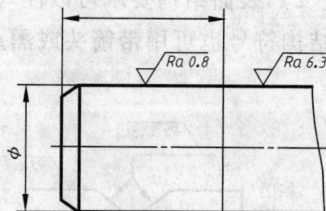

图 9-32 圆柱上有不同表面结构要求的标注

（2）表面结构要求的简化标注

1）有相同表面结构要求的简化注法

① 如果零件的全部表面有相同的表面结构要求时，**可将其统一标注在图样的标题栏附近**。

② 如果零件的大多数表面有相同的表面结构要求，可将其统一标注在图样的标题栏附近，**而在表面结构要求的符号后面应有：**

在圆括号内给出无任何其他标注的基本符号，如图 9-33a 所示。

在圆括号内给出不同的表面结构要求，如图 9-33b 所示。

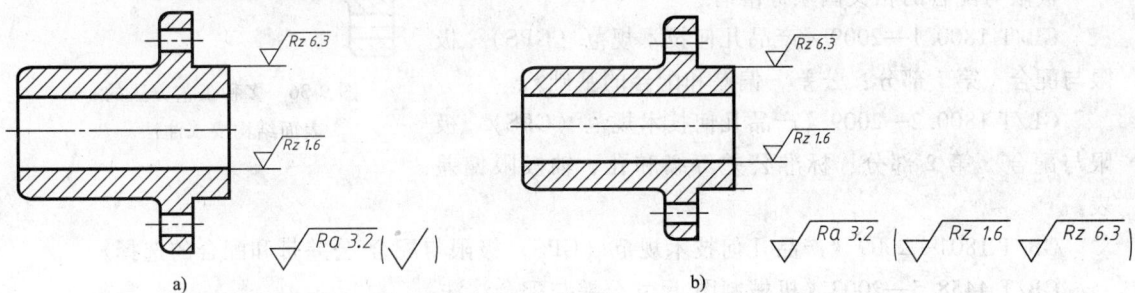

图 9-33 大多数表面有相同表面结构要求的简化注法
a) 简化注法（一） b) 简化注法（二）

其他不同的表面结构要求应直接标注在图中，如图 9-32、图 9-33 所示。

2）多个表面有共同要求的标注。当多个表面有相同的表面结构要求或图纸空间有限时，可采用简化注法。

① 可用**带字母的完整图形符号，以等式的形式**，在图形或标题栏附近，对有相同表面结构要求的表面进行简化标注，如图 9-34 所示。

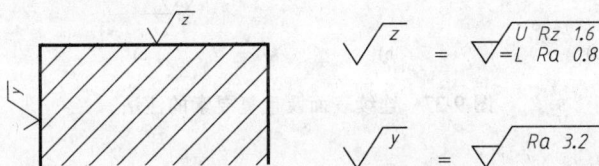

图 9-34 图纸空间有限时的简化注法

② 可采用表面结构的**基本图形符号和扩展图形符号以等号的形式**给出对多个表面共同的表面结构要求，如图 9-35 所示。

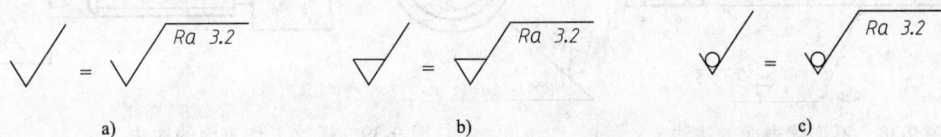

图 9-35 用基本图形符号和扩展图形符号的简化注法
a) 未指定工艺方法 b) 要求去除材料的方法 c) 不去除材料的方法

（3）多种工艺获得同一表面的注法 多种工艺获得同一表面，当需要明确每种工艺方法的表面结构要求时，可以同时标注，如图 9-36 所示。

（4）常用零件表面结构要求的注法　连续表面及重复要素的注法，如图 9-37 所示。不连续表面的注法，如图 9-38 所示。螺纹工作表面的注法如图 9-39 所示。

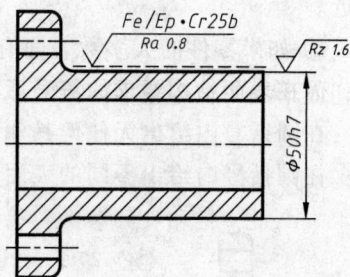

9.4.2　极限与配合

极限与配合的相关国家标准有：

GB/T 1800.1—2009《产品几何技术规范（GPS）极限与配合　第 1 部分：公差、偏差和配合的基础》。

GB/T 1800.2—2009《产品几何技术规范（GPS）极限与配合　第 2 部分：标准公差等级和孔、轴极限偏差表》。

GB/T 1801—2009《产品几何技术规范（GPS）极限与配合 公差带和配合的选择》。

GB/T 4458.5—2003《机械制图 尺寸公差与配合注法》。

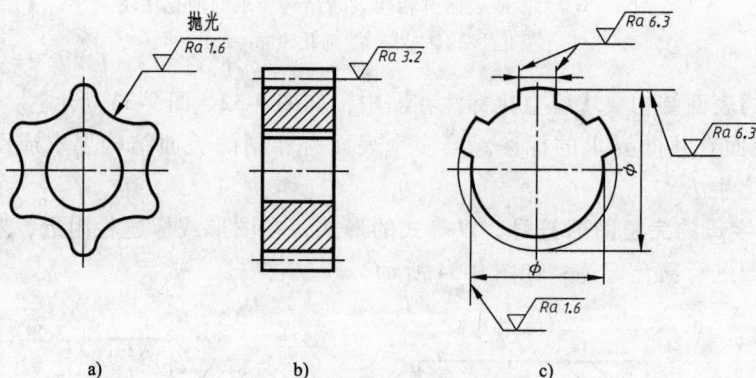

图 9-36　多种工艺方法的
表面结构要求注法

图 9-37　连续表面及重复要素的注法

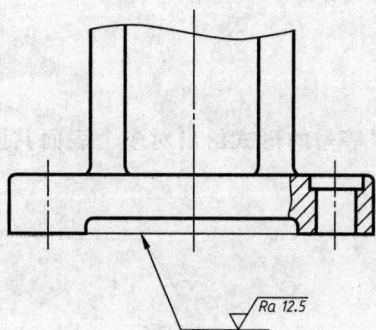

图 9-38　不连续表面的注法

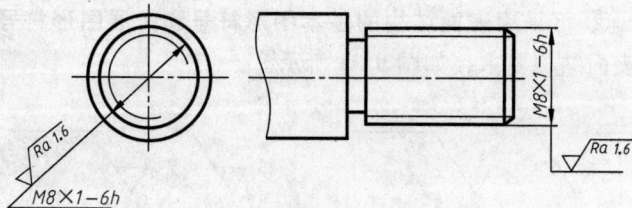

图 9-39　螺纹工作表面的注法

极限与配合的相关国家标准，对于机械工业的整个生产环节是重要的基础标准。对于零件图和装配图，极限与配合是一项重要的技术要求，也是检验产品质量必需的经济技术指标。为了便于掌握和应用，首先介绍有关的基本概念。

1. 轴和孔

轴通常是指工件的圆柱形外尺寸要素，也包括非圆柱形的外尺寸要素（由两平行平面或切面形成的被包容面）。

孔通常是指工件的圆柱形内尺寸要素，也包括非圆柱形的内尺寸要素（由两平行平面或切面形成的包容面）。

本书中，**轴和孔的参数符号分别用小写字母和大写字母来加以区分**，如轴、孔的公称尺寸分别用 d、D 来表示；轴、孔的尺寸公差分别用 T_d、T_D 来表示。

2. 术语及定义（图 9-40）

（1）**公称尺寸** 由图样规范确定的理想形状要素的尺寸。

（2）局部尺寸 提取组成要素的局部尺寸，是提取组成要素上两对应点之间的距离。

（3）极限尺寸 尺寸要素允许的尺寸的两个极端。

1）**上极限尺寸**。尺寸要素允许的最大尺寸。

2）**下极限尺寸**。尺寸要素允许的最小尺寸。

提取要素局部尺寸的合格条件是：上极限尺寸≥局部尺寸≥下极限尺寸。

（4）零线 在极限与配合图解中表示公称尺寸的一条直线，以它为基准确定偏差和公差。

（5）偏差 某一尺寸减去公称尺寸所得的代数差。极限偏差是极限尺寸减去公称尺寸所得的代数差，有上极限偏差和下极限偏差之分。

上极限尺寸-公称尺寸=**上极限偏差**

下极限尺寸-公称尺寸=**下极限偏差**

上、下极限偏差可以是正值、负值或"零"。

（6）尺寸公差（简称为**公差**） 尺寸的允许变动量。

$$尺寸公差=上极限偏差-下极限偏差=上极限尺寸-下极限尺寸$$

尺寸公差是一个没有符号的绝对值。

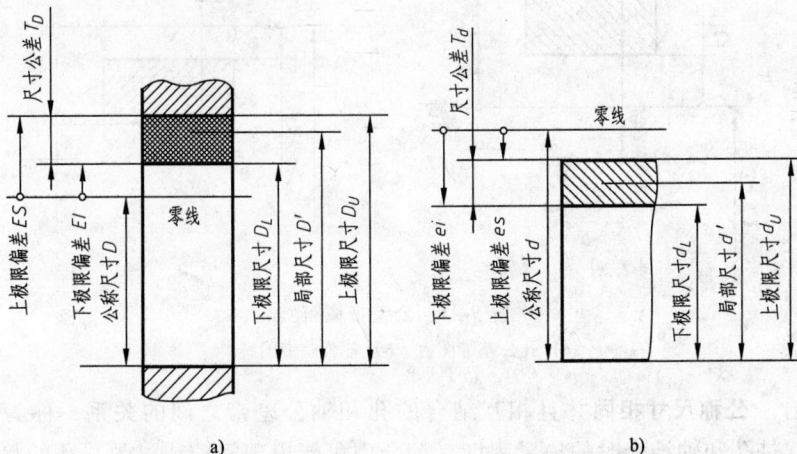

图 9-40 公称尺寸与极限尺寸、极限偏差、尺寸公差
a）孔 b）轴

国家标准规定的有关尺寸和偏差的代号及其关系见表 9-8。

表 9-8　有关尺寸和偏差的代号及其关系

名称	孔	轴	计算公式
公称尺寸	D	d	
局部尺寸	D'	d'	
上极限尺寸	D_U	d_U	$D_U = D + ES$ $d_U = d + es$
下极限尺寸	D_L	d_L	$D_L = D + EI$ $d_L = d + ei$
上极限偏差	ES	es	$ES = D_U - D$ $es = d_U - d$
下极限偏差	EI	ei	$EI = D_L - D$ $ei = d_L - d$
尺寸公差	T_D	T_d	$T_D = D_U - D_L = ES - EI$ $T_d = d_U - d_L = es - ei$

（7）公差带　在公差带图解中，由代表上极限偏差和下极限偏差或上极限尺寸和下极限尺寸的两条直线所限定的一个区域。图 9-41 所示为公差带图解，图中只放大地画出它们的极限偏差。确定偏差的一条基准直线，称为零线，通常以零线表示公称尺寸。零线之上的偏差为正，零线之下的偏差为负。轴、孔公差带既可位于零线的上方，也可位于零线的下方，或是跨在零线上。尺寸公差与零线无关，用双箭头表示。尺寸公差带是尺寸允许变动的区域，将尺寸公差带画成平面状区域可更方便对尺寸进行分析。

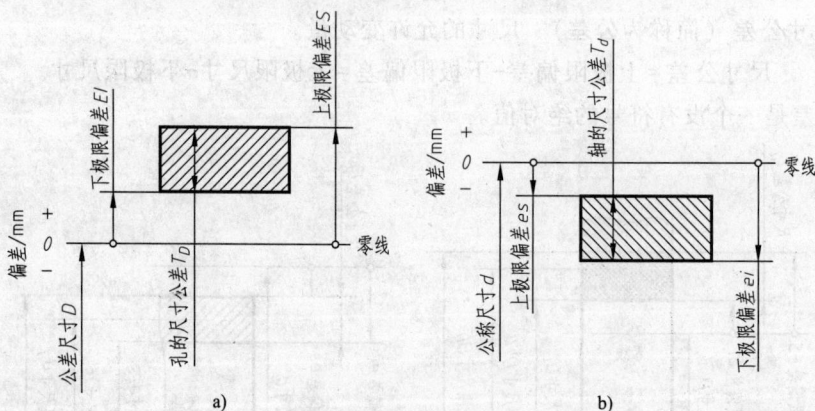

图 9-41　公差带图解

a）孔公差带图解　b）轴公差带图解

（8）配合　**公称尺寸相同并且相互结合的孔和轴公差带之间的关系**，称为配合。通俗地讲，配合就是孔和轴结合时的松紧程度。配合中可能出现间隙或过盈：孔的尺寸减去相配合的轴的尺寸所得的代数差为正值，称为间隙，两者形成可动结合；当此差值为负值，称为过盈，两者形成刚性结合。根据孔、轴公差带的关系，或者说按形成间隙或过盈的情况，国家标准规定配合分为三类即间隙配合、过盈配合和过渡配合。

1）间隙配合。具有间隙（**包括最小间隙为零**）的配合。在公差带图解中，**孔的公差带在轴的公差带之上**，就形成间隙配合，如图 9-42 所示。表示间隙配合松紧程度的是其最大（极限）间隙 S_{max} 和最小（极限）间隙 S_{min}，且有

$$S_{max} = D_U - d_L$$
$$S_{min} = D_L - d_U$$

最大（极限）间隙和最小（极限）间隙可统称为极限间隙。

表示间隙配合松紧程度的允许变动范围的是间隙公差 T_s。**间隙公差是最大（极限）间隙与最小（极限）间隙之差**，即 $T_s = S_{max} - S_{min} = (D_U - d_L) - (D_L - d_U) = T_D + T_d$。

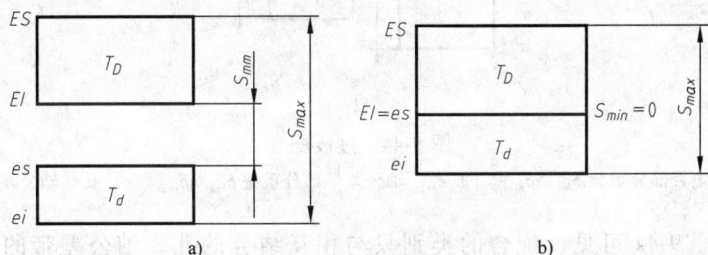

图 9-42 间隙配合
a) $S_{min} > 0$ b) $S_{min} = 0$

2）过盈配合。具有过盈（**包括最小过盈为零**）的配合。在公差带图解中，**孔的公差带在轴的公差带之下**，就形成过盈配合，如图 9-43 所示。

表示过盈配合松紧程度的是其最大（极限）过盈 δ_{max} 和最小（极限）过盈 δ_{min}，且有

$$\delta_{max} = d_U - D_L$$
$$\delta_{min} = d_L - D_U$$

最大（极限）过盈和最小（极限）过盈可统称为极限过盈。

表示过盈配合松紧程度的允许变动范围的是过盈公差 T_δ。**过盈公差是最大（极限）过盈与最小（极限）过盈之差**，即 $T_\delta = \delta_{max} - \delta_{min} = (d_U - D_L) - (d_L - D_U) = T_D + T_d$。

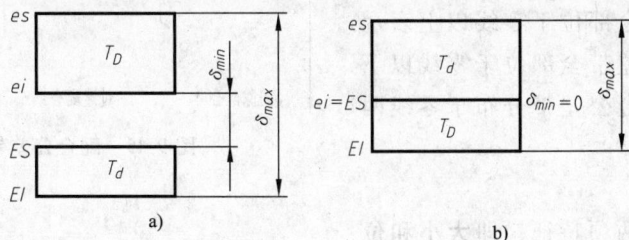

图 9-43 过盈配合
a) $\delta_{min} > 0$ b) $\delta_{min} = 0$

3）过渡配合。可能具有间隙或过盈的配合。在公差带图解中，**孔的公差带与轴的公差带有重叠**，就形成过渡配合，如图 9-44 所示。

表示过渡配合松紧程度的是其最大（极限）过盈 δ_{max} 和最大（极限）间隙 S_{max}；表示过渡配合松紧程度的允许变动的是配合公差 T_f。**过渡配合的配合公差是最大（极限）过盈**

与最大（极限）间隙之和，即 $T_f = \delta_{max} + S_{max} = (d_U - D_L) + (D_U - d_L) = T_D + T_d$。

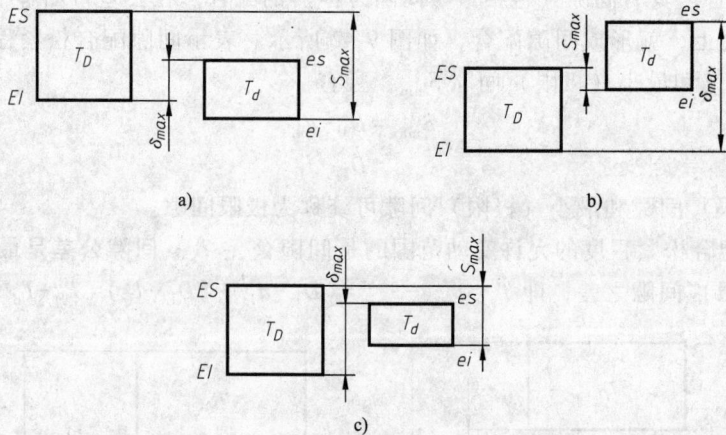

图 9-44　过渡配合

a）孔、轴公差带部分重叠 $S_{max} > \delta_{max}$　b）孔、轴公差带部分重叠 $\delta_{max} > S_{max}$　c）孔、轴公差带完全重叠

由图 9-42～图 9-44 可见，配合的类别只与相互结合的孔、轴公差带的相对位置有关，而与它们对零线（公称尺寸）的位置无关，所以在以上各图中不需要标出各零线（公称尺寸）的位置。

（9）配合公差带　将尺寸公差带的方法扩展应用到配合上，可以建立配合公差带。间隙公差和过盈公差统称为配合公差。配合公差带是间隙或过盈允许变动的区域，由代表最大、最小（极限）间隙或最大、最小（极限）过盈的两条直线所限定的区域，如图 9-45 所示。在配合公差带图解中，零线代表间隙或过盈等于零。通常，零线以上表示间隙，零线以下表示过盈。所以，配合公差带全部位于零线以上表示间隙配合，配合公差带全部位于零线以下表示过盈配合，配合公差带分布于零线两侧表示过渡配合。

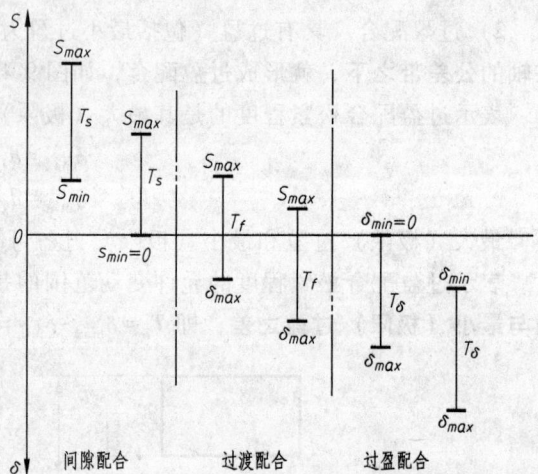

图 9-45　配合公差带图解

3. 极限制

尺寸公差带有两项特征，即**大小和位置**。公差带的大小由尺寸公差确定，公差带的位置由极限偏差（上极限偏差或下极限偏差）确定。国家标准 GB/T 1800.1—2009 对这两个独立要素分别进行了标准化，即规定了一系列标准的公差数值和标准的极限偏差数值。这个经标准化的公差和偏差制度（数值系列）称为极限制。

（1）标准公差系列　**标准公差是用来决定公差带大小的**，用符号 IT 表示。GB/T 1800.1—2009 规定了 20 个标准公差等级，标准公差等级的代号用符号 IT 和数字组成，依次用 IT01、IT0、IT1、IT2、…、IT18 表示，其中数值 01、0、1、2、…、18 表示公差等级，从 IT01 至 IT18 等级依次降低，相应的标准公差依次加大。IT01 等级最高，公差最小；IT18 等级最低，公差最大。公差越小，说明尺寸精确的程度越高，所以公差等级就是确定尺寸精确程度的等级。标准公差数值见附表 23。一般情况，IT01～IT4 用于量块和量规，IT5～IT11 用于配合尺寸，IT12～IT18 用于非配合尺寸。

（2）基本偏差系列　**基本偏差是用来确定公差带位置的。基本偏差是指用**以确定公差带相对零线位置的上极限偏差或下极限偏差，一般是**靠近零线的那个极限偏差**。通常当公差带位于零线上方时，基本偏差是下极限偏差；当公差带位于零线下方时，基本偏差是上极限偏差，如图 9-46 所示。

基本偏差共有 28 个，它的代号用拉丁字母表示，**大写字母表示孔，小写字母表示轴**，基本偏差系列如图 9-47 所示。由图 9-47 可知：对于轴，a～h 的基本偏差为上极限偏差 es，j～zc 的基本偏差为下极限偏差 ei；对于孔，A～H 的基本偏差为下极限偏差 EI，J～ZC 的基本偏差为上极限偏差 ES。从 a 到 h 或从 A 到 H 基本偏差的绝对值逐渐减小；而从 j～zc 或从 J～ZC 基本偏差的绝对值逐渐增大；**h 或 H 基本偏差为零**，即与公称尺寸重合。

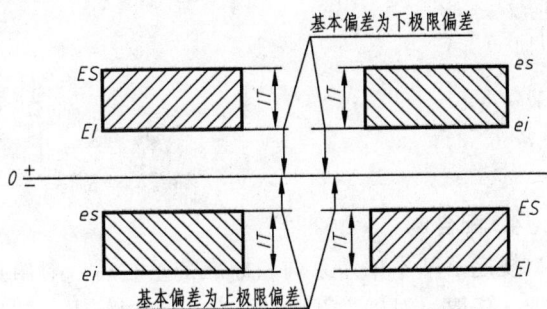

图 9-46　公差带图中的基本偏差

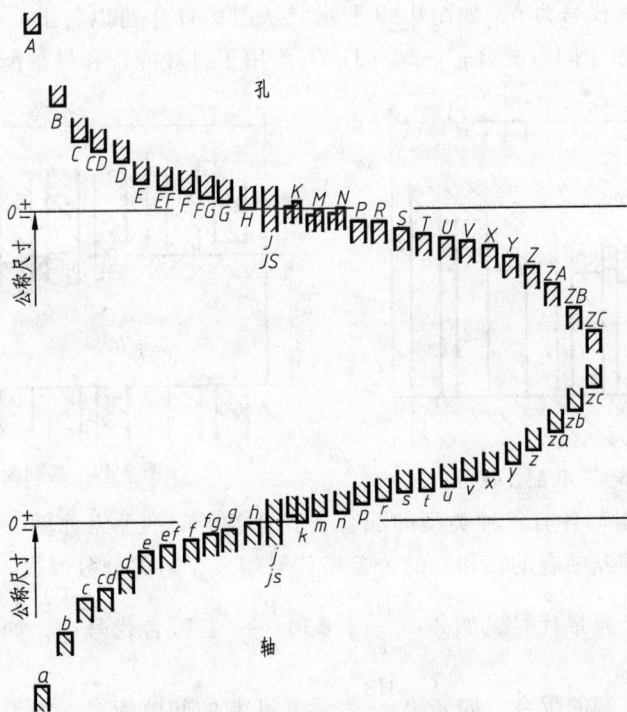

图 9-47　基本偏差系列

在基本偏差系列中，只表示了公差带相对零线的各种位置，而不表示公差带的大小，因此，公差带是开口的，开口的一端表示公差带延伸的方向。公差带取决于公差等级和这个基本偏差的组合，所以，**孔、轴的公差带代号由基本偏差代号和公差等级代号组成**。例如：

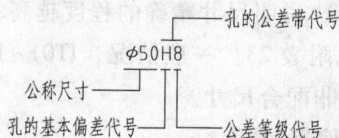

$\phi 50H8$

- 孔的公差带代号
- 公称尺寸
- 孔的基本偏差代号
- 公差等级代号

$\phi 50f7$

- 轴的公差带代号
- 公称尺寸
- 轴的基本偏差代号
- 公差等级代号

4. 配合制

规定了基本偏差系列和标准公差之后，对给定的公称尺寸就可以形成大量的轴和孔的公差带。任取一对轴、孔的公差带，都能形成一定性质的配合。但如果任意选配则情况变化极多，不便于零件的设计与制造。为此，国家标准规定了**两种基准制度，即基孔制与基轴制**。

（1）基孔配合制　基孔配合制简称为基孔制。基本偏差为一定值的孔的公差带，与不同基本偏差的轴的公差带形成各种配合的一种制度。**基孔制的孔为基准孔**，基准孔的下极限偏差为零，**基本偏差代号为 H**，如图 9-48 所示。

（2）基轴配合制　基轴配合制简称为基轴制。基本偏差为一定值的轴的公差带，与不同基本偏差的孔的公差带形成各种配合的一种制度。**基轴制的轴为基准轴**，基准轴的上极限偏差为零，**基本偏差代号为 h**，如图 9-49 所示。从图 9-47 中可以看出：在基孔制（基轴制）中，a～h（A～H）用于间隙配合；j～zc（J～ZC）用于过渡配合和过盈配合。

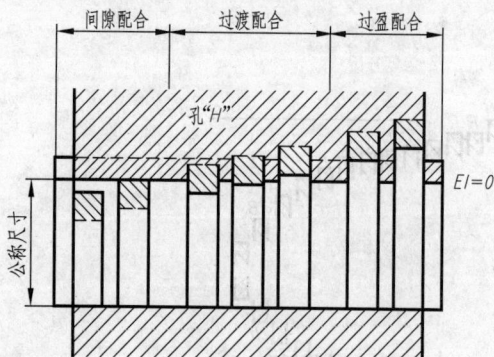

图 9-48　基孔配合制

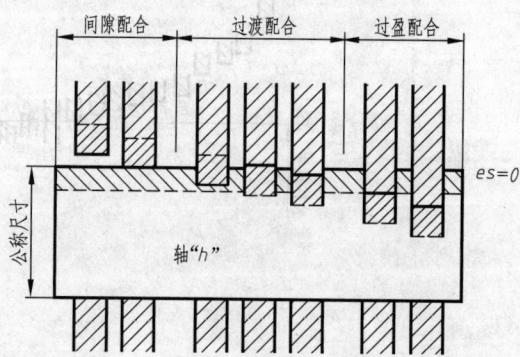

图 9-49　基轴配合制

基孔制和基轴制都各有三种类型的配合，其公差带间的关系如图 9-48 及图 9-49 所示。配合的代号由两个相互结合的孔和轴的公差带代号组成，写成分数形式，分子为孔的公差带代号，分母为轴的公差带代号，如 $\phi 40 \dfrac{H8}{f7}$、$\phi 30 \dfrac{P7}{h6}$。**在配合代号中，如果孔的基本偏差代号为 H，则代表基孔制的配合**，如 $\phi 40 \dfrac{H8}{f7}$ 表示基孔制的间隙配合；**如果轴的基本偏差代号为 h，则代表基轴制的配合**，如 $\phi 30 \dfrac{P7}{h6}$ 表示基轴制的过盈配合；**如果孔的基本偏差代号为**

H，同时轴的基本偏差代号为 h，则可以视为基孔制配合，也可以视为基轴制配合，如 $\phi 50\dfrac{H7}{h6}$ 表示基孔制的间隙配合，也表示基轴制的间隙配合。

（3）常用及优先配合 对于公称尺寸 ≤500mm 的轴和孔，国家标准规定标准公差有 20 个等级，基本偏差有 28 种，原则上任一公差等级和任一基本偏差可以任意组合，能组成大量的配合。即使采用了基孔制和基轴制，配合的数量仍太多，不仅经济上难以实现，而且发挥不了标准化应有的作用，不利于生产的发展。为此，国家标准规定了基孔制和基轴制的常用、优先配合。基孔制常用配合有 59 种，其中优先配合 13 种；基轴制常用配合有 47 种，其中优先配合 13 种。表 9-9 列出了优先配合及其选用说明。

表 9-9 优先配合及其选用说明

优先配合		选用说明
基孔制	基轴制	
$\dfrac{H11}{c11}$	$\dfrac{C11}{h11}$	间隙极大。用于转速很高，轴、孔温差很大的滑动轴承；要求大公差，大间隙的外露部分，要求装配极方便的场合
$\dfrac{H9}{d9}$	$\dfrac{D9}{d9}$	间隙很大。用于转速较高，轴颈压力较大，精度要求不高的滑动轴承
$\dfrac{H8}{f7}$	$\dfrac{F8}{h7}$	间隙不大。用于中等转速，中等轴颈压力，有一定精度要求的一般滑动轴承；要求装配方便的中等定位精度的配合
$\dfrac{H7}{g6}$	$\dfrac{G7}{h6}$	间隙很小。用于低速转动或轴向移动的精密定位配合；需要精密定位又经常装拆的不动配合
$\dfrac{H7}{h6}\quad\dfrac{H8}{h7}$ $\dfrac{H9}{h9}\quad\dfrac{H11}{h11}$	$\dfrac{H7}{h6}\quad\dfrac{H8}{h7}$ $\dfrac{H9}{h9}\quad\dfrac{H11}{h11}$	最小间隙为零。用于间隙定位配合，工作时一般无相对运动；也用于高精度低速轴向移动的配合。公差等级由定位精度决定
$\dfrac{H7}{k6}$	$\dfrac{K7}{h6}$	平均间隙接近于零。用于要求装拆的定位配合；用于受不大的冲击载荷处，转矩和冲击很大时应加紧固件
$\dfrac{H7}{n6}$	$\dfrac{N7}{h6}$	较紧的过渡配合，用于一般不拆卸的更精密的定位配合。可承受很大的转矩、振动及冲击，但也需附加紧固件
$\dfrac{H7}{p6}$	$\dfrac{P7}{h6}$	过盈很小。用于要求定位精度高、配合刚性好的配合，不能只靠过盈传递载荷
$\dfrac{H7}{s6}$	$\dfrac{S7}{h6}$	过盈适中。用于依靠过盈传递中等载荷的配合
$\dfrac{H7}{u6}$	$\dfrac{U7}{h6}$	过盈较大。用于依靠过盈传递较大载荷的配合。装配时需加热孔或冷却轴

5. 极限与配合在图样上的标注

（1）在装配图上的标注 在装配图上标注配合关系有以下两种形式：

1）标注公差带代号 如图 9-50a 所示，用分数的形式注出，分子为孔的公差带代号，分母为轴的公差带代号。

当标注标准件、外购件与零件（轴或孔）的配合关系时，可仅标注相配零件的公差带代号，如图 9-50b 所示。

2）标注极限偏差。如图 9-51 所示，尺寸线的上方为孔的极限偏差，尺寸线的下方为轴的极限偏差。图 9-51b 中明确指出了装配件的代号。

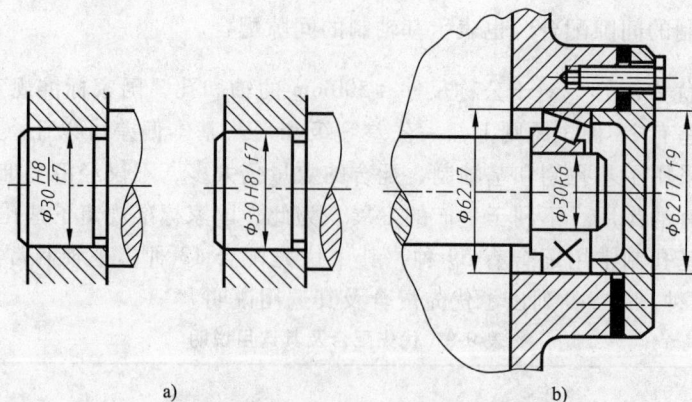

a)   b)

图 9-50 装配图上配合的标注（一）

a）非标准件零件间配合注法 b）与标准件配合的注法

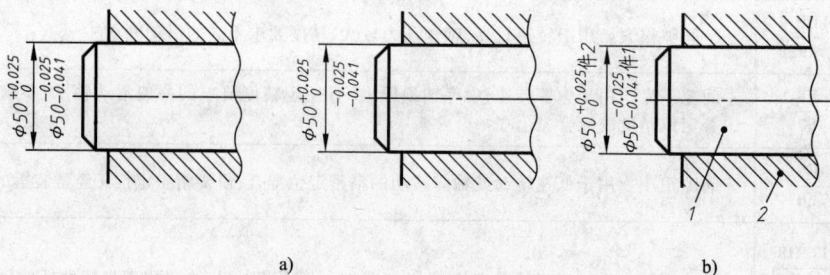

a)   b)

图 9-51 装配图上配合的标注（二）

a）注写孔、轴极限偏差 b）注写极限偏差及件号

（2）在零件图上的标注 在零件图上标注公差，**标注的形式有以下三种：**

1）在公称尺寸数字的右边注写公差带代号，即基本偏差代号和公差等级代号，如图 9-52a 所示。

2）在公称尺寸数字的右边注写极限偏差。极限偏差的数值用小一号的数字书写，上极限偏差注在公称尺寸的右上方，下极限偏差注在与公称尺寸同一底线上，上、下极限偏差的小数点必须对齐，极限偏差数值为零时，用数字 "0" 标出，并与另一极限偏差的个位对齐，如图 9-52b 所示。

3）当要求同时标注公差带代号和相应的极限偏差时，**后者应加上括号**，如图 9-52c 所示。

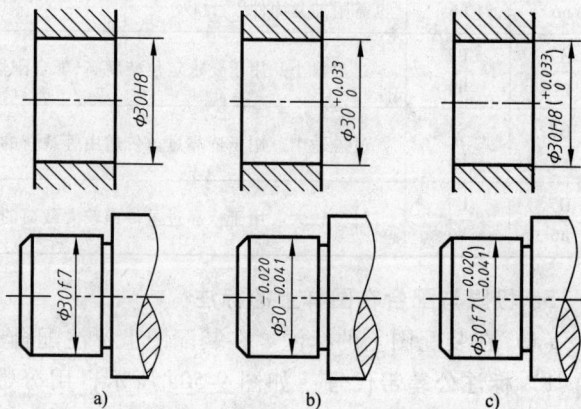

a)   b)   c)

图 9-52 零件图上的尺寸公差注法

a）注写公差带代号 b）注写极限偏差

c）注写公差带代号和极限偏差

6. 极限偏差数值的查表方法

例 轴、孔配合尺寸为 $\phi18\dfrac{H8}{f7}$，分别写出孔和轴的公称尺寸、公差带代号、极限偏差、极限尺寸、公差以及该配合的极限间隙（最大、最小间隙）和配合公差（间隙公差），并画出相配轴、孔的尺寸公差带图和该配合的配合公差带图，说明配合类别。

解

1）$\phi18\dfrac{H8}{f7}$ 中轴和孔的公称尺寸为 $\phi18$，H8 是基准孔的公差带代号，f7 是轴的公差带代号。它表示的是公称尺寸为 $\phi18$ 的基孔制的优先间隙配合。

2）$\phi18H8$ 基准孔的极限偏差，由附表 22 查得。在附表 22 中由公称尺寸大于 14 至 18 的行和公差带 H8 的列相交处查得其上极限偏差 $ES=+0.027$mm，下极限偏差 $EI=0$。所以 $\phi18H8$ 可以写成 $\phi18^{+0.027}_{0}$mm。上极限尺寸 $D_U=D+ES=18$mm$+0.027$mm$=18.027$mm，下极限尺寸 $D_L=D+EI=18$mm$+0=18$mm，孔的尺寸公差 $T_D=D_U-D_L=ES-EI=0.027$mm。

3）$\phi18f7$ 配合轴的极限偏差，由附表 21 查得。在附表 21 中由公称尺寸大于 14 至 18 的行和公差带 f7 的列相交处查得其上极限偏差 $es=-0.016$mm，下极限偏差 $ei=-0.034$mm。所以 $\phi18f7$ 可以写成 $\phi18^{-0.016}_{-0.034}$。上极限尺寸 $d_U=d+es=18$mm-0.016mm$=17.984$mm，下极限尺寸 $d_L=d+ei=18$mm-0.034mm$=17.966$mm，轴的尺寸公差 $T_d=d_U-d_L=es-ei=0.018$mm。

4）最大间隙 $S_{max}=D_U-d_L=18.027$mm-17.966mm$=0.061$mm，最小间隙 $S_{min}=D_L-d_U=18$mm-17.984mm$=0.016$mm。间隙公差 $T_s=T_D+T_d=0.027$mm$+0.018$mm$=0.045$mm。图 9-53a 所示为尺寸公差带图，图 9-53b 所示为配合公差带图。

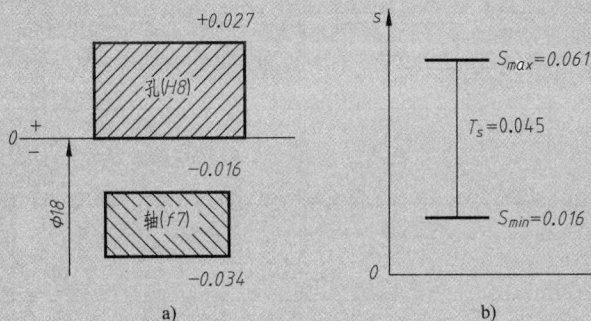

图 9-53 公差带示意图

a）尺寸公差带图 b）配合公差带图

9.4.3 几何公差表示法

零件在加工制造过程中除了尺寸会产生误差，必须用尺寸公差加以限制外，构成零件的各几何要素还会不可避免地会产生形状、方向、位置和跳动误差。例如：平面不可能加工得绝对平，圆断面不可能加工得绝对圆，应该平行的两表面或应当垂直的两表面都不可能加工得绝对平行或垂直等。对于这类误差，也必须给出一个几何区域，作为允许的误差变动范围，这就是几何公差。几何公差标注是 GPS 系列标准链中的重要链环。几何公差标注是设计意图的表达，是一个设计过程，既要反应产品的功能要求，也要规范后续的加工和检验。

1. 几何公差的符号及代号

（1）几何公差的种类、几何特征及符号　GB/T 1182—2008 将几何公差分为形状公差（6 个）、方向公差（5 个）、位置公差（6 个）和跳动公差（2 个）四类。

几何特征符号见表 9-10。为了更具体地在图样上表明各几何公差的要求且便于标注，GB/T 1182—2008 规定了在标注几何公差时的附加符号，见表 9-11。

表 9-10　几何特征符号

公差类型	几何特征	符号	有无基准	公差类型	几何特征	符号	有无基准
形状公差	直线度	—	无	位置公差	位置度	⊕	有或无
	平面度	▱	无		同心度	◎	有
	圆度	○	无		同轴度	◎	有
	圆柱度	⌀	无		对称度	═	有
	线轮廓度	⌒	无		线轮廓度	⌒	有
	面轮廓度	⌓	无		面轮廓度	⌓	有
方向公差	平行度	∥	有	跳动公差	圆跳动	↗	有
	垂直度	⊥	有		全跳动	⌁	有
	倾斜度	∠	有				
	线轮廓度	⌒	有				
	面轮廓度	⌓	有				

表 9-11　附加符号

说明	符号	说明	符号
被测要素		全周（轮廓）	
基准要素	A　A	公共公差带	CZ
基准目标	φ2/A1	小径	LD
理论正确尺寸	50	大径	MD
延伸公差带	Ⓟ	中径、节径	PD
最大实体要求	Ⓜ	线素	LE
最小实体要求	Ⓛ	为凸起	NC
包容要求	Ⓔ	任意横截面	ACS
自由状态条件（非刚性零件）	F		

（2）几何公差代号　几何公差代号由几何公差框格及指引线组成。几何公差框格为矩形框格，分为两格或多格，**框格可以水平放置或垂直放置。公差要求填写在框格内，各格的**

注写内容如图 9-54 所示。框格中字母和数字高度为 h，框格高为图样和框格中数字高度的两倍（$2h$）。第一格的宽度等于框格的高度，其他各格的宽度根据实际填写的内容长度而定，内容和框格之间留有小的间隙。框格一端用带箭头的指引线与被测要素相连，如图 9-54 所示。几何公差框格的线宽为字体高度的十分之一。

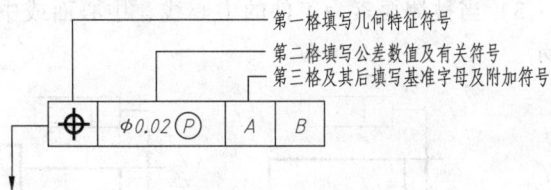

图 9-54　几何公差代号

几何公差如果是无基准的，则公差框格一般为两格，如果是有基准的，框格则在三格或三格以上。如果公差带形状为圆形或圆柱形，公差值前应加注符号"ϕ"；如果公差带为圆球形，公差值前应加注符号"$S\phi$"，如图 9-55 所示。

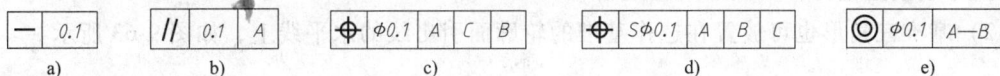

图 9-55　几何公差框格的形式

当某项公差应用于几个相同要素时，应在公差框格的上方被测要素的尺寸之前注明要素的个数，并在两者之间加上符号"×"，如图 9-56 所示。

如果就某个要素给出几种几何特征的公差，可将一个公差框格放在另一个的下面，如图 9-57 所示。

图 9-56　几个相同要素有相同公差要求

图 9-57　一个要素有几种几何特征公差要求

（3）基准代号　与被测要素相关的基准用一个大写字母表示。字母标注在基准的方格内，与一个涂黑的或空白的三角形相连以表示基准，如图 9-58 所示。表示基准的字母还应标注在公差框格内。涂黑的或空白的三角形含义相同。

2. 几何公差的标注方法

（1）被测要素的标注　被测要素是通过指引线与公差框格相连来表达。一般情况下，指引线可引自框格两端的任意一侧的中间位置，终端带一箭头，指向被测要素。

1）当被测要素为工件的轮廓线或轮廓面时，箭头应指向轮廓线或其延长线上，**且与尺寸线明显错开**，如图 9-59 所示。

2）箭头也可指向引出线的水平线，而引出线引自被测要素，如图 9-60 所示。

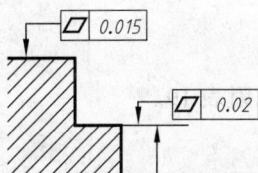

图 9-58　基准代号

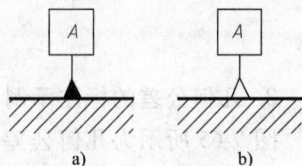

图 9-59　指引线箭头与尺寸线错开

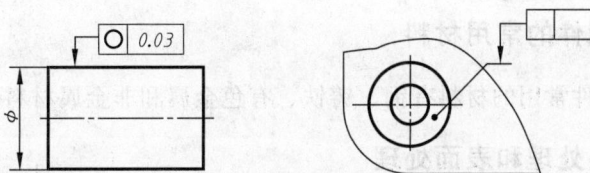

图 9-60　箭头也可指向引出线的水平线

3）当被测要素为工件的中心线、中心面或中心点时，**箭头应与尺寸线对齐**，如图 9-61 所示。

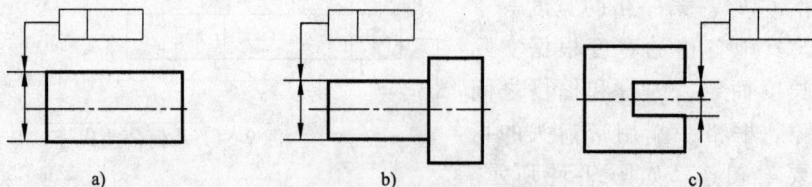

图 9-61 指引线箭头与尺寸线对齐

（2）基准的标注 基准代号的放置规则与被测要素的标注规则类似，即

1）当基准要素为轮廓线或轮廓面时，基准三角形放置在要素的轮廓线或其延长线上，**且与尺寸线明显错开**，如图 9-62 所示。

2）基准三角形也可放置在选作基准的轮廓面引出线的水平线上，如图 9-63 所示。

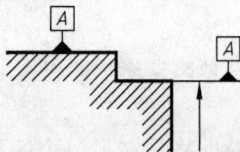

图 9-62 基准代号与尺寸线错开

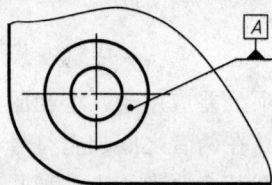

图 9-63 基准代号放置在引出线的水平线上

3）当基准为尺寸要素确定的轴线、中心平面或中心点（导出要素）时，基准三角形应放置在该尺寸线的延长线上，**且与尺寸线对齐**，如图 9-64 所示。

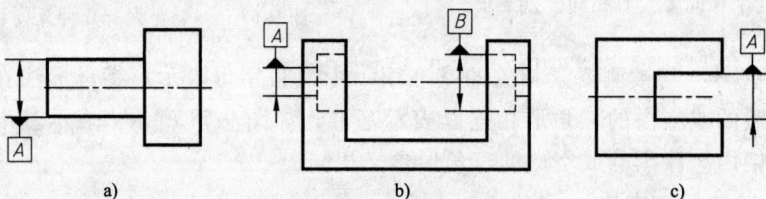

图 9-64 基准代号与尺寸线对齐

3. 几何公差的标注示例

图 9-65 所示为几何公差的标注示例。从此图中可以看出，当被测要素为线或表面时，从框格引出的指引线箭头应指在该要素的轮廓线或其延长线上。当被测要素是轴线，应将箭头与相应尺寸线对齐，如 M8×1 轴线的同轴度注法。当基准要素是轴线时，应将基准符号与相应尺寸线对齐，如基准 *A*。

9.4.4 零件的常用材料

制造零件常用的材料有钢、铸铁、有色金属和非金属材料，见附表 19。

9.4.5 热处理和表面处理

热处理和表面处理对金属材料力学性能（如强度、弹性、塑性、韧性和硬度）的改善

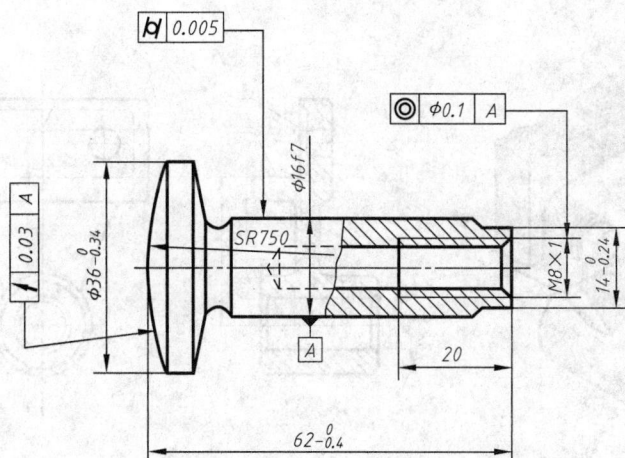

图 9-65　几何公差的标注示例

和提高零件的耐磨性、耐热性、耐蚀性、耐疲劳和美观有明显作用。根据零件的不同要求，可以采用不同方法处理。常用热处理和表面处理见附表 20。

9.5　零件图的尺寸标注

零件图的尺寸，除了要求标注得正确、完整、清晰之外，更注重零件尺寸标注的合理性，本节仅着重阐述尺寸标注的合理性问题。合理标注尺寸就是所标注的尺寸既满足设计要求，又满足工艺要求，便于加工和检测。要达到这些要求，必须掌握一定的生产实际和专业知识。本节只介绍一些零件图尺寸标注的基本知识。

9.5.1　尺寸基准的选择

尺寸基准就是标注尺寸的起点，通常分为设计基准和工艺基准。要合理标注尺寸，必须正确选择基准。

1. 设计基准

设计基准是零件在机器或部件中确定零件位置的点、线、面，是为了保证零件设计要求而选定的一些基准。通常是确定零件在机器上位置的接触面、对称面、回转轴线等。如图9-66a 所示的悬吊轴承，其作用是两个固定在机器上的悬吊轴承共同支承一根轴，它是用平面Ⅰ、Ⅲ和对称面Ⅱ（图 9-66b）在机器中定位的，以保证和另外一个悬吊轴承的轴线在同一条线上，并且孔的两个端面的距离达到要求的尺寸精度，上述三个平面分别是悬吊轴承长、宽、高三个方向的设计基准。

2. 工艺基准

工艺基准是加工或测量时，确定零件相对于机床、工装或量具位置的点、线、面。如图9-67 所示的套在车床上加工时，用其左侧的大圆柱面来定位，卡在自定心卡盘上；而测量有关轴向尺寸 a、b、c 时，则以右端面为起点，所以这两个面是工艺基准。

3. 主要基准和辅助基准

在零件的长、宽、高三个方向，每个方向都至少有一个基准，当某一方向有几个基准

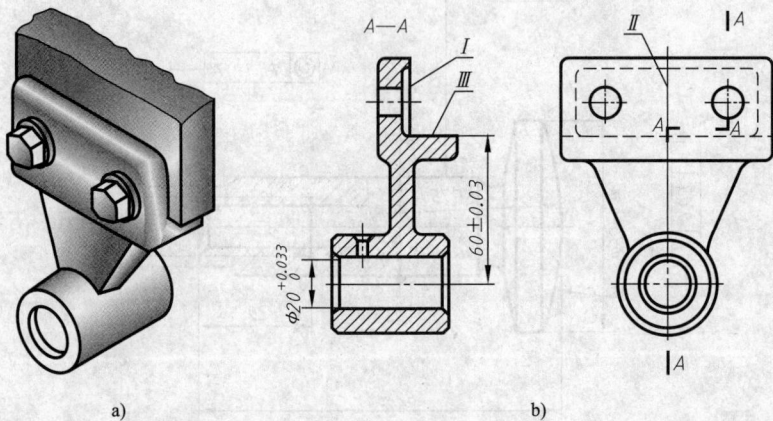

图 9-66　悬吊轴承

a）悬吊轴承安装方法　　b）悬吊轴承的设计基准

时，其中之一为主要基准，其余为辅助基准。在图 9-68 中，考虑到测量方便，可选择端面 IV 和轴线 V 作为辅助基准，以端面 IV 为辅助基准标注尺寸 12 和 48，以轴线 V 为辅助基准标注尺寸 $\phi 20^{+0.033}_{0}$ 等。

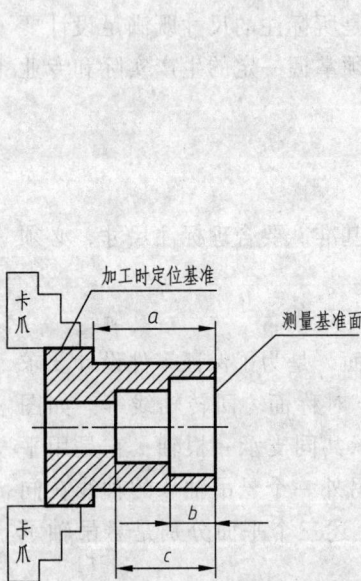

图 9-67　套的工艺基准

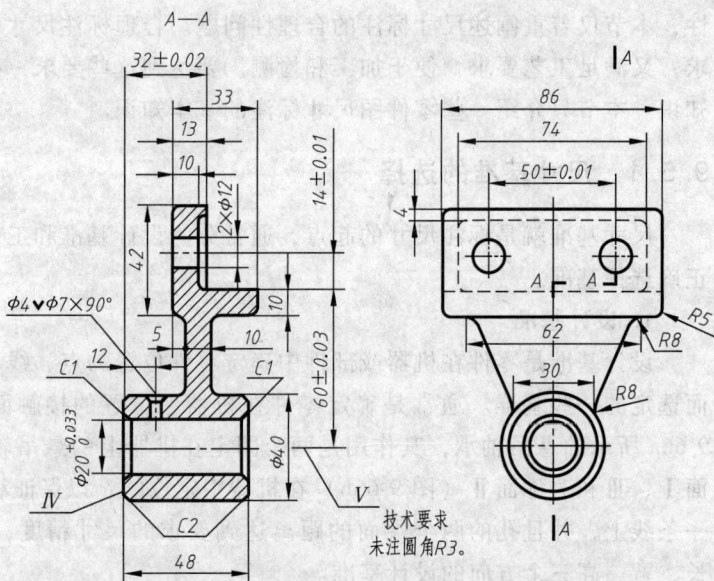

图 9-68　悬吊轴承的尺寸

选择基准时，若从设计基准出发标注尺寸，能保证所设计的零件在机器中的工作性能。若从工艺基准出发标注尺寸，则方便加工和测量。因此，选择基准时，应尽量使设计基准和工艺基准重合，以减少尺寸误差，便于加工、测量并提高产品质量，此即基准重合原则。当设计基准和工艺基准不重合时，所标注的尺寸应在保证设计要求的前提下，满足工艺要求。

9.5.2 尺寸标注的合理性

1. 不注成封闭尺寸链

封闭尺寸链是零件在某一个方向上的尺寸首尾相连，形成整圈的一组尺寸，其中每个尺寸称为尺寸链中的一个环。在图 9-69a 中，尺寸 a、b、c 就是一组封闭尺寸链。这样标注尺寸，在加工时难以保证设计要求。假如要保证 a、b 两个尺寸的精度，则尺寸 c 的误差则为 a、b 两个尺寸误差之和，这样尺寸 c 就难以达到精度要求，甚至造成废品。因此，尺寸一般都注成开口的，如图 9-69b 所示，即尺寸链中精度要求最低的一环不注尺寸，它称为开口环。这样既保证了设计要求又节约加工费用。在某些情况下，为了作为设计或加工时的参考，也注成封闭尺寸链，只是把开口环的尺寸用圆括号括起来，作为参考尺寸使用，如图 9-69c 所示。

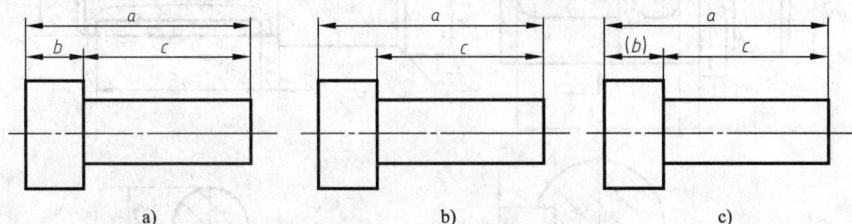

图 9-69 不注成封闭尺寸链

a）错误 b）正确 c）正确

2. 功能尺寸直接注出

影响产品工作性能和装配技术要求的尺寸，称为功能尺寸。由于零件在加工制造时总会产生尺寸误差，为了保证零件质量，而又避免不必要地增加产品成本，在加工时，图样中所标注的尺寸都必须保证其精度要求，没有标注的尺寸则不能保证。因此功能尺寸必须直接注出。图 9-70a 中的尺寸是从设计基准出发标注的功能尺寸，图 9-70b 中的尺寸标注是错误的。如果不考虑设计和工艺的要求，仅按第 6 章中所介绍的组合体的尺寸注法来标注零件的尺寸，往往不能达到合理的要求。

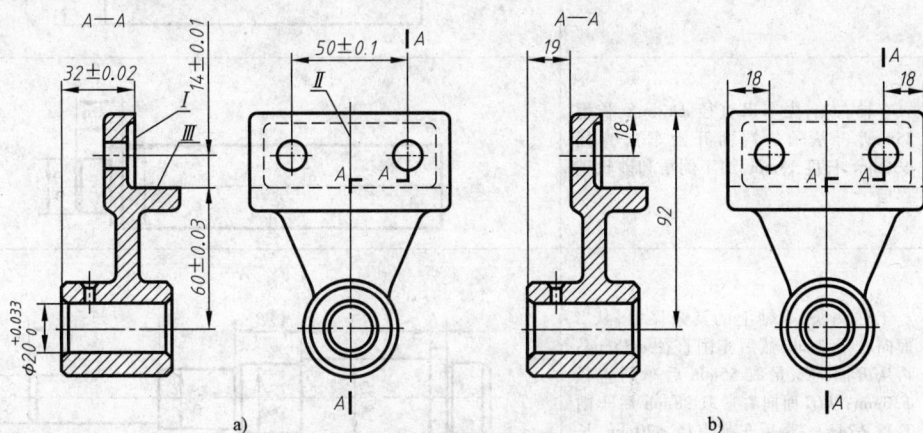

图 9-70 悬吊轴承的功能尺寸

a）正确注法 b）错误注法

3. 非功能尺寸的注法要符合加工制造要求

零件的制造工艺取决于它的材料、结构形状、设计要求、产量大小和工厂设备条件等，因此，按制造工艺标注尺寸时，必须根据具体情况来处理。

（1）按加工顺序标注尺寸　按加工顺序标注尺寸，符合加工过程，便于加工和测量。图 9-71 所示的阶梯轴，其主要形体轴向尺寸的标注符合加工过程。表 9-12 列出了该轴的加工顺序。对照图和表，可以看出图 9-71 中的尺寸标注是合理的。

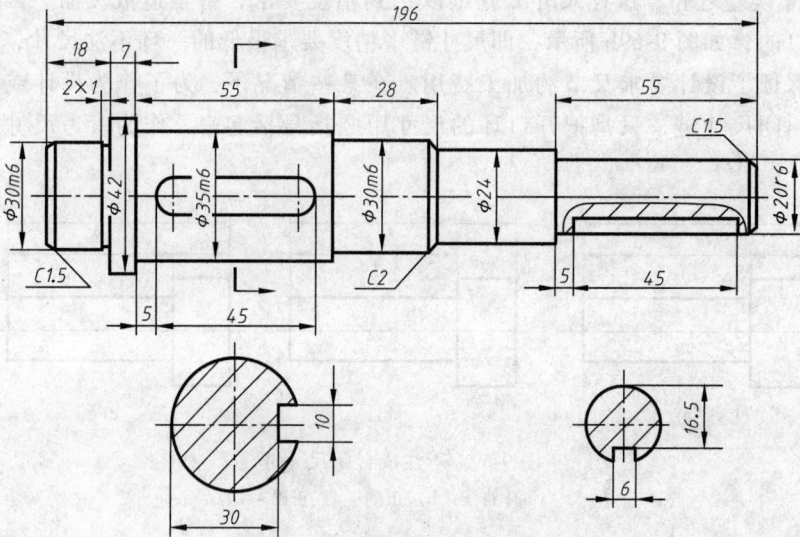

图 9-71　阶梯轴的尺寸标注

表 9-12　按加工顺序标注阶梯轴的尺寸

序号	说明	图例
1	取 φ45mm 圆钢落料，截取长度 200mm，车两端面保持长度 196mm，打两端中心孔	
2	车轴右端，先车出直径 φ42mm、长度 25mm，再从轴的端面开始车削直径 φ30mm、长度 18mm，加工倒角和砂轮越程槽	
3	工件调头，车轴上的其余尺寸，从 A 面向右量 7mm，然后车削直径 φ35mm；再从 B 面向右量取 55mm 后车削直径 φ30mm；从 C 面向右量取 28mm 后车削直径 φ24mm；最后车削直径 φ20mm，长度 55mm，加工倒角	

(续)

序号	说明	图例
4	在铣床上铣出平键键槽	

（2）铸件、锻件按形体特征标注尺寸　按形体特征标注尺寸，对于制作模型和锻模带来方便，图 9-68 所示悬吊轴承零件的非功能尺寸是按形体特征标注的。

（3）非加工面与加工面的尺寸标注　标注零件图尺寸时，**加工面和非加工面（毛面）之间，在同一个方向上，只能有一个尺寸联系**（图 9-72 中 A 尺寸），其余则为加工面和加工面之间（图 9-72 中 B 尺寸）或非加工面和非加工面之间的尺寸联系。图 9-72 中高度方向打"×"号的尺寸是不合理的，改成打"△"号的尺寸。这是因为毛坯的制造误差大，加工面不可能同时保证对两个及两个以上非加工面的尺寸要求。

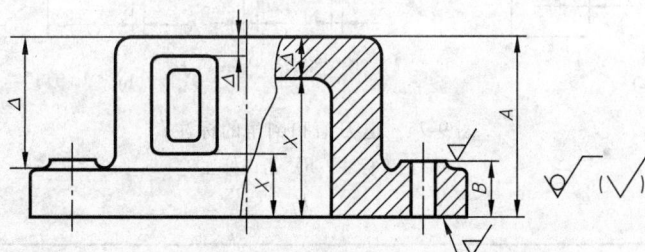

图 9-72　加工面与非加工面间的尺寸联系

（4）便于测量的尺寸标注　加工阶梯孔时，如图 9-73 所示，一般先加工小孔，然后依次加工大孔。因此，在标注轴向尺寸时，**应从端面标注大孔深度，以便测量**。

图 9-74b 所示的一些尺寸，是由设计基准注出的，但由圆心到某面的尺寸是不易测量的。如果这些尺寸对设计要求影响不大时，应考虑测量方便，按图 9-74a 所示标注。

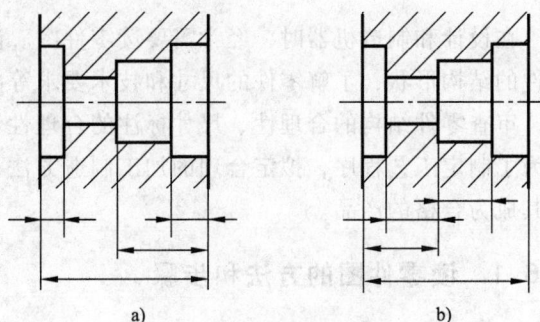

（5）常见工艺结构尺寸标注　如图

图 9-73　一般阶梯孔的尺寸注法
a）正确注法　b）错误注法

9-75 所示，对于常见的退刀槽（或砂轮越程槽）和倒角，在标注轴或孔中长度分段尺寸时，必须把这些工艺结构包括在内，才符合工艺要求。常见倒角尺寸注法如图 9-11 所示。退刀槽尺寸注法如图 9-12 所示。沉孔尺寸注法见表 9-1。

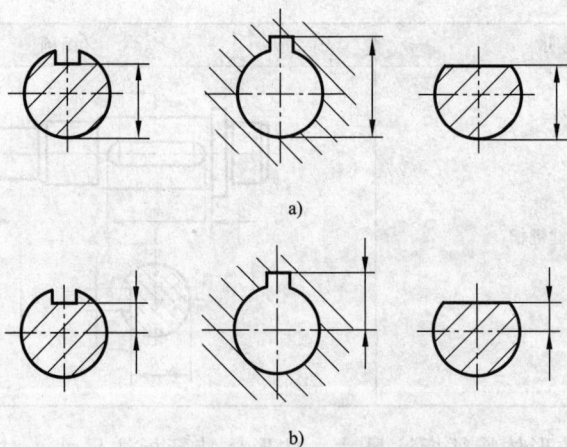

a)

b)

图 9-74 尺寸标注
a）便于测量的尺寸   b）不便于测量的尺寸

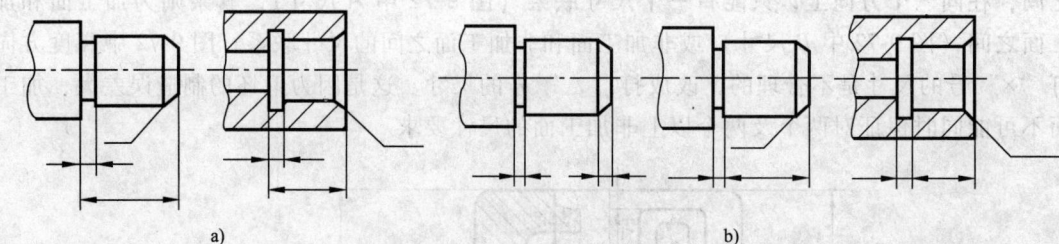

a)   b)

图 9-75 退刀槽和倒角的标注
a）正确标注   b）错误标注

9.6 零件图的阅读

在设计和制造机器时，经常需要读零件图。读零件图的目的就是要求根据零件图想象出零件的结构形状，了解零件的尺寸和技术要求等内容。设计时阅读零件图，应当和装配图对照，审查零件结构的合理性、尺寸标注的合理性和技术要求的准确性；制造时阅读零件图，是为了制定工艺程序，拟定合理的加工制造方法，以保证图样中提出的各项加工质量要求，使其成为合格的产品。

9.6.1 读零件图的方法和步骤

（1）看标题栏 从标题栏了解零件的**名称、材料、比例**。根据本章第 3 节所述典型零件的分类，可对该零件有一个初步的认识。

（2）分析视图，想象形状 看懂零件内外形状和结构是读零件图的重点。读图时，应从主视图入手，结合其他视图，运用形体分析法和线面分析法，综合视图表达中所选用的各种剖视图、断面图，想象零件的内腔及外部形状。阅读零件图是在组合体读图基础上的提高与进步，要结合零件构形的功能要求及零件的工艺结构，明确该零件的总体形状和局部结构。

（3）分析尺寸和技术要求　结合图样表达零件的形状，分三个方向了解图样中标注的尺寸。按定形、定位、总体三种尺寸找清弄懂，要确定图样中标注尺寸所选用的基准，分析设计基准和工艺基准是否重合。还要看尺寸标注是否齐全、合理，是否符合标准。这一过程也是对零件形体组成的进一步认定和深化的过程。图样中用文字标明的技术要求要明了。对表面结构、尺寸公差、几何公差要给予足够的注意，最好能分清这些表面为什么有这些要求。

（4）综合读图　最后要把读零件图所得零件的结构形状、尺寸、技术要求的印象加以综合，把握住零件的结构特点和工艺要求。有时为了读懂比较复杂的零件图，还需要参阅有关的技术资料，包括文字资料和图样资料。图样资料是指该零件所在部件的装配图及与其相关的零件图。

9.6.2　读零件图举例

图 9-76 所示为泵体零件图。泵体和其他箱体类零件（图 9-2 所示减速器箱体零件）在构形与工艺上有许多共同之处。从功能要求分析这类零件的构形，一般是由带支承孔结构的箱壳（基体、工作部分），安装板（安装部分）及连接板、凸缘和加强肋板等结构（连接部分）组合而成的。这类零件结构形状较为复杂，是加工面较多的铸件。

（1）看标题栏　零件名称为泵体，属于箱体类零件。材料代号是 HT200，是灰铸铁的一个牌号，这个零件是一个铸件。

（2）分析视图，想象形状　泵体零件图由大小不同的多个视图组成：主视图、俯视图、右视图、C 向斜视图、$B—B$ 断面图和移出断面图等。

主视图按照工作位置画出，采用全剖视图表达，最多表达了泵体的工作部分（右半部分）、安装部分（左端安装板）和连接部分（加强肋板及其余）之间的关系及其相互位置，$\phi36H7$（$^{+0.025}_{0}$）的孔是泵的主要工作表面，在主视图中清楚表达了孔中内部结构以及和进出口的位置关系。在左上角的位置，为了表达安装板上安装孔的内部结构，采用了 $A—A$ 剖中剖的表达方法。泵中的两处肋板，在主视图的全剖视图中，因为是沿肋板的对称面剖切，所以不画剖面线。另外主视图中还表达了倒角、凹坑、凸台这些工艺结构。

俯视图和右视图则是补充表达泵体在俯视和右视方向上的形状和各部分之间的位置关系。

右视图采用局部剖视补充表明两耳板及其上的孔的深度情况。

C 向斜视图用了旋转的表达方法，方便画图，表达了安装板的形状。$B—B$ 断面图表达了左端加强肋板的厚度与位置。

另外在主视图中，利用移出断面图表达了三角形肋板的厚度。

经对照投影进行形体分析，想象出泵体零件的形状如图 9-77 所示。

（3）分析尺寸和技术要求　结合对零件形状的分析，看出三个方向的主要基准为：长度方向是 $\phi36H7$（$^{+0.025}_{0}$）孔的轴线；宽度方向是前、后对称面；高度方向是下端面。从这三个尺寸基准出发，再进一步看懂各部分的定形尺寸和定位尺寸，就可完全确定泵体零件的形状和大小。

表面粗糙度的选用：$\phi36H7$（$^{+0.025}_{0}$）工作表面为 MRR 1.6，安装面、下端面、右端面为 MRR 6.3，其余均为 MRR 12.5 和 NMR。主要工作表面 $\phi36H7$（$^{+0.025}_{0}$）是基准孔，有尺

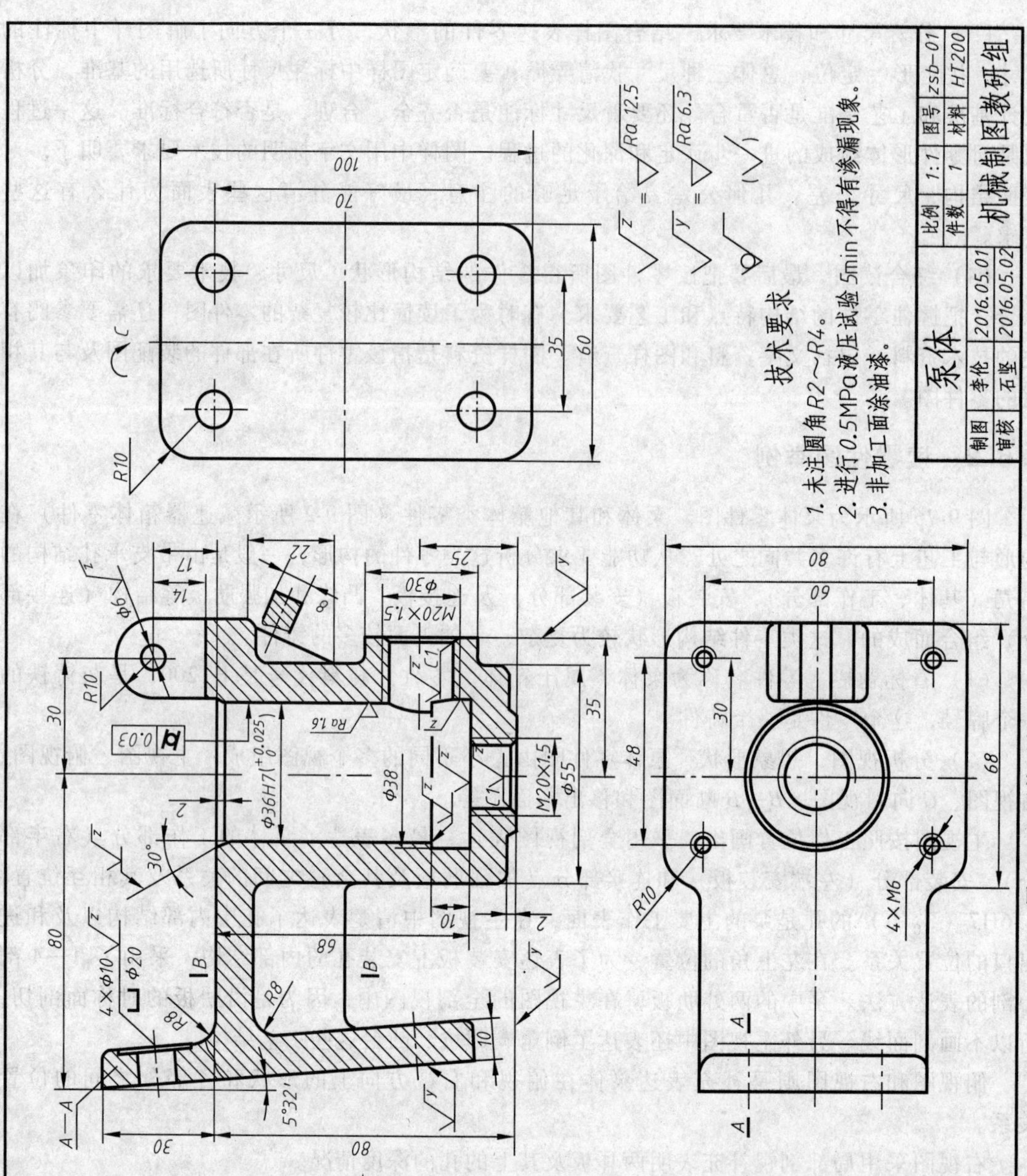

技术要求

1. 未注圆角R2～R4。
2. 进行0.5MPa液压试验 5min不得有渗漏现象。
3. 非加工面涂油漆。

$\sqrt{Z} = \sqrt{Ra\ 12.5}$ $\sqrt{Y} = \sqrt{Ra\ 6.3}$ $(\sqrt{\ })$

比例	1:1	图号	zsb-01
件数	1	材料	HT200

泵 体

制图	李伦	2016.05.01	机械制图教研组
审核	石坚	2016.05.02	

图 9-76 泵体零件图

寸公差要求，其余表面的尺寸均无特殊要求。$\phi36H7$（$^{+0.025}_{0}$）孔表面还有圆柱度的形状公差要求。

通过对尺寸和技术要求的分析，泵体零件的主要工作部分就是 $\phi36H7$（$^{+0.025}_{0}$）孔的表面，其余的加工面和非加工面也逐一得到认识，从而加深了对泵体零件形体组成的了解。

（4）综合读图 把上述各项内容综合起来，结合参阅有关的文字资料及相关的装配图和零件图，就会对右上端的两耳板的作用，两个螺孔与哪个零件连接以及安装板为什么设计成倾斜的等搞清楚。从而形成对泵体零件的总体概念。

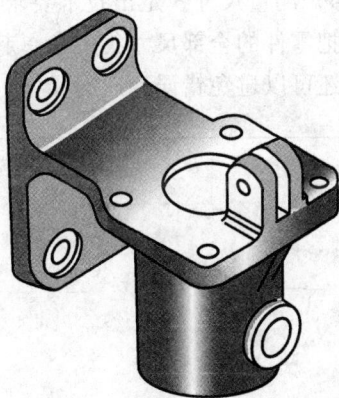

图 9-77 泵体零件立体图

9.7 零件测绘

零件测绘就是对实际零件进行**绘图、测量和确定技术要求**的过程。测绘时，一般先绘制零件草图（即以目测比例、徒手绘制的零件徒手图），然后由零件草图整理成零件工作图（零件图），为设计机器，修配零件和准备配件创造条件。

零件草图是绘制零件图的重要依据，必要时还可直接用来制造零件。因此，零件草图必须具备零件图应有的全部内容。要求做到图形正确、比例适当、表达清晰、尺寸完整和合理、图面整洁、字体工整、线型分明，并注写包括技术要求等有关内容。本节仅讨论一般零件的测绘方法、草图的画法以及常用的测量方法。

9.7.1 零件测绘的准备工作

（1）了解分析测绘对象 首先了解零件的名称、用途和材料。其次对零件进行结构分析，因为零件的每个结构都有一定的功用，所以必须弄清它们的结构。这对破旧、磨损和带有某些缺陷的零件尤为重要。在分析的基础之上，才能完整、清晰、简便地表达它们的结构形状，并且完整、合理、清晰地标出它们的尺寸。最后，对零件进行工艺分析，拟定零件的加工顺序。

（2）拟定零件的表达方法 在以上分析的基础之上，确定零件的主视图、视图数量和表达方法。视图表达方案要求完整、清晰和简练。

9.7.2 画零件草图的方法和步骤

经过画图前的准备工作以后，就可以画草图了。其具体步骤如下：

1）在图纸上定出各视图的位置。画出各视图的基准线、中心线，如图 9-78a 所示。布置各视图的位置时，要考虑到各视图间应留有标尺寸的地方，留出右下角标题栏的位置。

2）以目测比例详细地画出零件的内部和外部的结构形状，如图 9-78b 所示。

3）选定尺寸基准，画出全部的尺寸界线，尺寸线和箭头。经仔细校核后，将全部轮廓线描深，画出剖面线。熟练时，也可一次画好，如图 9-78c 所示。

4）测量尺寸，定出技术要求，并将尺寸数字记入图中，填好标题栏，如图 9-78d 所示。应该把零件的全部尺寸集中在一起测量，使有联系的尺寸能够联系起来，这不但可以提高效率，还可以避免错误和遗漏尺寸。

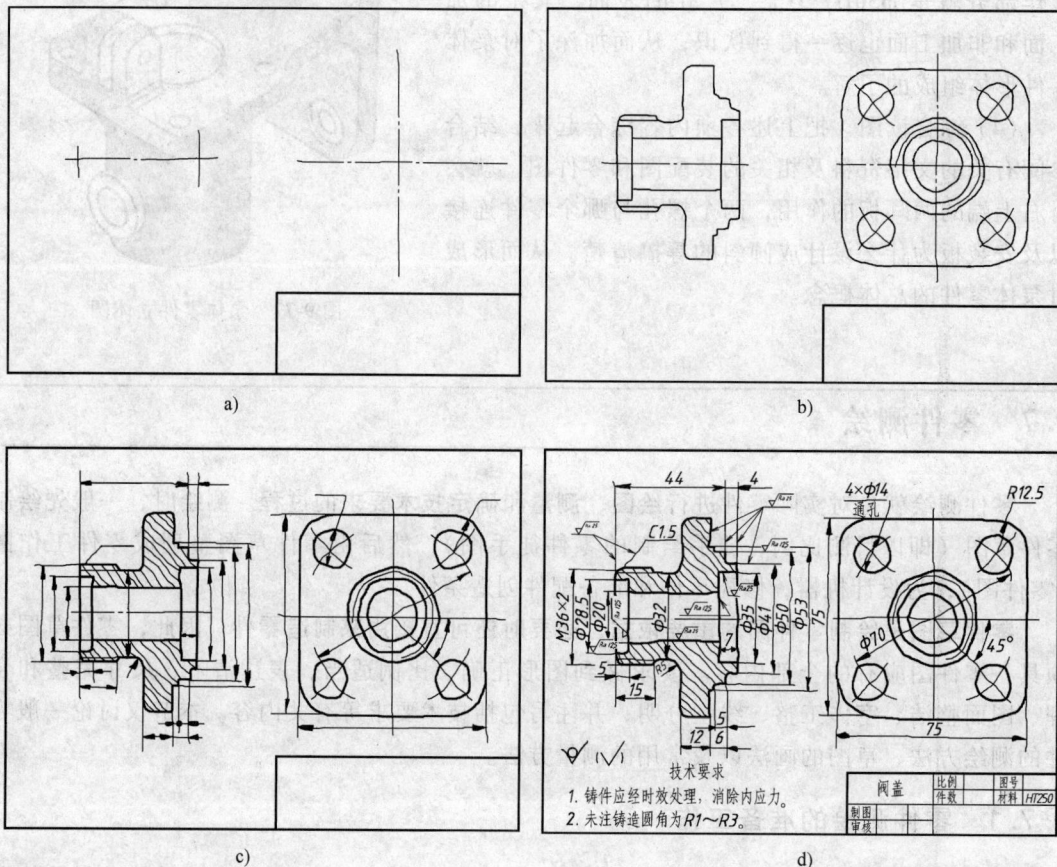

a)

b)

c)

d)

图 9-78　画零件草图的步骤

9.7.3　画零件图的方法和步骤

1. 对零件草图进行审查校核

1）表达方案是否完整、清晰和简便。

2）零件上的结构形状是否有多、少等情况。

3）尺寸标注是否正确、完整、清晰与合理。

4）技术要求是否满足零件的性能要求，而且经济效益较好。

2. 画零件图的步骤

1）选择比例。根据实际零件的大小和复杂程度选择比例（尽量用 1∶1）。

2）选择幅面。根据表达方案、比例，留出标注尺寸和技术要求的位置，尽量选择标准图幅。

3）画底稿。

① 确定各视图的中心线和基准线。

② 画出图形。

③ 标注尺寸。

④ 注写技术要求。

⑤ 填写标题栏。

4）校核。

5）描深。

6）审核。

9.7.4 测量尺寸的工具和方法

（1）测量工具　测量零件时应根据零件尺寸的精度选用相应的量具。较简单的量具有直尺、外卡钳和内卡钳。测量较精密的零件时，要用游标卡尺、千分尺或其他工具。测量工具如图9-79所示。

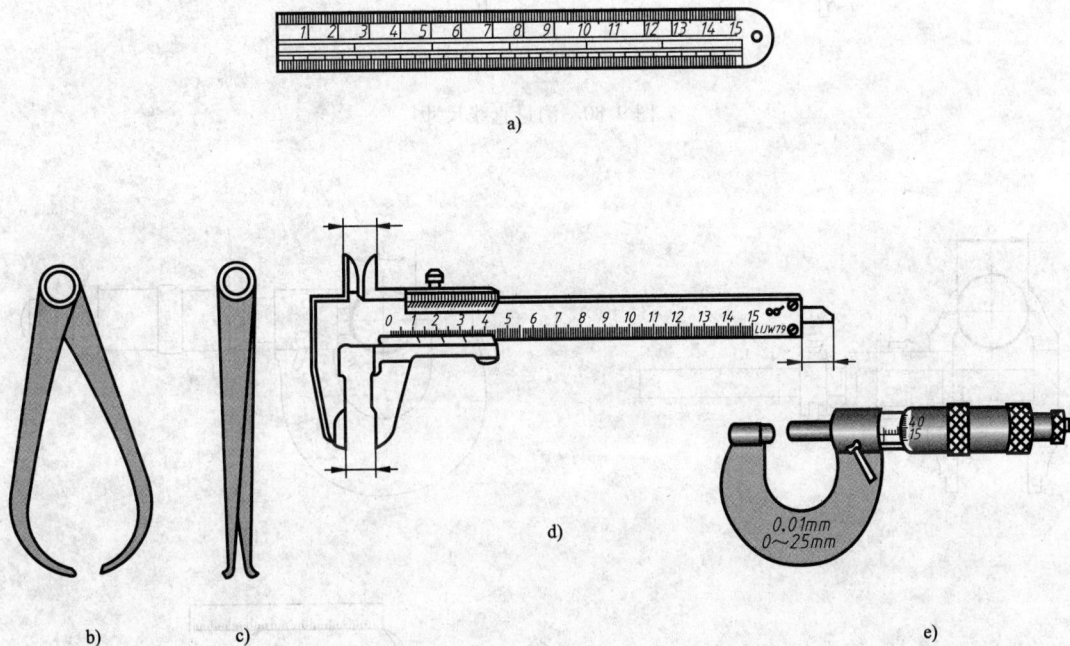

a)

图 9-79　测量工具
a）直尺　b）外卡钳　c）内卡钳　d）游标卡尺　e）千分尺

（2）几种常用的测量方法

1）测量直线尺寸。测量直线尺寸时，一般可用直尺和游标卡尺直接量得尺寸的大小，如图9-80所示。

2）测量回转面直径。测量回转面直径时一般可用游标卡尺、千分尺、卡钳和内外同值卡等，如图9-81所示。

3）测量壁厚。测量壁厚一般用直尺，有时也用卡尺或卡钳来测量，如图9-82所示。

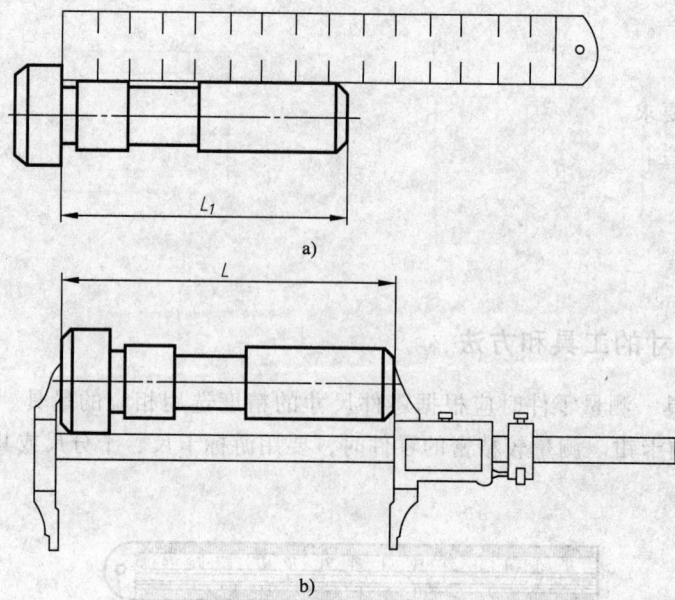

图 9-80　测量直线尺寸

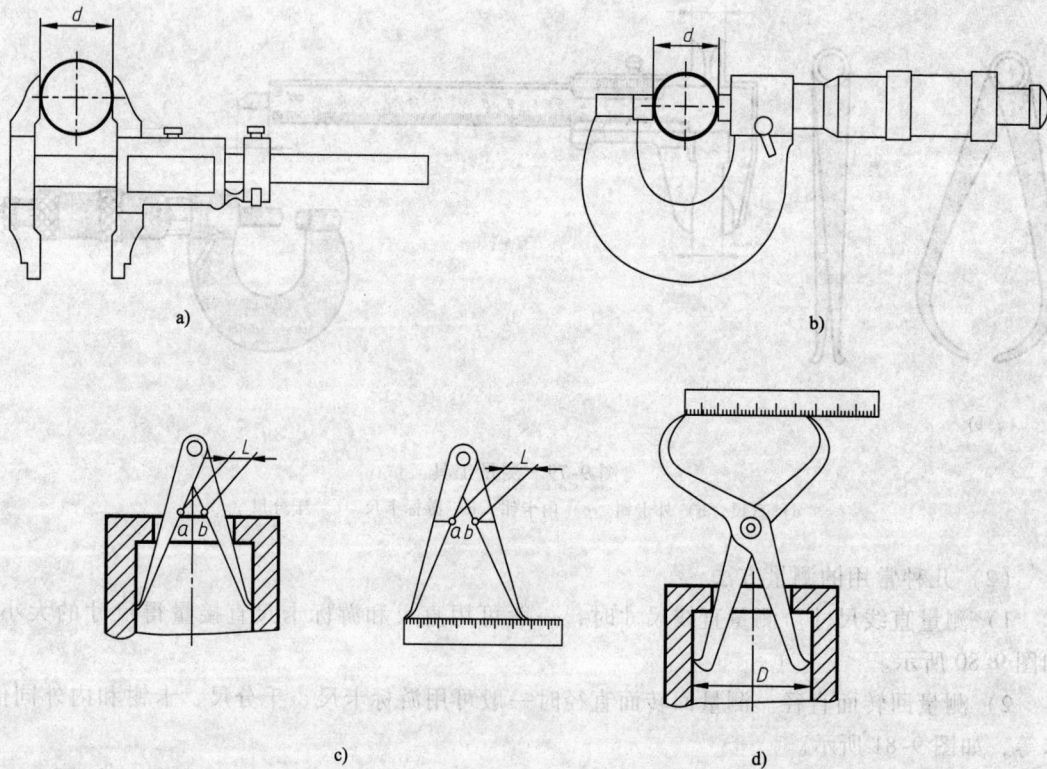

图 9-81　测量回转面直径

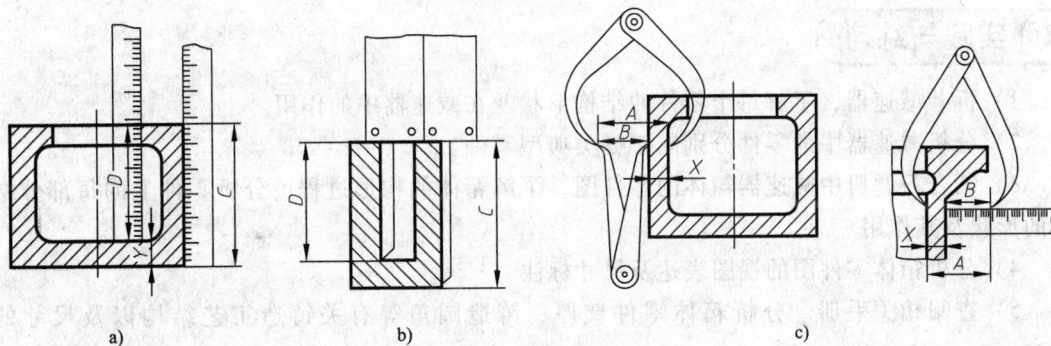

图 9-82 测量壁厚

4）测量孔间距。孔间距可用游标卡尺、卡钳或直尺测量，如图 9-83 所示。

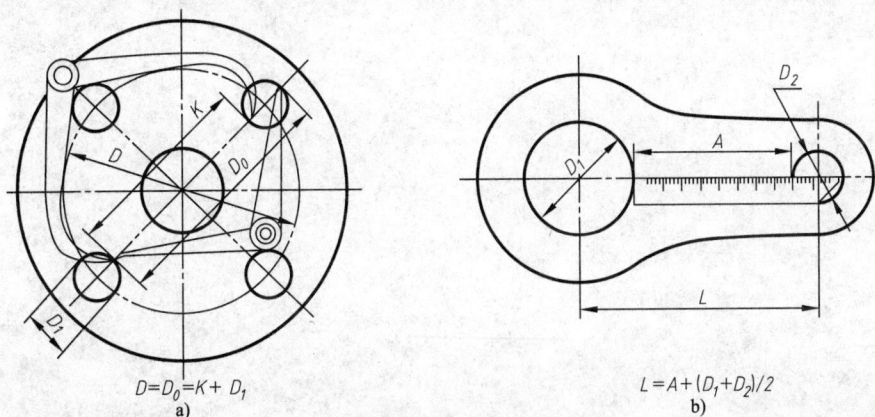

$$D=D_0=K+D_1$$

a)

$$L=A+(D_1+D_2)/2$$

b)

图 9-83 测量孔间距

5）测量中心高。一般可用直尺、卡钳或游标卡尺测量，如图 9-84 所示。

6）测量螺距和圆角。螺距和圆角用螺纹规和圆角规测量，如图 9-85 所示。

除此之外，测量角度用量角规测量；测量齿轮的模数时，先测量出齿顶圆直径 d_a，数出齿数 z，然后根据公式 $m \approx \dfrac{d_a}{z+2}$ 计算模数的近似值，最后查表找出标准的 m 值。

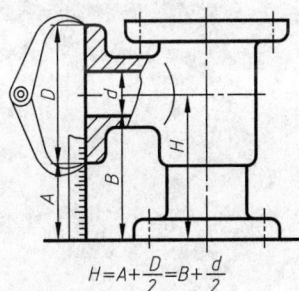

$$H=A+\frac{D}{2}=B+\frac{d}{2}$$

图 9-84 测量中心高

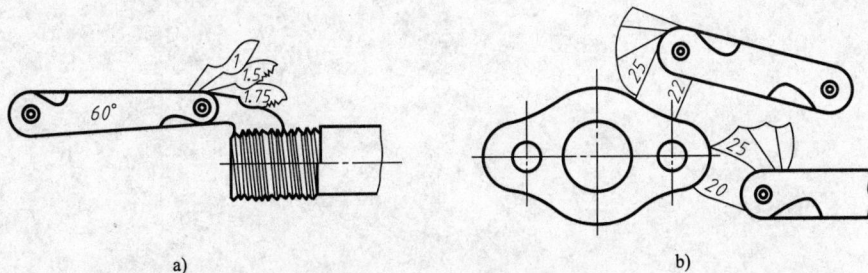

a)

b)

图 9-85 测量螺距和圆角

实践与练习

1）拆装减速器，了解每个零件的结构形状及在减速器中的作用。

2）分析减速器中的零件分别属于哪类典型零件。

3）结合习题册中减速器箱体的零件图，了解箱体的构形过程，分析零件上的每部分结构的形状及其作用。

4）分析箱体零件图的视图表达及尺寸标注。

5）查阅相关手册，分析箱体零件壁厚、铸造圆角等有关铸造工艺结构以及尺寸的标注。

6）查阅相关手册，了解轴承孔的设计尺寸及公差，分析轴承孔中心距尺寸的计算方法。

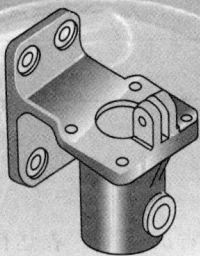

第 **10** 章

装 配 图

知识要点

1）装配图的作用和内容。
2）装配图的规定画法和特殊画法。
3）装配图的视图选择、尺寸标注、零件编号、明细栏填写方法。
4）装配图的画图步骤。
5）装配图的读图方法。
6）拆画零件图的方法。

引言

　　机器或部件都是由若干零件按一定的装配关系和技术要求装配而成的，用来完成特定的功能。图 8-1 所示齿轮油泵，动力从传动齿轮通过键输入到传动齿轮轴，带动一对齿轮相互啮合，从而实现吸油和排油的功能，供给其他设备所需的润滑油。部件中零件的连接分成刚性连接和活动连接。如图 8-1 所示，刚性连接的方式有如下几种：①靠螺纹要素联接（如螺母与传动齿轮轴的联接）；②靠连接件连接，连接件包括螺钉、键、销等（如左右端盖与泵体用螺钉联接、传动齿轮与传动齿轮轴用键联接）；③靠两个零件表面形状和尺寸的协调形成过盈配合。活动连接的方式主要靠两个零件表面形状和尺寸的协调形成间隙配合（如齿轮轴与左右端盖之间的连接，装配后轴与端盖上的孔形成间隙配合来保证轴与孔之间的相对转动）。

　　表达机器或部件的图样称为装配图。装配图和零件图是机械图中两种主要的图样，它们有着密切的关系。装配图和零件图都是生产中重要的技术文件，机器中的各零件在加工制造过程中需要零件图；在机器的设计、装配、调整、安装、使用和维修过程中需要装配图。每个零件在机器中都有一定的位置，装配图要把零件在机器中的位置和装配关系准确地反映出来，同时表达出机器的工作原理。装配图的内容和画法与零件图有很多共同之处，在本章学习中要充分利用已学过的知识，并且从机器的整体性对装配图加以分析和认识，学会装配图的画法和装配图的阅读。

10.1 装配图的作用和内容

10.1.1 装配图的作用

机器或部件在**设计过程**中，首先要画出装配图，用于反映设计者的意图，表达机器或部件的工作原理和性能，确定各个零件的主要结构形状及其之间的连接方式和装配关系。在**生产过程**中，制定装配工艺规程，进行装配、安装、检验及维修均以装配图为依据，同时，**装配图也是引进技术、进行互相交流的重要工具**。

10.1.2 装配图的内容

图 10-1 所示为滑动轴承装配图，从图中可以看出**装配图应具有下列内容**：

（1）一组视图 以适当数量的图形正确、完整、清晰地表达机器或部件的工作原理，零件之间的装配关系、连接方式、传动路线以及各零件的主要结构形状。

（2）必要的尺寸 在装配图中必须标注几类尺寸，即反映机器或部件性能、规格的尺寸，在装配、检验、安装时所需要的尺寸，表示零件间相对位置和配合要求的尺寸等。

（3）技术要求 用文字或规定的符号按一定格式注写出机器或部件关于装配、检验、使用等方面的要求。

（4）标题栏、零件序号和明细栏 标题栏的格式与零件图基本相同，填写机器或部件的名称、比例和图号等。装配图中对各零件要进行编号，并顺序填入明细栏内，标题栏和明细栏如图 1-4b 所示。

10.2 装配图的画法

本书第 7 章介绍的机件的表达方法，如视图、剖视图、断面图等同样适用于机器或部件的表达。但零件图表达的是单个零件，而装配图表达的则是由若干个零件组成的机器或部件，两种图样要求不同，内容各有侧重，装配图是以表达机器或部件的工作原理和装配关系为中心，同时将其内部和外部结构的主要形状表达清楚。因此，国家标准《机械制图》制定了画装配图的方法，即规定画法和特殊画法。

10.2.1 装配图的规定画法

（1）**两零件的接触面和配合面只画一条线** 如图 10-1 所示主视图，轴承座 1 和轴承盖 3 的接触面、俯视图中下轴瓦 2 和轴承座 1 的配合面等都只画一条线；而螺栓杆的外表面与螺栓孔的内表面不接触，因此，必须画成两条线。

（2）**剖面线分零件** 相互邻接的金属零件，其剖面线倾斜方向相反，或方向一致而间隔不等并相互错开，而在同一图样的各视图中，同一零件剖面线的倾斜方向和间隔均应保持一致。对于宽度小于 2mm 的断面，允许将断面涂黑以代替剖面线，如图 10-2 所示垫片。

（3）**顺轴不剖标准件和实心件** 对于一些标准件（如螺栓、螺母、键、销等）及实心件（如轴、手柄、拉杆等），当剖切平面通过其轴线或对称面时，则这些零件均按不剖绘制，如图 10-1 所示主视图中的螺栓和螺母、图 10-2 所示转轴、螺钉、键、垫圈、螺母等零件。**如需表达其上的销孔、凹槽或键槽时可进行局部剖**，如图 10-5 所示扳手、图 10-17 所示左视图中的定位螺杆等。

10.2.2 装配图的特殊画法

（1）**拆卸画法** 当一个或几个零件在装配图的某一视图中遮挡了大部分装配关系或影响所要表达的内容时，可假想将这些零件拆去后绘制，这种画法称为拆卸画法，如图 10-5 所示左视图。为便于看图而需要说明时，可在视图上方标注"拆去××"。

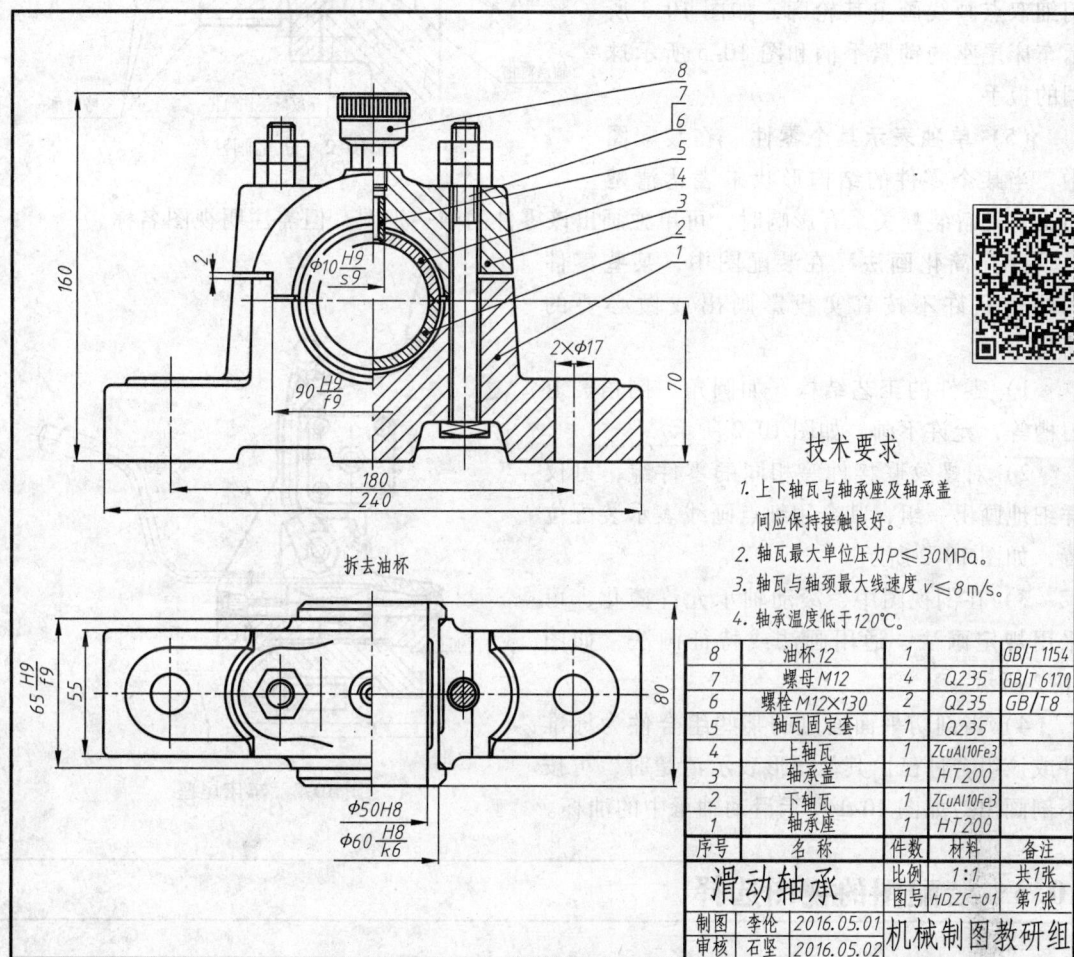

图 10-1 滑动轴承装配图

（2）**沿零件的结合面剖切画法** 为了表达部件的内部结构，可假想沿某些零件的结合面剖切。图 10-1 所示俯视图是沿轴承盖和轴承座结合面剖切后画出的半剖视图。注意，在结合面上不画剖面线，但被剖切的螺栓断面需画出剖面线。

（3）**夸大画法** 在画装配图时，对薄片类零件、细丝弹簧、微小间隙和较小锥度等，难以其实际尺寸画出时，均可不按比例而采用夸大画法，如图 10-2 所示垫片、图 8-46 所示键的顶面与轮毂键槽底面的间隙等均采用了夸大画法。

（4）**假想画法**　假想的轮廓用细双点画线画出。为了表示本装配体和相邻零、部件的相互关系，可将其相邻零、部件的轮廓用细双点画线画出，如图10-3所示与车床尾座相邻的床身导轨。另外，有的运动零件，当需要表示其运动范围或极限位置时，可在一个极限位置上画出该零件，而在另一个极限位置用细双点画线画出其轮廓，如图10-3所示车床尾座的锁紧手柄和图10-5所示球阀的扳手。

（5）**单独表示某个零件**　在装配图中，当某个零件的结构形状未表达清楚而又对理解装配关系有影响时，可单独画出该零件的某一视图，但需注明视图名称。

（6）**简化画法**　在装配图中，某些零件的结构允许不按真实投影画出或做必要的简化。

1）零件的工艺结构，如圆角、倒角、退刀槽等，允许不画，如图10-2所示。

2）对螺纹联接件等相同的零件组，可仅详细地画出一组，其余用细点画线表示装配位置，如图10-2所示。

3）在剖视图中，滚动轴承允许简化，可采用规定画法、通用画法或特征画法，如图10-2所示。

4）当剖切平面通过的某些组合件为标准件或该组合件已由其他图形表示清楚时，可按不剖画出，如图10-1所示滑动轴承中的油杯。

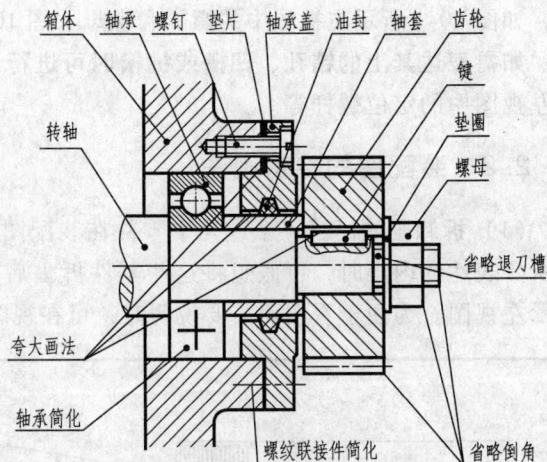

图 10-2　简化画法

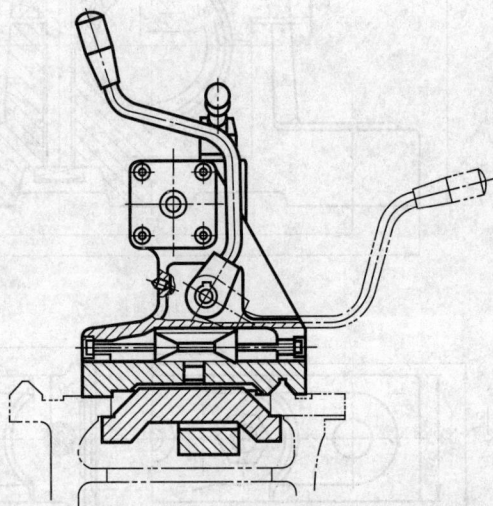

图 10-3　车床尾座

10.3　装配图的视图选择

10.3.1　视图选择的基本要求

装配图应对机器或部件的工作原理、性能、内外结构、传动路线和装配关系等内容表达得**完全、清晰**。表达手段要**正确**，选用的视图、剖视图等各种表达方法要符合国家标准的规定。还应使画图简便、便于阅读。

要使装配图达到这样的要求，首要问题是恰当地选择表达方案，其一般思路是：先分析机器或部件的工作原理，零件之间的装拆顺序、连接关系等；在对机器或部件的组成及工作情况分析清楚的基础上，以机器或部件的功用为线索，从装配干线入手，优先考虑与机器或部件功用有直接联系的主要装配干线，然后是次要装配干线及操纵系统和其他辅助装置，最后考虑连接、定位等细节结构的表达。下面以图 10-4 所示球阀为例，讨论视图方案的选择方法。

10.3.2 主视图的选择

装配图的主视图同样是一组视图中最主要的视图，应首先选定。主视图应与机器或部件的**工作位置**相一致，**以表达其工作原理和传动关系为中心，沿主要传动干线做全剖或大面积的局部剖。**这样会给设计、装配、使用等过程带来方便。当部件在机器中的工作位置多变时，一般将该部件的安装面或主要传动干线按水平位置放置。图 10-5 所示为球阀装配图，其主视图是沿阀体轴线剖开的，符合沿传动干线剖切的原则。从此图中可以看出，当转动扳手 13 时，球阀通道逐渐变小，可达到控制流量的目的，球阀的工作原理一目了然，各零件间的装配关系也基本表达清楚。

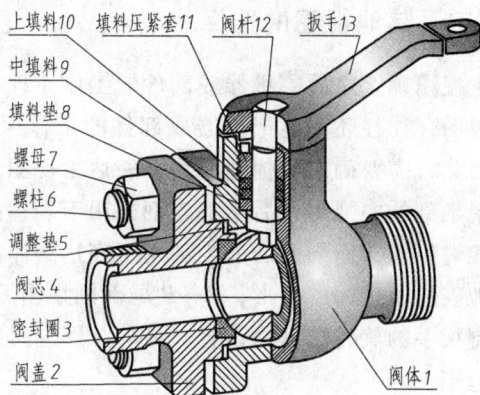

图 10-4 球阀

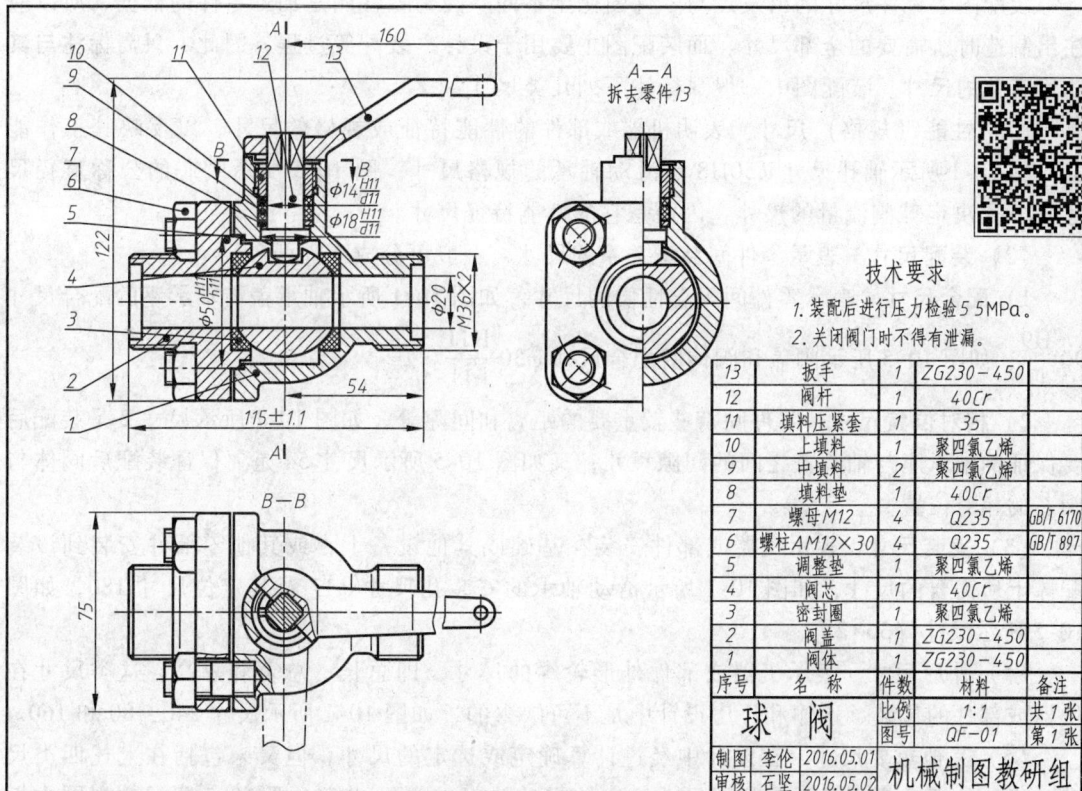

技术要求

1. 装配后进行压力检验 5 5MPa。
2. 关闭阀门时不得有泄漏。

13	扳手	1	ZG230-450	
12	阀杆	1	40Cr	
11	填料压紧套	1	35	
10	上填料	1	聚四氯乙烯	
9	中填料	2	聚四氯乙烯	
8	填料垫	1	40Cr	
7	螺母M12	4	Q235	GB/T 6170
6	螺柱AM12×30	4	Q235	GB/T 897
5	调整垫	1	聚四氯乙烯	
4	阀芯	1	40Cr	
3	密封圈	1	聚四氯乙烯	
2	阀盖	1	ZG230-450	
1	阀体	1	ZG230-450	
序号	名称	件数	材料	备注

球阀		比例	1:1	共1张
		图号	QF-01	第1张
制图	李伦 2016.05.01		机械制图教研组	
审核	石坚 2016.05.02			

图 10-5 球阀装配图

253

10.3.3　其他视图的选择

主视图确定之后，机器或部件的工作原理和主要装配关系，一般能表达清楚，但只靠一个主视图，往往还不能把机器或部件的工作原理和所有装配关系及零件的主要结构表达完全。因此，需要**确定其他视图用来表达主视图未能表达清楚的内容**。在球阀的装配图中，还选用了半剖的左视图，后半部未剖开用于表达阀盖的外形以及用来联接阀盖、阀体的四个螺柱的相对位置，而剖开的前半部用于表达阀体的壁厚以及阀芯和阀体的装配情况。俯视图较完整地表达了球阀的外形，*B—B* 局部剖视图表达了扳手与阀体上定位凸块的关系，该凸块为限制扳手的旋转角度而设置。另外，还通过扳手的剖面和假想轮廓，清楚地表达了扳手的旋转范围。

10.3.4　方案比较

确定几种表达方案后，进行比较，从中选择最优方案，用最简单的视图表达装配关系。

10.4　装配图的尺寸标注及技术要求

10.4.1　装配图的尺寸标注

装配图上标注尺寸的出发点与零件图完全不同。因为零件图是加工零件的依据，所以应注出制造时所需要的全部尺寸。而装配图主要用于设计、装配等过程，因此，只需标注**与其功用有关的尺寸**。装配图中一般只标注下列几类尺寸：

（1）**性能（规格）尺寸**　表明机器或部件的性能特征或规格的尺寸，以反映其工作能力。图 10-1 所示轴孔尺寸 ϕ50H8 是滑动轴承的规格尺寸；图 10-5 所示阀芯的公称直径尺寸 ϕ20 是决定球阀流量的尺寸，因而是它的性能特征尺寸。

（2）**装配尺寸**　表示零件间装配关系的尺寸，一般可分成下面两种：

1）**配合尺寸**。表示零件间配合性质的尺寸，如图 10-1 所示轴承盖与轴承座的配合尺寸 $90\frac{H9}{f9}$；如图 10-5 所示阀盖和阀体的配合尺寸 $\phi50\frac{H11}{h11}$。

2）**相对位置尺寸**。零件间有些较重要的距离和间隙等，如图 10-1 所示尺寸 2 是装配后要保证的轴承座与轴承盖之间的间隙尺寸；又如图 10-5 所示尺寸 54 是要保证装配后阀体与阀芯的相对位置。

（3）**安装尺寸**　表示机器或部件安装在基础或其他设备上，或其他零部件安装到该装配体上所需要的尺寸，如图 10-1 所示滑动轴承的安装孔尺寸 ϕ17 及其定位尺寸 180，如图 10-5 所示尺寸 M36×2。

（4）**外形尺寸**　表示机器或部件外形轮廓的尺寸，即总长、总宽和总高，这类尺寸在机器或部件的包装、运输和厂房设计中是不可缺少的，如图 10-1 所示尺寸 240、80 和 160。

（5）**其他重要尺寸**　在设计中经过计算确定或选定的尺寸，但又未包括在上述四类尺寸之中，如运动零件的极限位置尺寸，主体零件的很重要尺寸等。图 10-5 所示主视图中扳手的尺寸 160 和图 10-17 所示尺寸 6°就属于这类尺寸。

必须指出，并不是每张装配图都必须全部标注上述尺寸，而且有时装配图上同一尺寸往往有几种含义。所以，装配图上究竟要标注哪些尺寸，要根据具体情况进行具体分析。

10.4.2 装配图的技术要求

根据装配图的功用，其技术要求一般包括以下几方面的内容：

（1）装配要求 例如：基本性能的检验方法和条件；需要在装配时加工的说明；指定的装配方法；装配时应满足的运动要求、密封要求、噪声或环保要求等。

（2）检验要求 例如：检验操作指示、检验工具的规定；检验结果的判定条件等。

（3）使用要求 例如：对产品基本性能的维护、保养的要求；使用操作时注意事项；大、中、小修的规范等。

10.5 装配图中零件序号、明细栏和标题栏

10.5.1 装配图中零件（部件）序号

为了便于读图和图样管理以及做好生产准备工作，对装配图中所有零件必须编写序号。

1. 编号形式

编写序号的形式有下列三种：

1）序号写在指引线一端的**水平基准（细实线）上方**，序号数字比视图中的尺寸数字**大一号或两号**，如图 10-6a 所示。

2）序号写在指引线一端的**细实线圆内**，序号数字比视图中的尺寸数字大一号或两号，如图 10-6b 所示。

3）序号写在指引线一端**附近**，序号数字比视图中的尺寸数字大一号或两号，如图10-6c 所示。

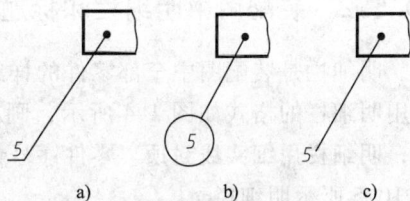

图 10-6 编号形式

2. 编写序号的有关规定

装配图中编写序号应按下述规定进行：

1）在一张装配图中编号形式应一致。

2）**每一种零件在视图上只编一个序号**，对同一种标准部件（如油杯、轴承、电动机等）在装配图上也可只编一个序号。

3）指引线和与其相连的水平基准或圆一律用细实线绘制。水平基准或圆一般画在图形外的适当位置。

4）指引线应自所指零件的**可见轮廓内**引出，并在**末端画一小圆点**，如图 10-7b、c 所示。若所指零件很薄或是涂黑的剖面不宜画圆点时，可在指引线末端画出指向该零件轮廓的箭头，如图 10-7a 所示。

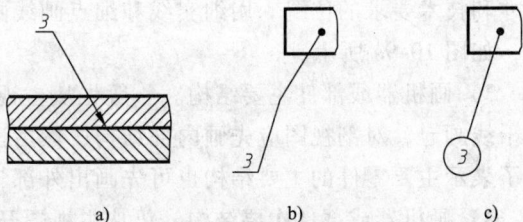

5）**指引线不能相交**，一般画成与水平

图 10-7 几种指引线的画法

方向倾斜一定角度。

6）**指引线不应与剖面线平行**，必要时可画成折线，但只允许曲折一次，如图 10-7b 所示。

7）指引线末端为圆时，直线部分的延长线应通过圆心，如图 10-7c 所示。

8）**一组紧固件**及装配关系清楚的零件组，**可以采用公共指引线**，公共指引线画法如图 10-8 所示。

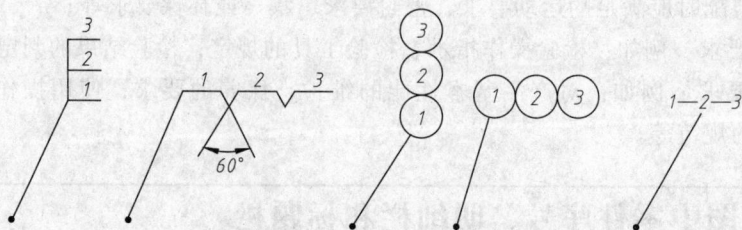

图 10-8 公共指引线画法

9）为了保持图样清晰和便于查找零件，序号在整张图内按顺时针或逆时针顺序，**沿水平以及竖直方向整齐顺次排列**，若无法在整张图内顺次排列时，可在每个水平方向和竖直方向整齐顺次排列，如图 10-1 和图 10-17 所示。

10.5.2 装配图中明细栏和标题栏

明细栏是装配图中全部零件的详细目录，装配图的所有零件均按顺序填入明细栏内，作业用明细栏的格式如图 1-4 所示，画在标题栏的上方，若位置不够可接续画在标题栏的左方，**明细栏用细实线封顶**。零件序号**由下往上依次排列**并**与图中零件相对应**，如图 10-1 和图 10-5 所示明细栏。

装配图作业用标题栏的格式如图 1-4 所示。

10.6 装配图的画图步骤

恰当地选择视图方案是保证装配图表达效果的环节，而**遵循正确的画图步骤是**画好装配图和**保证图样质量的关键**。

1）选比例、定图幅。根据机器或部件的实际尺寸及其结构的复杂程度，选择恰当的画图比例，并确定图纸幅面的大小。

2）合理布局。在图纸上安排各视图的位置，同时要留出标题栏、明细栏、零件序号、尺寸和技术要求的位置。用细实线和细点画线画出各视图作图基线、对称线、中心线和轴线等，如图 10-9a 所示。

3）画机器或部件主要结构。一般先从主视图开始，几个视图配合进行，都应从主要装配干线画起，对剖视图应先画内部结构，然后逐渐向外扩展，有时为了确定各视图的范围或为了表示主要零件的主要结构也可先画出外部轮廓线，如图 10-9b、c 所示。

4）画机器或部件次要结构。仍从主视图开始，按各零件间的相对位置，逐个画出每个零件，完成各视图，要注意保持各视图之间的投影关系正确，完成底图，如图 10-9d 所示。

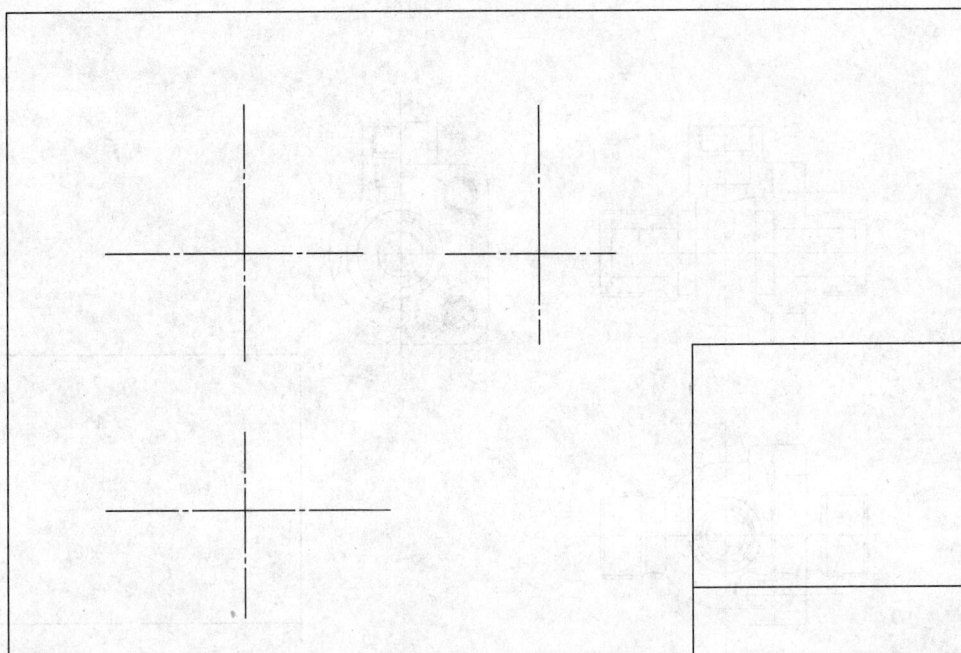

a)

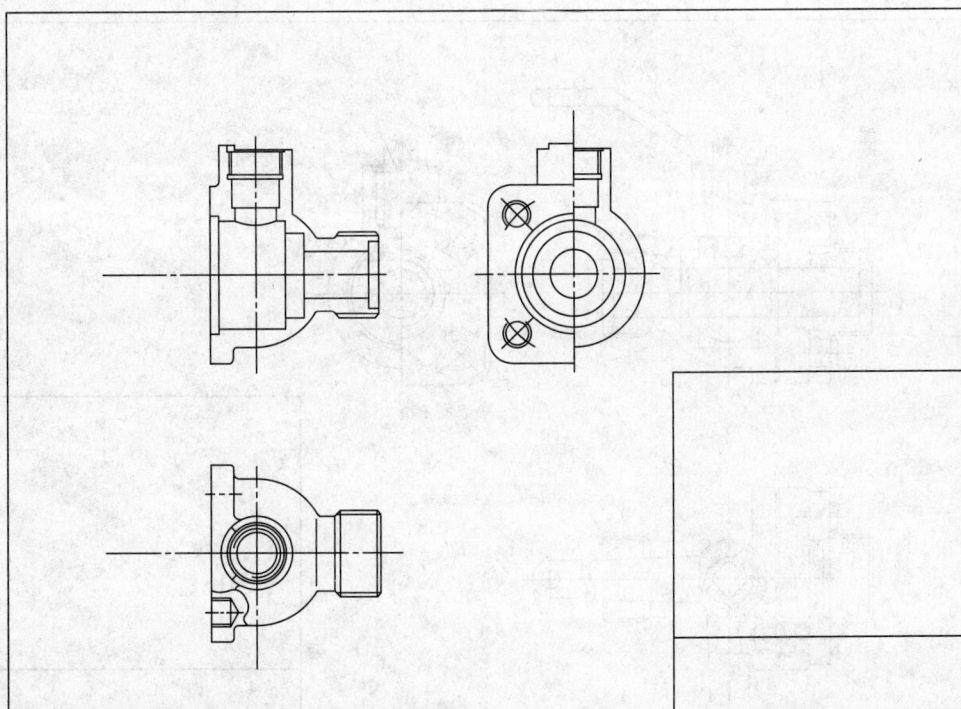

b)

图 10-9 画装配图的步骤

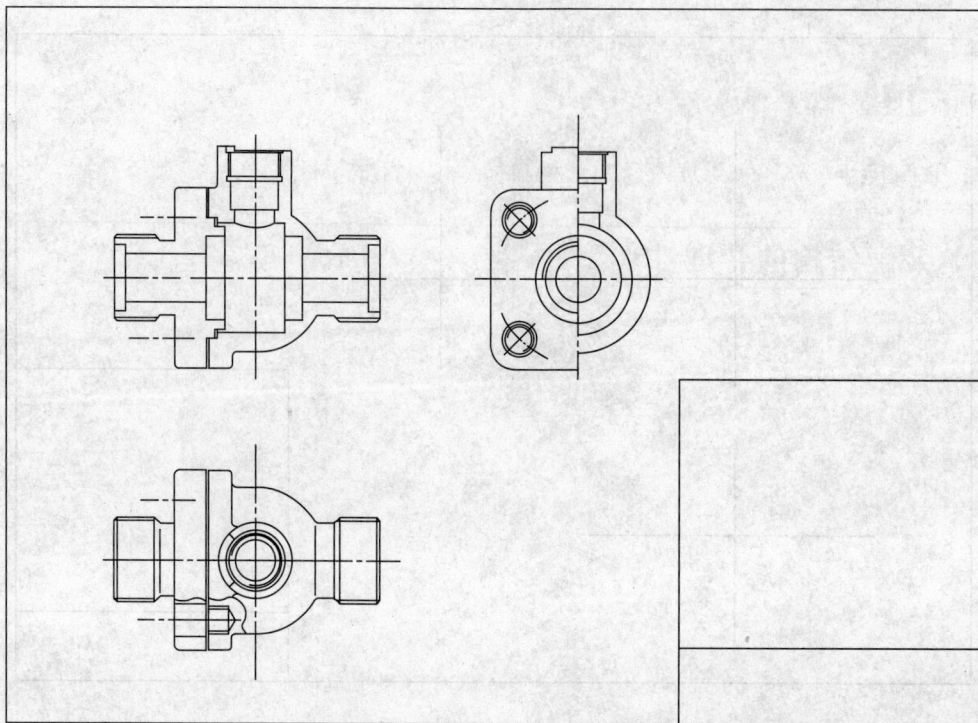

c)

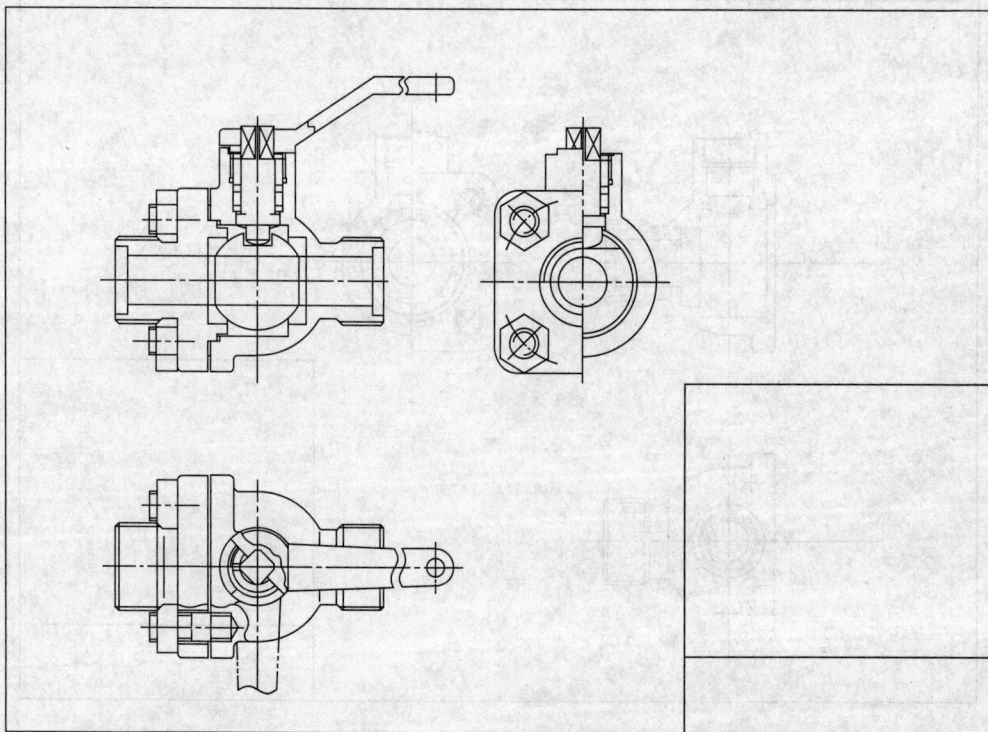

d)

图 10-9　画装配图的步骤（续）

5）检查校核。先从主视图中的主要装配干线入手按传动路线检查所涉及的各零件的主要结构是否表达完全，其中的装配关系是否合理，再延展到各个视图，最后要注意检查视图上的细部结构是否有遗漏，各视图之间的投影关系是否正确等。

6）画尺寸线、剖面符号、编写零件序号、加深全图。

7）填写尺寸数字、技术要求、明细栏和标题栏，完成装配图，如图10-5所示。

10.7 装配结构的合理性

为了保证机器或部件的性能要求以及零件在加工和装拆时的方便，在设计过程中和绘制装配图时，必须考虑装配结构的合理性，下面仅就常见装配结构的画法加以讨论。

（1）接触面与配合面的结构 两个零件接触时，**在同一方向上接触面应只有一组，配合面也应只有一组**，如图10-10所示。

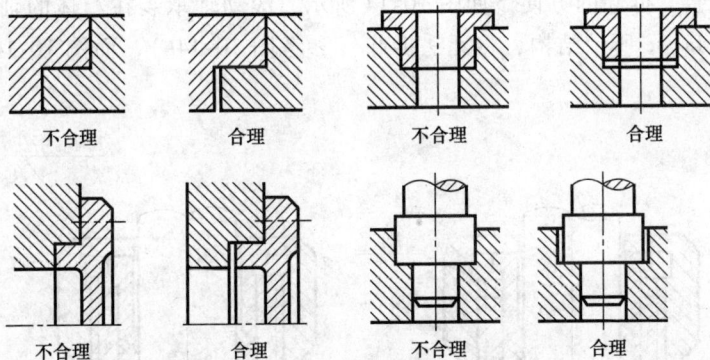

图 10-10 接触面与配合面的结构

（2）轴与孔结合拐角处结构 当轴肩与孔端面接触时，应在孔的接触端面上制成倒角或在轴肩根部切槽，以**保证轴肩与孔的端面紧密接触**，从而实现可靠的**轴向定位**，如图10-11所示。

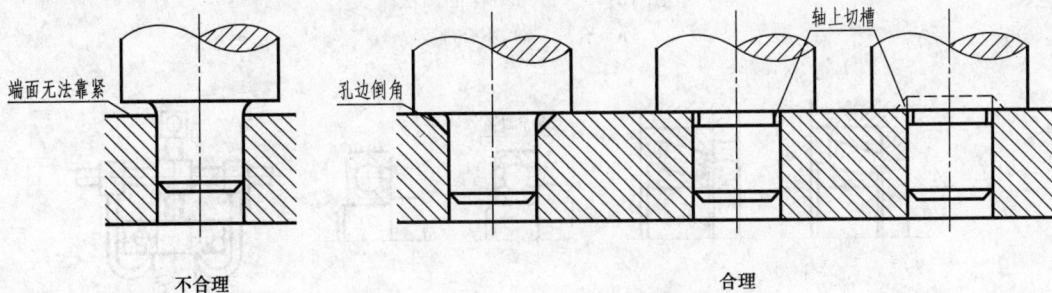

图 10-11 轴与孔结合拐角处结构

（3）零件轴向定位结构 装在轴上的滚动轴承及齿轮等，一般都要有轴向定位结构，**以保证其不发生轴向移动从而能够正常工作**。图10-12所示轴上的滚动轴承左侧靠轴肩定位，右侧靠轴承端盖定位；齿轮左侧靠轴肩定位，右侧用螺母、垫圈压紧。垫圈与轴肩的台阶面间应留有间隙，即齿轮所在轴段的长度略小于齿轮宽度，以便压紧齿轮。具体的轴向定位方法专业课中有详细讲解，这里不再赘述。

（4）密封结构　机器或部件的某些部位需要密封装置，以防止液体外流或灰尘进入。图10-13a所示为齿轮油泵密封装置的画法。通常用油浸的石棉绳或胶作为填料，拧紧压盖螺母，通过填料压盖即可将填料压紧，起到密封的作用。但**填料压盖与泵体端面之间必须留有一定的间隙，以保证将填料压紧**。另外，填料压盖、压盖螺母以及泵体的内孔应**略大于**轴径，以免轴转动时产生摩擦。图10-13b所示画法是错误的。

部件中的滚动轴承也常需要密封装置，各种密封方法所用的零件有的已经标准化，可查阅有关资料。

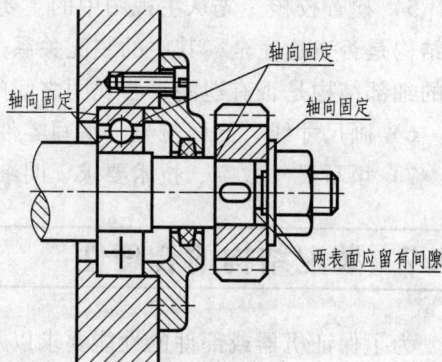

图10-12　零件轴向定位结构

（5）考虑安装、拆卸的方便　如图10-14所示，滚动轴承装在箱体的轴承孔或轴上时，若设计成图10-14a、c所示结构，将无法拆卸（参考图10-14e），而图10-14b、d所示的情形是合理的。

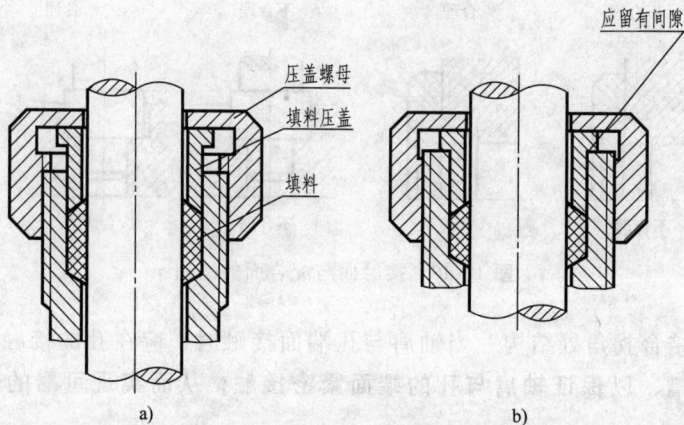

图10-13　密封结构的画法
a）合理　b）不合理

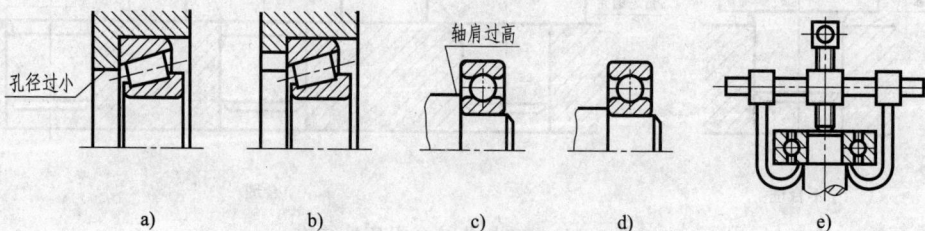

图10-14　滚动轴承的安装与拆卸
a）不合理　b）合理　c）不合理　d）合理　e）拆卸方法

对部件中需要经常拆卸的零件，应留有装拆工具的活动范围，如图10-15a所示，而图10-15b所示的结构，由于空间太小，扳手无法使用，是不合理的设计。图10-16b所示结构，螺钉无法放入，应改为图 10-16a 所示结构，留出放入螺钉的空间。

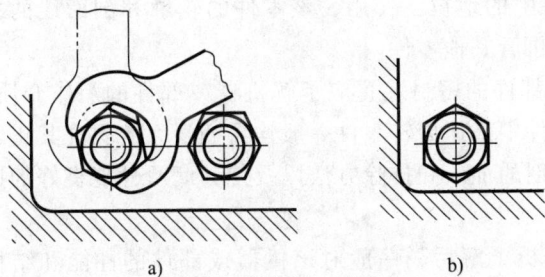

图 10-15 扳手活动空间
a）合理 b）不合理

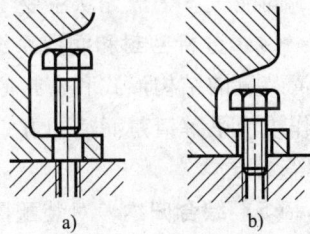

图 10-16 螺钉装拆空间
a）合理 b）不合理

10.8 读装配图、拆画零件图

在设计、装配、使用和维修机器和设备时以及进行技术交流的过程中，都需要读装配图或由装配图拆画零件图。工程技术人员必须具备熟练阅读装配图的能力。

10.8.1 读装配图的目的和要求

1）了解机器或部件的性能、功用和工作原理。
2）了解零件间的相对位置、装配关系及各零件的装拆顺序。
3）明确每个零件的主要结构、形状和作用。
4）读懂润滑、密封等系统的构造和工作原理。

10.8.2 读装配图的步骤

（1）概括了解 首先对整张装配图内容进行概略地分析和了解，可按下述三步进行：

1）**读标题栏**，了解装配图所表达机器或部件的**名称**、图样的**比例**并联系实际略知机器或部件的大小和**用途**。

2）**读明细栏**，按序号了解零件的**名称**、**数量**，并在图中找到各零件的位置。

3）**分析视图**，首先看共有几个视图，然后逐个分析每个视图的投射方向、视图名称，采用的什么表达方法，找到剖视图、断面图的剖切位置，分析各视图的表达重点。

（2）**分析工作原理及传动关系** 这是读装配图的重要环节，要对各视图进行详细分析，根据其表达手段进一步理解各视图表达意图。先从主视图入手，沿各条传动干线按投影关系找到各个零件的轮廓，确定它们的准确位置及与相邻件的连接、安装、装配关系。要清楚机器或部件的运动情况，哪些是运动件？运动形式如何？运动是怎样传递的？对固定不动的零件（主要零件），清楚其固定和连接方式，继而分析清楚与其相关的零件在机器或部件中的地位和作用。还要对其他零件间的连接和固定情况进行分析，找出其固定方式和连接关系，从而弄清机器或部件的工作原理。

（3）**搞清每个零件的结构和形状** 在分析机器或部件工作原理和传动关系的过程中，对各零件的轮廓及其在机器或部件中所起的作用已有了基本了解，此时应对各零件的结构形状准确地加以分析判断，这样也有助于更深入地理解机器或部件的工作原理和性能。分析判断零件结构形状的依据是零件在机器或部件中的地位、作用，该零件的轮廓和剖面线的方向、间隔等。一般先从主要零件开始，然后再看其他零件。

（4）**分析密封和润滑系统** 分析机器或部件的密封装置应了解机器或部件的工作介质，搞清装置的结构形式和密封原理。机器或部件中高速旋转零件一般均需润滑系统保证其正常工作，应了解清楚润滑的方式和结构，润滑剂的加入和排除方法以及使其润滑性能良好的措施等。

（5）**综合归纳** 对装配图进行了上述分析了解后，一般对该机器或部件的性能和结构等主要方面已基本清楚，但为了完整、全面地读懂装配图，应对前面已掌握的情况进行综合归纳，再认真地思考下述一些问题：

1）结合对技术要求和装配尺寸的分析，考虑对机器或部件的性能、工作原理是否完全理解；机器或部件中各种运动形式及其联系是否已经清楚；连接方式共有几种，是否均已找到。

2）各零件的装拆方法和顺序如何？

3）为何采用此种表达方案？可设想其他表达方案与其进行比较，从中得出此种表达方案的优越性。如这些问题都已解决，说明该装配图已经读懂。上述读装配图的步骤，只说明读图的一般规律，并非读每一张装配图步骤都得分那么清，要根据装配图的特点进行具体分析全面考虑。有时几个步骤往往需要交替进行。**只有通过不断实践，才能掌握读图规律，提高读装配图的能力。**

10.8.3　读装配图举例

图 10-17 所示为顶尖座装配图。

（1）**概括了解** 由标题栏可知该部件是顶尖座，它是铣床上的一个部件，工作时靠螺栓、螺母（图中未画出）压紧在铣床工作台上，用它来支承、顶紧工件，进行铣削加工。由比例、尺寸则知其部件的实际大小。看明细栏可知它有 22 种零件，对照图中的零件序号找到各零件在顶尖座中的位置。接着，分析视图。该顶尖座共由五个视图表达，主视图是沿顶尖轴线剖开的全剖视图，比较明显地表达了各零件之间的装配关系和工作原理。全剖的左视图 A—A 是沿定位螺杆 22 的轴线剖开的，它补充表达了零件之间的连接关系和顶尖座沿纵向的升降运动。俯视图比较完整地表达了顶尖座的外形，其中用局部剖视 B—B 又剖开一条传动干线，表达顶尖座的另一种运动。沿螺栓轴线剖开的局部剖视，表达螺栓的联接情况，对全面理解顶尖座的运动是有帮助的。C—C 剖视图表达了顶尖在正平面内转动的角度范围。而 D 向局部视图表达的是定位刻度板 19 上弧形槽的结构形状。

（2）**分析工作原理及传动关系** 顶尖座主要有三个方向的运动及锁紧机构，先从主视图沿传动干线进行分析，了解其沿顶尖轴线方向的运动及锁紧机构。顺时针旋转捏手 13，镶在捏手中的套 12 随之旋转，套与螺杆 8 用销联接，所以，使螺杆一起旋转，螺杆与尾座体 7 上的螺孔结合，尾座体通过底座 20 固定在铣床工作台上，所以螺杆在顺时针旋转的同时也向右移动，并带动套在螺杆上的板 10，板 10 与顶尖套 6 用销联接，因此，顶尖套带着顶尖 5 也向右移动，若反方向旋转捏手顶尖则向左移动，顶尖在尾座体孔内的移动便可实现顶紧或松开工件。当顶尖顶紧工件需要固定不动时，可转动夹紧手柄 1，通过套 18 及夹紧螺钉 17 的锥面压迫尾座体 7 右下端的开槽部分，即可锁紧顶尖套 6。

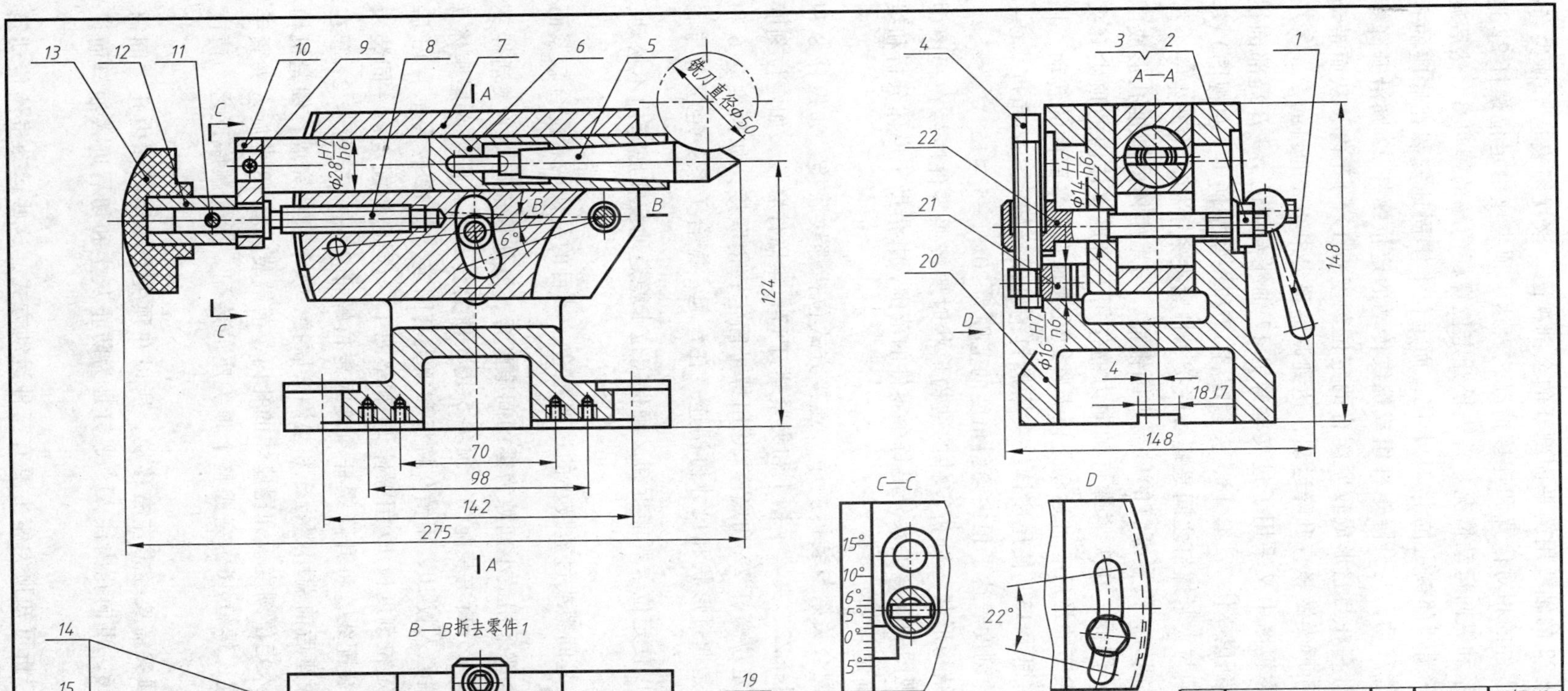

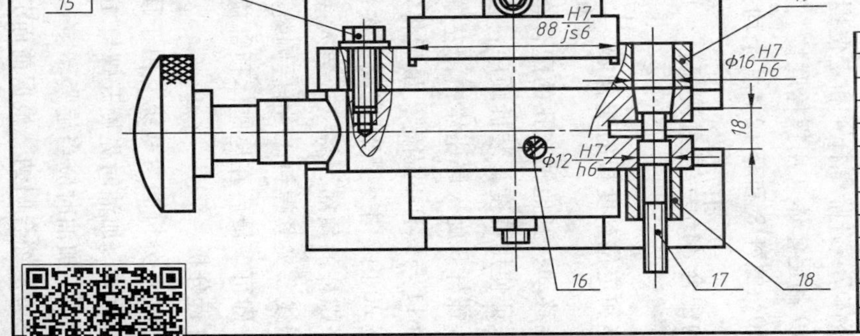

序号	名称	件数	材料	备注
22	定位螺杆	1	45	
21	定位卡	1	45	
20	底座	1	HT200	
19	定位刻度板	1	HT200	
18	套	1	45	
17	夹紧螺钉	1	45	
16	螺钉M4×16	1	Q235	GB/T 65
15	垫圈6	1	65Mn	GB/T 97.1
14	螺栓M6×30	1	Q235	GB/T 5780
13	捏手	1	3722	
12	套	1	45	
11	销4m6×20	1	35	GB/T 119.1
10	板	1	45	
9	销4m6×28	1	35	GB/T 119.1
8	螺杆	1	HT200	
7	尾座体	1	45	
6	顶尖套	1	45	
5	顶尖	1	20CrMn	
4	升降螺杆	1	45	
3	螺母M10	1	Q235	GB/T 6170
2	垫圈10	1	65Mn	GB/T 97.1
1	夹紧手柄	1	45	

顶尖座			比例	1:1	共1张
			图号	DJZ-01	第1张
制图	李伦	2016.05.01	机械制图教研组		
审核	石坚	2016.05.02			

图 10-17 顶尖座装配图

左视图 *A—A* 是沿定位螺杆 22 的轴线用侧平面剖开的全剖视图。该视图表达了顶尖套、尾座体、定位刻度板和底座等零件的相对位置和连接情况，表达了顶尖座沿定位螺杆 22 这条传动线各零件之间的传动关系和纵向运动情况。首先松开定位螺杆前端的螺母 3，然后旋转升降螺杆 4，由于升降螺杆下端颈部被定位卡 21 卡住，而定位卡牢固地安装在底座的孔中，所以升降螺杆只能旋转不能移动，与升降螺杆组成螺纹传动的定位螺杆 22 则沿升降螺杆做竖直升降运动，因定位螺杆穿在与它形成较紧配合的定位刻度板 19 的孔内，从而带动定位刻度板、尾座体、顶尖套和顶尖做竖直升降运动，达到调整顶尖中心高的目的。

俯视图基本是表达外形，在视图中又采用了过夹紧螺钉 17 轴线剖切的 *B—B* 局部剖视图（拆去零件 1），可清楚地看到尾座体 7、套 18、夹紧螺钉 17 和夹紧手柄 1（左视图）等零件之间的装配关系。夹紧手柄与夹紧螺钉之间是螺纹联接，拧紧夹紧手柄，将产生一个挤压套 18 的轴向力，向前拉夹紧螺钉，夹紧螺钉的后端为圆锥面，与尾座体的圆锥孔形成配合，尾座体的右下方开有通槽，因而，在夹紧螺钉轴向力的作用下将尾座体内的顶尖套夹紧，使顶尖不能左右移动。顶尖座的最后一种运动是以夹紧螺钉为轴在正平面内的转动，松开夹紧螺钉 17 和螺栓 14，捏住捏手 13，使尾座体绕夹紧螺钉的轴线旋转一定的角度。*C—C* 局部剖视图通过定位刻度板的刻度表达了顶尖倾斜角度的范围为 20°（-5°~15°）。

（3）分析判断每个零件的结构形状 分析零件的结构形状时要按照零件序号在视图中找到零件的准确位置，利用各视图的投影关系分出每个零件的范围，并借助于形体分析和线面分析的方法以及机械常识来确定。

（4）零件间的连接方法、配合关系与装拆顺序 连接方式包括螺纹联接，如螺杆 8 和尾座体 7、升降螺杆 4 和定位螺杆 22、夹紧手柄 1 和夹紧螺钉 17；紧固件联接，如定位刻度板 19 和尾座体 7 用螺栓联接、定位螺杆 22 和底座 20 用螺母固定；销联接，如顶尖套 6 和板 10、螺杆 8 和套 12，其余均是通过形状和尺寸协调连接在一起。配合关系：定位卡与底座的配合 $\phi16\dfrac{H7}{n6}$ 是过渡配合，以使定位卡既能拆卸又确保定位卡稳定地装在底座内不松动；底座和定位刻度板的配合 $88\dfrac{H7}{js6}$ 是间隙或过盈最小的过渡配合，其目的是使两者配合较紧而又能移动；其他轴与孔的配合全部采用最小间隙为零的间隙配合，既能保证运动的灵活性又能保证使用精度。装拆顺序：首先分析主装配线，顶尖 5 装入顶尖套 6 内，再装入尾座体 7 中，螺杆 8 旋入尾座体中，左端套入板 10，用销 9 将板和顶尖套固定，套 12 嵌入捏手 13 后用销 11 与螺杆 8 固定，最后将定位刻度板 19 用螺栓 14 和垫圈 15 与尾座体固定，一同装入底座 20 内，主装配线完成；次装配线，将升降螺杆 4 旋入定位螺杆 22 中，定位卡 21 套在升降螺杆的颈部，将三者装入底座后前端用螺母 3 和垫圈 2 联接，次装配线完成；锁紧机构装配线，夹紧螺钉 17 由后侧装入定位刻度板和尾座体的孔内，前端装入套 18 并旋入夹紧手柄 1 即可。最后在尾座体顶部旋入螺钉 16，完成整个顶尖座的装配。拆卸顺序反之，请读者自行分析。

（5）分析润滑系统 由于顶尖需要经常左右移动，所以在顶尖套与尾座体内孔之间需加润滑油。加油时先旋开螺钉 16，再向孔内注入。螺钉是为防止灰尘和切屑进入油口而设置的，不加油时应当旋紧。

（6）综合归纳 根据前面分析可知顶尖座主要有三种运动方式，这些运动虽然传动路线各不相同，但彼此之间是有联系的，如若使顶尖左右移动就必须松开夹紧手柄，而顶尖调整到一定位置后，还必须旋紧夹紧手柄才能工作；在旋转顶尖的倾斜角度时又必须先松开夹紧螺钉和螺栓，而当角度选定后还必须旋紧夹紧螺钉和螺栓等。这些运动相互依赖，要正确掌握它们的协调关系。

10.8.4　由装配图拆画零件图

机器在设计过程中必须先画出装配图，再根据装配图拆画零件图。第9章已对零件图做了详细讨论，此处，仅对由装配图拆画零件图提出几点需要注意的问题。

1. 拆画零件图的要求

1）认真读懂装配图，全面理解设计意图，搞清机器的工作原理、装配关系、技术要求和每个零件的结构形状及其在装配体中的作用。

2）画图时不但要从设计方面考虑零件的作用和要求，而且还要从工艺方面考虑零件制造和装配的可能性，使零件图符合设计要求和工艺要求。

2. 拆画零件图应考虑的问题

（1）零件结构形状的确定　装配图只表达了零件的主要结构形状，对零件上某些局部结构和标准结构，往往未完全表达。拆画零件图时，应考虑设计和工艺要求补画出这些结构（如**倒角、圆角、退刀槽等**）。如零件上某部分需要与**其他零件在装配时一起加工，则应在零件图中注明**，如图10-18所示。

（2）零件视图方案的选定　拆画零件图时，**应根据零件的结构形状特点按零件图的要求选择视图方案，不一定与装配图一致**，完全照抄装配图中的零件视图。但多数情况下对基体类零件

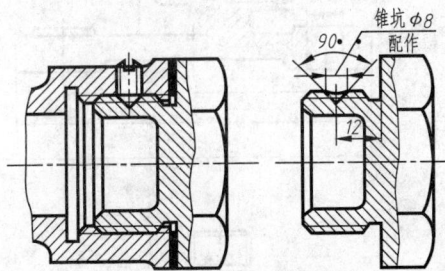

图10-18　注明装配时加工

（如箱体、壳体等）的主视图方案可与装配图一致，这样，便于装配和加工。

（3）零件图的尺寸标注　装配图上按需要只标注了几类尺寸，在拆画零件图时，应按第9章对零件图标注尺寸的要求进行标注。零件图的尺寸从以下几个方面确定：

1）**装配图上的某些尺寸就是相关零件的尺寸，这些尺寸可直接移到零件图上。**图10-19所示主视图中的尺寸72和98就是泵体零件上的两个尺寸；装配图中的配合尺寸如 $\phi14\frac{H7}{f7}$ 和 $\phi24\frac{H8}{f8}$ 等，应按第9章的要求分别标注到相应的零件图上。

2）**标准结构或与标准结构相连接的有关尺寸。**如沉孔尺寸、螺纹尺寸、键槽宽度和深度以及销孔直径等，**应查阅相应结构的标准获得。**

3）**查表尺寸。**如倒角、退刀槽等结构的尺寸应从标准中查表获得。

4）**需经计算的尺寸。**如齿轮的分度圆、齿顶圆直径等，**需按有关参数经计算得到。**

5）**从装配图上直接量得的尺寸。**零件图上的尺寸从上述途径仍不能标注完全时，要直接从装配图中量取有关尺寸。

（4）零件图技术要求的确定　零件图技术要求应根据零件在机器中的作用和制造零件

的要求来提出，也可参考有关资料来确定。若要正确制定技术要求，涉及许多专业知识，本书不做进一步介绍。

10.8.5 拆画零件图举例

由齿轮油泵装配图（图10-19）拆画泵体零件图。

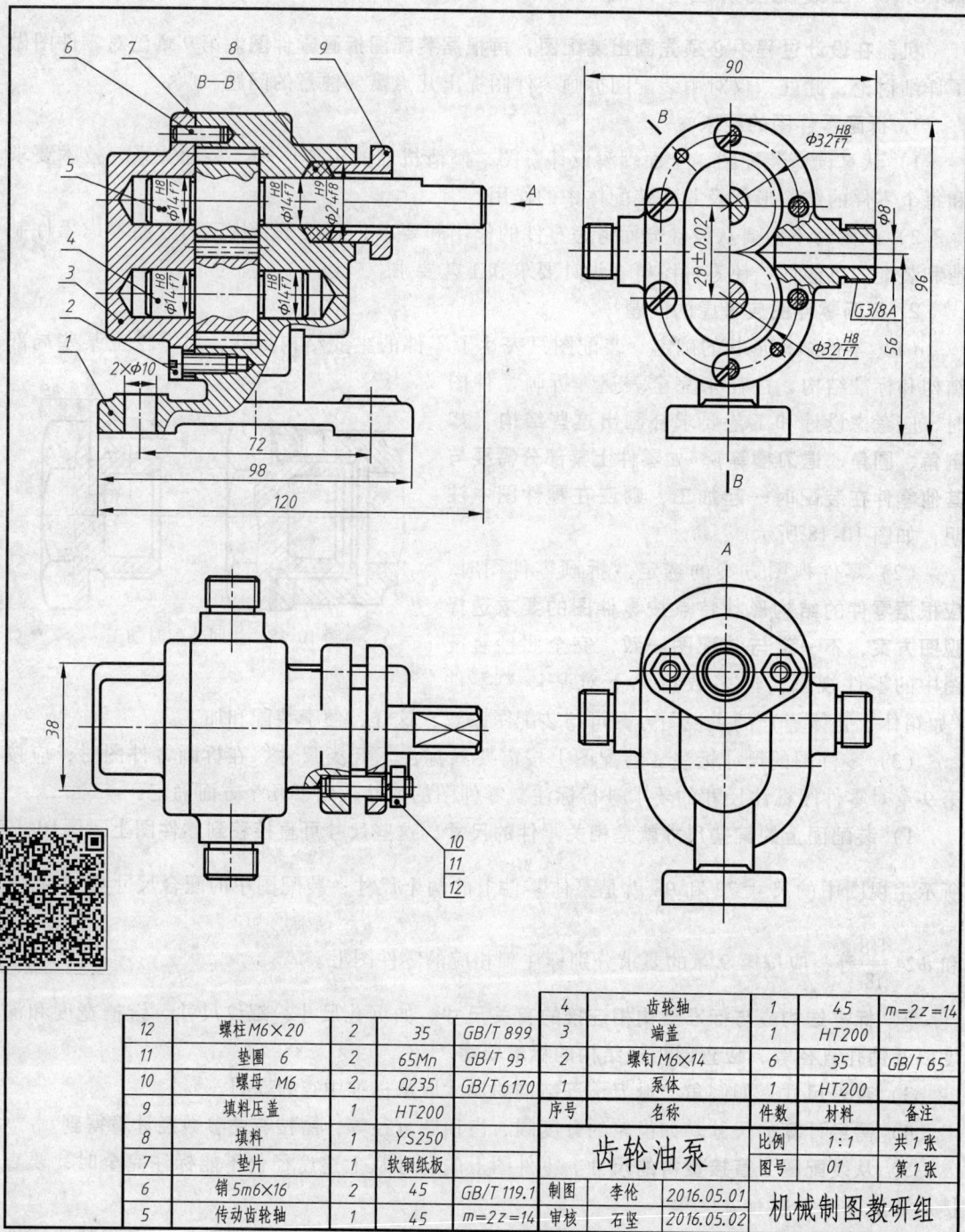

12	螺柱M6×20	2	35	GB/T 899
11	垫圈 6	2	65Mn	GB/T 93
10	螺母 M6	2	Q235	GB/T 6170
9	填料压盖	1	HT200	
8	填料	1	YS250	
7	垫片	1	软钢纸板	
6	销 5m6×16	2	45	GB/T 119.1
5	传动齿轮轴	1	45	m=2z=14

4	齿轮轴	1	45	m=2z=14
3	端盖	1	HT200	
2	螺钉M6×14	6	35	GB/T 65
1	泵体	1	HT200	
序号	名称	件数	材料	备注

齿轮油泵

比例	1:1		共1张	
图号	01		第1张	

制图	李伦	2016.05.01	机械制图教研组
审核	石坚	2016.05.02	

图 10-19 齿轮油泵装配图

（1）读懂装配图 齿轮油泵是一种供油装置，是润滑系统中常用部件。从明细栏可知它由12种零件组成，按序号在图中找到各个零件的位置。齿轮油泵共用了四个视图表达。主视图 B—B 剖视图，表达了齿轮油泵的主要装配关系和部分外形。左视图采用的是沿端盖与泵体结合面剖开的画法，半剖视图上又做了局部剖视，表达了端盖的外形及一对齿轮的啮合情况，油路进出口与泵体内腔的贯通情况同时也表达出来。俯视图较完整地表达了油泵的外形，其中的局部剖视表达了双头螺柱的联接情况。A 向视图表达了填料压盖和泵体的外形。

齿轮油泵工作原理如图 10-20 所示。若主动齿轮逆时针方向旋转，则从动齿轮顺时针方向旋转，此时，泵体腔内齿轮啮合区的右边压力降低，油池中的油在大气压的作用下，沿吸油口进入泵体腔内。随着齿轮的旋转，齿槽中的油不断沿箭头方向送到左边，然后从出油口被挤压出去。齿轮油泵有两条装配干线，一条是主动齿轮轴系统，传动齿轮轴 5 装在泵体 1 及端盖 3 的轴孔内，齿轮轴右端的填料 8 和填料压盖 9 组成防漏装置；另一条就是从动齿轮轴系统，齿轮轴 4 装在泵体与端盖的另一对轴孔内，与主动齿轮相啮合。泵体与端盖靠六个螺钉联接，形成容纳一对啮合齿轮的空腔。齿轮油泵工作时，腔内充满了油，为防止泵体和端盖的结合面渗漏，在两结合面之间加垫片 7。另外为了保证泵体与端盖轴孔的同轴度，采用了两个圆柱销 6 定位。综上分析，想象出齿轮油泵的总体形状和结构，如图 10-21 所示。

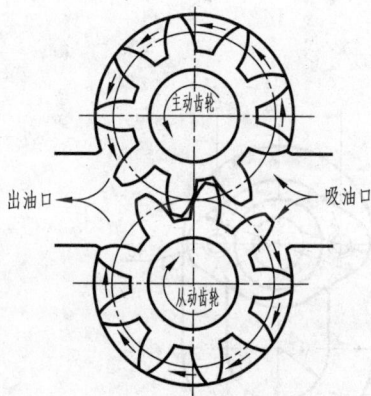

图 10-20 齿轮油泵工作原理

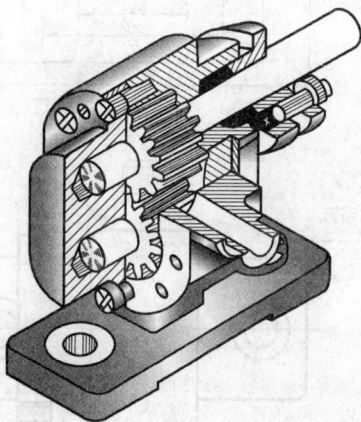

图 10-21 齿轮油泵

（2）画泵体零件图 通过读装配图对泵体的主要结构形状已基本了解，可按下述步骤画出零件图：

1）全面构思泵体的结构形状。泵体是齿轮油泵的主体零件。齿轮油泵装配图主视图表达了泵体的内部结构、部分外形和底座上两个安装孔的形状大小和位置。左视图表达了泵体左端面的形状和进出油孔的结构形状，泵体为前后对称。再由俯视图和 A 向视图可确定出泵体的外形。综合起来泵体分为：工作部分为容纳齿轮的内腔；安装部分为带双孔的底座；两部分之间的肋板为连接部分。另外由于生产和装配的需要，孔边要画出倒角。

2）确定视图方案。泵体属于箱体类零件，其视图表达方案与齿轮油泵装配图相对应，如图 10-22 所示。

3）尺寸标注。零件图上的尺寸 72、98、φ10、φ14H7、φ24H8、φ32H7、28±0.02、56、90、φ8 和 G3/8A 均应同装配图中相关的尺寸一致，其余尺寸由查阅标准得到或直接从装配图量取。

4）技术要求。根据泵体在齿轮油泵中的作用，并参照其他类似零件拟定该泵体的技术要求，如图 10-22 所示。

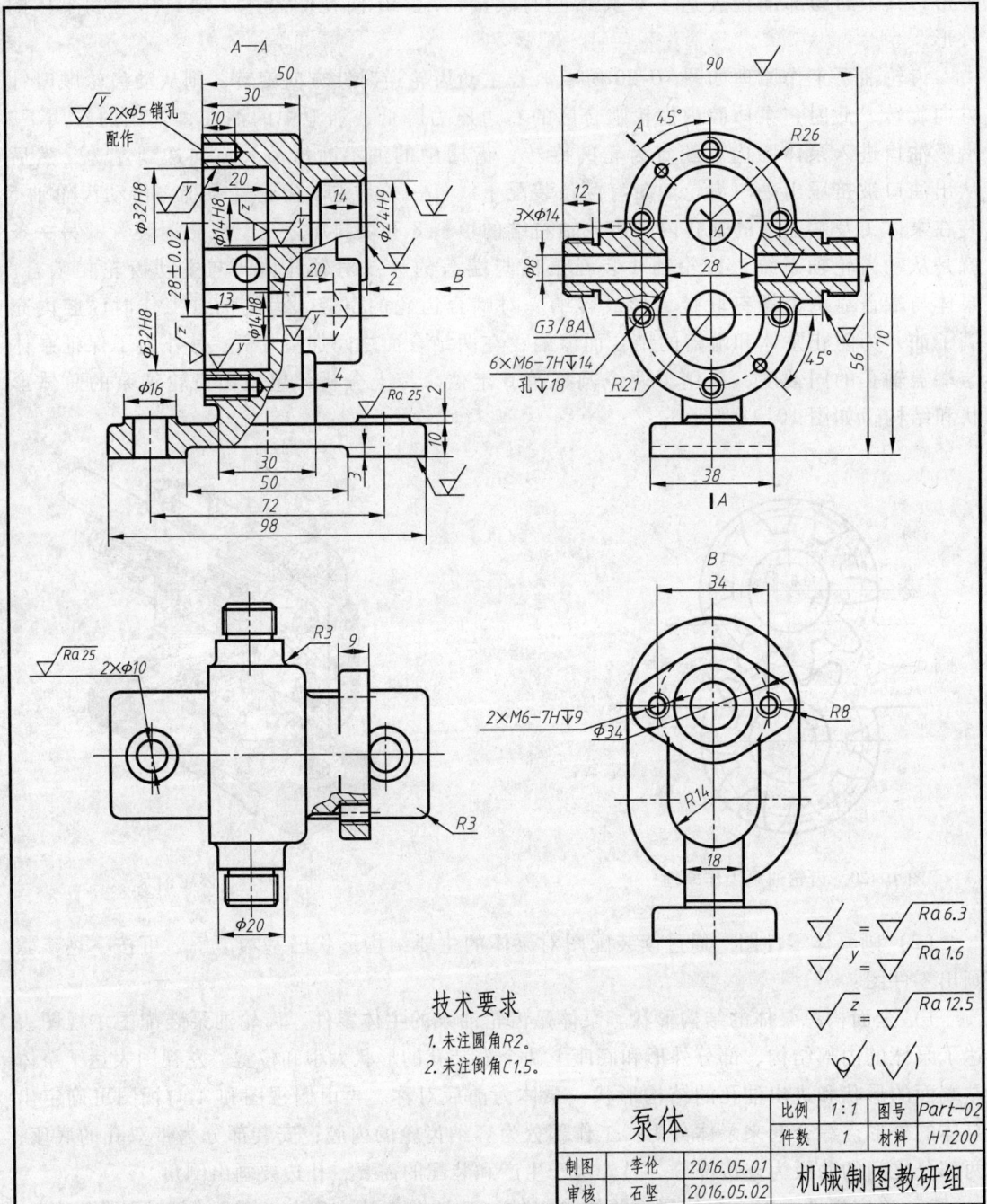

图 10-22　泵体零件图

实践与练习

装拆减速器模型

1）观察减速器，分析其零件组成，注意零件间的相对位置。

2）分析零件间的连接方式，包括齿轮与轴、轴承内圈与轴、轴承外圈与箱体、箱体与箱盖、轴承端盖与箱体等。

3）分析配合关系，包括齿轮与轴、轴承内圈与轴、轴承外圈与箱体等。

4）了解附件，如透气塞、游标尺、油塞和吊环螺钉的作用。

5）分析零件的装拆顺序，按顺序将减速器拆卸。

6）观察零件的形状，掌握轴套类、盘盖类、箱体类零件的结构特点，并能将所有零件按正确位置装配。

7）分析减速器的润滑方法和密封原理。

8）读懂习题集中各零件视图，根据装配示意图完成减速器装配图。

9）阅读教材和习题集中所有装配图，夯实读图能力。

10）要具备过硬的拆画零件图的能力，拆画零件图是设计过程中的必需环节。

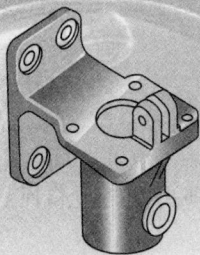

第 **11** 章

焊 接 图

知识要点

1）焊缝符号的标注方法。
2）焊缝的图示法。
3）焊接图的内容。

引言

　　将两个被连接的金属件，用电弧或火焰在连接处进行局部加热，并采用填充熔化金属或加压等方法使其融合在一起的过程，称为焊接。焊接是一种刚性连接，因焊接所用的设备简单、生产率高、焊缝强度大、连接可靠、密封性好，故在机械、化工、船舶、建筑及其他工业生产中广泛使用。焊接图是焊接件进行加工时所用的图样。

11.1 焊接的基本知识

1. 焊接方法

　　焊接方法的种类有很多，通常按焊接过程的特点分为熔化焊、压焊和钎焊三大类。熔化焊即熔焊，是利用一定的热源，使被连接部位局部熔化成液体，然后再冷却结晶成一体的方法；压焊是利用摩擦、扩散和加压等物理作用，克服两个连接表面的不平度，除去氧化膜及其他污染物，使两个连接表面上的原子相互接近到晶格距离，从而在固态条件下实现连接的方法；钎焊是采用比母材熔点低的材料作钎料，将焊接件和钎料加热至高于钎料熔点但低于母材熔点的温度，利用毛细作用使液态钎料充满接头间隙，熔化钎料润湿母材表面，冷却后结晶形成冶金结合的方法。而每一大类又可以分成许多小类，如使用较多的焊条电弧焊和气焊就属于熔化焊中的两小类。因篇幅所限，具体方法这里不再展开，相关专业课中有详细讲解。

2. 焊接接头和焊缝的形式

　　零件在焊接时，被连接两零件的**接头形式**分为**对接接头、搭接接头、角接接头**和 **T 形**

接接头四种，如图 11-1 所示。相对应的常见的焊缝形式主要有对接焊缝，如图 11-1a 所示；点焊缝，如图 l1-1b 所示；角焊缝，如图 11-1c、d 所示。

11.2 焊接图中焊缝的表示法

在技术图样中，一般按 GB/T 324—2008 规定的焊缝符号表示焊缝。如需要，也可按 GB/T 12212—2012 在图样中用图示法表示焊缝，并应同时标注焊缝符号。

1. 焊缝符号

完整的焊缝符号包括基本符号、指引线、补充符号、尺寸符号及数据等。**在图样上简化标注焊缝时，通常只采用基本符号和指引线**，其他内容一般在有关文件（如焊接工艺规程等）中明确。

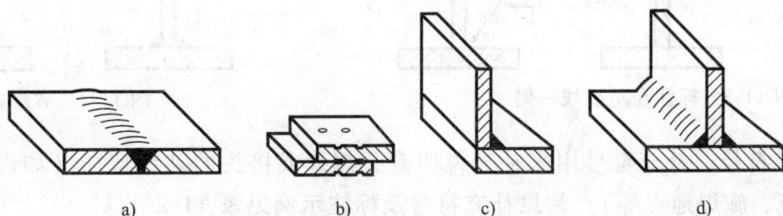

图 11-1 常见接头形式及焊缝形式
a）对接焊缝 b）点焊缝 c）、d）角焊缝

（1）基本符号 基本符号是表示焊缝横截面形状的符号，近似于焊缝横截面的形状。常见焊缝的基本符号及标注示例见表 11-1。

表 11-1 常见焊缝的基本符号及标注示例

名称	焊缝示意图	符号	标注示例
I 形焊缝		‖	
V 形焊缝		V	
单边 V 形焊缝		V	
带钝边 V 形焊缝		Y	
带钝边单边 V 形焊缝		Y	
角焊缝		△	
点焊缝		○	

（2）指引线　指引线由箭头线和基准线（一条为实线，另一条为虚线）组成，箭头线与实线基准线均用细实线绘制，其画法如图 11-2 所示。

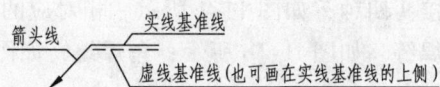

图 11-2　指引线画法

1）箭头线。用来将整个焊缝符号指引到图样上有关的焊缝处，必要时允许弯折一次。

2）基准线。基准线的上面和下面用来标注各种符号和尺寸，基准线的虚线可以画在基准线的实线上侧或下侧。基准线一般与图样的底边相平行，但在特殊情况下也可以与底边相垂直。**当焊缝在箭头所指的一侧时，应将基本符号标注在实线基准线一侧。当焊缝在箭头非所指的一侧时，应将基本符号标注在虚线基准线一侧**，如图 11-3 所示。**当焊缝对称时可省略虚线**，如图 11-4 所示。

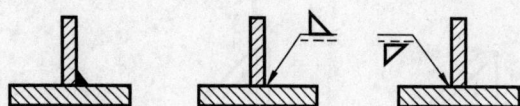

图 11-3　标注在基准线一侧

图 11-4　省略虚线

（3）补充符号　补充符号用来补充说明有关焊缝或接头的某些特征（如表面形状、衬垫、焊缝分布、施焊地点等）。**常见补充符号及标注示例见表 11-2。**

表 11-2　常见补充符号及标注示例

名称	符号	形式及标注示例	说明
平面符号	—		表示 I 形对接焊缝表面齐平（一般通过加工）
凸面符号	⌢		表示 V 形对接焊缝表面凸起
凹面符号	⌣		表示角焊缝表面凹陷
三面焊缝符号	⊏		表示工件三面角焊缝施焊，开口方向与实际方向一致
周围焊缝符号 现场符号	○ ▶		表示在现场沿工件周围施焊

（续）

名称	符号	形式及标注示例	说明
尾部符号	＜		表示相同的焊缝有 5 条

（4）尺寸符号 必要时可在焊缝符号中标注尺寸。**常见尺寸符号及标注示例见表 11-3。**

表 11-3 常见尺寸符号及标注示例

名称	符号	示意图	标注示例
工件厚度	δ		
坡口角度	α		
根部间隙	b		
钝边	p		
坡口深度	H		
焊缝段数	n		
焊缝间距	e		
焊缝长度	l		
焊脚尺寸	K		
相同焊缝数量	N		

尺寸的标注示例如图 11-5 所示。标注规则如下：

1）焊缝横向尺寸标注在基本符号的左侧。

2）焊缝纵向尺寸标注在基本符号的右侧。

3）坡口角度、根部间隙标注在基本符号的上侧或下侧。

4）相同焊缝的数量标注在尾部。

5）当尺寸较多不易分辨时，可在尺寸数据前标注相应的尺寸符号。

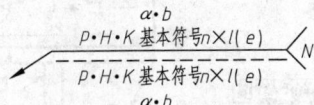

图 11-5 尺寸的标注示例

2. 图示法表示焊缝

焊缝可以用视图、剖视图、断面图、轴测图、局部放大图等表示，用图示法表示焊缝时应同时标注焊缝符号。

1）在视图中，可见焊缝用与轮廓线垂直的细实线段（不可见焊缝用细虚线段）表示，如图 11-6 所示；也可用加粗线（$2d\sim3d$，d 为粗实线的宽度）表示，如图 11-7 所示。但在同一图样中，只允许采用一种画法。

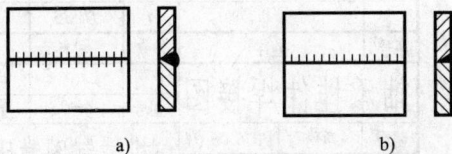

图 11-6 焊缝图示法（一）

a）对称焊缝 b）单边焊缝

图 11-7 焊缝图示法（二）

2）在剖视图中，焊缝的金属熔焊区通常应涂黑表示，如图 11-6 所示。

3）当标注焊缝符号不能充分表达设计要求，并需保证某些尺寸时，可将焊缝部位用局部放大图表示并标注尺寸，如图 11-8 所示。

11.3 焊接图例

焊接图应能清晰地表示出各焊接件之间的相对位置、焊接要求以及焊缝尺寸等；如不附焊接件详图时，还应能表示出各焊接件的形状、规格大小及数量。焊接图所包含的内容有：

1）用于表达焊接件结构形状的一组视图。

2）焊接件的规格尺寸、各焊接件的装配位置尺寸以及焊后加工尺寸。

3）各焊接件连接处的接头形式、焊缝符号及焊缝尺寸。

4）装配、焊接以及焊后处理、加工的技术要求。

5）焊接件的编号及明细栏。

6）标题栏。

图 11-8 所示为轴承挂件焊接图。该焊接件由背板、横板、肋板和圆筒四部分组成。圆筒 4 为支承轴的主体，背板 1 为固定支架，横板 2 和肋板 3 是为了增加承载能力。由主视图可知，圆筒 4 与背板 1 采用环绕圆筒周围的角焊缝，焊脚尺寸为 4mm。肋板 3 与背板 1 采用

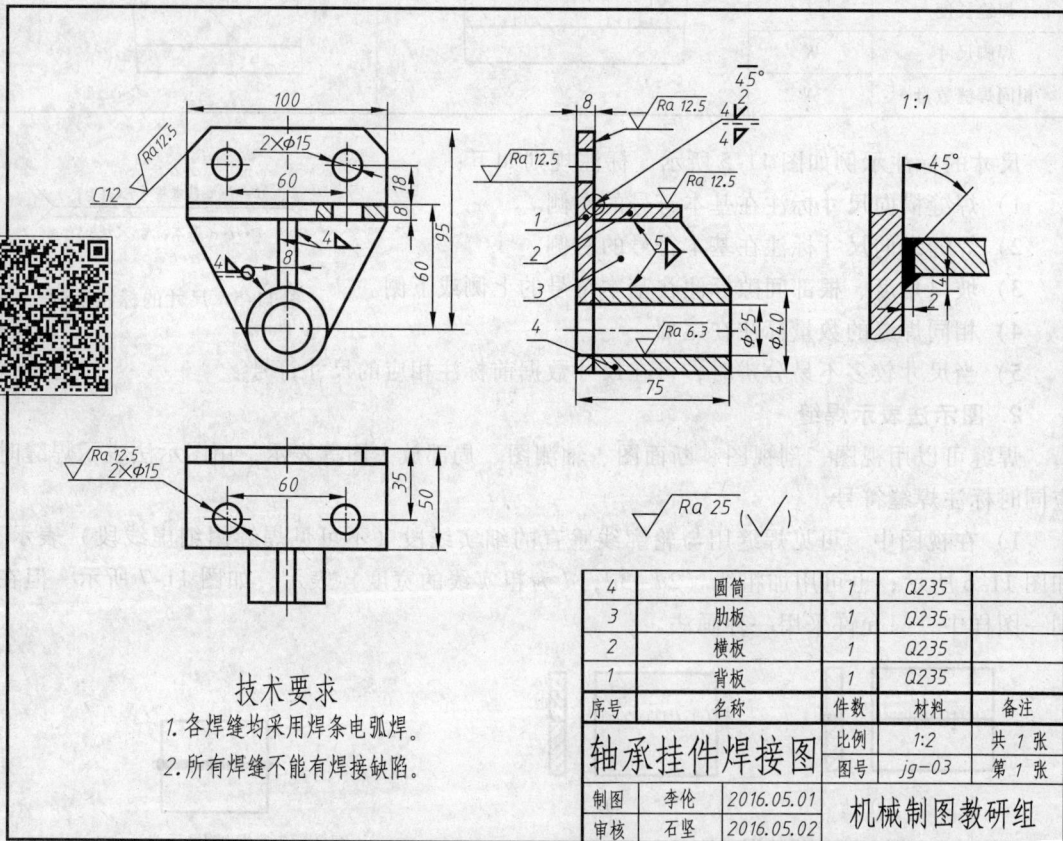

图 11-8　轴承挂件焊接图

焊脚尺寸为 4mm 的双面角焊缝。由左视图中可知，横板 2 的上表面与背板 1 采用单边 V 形焊缝，表面齐平，坡口角度为 45°，根部间隙为 2mm，坡口深度为 4mm。横板下表面与背板采用焊脚尺寸为 4mm 的角焊缝，局部放大图清楚地表达了该焊缝的断面形状及尺寸。肋板 3 与横板 2、肋板 3 与圆筒 4 均采用焊脚尺寸为 5mm 的双面角焊缝。技术要求中提出了对焊接的具体要求。

该焊接件结构简单，各零件的规格大小可直接标注在图中或注写在明细栏内。若结构复杂，还需另外绘制各焊件的零件图。焊接图表达方法与零件图相同，并要标注完整的尺寸。与零件图不同之处是各零件的剖面线方向应相反，还需对各零件进行编号填写明细栏，这一点与装配图相像。但表达的内容与装配图不同，装配图表达的是机器或部件，而焊接图表达的仅是一个焊接件。因此，通常说焊接图有装配图的形式，零件图的内容。

实践与练习

观察各种设施，发现焊缝的类型及焊接在生产生活中的应用。

第
3
篇

能力篇

第 12 章

仪器绘图、徒手绘图、计算机绘图基础

知识要点 ▌▌

1) 绘图工具和仪器的使用。
2) 几种常用的几何作图方法。
3) 仪器绘图的步骤。
4) 几种图形的徒手绘图方法。
5) 徒手草图的画图步骤。
6) 计算机二维绘图技巧。
7) 计算机三维建模方法。

引言

　　为表达一个零件或一台机器，在工程实际中绘制图样一般有三种方法，即仪器绘图、徒手绘图和计算机绘图。仪器绘图就是借助于图板、丁字尺、三角板及圆规等画图。徒手绘图则不用借助其他工具，徒手用铅笔目测比例绘图。计算机绘图就是用绘图软件进行绘图，由绘图机或打印机输出图样。熟练掌握这三种绘图方法和技巧，是工程技术人员必备的基本能力。

12.1 仪器绘图

12.1.1 绘图工具和仪器

　　正确地使用绘图工具和仪器，对保证绘图质量和提高绘图速度起着重要的作用。经常进行绘图实践，不断总结经验，才能逐步提高绘图技能。

　　常用的绘图工具和仪器有铅笔、图板、丁字尺、三角板、圆规、分规、比例尺和曲线板等。

1. 铅笔

绘图时要使用"绘图铅笔"，并建议准备以下几种铅笔：HB 或 B 用于绘制粗实线、虚线及细线；H 用于书写汉字、字母、数字及画箭头等；2H 用于绘制图样底稿。

图 12-1a 所示的**锥形铅芯用于绘制图样底稿，书写汉字、字母、数字及画箭头等**。

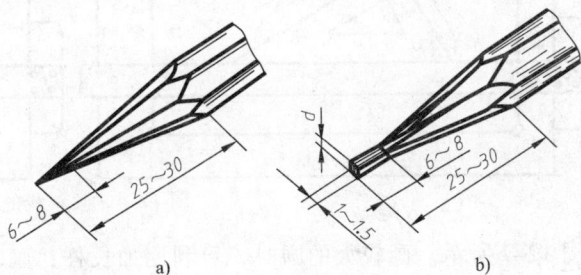

图 12-1b 所示的**矩形铅芯用于绘制图样中粗实线及各种细线**。至少准备两支铅笔，一支画粗实线，其宽度 d 为 0.7mm 或 1mm；另一支画细线，其宽度为 $d/2$。

图 12-1 铅笔削法

2. 图板、丁字尺和三角板

绘制图样时，图板、丁字尺和三角板必须配合使用。

（1）图板 图板的两个侧面是丁字尺的导轨面，必须平直光滑。图纸用透明胶带纸固定在图板的适当位置上，如图 12-2 所示。

（2）丁字尺和三角板 丁字尺用于绘制**水平线**。画线时左手握尺头并使其始终靠紧图板的左侧导轨面上下移动，自左向右画，如图 12-2 所示。三角板分 45°和 30°、60°两种，**三角板与丁字尺配合用于画垂直线和 15°角整数倍的倾斜线**，如图 12-3 和图 12-4 所示。

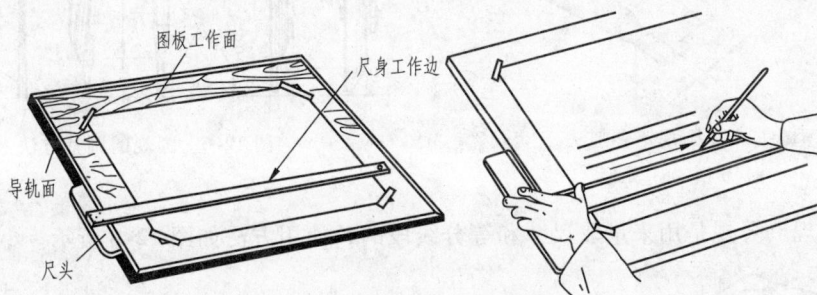

图 12-2 图板、丁字尺及使用方法

3. 圆规与分规

（1）圆规 圆规用于画圆及圆弧。画图以前必须做好准备工作。

1）削好圆规上的铅芯。铅芯应准备两种，如图 12-5 所示。图 12-5a 所示铅芯用于绘制底稿，图 12-5b 所示铅芯用于加深，铅芯的宽度与绘制同类直线的铅笔的铅芯宽度保持一致。

2）调整好圆规上针尖的高度。**针尖应调整得比铅芯略长一些**，正确的调整方法如图 12-6 所示。

绘制圆和圆弧时，圆规的钢针和铅芯应与图面垂直，

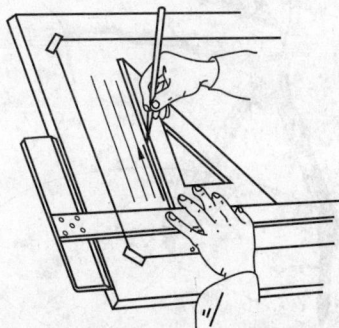

图 12-3 垂直线的画法

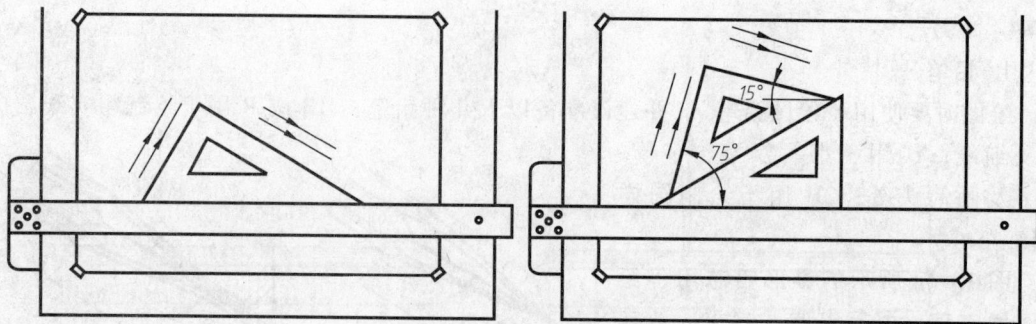

图 12-4　倾斜线的画法

如图 12-7 所示。画较大的圆时，可利用加长杆；画较小的圆时，可利用弹簧规或点圆规。

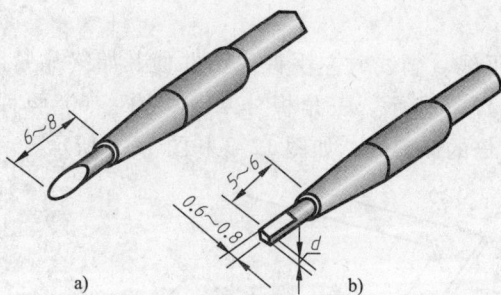

图 12-5　圆规铅芯削法

a）铲形　b）矩形

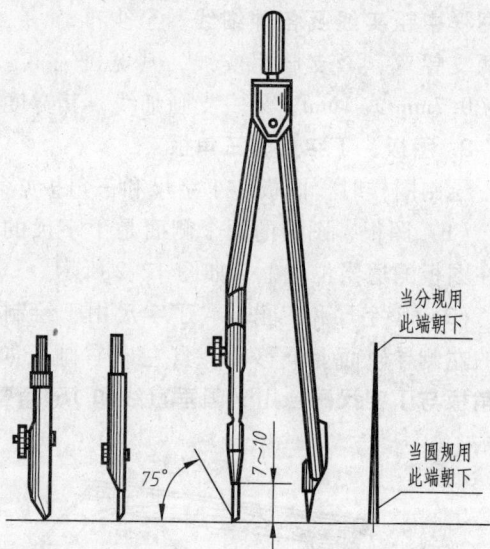

图 12-6　圆规的调整方法

（2）分规　分规是用来量取尺寸和等分线段的，使用方法如图 12-8 所示。

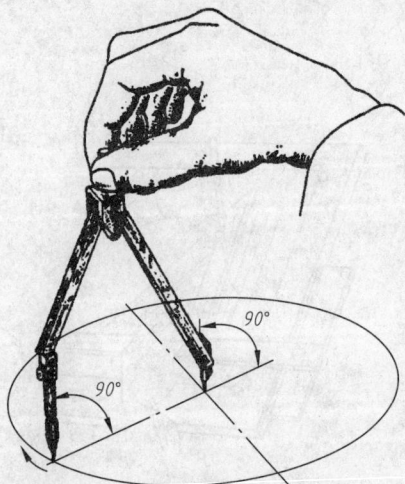

图 12-7　圆规的正确使用方法

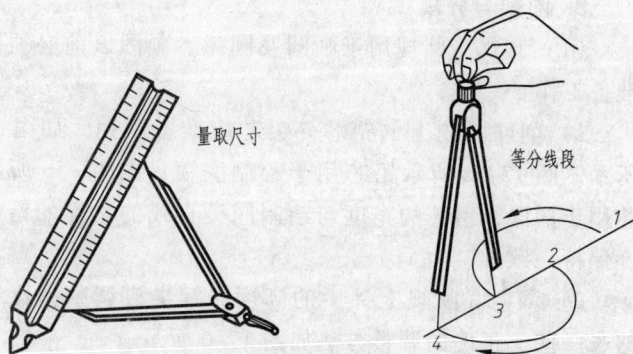

图 12-8　分规的使用方法

4. 比例尺

比例尺有三棱式和平板式两种，用于量取不同比例的尺寸。三棱式比例尺如图 12-9 所示。

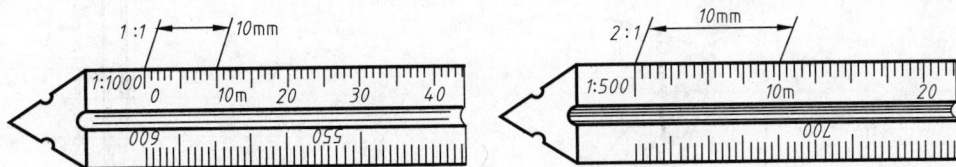

图 12-9　三棱式比例尺

有了比例尺，在画不同比例的图形时，从尺上可直接得出某一尺寸应画的大小而不必进行计算。

5. 曲线板

曲线板是用于描绘非圆曲线的工具。曲线的描绘方法如图 12-10 所示。

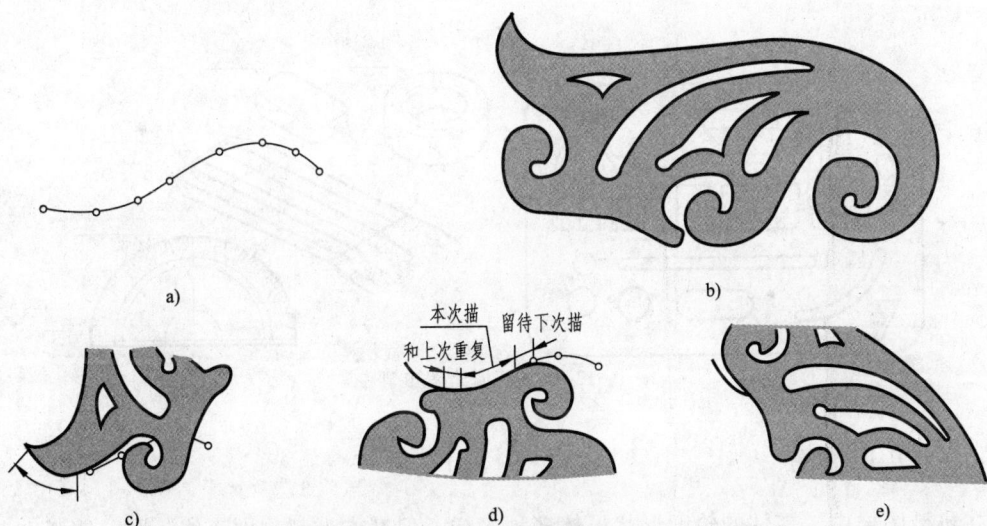

图 12-10　曲线的描绘方法

a) 把已求出的各点徒手轻轻勾描出来　b) 根据曲线的曲率变化，选择曲线板上合适部分
c) 每段吻合的点至少要四个点　d) 前一段重复上次所描，中间一段是本次描，后一段留
待下次描，吻合的点较多，可描得长些　e) 最后各点吻合时，可一次描完

6. 直线笔

直线笔又称为鸭嘴笔，是上墨描图时的画线工具。墨线的宽度由直线笔上两钢片间的距离来确定。先由调节螺钉调节好宽度，然后注入墨水，描线时应使两钢片同时接触纸面，并尽可能一次描完一条线段，避免中途加墨。描图时直线笔靠近尺边，在与纸面垂直的平面内，沿画线方向倾斜20°左右，如图 12-11 所示。

7. 其他绘图工具

绘图还应准备图 12-12 所示的一些其他绘图工具。

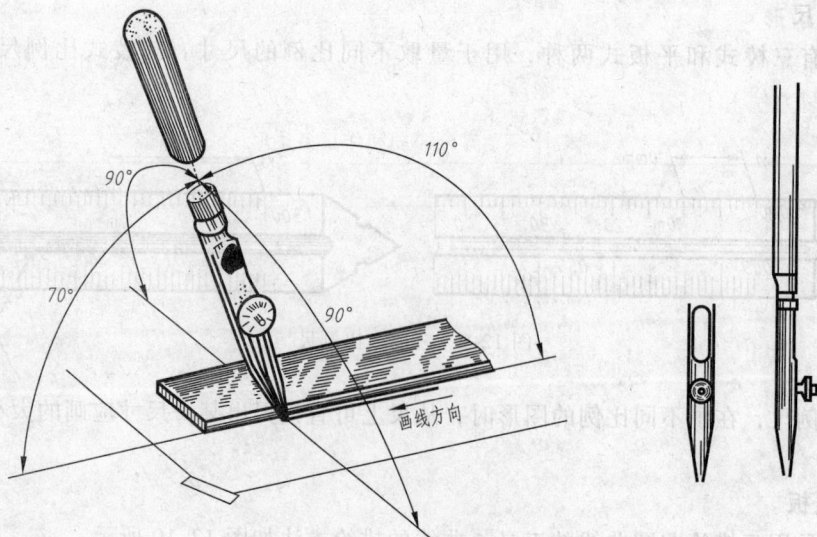

图 12-11　直线笔

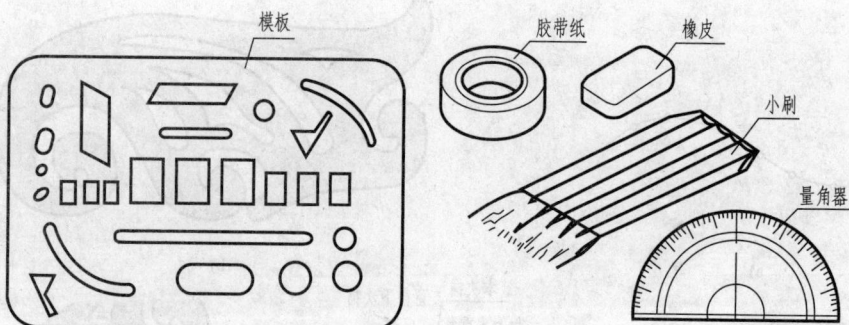

图 12-12　其他绘图工具

12.1.2　几何作图

在机械图样中，零件的轮廓形状虽然多种多样，但基本上都是由直线、圆、圆弧和其他曲线组成的几何图形。因此，必须掌握常用的几何作图方法。

1. 等分直线段

若将已知线段 AB 进行五等分，如图 12-13 所示，作图方法如下：

1）过端点 A 作任一辅助直线 AC，用分规在 AC 上进行五等分，得 1、2、3、4、5 各点，如图 12-13a 所示。

2）连接 $5B$，并过 1、2、3、4 点作 $5B$ 的平行线分别与 AB 相交于 $1'$、$2'$、$3'$、$4'$ 点，即为所求的线段 AB 的等分点，如图 12-13b 所示。

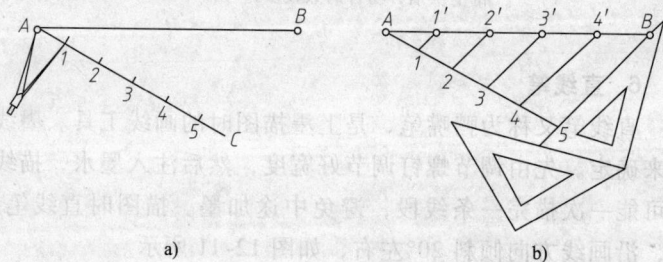

a)

b)

图 12-13　等分已知线段

a）进行五等分　b）画等分线

2. 正多边形

图样中常见各种正多边形。表 12-1 介绍了正五边形、正六边形和以正七边形为例的正 N 边形的作图方法和步骤。

表 12-1 等分圆周和作正多边形

项 目	方法和步骤	图 示
六等分圆周和作正六边形	1) 圆规等分法。以已知圆的直径的两端点 A、B 为圆心,以已知圆的半径 R 为半径画弧与圆周相交,即得等分点,依次连接,即得正六边形	
	2) $30°\sim60°$ 三角板与丁字尺配合作内接或外切圆的正六边形	
五等分圆周和作正五边形	平分半径 OB 得点 O_1,以 O_1 为圆心,O_1D 为半径画弧,交 OA 于 E,以 DE 为弦在圆周上依次截取即得五个等分点,依次连接可得正五边形	
任意等分圆周及作正多边形	1) 工具等分法。将直径 AB 分成与所求正多边形边数相同的等份,以 B 为圆心,AB 为半径画弧,与直径 CD 的延长线相交于 M、N 两点,自 M 或 N 引起系列直线与 AB 上单数(或双数)等分点相连并延长交圆周于 E、F、G 等,即为圆周等分点,依次连接可得正多边形 2) 等分系数法。计算公式为 $a_n = KD$ 式中 a_n——正 n 边形的边长 D——正 n 边形外接圆直径 K——等分系数,$K = \sin\dfrac{\pi}{n}$	

3. 斜度和锥度

(1)斜度 **斜度是指一直线或平面对另一直线或平面的倾斜程度**,其大小用两直线或两平面间夹角的正切来表示,并且以 1 : n 的形式在图中标注,如图 12-14 所示。

$$斜度 = \tan\alpha = BC : AB$$

求作图 12-15a 所示斜楔的方法如下:

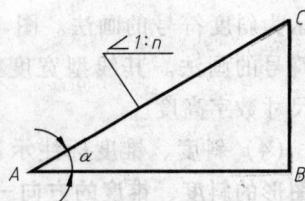

图 12-14 斜度

1）作 $OB \perp OA$，在 OA 上任取 10 个单位长度于 E 点，在 OB 上取 1 个单位长度于 F 点，连接 EF 即为 1：10 的斜度，如图 12-15b 所示。

2）按尺寸定出 D 点，过 D 点作线平行于 EF，即完成斜楔作图，如图 12-15c 所示。

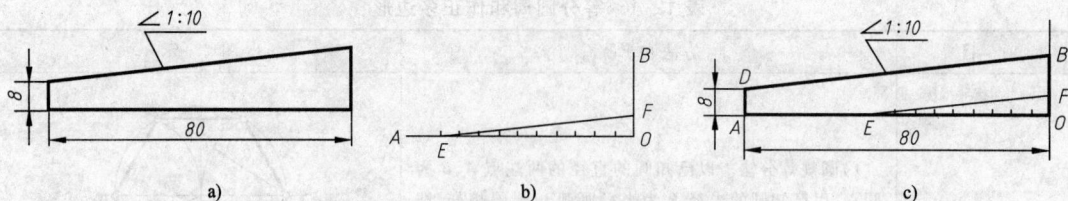

图 12-15　斜楔的作图

a）已知条件　b）作 1：10 斜线　c）完成作图

（2）锥度　锥度是指正圆锥的底圆直径与圆锥高度之比，如果是圆台，则为底圆直径与顶圆直径之差与高度之比，如图 12-16 所示。

$$锥度 = D/L = (D-d)/l = 2\tan\alpha$$

通常，锥度也以 1：n 的形式在图中标注，如图 12-17a 所示。

求作图 12-17a 所示图形的方法如下：

1）由点 O 开始任取 5 个单位长度得点 C，在左端取直径为 1 个单位长度得点 B，连接 BC，即得锥度为 1：5 的圆锥，如图 12-17b 所示。

2）按尺寸定出点 A，过点 A 作线平行于 CB 线，即完成锥度的作图，如图 12-17c 所示。

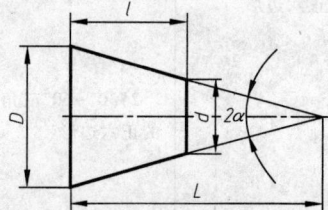

图 12-16　锥度

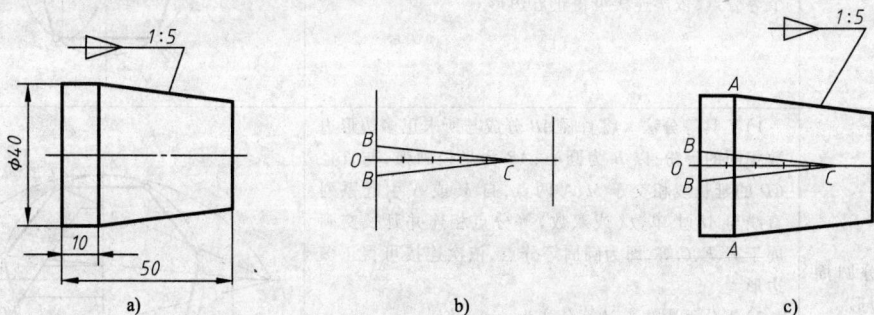

图 12-17　锥度的作图

a）已知条件　b）作 1：5 锥度斜线　c）完成作图

（3）斜度、锥度符号的画法　图 12-18a 所示为斜度符号的画法。图 12-18b 所示为锥度符号的画法。其线型宽度按 $h/10$ 绘制，h 为尺寸数字高度。

（4）斜度、锥度标注示例　符号标注应与图形的斜度、锥度的方向一致，如图 12-19 所示。

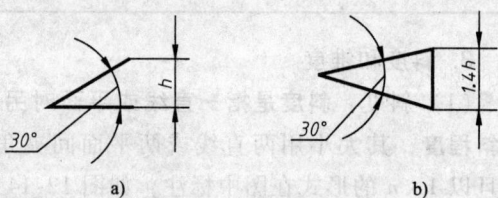

图 12-18　符号的规定画法

a）斜度符号　b）锥度符号

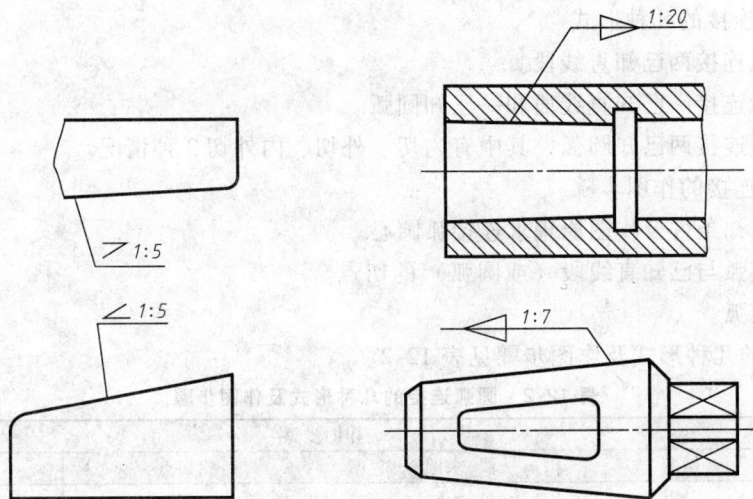

图 12-19 斜度、锥度标注示例

4. 圆弧连接

绘制图样时，经常遇到由一条线（直线或圆弧）光滑地过渡到另一条线的情况，此光滑过渡就是几何元素间的光滑连接，也就是平面几何中的相切作图问题，切点就是连接点。制图中常见的是用已知半径的圆弧连接两已知线段。这个起连接作用的圆弧称为连接弧。如图 12-20 所示，尺寸为 R8 圆弧为连接弧，它将尺寸为 $\phi 30$ 圆弧及水平方向的直线光滑地连接起来。

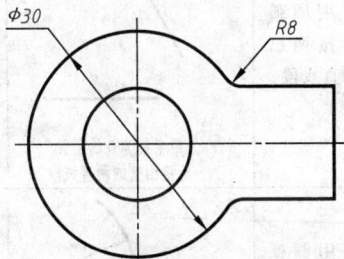

图 12-20 垫片

圆弧连接的作图质量，关键在于准确地找出连接弧的**圆心和连接点**（切点）。

（1）圆弧连接的作图原理

1）与已知直线相切半径为 R 的圆弧，其圆心轨迹是**与已知直线平行，且距离为 R 的直线**，切点是由圆心向已知直线所作垂线的垂足，如图 12-21a 所示。

2）与已知圆弧（圆心 O_1、半径 R_1）相切半径为 R 的圆弧，其圆心轨迹为**已知圆弧的同心圆**。该圆的半径 R_0 需要根据相切情况而定。而切点为两圆弧的圆心连线 O_1O 与已知圆弧的交点。

两圆弧外切如图 12-21b 所示，$R_0 = R_1 + R$。

两圆弧内切如图 12-21c 所示，$R_0 = |R_1 - R|$。

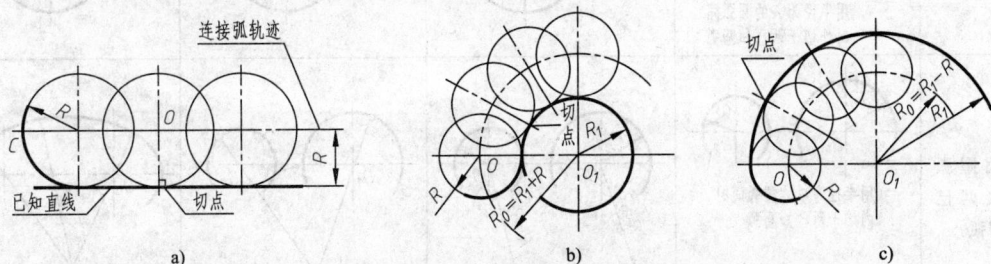

图 12-21 圆弧连接的作图原理

a）与已知直线相切 b）两圆弧外切 c）两圆弧内切

（2）圆弧连接的几种形式

1）用圆弧连接两已知直线段。

2）用圆弧连接一已知直线段和一已知圆弧。

3）用圆弧连接两已知圆弧，其中有内切、外切、内外切 3 种情况。

（3）圆弧连接的作图步骤

1）根据已知条件及作图原理求连接弧圆心。

2）求连接弧与已知直线段（或圆弧）的切点。

3）画连接弧。

圆弧连接的几种形式及作图步骤见表 12-2。

表 12-2　圆弧连接的几种形式及作图步骤

连接形式	作图步骤			
	例题	求圆心	找切点	画圆弧
用圆弧连接两已知直线段	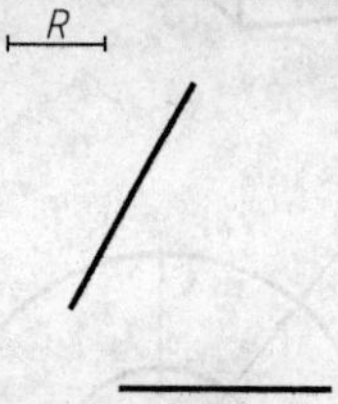 用半径为 R 的圆弧连接相交的两直线段	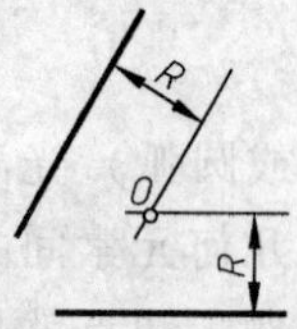	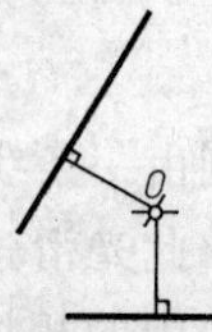	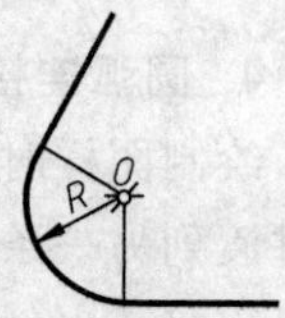
用圆弧连接一已知直线段和一已知圆弧	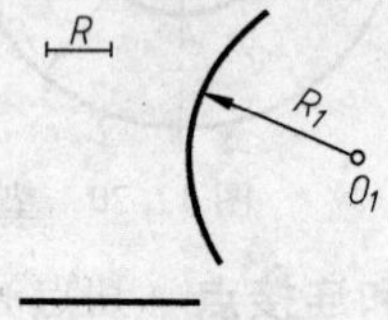 用半径为 R 的圆弧连接直线段和圆弧	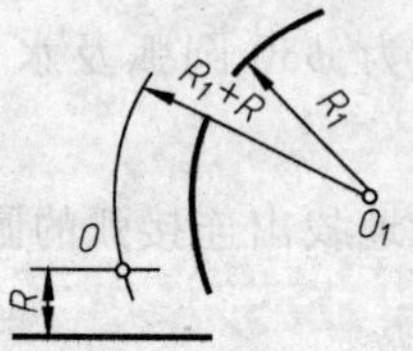	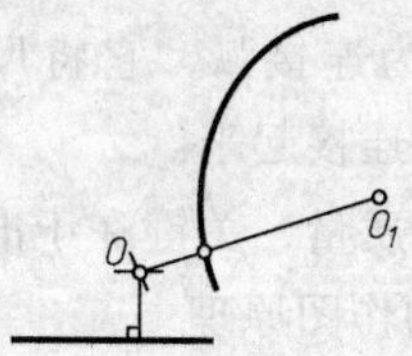	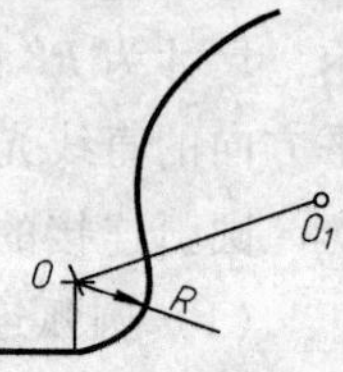
用圆弧连接两已知圆弧	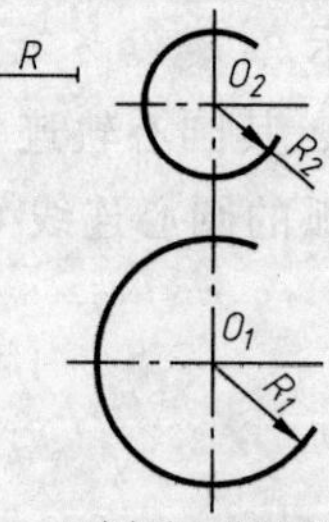 用半径为 R 的圆弧同时外切于两已知圆弧	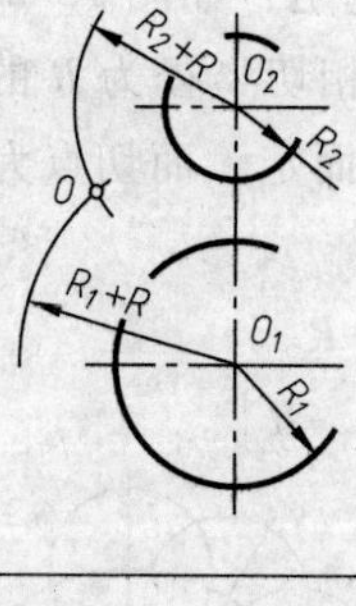	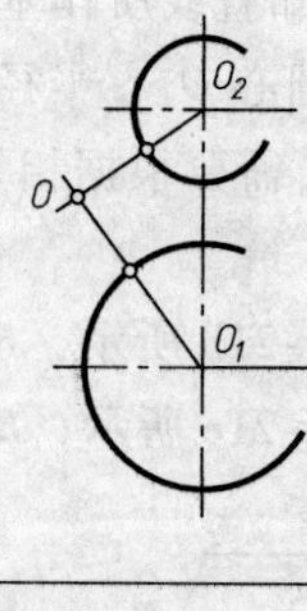	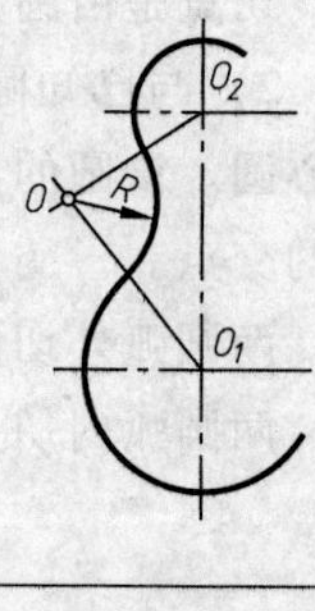
用圆弧连接两已知圆弧	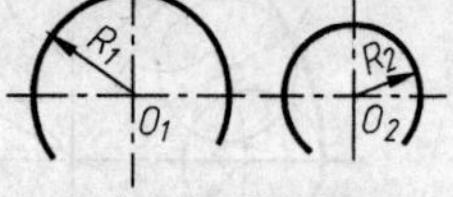 用半径为 R 的圆弧同时内切于两已知圆弧 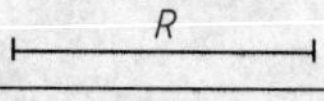	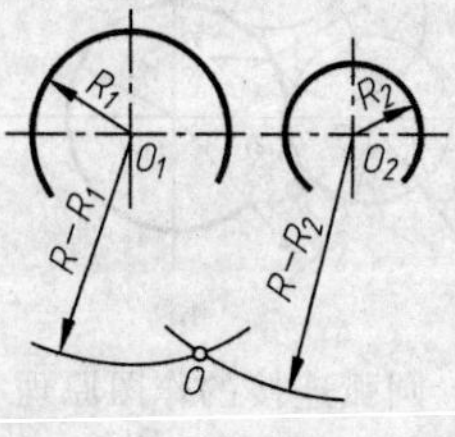	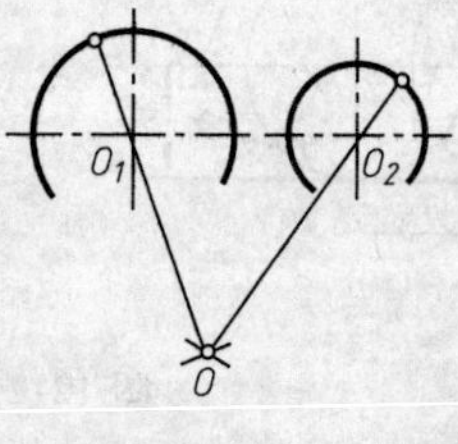	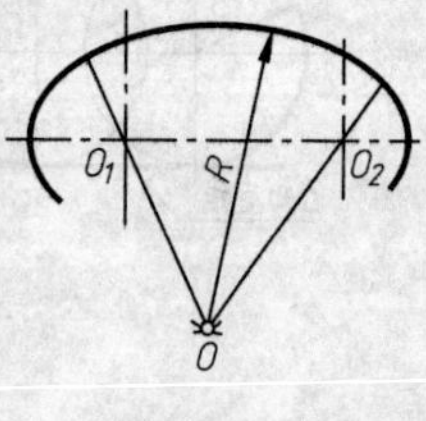

（续）

连接形式	作图步骤			
	例题	求圆心	找切点	画圆弧
用圆弧连接两已知圆弧	用半径为R的圆弧内切于一已知圆弧并外切于另一已知圆弧			

5. 椭圆的画法

椭圆是最常见的非圆平面曲线，这里介绍以下两种常用画法：

1）同心圆法画椭圆，如图 12-22 所示。

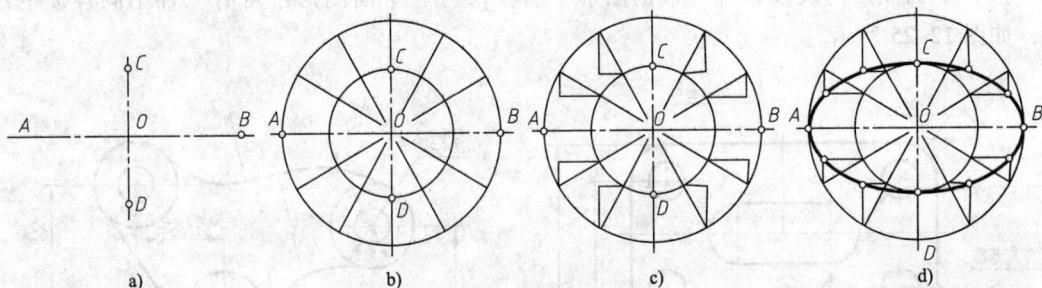

图 12-22 同心圆法画椭圆

a）已知椭圆的长轴 AB 及短轴 CD　b）以中心 O 为圆心，OA 及 OC 为直径作同心圆，再过中心 O 作一系列直径与两同心圆相交

c）过大圆上的各交点作 CD 的平行线，过小圆上的各交点作 AB 的平行线，它们的交点即为椭圆上的点

d）用曲线板光滑地连接各点，即可画出椭圆

2）四心圆法画椭圆，如图 12-23 所示。

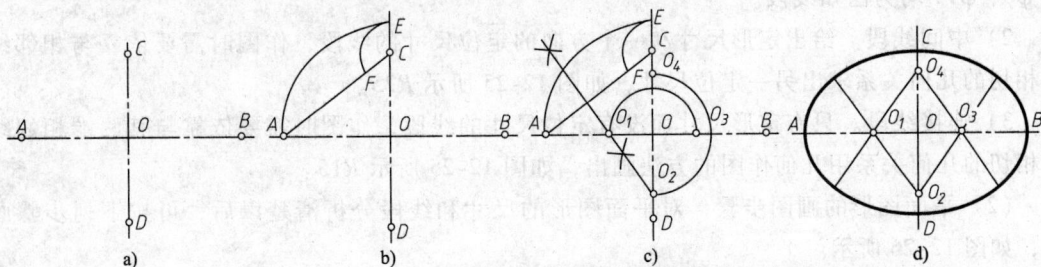

图 12-23 四心圆法画椭圆

a）已知椭圆的长轴 AB 及短轴 CD　b）以 O 为圆心，OA 为半径圆弧交短轴于点 E，再以 C 为圆心，CE 为半径画弧交 AC 于点 F

c）作线段 AF 的垂直平分线，与长短轴分别相交于 O_1 和 O_2，再取 O_1、O_2 的对称点 O_3 和 O_4

d）连接圆弧分段线 O_1O_2、O_2O_3、O_3O_4、O_1O_4，分别以 O_1、O_3、O_2、O_4 为圆心，

以 O_1A 和 O_2C 之长为半径画圆弧，即得近似椭圆

12.1.3 平面图形的画法

平面图形一般是由一些线段连接成的一个或多个封闭线框所构成。绘图时需要对图中的尺寸及图线连接方式进行分析，才能确定出正确的画图步骤。

1. 平面图形的尺寸分析

（1）尺寸基准　标注尺寸的起点称为尺寸基准。平面图形中有长和高两个方向，每个方向至少要有一个基准。一般常用平面图形的对称中心线、较大圆的中心线或图形的主要轮廓线作为尺寸基准，如图 12-24 所示。

（2）定形尺寸　确定平面图形上几何要素形状大小的尺寸，如线段的长度、圆弧的直径或半径及角度的大小等，如图 12-24 所示尺寸 $\phi6$、$R6$、50 等。

（3）定位尺寸　确定平面图形上几何要素位置的尺寸，如圆心的位置、直线的位置等，如图 12-24 所示尺寸 38、18 等。

有时一个尺寸可以兼有定形和定位两种作用。

2. 平面图形的画法

（1）平面图形的线段分析　根据图形中所注尺寸，平面图形中可有三种不同性质的线段，如图 12-25 所示。

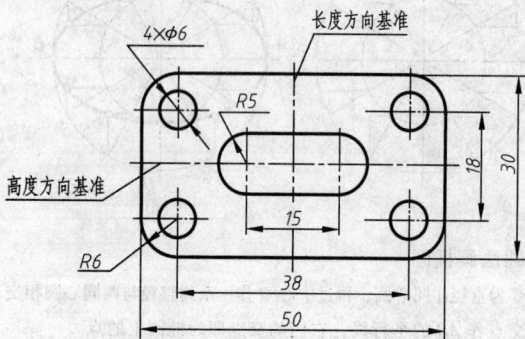

图 12-24　平面图形的尺寸分析　　　　图 12-25　平面图形的线段分析

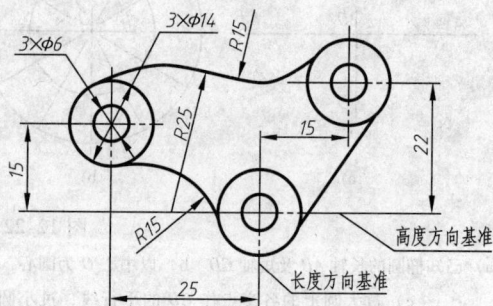

1）已知线段。给出定形尺寸和齐全的定位尺寸，可以直接画出的线段，如图 12-25 所示 $\phi6$、$\phi14$ 均为已知线段。

2）中间线段。给出定形尺寸和一个方向的定位尺寸的线段，作图时需要依靠与相邻线段相切的几何关系求出另一定位尺寸，如图 12-25 所示 $R25$。

3）连接线段。只有定形尺寸而没有定位尺寸的线段，作图时需要依靠与其两端相邻线段相切的几何关系用几何作图的方法画出，如图 12-25 所示 $R15$。

（2）平面图形的画图步骤　对平面图形的尺寸和线段分析清楚以后，可按下列步骤画图，如图 12-26 所示。

1）画作图基准线。确定出所画图形在图纸中的恰当位置，并画出图形的主要位置线或图形的主要轮廓线。

2）画各已知线段。

3）画中间线段。

4）画连接线段。

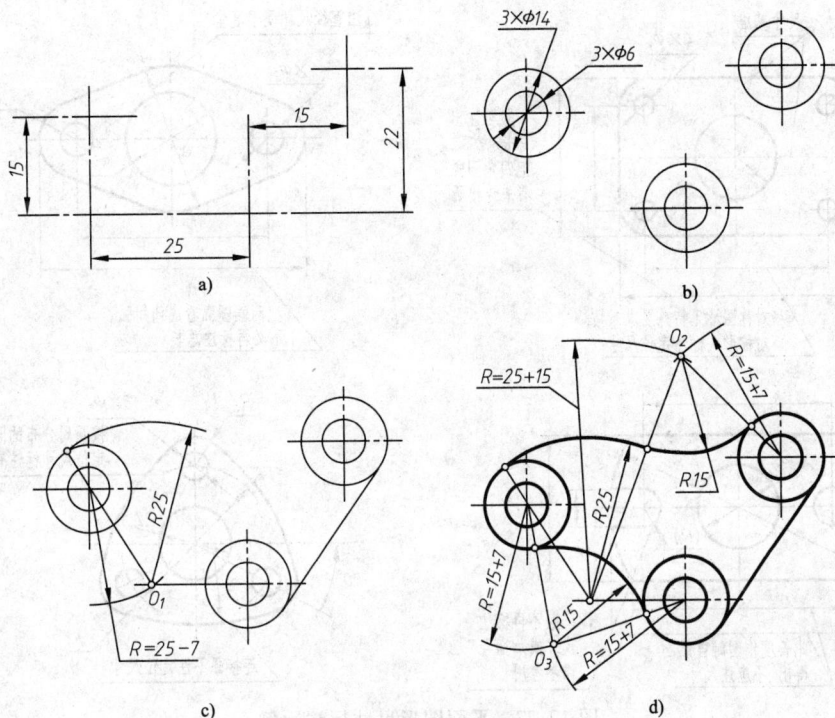

图 12-26 画图步骤

5）检查全图，加深图线。

6）标注尺寸。

3. 平面图形的尺寸标注

图形与尺寸的关系极为密切，能不能正确画出图形，要看图样中所注尺寸是否齐全。标注平面图形的尺寸时，应遵守国家标准中的有关规定，注出平面图形的全部定形尺寸和必要的定位尺寸，如图 12-27 所示。

（1）标注尺寸的方法和步骤

1）分析图形结构，确定尺寸基准。较复杂的图形在一个方向上可能有多个基准，应确定一个为主要基准，其他为辅助基准。

2）标注各部分的定形尺寸和定位尺寸。

（2）标注尺寸的要求　尺寸标注要做到正确、完整、清晰。

1）正确——要按照国家标准中有关规定进行标注。

2）完整——尺寸要标注齐全，既不能遗漏，也不要多余，必须唯一地确定图形上各部分结构的形状大小及位置。

3）清晰——为了方便看图，一般将尺寸安排在明显处。相平行的几个尺寸将小尺寸安排在里（靠近图形），大尺寸安排在外，避免尺寸线与尺寸界线相交。尺寸布局要合理整齐。

12.1.4　仪器绘图的方法和步骤

仪器图对图线、字体及图面质量等要求都很高。为了保证图样的质量和绘图速度，除了

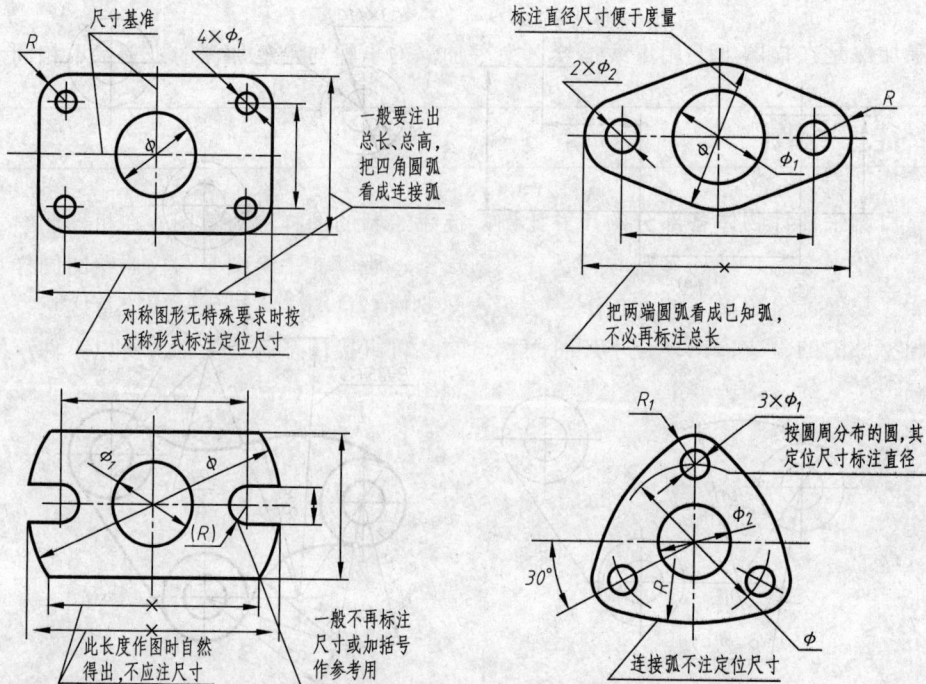

图 12-27　平面图形尺寸标注示例

正确地使用绘图工具外，还必须掌握正确的绘图程序和方法。

（1）做好绘图前的准备工作　备齐绘图工具，削、磨好铅笔和圆规上的铅芯。然后将绘图工具三角板、丁字尺等洗净擦干。绘图位置要选好，使光线由左前方射入。绘图工具要摆放得适当。

（2）布置图纸　根据图形的大小及复杂程度选定作图比例、确定图纸幅面的大小。固定好图纸以后，先轻轻画出图框线和标题栏，再考虑将图形布置在图面的适当位置，使图形在图框中显得匀称，并要注意留出标注尺寸的位置。

（3）绘制底稿　绘制底稿要用较硬的（如2H）磨尖了的铅笔轻轻地画。要由图形的对称中心线、主要位置线和主要轮廓线开始画。底稿画好后，要认真检查校核，擦去多余的图线。

（4）铅笔加深或上墨加深　加深时应先加深图形，并应尽量将同一类型、同样粗细的图线一起加深。为提高图面质量，加深图形的总原则是：先图形后图框，先粗线后细线，先圆弧后直线。并建议按如下步骤进行：

1）加深粗线圆或圆弧。

2）由上向下依次加深水平粗实线。

3）由左向右依次加深垂直粗实线。

4）由左上方开始依次加深粗斜线。

5）按上述顺序加深细实线、点画线、虚线。

6）注写尺寸数字及其他文字说明。

7）填写标题栏、加深图框。

8）检查全图并做修饰，最后裁好图纸。

上墨加深是在描图纸上用墨线描绘。上墨加深的步骤与铅笔加深的步骤基本相同。

12.2 徒手绘图

依靠目测来估计物体各部分的尺寸比例、徒手绘制的图样称为草图。在机器测绘、讨论设计方案、技术交流、现场参观时，都要绘制草图，所以徒手绘图是与仪器绘图同样重要的绘图技能。在保证绘图质量的前提下，绘图速度要快。草图之称决无马虎潦草之意，零件草图是绘制零件图的重要依据，在生产时间紧迫时还可直接用来制造零件，所以零件草图必须具备零件图应有的全部内容。零件草图要求做到图形正确、比例适当、表达清晰、尺寸完整和合理、图面整洁、字体工整、线型分明，并注写技术要求等有关内容。

12.2.1 徒手绘图的方法

徒手绘图一般可选 HB 和 H 的铅笔，在带有浅色方格的纸上进行，尽量使图形中的直线与分格线重合，这样不但容易画好图线，而且便于控制图形的大小和图形间的相互关系。**绘图时小指轻触纸面**，为了顺手还可随时将图纸转动适当的角度。图形中最常用的图线画法如下：

1. 直线的画法

画直线时，铅笔在起点，眼睛要注意线段的终点，以保证直线画得平直，方向准确。

画 30°、45°、60°等特殊角度的斜线时，按直角边的近似比例定出端点，再连成直线，如图 12-28 所示。

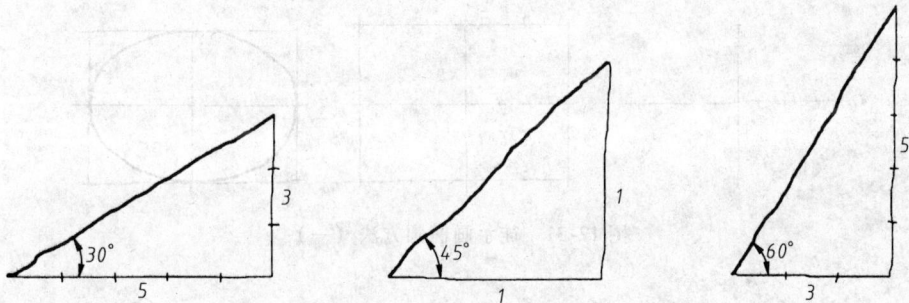

图 12-28 特殊角度直线的画法

2. 圆的画法

画小圆时，先按半径大小在中心线上截取四点，然后分四段逐步连成圆，如图 12-29a 所示。画大圆时，还可通过圆心画两条与水平线成 45°的直线，共取八个点，分八段画出，如图 12-29b。也可利用转动图纸的方法，用小拇指指尖抵住圆心，作为支点，沿同一方向转动图纸，完成画圆，如图 12-30 所示。

3. 椭圆的画法

徒手画椭圆的方法如图 12-31 和图 12-32 所示，尽量利用其与矩形或菱形相切的特性。

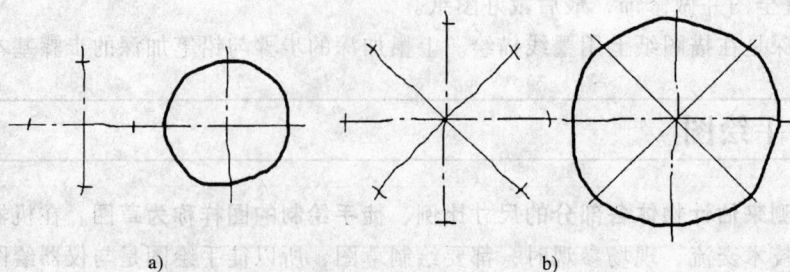

图 12-29　徒手画圆方法（一）

a）小圆画法　b）大圆画法

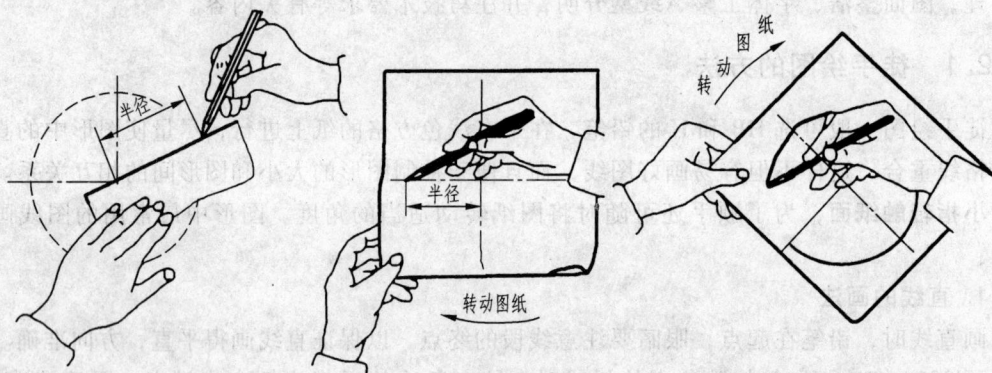

图 12-30　徒手画圆方法（二）

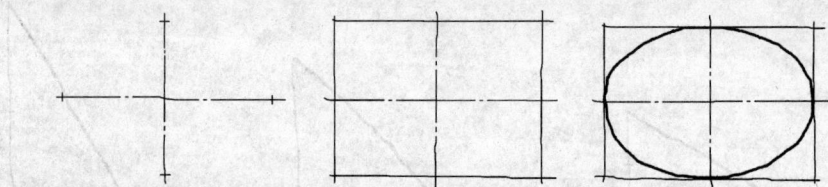

图 12-31　徒手画椭圆方法（一）

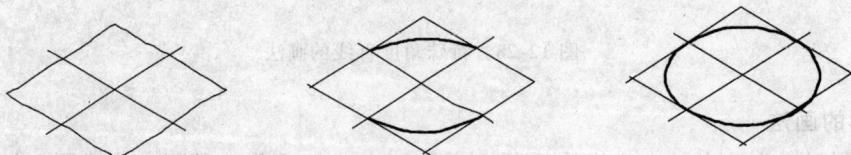

图 12-32　徒手画椭圆方法（二）

12.2.2　徒手绘图的步骤

在掌握徒手绘图的基本方法和技巧的基础上，具体绘图步骤如下：

1）在图纸上定出各视图的位置。画出各视图的基准线、中心线。布置各视图的位置时，要考虑到各视图间应留有标注尺寸的地方，留出右下角标题栏的位置。

2）以目测比例详细地画出零件的内部和外部的结构形状。

3）选定尺寸基准，画出全部的尺寸界线、尺寸线和箭头。注出零件各表面结构符号。经仔细校核后，将全部轮廓线描深，画出剖面线。熟练时，也可一次画好。

4）填写尺寸数字、技术要求、标题栏等。

12.3 计算机绘图基础

CAD（Computer Aided Design）的含义是计算机辅助设计，是计算机技术的一个重要应用领域，是二维及三维设计的工具，工程技术人员可以用它进行绘制、管理工程图，建立三维模型，打印输出图样，进行二次开发等。目前国内外的 CAD 软件很多，如 AutoCAD、Pro/E、CAXA、UG、SolidWorks、CATIA 等都各有特色，得到广泛应用。本章将以 Auto-CAD2014 为例，介绍 CAD 的基本概念、基本绘图方法和三维建模的基本知识。

12.3.1 AutoCAD 工作环境

1. AutoCAD 界面

AutoCAD 用户界面如图 12-33 所示，由标题栏、菜单栏、选项组、状态行和命令及提示文本窗口等几部分组成，中间为绘图区。

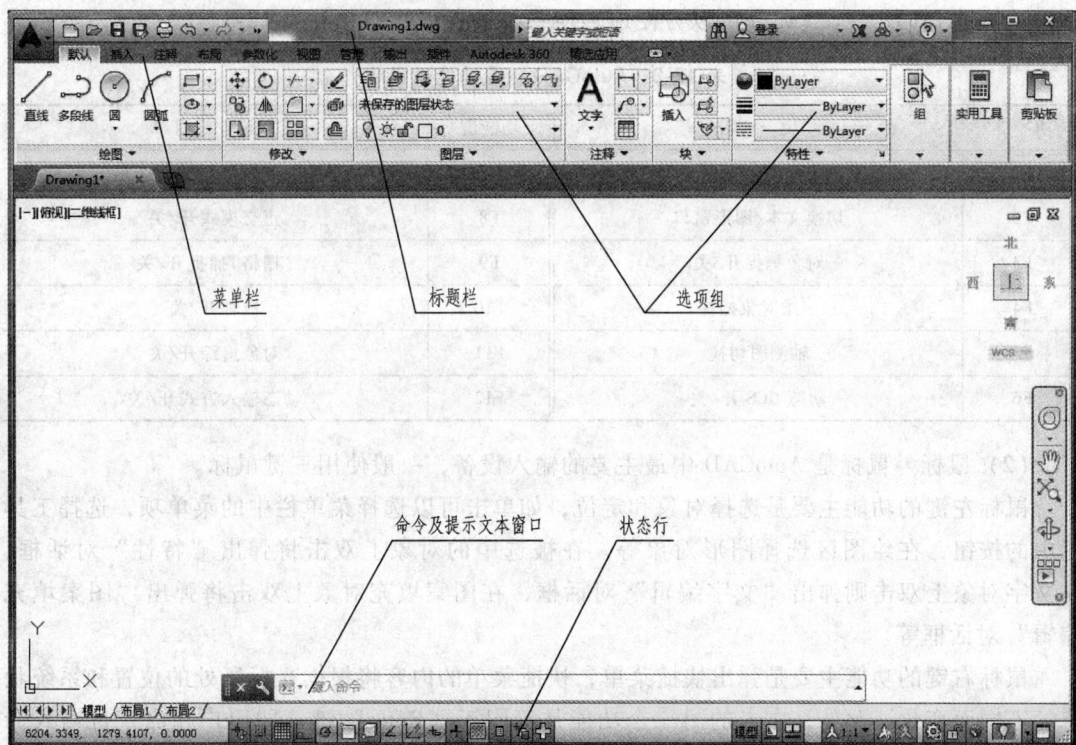

图 12-33 AutoCAD 用户界面

（1）标题栏 同其他标准的 Windows 应用程序界面一样，标题栏包括控制按钮以及窗口的最大化、最小化和关闭按钮，并显示应用程序名和当前图形的名称。

（2）菜单栏　菜单是调用命令的一种方式。菜单栏以级联的层次结构来组织各个菜单项，并以切换的形式逐级显示。

（3）选项组　选项组也是调用命令的一种方式，通过它可以直观、快捷地执行一些常用的命令。将光标放在选项组上，根据停顿时间长短，出现即时帮助信息及详细帮助信息。

（4）状态行　用于显示坐标和一系列的控制按钮，包括"捕捉""栅格""正交""极轴""对象捕捉""对象追踪""线宽"和"模型/图纸"等。

（5）绘图区　中间空白区域为绘图区，它是 AutoCAD 中显示、绘制和编辑图形的主要场所。

在 AutoCAD 中创建新图形文件或打开已有的图形文件时，都会在绘图区显示相应的内容。

（6）命令及提示文本窗口　提供了调用命令的另外一种方式，可用键盘直接输入命令。命令及提示文本窗口还显示 AutoCAD 命令的提示及有关信息。

2．AutoCAD 基本操作

用户在 AutoCAD 系统中工作时，最主要的输入设备是键盘和鼠标，下面介绍如何在 AutoCAD 中使用键盘和鼠标。

（1）键盘　"Enter"键是确认参数输入以及结束命令，也用来重复执行上一命令；在非文本输入状态下，"<Space>"键及鼠标右键有相同功能；"Esc"键用于取消任何一项操作；功能键"F1"～"F12"可以方便地转换系统的各项状态，见表 12-3。

表 12-3　AutoCAD 键盘功能键说明

功能键	说　明	功能键	说　明
F1	AutoCAD 在线帮助	F7	栅格开/关
F2	切换文本/图形窗口	F8	正交模式开/关
F3	对象捕捉开/关	F9	（栅格）捕捉开/关
F4	三维对象捕捉	F10	极轴开/关
F5	轴测图切换	F11	对象追踪开/关
F6	动态 UCS 开/关	F12	动态输入方式开/关

（2）鼠标　鼠标是 AutoCAD 中最主要的输入设备，一般使用三键鼠标。

鼠标左键的功能主要是选择对象和定位，如单击可以选择菜单栏中的菜单项，选择工具栏中的按钮，在绘图区选择图形对象等。在被选中的对象上双击将弹出"特性"对话框，在文字对象上双击则弹出"文字编辑"对话框，在图案填充对象上双击将弹出"图案填充编辑"对话框等。

鼠标右键的功能主要是弹出快捷菜单，快捷菜单的内容将根据光标所处的位置和系统状态的不同而变化。此外，右击的另一个功能是等同于"Enter"键，即用户在命令行输入命令后可右击确定。

鼠标滚轮主要用于缩放和平移视图。向上滚动滚轮，放大显示当前视口中对象的外观尺寸；向下滚动滚轮，缩小显示当前视口中对象的外观尺寸；按下滚轮时移动鼠标，实时平移当前视口中的视图。

名词解释

拾取：包括拾取命令和拾取对象，拾取命令是选择菜单命令，使命令执行；拾取对象（包括拾取点），是用鼠标左键在绘图区单击，选取对象。

拖动鼠标：按住鼠标左键或者中间滚轮，同时移动鼠标。

12.3.2 AutoCAD 常用命令

AutoCAD 常用命令包括图层设置和常用几何绘图命令等，如直线、构造线、正多边形、矩形、圆及圆弧、椭圆及椭圆弧、样条曲线（波浪线）、图块、填充（剖面线）、文本等。

1. 图层

AutoCAD 中的图层就相当于完全重合在一起的透明纸，用户可以任意选择其中一个图层绘制图形，而不会受到其他层上图形的影响。每个图层都有一个名称，并具有颜色、线型、线宽等各种特性和开、关、冻结等不同的状态。图 12-34 所示为"图层"选项组。

图 12-34 "图层"选项组

键盘输入"LAYER"命令或拾取如图 12-34 所示"图层特性管理器"，即可执行层操作。

在 AutoCAD"图层特性管理器"对话框中（图 12-35），可以新建图层，并设置其属性，如"中心线"层的属性如下。

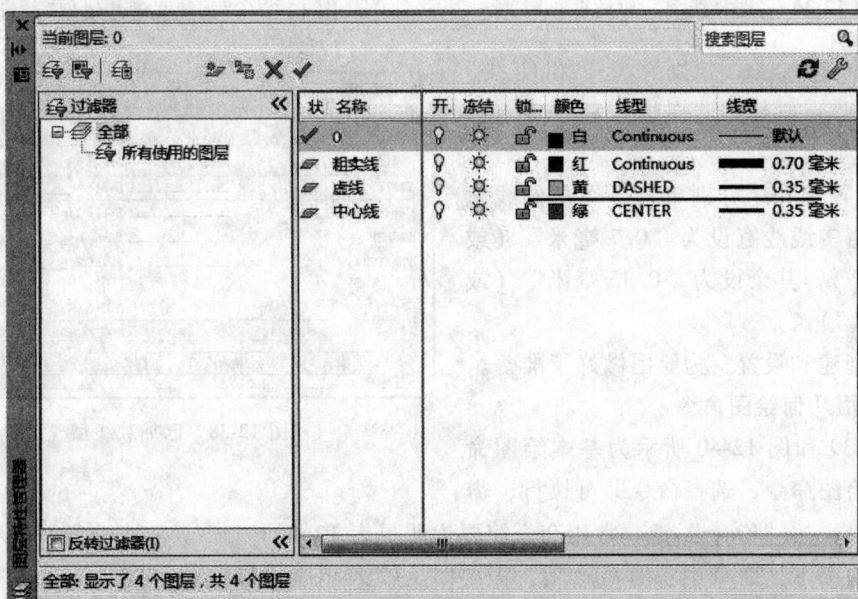

图 12-35 "图层特性"对话框管理器

名称：中心线；颜色：绿色；线型：CENTER（点画线）；线宽：0.35mm。

名称为"0"的层是系统定义的图层，其名称不能修改，只可以修改属性。

（1）创建新图层　根据工程图样的需要，应按如下过程建立图层：

1）打开"图层特性管理器"对话框。

2）单击如图 12-35 所示"创建新图层"按钮，生成名称为"图层 1"的新图层，将名称"图层 1"改为"中心线"。

（2）修改图层属性

1）单击颜色属性，将"白色"修改成需要的颜色。

2）单击线型"Continuous"，弹出如图 12-36 所示对话框，选择已加载的线型。在没有加载线型之前，系统中只有一种"Continuous"，它是连续线，所以必须加载所需线型。

3）单击如图 12-36 所示"加载"按钮，弹出如图 12-37 所示"加载或重载线型"对话框。分别选择"CENTER""DASHED"和"PHANTOM"，然后单击"确定"按钮，即分别加载了"点画线""虚线"和"双点画线"，如图 12-38 所示。双击"CENTER"即可为"中心线"确定线型。

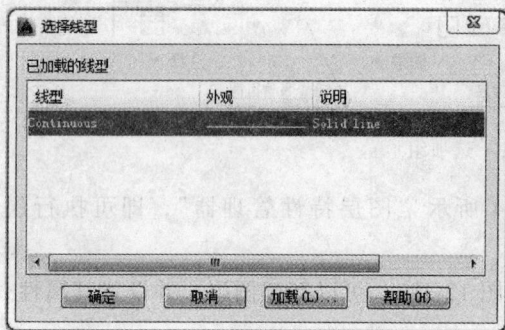

图 12-36　"选择线型"对话框

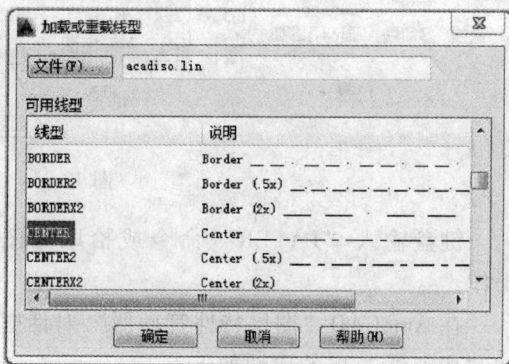

图 12-37　"加载或重载线型"对话框

按照上述方法，分别建立"粗实线""细实线""点画线""虚线"和"双点画线"图层。

4）设置线宽。分别单击各图层的线宽属性，将粗实线线宽设为"0.7 毫米"（或"0.5 毫米"），其余设为"0.35 毫米"（或"0.25 毫米"）。

完成创建和设置，为绘图做好了准备。

2. 常用几何绘图命令

图 12-39 和图 12-40 所示为基本绘图命令和展开绘图命令，选择命令即可执行，需

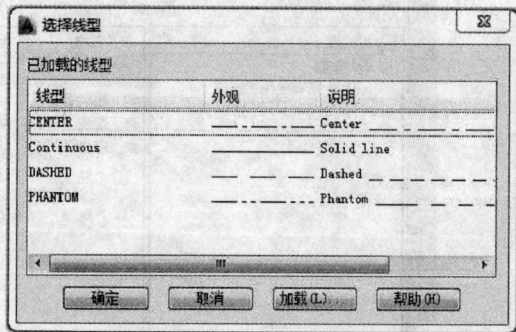

图 12-38　已加载线型

结束命令时，按"Enter"键。常用命令简要说明见表 12-4。

一般情况下，命令中都有可选项，需要时，输入相应字母，然后按"Enter"键确认。下面介绍几个常用命令。

图 12-39 基本绘图命令

（1）直线　画直线有几种方法，下面介绍常用方法：

1）画直线的默认方式是在绘图区任意拾取两个点来确定直线，随意画出连续直线，直至按"Enter"键或"Esc"键结束命令。

2）用鼠标确定直线方向，然后输入直线长度。要画一个边长 150mm 的正方形，过程如下（注：下划线部分为系统提示，括号内为说明，斜体为输入选项或值，以下同）：

选择直线命令"／"。

命令_ line 指定第一点：（在绘图区任意拾取一点）

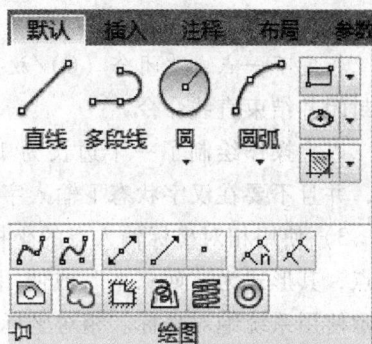

图 12-40 展开绘图命令

表 12-4 常用命令简要说明

图标	命令名	说　明	备注及注意事项
	Line	绘制直线。连续绘制直线,直到命令结束	
	XLine	绘制无限长的直线。用于绘制水平、垂直、角度、偏移等直线	
	Polygon	绘制正多边形,边数从 3 到 1024	
	Rectang	绘制矩形	
	Arc	绘制圆弧。根据已知条件,确定不同的选项,有 11 种常用选项	可使用下拉菜单直接选取
	Circle	绘制圆。根据已知条件,确定不同的选项,有 6 种常用选项	可使用下拉菜单直接选取
	SPline	样条曲线。经过一系列点的光滑曲线,也可以在指定的公差范围内把光滑曲线拟合成一系列的点	在机械图样中,一般用于波浪线
	Ellipse	椭圆及椭圆弧。根据已知条件,确定不同的选项,有 3 种常用选项	椭圆弧是椭圆命令的扩展
	Block	根据选定对象创建块定义	常用于创建符号,如表面结构符号等
	Insert	将图形或命名块插入当前图形中	
	BHatch	用填充图案或渐变填充来填充封闭区域或选定对象	在机械图样中,一般用于画剖面线
	MText	将文字段落创建为单个多线（多行文字）文字对象	用于书写文本

指定下一点或 [放弃 (U)]：<正交 开> *150*（在状态行将"正交"状态打开，强制鼠标在水平或竖直状态，向右水平移动鼠标，在水平拖动线的状态下输入"150"，按"Enter"键）

指定下一点或 [放弃 (U)]：*150*（向上竖直移动鼠标，在竖直拖动线的状态下输入"150"，按"Enter"键）

指定下一点或 [闭合 (C)/放弃 (U)]：*150*（向左水平移动鼠标，在水平拖动线的状态下输入"150"，按"Enter"键）

指定下一点或 [闭合 (C)/放弃 (U)]：*C*（输入字母"C"并按"Enter"键，图形自动封闭并结束直线命令）

以上操作绘制了一个边长为 150mm 的正方形。操作中注意输入后要按"Enter"键确认，并且不要在汉字状态下输入字母或数字。

3）使用相对坐标输入点的坐标值。相对坐标就是用前一个点的坐标作为下一点的坐标原点，其形式为"@x，y"或使用极坐标"@长度<角度"。如果不使用"@"关键字，则表示使用系统绝对坐标。相对坐标比绝对坐标更方便使用。

如要绘制一个斜边 50mm、角度为 30°的直角三角形，过程如下：

命令_ line 指定第一点：（在绘图区任意拾取一点）

指定下一点或 [放弃 (U)]：*@50<30*（线段长度为 50mm，角度为 30°）

指定下一点或 [放弃 (U)]：*@0，-25*（相对坐标 $x=0$，$y=-25$mm）

指定下一点或 [闭合 (C)/放弃 (U)]：*C*（输入字母"C"并按"Enter"键，图形自动封闭并结束直线命令）

（2）圆　画圆命令"⊙"，一般比较简单，拾取圆心，再给定半径即可。若要输入直径，则必须先输入选择项"D"，然后输入直径。

更多的画圆选项，在下拉菜单里列出，如图 12-41 所示。其中"相切，相切，半径"是画一个已知半径并同时与两个图形对象相切的圆，"相切，相切，相切"是画一个与三个图形对象相切的圆。与之相切的图形对象可以是直线、圆或圆弧。

（3）矩形　任意拾取两个点作为矩形的两个对角点，即可画出矩形。

若要绘制已知尺寸的矩形，可以选取以下方式：

选择矩形命令"▭"。

命令：_ rectan

指定第一个角点或 [倒角 (C)/标高 (E)/圆角 (F)/厚度 (T)/宽度 (W)]：（任意拾取一点，作为矩形的第一个角点）

指定另一个角点或 [面积 (A)/尺寸 (D)/旋转 (R)]：*D*（选择"尺寸"选项"D"）

指定矩形的长度 <420.0000>：*420*（输入长度"420"）

指定矩形的宽度 <297.0000>：*297*（输入宽度"297"）

图 12-41　圆的下拉菜单

指定另一个角点或［面积（A）/尺寸（D）/旋转（R）］：（矩形大小已经确定，单击确定矩形上、下、左、右的方位）

以上操作绘制一个 A3 幅面图纸边框。

（4）正多边形　要画一个正六边形，过程如下：

执行正多边形命令"⬠"。

命令：_ polygon 输入边的数目 <4>：*6*（输入正多边形变数 6）

指定正多边形的中心点或［边（E）］：（拾取点或输入坐标，确定正多边形中心点）

输入选项［内接于圆（I）/外切于圆（C）］<I>：*I*（必须选择内接于圆或外切于圆）

指定圆的半径：*100*（确定内接圆或外切圆的半径并按"Enter"键即可）。

（5）图案填充（剖面线）　在机械图样中，图案填充一般用来画剖面线。选择"图案填充"命令"▨"，弹出如图 12-42 所示图案填充管理器。

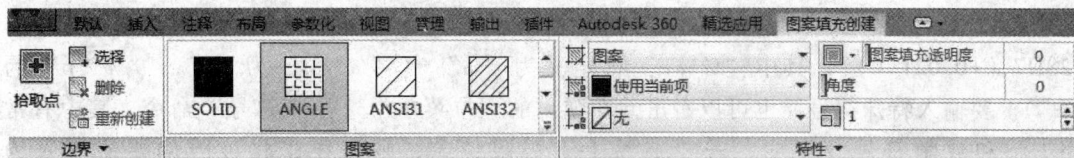

图 12-42　图案填充管理器

要创建剖面线，必须定义图案填充的边界。

选择图案填充的边界的方法是：可以指定对象封闭的区域中的点"➕"，或者选择封闭区域的对象"▨"。一般使用指定对象封闭的区域中的点，这种方法简单易行，但是一定要注意，图形一定要封闭。如果画剖面线失败，一般都是因为图形不封闭造成的。因此，绘图过程一定要使用坐标输入和对象捕捉工具。

如果剖面线填充遇到对象（如文本、属性）或实体填充对象，并且该对象被选为边界集的一部分，则剖面线将填充该对象的四周。

选择填充图案，如果是金属材料，选择"ANSI31"；如果是非金属材料，选择"ANSI37"作为剖面线图案。

选择"边界"，确定剖面线区域，单击"➕"，出现如下提示：

命令：_ hatch

拾取内部点或［选择对象（S）/放弃（U）/设置（T）］：正在选择所有对象…（如图 12-43a 所示，在需要画剖面线的区域内单击）

正在选择所有可见对象…

正在分析所选数据…

正在分析内部孤岛…（经过计算分析，如果区域有效，则以虚化提示，否则出现错误提示）

拾取内部点或［选择对象（S）/放弃（U）/设置（T）］：（继续提示下一处需要画剖面线的区域，如果已经选择完成，则按"Enter"键）

确定区域后，返回到图案填充管理器，确定剖面线的角度和比例（剖面线间距比例），如果角度为 0，剖面线的方向与样例方向（图 12-42）一致，而比例大小根据图形情况而确定，则结果如图 12-43b 所示。

（6）文字 AutoCAD 文字输入分为两种方法，一种是单行文字，使用比较简单，只要给出文字的起始点，确定字高和旋转角度，就可以直接输入文字；另一种是多行文字，它有一个文字编辑器，可以方便地修改字体、字高等属性，方便插入一些工程图样中常见符号，使用方法如下：

选择"默认"选项卡中"A"或"注释"选项组中"多行文字"，系统要求指定一个矩形文字编辑框，通过拾取对角两点确定矩形框的大小。

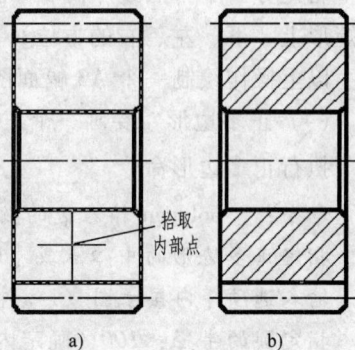

图 12-43　确定剖面线区域

在矩形文字编辑框上方有文字编辑器，用来设置字体、字高等属性，还可以将鼠标放置于编辑框内，右击选择"符号"命令，输入一些特殊符号和字母。如要书写"$\phi 28H7\ (^{+0.021}_{0})$"这样的形式，在矩形文字编辑框里输入"％％c28H7（+0.021^ 0）"，其中"％％c"被定义为"ϕ"（"％％d"为"°"，"％％p"为"±"）。要输入特殊符号，也可以右击并在弹出的下拉菜单中选择"符号"命令，其中有常用工程和数学符号及说明。若要书写上下极限偏差，则需要先将极限偏差值输入为"+0.021^ 0"的形式，再将其选中，如图 12-44 所示，右击，在弹出的快捷菜单中选择"堆叠"命令，编辑器菜单中的"堆叠"命令由不可用的灰色变为可用（图 12-45）。

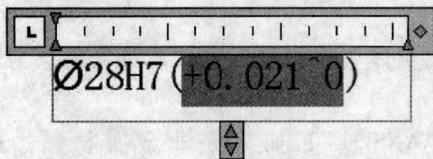

图 12-44　选中极限偏差值

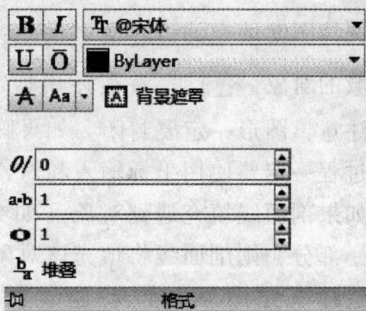

图 12-45　"堆叠"命令

（7）图形缩放 绘图区中显示的图形并不是图形实际大小，它可以根据需要缩小或放大。除了前述使用鼠标滚轮操作以外，还可以用命令方式进行缩放。

图 12-46　缩放命令

AutoCAD "视图"选项卡中包含缩放命令，如图 12-46 所示。

注意"$\overset{Q}{\times}$"右下角的小箭头，这是有子菜单的标记，使用方法是：在此项上单击，子菜单即可弹出，移动鼠标，当光标移至所需要的子菜单项时再单击，相对应的命令立刻执行。

按照上述操作过程，选择图 12-47 所示"$\overset{Q}{\times}$"，可将全部图形对象显示在绘图区内。

若直接键盘输入"Z"（即缩放命令"ZOOM"）并按"Enter"键，再输入字母"E"并按"Enter"键，可得到相同缩放结果。

（8）块定义及应用 机械图样中会经常出现一些符号，而 AutoCAD 不提供这些符号，需要创建，如表面结构符号。下面介绍如何用"块"和"属性"功能，自定义常见的符号。

按照国家标准创建去除材料表面结构符号块，如图 12-48 所示。

选择"创建块"命令，弹出"块定义"对话框，如图 12-49 所示。下面介绍定义方法：

图 12-48 表面结构符号块

图 12-47 缩放子菜单

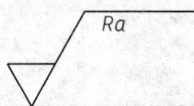

图 12-49 "块定义"对话框

命名：本例以"B1"为名称。

基点：用"拾取点"按钮在屏幕上直接拾取，对话框会暂时关闭，等待确定基点。基点应该是插入块时的基准点，本例应该拾取符号的"尖点"，如图 12-48 所示。确定基点后系统返回对话框。

选取对象：与前述各命令一样，将需要定义为块的对象加入"选择集"。

单击"确定"按钮完成图块的定义。

建立图块以后，可以随时在图样中插入图块。选择"插入块"命令，弹出图 12-50 所示"插入"对话框。在"名称"中选择"B1"（除了自己定义的图块，保存在磁盘中的 AutoCAD 图形文件也可以作为块来插入，可从"浏览"中查找），然后完成对话框其他内容。

"插入点"：与创建块时的"基点"对应，是插入的基准，一般在屏幕上直接拾取。

"比例"：可以对插入的图块指定比例，比例可以 X、Y、Z 三个方向分别指定，也可以是统一比例；可以在对话框内输入比例值，也可以在屏幕上动态拖动确定比例。

"旋转"：除了比例可以改变，图块在插入时还可以给出旋转角度，同样也是直接输入和直接屏幕指定两种方式。

单击"确定"按钮，系统提示选取一个插入点，在图样中插入了一个如图 12-48 所示表面结构符号。

以上插入的表面结构符号还没有表面粗糙度值，若能将表面粗糙度值一起加入图块中，会使绘图过程更方便，使用"属性定义"可以达到此目的，下面加以介绍。

"属性定义"命令一般不在工具栏中，要选择"块"下拉菜单中"属性定义"命令，即弹出"属性定义"对话框（图 12-51）。下面介绍定义的方法：

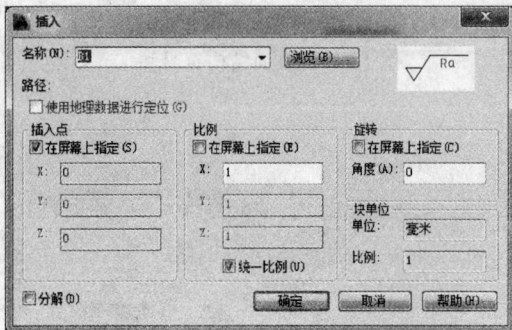

图 12-50 "插入"对话框   图 12-51 "属性定义"对话框

1）在"属性"选项组中"标记"文本框中给出标记名称"B1"。

2）在"属性"选项组中"提示"文本框中输入提示，本例提示为"表面粗糙度值="。

3）在"属性"选项组中"默认"文本框中定义一个初值，本例以常用表面粗糙度值"6.3"为初值。

4）在"插入点"。注意，此插入点并不是图块的基点，而是属性文本的基准点，可以将其放置于如图 12-52a 所示的位置。

5）在"文字设置"选项组中"对正"下拉列表框中选择"右对齐"。

6）在"文字设置"选项组中"文字样式"下拉列表框中选择已经定义的文字样式，默认为系统样式"Standard"。

图 12-52 属性定义

7）在"文字设置"选项组中"文字高度"文本框中输入"3.5"。

8）在"文字设置"选项组中"旋转"文本框中输入"0"。

9）单击"确定"按钮后对话框退出，在图形中拾取"插入点"，完成属性定义，如图 12-52b 所示。

用上述定义图块的方法，将符号和"B1"一同作为图块的对象，创建为一个图块"B2"。

块"B2"的插入过程有如下变化：

命令：_ insert

指定插入点或［比例（S）/X/Y/Z/旋转（R）/预览比例（PS）/PX/PY/PZ/预览旋转（PR）］：（拾取块插入点）

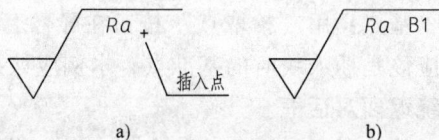

输入属性值

表面粗糙度值 = <6.3>：（插入过程增加了此项，可以直接确定，默认"6.3"的表面粗糙度值，也可以另行输入，如可以输入"12.5"，如图 12-53 所示）。

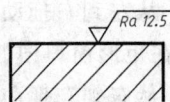

图 12-53　插入块

3. 常用修改命令

AutoCAD 二维图形修改命令是在已绘制图形的基础上，对图形进行编辑修改的手段。表 12-5 列出了常用修改命令。

表 12-5　常用修改命令

图标	命令名	说　明	备注及注意事项
	Erase	从图形中删除对象	
	Copy	在指定方向上按指定距离复制对象	
	Mirror	创建对象的镜像图像副本	
	Offset	创建同心圆、平行线和平行曲线	
	Array	创建按指定方式排列的多个对象副本	
	Move	在指定方向上按指定距离移动对象	
	Rotate	围绕基点旋转对象	
	Scale	在 X、Y 和 Z 方向按比例放大或缩小对象	
	Stretch	移动或拉伸对象	
	Trim	按其他对象定义的剪切边修剪对象	
	Extend	将对象延伸到另一对象	
	Break	在一点打断选定对象 在两点之间打断选定对象	一点打断是两点之间打断命令的扩展
	Join	将对象合并以形成一个完整的对象	
	Chamfer	给对象加倒角	
	Fillet	给对象加圆角	
	Explode	将合成对象分解为其部件对象	分解矩形、正多边形、剖面线、尺寸、图块等

某些修改命令操作过程中，会对图形对象进行选择，将需要修改的图形对象加入选择集，任何一个命令中出现"选择对象"提示时，都可以单击图形对象来选中，但这样选择，每次只能选中一个对象，若要同时选择多个对象，常用方法是：

在绘图区空白处，单击拾取一个点，此点是定义矩形窗口的第一个角点，之后，以下述方法之一确定矩形窗口的另一个角点：

1）从左到右拖动光标创建封闭窗口。拖动光标时，窗口为蓝色实线矩形，它仅选择完全包含在矩形窗口中的对象。

2）从右到左拖动光标创建交叉窗口。拖动光标时，窗口为绿色虚线矩形，选择包含于窗口以及与矩形窗口交叉的对象。

上述两种窗口选择形式称为"窗口选择"和"交叉窗口选择"，是选择对象的常用方法，适用于许多选择对象的场合，如常用修改命令中的"删除""复制""镜像""阵列""移动""旋转""缩放"和"分解"等。

4. 尺寸标注

尺寸标注有多种形式，如图 12-54 所示，主要包括常用的线性、直径、半径、角度标注。标注过程很简单，但标注样式不一定符合国家标准要求，因此，要建立不同标注样式来满足不同类型的标注。下面简单介绍标注样式的设置。

标注样式就是为了适应不同标注形式的需要，用户自己定义的尺寸标注形式。标注样式中包括的特性有尺寸线、尺寸界线、尺寸箭头、尺寸文本以及它们之间的距离大小和方向等。

由于标注样式需要设置的内容较多，这里只给出三个例子。

（1）线性标注样式 单击"标注样式"按钮，打开"标注样式管理器"对话框（图 12-55），单击"新建"按钮，将系统默认新样式名"副本×××"改成"线性标注"，然后单击"继续"按钮，进入"新键标注样式"对话框。如对已经定义的样式修改，则选中样式名称，然后单击"修改"按钮。

先设置"线"即尺寸线和尺寸界线，如图 12-56 所示；再设置"符号和箭头"及"文字"，如图 12-57 和图 12-58 所示。

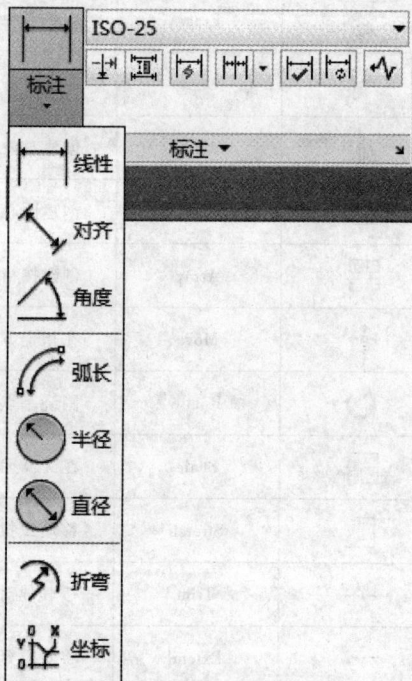

图 12-54 尺寸标注菜单

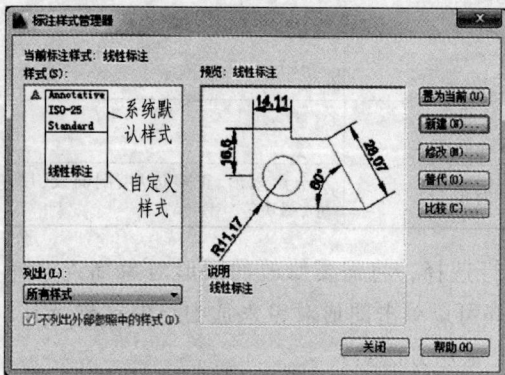

图 12-55 "标注样式管理器"对话框

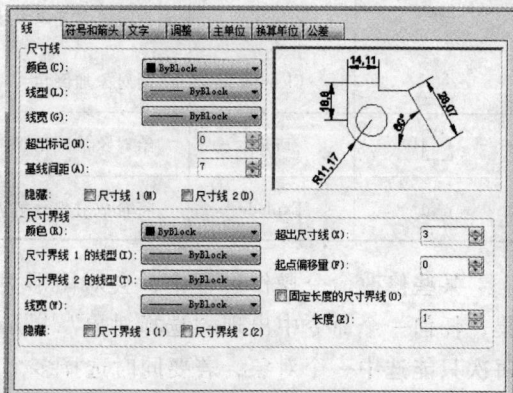

图 12-56 "线"选项卡

设置完成后，退出对话框，选择工具栏"标注"→"标注样式"→"线性标注"命令，使其成为当前标注样式，其后标注的线性尺寸即是自定义的样式。

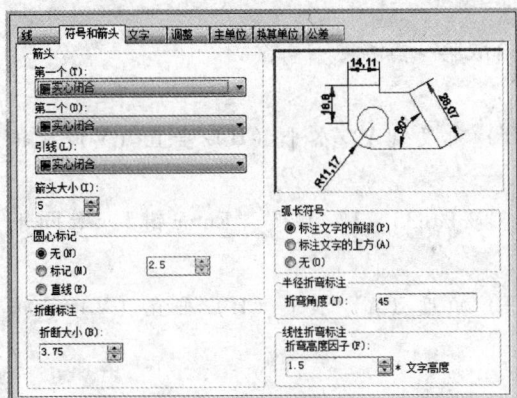

图 12-57 "符号和箭头"选项卡

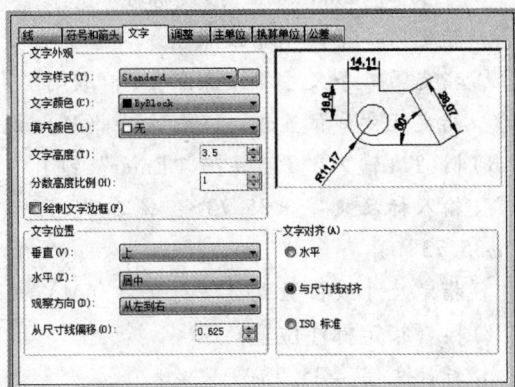

图 12-58 "文字"选项卡

（2）角度标注样式 单击"新建"按钮，将新样式名改为"角度标注"，然后单击"继续"按钮进行设置。

角度标注的设置与线性标注的设置基本相同，但需要将图 12-59 所示文字的对齐方式设置为"水平"。

设置完成后，退出对话框，在"标注样式"中选中"角度标注"，然后进行角度尺寸标注。

（3）直径标注样式 单击"新建"按钮，将新样式名改为"直径标注"，然后单击"继续"按钮进行设置。

直径标注的设置与线性标注的设置基本相同，但需要选择图 12-60 所示"调整"选项卡中"调整选项"组中的"文字和箭头"。

设置完成后，退出设置对话框，在"标注样式"中选中"直径标注"，然后进行直径尺寸标注。

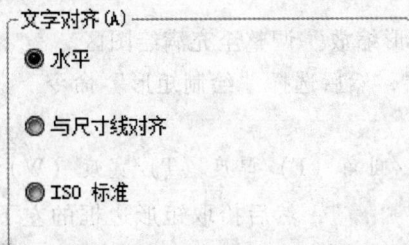

图 12-59 设置角度标注的文字

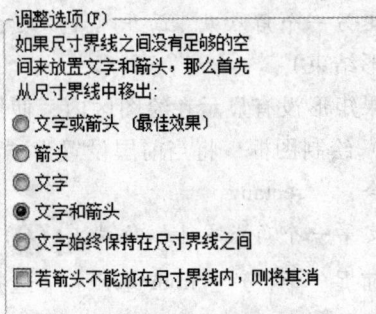

图 12-60 设置直径标注

一般情况下，线性标注时，拾取两点，作为线性标注的距离确认点；角度标注时，拾取确定角度的两条直线；直径或半径标注时拾取圆或圆弧。

标注时可以使用系统自动测量的数值作为尺寸值，也可以另行输入文本，作为尺寸数值。对于特殊字符，如"φ""°""±"，与前述文字书写相同。

以线性标注为例，介绍输入文本的方法：

命令：_ dimlinear（线性标注）

指定第一条尺寸界线原点或＜选择对象＞：（拾取第一点）

指定第二条尺寸界线原点：（拾取第二点）

指定尺寸线位置或［多行文字（M）/文字（T）/角度（A）/水平（H）/垂直（V）/旋转（R）］：*T*（输入"T"并按"Enter"键）

输入标注文字＜35.73＞：*%%c35.73*（输入"%%c35.73"并按"Enter键"，等同于"φ35.73"）

指定尺寸线位置或［多行文字（M）/文字（T）/角度（A）/水平（H）/垂直（V）/旋转（R）］：（指定标注位置）

标注文字=35.73

12.3.3　精确绘图方法

计算机绘图与手工绘图不同，绘图必须精确，如线段的端点连接、圆或圆弧的圆心位置、相切点、垂直关系等。如果没有做到精确绘图，绘图过程中可能会出现问题，导致图样错误。

1. 相对坐标

直线命令中已经介绍了相对坐标的使用方法，而相对坐标可以应用到任何一个有坐标点输入的情况。

如要绘制一个竖放的图纸，方法之一就是先用相对坐标绘制一个图纸边框，再使用相对坐标绘制图纸的图框。

图12-61所示为绘制竖放的A4图纸，绘制过程分两步：

（1）绘制边框　设置当前层为"细实线"层。选择"绘制矩形"命令。

命令：_ rectang

指定第一个角点或［倒角（C）/标高（E）/圆角（F）/厚度（T）/宽度（W）］：（在绘图区任意拾取一点）

指定另一个角点或［面积（A）/尺寸（D）/旋转（R）］：*@210，297*（按"Enter"键，绘制矩形结束）

如果矩形没有显示在绘图区内，使用前述"图形缩放"调整至充满绘图区。

（2）绘制图框　将当前层设置为"粗实线"层，然后选择"绘制矩形"命令。

命令：_ rectang

指定第一个角点或［倒角端点（C）/标高（E）/圆角（F）/厚度（T）/宽度（W）］：（选择对象捕捉"⌐"）_ from 基点：（选择端点捕捉"✎"，然后拾取矩形边框的左下角点，此操作确定了矩形左下角点为相对坐标的坐标原点）

＜偏移＞：*@25，5*（按"Enter"键后，画出矩形的左下角点）

指定另一个角点或［面积（A）/尺寸（D）/旋转（R）］：（选择对象捕捉"⌐"）

_ from 基点：（选择端点捕捉"✎"，然后拾取矩形边框的右上角点，作为相对坐标的坐标原点）

<偏移>：@-5，-5（按"Enter"键，画出图框，命令结束）

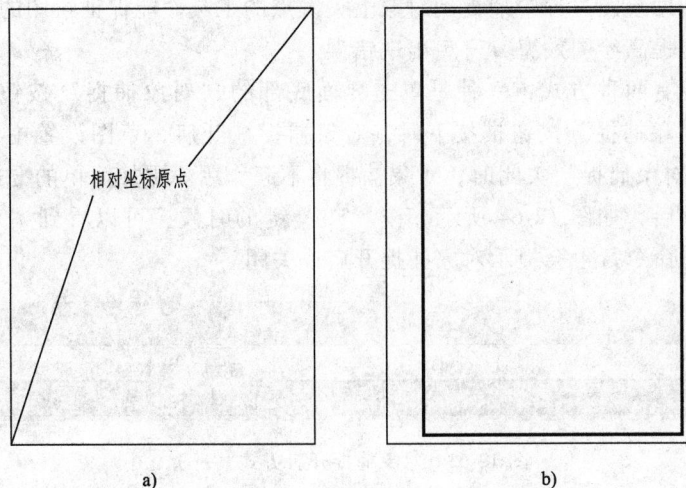

图 12-61　绘制竖放的 A4 图纸

此处利用的对象捕捉"⌐°"是捕捉自某点的意思，紧接着用端点捕捉"∕"，以捕捉到的端点为相对坐标原点。

如图 12-62 所示，向右 20mm 复制图形中的五角星。

命令：_ copy（执行复制命令）

选择对象：指定对角点：找到 10 个（可以窗口选择要复制的五角星，系统提示找到 10 个对象）

选择对象：（选择后按"Enter"键进入下步操作）

当前设置：　复制模式 = 多个（系统提示，复制模式为多个复制模式）

指定基点或 [位移（D）/模式（O）] <位移>：（为了精确确定复制位置，需要一个基准点，任意拾取一点即可）

指定第二个点或 <使用第一个点作为位移>：@20，0（按"Enter"键，即用相对坐标向右复制一个五角星）

指定第二个点或 [退出（E）/放弃（U）] <退出>：（因为是多个复制模式复制，系统提示继续复制的位置，因此按"Enter"键即可结束命令）

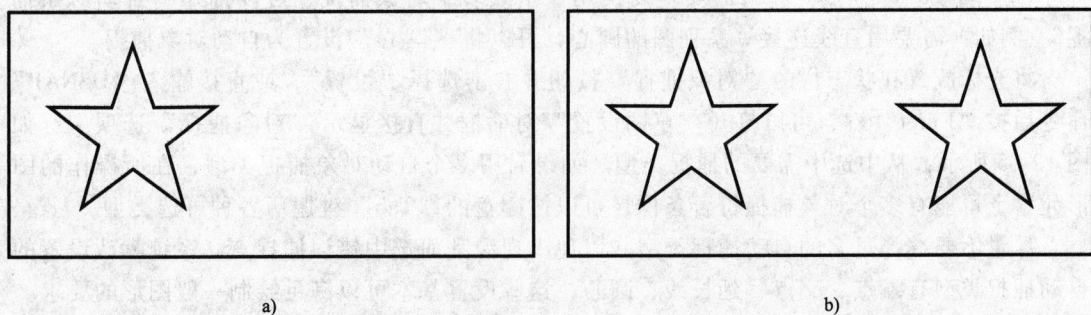

图 12-62　复制五角星

2. 对象捕捉

对象捕捉是帮助绘图过程中捕捉到对象上关键点的工具。能保证绘图的正确性。熟练掌握捕捉工具，还能提高绘图效率，避免出现错误。

打开对象捕捉有两种方式，一种是单击界面底部的"对象捕捉"按钮，如图 12-63 所示。状态栏的"对象捕捉"按钮被按下时，对象捕捉被开启，草图设置中所有打开的捕捉方式会起作用。"对象捕捉"关闭时，对象捕捉将不起作用。更加简单的方式是按"F3"键切换对象捕捉的开启，如图 12-64 所示。按"F3"键的时候，可以看到"对象捕捉"按钮的状态变化，同时命令行也会提示对象捕捉开启或关闭。

图 12-63　对象捕捉开启方式（一）

图 12-64　对象捕捉开启方式（二）

使用对象捕捉有两种方式，一种是指定对象捕捉（强制捕捉），另一种是自动对象捕捉。

（1）指定对象捕捉　使用对象捕捉可指定对象上的精确位置。不论何时提示输入点，都可以指定对象捕捉。选择捕捉点类型后，当光标移到对象的捕捉位置时，将有标记提示。

要在提示输入点时指定对象捕捉，可以

1）按住"SHIFT"键并右击以显示"对象捕捉"快捷菜单。

2）单击"对象捕捉"工具栏上的对象捕捉按钮。

3）在命令行上输入对象捕捉的名称。

注意：仅当提示输入点时，对象捕捉才生效。如果尝试在命令提示下直接使用对象捕捉，将显示错误信息。

（2）自动对象捕捉　如果需要重复使用一个或多个对象捕捉，可以打开"自动对象捕捉"。例如：需要用直线连接一系列圆的圆心，可以将"圆心"设置为自动对象捕捉。

将光标放置在状态栏的"对象捕捉"按钮并右击选择"设置"，或直接输入"OSNAP"命令后按"Enter"键，可以打开"草图设置"对话框并直接显示"对象捕捉"选项卡，如图 12-65 所示，从中选中需要的捕捉类型。如果启用多个自动对象捕捉类型，在所操作的图形元素上可能有多个对象捕捉符合条件，可以按键盘的"Tab"键遍历各种可选类型。

尽量不要选择过多的自动捕捉类型，以免出现混乱而选中错误捕捉点。系统默认设置的自动捕捉类型有端点、交点、延长线、圆心，这些设置基本可以满足绘制一般图形的要求。

单击状态栏上的"对象捕捉"按钮或按键盘"F3"功能键来打开和关闭"自动对象捕捉"。

在自动对象捕捉不能满足需要的时候再使用指定对象捕捉，它只一次有效，并且优先于自动捕捉。

3. 其他绘图工具

除上述相对坐标和对象捕捉外，AutoCAD 还提供了另外一些快速又准确的绘图辅助工具，主要包括极轴追踪、对象追踪、栅格、正交模式等，这些工具的开/关及设置都在状态栏，与自动对象捕捉相同。下面主要介绍极轴追踪和对象追踪的用法。

（1）极轴追踪 极轴追踪就是在绘图过程中确定下一点坐标时，出现的一条动态追踪角度线，这条线指引画出一条一定角度的线。

注意，正交模式和极轴追踪不能同时打开，打开极轴追踪将关闭正交模式。

图 12-65 "对象捕捉"选项卡

（2）对象追踪 对象追踪是将已有图形的特征点作为基准，为下一图形提供对齐的功能。它与极轴追踪一起使用，可以追踪不同角度及竖直和水平方向，为画图提供方便。

12.3.4 二维绘图实例及技巧

综合而巧妙地利用以上命令和工具，才可以快速准确地绘制工程图样。下面介绍一些常用命令和工具的综合用法。

1. 倒角与圆角

倒角与圆角也是机械零件中的常见结构，要实现图 12-66 所示结构，需要如下操作：

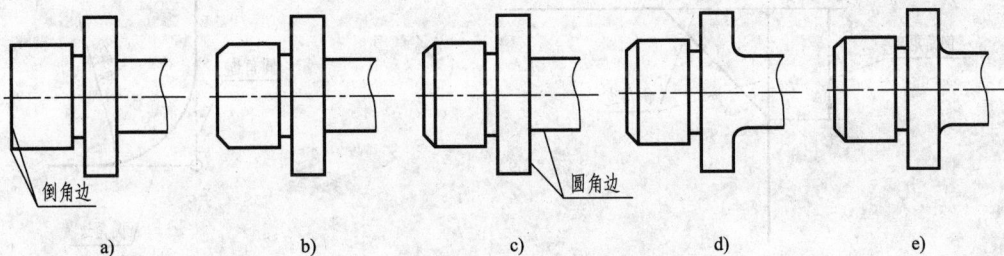

倒角边

圆角边

a) b) c) d) e)

图 12-66 倒角与圆角

使用倒角命令"⌐"，首先检查命令提示中的倒角距离。如图 12-67 所示，第一个拾取的倒角边为"距离1"，第二个拾取的倒角边为"距离2"。通常，机械零件的倒角是45°的，所以，两个距离相等时，倒角边的拾取顺序不重要。如果是不同的倒角距离（非45°的倒角），一定要按顺序拾取。

命令：_ chamfer

（"修剪"模式）当前倒角距离1 = 0.0000，距离2 = 0.0000（提示上一次使用过的倒角距离）

选择第一条直线或 [放弃（U）/多段线（P）/距离（D）/角度（A）/修剪（T）/方式（M）/多个（U）]：D（倒角距离不符合要求，输入选项"D"并按"Enter"键）

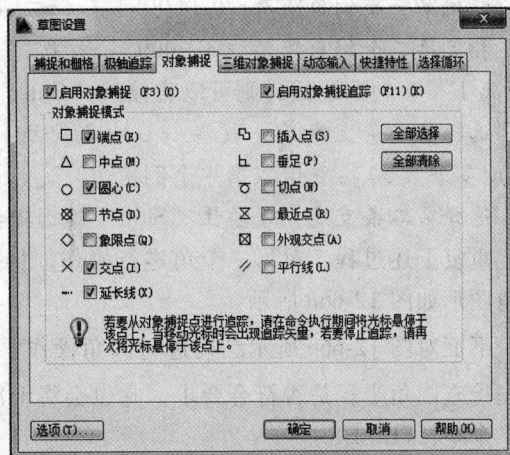

指定第一个倒角距离 <0.0000>：*3*（输入距离"3"并按"Enter"键）

指定第二个倒角距离 <3.0000>：（按"Enter"键。系统提示"距离1"的值，如果"距离1"="距离2"，则可以直接按"Enter"键，否则输入其他值）

选择第一条直线或［放弃（U）/多段线（P）/距离（D）/角度（A）/修剪（T）/方式（M）/多个（U）］：（拾取第一个倒角边）

选择第二条直线，或按住"Shift"键选择要应用角点的直线：（拾取第二个倒角边）

重复上述过程，对另一个角进行操作，得到结果如图 12-66b 所示，再连接直线，完成倒角图形如图 12-66c 所示。

下面对图 12-66c 所示结构进行圆角操作，与倒角命令类似，使用圆角命令"⬜"时，要先检查圆角半径是否符合要求，它也会将上次使用的半径值加以提示。

命令：FILLET

当前设置：模式 = 修剪，半径 = 0.5000（提示上一次使用过的圆角半径）

选择第一个对象或［多段线（P）/半径（R）/修剪（T）/多个（U）］：*R*（圆角半径不符合要求，输入选项"R"并"按 Enter"键）

指定圆角半径 <0.5000>：*3*（输入需要的圆角半径"3"并按"Enter"键，如图 12-68 所示）

选择第一个对象或［多段线（P）/半径（R）/修剪（T）/多个（U）］：（拾取第一个对象为圆角的第一个边。与倒角不同的是，它可以是直线或圆弧，而倒角只能是直线）

选择第二个对象：（拾取第二个对象为圆角的第二个边）

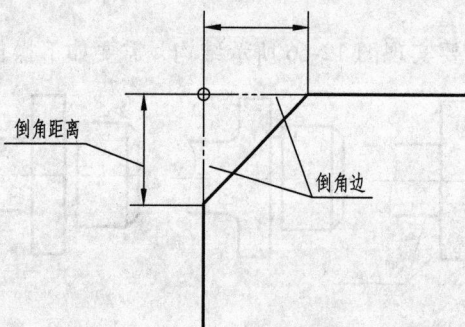

图 12-67　倒角距离　　　　　　　　　图 12-68　圆角半径

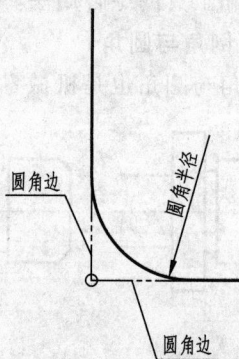

命令结束，但并没有得到如图 12-66d 所示的结果，这里需要注意以下问题：

如果图 12-69a 中的直线 *L* 是一条从上到下完整的直线，那么，在需要重复进行另外一个圆角操作时，发现已经没有直线可以作为圆角边了，如图 12-69b 所示。这时需要补画一条直线，作为第二个圆角的边，如图 12-69c 所示。

如果 *L* 是关于中心线对称的两条直线，那么不会有此问题出现。

经过圆角操作，再画直线可以得到如图 12-66e 所示的结果。

2. 对称结构

机械图样中的对称图形很多，所以非常希望只画出其中的一半甚至是四分之一便可完成整个图形。因此，要完成如图 12-70a 所示图形，可以将其分为左右对称的两部分（剖面线

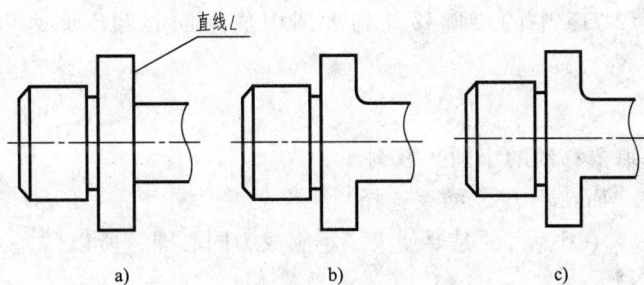

图 12-69 圆角边的处理

除外），图 12-70b 所示为对称图形的左半边。下面，按照如下过程完成对称，也就是 AutoCAD 镜像命令"◢◣"。

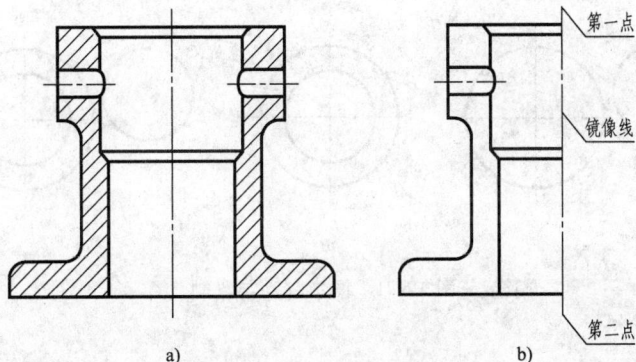

图 12-70 对称结构

命令：_ mirror

选择对象：指定对角点：（选择中心线左侧图形，不包括中心线）找到 24 个

选择对象：（按"Enter"键。选择完成时，一定要按"Enter"键，结束选择集过程）

指定镜像线的第一点：（镜像，需要有对称线，AutoCAD 是用两点来确定对称线的，此两点不一定是图形对象上的点，它们可以是直线上的两点，也可以是任意指定的两点。镜像线上的点必须选择准确，可以利用捕捉功能和正交模式，拾取直线上的端点作为第一点，如图 12-70b 所示）

指定镜像线的第二点：（同样的方法，拾取第二点）

是否删除源对象⊖？［是（Y）/否（N）］<N>：（按"Enter"键，默认为"No"。注意提示，如果需要得到对称图形，那么直接按"Enter"键。）

注意：现在得到了没有剖面线的对称图形，剖面线需要单独处理。通常，剖面线不能做对称操作，因为对称得到的剖面线方向是相反的，文字的对称结果也是反方向的。

用前述画剖面线的方法进行处理，完成图形，如图 12-70a 所示。

⊖ 本章与软件保持一致，用"源"字。

3. 移动与复制对象

如果需要将图 12-71a 中的小圆移动到大圆中成为同心圆，那么可以使用移动命令"✛"，方法如下。

命令：_ move

选择对象：（选取要移动的小圆）找到 1 个

选择对象：（按"Enter"键，结束选择）

指定基点或位移：（因为目的是要使大、小圆成为同心圆，所以"基点"应该使用捕捉功能拾取小圆的圆心）

指定位移的第二点或 <用第一点作位移>：（再使用捕捉功能拾取大圆的圆心）

完成移动命令，得到如图 12-71b 所示图形。

复制命令"❤"的操作方法与移动命令基本相同，不同的是，复制命令在将小圆移动后，原图形还存在，如图 12-71c 所示。另外，复制是连续多次地进行复制，直到按"Enter"键或者中断命令。

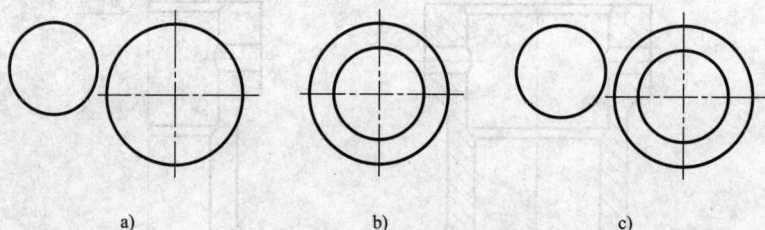

图 12-71 图形移动与复制

4. 绘制五角星

先绘制一个正五边形，拾取正多边形命令"⬠"，然后按提示操作即可。

命令：_ polygon

输入边的数目 <4>：5（输入正多边形的边数并按"Enter"键，边数可以是 3～1024 之间的整数）

指定正多边形的中心点或 [边（E）]：（拾取任意一点作为正多边形的中心）

输入选项 [内接于圆（I）/外切于圆（C）] <I>：（按"Enter"键，选用默认选项"内接于圆（I）"）

指定圆的半径：（任意拾取一点或输入数值为内接圆半径，即五边形的中心点到顶点的距离）

至此完成正五边形的绘制，如图 12-72a 所示。用直线连接正五边形的顶点，如图 12-72b所示。再删除正五边形即可得到五角星的基本形状，如图 12-72c 所示。

图 12-72 绘制五角星

下面介绍修剪命令"-/---"的用法，将图 12-72c 修改为图 12-72d。

修剪命令可以修剪的对象包括圆弧、圆、椭圆弧、直线、开放的二维和三维多段线、射线、样条曲线和构造线。

执行命令时，首先选择剪切边，或者按"Enter"键选择所有对象作为可能的剪切边。有效的剪切边对象包括二维和三维多段线、圆弧、圆、椭圆、布局视口、直线、射线、面域、样条曲线、文字和构造线。具体过程如下：

命令：_ trim

当前设置：投影=UCS，边=无（使用默认选项）

选择剪切边...（直接按"Enter"键，以五个边为剪切边）

选择对象：（分别拾取不需要的各段，如图 12-72c 所示）

选择要修剪的对象，或按住 Shift 键选择要延伸的对象，或［栏选（F）/窗交（C）/投影（P）/边（E）/删除（R）/放弃（U）］：（按"Enter"键结束命令）

将全部需要修剪对象剪切后按"Enter"键，结束命令，得到如图 12-72d 所示图形。

用直线连接五角星的对角点，如图 12-72e、f 所示。

对于某些情形，需要明确剪切边，以便更准确、更快捷地修剪对象。如图 12-73a 所示，需要保留的只是矩形中间的直线段，如果还如上述操作中提示"选择剪切边..."时直接按"Enter"键，那么可能会得到图 12-73b 所示结果，而不是直接得到图 12-73c 所示结果。

因此应该明确剪切边，以减少操作步骤。在提示"选择剪切边..."时，拾取矩形边作为剪切边（可以是多个对象），并注意剪切边确定后一定按"Enter"键确认，然后再选取需修剪的部位。

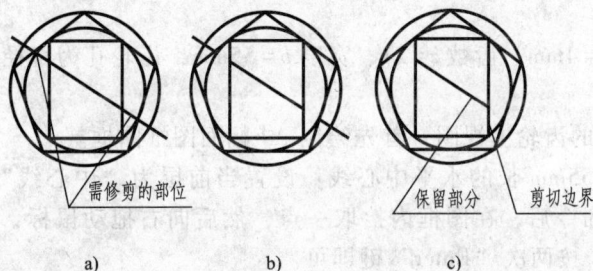

　　a)　　　　　　b)　　　　　　c)

图 12-73　剪切边

5. 局部放大图

机械图样中的局部放大图是将零件的狭小部位按国家标准放大表示，下面画一个局部放大图，如图 12-74e 所示。

1）从源图中复制对象，如图 12-74a、b 所示。

2）将图层设置为"细实线"层，用样条曲线"╱╲"作为波浪线。选择样条曲线命令，按照提示拾取若干个波浪线经过的点（图 12-74c）。注意第一个和最后一个点一定使用捕捉功能中的"最近点"，以保证拾取的点在对象上，然后按三次"Enter"键，均选用系统默认选项即可。

3）以波浪线为剪切边，修剪掉多余对象，如图 12-74d 所示。

4）利用缩放命令得到最后结果。过程如下：

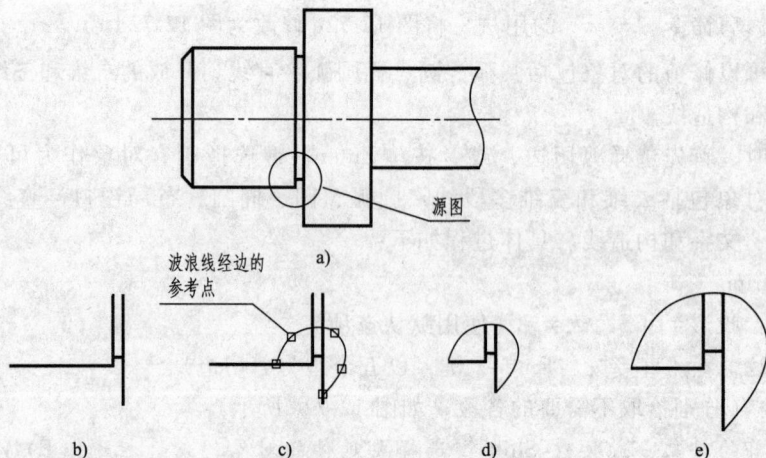

图 12-74　画局部放大图

命令：_ scale

选择对象：（窗口第一点，窗口选择放大对象）

指定对角点：（窗口第二点）找到 5 个

选择对象：（按"Enter"键结束对象选择）

指定基点：（拾取一点，作为缩放基准）

指定比例因子或［参照（R）］：（要得到 2∶1 的局部放大图，输入"2"为比例因子，使原图放大）

结果如图 12-74e 所示，得到局部放大图。

6. 齿轮画法

已知齿轮模数 $m=4mm$、齿数 $z=21$、宽度 $b=55mm$，齿轮孔为直径 30mm 的光孔，绘制齿轮的主、左视图。

（1）绘制全剖视的齿轮主视图　首先绘制 A4 幅面图纸图框。

在图框内画一条 55mm 长的水平中心线：设置当前层为"中心线"层，打开"正交模式"，选择"直线"命令后，在图框内拾取一点，然后向右拖动鼠标，形成一条拖动直线，此时直接输入"55"，按两次"Enter"键即可。

选择偏移命令"⬚"。

命令：_ offset

当前设置：删除源=否　图层=源　OFFSETGAPTYPE=0

指定偏移距离或［通过（T）/删除（E）/图层（L）］<通过>：（输入 42 并按"Enter"键，齿轮分度圆半径为 42mm）

选择要偏移的对象，或［退出（E）/放弃（U）］<退出>：（拾取水平中心线）

指定要偏移的那一侧上的点，或［退出（E）/多个（M）/放弃（U）］<退出>：（在水平中心线上方任意位置单击，得到第一条线）

选择要偏移的对象，或［退出（E）/放弃（U）］<退出>：（再次拾取水平中心线）

指定要偏移的那一侧上的点，或［退出（E）/多个（M）/放弃（U）］<退出>：（在水平中心线下方任意位置单击，得到第二条线）

选择要偏移的对象，或［退出（E）/放弃（U）］<退出>：（按"Enter"键，结束命令）

至此，画出了中心线和分度线，如图 12-75 所示。

有了分度线，就可以根据齿顶线 = 分度线 +m、齿根线 = 分度线 $-1.25m$ 得到齿顶线和齿根线，所以用同样的方法画出齿轮的齿顶线和齿根线。使用偏移命令，分别以分度线为偏移对象，以模数值 4mm 和 $1.25×4mm = 5mm$ 为偏移距离，画出齿顶线和齿根线（图 12-76a）。将当前图层设置为"粗实线"层，打开"自动对象捕捉"功能，用直线命令，连接两侧齿顶线的端点（图 12-76b），进一步完善视图（图 12-76c）。

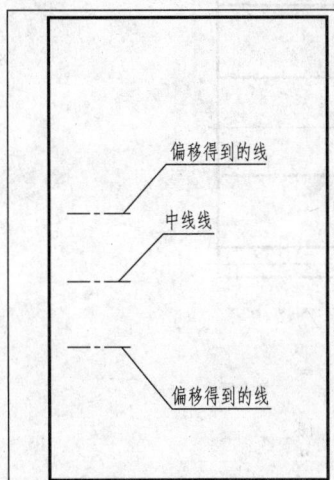

图 12-75 画齿轮中心线和分度线

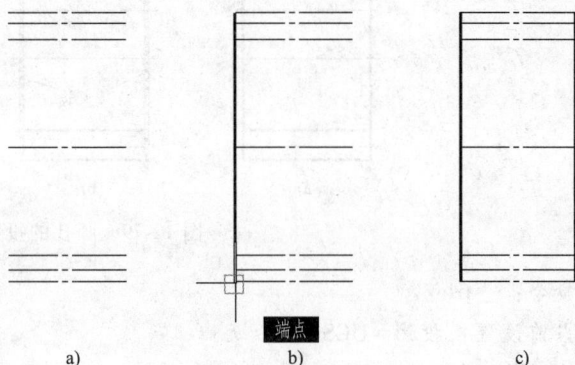

图 12-76 画齿顶线和齿根线

注意：偏移是复制出来的结果，得到的直线的属性完全是偏移对象的属性，所以，必须对其进行修改，方法是拾取需要修改的齿顶线和齿根线（可以多选），然后选取所需要的图层即可改变被选对象的图层属性，结果如图 12-77 所示。

根据国家标准规定：细点画线必须超出轮廓线 2～5mm，因此，要对图 12-77 中的三条细点画线进行修改，方法是选择下拉菜单"修改"→拉长命令"⬈"：

命令：_ lengthen

选择对象或［增量（DE）/百分数（P）/全部（T）/动态（DY）］：（输入"DE"并按"Enter"键，表示使线段延长一个增量）

输入长度增量或［角度（A）］<0.0000>：3（按"Enter"键，输入的"3"是增量值）

选择要修改的对象或［放弃（U）］：（单击线段左侧）

选择要修改的对象或［放弃（U）］：（单击线段右侧）

选择要修改的对象或［放弃（U）］：（按"Enter"键，结束命令，结果如图 12-78 所示）

图 12-77 修改线型

图 12-78 延长中心线

315

按照已知孔的直径 30mm，再次使用偏移命令，以中心线为偏移对象，偏移距离为 15mm，中心线上下各偏移一条，如图 12-79a 所示。

很显然，图 12-79a 是不符合要求的，所以先去掉超出轮廓线的部分。

选择修剪命令"—/---"。它的作用是用其他对象作为剪切边修剪对象，选择要作为修剪对象的剪切边，或者按"Enter"键选择所有显示的对象作为潜在的剪切边。

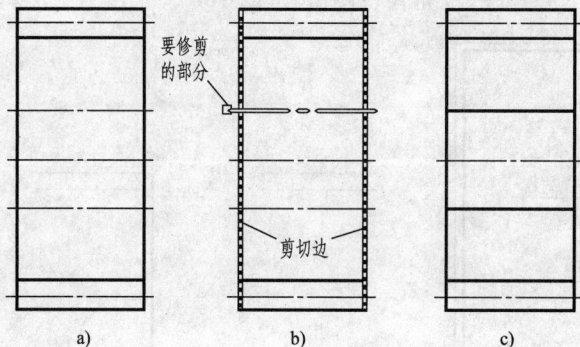

图 12-79　画孔的投影

命令：＿ trim

当前设置：投影＝UCS，边＝无

选择剪切边 …

选择对象或 <全部选择>：　（选择左侧直线为剪切边，如图 12-79b 所示）找到 1 个

选择对象：（再选择右侧直线为剪切边，如图 12-79b 所示）找到 1 个，总计 2 个

选择对象：（按"Enter"键结束剪切边的选择）

选择要修剪的对象，或按住"Shift"键选择要延伸的对象，或［栏选（F）/窗交（C）/投影（P）/边（E）/删除（R）/放弃（U）］：（分别选择要修剪的部分，重复四次）

选择要修剪的对象，或按住 Shift 键选择要延伸的对象，或［栏选（F）/窗交（C）/投影（P）/边（E）/删除（R）/放弃（U）］：（按"Enter"键结束命令）

按照前述方法，将孔的投影线修改为"粗实线"，得到结果如图 12-79c 所示。

进一步增加结构，将轮齿和孔加倒角。为了给孔加倒角，应使用修剪命令先断开投影线，如图 12-80a 所示。

选择倒角命令"◁"。

命令：＿ chamfer

（"修剪"模式）当前倒角距离 1 = 0.0000，距离 2 = 0.0000

选择第一条直线或［放弃（U）/多段线（P）/距离（D）/角度（A）/修剪（T）/方式（E）/多个（M）］：D（输入"D"按"Enter"键，修改倒角距离，当前倒角距离 1 和距离 2 都是 0）

指定第一个倒角距离 <0.0000>：2

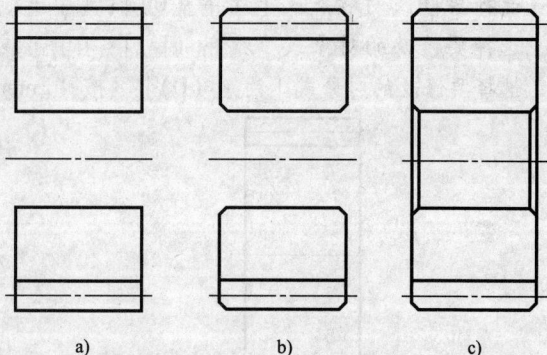

图 12-80　画倒角

（输入"2"按"Enter"键，使倒角距离1=2）

指定第二个倒角距离 <2.0000>：（直接按"Enter"键，使倒角距离2＝倒角距离1，也就是2×45°倒角）

选择第一条直线或［放弃（U）/多段线（P）/距离（D）/角度（A）/修剪（T）/方式（E）/多个（M）］：（拾取要倒角的第一条线，它对应的是倒角距离1）

选择第二条直线，或按住"Shift"键选择要应用角点的直线：（拾取要倒角的另一条线，它对应的是倒角距离2）

第一个倒角完成，在"命令："提示符下，直接按"Enter"键。

命令：_ chamfer

（"修剪"模式）当前倒角距离1 = 2.0000，距离2 = 2.0000

选择第一条直线或［放弃（U）/多段线（P）/距离（D）/角度（A）/修剪（T）/方式（E）/多个（M）］：（注意两个当前倒角距离是"2"，继承了上次命令的参数，如果需要修改，在此处输入"D"并按"Enter"键，直接拾取要倒角的第一条线，重复操作）

选择第二条直线，或按住"Shift"键选择要应用角点的直线：（拾取要倒角的另一条线）

重复操作，将所需要倒角部分全部完成，如图12-80b所示。完成倒角后，再用直线命令，补全孔的投影，如图12-80c所示。

用图案填充命令，画齿轮剖面线，操作如下：

设置当前层为"细实线"层，选择命令"▨"，选择图案，对于金属材料齿轮，选择"ANSI31"；如果是非金属材料，选择"ANSI37"，完成剖面线绘制。

至此，齿轮主视图完成。

（2）绘制齿轮左视图　设置当前层为"中心线"层，打开状态栏中的"对象追踪"和"正交模式"，选择直线命令，将光标移到主视图的中心线端点，注意不需要单击，会出现追踪辅助线，按照辅助线，画出十字相交的中心线，与主视图高平齐，如图12-81a所示。

选择圆命令"◔"。

命令：_ circle

指定圆的圆心或［三点（3P）/两点（2P）/相切、相切、半径（T）］：（选择或自动捕捉到交点，将光标移动到十字中心线交点处，出现提示后拾取点，如图12-81b所示）

指定圆的半径或［直径（D）］<27.4393>：（将光标移到主视图的分度线端点处，如图12-81c所示，不需要单击，会出现追踪辅助线，按照辅助线指引，确定分度圆半径。命令提示中的"<27.4393>"是上一次画圆时的半径，如果直接按"Enter"键，则继承此尺寸作为圆的半径）

按照这样的方法，选择所需的图层，画出其他各圆，如图12-81d所示。

7. 规律分布图形的绘制——阵列

（1）矩形阵列　对于均匀按行和列分布的相同要素，可以使用"阵列"命令中的矩形阵列来实现。如图12-82b所示相同结构，用2行5列的阵列画出，过程如下：

首先按尺寸创建源图形，绘制相同结构中位于边界位置的图形，如图12-82a和图12-83所示。

a)   b)

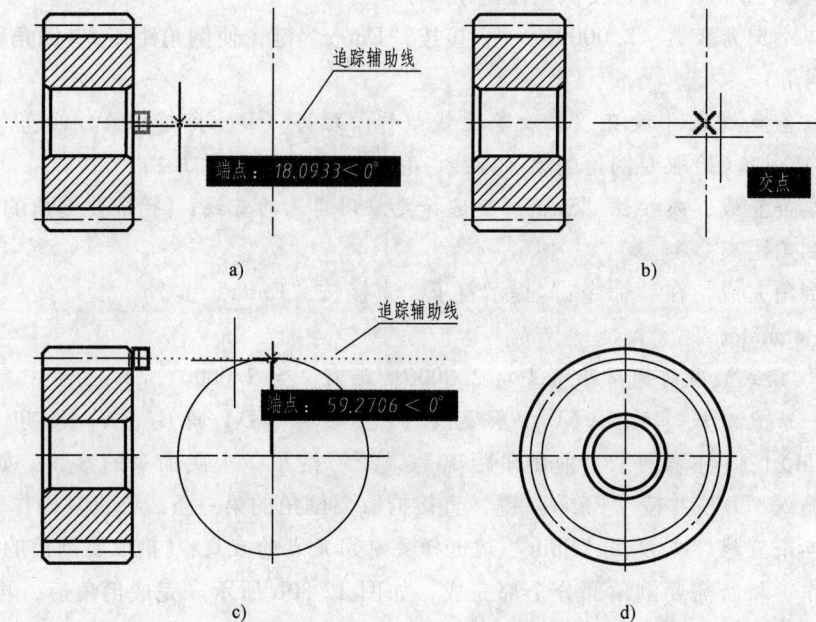

c)   d)

图 12-81   利用对象捕捉和追踪画圆

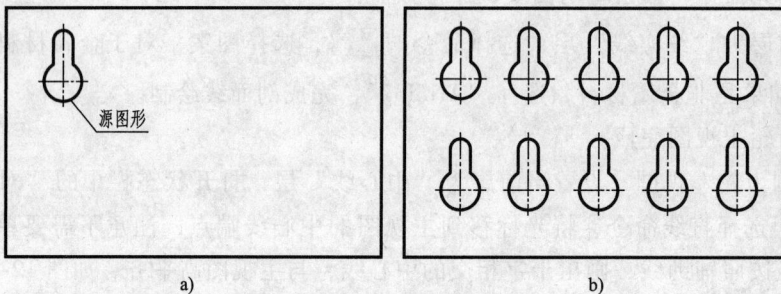

a)   b)

图 12-82   源图形及阵列结果

在"默认"选项卡中选择阵列命令"▦",按下述过程操作：

1）选择"矩形阵列"命令。

2）选择对象确定后，弹出"阵列创建"对话框，如图 12-84
所示。

将"行"填入"2"，"列"填入"5"，行"介于"填入
"-45"，列"介于"填入"28"。

完成各项后，可观察阵列结果。如不需要修改，则确定即可，
完成阵列操作，如图 12-82b 所示。

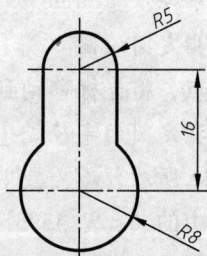

图 12-83   阵列用源图形

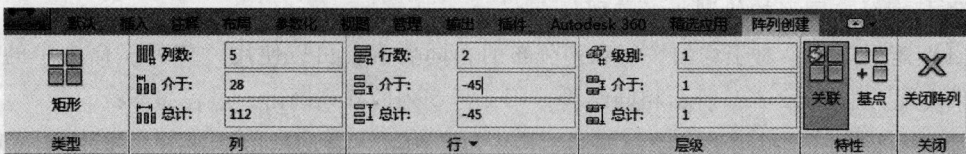

图 12-84   矩形的"阵列创建对话框"

（2）环形阵列　首先，在圆周上绘制源图形，如图 12-85 所示。

然后在"默认"选项卡中选择环形阵列命令"⊞"，选择对象并确定，再选择基点（环形阵列的旋转中心）或旋转轴，弹出"阵列创建"对话框，如图 12-86 所示。

对话框中的"项目数"是指总的数量，包括源图形；"介于"是分布的范围，可以是 360° 内任意角度，输入正值按逆时针方向旋转阵列，输入负值则按顺时针方向旋转阵列；"旋转项目"是指在阵列图形时，图形是否同时绕中心点旋转。

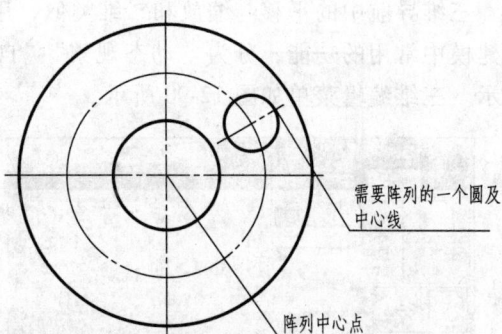

图 12-85　环形阵列源图形及中心

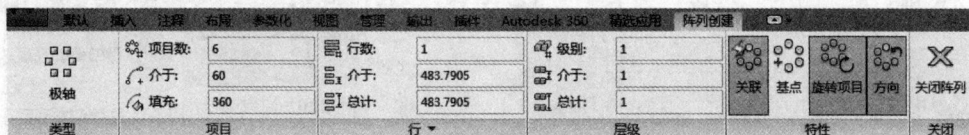

图 12-86　环形的"阵列创建"对话框

完成以上各项后，可先预览结果，若不需修改，则单击"关闭阵列"按钮，完成阵列，如图 12-87 所示。

12.3.5　AutoCAD 三维绘图简介

AutocAD 可以方便地进行工程图绘制，也可以进行三维设计，其方法简单、实用，既能满足工程设计要求，也能帮助理解画法几何课程中的"从实体到平面，从平面到实体"的概念，是工程设计和课程学习的有力工具。

1. 基本操作

AutoCAD 三维设计环境与二维环境基本一样，不同的是，增加了三维菜单。

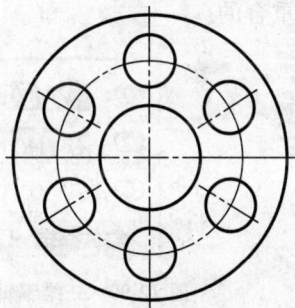

图 12-87　环形阵列结果

调用三维菜单的方法是：选择顶部的下拉菜单"注释"→"三维建模"，在三维建模的"常用"选项卡包括"建模""绘图""修改""视图"和"图层"等菜单。如果要回到二维绘图，再选择下拉菜单"三维建模"→"二维草绘与注释"或"AutoCAD 经典"。

"建模"包括常用基本立体制作，如圆柱体、圆锥体、球体、圆环体、长方体、棱锥体等，如图 12-88 所示。

"建模"还包括三维运算，如并集、差集和交集，也包括"剖切"。

"视图"里的"视觉样式"菜单包括立体的表现形式，如二维线框、隐藏、灰度、概念和真实几种形式。

除三维菜单外，根据需要，还应该调出常用二维菜单，如绘图、修改、对象捕捉等。

319

三维导航中的平移与缩放和二维类似，用于调整视图显示的大小和位置。动态观察是三维建模中常用的功能，分为"动态观察""自由动态观察"和"连续动态观察"，如图12-89所示。三维编辑菜单如图12-90所示。

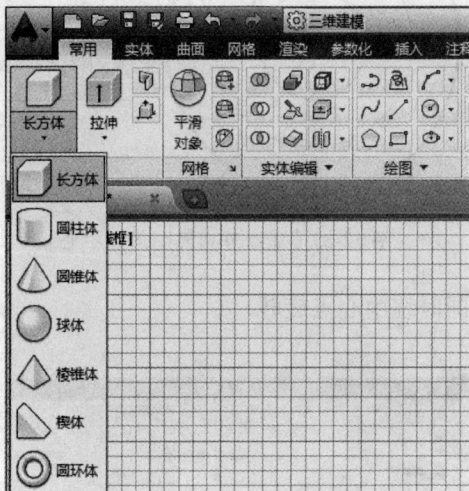

图 12-88　"建模"菜单

图 12-89　三维导航

2. 坐标系

AutoCAD 有两个坐标系：一个是被称为世界坐标系（WCS）的固定坐标系，一个是被称为用户坐标系（UCS）的可移动坐标系（图12-91）。默认情况下，这两个坐标系在新图形中是重合的。

图 12-90　三维编辑菜单

图 12-91　用户坐标系

通常在二维视图中，WCS 的 X 轴水平，Y 轴垂直。WCS 的原点为 X 轴和 Y 轴的交点（0，0）。图形文件中的所有对象均由其 WCS 坐标定义。但是，使用可移动的 UCS 创建和编辑对象通常更方便。

可以使用几种方法在三维中操作用户坐标系，还可以保存和恢复用户坐标系方向。

定义用户坐标系（UCS）来更改原点（0，0，0）的位置、XY 平面的位置和旋转角度以及 XY 平面或 Z 轴的方向。可以在三维空间的任意位置定位和定向 UCS，并且可以根据需要定义、保存和调用任意数量 UCS 的位置。

可以按照以下几种方式定义 UCS：

1）指定新原点（一个点）、新 X 轴（两个点）或新 XY 平面（三个点）。

2）通过在三维实体对象上选择面来对齐 UCS。可以选择实体的一个面或一条边。

3）将新 UCS 与现有的对象对齐。UCS 的原点位于距离选定对象的位置最近的顶点。

4）将新 UCS 与当前观察方向对齐。

5）绕当前 UCS 三条主轴的任意一条旋转当前 UCS。

6）通过指定新 Z 轴来重新定向 XY 平面。

3. 三维基本立体

AutoCAD 三维设计过程与组合体分析方法中的形体分析法相同，将零件分解成简单立体，然后组合起来。图 12-88 所示为系统提供的基本立体菜单，其中包括平面立体、回转体、扫描立体等。

下面介绍常用立体的画法。

（1）长方体（图 12-92）　创建任何一个立体，都必须先确定坐标位置，并且从 XY 坐标面开始。

图 12-92　制作长方体

方法一：

命令：_ box　（执行长方体命令"▱"）

指定第一个角点或［中心（C）］：（在 XY 面内拾取长方体的一个角点）

指定其他角点或［立方体（C）/长度（L）］：L（选取长度选项"L"）

指定长度 <300.0000>：300（长方体长度 300mm）

指定宽度 <200.0000>：200（长方体宽度 200mm）

指定高度或［两点（2P）］<300.0000>：50（长方体高度 50mm）

方法二：

命令：_ box（执行长方体命令"▱"）

指定第一个角点或［中心（C）］：C（选项"C"，表示要确定长方体中心点）

指定中心：（拾取中心点）

指定角点或［立方体（C）/长度（L）］：L（选取长度选项"L"）

指定长度 <300.0000>：300（长方体长度 300mm）

指定宽度 <200.0000>：200（长方体宽度 200mm）

指定高度或［两点（2P）］<37.0181>：50（长方体高度 50mm）

（2）圆柱体与圆锥体

命令：_ cylinder（执行圆柱体命令"▱"）

指定底面的中心点或［三点（3P）/两点（2P）/相切、相切、半径（T）/椭圆（E）］：（拾取底面圆心）

指定底面半径或［直径（D）］<673.9759>：200（确定底面半径 200mm）

指定高度或［两点（2P）/轴端点（A）］<818.2123>：*300*（确定圆柱体高度300mm）

圆锥体与圆柱体操作方法一样，先确定底面圆心，再给出高度。

（3）拉伸立体　许多立体都是由一个截面形状拉伸一定的高度形成的，如图12-93所示这种立体的创建也比较简单，一般只要先绘制二维平面图形，再用拉伸命令"　"给出高度即可。

图12-93　拉伸立体及其截面

（4）旋转立体　要创建一个如图12-94所示的立体，方法如下：

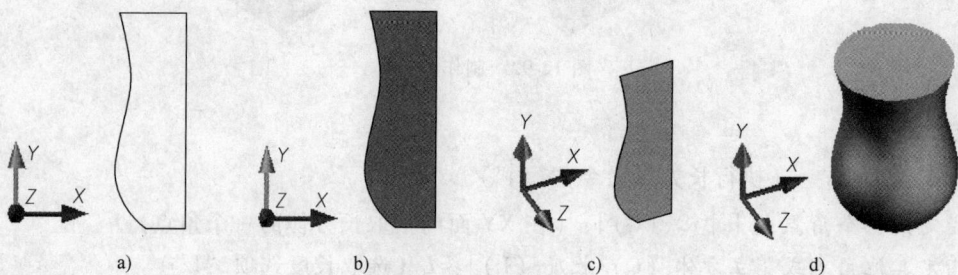

图12-94　旋转立体

第一步，设置合适的坐标系，并在XY面内画出平面图形，如图12-94a所示。

第二步，执行绘图菜单中的面域命令"　"，选择平面图形，建立面域，如图12-94b、c所示。

第三步，选择旋转命令"　"，创建旋转体。

命令：_ revolve（执行旋转命令）

选择要旋转的对象：找到4个（选择要旋转的对象）

选择要旋转的对象：（按"Enter"键，结束选择对象）

指定轴起点或根据以下选项之一定义轴［对象（O）/X/Y/Z］<对象>：（拾取旋转轴上第一个点）

指定轴端点：（拾取旋转轴上另一个点）

指定旋转角度或［起点角度（ST）/反转（R）/表达式（EX）］<360>：（确定旋转角度，或直接按"Enter"键旋转360°）

结果如图12-94d所示。

（5）扫掠立体　扫掠是将草图沿着某一路径生成实体，必须指定路径，路径可以是曲线，所以扫掠可以生成比较复杂的实体，如图12-95所示。

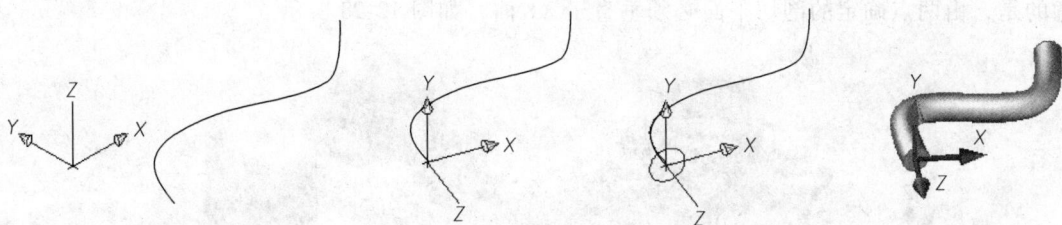

图 12-95 扫掠立体

（6）放样立体 使用放样命令""，可以通过指定一系列横截面来创建新的实体或曲面。横截面定义了实体或曲面的轮廓（形状）。横截面（通常为曲线或直线）可以是开放的（如圆弧），也可以是闭合的（如圆）。放样命令用于在横截面之间的空间内绘制实体或曲面。使用放样命令时，至少且必须指定两个横截面。

创建如图 12-96 所示立体，先在 *XY* 面内绘制六边形和圆，再用移动命令改变圆的 *Z* 坐标，使六边形与圆不在同一个面内。执行放样命令，选取六边形和圆，即可生成立体。

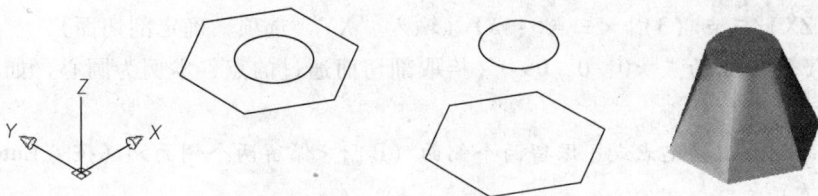

图 12-96 放样立体

4. 实体编辑

常用的实体编辑命令有布尔运算（并集、差集、交集）和剖切等。

（1）布尔运算（图 12-97） 并集命令""可以合并两个或两个以上实体（或面域）的总体积，成为一个复合对象，如图 12-97b 所示。操作方法简单，选择需要合并的实体即可。

差集命令""可以从一组实体中删除与另一组实体的公共区域。例如：可以使用差集命令从对象中减去圆柱体，从而在机械零件中添加孔。图 12-97c 所示结构为从小圆柱中减去大圆柱部分。操作方法为先选择被减实体，按"Enter"键确认后再选择减掉的实体。

图 12-97 立体布尔运算

交集命令""可以从两个或两个以上重叠实体的公共部分创建复合实体。交集命令用于删除非重叠部分，并从公共部分创建复合实体，如图 12-97d 所示。操作方法同样简单，只选择需要交集运算的实体即可。

（2）剖切 一般情况下，使用剖切命令中的默认方式就能满足常见的剖切需要。需注意的是，由两点确定的剖切平面必须垂直于 XY 面，如图 12-98 所示。

图 12-98　剖切立体

另一种常用方式为垂直于 *XY/YZ/ZX* 平面，方法是：

命令：_ slice

选择要剖切的对象：找到 1 个（选择被剖切的立体）

选择要剖切的对象：（按"Enter"键结束选择）

指定切面的起点或 ［平面对象（O）/曲面（S）/Z 轴（Z）/视图（V）/XY（XY）/YZ（YZ）/ZX（ZX）/三点（3）］<三点>：XY（输入"XY"选项，确定剖切面）

指定 XY 平面上的点 <0，0，0>：（拾取剖切面通过的点，本例为圆心，如图 12-99 所示）

在所需的侧面上指定点或 ［保留两个侧面（B）］<保留两个侧面>：（按"Enter"键保留剖切两侧立体）。

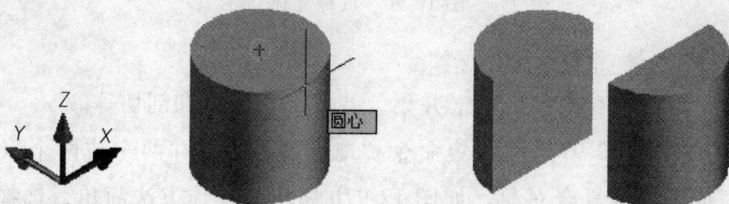

图 12-99　圆柱体的剖切示例

5. 三维应用举例

创建三维组合立体，必须分析立体结构，首先进行基本形体分析。对于图 12-100 所示组合体，可以分成 4 个主要部分，底板+圆柱+支承板+肋板，而每一部分都有自己的结构特点。底板可以直接用立方体生成，需要给出立方体的长、宽、高；圆柱部分可以用圆柱体生成；支承板和肋板则应先绘制其截面形状，然后使用拉伸来生成立体。具体过程如下：

图 12-100　组合体

如图 12-101a 所示，先确定坐标系，然后在 *XY* 坐标面确定长方体的长和宽，*Z* 方向给出高度。

如图 12-101b 所示，改变用户坐标，将坐标原点移动至长方体长度边的中点上，并绕长

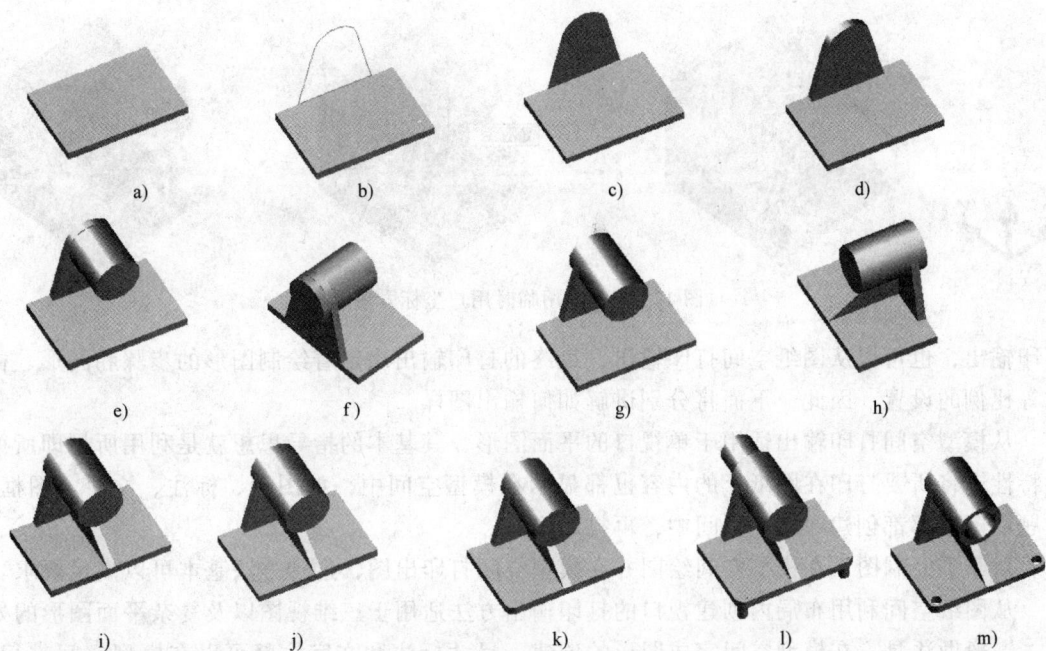

图 12-101 组合体创建过程

方体长度边方向旋转 90°，在此坐标内，绘制草图，使其成为封闭图形。

使用面域命令，将封闭图形生成平面，如图 12-101c 所示。

拉伸面域生成的平面，给出拉伸长度，得到图 12-101d 所示的支承板。

以支承板前表面为基准，创建前端圆柱，如图 12-101e 所示。

以支承板后表面为基准，创建后端圆柱，如图 12-101f 所示。

用并集将上述基本立体合并为一个立体，如图 12-101g 所示。

改变用户坐标，使 XY 坐标面处于组合体对称面上，绘制肋板截面并使用面域命令生成平面，如图 12-101h 所示。

向一侧拉伸肋板，并以组合体对称面镜像肋板，如图 12-101i 所示。

将肋板与组合体合并，如图 12-101j 所示。

用圆角命令为底板前边加圆角（图 12-101k），方法是：执行圆角命令，然后拾取需要圆角的边，之后，系统提示圆角半径，输入半径按"Enter"键即可。

分别以底板端面及圆柱端面为基准，创建圆柱。

创建圆柱时，可以使用临时用户坐标。将状态栏"DUCS"打开，然后直接将光标置于希望成为基准面的表面上，系统会自动亮显此面，作为临时用户坐标，过程如图 12-102 所示。

用上述方法，创建圆柱如图 12-101l 所示。利用差集，从组合体中减掉上述圆柱，即可得到孔，如图 12-101m 所示。

12.3.6 图样输出

1. 模型空间和图纸空间

工程上应用的图样都是通过打印机或绘图仪打印输出的，AutoCAD 既可以从模型空间

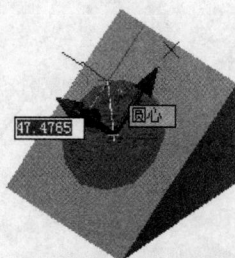

图 12-102　使用临时用户坐标方法

打印输出，也可以从图纸空间打印输出，最终的打印输出决定着绘制图形的步骤和图形、标注等比例的设置。因此，下面将分别讲解如何输出图样。

从模型空间打印输出适用于单视口的平面图形，其基本的指导思想就是利用所见即所得的特性，将所要打印在图纸上的内容也都显示在模型空间中，如图形、标注、文字、图框、标题栏等全部都创建在模型空间中，再打印出图。

对于平面制图，在模型空间绘图并在模型空间打印出图，这种方法基本可以满足要求。

从图纸空间利用布局内创建视口的打印输出方法适用于三维视图以及复杂平面图形的处理。一般做法是，在模型空间完成图形的创建，尺寸标注和文字注释可以在模型空间进行，也可以在图纸空间中进行，图框和标题栏在图纸空间下插入，之后完成多个视口的创建，排布好图纸，进行页面设置，配置打印机，打印出图。对于复杂的平面图，在图纸空间利用布局创建视口的方法比在模型空间打印出图要方便，在图纸空间使用布局创建多个不同比例的视口，就会比模型空间下多次缩放图形，再排好位置之后打印出图便利快速得多。

2. 布局设置

在模型空间中完成图形创建后，就可以通过"布局"选项卡（图 12-103）进入图纸空间开始编辑要打印的布局或者新建需要的布局。在 AutoCAD 中，可以创建多种布局，每个布局代表一张单独打印输出的图纸。创建新布局后，还可以在布局中创建浮动视口，视口中的各个视图可以用不同的比例打印。

在布局区域右击，可以新建布局、使用来自样板的布局，还可以创建布局向导，向导可以从头开始，包括配置打印机、确定图纸尺寸和方向、插入标题栏、定义视口、确定图纸插入时的拾取位置等。在向导中所做的设置，如果有不满意的地方，可以通过调出"页面设置"对话框再加以修改。

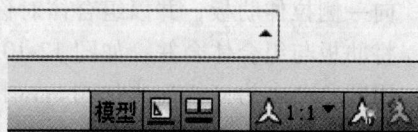

图 12-103　"布局"选项卡

一般情况下，直接单击"布局"选项卡，弹出"页面设置"对话框，从中可以根据需要指定布局和打印设备的设置，而且指定的设置与布局可以一起存储为页面设置。创建布局后，还可以修改这些设置。

3. 生成视图

在完成模型后，展开"建模"菜单，选择"实体视图"命令，自动进入布局，然后进行如下操作：

命令：_ solview

输入选项［UCS（U）/正交（O）/辅助（A）/截面（S）］：U（选择坐标系选项）

输入选项［命名（N)/世界（W)/？/当前（C)］<当前>：*W*

输入视图比例 <1>：*1*

指定视图中心：（选择视图中心，可以试选不同点，到合适为止）

指定视图中心 <指定视口>：（选定视图中心后按"Enter"键确认）

指定视口的第一个角点：（给出视口矩形框的第一个角点）

指定视口的对角点：（给出视口矩形框的另一个角点）

输入视图名：*shitu-l*（输入视图名称）

输入选项［UCS（U)/正交（O)/辅助（A)/截面（S)］：（此时可以按"Enter"键结束命令或继续创建其他视图）

命令结束后生成如图 12-104 所示视图。双击视图窗口内部，视图框变成粗线，此视图变成可编辑状态，可进行任何编辑修改。双击视图窗口外部，视图回到不可编辑状态，此时，视图窗口矩形框可以被编辑，如移动、改变大小等。

继续用视图命令，并选择正交（O)选项，进行如下操作：

命令：_ solview

输入选项［UCS（U)/正交（O)/辅助（A)/截面（S)］：*O*（选择选项"O"，正交生成视图，如已知主视图，可生成俯视图、左视图等）

指定视口要投影的那一侧：（选择源视图的一个边作为投射方向，如图 12-105 所示）

指定视图中心：（确定生成视图的方向和位置，如图 12-106 所示）

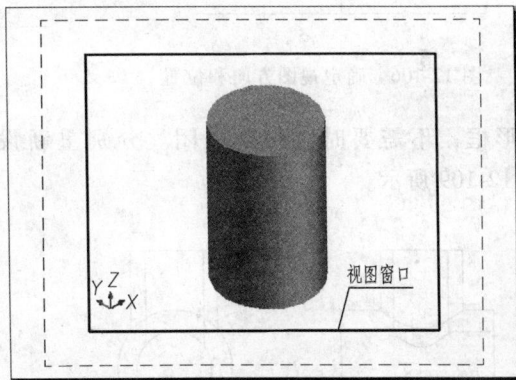

图 12-104 视图

指定视图中心 <指定视口>：（按"Enter"键结束方向和位置确定）

指定视口的第一个角点：

指定视口的对角点：

输入视图名：*zhushi*（输入视图名称）

输入选项［UCS（U)/正交（O)/辅助（A)/截面（S)］：（继续创建新视图或按"Enter"键结束命令）

命令结束，生成主视图，同样方法可生成左视图或其他图，如图 12-107 所示。

以图 12-108 中的实体为例，生成零件的主、左、俯视图。

创建视图窗口后，再选择下拉菜单"绘图"→"建模"→"设置"→"图形"命令生成二维图形，方法如下：

选择"图形"命令后直接选取视图窗口边框，按"Enter"键即可生成图形，如图 12-108 所示。

图形的图层由系统自动设置，以视图名称命名，并分为可见（VIS）和不可见（HID），图层中的"VPORTS"层是窗口

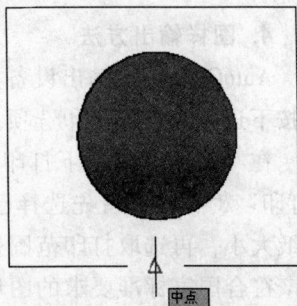

图 12-105 选择投射方向

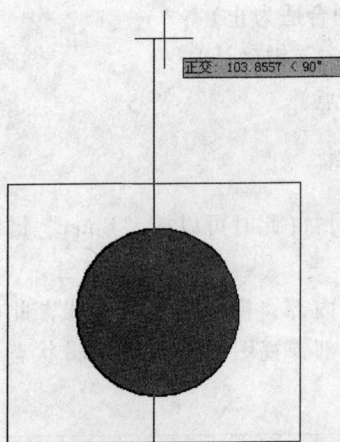

图 12-106　确定视图方向和位置

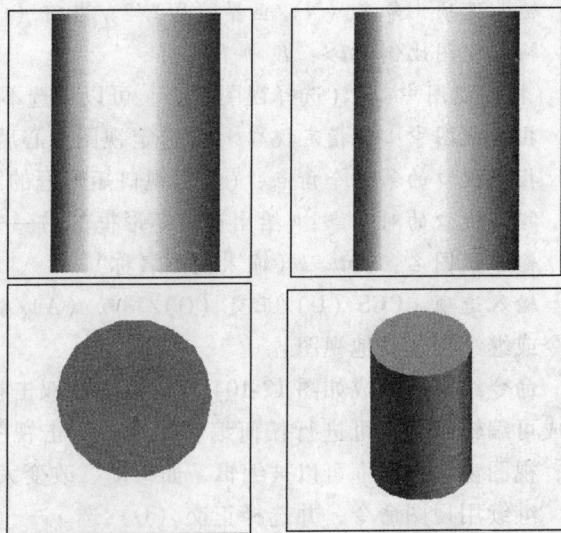

图 12-107　三视图窗口

矩形框，不需要时可将其关闭。分别重新设置图层属性，可得到符合要求的图形，如图 12-109 所示。

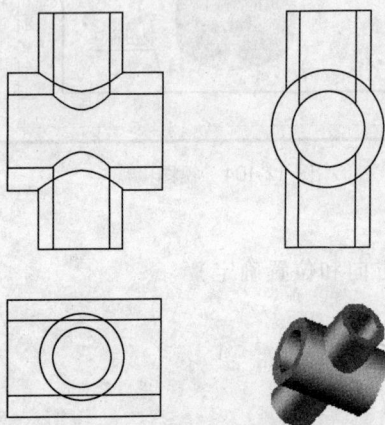

图 12-108　设置图形

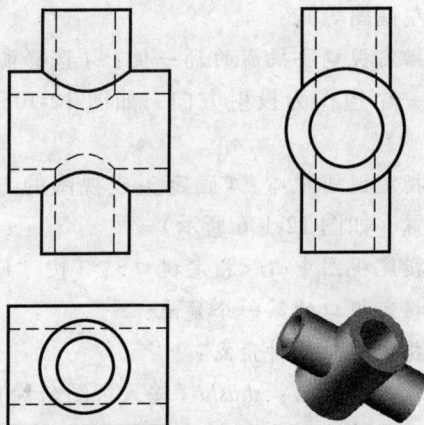

图 12-109　更改图层

4. 图样输出方法

AutoCAD 图样输出设备是绘图仪或打印机。打印之前，应先安装设备的驱动程序，然后按下述方法设置打印选项。

在"模型"状态下打印图样，可以直接选择下拉菜单"文件"→"打印"命令，打开"打印"对话框。首先选择已经安装的绘图仪或打印机，然后选择合适的、符合设备要求的图纸大小，再选取打印范围及打印位置，打印位置一般设置为居中；对于工程图，图样输出应该符合国家标准要求的图形比例，因此，可以设置图形比例为 1∶1；如果是没有比例要求的图形，还可以选择"布满图纸"，系统计算能打印全图的比例输出，如图 12-110 所示。

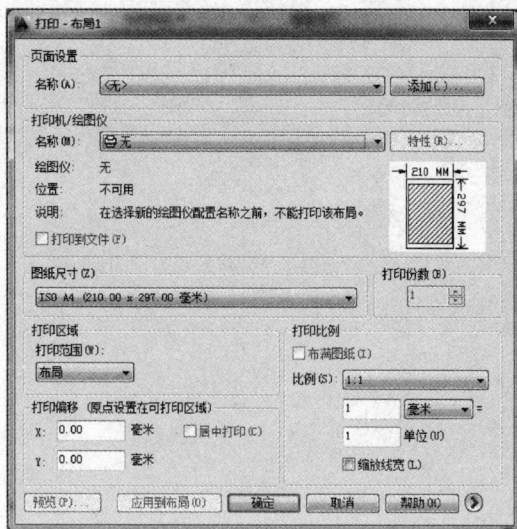

图 12-110 "打印"对话框

实践与练习

1）熟练运用绘图工具和仪器，保证仪器图的正确性和图面质量。

2）对直线和圆的徒手作图多加练习，提高徒手绘图的速度和质量。

3）掌握二维绘图的基本知识，通过分析复杂图形结构，灵活运用绘图功能，快速准确绘图。

4）学会分析三维实体，理解实体造型的本质，了解由三维设计到二维出图的设计过程。

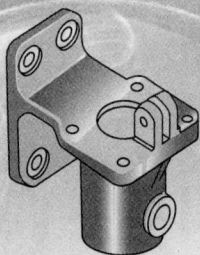

附 录

附录A 螺纹

附表1 普通螺纹直径与螺距系列、基本尺寸（GB/T 193—2003、GB/T 196—2003）（单位：mm）

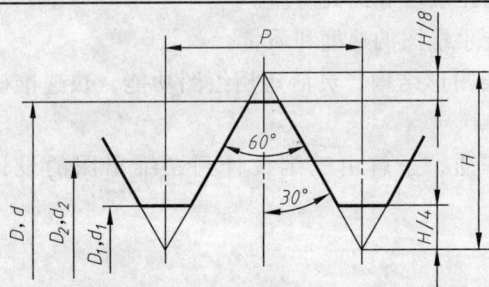

$H = 0.866025404P$

标记示例：

公称直径为24mm、螺距为1.5mm、右旋的细牙普通螺纹：M24×1.5

公称直径 D,d		螺距 P		粗牙小径	公称直径 D,d		螺距 P		粗牙小径
第一系列	第二系列	粗牙	细牙	D_1,d_1	第一系列	第二系列	粗牙	细牙	D_1,d_1
3		0.5	0.35	2.459		22	2.5	2,1.5,1	19.294
	3.5	0.6		2.850	24		3	2,1.5,1	20.752
4		0.7		3.242		27	3	2,1.5,1	23.752
	4.5	0.75	0.5	3.688					
5		0.8		4.134	30		3.5	（3）,2,1.5,1	26.211
6		1	0.75	4.917		33	3.5	（3）,2,1.5	29.211
8		1.25	1,0.75	6.647	36		4	3,2,1.5	31.670
10		1.5	1.25,1,0.75	8.376		39	4		34.670
12		1.75	1.25,1	10.106	42		4.5	4,3,2,1.5	37.129
	14	2	1.5,1.25,1	11.835		45	4.5		40.129
16		2	1.5,1	13.835	48		5		42.587
	18	2.5	2,1.5,1	15.294		52	5		46.587
20		2.5		17.294	56		5.5	4,3,2,1.5	50.046

注：1. 优先选用第一系列，括号内尺寸尽可能不用。

2. 公称直径 D、d 的第三系列未列入。

3. M14×1.25 仅用于火花塞。

4. 中径 D_2、d_2 未列入。

附表2 细牙普通螺纹螺距与小径的关系 （单位：mm）

螺距 P	小径 D_1、d_1	螺距 P	小径 D_1、d_1	螺距 P	小径 D_1、d_1
0.35	$d-1+0.621$	1	$d-2+0.917$	2	$d-3+0.835$
0.5	$d-1+0.459$	1.25	$d-2+0.647$	3	$d-4+0.752$
0.75	$d-1+0.188$	1.5	$d-2+0.376$	4	$d-5+0.670$

注：表中的小径按 $D_1=d_1=d-2\times\dfrac{5}{8}H$，$H=\dfrac{\sqrt{3}}{2}P$ 计算得出。

附表3 梯形螺纹直径与螺距系列、基本尺寸

（GB/T 5796.2—2005、GB/T 5796.3—2005） （单位：mm）

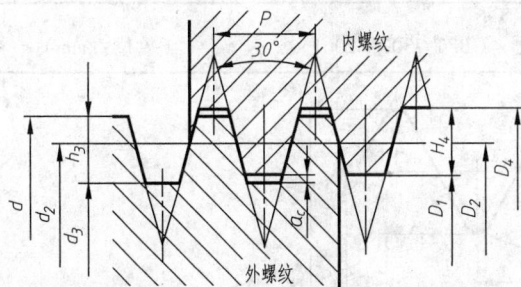

标记示例：

公称直径为40mm、导程为14mm、螺距为7mm的双线
左旋梯形螺纹：Tr40×14（P7）LH

公称直径 d 第一系列	公称直径 d 第二系列	螺距 P	中径 $d_2=D_2$	大径 D_4	小径 d_3	小径 D_1	公称直径 d 第一系列	公称直径 d 第二系列	螺距 P	中径 $d_2=D_2$	大径 D_4	小径 d_3	小径 D_1
8		1.5	7.25	8.30	6.20	6.50		22	3	20.50	22.50	18.50	19.00
									5	19.50	22.50	16.50	17.00
	9	1.5	8.25	9.30	7.20	7.50			8	18.00	23.00	13.00	14.00
		2	8.00	9.50	6.50	7.00	24		3	22.50	24.50	20.50	21.00
10		1.5	9.25	10.30	8.20	8.50			5	21.50	24.50	18.50	19.00
		2	9.00	10.50	7.50	8.00			8	20.00	25.00	15.00	16.00
	11	2	10.00	11.50	9.50	10.00		26	3	24.50	26.50	22.50	23.00
		3	9.50	11.50	7.50	8.00			5	23.50	26.50	20.50	21.00
12		2	11.00	12.50	9.50	10.00			8	22.00	27.00	17.00	18.00
		3	10.50	12.50	8.50	9.00	28		3	26.50	28.50	24.50	25.00
	14	2	13.00	14.50	11.50	12.00			5	25.50	28.50	22.50	23.00
		3	12.50	14.50	10.50	11.00			8	24.00	29.00	19.00	20.00
16		2	15.00	16.50	13.50	14.00		30	3	28.50	30.50	26.50	27.00
		4	14.00	16.50	11.50	12.00			6	27.00	31.00	23.00	24.00
	18	2	17.00	18.50	15.50	16.00			10	25.00	31.00	19.00	20.00
		4	16.00	18.50	13.50	14.00	32		3	30.50	32.50	28.50	27.00
20		2	19.00	20.50	17.50	18.00			6	29.00	33.00	25.00	26.00
		4	18.00	20.50	15.50	16.00			10	27.00	33.00	21.00	22.00

（续）

公称直径 d		螺距 P	中径 $d_2 = D_2$	大径 D_4	小径		公称直径 d		螺距 P	中径 $d_2 = D_2$	大径 D_4	小径	
第一系列	第二系列				d_3	D_1	第一系列	第二系列				d_3	D_1
	34	3	32.50	34.50	30.50	31.00		38	3	36.50	38.50	34.50	35.00
		6	31.00	35.00	27.00	28.00			7	34.50	39.00	30.00	31.00
		10	29.00	35.00	23.00	24.00			10	33.00	39.00	27.00	28.00
36		3	34.50	36.50	32.50	33.00	40		3	38.50	40.50	36.50	37.00
		6	33.00	37.00	29.00	30.00			7	36.50	41.00	32.00	33.00
		10	31.00	37.00	25.00	26.00			10	35.00	41.00	29.00	30.00

附表 4   55°非密封管螺纹（GB/T 7307—2001）   （单位：mm）

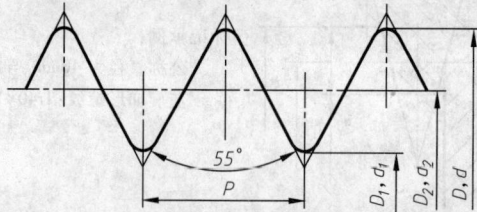

标记示例：

尺寸代号为3/4的右旋圆柱内螺纹：G3/4

尺寸代号	每25.4mm 内所包含的牙数 n	螺距 P	螺纹直径	
			大径 D, d	小径 D_1, d_1
1/8	28	0.907	9.728	8.566
1/4	19	1.337	13.157	11.445
3/8	19	1.337	16.662	14.950
1/2	14	1.814	20.955	18.631
5/8	14	1.814	22.911	20.587
3/4	14	1.814	26.441	24.117
7/8	14	1.814	30.201	27.877
1	11	2.039	33.249	30.291
1⅛	11	2.039	37.897	34.939
1¼	11	2.039	41.910	39.952
1½	11	2.039	47.803	44.845
1¾	11	2.039	53.746	50.788
2	11	2.039	59.614	56.656
2¼	11	2.039	65.710	62.752
2½	11	2.039	75.184	72.226
2¾	11	2.039	81.534	78.576
3	11	2.039	87.884	84.926

附录 B　常用标准件

附表 5　六角头螺栓（GB/T 5780—2016、GB/T 5781—2016）　　（单位：mm）

六角头螺栓　C 级（GB/T 5780—2016）　　　　六角头螺栓　全螺纹　C 级（GB/T 5781—2016）

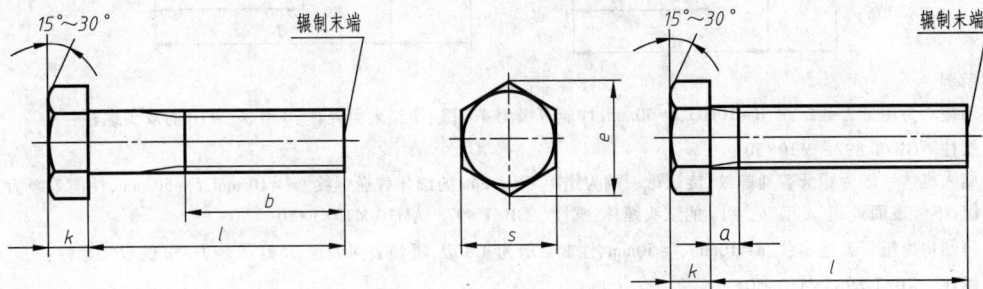

标记示例:

螺纹规格 d = M12、公称长度 l = 80mm、性能等级为 4.8 级、不经表面处理、产品等级为 C 级的六角头螺栓:

螺栓　GB/T 5780　M12×80

全螺纹时:螺栓　GB/T 5781　M12×80

螺纹规格 d			M5	M6	M8	M10	M12	M16	M20	M24	M30	M36
b 参考	$l \leqslant 125$		16	18	22	26	30	38	40	54	66	—
	$125 < l \leqslant 200$		22	24	28	32	36	44	52	60	72	84
	$l > 200$		35	37	41	45	49	57	65	73	85	97
a	max		2.4	3	4	4.5	5.3	6	7.5	9	10.5	12
e	min		8.63	10.89	14.2	17.59	19.85	26.17	32.95	39.55	50.85	60.79
k	公称		3.5	4	5.3	6.4	7.5	10	12.5	15	18.7	22.5
s	max		8	10	13	16	18	24	30	36	46	55
l 范围	GB/T 5780		25~50	30~60	40~80	45~100	55~120	65~160	80~200	100~240	120~300	140~360
	GB/T 5781		10~50	12~60	16~80	20~100	25~120	35~160	40~200	50~240	60~300	70~360
l 系列		10,12,16,20~65(5 进位),70~160(10 进位),180,220,240,260,280,300,320,340,360,380,400,420,440,460,480,500											

技术条件	材料	力学性能等级	螺纹公差	产品等级	表面处理
	钢	$d \leqslant 39$ 时,3.6、4.6、4.8;$d > 39$ 时,按协议	8g	C	不经处理;电镀技术要求按 GB/T 5267.1;非电解锌片涂层技术要求按 GB/T 5267.2;如需其他技术要求或表面处理,应由供需协议定

注:GB/T 5781—2016 螺纹公差为 6g。

附表6　双头螺柱（GB/T 897—1988、GB/T 898—1988）　　　（单位：mm）

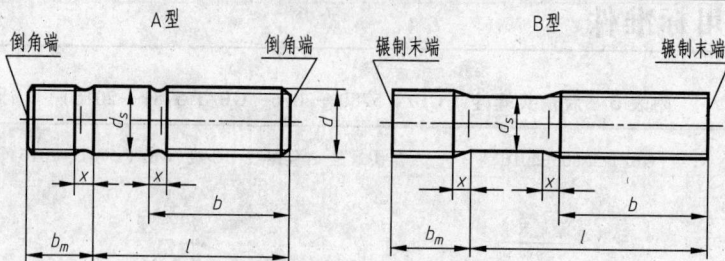

标记示例：

两端均为粗牙普通螺纹、$d=10$mm、$l=50$mm、性能等级为 4.8 级、不经表面处理、B 型、$b_m=1d$ 的双头螺柱：

螺柱　GB/T 897　M10×50

旋入机体一端为粗牙普通螺纹、旋螺母一端为螺距 $P=1$ mm 的细牙普通螺纹，$d=10$ mm、$l=50$ mm，性能等级为 4.8 级、不经表面处理、A 型、$b_m=1d$ 的双头螺柱：螺柱　GB/T 897　AM10-M10×1×50

两端均为粗牙普通螺纹、$d=10$mm、$l=50$mm、性能等级为 4.8 级、不经表面处理、B 型、$b_m=1.25d$ 的双头螺柱：

螺柱　GB/T 898　M10×50

螺纹规格 d	b_m 公称		d_s		X_{max}	b	l 公称
	GB/T 897	GB/T 898	max	min			
M5	5	6	5	4.7		10	16~(22)
						16	25~50
M6	6	8	6	5.7		10	20,(22)
						14	25,(28),30
						18	(32)~(75)
M8	8	10	8	7.64		12	20,(22)
						16	25,(28),30
						22	(32)~90
M10	10	12	10	9.64		14	25,(28)
						16	30~(38)
						26	40~120
					2.5P	32	130
					1.5P	16	25~30
M12	12	15	12	11.57		20	(32)~40
						30	45~120
						36	130~180
M16	16	20	16	15.57		20	30~(38)
						30	40~(55)
						38	60~120
						44	130~200
M20	20	25	20	19.48		25	35~40
						35	45~(65)
						46	70~120
						52	130~200

注：1. P 表示螺距。
　　2. l 系列：16,(18),20,(22),25,(28),30,(32),35,(38),40,45,50,(55),60,(65),70,(75),80,(85),90,(95), 100~200(10 进位)。括号内的数值尽可能不用。

附表7　螺钉（GB/T 65—2016、GB/T 67—2016、GB/T 68—2016）　（单位：mm）

开槽圆柱头螺钉（GB/T 65—2016）　　　　　　开槽盘头螺钉（GB/T 67—2016）

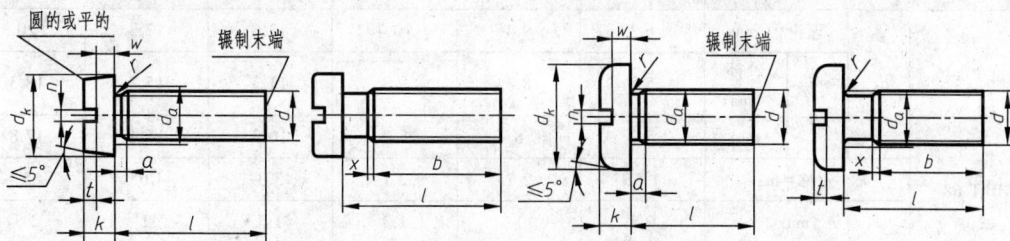

开槽沉头螺钉（GB/T 68—2016）

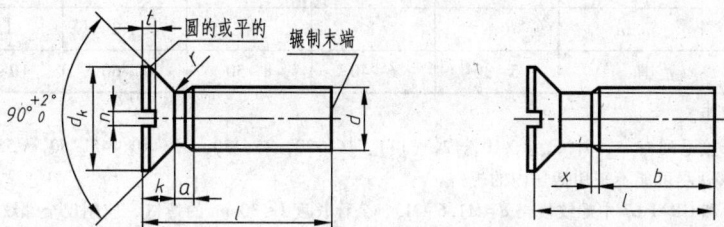

标记示例：

　　螺纹规格 M5、公称长度 $l=20$ mm、性能等级为 4.8 级、表面不经处理的 A 级开槽圆柱头螺钉：螺钉　GB/T 65　M5×20

螺纹规格 d			M3	M4	M5	M6	M8	M10
P			0.5	0.7	0.8	1	1.25	1.5
a	max		1	1.4	1.6	2	2.5	3
b	min		25	38	38	38	38	38
x	max		1.25	1.75	2	2.5	3.2	3.8
n	公称		0.8	1.2	1.2	1.6	2	2.5
	max		1	1.51	1.51	1.91	2.31	2.81
	min		0.86	1.26	1.26	1.66	2.06	2.56
GB/T 65	d_k	公称=max	5.5	7	8.5	10	13	16
		min	5.32	6.78	8.28	9.78	12.73	15.73
	k	公称=max	2	2.6	3.3	3.9	5	6
		min	1.86	2.46	3.12	3.6	4.7	5.7
	t	min	0.85	1.1	1.3	1.6	2	2.4
	w	min	0.75	1.1	1.3	1.6	2	2.4
GB/T 67	d_k	公称=max	5.6	8	9.5	12	16	20
		min	5.3	7.64	9.14	11.57	15.57	19.48
	k	公称=max	1.8	2.4	3	3.6	4.8	6
		min	1.66	2.26	2.86	3.3	4.5	5.7
	t	min	0.7	1	1.2	1.4	1.9	2.4
	w	min	0.7	1	1.2	1.4	1.9	2.4
GB/T 65 GB/T 67	r	min	0.1	0.2	0.2	0.25	0.4	0.4
	d_a	max	3.6	4.7	5.7	6.8	9.2	11.2
	l 范围		4~30	5~40	6~50	8~60	10~80	12~80

（续）

螺纹规格 d				M3	M4	M5	M6	M8	M10
GB/T 68	d_k	理论值 max		6.3	9.4	10.4	12.6	17.3	20
		实际值	公称=max	5.5	8.4	9.3	11.3	15.8	18.3
			min	5.2	8	8.9	10.9	15.4	17.8
	k	公称=max		1.65	2.7	2.7	3.3	4.65	5
	r	max		0.8	1	1.3	1.5	2	2.5
	t	max		0.85	1.3	1.4	1.6	2.3	2.6
		min		0.6	1	1.1	1.2	1.8	2
	l 范围			5~30	6~40	8~50	8~60	10~80	12~80

注: 1. P 表示螺距。

2. 螺钉的长度系列 l: 4、5、6、8、10、12、（14）、16、20、25、30、35、40、45、50、（55）、60、（65）、70、（75）、80，尽可能不采用括号内的规格。

3. GB/T 65 和 GB/T 67 中螺纹规格 d=M1.6~M3、公称长度 l≤30mm 的螺钉，应制出全螺纹；螺纹规格 d=M4~M10、公称长度 l≤40mm 的螺钉，应制出全螺纹（b=l-a）。GB/T 68 中的螺纹规格 d=M1.6~M3、公称长度 l≤30mm 的螺钉，应制出全螺纹；公称长度 l≤45mm，而螺纹规格 d=M4~M10 的螺钉也制出全螺纹〔b=l-$(k+a)$〕。

4. d_a 表示过渡圆直径。

5. 无螺纹部分杆径约等于中径或等于螺纹大径。

附表 8　内六角圆柱头螺钉（GB/T 70.1—2008）　　　　　（单位：mm）

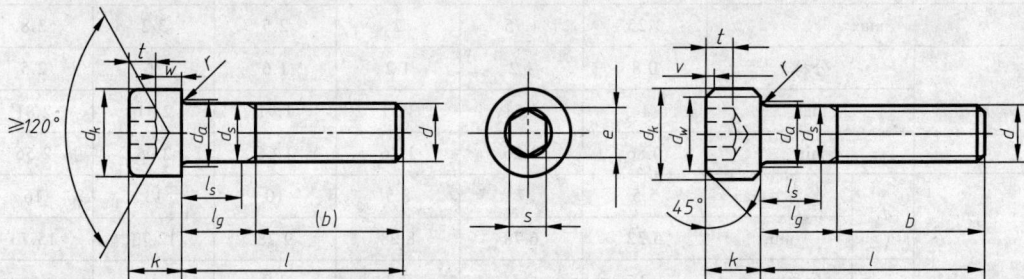

标记示例：

螺纹规格 d=M5、公称长度 l=20mm、性能等级为 8.8 级、表面氧化的 A 级内六角圆柱头螺钉：

螺钉　GB/T 70.1　M5×20

螺纹规格 d		M4	M5	M6	M8	M10	M12	（M14）	M16	M20	M24
P		0.7	0.8	1	1.25	1.5	1.75	2	2	2.5	3
b 参考		20	22	24	28	32	36	40	44	52	60
d_k	max[①]	7	8.5	10	13	16	18	21	24	30	36
	max[②]	7.22	8.72	10.22	13.27	16.27	18.27	21.33	24.33	30.33	36.39
	min	6.78	8.28	9.78	12.73	15.73	17.73	20.67	23.67	29.67	35.61
d_a	max	4.7	5.7	6.8	9.2	11.2	13.7	15.7	17.7	22.4	26.4
d_s	max	4	5	6	8	10	12	14	16	20	24
	min	3.82	4.82	5.82	7.78	9.78	11.73	13.73	15.73	19.67	23.67

（续）

螺纹规格 d		M4	M5	M6	M8	M10	M12	(M14)	M16	M20	M24
k	max	4	5	6	8	10	12	14	16	20	24
	min	3.82	4.82	5.70	7.64	9.64	11.57	13.57	15.57	19.48	23.48
t	min	2	2.5	3	4	5	6	7	8	10	12
s	公称	3	4	5	6	8	10	12	14	17	19
	max	3.08	4.10	5.14	6.14	8.18	10.18	12.21	14.21	17.23	19.28
	min	3.02	4.02	5.02	6.02	8.03	10.03	12.03	14.03	17.05	19.07
e	min	3.44	4.58	5.72	6.68	9.15	11.43	13.72	16.00	19.44	21.73
v	max	0.4	0.5	0.6	0.8	1.0	1.2	1.4	1.6	2.0	2.4
d_w	min	6.53	8.03	9.38	12.33	15.33	17.33	20.17	23.17	28.87	34.81
w	min	1.4	1.9	2.3	3.3	4	4.8	5.8	6.8	8.6	10.4
r	min	0.2		0.25	0.4		0.6			0.8	
l 范围		6~40	8~50	10~60	12~80	16~100	20~120	25~140	25~160	30~200	35~200
l 系列		6,8,10,12,16,20,25,30,35,40,45,50,55,60,65,70,80,90,100,110,120,130,140,150,160,180,200									

注：1. 尽可能不采用括号内的规格。
　　2. P 表示螺距。
　　① 光滑头部。
　　② 滚花头部。

附表9　紧定螺钉（GB/T 71—1985、GB/T 73—1985、GB/T 75—1985）（单位：mm）

开槽锥端紧定螺钉
（GB/T 71—1985）

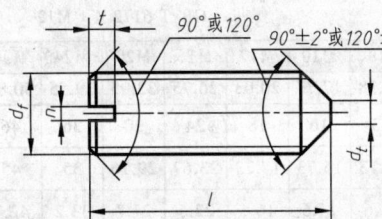

开槽平端紧定螺钉
（GB/T 73—1985）

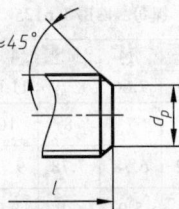

开槽长圆柱端紧定螺钉
（GB/T 75—1985）

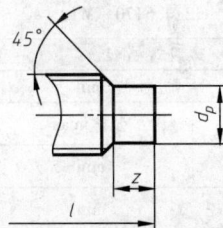

标记示例：

螺纹规格 d=M5、公称长度 l=12mm、性能等级为 14H 级、表面氧化的开槽锥端紧定螺钉：螺钉　GB/T 71　M5×12

螺纹规格 d			M2	M2.5	M3	M4	M5	M6	M8	M10	M12
d_f ≈ 或 max			螺纹小径								
n	公称		0.25	0.4	0.4	0.6	0.8	1	1.2	1.6	2
t		min	0.64	0.72	0.8	1.12	1.28	1.6	2	2.4	2.8
		max	0.84	0.95	1.05	1.42	1.63	2	2.5	3	3.6
GB/T 71	d_t	min	—	—	—	—	—	—	—	—	—
		max	0.2	0.25	0.3	0.4	0.5	1.5	2	2.5	3
	l		3~10	3~12	4~16	6~20	8~25	8~30	10~40	12~50	(14)~60
GB/T 73 GB/T 75	d_p	min	0.75	1.25	1.75	2.25	3.2	4	5.2	7	8.5
		max	1	1.5	2	2.5	3.5	4	5.5	7	8.5

（续）

螺纹规格 d			M2	M2.5	M3	M4	M5	M6	M8	M10	M12
GB/T 73	l	120°	2~2.5	2.5~3	3	4	5	6	—	—	—
		90°	3~10	4~12	4~16	5~20	6~25	8~30	8~40	10~50	12~60
GB/T 75	z	min	1	1.25	1.5	2	2.5	3	4	5	6
		max	1.25	1.5	1.75	2.25	2.75	3.25	4.3	5.3	6.3
	l	120°	3	4	5	6	8	8~10	10~(14)	12~16	(14)~20
		90°	4~10	5~12	6~16	8~20	10~25	12~30	16~40	20~50	25~60

注：1. 在 GB/T 71 中，当 d=M2.5、l=3mm 时，螺钉两端的倒角均为 120°。

　　2. 尽可能不采用括号内的规格。

附表10　螺母（GB/T 6170—2015、GB/T 6175—2016、GB/T 6172.1—2016）　（单位：mm）

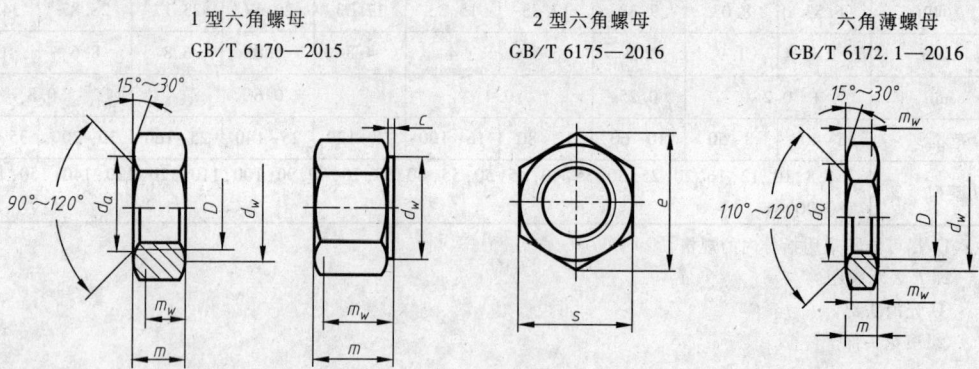

1 型六角螺母
GB/T 6170—2015

2 型六角螺母
GB/T 6175—2016

六角薄螺母
GB/T 6172.1—2016

标记示例：

　　螺纹规格为 M12、不经表面处理、产品等级为 A 级的六角螺母：

1 型	2 型	薄螺母
螺母　GB/T 6170　M12	螺母　GB/T 6175　M12	螺母　GB/T 6172.1　M12

螺纹规格 D			M3	M4	M5	M6	M8	M10	M12	M16	M20	M24	M30	M36
e		min	6.01	7.66	8.79	11.05	14.38	17.77	20.03	26.75	32.95	39.55	50.85	60.79
s		公称 max	5.5	7	8	10	13	16	18	24	30	36	46	55
		min	5.32	6.78	7.78	9.78	12.73	15.73	17.73	23.67	29.16	35	45	53.8
d_w		min	4.6	5.9	6.9	8.9	11.6	14.6	16.6	22.5	27.7	33.2	42.7	51.1
d_a		max	3.45	4.6	5.75	6.75	8.75	10.8	13	17.3	21.6	25.9	32.4	38.9
GB/T 6170	m	max	2.4	3.2	4.7	5.2	6.8	8.4	10.8	14.8	18	21.5	25.6	31
		min	2.15	2.9	4.4	4.9	6.44	8.04	10.37	14.1	16.9	20.2	24.3	29.4
	m_w	min	1.7	2.3	3.5	3.9	5.2	6.4	8.3	11.3	13.5	16.2	19.4	23.5
	c	max	0.4	0.4	0.5	0.5	0.6	0.6	0.6	0.6	0.8	0.8	0.8	0.8
GB/T 6172.1	m	max	1.8	2.2	2.7	3.2	4	5	6	8	10	12	15	18
		min	1.55	1.95	2.45	2.9	3.7	4.7	5.7	7.42	9.10	10.9	13.9	16.9
	m_w	min	1.2	1.6	2.0	2.3	3	3.8	4.6	5.9	7.3	8.7	11.1	13.5
GB/T 6175	m	max	—	—	5.1	5.7	7.5	9.3	12	16.4	20.3	23.9	28.6	34.7
		min	—	—	4.8	5.4	7.14	8.94	11.57	15.7	19	22.6	27.3	33.1
	m_w	min	—	—	3.84	4.32	5.71	7.15	9.26	12.6	15.2	18.1	21.8	26.5
	c	max	—	—	0.5	0.5	0.6	0.6	0.8	0.8	0.8	0.8	0.8	0.8

附表 11　垫圈（GB/T 848—2002、GB/T 97.1—2002、GB/T 97.2—2002、GB/T 95—2002）

（单位：mm）

小垫圈　A 级	平垫圈　A 级	平垫圈倒角型　A 级	平垫圈　C 级
GB/T 848—2002	GB/T 97.1—2002	GB/T 97.2—2002	GB/T 95—2002

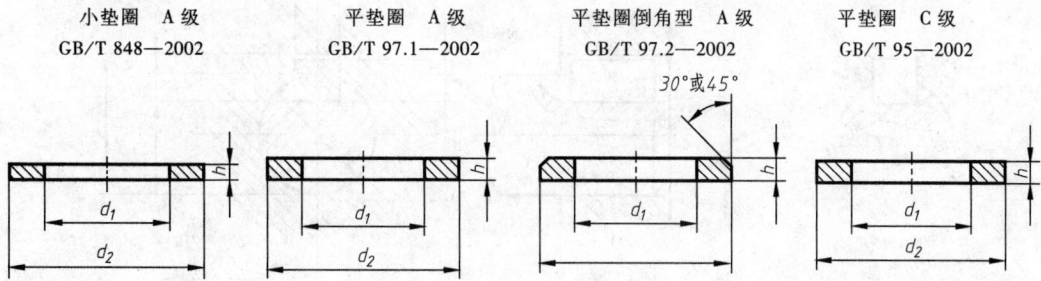

标记示例：

标准系列、公称规格 8mm、由 A2 组不锈钢制造的硬度等级为 200HV 级、不经表面处理、产品等级为 A 级、倒角型
平垫圈：垫圈　GB/T 97.2　8　A2

公称尺寸(螺纹规格 d)			3	4	5	6	8	10	12	14	16	20	24	30	36
内径 d_1	产品等级	A	3.2	4.3	5.3	6.4	8.4	10.5	13	15	17	21	25	31	37
		C	3.4	4.5	5.5	6.6	9	11	13.5	15.5	17.5	22	26	33	39
GB/T 848	外径 d_2		6	8	9	11	15	18	20	24	28	34	39	50	60
	厚度 h		0.5	0.5	1	1.6	1.6	1.6	2	2.5	2.5	3	4	4	5
GB/T 97.1 GB/T 97.2 GB/T 95	外径 d_2		7	9	10	12	16	20	24	28	30	37	44	56	66
	厚度 h		0.5	0.8	1	1.6	1.6	2	2.5	2.5	3	3	4	4	5

附表 12　标准型弹簧垫圈（GB/T 93—1987）　　　（单位：mm）

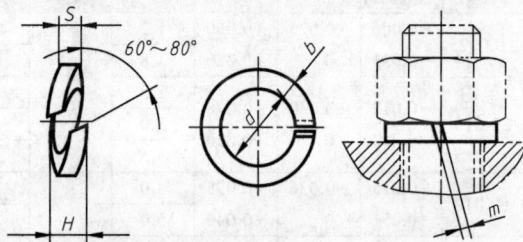

标记示例：

规格 16mm、材料为 65Mn、表面氧化的标准型弹簧垫圈：垫圈　GB/T 93　16

公称尺寸(螺纹规格 d)		4	5	6	8	10	12	16	20	24	30
d	min	4.1	5.1	6.1	8.1	10.2	12.2	16.2	20.2	24.5	30.5
	max	4.4	5.4	6.68	8.68	10.9	12.9	16.9	21.04	25.5	31.5
$S(b)$	公称	1.1	1.3	1.6	2.1	2.6	3.1	4.1	5	6	7.5
	min	1	1.2	1.5	2	2.45	2.95	3.9	4.8	5.8	7.2
	max	1.2	1.4	1.7	2.2	2.25	3.25	4.3	5.2	6.2	7.8
H	min	2.2	2.6	3.2	4.2	5.2	6.2	8.2	10	12	15
	max	2.75	3.25	4	5.25	6.5	7.75	10.25	12.5	15	18.5
$m \leqslant$		0.55	0.65	0.8	1.05	1.3	1.55	2.05	2.5	3	3.75

附表 13 键（GB/T 1096—2003、GB/T 1095—2003）　　　　（单位：mm）

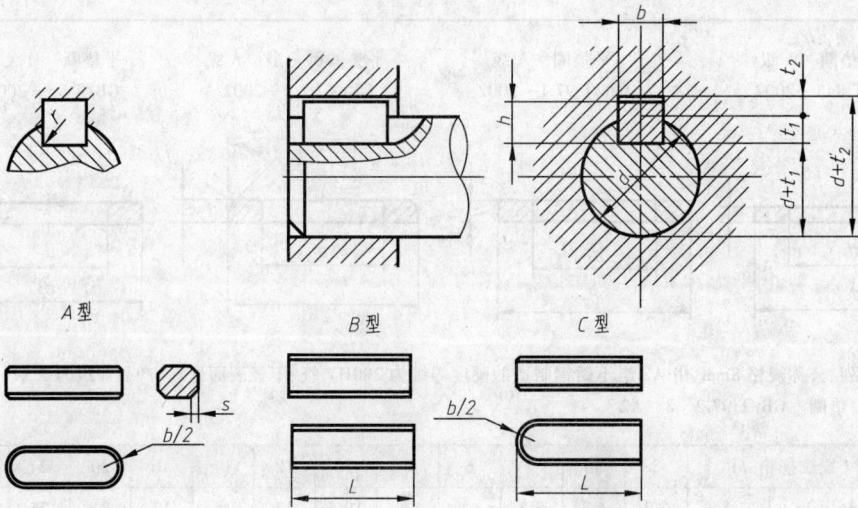

A 型　　　　　*B 型*　　　　　*C 型*

标记示例：
　普通 A 型平键，$b=18$mm，$h=11$mm，$L=100$mm：GB/T 1096 键 18×11×100
　普通 B 型平键，$b=18$mm，$h=11$mm，$L=100$mm：GB/T 1096 键 B 18×11×100
　普通 C 型平键，$b=18$mm，$h=11$mm，$L=100$mm：GB/T 1096 键 C 18×11×100

键		键　槽										
		宽度 b					深度				半径 r	
$b×h$	L	正常联结		紧密联结	松联结		轴 t_1		毂 t_2			
		轴 N9	毂 JS9	轴和毂 P9	轴 H9	毂 D10	公称尺寸	极限偏差	公称尺寸	极限偏差	min	max
2×2	6~20	−0.004	±0.0125	−0.006	+0.025	+0.060	1.2		1.0		0.08	0.16
3×3	6~36	−0.029		−0.031	0	+0.020	1.8	+0.1 0	1.4	+0.1 0		
4×4	8~45	0 −0.030	±0.015	−0.012	+0.030	+0.078	2.5		1.8			
5×5	10~56			−0.042	0	+0.030	3.0		2.3		0.16	0.25
6×6	14~70						3.5		2.8			
8×7	18~90	0 −0.036	±0.018	−0.015	+0.036	+0.098	4.0		3.3			
10×8	22~110			−0.051	0	+0.040	5.0		3.3			
12×8	28~140						5.0		3.3			
14×9	36~160	0 −0.043	±0.0215	−0.018	+0.043	+0.120	5.5		3.8		0.25	0.40
16×10	45~180			−0.061	0	+0.050	6.0	+0.2 0	4.3	+0.2 0		
18×11	50~200						7.0		4.4			
20×12	56~220						7.5		4.9			
22×14	63~250	0 −0.052	±0.026	−0.022	+0.052	+0.149	9.0		5.4			
25×14	70~280			−0.074	0	+0.065	9.0		5.4		0.40	0.60
28×16	80~326						10.0		6.4			
32×18	90~360	0 −0.062	±0.031	−0.026	+0.062	+0.180	11.0		7.4			
36×20	100~400			−0.088	0	+0.080	12.0	+0.3 0	8.4	+0.3 0		
40×22	100~400						13.0		9.4		0.70	1.00
45×25	110~450						15.0		10.4			
50×28	125~500						17.0		11.4			
L 系列	6,8,10,12,14,16,18,20,22,25,28,32,36,40,45,50,56,63,70,80,90,100,110,125,140,160,180,200,220,250,280,320,360,400,450,500											

附表 14　圆柱销（GB/T 119.1—2000、GB/T 119.2—2000）　　　　（单位：mm）

不淬硬钢和奥氏体不锈钢圆柱销(GB/T 119.1—2000)
淬硬钢和马氏体不锈钢圆柱销（GB/T 119.2—2000）

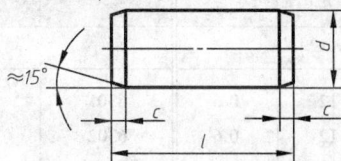

标记示例：
　　公称直径 d=6mm、公差为 m6、公称长度 l=30mm、材料为钢、不经淬火、不经表面处理的圆柱销：
　　销　GB/T 119.1　6 m6×30

	d	3	4	5	6	8	10	12	16	20	25	30	40	50
	$c\approx$	0.5	0.63	0.8	1.2	1.6	2	2.5	3	3.5	4	5	6.3	8
l 范围	GB/T 119.1	8~30	8~40	10~50	12~60	14~80	18~95	22~140	26~180	35~200	50~200	60~200	80~200	95~200
	GB/T 119.2	8~30	10~40	12~50	14~60	18~80	22~100	26~100	40~100	50~100	—			
l 系列		2,3,4,5,6~32(2 进位),35~100(5 进位),120~200(20 进位)												

注：1. GB/T 119.1 规定圆柱销的公称直径 d=0.6~50mm，公称长度 l=2~200mm，公差有 m6 和 h8。GB/T 119.2 规定圆柱销的公称直径 d=1~20mm，公称长度 l=3~100mm，公差仅有 m6。
　　2. 当圆柱销的公差为 h8 时，其表面粗糙度 $Ra \le 1.6\mu m$。
　　3. 圆柱销的材料常用 35 钢。

附表 15　圆锥销（GB/T 117—2000）　　　　（单位：mm）

A 型(磨削)　　　　　　　　　　　　　　　　　B 型(切削或冷镦)

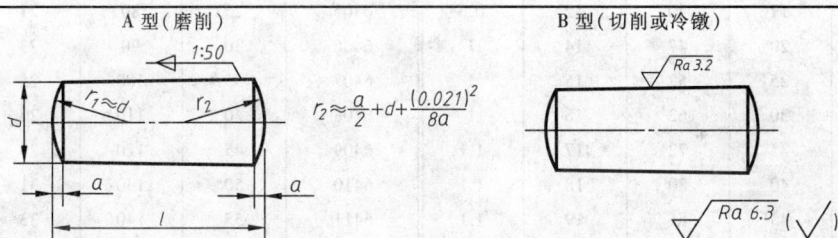

$$r_2 \approx \frac{a}{2} + d + \frac{(0.021)^2}{8a}$$

标记示例：
　　公称直径 d=10mm、公称长度 l=60mm、材料为 35 钢、热处理硬度 28~38HRC、表面氧化处理的 A 型圆锥销：
　　销　GB/T 117　10×60

d	4	5	6	8	10	12	16	20	25	30	40	50
$a\approx$	0.5	0.63	0.8	1	1.2	1.6	2	2.5	3	4	5	6.3
l 范围	14~55	18~80	22~90	22~120	26~160	32~180	40~200	45~200	50~200	55~200	60~200	65~200
l 系列	14,16,18,20,22,24,26,28,30,32,35,40,45,50,55,60,65,70,75,80,85,90,95,100,120,140,160,180,200											

附表 16　深沟球轴承（GB/T 276—2013）

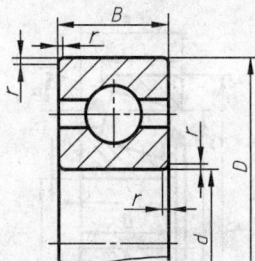

r_{smin}：r 的最小单一倒角尺寸

（续）

轴承代号	外形尺寸/mm				轴承代号	外形尺寸/mm			
	d	D	B	r_{smin}		d	D	B	r_{smin}
(1)0 系列					(0)3 系列				
6004	20	42	12	0.6	6301	12	37	12	1
6005	25	47	12	0.6	6302	15	42	13	1
6006	30	55	13	1	6303	17	47	14	1
6007	35	62	14	1	6304	20	52	15	1.1
6008	40	68	15	1	6305	25	62	17	1.1
6009	45	75	16	1	6306	30	72	19	1.1
6010	50	80	16	1	6307	35	80	21	1.5
6011	55	90	18	1.1	6308	40	90	23	1.5
6012	60	95	18	1.1	6309	45	100	25	1.5
6013	65	100	18	1.1	6310	50	110	27	2
6014	70	110	20	1.1	6311	55	120	29	2
6015	75	115	20	1.1	6312	60	130	31	2.1
(0)2 系列					(0)4 系列				
6201	12	32	10	0.6	6403	17	62	17	1.1
6202	15	35	11	0.6	6404	20	72	19	1.1
6203	17	40	12	0.6	6405	25	80	21	1.5
6204	20	47	14	1	6406	30	90	23	1.5
6205	25	52	15	1	6407	35	100	25	1.5
6206	30	62	16	1	6408	40	110	27	2
6207	35	72	17	1.1	6409	45	120	29	2
6208	40	80	18	1.1	6410	50	130	31	2.1
6209	45	85	19	1.1	6411	55	140	33	2.1
6210	50	90	20	1.1	6412	60	150	35	2.1
6211	55	100	21	1.5	6413	65	160	37	2.1
6212	60	110	22	1.5	6414	70	180	42	3
6213	65	120	23	1.5	6415	75	190	45	3
6214	70	125	24	1.5	6416	80	200	48	3
6215	75	130	25	1.5	6417	85	210	52	4

附表 17　圆锥滚子轴承（GB/T 297—2015）

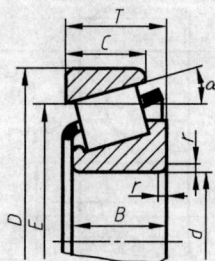

（续）

轴承代号	外形尺寸/mm						轴承代号	外形尺寸/mm					
	d	D	T	B	C	E		d	D	T	B	C	E
02 系列							20 系列						
30202	15	35	11.75	11	10	—	32004	20	42	15	15	12	32.781
30203	17	40	13.25	12	11	31.408	320/22	22	44	15	15	11.5	34.708
30204	20	47	15.25	14	12	37.304	32005	25	47	15	15	11.5	37.393
30205	25	52	16.25	15	13	41.135	320/28	28	52	16	16	12	41.991
30206	30	62	17.25	16	14	49.990	32006	30	55	17	17	13	44.438
30207	35	72	18.25	17	15	58.844	320/32	32	58	17	17	13	46.708
30208	40	80	19.75	18	16	65.730	32007	35	62	18	18	14	50.510
30209	45	85	20.75	19	16	70.440	32008	40	68	19	19	14.5	56.897
30210	50	90	21.75	20	17	75.078	32009	45	75	20	20	15.5	63.248
30211	55	100	22.75	21	18	84.197	32010	50	80	20	20	15.5	67.481
30212	60	110	23.75	22	19	91.876	32011	55	90	23	23	17.5	76.505
30213	65	120	24.75	23	20	101.934	32012	60	95	23	23	17.5	80.634
30214	70	125	26.25	24	21	105.748	32013	65	100	23	23	17.5	85.567
03 系列							29 系列						
30302	15	42	14.25	13	11	33.272	32904	20	37	12	12	9	29.621
30303	17	47	15.25	14	12	37.420	32905	25	42	12	12	9	34.608
30304	20	52	16.25	15	13	41.318	32906	30	47	12	12	9	39.617
30305	25	62	18.25	17	15	50.637	32907	35	55	14	14	11.5	47.220
30306	30	72	20.75	19	16	58.287	32908	40	62	15	15	12	53.388
30307	35	80	22.75	21	18	65.769	32909	45	68	15	15	12	58.852
30308	40	90	25.75	23	20	72.703	32910	50	72	15	15	12	62.748
30309	45	100	27.25	25	22	81.780	32911	55	80	17	17	14	69.503
30310	50	110	29.25	27	23	90.633	32912	60	85	17	17	14	74.185
30311	55	120	31.5	29	25	99.146	32913	65	90	17	17	14	78.849
30312	60	130	33.5	31	26	107.769	32914	70	100	20	20	16	88.590
30313	65	140	36	33	28	116.846	32915	75	105	20	20	16	93.223
30314	70	150	38	35	30	125.244	32916	80	110	20	20	16	97.974
22 系列							31 系列						
32203	17	40	17.25	16	14	31.170	33108	40	75	26	26	20.5	61.169
32204	20	47	19.25	18	15	35.810	33109	45	80	26	26	20.5	65.700
32205	25	52	19.25	18	16	41.331	33110	50	85	26	26	20	70.214
32206	30	62	21.25	20	17	48.982	33111	55	95	30	30	23	78.893
32207	35	72	24.25	23	19	57.087	33112	60	100	30	30	23	83.522
32208	40	80	24.75	23	19	64.715	33113	65	110	34	34	26.5	91.653
32209	45	85	24.75	23	19	69.610	33114	70	120	37	37	29	99.733
32210	50	90	24.75	23	19	74.226	33115	75	125	37	37	29	104.358

附表 18　推力球轴承（GB/T 301—2015）

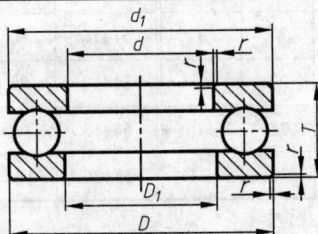

（续）

轴承代号	外形尺寸/mm						轴承代号	外形尺寸/mm					
	d	d_{1smax}	D	D_{1smin}	T	r_{smin} [①]		d	d_{1smax}	D	D_{1smin}	T	r_{smin} [①]
11 系列							13 系列						
51104	20	35	35	21	10	0.3	51304	20	47	47	22	18	1
51105	25	42	42	26	11	0.6	51305	25	52	52	27	18	1
51106	30	47	47	32	11	0.6	51306	30	60	60	32	21	1
51107	35	52	52	37	12	0.6	51307	35	68	68	37	24	1
51108	40	60	60	42	13	0.6	51308	40	78	78	42	26	1
51109	45	65	65	47	14	0.6	51309	45	85	85	47	28	1
51110	50	70	70	52	14	0.6	51310	50	95	95	52	31	1.1
51111	55	78	78	57	16	1	51311	55	105	105	57	35	1.1
51112	60	85	85	62	17	1	51312	60	110	110	62	35	1.1
51113	65	90	90	67	18	1	51313	65	115	115	67	36	1.1
51114	70	95	95	72	18	1	51314	70	125	125	72	40	1.1
51115	75	100	100	77	19	1	51315	75	135	135	77	44	1.5
51116	80	105	105	82	19	1	51316	80	140	140	82	44	1.5
51117	85	110	110	87	19	1	51317	85	150	150	88	49	13
51118	90	120	120	92	22	1	14 系列						
12 系列							51405	25	60	60	27	24	1
51204	20	40	40	22	14	0.6	51406	30	70	70	32	28	1
51205	25	47	47	27	15	0.6	51407	35	80	80	37	32	1.1
51206	30	52	52	32	16	0.6	51408	40	90	90	42	36	1.1
51207	35	62	62	37	18	1	51409	45	100	100	47	39	1.1
51208	40	68	68	42	19	1	51410	50	110	110	52	43	1.5
51209	45	73	73	47	20	1	51411	55	120	120	57	48	1.5
51210	50	78	78	52	22	1	51412	60	130	130	62	51	1.5
51211	55	90	90	57	25	1	51413	65	140	140	68	56	2
51212	60	95	95	62	26	1	51414	70	150	150	73	60	2
51213	65	100	100	67	27	1	51415	75	160	160	78	65	2
51214	70	105	105	72	27	1	51416	80	170	170	83	68	2.1
51215	75	110	110	77	27	1	51417	85	177	180	88	72	2.1
51216	80	115	115	82	28	1	51418	90	197	190	93	77	2.1
51217	85	125	125	88	31	1.1	51420	100	205	210	103	85	3

① 对应的最大倒角尺寸在 GB/T 274 中规定。

附表 19　常用材料

名称	牌号	应用举例	说明
碳素结构钢	Q195	受轻载荷机件、铆钉、螺钉、垫片、外壳、焊接件	"Q"为钢的屈服强度的"屈"字汉语拼音首位字母,数字为屈服强度数值(MPa)
	Q215	受力不大的铆钉、螺钉、轴、轮轴、凸轮、焊接件、渗碳件	
	Q235	螺栓、螺母、拉杆、钩、连杆、楔、轴、焊接件	
	Q275	重要的螺钉、拉杆、钩、楔、连杆、轴、销、齿轮	
优质碳素结构钢	08F	可塑性好的零件:管子、垫片、渗碳件、碳氮共渗件	数字表示钢中碳的质量分数的平均万分数,如"45"表示平均碳的质量分数为 0.45% 数字增加,抗拉强度、硬度依次增加,伸长率依次降低
	10	拉杆、卡头、垫片、焊接件	
	15	渗碳件、紧固件、冲模锻件、化工贮器	
	20	杠杆、轴套、钩、螺钉、渗碳件与碳氮共渗件	
	25	轴、辊子、连接器、紧固件中的螺栓与螺母	
	30	曲轴、转轴、轴销、连杆、横梁、星轮	
	35	曲轴、摇杆、拉杆、键、销、螺栓	
	40	齿轮、齿条、链轮、凸轮、轧辊、曲柄轴	
	45	齿轮、轴、联轴器、衬套、活塞销、链轮	
	50	活塞杆、轮轴、齿轮、不重要的弹簧	
	55	齿轮、连杆、扁弹簧、轧辊、偏心轮、轮圈、轮缘	
	60	叶片、弹簧	
	30Mn	螺栓、杠杆、制动板	锰的质量分数在 0.7%～1.2% 的优质碳素钢
	40Mn	用于承受疲劳载荷的零件:轴、曲轴、万向联轴器	
	50Mn	用于高载荷下耐磨的热处理零件:齿轮、凸轮、摩擦片	
	60Mn	弹簧、发条	
合金结构钢	15Cr	渗碳齿轮、凸轮、活塞销、离合器	1)合金结构钢前面两位数字表示钢中碳的质量分数的平均万分数 2)合金元素以化学符号表示 3)合金元素的质量分数小于 1.5%时仅注出元素符号
	20Cr	较重要的渗碳件	
	30Cr	重要的调质零件:轮轴、齿轮、摇杆、螺栓	
	40Cr	较重要的调质零件:齿轮、进气阀、辊子、轴	
	45Cr	强度及耐磨性高的轴、齿轮、螺栓	
	20CrMnTi	汽车上重要渗碳件:齿轮	
	30CrMnTi	汽车、拖拉机上强度特高的渗碳齿轮	
	40CrMn	强度高、耐磨性高的大齿轮,主轴	
铸钢	ZG230-450	机座、箱体、支架	"ZG"表示铸钢,第一组数字表示屈服强度值(MPa),第二组数字表示抗拉强度值(MPa)
	ZG310-570	齿轮、飞轮、机架	
灰铸铁	HT100 HT150	低强度铸铁,应用于盖、手轮、支架 中强度铸铁,应用于底座、刀架、轴承座、胶带轮端盖	"HT"表示灰铸铁,后面的数字表示抗拉强度值(MPa)
	HT200 HT250	高强度铸铁:床身、机座、齿轮、凸轮、气缸泵体、联轴器	

（续）

名称	牌号	应用举例	说明
灰铸铁	HT300 HT350	高强度耐磨铸铁,应用于齿轮、凸轮、重载荷床身、高压泵、阀壳体、锻模、冲模	"HT"表示灰铸铁,后面的数字表示抗拉强度值(MPa)
球墨铸铁	QT800-2 QT700-2 QT600-3	具有较高强度,但塑性低,应用于曲轴、凸轮轴、齿轮、气缸、缸套、轧辊、水泵轴、活塞环、摩擦片	"QT"表示球墨铸铁,其后第一组数字表示抗拉强度值(MPa),第二组数字表示断后伸长率(%)
	QT500-7 QT450-10 QT400-18	具有较高的塑性和适当的强度,用于承受冲击载荷的零件	
可锻铸铁	KTH300-06 KTH330-08 KTH350-10 KTH370-12	黑心可锻铸铁,用于承受冲击振动的零件,如汽车、拖拉机、农机	"KT"表示可锻铸铁,"H"表示黑心,"B"表示白心,第一组数字表示抗拉强度值(MPa),第二组数字表示断后伸长率(%)
	KTB350-04 KTB380-12 KTB400-05 KTB450-07	白心可锻铸铁:韧性较低,但强度高,耐磨性、加工性好。它可代替低、中碳钢及低合金钢的重要零件,如曲轴、连杆、机床附件	
普通黄铜	H68	散热器、垫圈、弹簧、螺钉等	H表示黄铜,后面数字表示铜的平均质量分数
铸造黄铜	ZCuZn38 Mn2Pb2	轴瓦、轴套及其他耐磨零件	数字表示锌、锰、铅的平均质量分数
铸造锡青铜	ZCuSn5 Pb5Zn5	用于承受摩擦的零件,如轴承	数字表示锡、铅、锌的平均质量分数
铸造铝青铜	ZCuAl9Mn2 ZCuAl10Fe3	强度高,减摩性、耐蚀性、铸造性良好,可用于制造蜗轮、衬套和防锈零件	数字表示铝、锰、铁的平均质量分数
铸造铝合金	ZL201 ZL301 ZL401	载荷不大的薄壁零件,受中等载荷零件,需保持固定尺寸的零件	"L"表示铝,后面的数字表示顺序号
硬铝	LY13	适用于中等强度的零件,焊接性能好	
耐酸碱橡胶板	2707 2807	用于冲制密封性能较好的垫圈	
耐油橡胶板	3707 3807	用于冲制各种形状的垫圈	
耐热橡胶板	4708 4808	用于冲制各种垫圈和隔热垫板	
耐油橡胶石棉板		用于耐油密封衬垫	
油浸石棉盘根	YS250 YS350	用于回转轴、往复运动或阀杆上的密封材料	

（续）

名称	牌号	应用举例	说明
橡胶石棉盘根	XS450	适用于回转轴、往复运动或阀杆上的密封材料、	
酚醛层压布板	PFCC1 PFCC2	机械用（粗布），力学性能好	
酚醛布棒	PFCC3 PFCC4	机械用（细布），用于制作小零件	
尼龙 66，尼龙 1010	3722 3724	机械用，可精密加工，用于制作机械零件	
毛毡	T112-65 T122-32～38 T132-32	用于密封、防漏油、防振、缓冲衬垫	
聚四氟乙烯	PTFE、F-4	用于腐蚀介质中的垫片	
有机玻璃板		用于耐蚀和需要透明的零件	

注：1. KTH300-06 适用于气密性零件。
　　2. KTH330-08 为推荐牌号。

附表 20　常用热处理和表面处理

名称	代号及标注举例	说明	目的
退火	T	加热→保温→随炉冷却	用来消除铸、锻、焊零件的内应力，降低硬度，以利于切削加工；细化晶粒，改善组织，增加韧性
正火	Zh	加热→保温→空气冷却	用于处理低碳钢、中碳结构钢及渗碳零件，细化晶粒，增加强度与韧性，减少内应力，改善切削性能
淬火	C	加热→保温→急冷	提高机件强度及耐磨性。但淬火后引起内应力，使钢变脆，所以淬火后必须回火
调质	T T235 （调质至 220～250HB）	淬火→高温回火	提高韧性及强度。重要的齿轮、轴及丝杠等零件需调质
渗碳淬火	S-C S0.5-C59（渗碳层深0.5mm，淬火，硬度 56～62HRC）	将零件在渗碳剂中加热，使其渗入钢的表面后，再淬火回火，渗碳深度 0.5～2mm	提高机件表面的硬度、耐磨性、抗拉强度等，适用于低碳、中碳（$w_C < 0.40\%$）结构钢的中小型零件
时效	S1 人工时效 S.S-2 自然时效	机件精加工前，加热到 100～150℃后，保温 5～20h，空气冷却，铸件可天然时效（露天放一年以上）	消除内应力，稳定机件形状和尺寸，常用于处理精密机件，如精密轴承、精密丝杠等
镀镍		用电解方法，在钢件表面镀一层镍	防腐蚀、美化
镀铬		用电解方法，在钢件表面镀一层铬	提高表面硬度、耐磨性和耐蚀能力，也用于修复零件上磨损了的表面

附表21 优先配合中轴的极限偏差（GB/T 1800.2—2009）　　　　（单位：μm）

| 公称尺寸/mm | | 公差带 | | | | | | | | | | | | |
大于	至	c11	d9	f7	g6	h6	h7	h9	h11	k6	n6	p6	s6	u6
—	3	−60 / −120	−20 / −45	−6 / −16	−2 / −8	0 / −6	0 / −10	0 / −25	0 / −60	+6 / 0	+10 / +4	+12 / +6	+20 / +14	+24 / +18
3	6	−70 / −145	−30 / −60	−10 / −22	−4 / −12	0 / −8	0 / −12	0 / −30	0 / −75	+9 / +1	+16 / +8	+20 / +12	+27 / +19	+31 / +23
6	10	−80 / −170	−40 / −76	−13 / −28	−5 / −14	0 / −9	0 / −15	0 / −36	0 / −90	+10 / +1	+19 / +10	+24 / +15	+32 / +23	+37 / +28
10	14	−95 / −205	−50 / −93	−16 / −34	−6 / −17	0 / −11	0 / −18	0 / −43	0 / −110	+12 / +1	+23 / +12	+29 / +18	+39 / +28	+44 / +33
14	18	−95 / −205	−50 / −93	−16 / −34	−6 / −17	0 / −11	0 / −18	0 / −43	0 / −110	+12 / +1	+23 / +12	+29 / +18	+39 / +28	+44 / +33
18	24	−110 / −240	−65 / −117	−20 / −41	−7 / −20	0 / −13	0 / −21	0 / −52	0 / −130	+15 / +2	+28 / +15	+35 / +22	+48 / +35	+54 / +41
24	30	−110 / −240	−65 / −117	−20 / −41	−7 / −20	0 / −13	0 / −21	0 / −52	0 / −130	+15 / +2	+28 / +15	+35 / +22	+48 / +35	+61 / +48
30	40	−120 / −280	−80 / −142	−25 / −50	−9 / −25	0 / −16	0 / −25	0 / −62	0 / −160	+18 / +2	+33 / +17	+42 / +26	+59 / +43	+76 / +60
40	50	−130 / −290	−80 / −142	−25 / −50	−9 / −25	0 / −16	0 / −25	0 / −62	0 / −160	+18 / +2	+33 / +17	+42 / +26	+59 / +43	+86 / +70
50	65	−140 / −330	−100 / −174	−30 / −60	−10 / −29	0 / −19	0 / −30	0 / −74	0 / −190	+21 / +2	+39 / +20	+51 / +32	+72 / +53	+106 / +87
65	80	−150 / −340	−100 / −174	−30 / −60	−10 / −29	0 / −19	0 / −30	0 / −74	0 / −190	+21 / +2	+39 / +20	+51 / +32	+78 / +59	+121 / +102
80	100	−170 / −390	−120 / −207	−36 / −71	−12 / −34	0 / −22	0 / −35	0 / −87	0 / −220	+25 / +3	+45 / +23	+59 / +37	+93 / +71	+146 / +124
100	120	−180 / −400	−120 / −207	−36 / −71	−12 / −34	0 / −22	0 / −35	0 / −87	0 / −220	+25 / +3	+45 / +23	+59 / +37	+101 / +79	+166 / +144
120	140	−200 / −450	−145 / −245	−43 / −83	−14 / −39	0 / −25	0 / −40	0 / −100	0 / −250	+28 / +3	+52 / +27	+68 / +43	+117 / +92	+195 / +170
140	160	−210 / −460	−145 / −245	−43 / −83	−14 / −39	0 / −25	0 / −40	0 / −100	0 / −250	+28 / +3	+52 / +27	+68 / +43	+125 / +100	+215 / +190
160	180	−230 / −480	−145 / −245	−43 / −83	−14 / −39	0 / −25	0 / −40	0 / −100	0 / −250	+28 / +3	+52 / +27	+68 / +43	+133 / +108	+235 / +210
180	200	−240 / −530	−170 / −285	−50 / −96	−15 / −44	0 / −29	0 / −46	0 / −115	0 / −290	+33 / +4	+60 / +31	+79 / +80	+151 / +122	+265 / +236
200	225	−260 / −550	−170 / −285	−50 / −96	−15 / −44	0 / −29	0 / −46	0 / −115	0 / −290	+33 / +4	+60 / +31	+79 / +80	+159 / +130	+287 / +258
225	250	−280 / −570	−170 / −285	−50 / −96	−15 / −44	0 / −29	0 / −46	0 / −115	0 / −290	+33 / +4	+60 / +31	+79 / +80	+169 / +140	+313 / +284

（续）

公称尺寸/mm		公差带												
		c	d	f	g		h			k	n	p	s	u
大于	至	11	9	7	6	6	7	9	11	6	6	6	6	6
250	280	−300 −620	−190 −320	−56 −108	−17 −49	0 −32	0 −52	0 −130	0 −320	+36 +4	+66 +34	+88 +56	+190 +158	+347 +315
280	315	−330 −650											+202 +170	+382 +350
315	355	−360 −720	−210 −350	−62 −119	−18 −54	0 −36	0 −57	0 −140	0 −360	+40 +4	+73 +37	+98 +62	+226 +190	+426 +390
355	400	−400 −760											+244 +208	+471 +435
400	450	−440 −840	−230 −385	−68 −131	−20 −60	0 −40	0 −63	0 −155	0 −400	+45 +3	+80 +40	+108 +68	+272 +232	+530 +490
450	500	−480 −880											+292 +252	+580 +540

附表 22　优先配合中孔的极限偏差（GB/T 1800.2—2009）　（单位：μm）

公称尺寸/mm		公差带												
		C	D	F	G		H			K	N	P	S	U
大于	至	11	9	8	7	7	8	9	11	7	7	7	7	7
—	3	+120 +60	+45 +20	+20 +6	+12 +2	+10 0	+14 0	+25 0	+60 0	0 −10	−4 −14	−6 −16	−14 −24	−18 −28
3	6	+145 +70	+60 +30	+28 +10	+16 +4	+12 0	+18 0	+30 0	+75 0	+3 −9	−4 −16	−8 −20	−15 −27	−19 −31
6	10	+170 +80	+76 +40	+35 +13	+20 +5	+15 0	+22 0	+36 0	+90 0	+5 −10	−4 −19	−9 −24	−17 −32	−22 −37
10	14	+205 +95	+93 +50	+43 +16	+24 +6	+18 0	+27 0	+43 0	+110 0	+6 −12	−5 −23	−11 −29	−21 −39	−26 −44
14	18													
18	24	+240 +110	+117 +65	+53 +20	+28 +7	+21 0	+33 0	+52 0	+130 0	+6 −15	−7 −28	−14 −35	−27 −48	−33 −54
24	30													−40 −61
30	40	+280 +120	+142 +80	+64 +25	+34 +9	+25 0	+39 0	+62 0	+160 0	+7 −18	−8 −33	−17 −42	−34 −59	−51 −76
40	50	+290 +130												−61 −86
50	65	+330 +140	+174 +100	+76 +30	+40 +10	+30 0	+46 0	+74 0	+190 0	+9 −21	−9 −39	−21 −51	−42 −72	−76 −106
65	80	+340 +150											−48 −78	−91 −121

（续）

公称尺寸/mm		公差带												
大于	至	C	D	F	G	H				K	N	P	S	U
		11	9	8	7	7	8	9	11	7	7	7	7	7
80	100	+390/+170	+207/+120	+90/+36	+47/+12	+35/0	+54/0	+87/0	+220/0	+10/−25	−10/−45	−24/−59	−58/−93	−111/−146
100	120	+400/+180											−66/−101	−131/−166
120	140	+450/+200											−77/−117	−155/−195
140	160	+460/+210	245/+145	+106/+43	+54/+14	+40/0	+63/0	+100/0	+250/0	+12/−28	−12/−52	−28/−68	−85/−125	−175/−215
160	180	+480/+230											−93/−133	−195/−235
180	200	+530/+240											−105/−151	−219/−265
200	225	+550/+260	+285/+170	+122/+50	+61/+15	+46/0	+72/0	+115/0	+290/0	+13/−33	−14/−60	−33/−79	−113/−156	−241/−287
225	250	+570/+280											−123/−169	−267/−313
250	280	+620/+300	+320/+190	+137/+56	+69/+17	+52/0	+81/0	+130/0	+320/0	+16/−36	−14/−66	−36/−88	−138/−190	−295/−347
280	315	+650/+330											−150/−202	−330/−382
315	355	+720/+360	+350/+210	+151/+62	+75/+18	+57/0	+89/0	+140/0	+360/0	+17/−140	−16/−73	−41/−98	−169/−226	−369/−462
355	400	+760/+400											−187/−244	−414/−471
400	450	+840/+440	+385/+230	+165/+68	+83/+20	+63/0	+97/0	+155/0	+400/0	+18/−45	−17/−80	−45/−108	−209/−272	−467/−530
450	500	+880/+480											−229/−292	−517/−580

附表 23　标准公差数值（GB/T 1800.1—2009）

公称尺寸/mm		标准公差等级																	
大于	至	IT1	IT2	IT3	IT4	IT5	IT6	IT7	IT8	IT9	IT10	IT11	IT12	IT13	IT14	IT15	IT16	IT17	IT18
		μm											mm						
—	3	0.8	1.2	2	3	4	6	10	14	25	40	60	0.1	0.14	0.25	0.4	0.6	1	1.4
3	6	1	1.5	2.5	4	5	8	12	18	30	48	75	0.12	0.18	0.3	0.48	0.75	1.5	1.8
6	10	1	1.5	2.5	4	6	9	15	22	36	58	90	0.15	0.22	0.36	0.58	0.9	1.5	2.2
10	18	1.2	2	3	5	8	11	18	27	43	70	100	0.18	0.27	0.43	0.7	1.1	1.8	2.7
18	30	1.5	2.5	4	6	9	13	21	33	52	84	130	0.21	0.33	0.52	0.84	1.3	2.1	3.3
30	50	1.5	2.5	4	7	11	16	25	39	62	100	160	0.25	0.39	0.62	1	1.6	2.5	3.9

（续）

公称尺寸/mm		标准公差等级																		
大于	至	IT1	IT2	IT3	IT4	IT5	IT6	IT7	IT8	IT9	IT10	IT11	IT12	IT13	IT14	IT15	IT16	IT17	IT18
		μm											mm						
50	80	2	3	5	8	13	19	30	46	74	120	190	0.3	0.46	0.74	1.2	1.9	3	4.6
80	120	2.5	4	6	10	15	22	35	54	87	140	220	0.35	0.54	0.87	1.4	2.2	3.5	5.4
120	180	3.5	5	8	12	18	25	40	63	100	160	250	0.4	0.63	1	1.6	2.5	4	6.3
180	250	4.5	7	10	14	20	29	46	72	115	185	290	0.46	0.72	1.15	1.85	2.9	4.6	7.2
250	315	6	8	12	16	23	32	52	81	130	210	320	0.52	0.81	1.3	2.1	3.2	5.2	8.1
315	400	7	9	13	18	25	36	57	89	140	230	360	0.57	0.89	1.4	2.3	3.6	5.7	8.9
400	500	8	10	15	20	27	40	63	97	155	250	400	0.63	0.97	1.55	2.5	4	6.3	9.7
500	630	9	11	16	22	32	44	70	110	175	280	440	0.7	1.1	1.75	2.8	4.4	7	11
630	800	10	13	18	25	36	50	80	125	200	320	500	0.8	1.25	2	3.2	5	8	12.5
800	1000	11	15	21	28	40	56	90	140	230	360	560	0.9	1.4	2.3	3.6	5.6	9	14
1000	1250	13	18	24	33	47	66	105	165	260	420	660	1.05	1.65	2.6	4.2	6.6	10.5	16.5
1250	1600	15	21	29	39	55	78	125	195	310	500	780	1.25	1.95	3.1	5	7.8	12.5	19.5
1600	2000	18	25	35	46	65	92	150	230	370	600	920	1.5	2.3	3.7	6	9.2	15	23
2000	2500	22	30	41	55	78	110	175	280	440	700	1100	1.75	2.8	4.4	7	11	17.5	28
2500	3150	26	36	50	68	96	135	210	330	540	860	1350	2.1	3.3	5.4	8.6	13.5	21	33

注：1. 公称尺寸大于 500mm 的 IT1～IT5 的标准公差数值为试行的。

2. 公称尺寸小于或等于 1mm 时，无 IT14～IT18。

3. 极限与配合在公称尺寸至 500mm 内规定了 IT01、IT0、IT1、…、IT18 共 20 个标准公差等级；在公称尺寸大于 500～3150mm 内规定了 IT1～IT18 共 18 个标准公差等级。

4. 由于标准公差等级 IT01 和 IT0 在工业中很少用到，所以在该表中没有给出这两个公差等级的标准公差数值。

附表 24　标准尺寸（GB/T 2822—2005）　（单位：mm）

1.0～10.0mm		10～100mm					
$R'10$	$R'20$	$R'10$	$R'20$	$R'40$	$R'10$	$R'20$	$R'40$
		10	10				
2.0	2.0		11				34
						36	36
	2.2	12	12	12			38
				13	40	40	40
2.5	2.5		14	14			42
				15		45	45
	2.8			16			48
3.0	3.0	16	16	17	50		50
	3.5			18			53
			18	19		56	56
4.0	4.0			20			60
	4.5	20	20	21	63	63	63
5.0	5.0			22			67
	5.5		22	24		71	71
6.0	6.0			25			75
	7.0	25	25	26	80	80	80
				28			85
8.0	8.0		28	30		90	90
	9.0			32			95
10.0	10.0	32	32	32	100	100	100

注：1. 表中标准尺寸（直径、长度、高度等）系列适用于有互换性或系列化要求的主要尺寸（如安装、连接尺寸，有公差要求的配合尺寸，决定产品系列的公称尺寸等），其他结构尺寸也应尽量采用。

2. 选择标准尺寸系列及单个尺寸时，应按 $R'10$、$R'20$、$R'40$ 的顺序，优先选用公比较大的基本系列及其单值。R' 表示优先数化整值系列。

3. 黑体字表示优先数的化整值。

附表 25　与直径 d 或 D 相应的倒角 C、倒圆 R 的推荐值（GB/T 6403.4—2008）

（单位：mm）

形式

装配形式

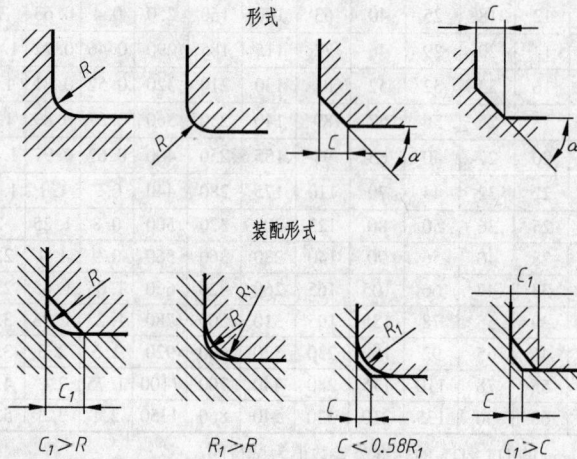

d 或 D	<3	>3~6	>6~10	>10~18	>18~30	>30~50	>50~80	>80~120	>120~180
C 或 R	0.2	0.4	0.6	0.8	1.0	1.6	2.0	2.5	3.0
d 或 D	>180~250	>250~320	>320~400	>400~500	>500~630	>630~800	>800~1000	>1000~1250	>1250~1600
C 或 R	4.0	5.0	6.0	8.0	10	12	16	20	25

附表 26　回转面及端面砂轮越程槽（GB/T 6403.5—2008）　　（单位：mm）

磨外圆　　　　磨内圆

b_1	0.6	1.0	1.6	2.0	3.0	4.0	5.0	8.0	10
b_2	2.0	3.0		4.0		5.0		8.0	10
h	0.1	0.2		0.3		0.4	0.6	0.8	1.2
r	0.2	0.5		0.8		1.0	1.6	2.0	3.0
d		~10		10~50		50~100		100	

注：1. 砂轮越程槽内与直线相交处，不允许产生尖角。

2. 砂轮越程槽深度 h 与圆弧半径 r，要满足 $r \leqslant 3h$。

3. 磨削具有数个直径的零件时，可使用同一规格的砂轮越程槽。

4. 直径 d 值大的零件，允许选择小规格的砂轮越程槽。

5. 越程槽的尺寸公差和表面粗糙度根据该零件的结构、性能确定。

附表 27　普通螺纹退刀槽尺寸（GB/T 3—1997）　　　　（单位：mm）

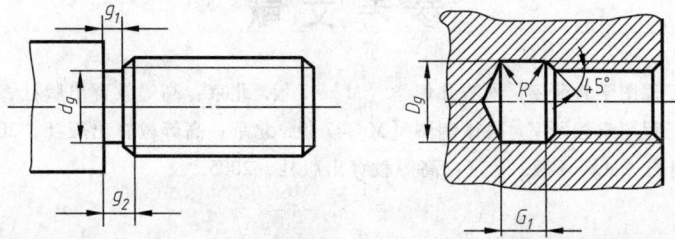

螺距	外螺纹			内螺纹		螺距	外螺纹			内螺纹	
	g_{2max}	g_{1min}	d_g	G_1	D_g		g_{2max}	g_{1min}	d_g	G_1	D_g
0.5	1.5	0.8	$d-0.8$	2		1.75	5.25	3	$d-2.6$	7	
0.7	2.1	1.1	$d-1.1$	2.8	$D+0.3$	2	6	3.4	$d-3$	8	
0.8	2.4	1.3	$d-1.3$	3.2		2.5	7.5	4.4	$d-3.6$	10	$D+0.5$
1	3	1.6	$d-1.6$	4		3	9	5.2	$d-4.4$	12	
1.25	3.75	2	$d-2$	5	$D+0.5$	3.5	10.5	6.2	$d-5$	14	
1.5	4.5	2.5	$d-2.3$	6		4	12	7	$d-5.7$	16	

附表 28　紧固件通孔及沉孔尺寸（GB/T 152.2—2014、

GB/T 152.3~152.4—1988、GB/T 5277—1985）　　　（单位：mm）

	螺栓或螺钉直径 d	3	4	5	6	8	10	12	14	16	18	20	22	24	27	30	33	36	42
通孔直径	精装配	3.2	4.3	5.3	6.4	8.4	10.5	13	15	17	19	21	23	25	28	31	34	37	43
	中等装配	3.4	4.5	5.5	6.6	9	11	13.5	15.5	17.5	20	22	24	26	30	33	36	39	45
	粗装配	3.6	4.8	5.8	7	10	12	14.5	16.5	18.5	21	24	26	28	32	35	38	42	48
六角头螺栓和螺母用沉孔	d_2(H15)	9	10	11	13	18	22	26	30	33	36	40	43	48	53	61	66	71	82
	d_3	—	—	—	—	—	—	16	18	20	22	24	26	28	33	36	39	42	48
	d_1(H13)	3.4	4.5	5.5	6.6	9	11	13.5	15.5	17.5	20	22	24	26	30	33	36	39	45
圆柱头螺钉用沉孔	d_2(H13)	6	8	10	11	15	18	20	24	26	—	33							
	t(H13)	3.4	4.6	5.7	6.8	9	11	13	15	17.5	—	21.5							
	d_3							16	18	20	—	24							
	d_1(H13)	3.4	4.5	5.5	6.6	9	11	13.5	15.5	17.5	—	22							
沉头螺钉用沉孔	D_c(H13)公称	6.3	9.4	10.4	12.6	17.3	20.0	—											
	t≈	1.55	2.55	2.58	3.13	4.28	4.65												
	d_h(H13)公称	3.4	4.5	5.5	6.6	9	11												

注：括号中为公差带；$\alpha=90°\pm1°$。

参 考 文 献

［1］ 大连理工大学工程图学教研室. 画法几何学 ［M］. 7 版. 北京：高等教育出版社，2011.

［2］ 大连理工大学工程图学教研室. 机械制图 ［M］. 7 版. 北京：高等教育出版社，2013.

［3］ 徐绍军. 工程制图 ［M］. 4 版. 北京：高等教育出版社，2005.